DEMODIVERSIDADE

Título original:
Demodiversidade. Imaginar novas possibilidades democráticas

Revisão: Victor Ferreira

Capa de Grupo Almedina sobre Pretérito Perfeito, pintura de Mário Vitória
© Mário Vitória

Depósito Legal n.º 433002/17

Biblioteca Nacional de Portugal – Catalogação na Publicação

SANTOS, Boaventura de Sousa, 1940- , e outro

Demodiversidade: imaginar novas possibilidades democráticas. - (Epistemologias do sul)
ISBN 978-972-44-1967-1

CDU 316

Paginação:
João Jegundo

Impressão e acabamento:
ARTIPOL - ARTES TIPOGRÁFICAS, LDA.
para
EDIÇÕES 70
em
outubro de 2017

EDIÇÕES 70, uma chancela de Edições Almedina, S.A.
Avenida Engenheiro Arantes e Oliveira, 11 – 3.º C – 1900-221 Lisboa / Portugal
e-mail: geral@edicoes70.pt

www.edições70.pt

DEMODIVERSIDADE
IMAGINAR NOVAS POSSIBILIDADES DEMOCRÁTICAS

Boaventura de Sousa Santos
José Manuel Mendes

70

Prefácio

Boaventura de Sousa Santos
José Manuel Mendes

Durante décadas, o Norte global vem-se confrontando com uma dificuldade crescente para dar sentido às mudanças radicais que afetam o mundo, da financeirização e neoliberalização da economia mundial ao crescimento desmedido das desigualdades, à persistência, extensão e diversificação da segregação, da discriminação e da violência. Em consequência, tem emergido um certo desconforto no campo das ciências sociais e humanas com a incapacidade, e até a irrelevância, das abordagens propostas e dos quadros teóricos estabelecidos para a compreensão de um mundo em que há tanto a criticar, mas em que parece ser cada vez mais difícil formular um pensamento crítico credível.

As desigualdades, a exclusão, a degradação ambiental e a despossessão associadas à acumulação do capital baseada na extração de recursos não renováveis, a crescente vulnerabilidade das populações à violência, à guerra e aos desastres, com deslocações maciças forçadas e a migração das populações afetadas, são muitas vezes vistas como um dilema do Sul geográfico. Contudo, assistimos à irrupção destes fenómenos e movimentos no âmago do Norte global.

Neste contexto, as Epistemologias do Sul refletem criativamente sobre a realidade para oferecer um diagnóstico radicalmente crítico do presente, que, obviamente, tem como elemento constitutivo a possibilidade de reconstruir, formular e legitimar alternativas para uma sociedade mais justa e livre.

As Epistemologias do Sul constituem uma reivindicação de novos processos de produção, de valorização de conhecimentos válidos, científicos e não científicos, e de novas relações entre diferentes tipos de conhecimento, a partir das práticas das classes e grupos sociais que sofreram, de maneira sistemática, destruição, opressão e discriminação causadas pelo capitalismo, o colonialismo e o patriarcado. O Sul é a metáfora do sofrimento sistemático produzido pelo capitalismo, pelo colonialismo e pelo patriarcado. Estes três modos principais de dominação ocorrem por vezes associados a outros, como, por exemplo, o autoritarismo religioso ou político. Neste sentido, o sul das epistemologias do sul não é geográfico, é epistémico e político: o Sul anti-imperial. É um sul que também existe no Norte geográfico, o que antes chamávamos terceiro mundo interior ou quarto mundo: os grupos oprimidos, marginalizados da Europa e da América do Norte. Correspondentemente, há um norte epistémico e político no Sul global geográfico: são as elites locais que beneficiam do capitalismo, do colonialismo e do patriarcado globais, ou seja, o Sul imperial.

Este livro é o primeiro a ser publicado no âmbito da coleção Epistemologias do Sul. A coleção divulgará todos os contributos que se enquadrem no programa de investigação centrado em torno das Epistemologias do Sul, publicando monografias, ensaios e volumes coletivos. A coleção tem como objetivo repensar e renovar o conhecimento das ciências sociais e das humanidades, desenvolvendo novos paradigmas teóricos e políticos de transformação social, em diálogo com diversas tradições epistemológicas que se desenvolveram ou sobreviveram em resistência contra as epistemologias do Norte.[1]

O Sul global foi durante séculos, e mantém-se na atualidade, uma fonte inexaurível de experiências, de conhecimentos, de inovação social e política, de diversidade cultural e de celebração das diferenças. Toda esta riqueza epistémica, social, política e cultural tem sido desperdiçada. Por razões que analisámos noutro lugar, o desperdício é agora mais

[1] O primeiro conjunto de livros da coleção Epistemologias do Sul contém os resultados do projeto de investigação *ALICE — Espelhos estranhos, lições imprevistas; definindo para a Europa um novo modo de partilhar as experiências do mundo*, coordenado por Boaventura de Sousa Santos, com financiamento do European Research Council e realizado entre 2011 e 2016 no Centro de Estudos Sociais da Universidade de Coimbra (www.alice.ces.uc.pt).

visível e há condições para lhe pôr fim.[2] Tal desafia a tradição epistemológica canónica do Norte global, incluindo as ciências sociais e as humanidades, a aprender e a inovar através do seu encontro e diálogo com outras epistemologias que historicamente emergiram no Sul.

São quatro as premissas da coleção Epistemologias do Sul, e que balizam as futuras contribuições para a mesma:

1. A compreensão do mundo é muito mais ampla e diversificada do que a compreensão ocidental do mundo.
2. Não faltam alternativas no mundo, o que falta é um pensamento alternativo de alternativas.
3. A diversidade do mundo é infinita e nenhuma teoria geral a pode captar.
4. A alternativa à teoria geral consiste na promoção da ecologia dos saberes combinada com a tradução intercultural.

Estas premissas servirão de guia para a investigação e a transformação social baseadas no reconhecimento mútuo, na compreensão intercultural e na inovação política baseadas no respeito pela identidade e pela diversidade. Serão relevados os contributos para a coleção Epistemologias do Sul que questionem e entrem em diálogo com a tradição epistemológica do Norte global, propondo novas metodologias e abordagens centradas nas relações Sul-Sul, Norte-Sul e Sul-Norte, e no princípio de «conhecer com», por oposição à noção clássica de «conhecer sobre».

Os primeiros volumes a serem publicados na coleção Epistemologias do Sul, e que resultam do projeto ALICE, abordam os desafios epistemológicos centrados na ecologia dos saberes e na tradução intercultural, e tratam de temas como a reinvenção da democracia para além do marco liberal, a refundação democrática e plurinacional do Estado, os direitos humanos no contexto da pluralidade de conceções e da dignidade humana, as economias não capitalistas e de bem viver, participação e interculturalidade no direito à saúde.

O presente livro surge da necessidade urgente de refletir sobre a própria ideia de democracia, de reconhecer a ecologia dos saberes democráticos

[2] Santos, Boaventura S., *Epistemologies of the South: Justice against epistemicide*, Boulder, CO: Paradigm Publishers, 2014.

e a possibilidade sempre presente de alternativas e da emancipação social. Consideramos que a publicação deste livro é particularmente oportuna num contexto internacional marcado, de forma quase inesperada, pela saída do Reino Unido da União Europeia (Brexit) e pela eleição de Donald Trump como presidente dos Estados Unidos da América, com o retorno dos nacionalismos chauvinistas, dos protecionismos económicos e da xenofobia e discriminações com base na diferença racial, religiosa e etnocultural.

No plano internacional, está no ar uma mistura tóxica de ausência de alternativas e de agravamento da crise, uma entidade mutante que se desdobra em crise económica, financeira, política, ecológica, energética, ética e civilizacional. Esta mistura tóxica funda tanto a sensação de que algo termina como a de que é impossível que algo novo emerja. Como diria Antonio Gramsci, é um tempo de monstros. Mas certamente são monstros diferentes dos que Gramsci imaginou. Embora Gramsci reconhecesse que o novo ainda não tinha emergido, estava convicto de que ele iria emergir e, além disso, tinha uma ideia mais ou menos precisa do que seria esse novo, o socialismo e o comunismo. No nosso tempo, o bloqueio do novo parece total e se algum sinal existe de que algo novo pode emergir no horizonte é mais motivo de medo do que de esperança. Um empate histórico parece consumar-se à beira do abismo, de tal modo que nem passos em frente nem passos atrás parecem possíveis. Daí a sensação de implosão, uma ordem que mal se disfarça de caos, um caos que, por repetição, parece a única ordem possível. Os componentes principais deste impasse são os seguintes: a crise que não tem crise, a dronificação do poder, o acerto de contas. São os nossos monstros e qualquer deles constitui uma ameaça fatal à democracia.

A crise que não tem crise. Até agora, sempre que surgiram crises houve necessidade de as explicar e de as superar. O pensamento moderno assenta na ideia de que as crises são oportunidades para novas soluções. Não é isto o que se passa hoje. A crise passou a ser tão permanente que, em vez de ter de ser explicada, é ela que explica tudo. Se as classes médias estão a desaparecer em todo o mundo, a razão é a crise. Se os países se endividam de maneira insustentável, a razão é a crise. Esta inversão entre o *explicans* (o que explica) e o *explicandum* (o que tem de ser explicado) tem uma consequência insidiosa, fatal e fatalmente ignorada. Quando a crise deixa de ter de ser explicada e passa ela própria a explicar tudo, não há qualquer possibilidade de pensar em alternativas, em saídas que impliquem a superação da crise, porque esta passou a ser uma constante e como tal o limite máximo do que pode ser pensado. O pensamento da crise está a transformar-se no maior sintoma da crise do pensamento.

A dronificação do poder. O poder, qualquer que seja a sua medida, tende a ser exercido em excesso e de forma extrema. Os drones militares são a melhor metáfora do modo dominante de exercício de poder no nosso tempo. Quem mata, mata visualizando o inimigo no ecrã a muita distância e atingindo-o mediante movimentos do rato e toques no teclado. Mortes limpas, decididas segundo protocolos predefinidos e provocadas em horário de turno. É um poder unilateral, invulnerável e impune que não obedece às regras da guerra nem às Convenções de Genebra. Não é uma guerra em que morram soldados. Morrem noivos e convidados em casamentos, acompanhantes em funerais, rodas de amigos em esplanadas. O benevolente presidente Obama foi quem levou mais longe este tipo de assassinato tecno-selvagem, crimes contra a humanidade segundo a Amnistia Internacional. Este tipo de poder está presente em muitos outros campos para além do militar. É o tipo de poder que o capital financeiro exerce hoje quando, de uma hora para a outra, especuladores e analistas financeiros, colados aos seus ecrãs e teclados, mediante a manipulação de números e de conclusões de relatórios aparentemente técnicos e inócuos, lançam um país na falência, milhares de trabalhadores no desemprego, e muitos mais na fome e na iminência de guerra civil. Também aqui o poder é invulnerável e a sua atuação impune.

O acerto de contas. Instala-se na sociedade a ideia de que as instituições tanto nacionais como internacionais não são capazes de cumprir as funções para que foram criadas. É, pois, legítimo recorrer à ação direta, fazer justiça pelas próprias mãos. Esta forma de exercício do poder, um exercício informal, privado e direto, sempre existiu como forma de poder paralelo. Foi (e é) assim em todos os sistemas patrimonialistas em que os senhores da terra (latifundiários, fazendeiros, *hacendados*) dispuseram (e dispõem) de justiça privada para manter sob controle os seus súbditos. A Colômbia é um exemplo dramático da prolongada convivência entre poder institucional e poder informal, entre violência institucional e violência extrainstitucional.

Mas, hoje, este recurso ao acerto de contas está a assumir muitas formas nos diferentes campos sociais e varia segundo as relações de poder em jogo. O terrorismo e a reação contra o terrorismo é hoje um dos campos mais visíveis de acerto de contas. Os grupos terroristas usam o poder ao seu alcance para saldar as contas com o imperialismo ocidental que, ao longo de séculos até aos dias de hoje, invadiu, destruiu, saqueou e humilhou os povos e as culturas árabes e islâmicas. Por sua vez, a reação ocorre segundo a mesma lógica de justiça privada. Cada vez mais frequentemente, os suspeitos são sequestrados e enviados para prisões secretas enquanto os autores dos atentados são mortos sumariamente e nada podemos saber pela sua voz sobre o que se passou e porquê. A opinião pública é levada a acreditar em tudo o que dizem os comunicados do Estado Islâmico e nunca saberá quem de facto mandou matar e com que objetivos. Outro campo de poder extrajudicial para acerto de contas é a violência policial contra jovens negros nos EUA ou no Brasil, ou contra povos indígenas nas Américas. Neste caso, o acerto de contas toma por vezes a forma de reação extrainstitucional aos ganhos políticos e direitos sociais que os grupos sociais historicamente oprimidos recentemente conquistaram e que tiveram nos EUA a manifestação dramática de eleger um presidente negro.

Mas é no coração das instituições democráticas que o acerto de contas se instala nos nossos dias e pode ser exercido com um impacto que depende linearmente do montante de poder que se tem. Por exemplo, o poder que se traduz no direito de votar pode transformar-se num exercício de acerto de contas. É este o caso do voto de ressentimento contra as ideias, valores e instituições dominantes. O acerto de contas consiste em usar as instituições como armas de arremesso, o que surpreende sondagens, analistas e líderes políticos. Em tempos recentes, o voto pelo Brexit e o voto por Donald Trump foram, em grande medida, votos de ressentimento, um acerto de contas com os políticos profissionais, o preço que têm de pagar por durante tanto tempo e de modo tão hipócrita terem esquecido os «seus» eleitores, negligenciando os seus interesses e fazendo tábua rasa das suas necessidades e aspirações.

Mas obviamente quem, em democracia, tiver mais poder passa a ter um campo imenso para o exercício direto e personalizado do acerto de contas e o seu impacto pode ser dramático. O Presidente das Filipinas, Rodrigo Duterte, pretende acabar com a criminalidade no país por via da eliminação física e extrajudicial dos criminosos ou suspeitos, um acerto de contas em que ele se gaba de ter participado diretamente. Por outro lado, o Presidente dos EUA, Donald Trump, parece disposto a governar por Twitter e à margem das instituições. Um exemplo entre muitos, neste caso, um exemplo de política económica e industrial informal em ritmo de redes sociais. No início de janeiro deste ano, terá provocado o cancelamento de um importante investimento no México da empresa de construção de automóveis Ford, por meio de uma simples mensagem de Twitter. Agora, já depois de tomar posse como presidente, não esconde a sua agenda política, e revoga tudo o que se relacione com a qualidade ambiental, o desenvolvimento sustentável, o acesso à saúde, e instaura uma censura das agências federais quanto às informações de cariz geral ou científico a facultar ao público e aos órgãos de comunicação social.

Qualquer destes três monstros é incompatível com a democracia mesmo da democracia liberal, de baixa intensidade. A democracia liberal tem vindo a ser esvaziada por múltiplas vias (corrupção, endividamento externo e condicionalidades financeiras, tratados de livre comércio e o constitucionalismo global das empresas multinacionais, disfuncionalidades do sistema judicial, erosão dos direitos sociais e económicos, segurança supostamente democrática, mas na realidade antidemocrática, interferência imperialista, monopólio corporativo dos grande meios de comunicação social, espetacularização da política, etc.), mas os três monstros representam uma ameaça de novo tipo porque eliminam a própria ideia do político como campo de discussão e deliberação pacífica e livre entre diferentes orientações políticas e, portanto, a possibilidade realista de mudança de orientação.

Os monstros não são a história toda. Servem apenas para nos chamar a atenção para os desafios com que as lutas democráticas se confrontam no nosso tempo. O mundo está cheio de resistência e luta, de gente inconformada com o presente estado de coisas e a ideia de democracia real continua a alimentar a imaginação e a prática do inconformismo. O nosso tempo é um tempo de incerteza em que é tão importante olhar para o futuro como olhar para o passado. Este livro situa-se nesta conjunção de tempos.

Como em todas as obras coletivas e de saber partilhado, há que agradecer a muitas das pessoas, movimentos e organizações que tornaram possível a concretização do projeto e do programa de investigação centrado nas Epistemologias do Sul e nas lutas e possibilidades de resistência. Começamos por agradecer a todas as pessoas e movimentos que aceitaram participar nas várias iniciativas realizadas, desde Universidades Populares dos Movimentos Sociais, Conversas do Mundo, fóruns de discussão, entrevistas individuais e coletivas. Também agradecemos aos ativistas e académicos que colaboram diretamente pela escrita nos vários volumes que compõem a coleção Epistemologias do Sul, respondendo ao desafio da produção de uma ciência emancipadora e restituidora da dignidade e da esperança.

Cabe uma especial referência ao Centro de Estudos Sociais, não só como local onde o projeto ALICE esteve sediado, mas por todo o apoio das suas estruturas científicas e administrativas no desenrolar do mesmo. Neste âmbito, há que nomear a colaboração dedicada da Inês Elias e o incansável trabalho da Rita Kácia Oliveira, que se entregou de alma e coração à filosofia do projeto, e soube guiar-nos nos meandros dos seus vários fios e desafios.

Por último, uma palavra de agradecimento ao Victor Ferreira pela revisão dos textos e verificação das referências bibliográficas e aos tradutores para português dos originais noutras línguas: Ana Saldanha, Carla Lopes, Catarina Martins, Isabel Donas-Botto, Paulo Rocha, Rita Caetano, Samuel Alexandre, Sara Reis e Tiago Fonseca.

Introdução

Boaventura de Sousa Santos
José Manuel Mendes

Vivemos um tempo em que o autoritarismo social e político parece ganhar terreno um pouco em todo o mundo. Os países que se proclamam democráticos são, de facto, democracias de baixa intensidade, sociedades politicamente democráticas e socialmente fascistas. Em trabalhos anteriores definimos fascismo social como «um conjunto de processos sociais em que um grande número de populações é irreversivelmente mantido fora ou remetido para fora de qualquer forma de contrato social» (Santos, 2014a: 50). Entre as formas de fascismo identificadas figuravam as seguintes: fascismo do *apartheid* social; fascismo contratual; fascismo territorial; fascismo de insegurança, baseado numa política e numa cultura do medo; e, por último, o fascismo financeiro (Santos, 2014a: 128–129). Como responder a este estado de coisas e oferecer alternativas que reforcem as possibilidades democráticas e restrinjam ou eliminem a reprodução do fascismo social? Este é o desafio principal a que se procura responder neste livro.

Na primeira secção da Introdução centramo-nos no modo como as epistemologias do Sul podem contribuir para inovar e transformar as teorias e as práticas democráticas. A nossa contribuição deve ser contextualizada dentro do vasto campo de reflexão sobre este tema e, com esse propósito, analisamos brevemente na segunda secção alguns dos debates principais no Norte global tendo como referência básica a teoria liberal. Na terceira secção analisamos, também brevemente e a título de ilustração, alguns dos debates no Sul global e fora do mundo eurocêntrico. Finalmente, na quarta secção, resumimos muito sucintamente cada um dos capítulos deste livro.

1. Para uma democracia pós-abissal

Este livro visa desenvolver o potencial das epistemologias do Sul no domínio das teorias e das práticas democráticas. O presente livro parte, assim, das seguintes perguntas: terá o capitalismo derrotado de vez a democracia representativa? Como pode ser analisada a teoria democrática à luz das epistemologias do Sul? Que inovações traz o Sul global para a teoria democrática? Qual o contributo das plurinacionalidades e da interculturalidade para a teoria democrática?

As epistemologias do Sul têm que ver com a produção e a validação de conhecimentos ancorados nas experiências de resistência de todos os grupos sociais que sofreram sistematicamente a injustiça, a opressão e a destruição causadas pelo capitalismo, pelo colonialismo e pelo patriarcado. O campo alargado e muito diversificado de tais experiências é designado por nós como *o Sul anti-imperial*. É um Sul epistemológico, não-geográfico, composto de muitos Suis epistemológicos e tendo em comum o facto de serem todos conhecimentos nascidos de lutas contra o capitalismo, o colonialismo e o patriarcado. Estes conhecimentos são produzidos onde quer que ocorram estas lutas, tanto no Norte como no Sul geográficos. O objetivo das epistemologias do Sul é permitir aos grupos sociais oprimidos representar o mundo como seu e nos seus termos, pois só assim poderão mudá-lo de acordo com as suas próprias aspirações. Dado o desenvolvimento desigual do capitalismo e a persistência do colonialismo eurocêntrico, o Sul epistemológico sobrepõe-se parcialmente ao Sul geográfico, sobretudo os países que estiveram sujeitos ao colonialismo histórico. Mas esta sobreposição é só parcial, não só porque as epistemologias do Norte também florescem no Sul geográfico (o Sul imperial, as «pequenas Europas» presentes e muitas vezes dominantes na América Latina e nas Caraíbas, em África, na Ásia e na Oceânia), mas porque o Sul epistemológico também pode ser encontrado no Norte geográfico (Europa e América do Norte) em muitas das lutas contra o capitalismo, o colonialismo e o patriarcado.

A partir da perspetiva das epistemologias do Sul, o pensamento nortecêntrico e eurocêntrico é um pensamento abissal. Este assenta numa linha abissal que separa as sociedades e as formas de sociabilidade metropolitanas das sociedades e formas de sociabilidade coloniais, em que tudo o que é válido, normal ou ético no lado metropolitano não se aplica no lado colonial da linha. Como esta linha abissal é tão básica como invisível permite falsos universalismos com base na experiência social das sociedades e das sociabilidades metropolitanas, orientadas para a reprodução e a justificação do dualismo normativo metrópole/colónia.[1] Estar do outro lado da linha abissal, do lado colonial, significa estar impedido pelo conhecimento dominante de representar o mundo como seu e nos seus próprios termos. Aqui reside o papel crucial das epistemologias do Norte para a reprodução do capitalismo, do colonialismo e do patriarcado. Ao produzir, ao mesmo tempo que oculta, a linha abissal, as epistemologias do Norte são incapazes de reconhecer a distinção entre exclusões abissais (as que ocorrem no lado colonial da sociabilidade) e as exclusões não-abissais (as que ocorrem no lado metropolitano da sociabilidade). Mais, elas concebem o Norte epistemológico eurocêntrico como a única fonte de conhecimento válido, não interessando onde, em termos geográficos, o mesmo é produzido. Pela mesma bitola, o Sul, isto é, tudo o que fica do «outro» lado da linha, é o reino da ignorância.[2] O Norte como a solução, o Sul como o problema. Nestas condições, a única compreensão válida do mundo é a compreensão ocidental do mundo.

A possibilidade e a necessidade de ultrapassar os limites da teoria democrática eurocêntrica decorrem da identificação da linha abissal e da denúncia que ela faz da suposta universalidade de tal teoria (Santos e Avritzer, 2002). Tal como o pensamento abissal que a funda, a teoria democrática eurocêntrica inscreve uma linha abissal nas formas de governação vigentes nas sociedades. Apesar de reclamar uma aplicação universal, de facto, os seus princípios e práticas só vigoram no lado de cá da linha abissal, nas formas de governação metropolitanas reguladas segundo

[1] Ver mais à frente a distinção entre exclusões abissais e não-abissais.

[2] O conhecimento colonial não-ocidental só é reconhecido e apropriado na medida em que é útil à dominação ocidentalocêntrica, como foi o caso do governo indireto, através do qual o Estado colonial recorria à lei ou ao governo tradicional ou indígena para garantir a reprodução do domínio colonial a nível local.

a lógica da regulação/emancipação. Do lado de lá da linha, no campo da governação da sociabilidade colonial, vigoram outros princípios e práticas, próprios da lógica de apropriação/violência. O caráter abissal da teoria democrática eurocêntrica reside precisamente nessa parcialidade e na sua ocultação em nome da suposta vigência universal dos mesmos princípios e práticas. Daí o ponto de partida das epistemologias do Sul: identificar e denunciar o que é invisibilizado, desvalorizado, tornado inexistente para além da linha abissal, através de uma sociologia das ausências; valorizar, através da sociologia das emergências, a resistência dos grupos sociais contra a lógica de apropriação/violência e identificar nessa resistência princípios e práticas de governação que apontem para outras experiências de outras democracias. O conceito de linha abissal é o nosso ponto de entrada para questionar o universalismo da teoria democrática ocidental, para o provincializar, e para veicular as aprendizagens democráticas, através da tradução intercultural, que permitem a renovação e o aprofundamento da democracia — uma democracia sem fim (Santos, 2014a: 7–8).

A força do conceito de linha abissal é realçada quando Boaventura de Sousa Santos afirma que:

> As distinções invisíveis são estabelecidas através de linhas radicais que dividem a realidade social em dois universos distintos: o universo «deste lado da linha» e o universo «do outro lado da linha». A divisão é tal que «o outro lado da linha» desaparece enquanto realidade, torna-se inexistente, e é mesmo produzido como inexistente. Inexistência significa não existir sob qualquer forma de ser relevante ou compreensível. Tudo aquilo que é produzido como inexistente é excluído de forma radical porque permanece exterior ao universo que a própria concepção aceite de inclusão considera como sendo o Outro. A característica fundamental do pensamento abissal é a impossibilidade da co-presença dos dois lados da linha. (Santos, 2007: 3–4)

Como fica patente, a linha abissal produz exclusões abissais. Assim, do outro lado da linha abissal não é possível a democracia porque todas as práticas e vivências democráticas são invisíveis ou consideradas irrelevantes, numa maciça produção de ausências. A sociologia das ausências deve recorrer ao conceito de linha abissal para identificar as exclusões abissais e, por via da sociologia das emergências, atender às experiências e práticas de resistência e de luta que visam deslocar a linha abissal e, idealmente, desmantelar as bases da dominação.

A nossa intenção não é dar voz aos que estão do outro lado da linha, os excluídos abissalmente, mas, sim, estar com eles, atender às suas práticas e aos seus saberes, e valorizá-los, com base num trabalho de tradução intercultural, no sentido de identificar neles possíveis novas formas de imaginação e de prática democrática que vão além das conceções hegemónicas de democracia. Podemos resumir a ideia central deste livro desta forma: a conceção eurocêntrica de democracia, apesar de ser dominante, não é a única vigente no mundo; ao lado dela, em conflito ou em articulação com ela, existem outras conceções que é urgente conhecer e valorizar com vista a construir uma humanidade pós-abissal, isto é, desprovida das invisíveis zonas de sub-humanidade e de desumanidade. O nosso propósito é aprofundar as dinâmicas e as consequências das exclusões abissais que são impostas, de acordo com uma lógica de apropriação/violência, aos grupos sociais que «habitam» o outro lado da linha abissal, o lado da sociedade e da sociabilidade colonial. Porque os processos de dominação baseados no colonialismo, no capitalismo e no patriarcado impedem que se realize o pressuposto universalismo da teoria democrática eurocêntrica, é necessária uma vigilância teórica e epistemológica permanente para não desperdiçar processos de luta e práticas de resistência potencialmente eficazes.

Como refere Boaventura de Sousa Santos:

> A médio prazo, se não civilizarmos a economia, teremos de mudar de civilização. Em diferentes espaços-tempo, segundo ritmos e graus de ambição distintos, com recurso a gramáticas semânticas que só se reconhecem mediante tradução, os objetivos são democratizar, descolonizar, desmercadorizar. Este projeto seria ambicioso e utópico se a alternativa não fosse a guerra incivil, a catástrofe ecológica, o fascismo social montado nas costas da democracia política. (Santos, 2012a: 154)

O nosso objetivo é problematizar o caráter abissal das relações sociais em diferentes contextos e espaços estruturais, e reivindicar a possibilidade da convivência pós-abissal. Reivindicar o pós-abissal democratizando as relações económicas (pós-capitalismo), democratizando todas as relações que se baseiam na inferioridade supostamente natural, racial ou étnico-cultural do oprimido (pós-colonialismo) ou as relações que assentam na diferença sexual ou de orientação sexual como fator de opressão (pós-patriarcado). Como todas as exclusões minam o ser, criando não-seres, trata-se de imaginar utopicamente uma democracia pós-abissal que crie humanidade na medida em que contribua para denunciar e eliminar a linha abissal.

Argumentamos também que a linha abissal que divide o mundo entre a sociabilidade metropolitana (onde vigora a lógica da regulação/emancipação) e a sociabilidade colonial (onde vigora a lógica da apropriação/violência) tem vindo a deslocar-se no sentido de expandir a sociabilidade colonial em detrimento da sociabilidade metropolitana, o que em trabalhos anteriores designámos por retorno do colonizado e do colonizador (Santos, 2007). Ao retorno do colonizado e do colonizador há que contrapor o cosmopolitismo subalterno, a luta contra a exclusão abissal (Santos, 2014a: 125–126), por via da reivindicação de formas de convivência radicalmente democráticas.

A crise financeira mundial de 2007–2008 revelou com toda a crueza a agressividade do capitalismo na sua lógica de apropriação/violência (em termos marxistas, a acumulação primitiva), tanto no centro como na periferia do sistema mundial (ainda que com efeitos quantitativa e qualitativamente muito diferentes), pondo a nu a ficção em que assenta a suposta universalidade dos conceitos associados à democracia liberal: cidadania, sociedade civil, direitos, contrato social. A deslocação da linha abissal no sentido de expandir as sociabilidades de tipo colonial no próprio Norte global, ou seja, no centro do capitalismo global, implica uma certa terceiro-mundialização do centro do sistema-mundo. As linhas abissais tornam-se mais vincadas entre o Norte e o Sul mas também dentro de cada Estado (Santos, 2007).[3] O acentuar da linha abissal dentro de cada país, coloca cada vez mais gente na sociedade civil incivil, sem direitos e sujeita a fascismos sociais (Santos, 2003: 24–25).[4]

---

[3] Boaventura de Sousa Santos argumenta que a tensão entre regulação e emancipação coexiste com a tensão entre apropriação e violência, esta última característica dos espaços colonizados (2007: 11).

[4] Santos discute as várias formas de fascismo social e distingue três tipos de sociedade civil: a sociedade civil íntima, a sociedade civil estranha e a sociedade civil incivil (2003: 25–26). A sociedade civil íntima é constituída pelo círculo interior à volta do Estado, caracterizado pela hiperinclusão e pela detenção de todos os direitos. A sociedade civil estranha é o círculo intermédio em volta do Estado, feito de inclusões e exclusões, com

Mas a crise de 2007-2008 também revelou a capacidade das pessoas se mobilizarem, dentro e fora dos movimentos sociais instituídos e das formas tradicionais de organização coletiva, para reivindicarem uma vida melhor e uma radicalização prática dos pressupostos democráticos.

Baseamo-nos nos resultados de investigação obtidos no âmbito do projeto ALICE e orientados tanto pela sociologia das ausências como pela sociologia das emergências. Por via da sociologia das ausências, denuncia-se de modo radical o modo como a operação conjunta das dominações capitalista, colonialista e patriarcal retira a muitos grupos sociais a possibilidade de viver em democracia real. Por via da sociologia das emergências, tornam-se visíveis e credíveis experiências outras de convivência democrática entendida de modo não eurocêntrico, sempre que os grupos sociais oprimidos resistem e lutam contra o capitalismo, o colonialismo e o patriarcado.

As indagações que fundamentam o livro mostram que, no início do século XXI, não só a democracia deixa de ser algo exclusivamente pensado pelas e para as elites mas também, e em consequência de lutas locais e globais, outras conceções não eurocêntricas de democracia emergem e enraízam-se no imaginário popular. Como refere Boaventura de Sousa Santos:

> O que é novo hoje é o facto de as classes populares se terem apropriado do ideal democrático, entrando no jogo democrático, apesar das condições adversas e das muitas frustrações, dando ao conceito e prática da democracia entendimentos novos e mais ricos (democracia participativa), expandindo-os para campos sociais antes vedados ao jogo democrático (família, escola, comunidade, relações entre sexos e entre grupos étnicos, etc.) e conquistando através das lutas democráticas alguns direitos importantes. (Santos, 2012a: 85)

A sociologia das emergências é ainda exercida em relação às inovações institucionais que nascem das lutas sociais e conduzem à renovação da prática democrática. Por exemplo, a irrupção dos partidos-movimento, ou movimentos-partido, na luta democrática. Os casos do Aam

---

acesso pleno aos direitos políticos e cívicos, mas com menor acesso aos direitos sociais e económicos e aos direitos culturais. A sociedade civil incivil, por último, corresponde ao círculo dos que estão totalmente excluídos, no círculo exterior da relação com o Estado.

Aadmi Party (AAP) em Nova Deli, do 5 Stelle em Itália e do Podemos em Espanha são analisados neste livro.[5] Como salienta Boaventura de Sousa Santos, os movimentos-partido são resultado de uma aprendizagem a partir do Sul que permitiram canalizar criativamente a indignação dos cidadãos, muitas vezes manifestada nas ruas (Santos, 2014b, 2015a).[6] Essa aprendizagem remonta, em tempos próximos, segundo ele, ao Fórum Social Mundial, aos governos progressistas que emergiram na América Latina na década de 2000, aos movimentos sociais e aos processos constituintes que levaram esses governos ao poder, às experiências de democracia participativa, sobretudo ao nível local, em muitas cidades latino-americanas a partir da experiência pioneira de Porto Alegre e, finalmente, à Primavera Árabe (Santos, 2014b).[7]

A investigação levada a cabo no projeto ALICE, segundo as linhas orientadoras das epistemologias do Sul, permite-nos dar credibilidade às ideias da demodiversidade, da democracia de alta intensidade, da articulação entre a democracia representativa e a democracia participativa[8]

[5] Para o caso do Aam Aadmi Party (AAP) e do 5 Stelle, ver o Capítulo 19, de Cristiano Gianolla, no presente livro. Para o caso do Podemos, ver também neste livro os capítulos de Juan Carlos Monedero (Cap. 8), Jesús Sabariego (Cap. 14) e Antoni Aguilló (Cap. 18).

[6] Para Boaventura de Sousa Santos (2014b), os movimentos-partido assentam nas seguintes ideias: as pessoas não estão fartas da política mas, sim, deste tipo de política; a esmagadora maioria dos cidadãos não se mobiliza politicamente nem sai à rua para se manifestar, mas está cheia de raiva em casa e simpatiza com quem se manifesta; o ativismo político é importante, mas a política tem de ser feita com a participação dos cidadãos; ser membro da classe política é algo sempre transitório e tal qualidade não permite que se ganhe mais do que o salário médio do país; a Internet permite formas de interação que não existiam antes; os membros eleitos para os parlamentos não inventam temas ou posições, veiculam os que provêm das discussões nas estruturas de base; a política partidária tem de ter rostos, mas não é feita de rostos; a transparência e a prestação de contas têm de ser totais; o partido é um serviço dos cidadãos para os cidadãos e por isso deve ser financiado por estes e não por empresas interessadas em capturar o Estado e esvaziar a democracia; ser de esquerda é um ponto de chegada e não um ponto de partida e, portanto, prova-se nos factos.

[7] Para o caso da democracia participativa no Brasil, ver os capítulos de Leonardo Avritzer (Cap. 13) e de João Peschanski (Cap. 16) neste livro. Para a Primavera Árabe, ver o capítulo de Larbi Sadiki (Cap. 11).

[8] Para um balanço e uma proposta para o futuro da democracia participativa, ver Santos (2002, 2005a, 2005b, 2006). Uma avaliação no geral positiva sobre a democracia participativa na América Latina, embora veiculando algumas ambiguidades nos argumentos apresentados, pode ser encontrada em Balderacchi (2016). Para uma análise do impacto da democracia participativa nalguns países no Sul da Europa, ver Font, della Porta e Sintomer (2014). Numa perspetiva mais teórica, uma síntese útil pode ser encontrada em Hilmer (2010).

e, em certos contextos, entre ambas e outras formas de deliberação democrática, como, por exemplo, a democracia comunitária própria das comunidades indígenas e camponesas de África, América Latina e Ásia.[9] Surge assim um vastíssimo campo para aprendizagens globais. As aprendizagens globais podem ser positivas (aprender o que se deve fazer) ou negativas (aprender o que não se deve fazer).

Neste momento, a Europa (mais concretamente, a União Europeia) é um vasto campo de aprendizagens negativas na medida em que exemplifica dramaticamente o modo como a democracia é esvaziada para poder satisfazer as imposições do neoliberalismo. Na Europa, a passagem de Estados consolidados para Estados baseados na dívida pública e privada tem, como refere Wolfgang Streeck, consequências para os modelos e as práticas democráticas vividas e concretizadas nos países europeus e representa a vitória do capitalismo sobre a democracia (Streeck, 2014, 2015a, 2015b; Merkel, 2014).

1.1. Os espaços-tempo estruturais e as epistemologias do Sul

Como temos vindo a argumentar, parte-se neste livro de uma abordagem aberta, epistemologicamente autoconsciente e empiricamente ancorada, que enfatiza a diversidade e a heterogeneidade das formas de ação coletiva e as configurações democráticas que daí podem resultar (Santos, 2006, 2015a). Para que a análise dos processos democráticos seja consequente e se estabeleçam os princípios de uma democracia pós-abissal, há que analisar de forma sistemática os espaços estruturais e as linhas abissais que os atravessam para a produção de exclusões abissais. Recorremos para isso ao nosso trabalho anterior sobre a teoria dos espaços estruturais e das formas autónomas de poder (Santos, 2000), reconstruindo-o em função das epistemologias do Sul. Partindo da definição de estruturas como «sedimentações provisórias de cursos de ação reiterados com sucesso» (Santos, 1995: 404), entendemos que a proliferação de estruturas alarga o contexto onde se aplicam as múltiplas determinações e contingências, os constrangimentos e as oportunidades, permitindo a

[9] Para o caso da América Latina, ver Santos e Exeni (2012), e Santos e Grijalva (2012). Para a questão do Estado na América Latina, ver Santos (2010).

formação de múltiplas coligações. Por outro lado, ao definirmos o poder como qualquer relação social que é governada por uma troca desigual, salientamos que o poder nunca é exercido de uma forma pura nem de modo totalmente unilateral mas, sim, como uma constelação de diferentes formas de poder combinadas de formas específicas. Se são distribucionais, estas constelações de poder também podem ser constrangedoras (construção de fronteiras) ou possibilitadoras (inovadoras).

O mapa de leitura das sociedades capitalistas que propusemos pode servir-nos de ponto de partida (Santos, 2000: 253–291). Definimos seis lugares estruturais das sociedades capitalistas, seis modos de produção da prática social: o espaço doméstico, o espaço da produção, o espaço do mercado, o espaço da comunidade, o espaço da cidadania e o espaço mundial. Cada um destes lugares estruturais constitui uma espacialidade específica, uma referência locacional, inscrita nas práticas que perpassam e constituem os lugares estruturais. Cada lugar estrutural define-se como um conjunto de relações sociais cujas contradições internas lhe originam uma dinâmica endógena. A sua especificidade assenta na forma de troca desigual que marca as relações sociais que o constituem. Cada espaço tem uma forma específica de poder. No espaço doméstico, é o patriarcado; no espaço da produção, é a exploração; no espaço do mercado, é o fetichismo das mercadorias; no espaço da comunidade, é a diferenciação desigual; no espaço da cidadania, é a dominação; e no espaço mundial, é a troca desigual.

Nas sociedades capitalistas, colonialistas e patriarcais em que vivemos a linha abissal atravessa cada um dos espaços e em cada um deles define a existência de exclusões não abissais (sujeitas à lógica da regulação/ /emancipação) e de exclusões abissais (sujeitas à lógica da apropriação/ /violência). A análise dos espaços estruturais a partir do postulado da existência de linhas abissais definidas pela lógica da apropriação/violência permite identificar os seguintes processos:

- no espaço doméstico, a linha abissal define-se pela violência sexual, pelo feminicídio e por todas as formas de exploração e dominação baseadas na violência, sobretudo sobre mulheres e crianças;
- no espaço da produção, a linha abissal marca a exclusão de todos os que trabalham sem direitos, sendo o trabalho escravo a forma extrema desta exclusão;

- no espaço do mercado, a linha abissal exclui todos os que não têm recursos económicos para serem consumidores, nem sequer com recurso ao endividamento;
- no espaço da comunidade, a linha abissal exclui pela xenofobia, o racismo e a islamofobia todos os que são identificados como inimigos, perigosos ou simplesmente descartáveis;
- no espaço da cidadania, a linha abissal institui-se pela cidadania excludente, pelo internamento por tempo indeterminado de refugiados, pela deslocação interna e violenta de populações camponesas e indígenas para dar lugar aos megaprojetos e à agricultura industrial;
- no espaço mundial, a linha abissal constrói-se, por exemplo, pela definição arbitrária de Estados-pária e pela prerrogativa imperial de invadir e destruir países inteiros para provocar supostas mudanças de regime.

Cada espaço estrutural, sendo relativamente autónomo e tendo uma lógica endógena, articula-se com as relações sociais dos outros espaços estruturais. A lógica de desenvolvimento de cada espaço estrutural não é mais do que uma forma sustentada de hibridização entre formas de poder. Cabe acentuar que os espaços estruturais operam sempre em constelações, ou seja, cada dimensão de cada espaço estrutural pode estar presente em qualquer outra dimensão correspondente de outro espaço estrutural.

A relação tensa entre espaços estruturais e a sua imbricação múltipla pode ser aprofundada a partir do conceito de heterotopia cunhado por Michel Foucault (1994) e por nós utilizado em trabalhos anteriores (Santos, 1995: 481–482). Significando literalmente, «outros espaços», a noção de heterotopia permite indagar sobre os espaços portadores de emergências, de resistências, de alternativas, espaços indutores de novas práticas democráticas e de relações sociais baseadas na igualdade e na autoridade partilhada. Como referem Dehaene e De Cauter: «Na sociedade pós-civil, a heterotopia ressurge como uma estratégia para reclamar lugares de alteridade no interior de uma vida "pública" privatizada» (2008: 4).

O conceito de heterotopia foi também recuperado por Henri Lefebvre (1991), numa lógica de produção de lugares ou espaços contrastantes ou mutuamente repelentes (1991: 163, 366).[10] Mas mais relevante em Lefebvre é a ideia central de que os lugares podem ser sempre analisados como espaços dominados ou apropriados (1991: 164). Os espaços dominantes e dominados são transformados e mediados pela tecnologia e pelas práticas, e são fortemente marcados pela história e pelo poder político (1991: 164). Os espaços apropriados, que só podem ser apreendidos através de um estudo crítico do espaço, assemelham-se a uma obra de arte, embora se manifestem na sua concretude (1991: 165).[11] Para Lefebvre: «Atualmente, qualquer "projeto" revolucionário, seja utópico ou realista, se pretender evitar a banalidade inútil, deve tornar a reapropriação do corpo, associada à reapropriação do espaço, uma parte inegociável do seu objetivo» (1991: 166).

Relevante na nossa discussão é salientar que em Lefebvre as diferenças emergem ou perduram nas margens dos domínios homogeneizados, como resistências ou como externalidades (laterais, heterotópicas, heterológicas), ou seja, o que é diferente começa sempre por ser excluído (1991: 373).

Na sua discussão sobre a forma como a luta dos Dalit (intocáveis) na Índia pode ser intensificada pela alteração, aniquilação ou transcendência dos espaços dominantes, Gopal Guru, recorrendo de forma criativa e radical aos conceitos propostos por Henri Lefebvre, reivindica epistemologicamente uma sequência analítica, em que a experiência marca sempre o espaço (o espaço vivencial definido cultural e politicamente), permitindo depois a emergência dos conceitos de justiça, autorrespeito, dignidade e emancipação (Guru, 2009, 2012). Para Gopal Guru, a cujo trabalho voltaremos adiante: «A dinâmica das configurações locais de poder e a experiência daí resultante tem uma influência inequívoca na formação do pensamento social» (2012: 81).

[10] Lefebvre propõe uma tipologia com três tipos de lugares ou espaços: isotopias, ou lugares ou espaços análogos; heterotopias, ou lugares ou espaços contrastantes ou mutuamente repelentes; e utopias, ou lugares ou espaços investidos pelo simbólico e pelo imaginário (1991: 163, 366).

[11] Para Lefebvre, o espaço apropriado é sempre um espaço de prazer: «O verdadeiro espaço de prazer, que seria um espaço apropriado por excelência, ainda não existe. Ainda que alguns poucos exemplos no passado sugiram que este objetivo é, em princípio, alcançável, os resultados até agora têm ficado aquém dos desejos humanos» (1991: 167).

2. A renovação da teoria liberal e as teorias da democracia radical dentro do Norte global

Após a queda do muro de Berlim a democracia representativa liberal emergiu, de acordo com os seus ideólogos, como o único modelo de organização política compatível com o capitalismo e, por conseguinte, com o desenvolvimento económico. Daí a imensa literatura sobre a democracia, os processos de democratização, a sociedade civil e os fatores necessários à criação de sociedades democráticas. No entanto, o próprio avanço do capitalismo neoliberal veio pôr em causa algumas das características que, no final da década de 1980, se atribuíam à democracia representativa, nomeadamente, as políticas sociais redistributivas e a separação entre a economia e a política. A turbulência social que isso causou veio renovar o debate sobre a democracia em registo liberal. No Norte global, um dos debates incide sobre a renovação da teoria democrática e o outro sobre propostas críticas ao modelo liberal e representativo, com uma miríade de designações (democracia radical e, dentro desta, da agonista; da hegemonia do povo). Fazemos a seguir uma breve referência a cada um deles.

2.1. A renovação da teoria democrática de matriz liberal

Os movimentos de protesto pela dignidade ocorridos nos últimos anos obrigaram a uma revisão da teoria democrática de matriz liberal enraizada no Norte global. Entre as várias análises e propostas de síntese,[12] salientamos o trabalho de Richard Youngs (2015) e os argumentos centrais que ele contém sobre a renovação da teoria democrática liberal. Youngs procura responder aos argumentos sobre a existência de democracias não-ocidentais, duvidando da sua existência ou pertinência e contrapondo aos mesmos o que chama de liberalismo-mais (*liberalism-plus*) (2015: 144). O objetivo é experimentar formas locais para vitalizar as ideias liberais centrais de tolerância, participação e responsabilidade. Isto porque, segundo o autor, a variação democrática pode aprofundar e até rerradicalizar a democracia liberal. Os cinco eixos de

[12] Para uma tipologia de síntese sobre as variantes da democracia, ver David Held (2006: 5).

variação definidos por Youngs expressam a estratégia de resposta da teoria ocidental global para o revigoramento e a consolidação da democracia liberal, no fundo dando razão ao argumento de Luc Boltanski e Ève Chiapello (1999) sobre a capacidade do capitalismo para reciclar e reintegrar as agendas, as lógicas e as práticas de contestação e de integrar as críticas de base social.

Os eixos definidos por Youngs são a conjugação dos direitos individuais e comunais, a justiça económica, formas de comunitarismo (com definição de quotas para as minorias), formas alternativas de ativismo e de representação e a atenção a formas de justiça não-ocidentais.

Os limites desta análise são evidentes. Por exemplo, nada é referido nesta proposta sobre o avanço da lógica colonialista (o aumento da apropriação e da violência) no interior do Norte global, o que Boaventura de Sousa Santos designa por regresso do colonial sob formas tão diversas como o racismo, a xenofobia, a islamofobia ou a chamada crise dos refugiados. Também nada se diz sobre a exploração e a opressão nos seis espaços estruturais mencionados acima.

Outra linha de debate sobre a renovação da teoria democrática liberal é ilustrada pelas propostas de Pierre Rosanvallon e de John Medearis. Para Rosanvallon, há que analisar e contrariar a desconfiança dos cidadãos nos regimes democráticos percebendo os modos como diferentes sociedades responderam às disfunções dos regimes representativos (2008: 4-8). Aliás, para Rosanvallon, as formas de expressão da desconfiança democrática são elementos constitutivos do sistema político. Rosanvallon identificou três formas essenciais que os cidadãos têm usado para assegurar que os eleitos mantêm as suas promessas e para exercer pressão sobre os governos, para que estes sirvam o bem comum: os poderes de controlo (vigilância, denúncia e notação exercidos pelos cidadãos); os poderes de obstrução e de sanção (a soberania crítica, com a capacidade de anulação de uma resolução tomada por outro); e os testes de julgamento (povo-juiz e judicialização do político). Estas três formas constituem a contrademocracia, não o oposto da democracia, mas uma forma de democracia que reforça a democracia eleitoral com poderes democráticos indiretos disseminados pela sociedade, isto é, nas palavras do autor, uma «democracia duradoura de desconfiança, que complementa a democracia esporádica do representante eleitoral habitual» (Rosanvallon, 2008: 8).

Por sua vez, John Medearis (2015) baseia-se na visão da democracia como resistência constante, sobretudo contra todas as formas de produção da alienação. A perspetiva de Medearis é de proceder de forma realista e processual, realçando o papel do Estado como forma de alienação. Mas o objetivo não é nem tomar o poder ou imaginar outras formas para além do Estado mas, sim, diagnosticar de forma precisa as estruturas e formas de alienação estatal que resultam, por exemplo, nas discriminações raciais e sexuais (Medearis, 2015: 171–172). Caberá perguntar como, na perspetiva processual e incremental de Medearis, se procede a mudanças nas formas de opressão e de exploração estruturais.

A última proposta que discutiremos nesta breve síntese das tentativas renovadoras da teoria democrática liberal é o hiperpluralismo de Alessandro Ferrara (2015a, 2015b). Para Ferrara, não é muito produtivo continuar a analisar a suposta crise da democracia, mas, sim, identificar os pressupostos básicos da democracia para os reforçar. A democracia define-se, assim, basicamente por um *ethos* democrático que subjaz e enriquece os aspetos processuais da democracia, mas, sendo aquele um produto histórico, é difícil de reproduzir ou de ser trivialmente imitado (2015a: 5). A renovação do liberalismo faz-se pela ideia de uma entidade política (*polity*) multivariada e multicultural (2015a: 215). Por exemplo, as bases para a sustentação de um dado regime democrático podem ser diversas: alguns cidadãos acolherão todos os princípios constitucionais à luz de princípios enraizados nas suas conceções morais; outros cidadãos ou grupos de cidadãos acolherão só alguns dos princípios constitucionais à luz de princípios e outros aspetos constitucionais a partir de razões prudenciais; e, ainda, um terceiro grupo de cidadãos acolherá todos os princípios constitucionais somente por razões prudenciais. Os recursos do hiperpluralismo são, em resumo, a virtude política da abertura, os argumentos conjeturais e uma entidade política multivariada.

O hiperpluralismo liberal de Ferrara traduz-se na construção de uma tipologia de culturas democráticas resultante do cruzamento de duas variáveis: o tipo de *ethos* (agonístico ou consensual/consociativo) e o tipo de prioridade das sociedades (prioridade de direitos ou prioridade de deveres), donde resultam quatro tipos de culturas democráticas (2015a: 141, 2015b: 398).

Tal como acontece em geral com os debates confinados ao liberalismo, a resposta às críticas à teoria democrática originárias do Norte global acaba por reforçar o caráter de excecionalidade desse mesmo Norte global. A ausência da Índia da tipologia apresentada, um dos casos que mais têm estimulado uma reflexão crítica sobre os pressupostos ocidentalocêntricos da democracia e a proposta de conceitos alternativos a partir de uma perspetiva subalterna, é reveladora da cegueira epistemológica no campo da filosofia política convencional.

2.2. A renovação da teoria democrática e a radicalização ontológica

Várias têm sido as teorias que procuram renovar o pensamento democrático ocidental a partir do que apelidam de democracia radical ou agonística. Um dos trabalhos mais influentes é o de Chantal Mouffe (1993, 2000, 2013), sobretudo porque se apresenta como uma alternativa ao suposto falhanço do pensamento político em torno da democracia participativa na década de 1990 (Hilmer, 2010: 44). Chantal Mouffe parte do seu trabalho com Ernesto Laclau (Laclau e Mouffe, 2001) para afirmar que o pensamento sobre o político requer o reconhecimento da dimensão ontológica da negatividade radical. Esta negatividade, por não poder ser ultrapassada de forma dialética, mantém sempre presente o antagonismo. A sociedade baseia-se na contingência e qualquer ordem é sempre hegemónica, isto é, uma expressão de relações de poder. Chantal Mouffe desenvolveu um modelo de democracia que chamou de «pluralismo agonístico» (Mouffe, 1993). Propôs a distinção entre «o político» (*the political*) e «a política» (*politics*). O político refere-se à dimensão ontológica do antagonismo e a política ao conjunto de práticas e instituições que organizam a coexistência humana. A política é sempre marcada pela conflitualidade inerente ao político. O conceito de «democracia agonística pluralista» seria aperfeiçoado em obra ulterior (Mouffe, 2000), onde a autora desenvolve a ideia de que a tarefa da política democrática é providenciar instituições que tornem os conflitos agonísticos, isto é, um confronto entre oponentes vistos como adversários e não inimigos, convivendo num consenso conflitual.

Uma das melhores críticas da teoria democrática agonística de Chantal Mouffe foi avançada por Lois McNay (McNay, 2014). Para Mcnay, a democracia agonística, pela sua ênfase na ontologia, corre o risco de, invocando Pierre Bourdieu, se tornar um pensamento sem peso social

(McNay, 2014: 4). Mouffe cai, no entender de McNay, numa lógica abstrata e autorreferencial das práticas democráticas cuja relevância para os aspetos concretos da exclusão e da opressão é muito questionável (2014: 68). O dissenso institucionalizado de Mouffe acaba por não ser muito diferente da dinâmica competitiva do pluralismo liberal, distinguindo-se somente pelo facto de a democracia agonística estar ligada às lutas dos grupos marginais e subjugados (McNay, 2014: 75).

Já o pensamento político de Ernesto Laclau tem originado múltiplas reflexões em torno da possibilidade das lutas políticas, da mobilização, da mudança, da revolução e da emancipação. No seu livro sobre a razão popular e a definição do povo e do seu papel nos processos políticos, Laclau define o populismo como «os desfavorecidos, a plebe a pretender ser o *populus*» (2005: 209). Tal definição implica sempre a divisão dicotómica do espaço comunitário.

Na sua última obra, uma recolha dos seus ensaios mais emblemáticos, Ernesto Laclau (2014) afirma perentoriamente na introdução que os últimos acontecimentos mundiais corroboram as duas principais conclusões da sua reflexão política. A primeira tem que ver com a proliferação e dispersão de agentes sociais, para além das simples identidades de classe; os movimentos sociais mostram claramente a dimensão horizontal da autonomia (lógica de equivalência) (Laclau, 2014: 52). A segunda conclusão é que esta dimensão horizontal da autonomia não será suficiente para a mudança histórica de longo prazo sem ser complementada pela dimensão vertical da hegemonia, ou seja, uma mudança radical do Estado (Laclau, 2014: 53).

Nesta dimensão vertical da hegemonia residem os principais problemas da teoria de Laclau, além da sua ênfase na retórica e no discurso, e no que chama de significantes vazios. Quem serão os líderes dos processos? Quem articulará a versão de povo que seja emancipadora e igualitária? Boaventura de Sousa Santos tem criticado as formulações de Ernesto Laclau, salientando que, em vez de aceitarmos o populismo como uma fatalidade do nosso tempo, o desafio é analisar o populismo, o momento populista, a partir de uma perspetiva não populista, ou seja, apelando a uma democracia participativa e relevando as novas formas de ação política organizada por parte das classes e dos grupos subalternos (Santos, 2015b).

Para Boaventura de Sousa Santos, o erro de Laclau é, numa lógica de abrangência e de interclassismo, postular que os significantes como democracia, emancipação, liberdade e igualdade são significantes vazios, em vez de perceber que os mesmos estão a ser esvaziados intencionalmente pelo capitalismo, pelo patriarcado e pelo colonialismo (Santos, 2016). O cerne da luta política deve ser contra o esvaziamento destes conceitos e das práticas emancipatórias subjacentes, contra a utilização do conceito de populismo de forma ideológica (mesmo distinguindo entre populismo de esquerda e populismo de direita) para desvalorizar os movimentos sociais, os protestos e as experiências de democracia real (Santos, 2016).

Uma outra abordagem é a da multitude horizontal de Antonio Negri e Michael Hardt. Na sua famosa trilogia — *Empire* (2000), *Multitude* (2004) e *Commonwealth* (2008) —, baseada na filosofia política de Deleuze e Guattari, e, no caso de Negri, na filosofia de Espinosa, Negri e Hardt pretendem estabelecer as bases de um novo senso comum, descentrado (ver também a obra-manifesto de 2012, *Declaration*), baseado e construído a partir de redes horizontais e não-representativas de multiplicidades autónomas (Kioupkiolis e Katsambekis, 2014: 3–4). Para Negri e Hardt, em resultado das transformações da ciência e da revolução nas tecnologias de informação, o capitalismo global funciona como um «Império» autónomo, fora do controlo e regulação dos Estados. O contraponto são as multitudes de trabalhadores em todo o mundo, o contraimpério, que poderão convergir numa lógica de solidariedade derivada da exploração e do sofrimento. A vida nua da multitude pode ser mobilizada para defender várias formas de vida de serem desapossadas pelo capitalismo de alta tecnologia.

Mas cabe perguntar se o diagnóstico de Negri e Hardt está correto e se a luta e a mobilização podem ter origem numa postulada multitude, definida e analisada num contexto filosófico abstrato. A resposta é claramente negativa, quando formulada por Aihwa Ong a partir da experiência do capitalismo nalguns países asiáticos, salientando esta o forte eurocentrismo e ocidentalocentrismo das teorias de Negri e Hardt (Ong, 2012). Para Ong, na Ásia contemporânea, as combinações experimentais dos poderes soberanos do capital, da tecnologia e da ética produzem circunstâncias que reforçam a soberania política, os sentimentos nacionalistas e um *ethos* coletivista (Ong, 2012: 33). Assistimos, assim, a um rearranjo do capitalismo e da soberania nacional que divergem das suas origens, trajetórias e interações típicas no Ocidente.

Também Jaecheol Kim (2015) critica Negri e Hardt, que, ao desvalorizarem os conceitos de «nação», «povo» e «classe», substituindo-os pelo conceito de multitude, denunciam os protestos em Pequim, Nablus, Chiapas e Seul, entre outros, como fenómenos meramente nacionais. A desvalorização das resistências localizadas e dos nacionalismos subalternos por Negri e Hardt silencia, invisibiliza e produz ativamente uma ausência sobre a capacidade de ação e de mudança dos Estados pós-coloniais (Kim, 2015: 675). E a conclusão de Kim não podia ser mais lapidar:

> A criação de uma multitude global implica inevitavelmente domesticar e assimilar as formações sociais pós-coloniais juntamente com as alteridades associadas que não são devidamente transcritas nas suas [de Negri e Hardt] perspetivas Ocidentais. A construção teórica de *Empire* acompanha uma subordinação das formações sociais pós-coloniais à sua noção abrangente de biopolítica. (Kim, 2015: 681)

3. A democracia a partir de contextos não-ocidentais

A discussão sobre o conceito de democracia, cidadania, direitos e sociedade civil em contextos não-ocidentais é fortemente marcada pelo colonialismo e pela questão pós-colonial. Para o caso da Índia, Dipesh Chakrabarty (2005: 3300) afirma que a dominação colonial, o nacionalismo e a democracia eurocêntrica foram incapazes de produzir a forma de soberania adequada. Por sua vez, Gopal Guru mostra de forma exemplar como no caso da Índia a ideia de democracia liberal foi recebida e trabalhada de forma distinta pelas elites ligadas ao bramanismo e pelos grupos subalternos como os Dalit (Guru, 2011). Para as elites, o projeto de democracia liberal permitia reassumir, numa lógica nacionalista, o poder e a influência coartados durante o período colonial. Para os grupos subalternos, e os Dalit em especial, tratava-se de ter acesso e expandir os espaços normativos relacionados não só com a igualdade, a liberdade e os direitos mas também com o autorrespeito e a dignidade (Guru, 2011: 99). Para os Dalit, devia ser dada primazia ao social sobre o político na institucionalização da democracia liberal. Enquanto as elites colocavam o registo do projeto nacionalista no orgulho

(*Abhiman*) e na humilhação, os Dalit acentuavam o conceito de autorrespeito (*Swabhiman*) (Guru, 2011: 100).

Mahmood Mamdani (1996: 19) propõe que se aborde o conceito de sociedade civil em África de forma analítica e não programática. Para Mamdani, a história da sociedade civil em África tem a marca do racismo, pois a sociedade civil era maioritariamente a sociedade dos colonos, sendo uma emanação direta do Estado colonial. Enquanto a sociedade civil foi racializada, a autoridade nativa foi tribalizada. Num primeiro momento identificado por Mamdani, o Estado colonial era o protetor da sociedade dos colonos. O segundo momento foi o das lutas de libertação, de expansão da sociedade civil às classes médias e trabalhadoras emergentes, resultando numa luta contra o Estado e na criação de uma sociedade civil autóctone. O seu impacto foi diminuto, pois a criação de uma sociedade civil autóctone implicava a existência de um Estado desracializado (Mamdani, 1996: 20). O terceiro momento proposto por Mamdani é o da independência dos Estados africanos e o nascimento do Estado desracializado. Se a desracialização dos Estados africanos foi um facto, o mesmo não se pode dizer da sociedade civil. Os privilégios adquiridos, muitas vezes de base racial, prolongaram-se e acentuaram as tensões na esfera da sociedade civil. Mamdani conclui que para se criar pontes entre o rural e o urbano em África, de forma não coerciva e democrática, há que transcender o dualismo de poder que está na base dos Estados bifurcados africanos. Para tal há que transformar simultaneamente a natureza do poder em África, tanto nos espaços urbanos como nos espaços rurais (Mamdani, 1996: 300–301).

Para Achille Mbembe (2001: 7), o conceito de sociedade civil, na linha de outros conceitos como governação ou transição democrática, não é utilizado para se compreender os fenómenos políticos em África ou para produzir conhecimento, mas simplesmente como engenharia social. Mbembe, após proceder a uma análise crítica do conceito de sociedade civil e das práticas associadas no Ocidente na relação entre Estado, direito e grupos dominantes e dominados, conclui que o mesmo não pode ser aplicado na África pós-colonial sem uma reinterpretação das conotações filosóficas e históricas que sugere, a saber: as categorias autóctones para pensar politicamente as relações conflituais e violentas; os vocabulários em que se manifesta o imaginário político e as instituições que lhe dão corpo; a antropologia subjacente tanto à representação política como à alocação desigual de bens; a negociação da heterogeneidade e o refinamento das paixões (Mbembe, 2001: 38).

A propósito da discussão do conceito de sociedade civil em África, John Comaroff e Jean Comaroff argumentam que esse conceito assume um caráter específico em que se incluem tecnologias diversas e antigas de «governação invisível» (Comaroff e Comaroff, 1999: 7). Ao limitar-se o conceito de sociedade civil à ação política que se opõe ao Estado de uma forma explícita e organizada, excluem-se os modos de mobilização que têm sido significativos na história de África, como as associações de mercado, os sindicatos, as igrejas ativistas e as cruzadas islâmicas reformistas e, mais recentemente, as alianças populistas em busca da democracia (Comaroff e Comaroff, 1999: 21).

Comaroff e Comaroff concluem que os conceitos liberais como sociedade civil e cidadania devem ser vistos como os instrumentos usados para concretizar as exclusões em que assentava a ordem colonial. Daí que partilhem os mesmos pressupostos: separação entre cidadãos e súbditos (Mamdani, 1996); separação entre nacionais e imigrantes; entre proprietários e não-proprietários; entre os dominantes e os dominados; entre os que cumprem a lei e os criminosos; entre os responsáveis e os irresponsáveis; entre o domínio cívico e o doméstico (Comaroff e Comaroff, 1999: 23–25).[13]

Um dos autores mais críticos e radicais do conceito de democracia em contexto africano é Tatah Mentan (2010, 2015).[14] Para Mentan, os legados do colonialismo conduziram ao neocolonialismo. Os programas de ajustamento estrutural e a liberalização económica são componentes da globalização que se tornaram instrumentos para orientar a relação de África com o Ocidente (2010: 358). Assiste-se em África a uma contrarrevolução antidemocrática liderada pelas empresas transnacionais. Mentan salienta que África tem uma longa tradição de luta militante, de

[13] Boaventura de Sousa Santos (2012b) interroga-se se o Sul global necessita do conceito de esfera pública. Após mostrar como o mesmo, como consequência direta do capitalismo e do colonialismo, nada mais é do que uma globalização de um tribalismo da sociedade burguesa ocidental, conclui pela necessidade de, partindo das epistemologias do Sul, se recorrer a conceitos como ecologia dos saberes e tradução intercultural para um trabalho teórico de retaguarda que facilite ou apoie os movimentos sociais que lutam contra o capitalismo e as muitas faces do colonialismo.

[14] Para uma análise de longa duração da democracia e dos processos democráticos em África, ver neste livro o capítulo de Issa Shivji.

movimentos de massa anticoloniais e de movimentos de libertação nacional de esquerda baseados na ideia do socialismo africano (Nkrumah, Lumumba, Nyerere), que devem ser as bases para a luta contra o que chama de *apartheid* global (Mentan, 2010: 364–367).

Para Mentan, trata-se de uma luta primeiramente de ideias contra a hegemonia neoliberal, que analise o impacto histórico da escravatura, do racismo, da exploração, do colonialismo e da discriminação (Mentan, 2010: 271). Segundo ele, a ideia de democracia, como as ideias anteriores de desenvolvimento e de civilização ocidental, mais não é do que uma bandeira para a recolonização continuada, a exploração e a opressão pelo Ocidente (Mentan, 2015). Enquanto persistir a falta de democracia na economia mundial como um todo, a democracia política em qualquer enclave «soberano» africano chamado «Estado» terá pouco valor (2015: vii).

Só a desocidentalização e a descolonização permitirão democratizar as sociedades africanas. O objetivo é desparoquializar a noção de democracia. Deixar de pensar que a democracia tem raízes e formas exclusivamente ocidentais, e abrir as portas às muitas maneiras em que o *demos*, o povo, se organiza em todo o mundo para tomar conta do seu destino (Mentan, 2015: 3).

Como vimos, em contexto não-ocidental, o tema da democracia está intimamente ligado ao colonialismo e pós-colonialismo e às suas relações com hierarquias sociais preexistentes. Para aprofundar o tema, centramo-nos nas propostas anticoloniais e pós-coloniais de Mahatma Gandhi e Bhimrao Ramji Ambedkar e, no contexto das lutas de libertação, de Aimé Césaire e de Léopold Sédar Senghor.

Na sua obra de referência, *The Annihilation of Caste*, Ambedkar (2014) propõe-se lutar contra o colonialismo interno e as formas de dominação assentes nas diferenças definidas e impostas pelo hinduísmo e pelo sistema de castas. O radicalismo de Ambedkar parte de uma visão extrema da igualdade e da força coletiva como legitimadora da instituição de novas relações sociais e de poder. Também em Gandhi (1933), na sua obra *Hind Swaraj or Indian Home Rule*, a força emerge como a categoria principal da ação política e moral. A questão é passar da política dos fins para a política dos meios. Gandhi propõe uma nova ética de meios e de responsabilidade.

Para Ambedkar e Gandhi, a vida política, o sentimento de pertencer a uma comunidade e constituir um povo, era inconcebível sem a igualdade incondicional nas relações sociais e morais. As pessoas juntam-se não tanto pelas instituições e pela força da lei mas, sim, por compromissos morais e fraternos partilhados. Contudo, pelo seu estatuto como intocável e pelo seu percurso biográfico, numa sociedade estruturada de forma desigual pelos imperativos e ditames da religião hinduísta, Ambedkar era mais radical nas suas propostas. Ambedkar apresenta uma relação entre a ética da aniquilação revolucionária e as energias criativas do povo, em que a aniquilação é ao mesmo tempo um gesto, uma tomada de posição, um conceito e uma metáfora de força (Kumar, 2015: 7).

Em ambas as obras, é apresentada uma teoria da ação em que a resistência só é considerada política e justa se for ancorada na soberania do povo, uma soberania sem teologia (Kumar, 2015: 11–13). Mas é Ambedkar quem apresenta uma visão mais inovadora e de grande força para uma teoria democrática alternativa. A proposta de democracia radical de Ambedkar, na opinião de Aishwary Kumar, correu o maior risco ao conceptualizar uma ontologia moral da ação separada da dialética nação/ /império. Este risco clássico, que se rebelava contra as bases teológico-jurídicas e constitucionais do Estado-nação, tentava criar condições de cidadania mais plurais, heterogéneas e autónomas. Propunha-se uma civilidade sem medo, uma cidadania ancorada na insubordinação e na independência.

Para Kumar (2015: 341), também Gandhi afastou o universalismo moral da nação e trabalhou uma teoria da dissidência interminável. Contudo, a democracia insurrecional de Ambedkar deriva de uma desconfiança basilar nas componentes fundacionais, baseada numa conceção anárquica de autonomia, que pode ser definida como o direito a resistir a leis imorais e a reclamar a cidade (Kumar, 2015: 142–144).

Passamos agora aos contributos de Léopold Senghor e de Aimé Césaire para a compreensão dos processos democráticos em contexto pós-colonial e das lutas de libertação. Senghor afirma que tudo o que escreveu não constitui senão variações de quatro temas particulares, sob o tema geral da liberdade: a via africana do socialismo, a negritude, a nação e o humanismo (1964: 7). Esta assunção de Senghor mostra como a discussão sobre democracia neste contexto, à revelia do cânone ocidental, se integra em temáticas mais amplas do que as relacionadas simplesmente com a aplicação dos processos democráticos.

Tal é visível em Césaire, quando, reconhecendo o caráter inacabado da democracia e da descolonização, relembrava o papel dos próprios descolonizados e as suas responsabilidades na emancipação política. Isso passava por uma expurgação da memória para a desapaixonar (Césaire, 1955).

Na perspetiva de Gary Wilder (2015), ao tentar refletir sobre a descolonização e a possibilidade de uma democracia pós-nacional, existe em Césaire e Senghor uma recusa em reduzir a descolonização à independência nacional devido às suas convicções sobre a diferença entre libertação formal e liberdade substantiva (Wilder, 2015: 241). O objetivo era tentar universalizar de facto a falsa universalidade republicana desracializando-a, consolidando a relação entre a liberdade pós-colonial e a democracia pós-nacional (2015: 250). Isto obrigava a formular propostas que criassem solidariedade tanto para além de abstrações como lei natural, razão universal e direitos humanos como para além das lealdades concretas (à família, ao território ou à nação).

O ponto central para Césaire e Senghor era questionar a lógica territorial e estatal da descolonização, ativando a força de uma visão pan-africanista. Ambos tentaram ancorar a solidariedade política nas interseções históricas mais do que na humanidade abstrata ou na identidade cultural (Wilder, 2015: 256-257).

4. Os espelhos da democracia e o projeto ALICE

O presente livro estrutura-se em duas partes. A primeira parte, de cariz mais teórico, procede a uma desconstrução da matriz ocidental de democracia, atendendo ao pluriverso de experiências democráticas no mundo e propondo-se as bases de uma democracia intercultural. A segunda parte alicerça-se em estudos de caso mobilizando os conceitos de democracia de alta intensidade, demodiversidade, tradução intercultural e experiência democrática e democratização da democracia. Além dos estudos de caso que derivam diretamente do projeto ALICE, apresentam-se também práticas democráticas, espaços e processos que dialogam diretamente com os pressupostos teóricos avançados pelo projeto ALICE, convocando outros contextos e realidades empíricas que atestam a possibilidade de uma renovação e aprofundamento da democracia para além do cânone liberal, representativo e inserido num sistema capitalista mundial.

A primeira parte, intitulada *O Pluriverso da Democracia*, é composta por onze capítulos.

Boaventura de Sousa Santos, no Capítulo 1, propõe uma nova visão para a Europa a partir da constatação de que a mesma se confronta com um duplo sentimento de exaustão política e histórica e de miniaturização da sua presença no mundo. Esta nova visão assenta numa proposta radical e desafiadora: que a Europa necessita de aprender com o Sul global. Isto porque a Europa pouco tem a ensinar ao mundo e, por outro lado, tem uma enorme dificuldade de aprender com experiências não-europeias e do Sul global. Boaventura de Sousa Santos começa por fazer uma breve análise da evolução da presença da Europa no Mundo, concluindo que chegou o tempo para uma conversa pós-imperial e pós-colonial entre a Europa e o vasto mundo não-europeu. Uma conversa baseada na aprendizagem mútua. Após definir, a partir de uma nova cartografia, os Suis internos e externos da Europa, avança com a ideia de que a Europa deve voltar à escola e desaprender as ideias feitas e voltar a aprender em quatro áreas: direitos humanos e interculturalidade; alternativas ao desenvolvimento ou as outras economias; democratizar a democracia; e, por último, a cura, ou seja, a reparação e a reconciliação da alma, longe dos critérios economicistas.

No Capítulo 2, Rajeev Bhargava aborda a questão premente do secularismo político. O argumento de Bhargava é que as críticas ao secularismo se baseiam em argumentos éticos e morais veiculados a partir de sociedades ocidentais relativamente homogéneas a nível religioso, que projetam um modelo de secularismo claramente favorecedor de certas religiões, nomeadamente o cristianismo, como um modelo universal. Para o autor, em vez de ancorarmos as nossas análises nas bases doutrinárias de certos Estados ocidentais, devemos aprender com as práticas normativas de Estados não-ocidentais que lidam diretamente com sociedades plurirreligiosas e altamente diversificadas social e culturalmente. A proposta de um secularismo alternativo, que concilia diversidade religiosa com os princípios de igualdade e liberdade, a que Bhargava chama de distância baseada em princípios, torna o ideal secular num arranjo negociado politicamente, contextual e eticamente sensível e atento às especificidades encontradas.

No Capítulo 3, Richard Pithouse começa por dialogar com o conceito de linha abissal de Boaventura de Sousa Santos, cruzando e pondo o mesmo em debate com a noção de realidade social bifurcada de Frantz Fanon. Pithouse procede a uma análise fundamentada e crítica do liberalismo, do pensamento radical negro, do papel da crítica no pós-colonial, do marxismo e do conceito de miséria. Pithouse mobiliza o conceito de linha abissal, entendendo-o como dinâmico, contestado e até poroso, para analisar a herança colonial na África do Sul e a espacialização da raça e a racialização do espaço, mesmo após o fim do *apartheid*.

Richard Pithouse analisa uma experiência política a partir das bases, o movimento Abahlali baseMjondolo, ou «residentes das barracas». O mote do movimento é: «para nós a luta mais importante é sermos reconhecidos como seres humanos». É um movimento que se situa claramente fora da linha abissal pela sua lógica antidialéctica. Contrariamente ao movimento zapatista de autonomia espacial e económica, o Abahlali baseMjondolo procurou conquistar terras nas zonas urbanas de elite, assente nos pilares da terra, do alojamento e da dignidade.

No Capítulo 4, Issa Shivji apresenta uma avaliação de longa duração da democracia e dos processos democráticos em África, desde o período colonial até aos dias de hoje. Para Shivji, a tónica analítica não deve ser colocada no modelo da democracia liberal burguesa mas, sim, na democratização como um processo baseado nas lutas do «Resto» contra o Ocidente e os seus implantes locais, de forma a expandir a liberdade humana e a dignidade. Para o autor, o período pós-colonial em África é marcado por duas fases: os primeiros 25 anos de fase nacionalista, e os segundos 25 anos de ideologia neoliberal. As independências africanas trouxeram a liberdade (*uhuru*), mas em condições mundiais de forte pressão capitalista e imperialista. Em contraponto aos que defendem as propostas da democracia liberal ou social-democrata para África, Issa Shivji insere-se, numa perspetiva crítica, na corrente da nova democracia em África. Para Shivji, a nova democracia implica três componentes: modos de vida populares, participação popular e poder popular. A força do conceito de popular assenta na ideia de que o mesmo é anti-imperialista. Popular também se opõe ao conceito de nacional, para mostrar os limites das primeiras independências nacionais em África.

No Capítulo 5, Houria Boutledja propõe, a partir do caso francês, e da sua experiência pessoal e política como mulher e filha de imigrantes argelinos, uma política do amor revolucionário, que renuncie aos ditames dos Estados-nação coloniais e imperialistas. A sua proposta assenta nos escritos de Frantz Fanon e de C. L. R. James contra a fatalidade estrutural do racismo, das raízes e da história, e apresenta-se como um manifesto contra a esquerda convencional, mas também contra todas as formas de apropriação dos saberes e das experiências dos grupos e pessoas subalternas no Norte e no Sul. O seu argumento contra a esquerda convencional e a preponderância do ideário da luta de classes é bastante enfático. A ideia de política do amor revolucionário permite um diálogo estimulante com a relação ambígua entre raízes e opções, e a hipótese da construção de um discurso radical de alternativas às filiações dominantes de construção dos Estados-nação e dos discursos identitários hegemónicos.

Para Houria, numa afirmação radical e propiciadora da reflexão sobre os limites impostos pelo pensamento hegemónico, as alianças prioritárias nas lutas sociais e políticas devem ser estabelecidas entre os não-brancos do Norte e os não-brancos do Sul.

O Capítulo 6, de Silvia Rivera é um caso exemplar de apropriação contra-hegemónica de conceitos desenvolvidos por intelectuais europeus. Silvia Rivera apresenta a forma como, a partir da sua ousadia de colonizada, se apropriou do conceito de micropolítica de Deleuze e Guattari para analisar e potenciar as lutas quotidianas de pequena escala, dando visibilidade a resistências e insurgências subsumidas nas análises convencionais das lutas camponesas ou operárias. O trabalho centrou-se em torno do Taller de Historia Oral Andina (THOA) e, com base numa etnicidade tática, no esforço de constituição de uma memória coletiva a partir da mobilização em redes de pequenas comunidades com lideranças itinerantes e rizomáticas. Trata-se de um arquivo oral, uma oficina de história que pode ser apropriada e mobilizada para as lutas, permitindo, numa articulação fina entre a sociologia das ausências e a sociologia das emergências, entender o que é mobilizador e assume relevância para além do local, do micro, mesmo que em rede.

No Capítulo 7, Vivian Urquidi analisa o modo como a democracia intercultural deve assentar num Estado Plurinacional, ultrapassando a noção restrita e a reprodução dos poderes que deriva da ideia de Estado-nação. Partindo de uma análise bem documentada de toda a América Latina, centra-se na parte final do capítulo nos casos exemplares da

Bolívia e do Equador. Urquidi define dois momentos no pensamento crítico latino-americano, o do projeto revolucionário socialista, esmagado e reprimido pelas ditaduras, e o de articulação na via democrática com a interpelação ao Estado a partir de novos constituintes, como, por exemplo, os povos indígenas. O grande desafio na construção de democracias pós-abissais na América Latina está, na esteira de Urquidi, no facto de que a questão plurinacional trouxe problemáticas novas sem ter superado a questão nacional. Daí a importância do princípio do *Sumaj Kawsay* (*Vivir Bien/Buen Vivir*) e do reconhecimento dos direitos da Mãe Terra (*Pachamama*) como bases de uma alternativa ao capitalismo, à dependência, ao extrativismo e ao modelo agroexportador ainda vigentes e dominantes.

No Capítulo 8, Juan Carlos Monedero parte da experiência dos indignados (15-M) em Espanha e da institucionalização partidária do Podemos para pensar as estratégias de fazer política depois da derrota da noção convencional de política. Trata-se, segundo Monedero, não de assumir a pós-política ou a pós-democracia mas, pelo contrário, de aprofundar de forma experimental os princípios e as dinâmicas do Estado democrático. Monedero reflete sobre a possibilidade de um populismo de esquerda. Um populismo não assente na hipótese de Laclau de um referente vazio (como vimos na primeira parte da presente Introdução), mas antes, como propõe Boaventura, em práticas de tradução das exigências dos movimentos e das lutas sociais em busca de uma sintonia política marcada pela superação das causas partilhadas que estiveram na origem das exigências e das lutas.

Monedero propõe três lógicas democráticas que configuram alternativas à democracia representativa: a lógica Wikipedia, baseada no trabalho colaborativo, em linha com o conceito de Estado experimental de Boaventura de Sousa Santos; a lógica do Fórum Social Mundial (FSM), que garante a universalidade, a tradução, a deliberação, o ecumenismo, a resolução pacífica dos conflitos e a fraternidade; e, por último, a lógica dos indignados em várias partes do mundo, que reivindicam a participação contra os limites da democracia representativa e da exclusão económica.

No Capítulo 9, Antoni Aguilló também parte da experiência dos indignados para apresentar uma reflexão madura sobre a possibilidade de uma democracia pós-abissal a partir das epistemologias do Sul e do quadro teórico proposto por Boaventura de Sousa Santos. O objetivo de Aguilló é indagar sobre as aprendizagens globais propiciadas pelos indignados e pelos protestos populares em vários pontos do mundo, que conduzem a novos horizontes para a produção de teorias e de práticas democráticas contra-hegemónicas.

Para além da dupla cartografia abissal proposta por Boaventura de Sousa Santos, a epistemológica e a jurídica, Aguilló aplica a cartografia abissal à democracia moderna. Com efeito, a democracia moderna funciona como uma monocultura reprodutora das lógicas do colonialismo, do capitalismo e do patriarcado, como um localismo globalizado.

Os movimentos de rua e dos indignados trouxeram novos significados e desafios ao ativismo, aos movimentos sociais e à democracia, revelando uma ecologia de práticas democráticas que permitam teorias da democracia baseadas nas experiências dos grupos oprimidos do Sul global, concretas, fora do institucional e baseadas na copresença, na demodiversidade e na complementaridade.

No Capítulo 10, Rebeca Jasso-Aguilar critica a atribuição negativa, na esteira das propostas teóricas de Gramsci, das designações de *transformismo* ou de *Cesarismo*, enquanto processos de revoluções passivas, às experiências democráticas e aos governos progressistas recentes da América Latina. Essas experiências democráticas e os governos progressistas emergiram a partir de movimentos sociais que partilhavam objetivos gerais de justiça social. O argumento de Jasso-Aguilar constrói-se a partir do conceito de antítese em Gramsci, propondo que os casos dos governos progressistas da América Latina podem ser vistos como exemplos de uma revolução antipassiva. Nesta aceção, a democracia representativa será a tese, a estrutura social existente e incrustada em processos histórico-materiais institucionalizados. A democracia de base será a antítese, assente em formas históricas emergentes pelas forças e pelos movimentos sociais subalternos em confronto parcial com as formas de democracia representativa. Nesta lógica, os governos progressistas da América Latina são parte de processos em curso de transições estatais em vez de estados finais de uma qualquer revolução passiva.

A primeira parte do livro termina com o Capítulo 11, de Larbi Sadiki, sobre a democratização árabe e o conhecimento democrático no âmbito da Primavera Árabe. Para Sadiki, a Primavera Árabe ocorreu em contextos específicos de luta pelo poder na sequência de processos eleitorais e da conquista de lugares em parlamentos recentemente instituídos. Assim, a Primavera Árabe e as suas consequências políticas só podem ser entendidas numa lógica e em processos de parlamentarização.

Sadiki propõe-se analisar a transição democrática a partir da noção de «conhecimento democrático», de base epistemológica e normativa, acentuando a necessidade de uma normativização baseada nos contributos locais, do reportório de práticas e de ideias indígenas. Tal implica transcender tanto as ferramentas analíticas dos orientalistas (e do caráter civilizacional da democracia ocidental) como dos ocidentalistas (entendidos como os que formulam quadros analíticos antiocidentais). Ambas as narrativas, no seu autoexcecionalismo, são etnocêntricas e culturalistas, não atendendo à matriz normativa da democracia como um *ethos* de pluralismo e de igualdade. Um denominador comum entre o pensamento islâmico e a noção de democracia pode ser encontrado nos conceitos de consulta (*shura*) e de consenso.

A segunda parte do livro, intitulada *Democracia: Uma Sociologia das Emergências*, contém onze capítulos, de cariz mais empírico e reportando experiências e práticas democráticas concretas em vários contextos políticos, sociais e culturais.

No Capítulo 12, José Manuel Mendes centra-se no caso dos Dalit na Índia e nas suas associações representativas na construção de espaços de cidadania que contrariem a dominação, a exploração e a discriminação com base na religião e na casta que perduram na sociedade indiana. Mendes mostra como os Dalit sofrem o efeito de exclusões abissais que radicam na história e no corpo. A dominação com base no colonialismo interno, apesar das diferentes leis de ação afirmativa e da inconstitucionalidade do sistema de castas, no capitalismo e, sobretudo, no patriarcado, legitima-se em última instância pela religião.

A ação dos ativistas e das associações de Dalit tem uma dimensão eminentemente política, construindo alianças estratégicas a nível interno (por exemplo, criando uma Federação representativa a nível nacional com os Adivasi) e internacionalmente (com movimentos anticasta noutros países e continentes). A ação política passa pela reivindicação extrema de um Estado próprio no âmbito da federação indiana.

No Capítulo 13, Leonardo Avritzer centra-se na experiência democrática no Brasil de 1990 a 2014. Avritzer apresenta um balanço da participação democrática no Brasil após a transição política, propondo como fatores explicativos do aumento da participação a sua consagração na Constituição brasileira, o papel do Partido dos Trabalhadores no poder local e as conferências nacionais. Identifica as manifestações de junho de 2013 como um momento de crise, indiciador de uma mudança nas lógicas de participação.

Para Avritzer, há um modelo de participação relacionado com a participação no nível local que se esgotou. A nova fase da participação, já visível nalguns Estados do Brasil, centra-se em torno da ideia de sistema de participação, em que a participação não pode estar isolada do sistema político no seu conjunto. Avritzer conclui que a reorganização de uma política participativa no Brasil dependerá fortemente de uma reorganização da hegemonia de esquerda no país, e que a consolidação dos processos democráticos depende sempre da solidez institucional e da integração das políticas nas diferentes escalas de atuação, do local ao nacional.

No Capítulo 14, Jesús Sabariego aborda o papel das novas tecnologias de informação nas estratégias dos movimentos sociais globais recentes, tendo como ponto de referência os casos de Espanha e de Portugal. Para Sabariego, a apropriação política, partilhada e democratizadora, da tecnologia pelos movimentos sociais globais pressupõe uma redefinição da tecnologia e das suas possibilidades, mas também da política. A apropriação e a mediação pelos movimentos sociais globais da tecnopolítica conduz a uma nova ecologia dos saberes nas esferas política e democrática, contra-hegemónica e assente em práticas comunicativas emancipadoras.

Sabariego argumenta que a apropriação e uma certa carnavalização das tecnologias de informação por parte dos movimentos sociais globais, numa lógica performativa, são um elemento diferenciador pela sua componente estética.

No Capítulo 15, Kamal Mitra Chenoy analisa a ascensão, a partir da década de 1990, do autoritarismo de direita de base Hindu na Índia, que tem como alvo as comunidades minoritárias. Esta onda de nacionalismo xenófobo cria novas exclusões, muitas delas abissais, baseadas no critério religioso e redefinindo o direito de cidadania. Chenoy aborda o caso específico das ações do governo federal indiano e de grupos radicais contra o sistema universitário enquanto símbolo de uma consciência democrática e secular. O argumento dos conservadores é de que, como não há Igreja na Índia, os argumentos de separação entre a Igreja e o Estado não se aplicam, sendo o secularismo um mero conceito estrangeiro.

A crise e os ataques nas universidades mais progressistas, sobretudo na Jawaharlal Nehru University (JNU), cruza também a linha de exclusão baseada na casta, sendo muitas das ações dos estudantes Dalit apelidadas de «antinacionais». O nacionalismo conservador, de inspiração religiosa e, no caso da Índia, repercutido na dominação com base na casta, recorre à violência física, verbal, simbólica e mediática para deslocar a linha abissal de forma a criar novas exclusões ou a reinstaurar velhas exclusões, contornando o texto constitucional.[15]

O Capítulo 16, da autoria de João Alexandre Peschanski, tem por tema o Movimento Passe Livre e os protestos sociais ocorridos no Brasil em 2013. Peschanski salienta a componente propositiva dos movimentos sociais estudados e a construção de alternativas institucionais. O autor aponta os limites de uma sociologia convencional dos movimentos sociais, baseada num empreendedorismo da contestação, e que abdica de uma reflexão profunda sobre as propostas de uma eventual nova configuração institucional. Na sua análise, recorre às epistemologias do Sul de Boaventura de Sousa Santos e à proposta teórica de Erik Olin Wright sobre as utopias reais. Peschanski refere que em ambos os quadros teóricos a ênfase é colocada no reconhecimento da importância das inovações sociais nas instituições.

Peschanski apresenta dois estudos de caso no Brasil de cidades que adotaram o transporte público gratuito. Nos casos vertentes, a sociologia das possibilidades assenta na análise aprofundada das condições para a realização da alternativa relevando três dimensões: a desejabilidade, a viabilidade e a atingibilidade do sistema do transporte público gratuito.

O Capítulo 17, de Orlando Aragón Andrade, ilustra como experiências democráticas ancoradas em determinados territórios ou culturas trazem um potencial para construir aprendizagens globais. Aragón aborda o caso do México, um dos países da América Latina onde a crise do sistema eleitoral e da democracia é mais aguda, marcado por anos de políticas neoliberais draconianas. A partir da sua experiência como

[15] Ver neste livro o texto de Rajeev Bhargava (Cap. 2) sobre o secularismo e o conceito de «distância com princípios» aplicado à luz do texto constitucional da Índia.

advogado da comunidade *purépecha* de San Francisco Cherán, na província de Michoacán, Aragón mostra como uma comunidade se revoltou, se organizou e construiu as bases de um poder democrático radical e comunitário, assente em assembleias locais e órgãos representativos próprios. Em Cherán, as práticas democráticas conduziram à desmercantilização, à desprofissionalização, à despatriarcalização e à descolonização da democracia.

No Capítulo 18, Antoni Aguiló analisa o que designa por municipalismo do comum em Espanha. Aguiló mostra como as eleições municipais e as candidaturas cidadãs deslocaram as formas de politização de rua e os protestos para o campo eleitoral e institucional. Para Aguiló, o princípio do comum opõe uma conceção ofensiva, ativa e participativa, à conceção defensiva de cidadania e de democracia. As dimensões analisadas por Aguiló no caso das candidaturas municipalistas cidadãs são: metodologia (com a confluência participativa entre movimentos-partido, agrupamentos de eleitores, partidos instrumentais, movimentos sociais e organizações da sociedade civil); espaço-tempo (rede de espaços-tempo complexos entre o público e o privado); subjetividades (subjetividade coletiva e emancipadora); sociabilidades (a epistemologia do comum desafia a solidão que caracteriza a sociabilidade neoliberal, individualista, atomizada e dispersa, promovendo a criação de vínculos para além da propriedade privada, do trabalho e do consumo e do uso utilitário destes para extrair mais-valia); e traduções (implica um conjunto de processos de produção de imaginários, significados e hábitos de forma a permitir a reapropriação e a redefinição de conceitos como democracia, identidade ou direitos humanos e para a construção de alternativas).

No Capítulo 19, Cristiano Gianolla analisa o papel dos movimentos-partido nos processos de democratização na Índia (o caso do Aam Aadmi Party em Nova Deli) e em Itália (Movimento 5 Stelle). Gianolla recusa o epíteto de populista normalmente atribuído a estes movimentos, e mostra como os mesmos são exemplos de uma democracia radical, de alta intensidade e reticular. Ambos os movimentos-partido emergem em resposta a uma crise de credibilidade do sistema de partidos tradicional, com base na sociedade civil, com uma forte componente moral de anticorrupção, em torno de líderes respeitados e numa lógica participativa.

Gianolla mostra como o AAP recupera o conceito *swaraj*, proposto por Gandhi, como uma forma de ver a democracia que se baseia no empoderamento das unidades políticas locais (bairros e aldeias) para ultrapassar os limites da representação. No caso do Movimento 5 Stelle, a tónica é colocada na democracia direta pela utilização total das novas tecnologias de informação e das redes sociais. Os grupos locais emergem a partir da utilização espontânea das plataformas eletrónicas.

Os últimos três capítulos são dedicados ao processo de democratização da Bolívia e à consagração constitucional da democracia representativa, da democracia participativa e da democracia comunitária.

Maria Teresa Zegada, no Capítulo 20, apresenta uma reflexão sobre a democracia intercultural como síntese das diferenças. As mais inovadoras propostas de refundação do Estado boliviano no início deste século, plasmadas em parte na Constituição, advieram dos movimentos sociais indígenas, camponeses e populares. Zegada realça a demodiversidade ancorada nas formas de gestão política e de resolução de conflitos que antecedem a dominação colonial, que se traduziram em democracias comunitárias. O exercício político comunitário tem uma base coletiva, assenta numa trajetória de obrigação (*thaki* ou caminho), na reciprocidade e na ajuda mútua (*ayni*). O poder reside sempre na comunidade e não nas autoridades. Zegada aborda também as formas de participação coletiva dos sindicatos camponeses e operários. Segundo ela, as dimensões principais da democracia intercultural são: a intersubjetividade sociológica e política; as formas de enunciação e as construções teóricas alternativas; e o formato normativo e institucional da democracia intercultural, incorporando conceitos cruciais como plurinacionalidade e autonomia.

O Capítulo 21, de José Luis Exeni, complementa o de Maria Teresa Zegada, centrando-se nas componentes constitucionais e institucionais que marcam a diferença da demodiversidade plurinacional boliviana em exercício. A reconstrução do Estado boliviano processou-se numa lógica plurinacional contra a monocultura do Estado-nação e baseou-se no valor das autonomias contra o centralismo. Pode ver-se na concretização da demodiversidade boliviana uma radicalização da democracia. O grande desafio é a capacidade de aprofundar a complementaridade institucional das três formas de democracia: a democracia representativa; a democracia participativa e a democracia comunitária. Exeni sistematiza as características constitutivas da democracia comunitária como esteio da demodiversidade plurinacional: a assembleia como instância máxima; o conceito de autoridade como um serviço; a representação como um mandato; a decisão coletiva por consenso; a democracia sem partidos; e o equilíbrio entre homens e mulheres (*chacha-warmi*). Estas seis qualidades interpelam significativamente o cânone hegemónico da democracia liberal-representativa e possibilitam o pensar sustentado de alternativas viáveis a esse cânone.

O Capítulo 22, o último do livro, é da autoria de Mara Bicas e resulta do seu trabalho de campo no município de Jesús de Machaqa, na província Ingavi. Mara Bicas procura validar e amplificar a epistemologia aimará andina que se reflete na conceção do político e na sua democracia aimará (*thakhi* político), assentes numa epistemologia e em práticas que resistiram à colonização e ao colonialismo interno. Mara Bicas mostra como a democracia aimará está profundamente imersa na filosofia andina de ser e de estar no mundo, avançando com outras formas de construir a relação indivíduo-comunidade e a relação sociedade--natureza.

Mara Bicas mostra como o *taypi* (ou conceito de complementaridade) é um elemento essencial no processo de descolonização do colonialismo interno imposto pelas formas e práticas liberais da democracia liberal-representativa e participativa. Mara Bicas conclui, a partir da experiência aimará, que a democracia é um equilíbrio de diversidades deliberativas sem subjugação de nenhuma das formas de exercer a mesma. Segundo a autora, as comunidades e *ayllus* aimará contemporâneos, através das suas democracias, estão a fomentar um *pluralismo político plurinacional*.

Em jeito de conclusão, o desafio que empreendemos neste livro é reivindicar a utopia, imaginando uma democracia pós-abissal que permita democratizar, descolonizar, desmercantilizar e despatriarcalizar as relações sociais. Esta democracia pós-abissal obriga a atender à definição máxima de democracia e não a uma definição mínima, transformando a sociedade em campos de democratização que percorram os espaços estruturais das sociedades contemporâneas. Há que dar uma resposta às utopias realistas (Wright, 2010), porque as formas de dominação do colonialismo, do capitalismo e do patriarcado inscrevem feridas que não saram nos corpos, nos grupos e nas comunidades.

Referências bibliográficas

Ambedkar, Bhimrao Ramji (2014), *Annihilation of Caste: The annotated critical edition*. Londres: Verso [orig. 1936].

Balderacchi, Claudio (2016), «Problems and contradictions of participatory democracy: Lessons from Latin America», *Contemporary Politics*, 22(2), 164–177. Doi: https://doi.org/10.1080/13569775.2016.1153282

Boltanski, Luc; Chiapello, Ève (1999), *Le nouvel esprit du capitalisme*. Paris: Gallimard.

Césaire, Aimé (1955), *Discours sur le colonialisme*. Paris: Éditions Présence Africaine.

Chakrabarty, Dipesh (2005), «"In the Name of Politics": Sovereignty, democracy, and the multitude in India», *Economic & Political Weekly*, 40(30), 3293–3301.

Comaroff, John; Comaroff, Jean (1999), «Introduction», *in* John Comaroff e Jean Comaroff (orgs.), *Civil Society and the Political Imagination in Africa: Critical perspetives*. Chicago, IL: University of Chicago Press, 1–43.

Dehaene, Michiel; De Cauter, Lieven (2008), «Heterotopia in a postcivil society», *in* Michiel Dehaene e Lieven De Cauter (orgs.), *Heterotopia and the City. Public space in a postcivil society*. Nova Iorque: Routledge.

Ferrara, Alessandro (2015a), *The Democratic Horizon. Hyperpluralism and the renewal of political liberalism*. Cambridge: Cambridge University Press.

Ferrara, Alessandro (2015b), «Democracies in the Plural: A typology of democratic cultures», *Philosophy and Social Criticism*, 41(4–5), 393–402. Doi: https://doi.org/10.1177/0191453715574364

Font, Joan; della Porta, Donatella; Sintomer, Yves (orgs.) (2014), *Participatory Democracy in Southern Europe. Causes, characteristics and consequences*. Londres: Rowman & Littlefield.

Foucault, Michel (1994), «Des espaces autres», *in Dits et écrits*, vol. IV, n.º 360. Paris: Gallimard, 752–762 [orig. 1967].

Gandhi, Mahatma K. (1933), *Hind Swaraj or Indian Home Rule*. Ahmedabad: Navajivan Publishing House [orig. 1910]. Consultado a 26.01.2016, em http://www.mkgandhi.org/ebks/hind_swaraj.pdf

Guru, Gopal (2009), «The Archeology of Untouchability», *Economic & Political Weekly*, 44(37), 49–56.

Guru, Gopal (2011), «Liberal Democracy in India and the Dalit Critique», *Social Research*, 78(1), 99–122.

Guru, Gopal (2012), «Experience, Space, and Justice», *in* Gopal Guru e Sundar Sarukkai, *The Cracked Mirror. An Indian debate on experience and theory*. Nova Deli: Oxford University Press, 71–106.

Held, David (2006), *Models of Democracy*. Cambridge: Polity Press.

Hilmer, Jefrrey (2010), «The State of Participatory Democratic Theory», *New Political Science*, 32(1), 43–63. Doi: https://doi.org/10.1080/07393140903492118

Kim, Jaecheol (2015), «Metropolitanism and postcoloniality in Hardt and Negri's Empire trilogy», *Journal of Postcolonial Writing*, 51(6), 672–684. Doi: https://doi.org/10.1080/17449855.2015.1080177

Kioupkiolis, Alexandros; Katsambekis, Giorgos (2014), «Radical democracy and collective movements today: Responding to the challenges of *Kairos*», *in* Alexandros Kioupkiolis e Giorgos Katsambekis (orgs.), *Radical democracy and collective movements today: the biopolitics of the multitude versus the hegemony of the people*. Londres: Ashgate, 1–16.

Kumar Aishwary (2015), *Radical Equality: Ambedkar, Gandhi, and the risk of democracy*. Stanford, CA: Stanford University Press.

Laclau, Ernesto (2005), *The Populist Reason*. Londres: Verso.

Laclau, Ernesto (2014), *The Rethorical Foundations of Society*. Londres: Verso.

Laclau, Ernesto; Mouffe, Chantal (2001), *Hegemony and Socialist Strategy: Towards radical democratic politics*. Londres: Verso [2.ª ed.]

Lefebvre, Henri (1991), *The Production of Space*. Oxford: Blackwell [orig. francês 1974].

Mamdani, Mahmood (1996), *Citizen and Subject: Contemporary Africa and the legacy of late colonialism*. Princeton, NJ: Princeton University Press.

Mbembe, Achille (2001), *On the Postcolony*. Berkeley, CA: University of California Press.

McNay, Lois (2014), *The Misguided Search for the Political: Social weightlessness in radical democratic theory*. Cambridge: Polity.

Medearis, John (2015), *Why Democracy Is Oppositional*. Cambridge, MA: Harvard University Press. Doi: https://doi.org/10.4159/9780674286627

Mentan, Tatah (2010), *The State in Africa: An analysis of impacts of historical trajectories of global capitalist expansion and domination in the continent*. Bamenda, Camarões: Langaa Research and Publishing Common Initiative Group.

Mentan, Tatah (2015), *Decolonizing Democracy from Western Cognitive Imperialism*. Bamenda, Camarões: Langaa Research and Publishing Common Initiative Group.

Merkel, Wolfgang (2014), «Is Capitalism Compatible with Democracy?», *Zeitschrift für Vergleichende Politikwissenschaft*, 8(2), 109–128. Doi: https://doi.org/10.1007/s12286-014-0199-4

Mouffe, Chantal (1993), *The Return of the Political*. Londres: Verso.

Mouffe, Chantal (2000), *The Democratic Paradox*. Londres: Verso.

Mouffe, Chantal (2013), *Agonistics: Thinking the world politically*. Londres: Verso.

Negri, Antonio; Hardt, Michael (2000), *Empire*. Cambridge, MA: Harvard University Press.

Negri, Antonio; Hardt, Michael (2004), *Multitude. War and democracy in the age of empire*. Nova Iorque: Penguin.

Negri, Antonio; Hardt, Michael (2008), *Commonwealth*. Cambridge, MA: Harvard University Press.

Negri, Antonio; Hardt, Michael (2012), *Declaration*. Edição dos autores. Consultado a 27.07.2016, em https://antonionegriinenglish.files.wordpress.com/2012/05/93152857-hardt-negri-declaration2012.pdf

Ong, Aihwa (2012), «Powers of sovereignty: State, people, wealth, life», *Focaal — Journal of Global and Historical Anthropology*, 64, 24–35. Doi: https://doi.org/10.3167/fcl.2012.640103

Rosanvallon, Pierre (2008), *Counter-Democracy. Politics in an age of distrust*. Cambridge: Cambridge University Press.

Santos, Boaventura de Sousa (1995), *Toward a New Common Sense. Law, science and politics in paradigmatic transition*. Nova Iorque: Routledge.

Santos, Boaventura de Sousa (2000), *A crítica da razão indolente. Contra o desperdício da experiência*. Porto: Afrontamento.

Santos, Boaventura de Sousa (2002), «Orçamento Participativo em Porto Alegre: para uma democracia redistributiva», *in* Boaventura de Sousa Santos (org.), *Democratizar a Democracia. Os caminhos da democracia participativa*. Porto: Afrontamento, 377–468.

Santos, Boaventura de Sousa (2003), «Pode o direito ser emancipatório?», *Revista Crítica de Ciências Sociais*, 65, 3–76. Doi: https://doi.org/10.4000/rccs.1180

Santos, Boaventura de Sousa (2005a), «O Fórum Social Mundial e o futuro: Das utopias realistas e as alternativas», *in* Boaventura de Sousa Santos (org.), *O Fórum Social Mundial: Manual de uso*. Porto: Afrontamento, 101–110.

Santos, Boaventura de Sousa (2005b), *O Fórum Social Mundial: Manual de uso*. Porto: Afrontamento.

Santos, Boaventura de Sousa (2006), *The Rise of the Global Left. The World Social Forum and beyond*. Londres: Zed Books.

Santos, Boaventura de Sousa (2007), «Para além do pensamento abissal: Das linhas globais a uma ecologia de saberes», *Revista Crítica de Ciências Sociais*, 78, 3–46. Doi: https://doi.org/10.4000/rccs.753

Santos, Boaventura de Sousa (2010), *Refundación del Estado en América Latina. Perspetivas desde una epistemología del Sur*. Lima: Instituto Internacional de Derecho y Sociedad e Programa Democracia y Transformación Global. Disponível em http://www.boaventuradesousasantos.pt/pages/pt/livros.php

Santos, Boaventura de Sousa (2012a), *Portugal: Ensaio contra a autoflagelação*. Coimbra: Almedina [2.ª ed.].

Santos, Boaventura de Sousa (2012b), «Public Sphere and Epistemolgies of the South», *Africa Development*, XXXVII(1), 43–67. Disponível em http://www.ajol.info/index.php/ad/article/view/87540/77219

Santos, Boaventura de Sousa (2014a), *Epistemologies of the South. Justice against epistemicide*. Boulder, CO: Paradigm.

Santos, Boaventura de Sousa (2014b), «Boaventura examina a "onda Podemos"», *CartaCapital*, de 18 de novembro. Disponível em http://www.

cartacapital.com.br/blogs/outras-palavras/boaventura-examina-a-201 conda-podemos201d-6742.html

Santos, Boaventura de Sousa (2015a), «Towards a sociolegal theory of indignation», *in* Upendra Baxi, Christopher McCrudden e Abdul Paliwala (orgs.), *Law's Ethical, Global and Theoretical Contexts: Essays in honour of William Twining*. Cambridge: Cambridge University Press, 115–142.

Santos, Boaventura de Sousa (2015b), *Povo, populismo e democracia*. Aula Magistral, Faculdade de Economia da Universidade de Coimbra, 15 de maio.

Santos, Boaventura de Sousa (2016), «Populismo, democrazia, insorgenze. Forme contemporanee del politico», entrevista de Gianfranco Ferraro e Francesco Biagi, *Il Ponte*.

Santos, Boaventura de Sousa; Avritzer, Leonardo (2002), «Para ampliar o cânone democrático», *in* Boaventura de Sousa Santos (org.), *Democratizar a Democracia. Os caminhos da democracia participativa*. Porto: Afrontamento, 12–38.

Santos, Boaventura de Sousa; Exeni, José Luis (orgs.) (2012), *Justicia indígena, plurinacionalidad e interculturalidad en Bolivia*. Quito: Ediciones Abya Yala e Fundación Rosa Luxemburg. Disponível em http://www.rosalux.org.ec/es/democracia-e-interculturalidad-menu/505-justicia-indígena,-plurinacionalidad-e-interculturalidad-en-bolivia.html

Santos, Boaventura de Sousa; Grijalva, Agustin (orgs.) (2012), *Justicia indígena, plurinacionalidad e interculturalidad en Ecuador*. Quito: Ediciones Abya Yala e Fundación Rosa Luxemburg. Disponível em http://www.rosalux.org.ec/es/democracia-e-interculturalidad-menu/504-justicia-indígena,-plurinacionalidad-e-interculturalidad-en-ecuador.html

Senghor, Léopold Sédar (1964), *Liberté 1: Négritude et humanisme*. Paris: Seuil.

Streeck, Wolfgang (2014), «How Will Capitalism End?» *New Left Review*, 87, 35–64. Disponível em https://newleftreview.org/II/87/wolfgang-streeck-how-will-capitalism-end

Streeck, Wolfgang (2015a), «The Rise of the European Consolidation State», *MPIfG Discussion Paper*, 15/1. Colónia: Max-Planck-Institut für Gesellschaftsforschung. Disponível em http://www.mpifg.de/pu/mpifg dp/dp15-1.pdf

Streeck, Wolfgang (2015b), «Comment on Wolfgang Merkel "Is capitalism compatible with democracy?"», *Zeitschrift für Vergleichende Politikwissenschaft*, 9(1), 49–60. Doi: https://doi.org/10.1007/s12286-015-0232-2

Wilder, Gary (2015), *Freedom Time: Negritude, decolonization, and the future of the world*. Durham, NC: Duke University Press.

Wright, Erik Olin (2010), *Envisioning Real Utopias*. Londres: Verso.

Youngs, Richard (2015), «Exploring "Non-Western Democracy"», *Journal of Democracy*, 26(4), 140–154. Doi: https://doi.org/10.1353/jod.2015.0062

Capítulo 1

Para uma nova visão da Europa: aprender com o Sul

Boaventura de Sousa Santos

Introdução

Um sentimento de exaustão histórica e política assombra a Europa. Após cinco séculos a impor soluções ao mundo, num processo de expansão colonial iniciado pelas navegações ibéricas, a Europa parece incapaz de resolver os seus próprios problemas. O continente encontra-se envolto pela generalizada consciência de que não existem alternativas, de que é definitiva a perda do contrato social do Pós-Guerra que ligava ganhos de produtividade a ganhos salariais; e de que o aumento das desigualdades sociais, longe de criar crescimento económico, está a mergulhar a Europa numa profunda estagnação. A coesão social europeia degenera-se ante os nossos olhos, trazendo o espectro de uma guerra civil europeia, um *fatum* (destino avassalador) que Gottfried Leibniz (1646–1826) imaginava superado pela racionalidade moderna.

Esta situação é tanto mais intrigante se considerarmos que alguns dos problemas aparentemente irresolúveis têm semelhanças com os que países não-europeus enfrentaram, com relativo sucesso, nos últimos anos. Ainda mais curioso é o facto de esses países terem partido muitas vezes de ideias e experiências europeias, sendo verdade que essas ideias e experiências foram profundamente reinterpretadas, cruzadas com elementos de origem não-europeia, numa *bricolage* institucional e intelectual mais centrada em resultados concretos do que em dogmas e modelos ortodoxos.

O sentimento de exaustão é, pois, combinado com a ideia de miniaturização. A Europa parece encolher ao mesmo tempo que o mundo não-europeu se expande. Novos atores, como os BRICS,[1] emergem na cena global, enquanto a Europa se mostra cada vez menos relevante.

Para esta abordagem do presente, parto de duas premissas que estão longe de ser consensuais. Em primeiro lugar, a Europa, por mais extraordinários que tenham sido os seus feitos do passado, pouco tem a ensinar ao mundo, pelo menos por agora. Em segundo lugar, a Europa tem extrema dificuldade em aprender com as experiências não-europeias, em particular com aquelas que têm origem no Sul global.[2]

O preconceito colonial constitui a chave para compreender a dificuldade que a Europa tem em aprender com o mundo, isto é, em reconhecer histórias, práticas, saberes e soluções para além da história e das teorias, alegadamente universais, produzidas no Ocidente. Em causa está a produção de não existência através de um pensamento moderno que tenho definido como abissal (Santos, 2007). No meu entender, o pensamento abissal moderno é-o porque ainda largamente definido pela permanência das lógicas através das quais a experiência colonial moderna dividiu o mundo entre zonas metropolitanas e zonas coloniais. Ou seja, a força metafórica das linhas globais que dividiram o mundo[3] sobrevive à cartografia literal que dividiu o velho do novo mundo em toda a modernidade colonial. Desse modo, subsistem as linhas abissais naquilo que é hoje o pensamento europeu e o pensamento ocidental, falamos de linhas que dividem a realidade social em dois universos distintos: o universo «deste lado da linha» e o universo «do outro lado da linha». A divisão é tal que «o outro lado da linha» desaparece enquanto realidade, torna-se

---

[1] Brasil, Rússia, Índia, China e África do Sul.

[2] Com o conceito de Sul global, refiro-me aqui às regiões periféricas e semiperiféricas e aos países do sistema-mundo moderno que foram denominados de Terceiro Mundo após a Segunda Guerra Mundial (Santos, 1995: 506–519).

[3] A primeira linha global moderna foi, provavelmente, o Tratado de Tordesilhas entre Portugal e Espanha (1494), mas as verdadeiras linhas abissais emergem em meados do século XVI com as *amity lines* (linhas de amizade).

inexistente, e é mesmo produzido como inexistente. Inexistência, neste sentido, significa não existir sob qualquer forma de ser relevante ou compreensível (Santos, 2007: 3–4). Colonialismo, evangelização, neocolonialismo, imperialismo, desenvolvimento, globalização, ajuda externa, direitos humanos e assistência humanitária são exemplos de algumas das diretivas das soluções eurocêntricas para os problemas do mundo. Imersa neste pensamento que arroga superioridade e cria fechamento, como pode a Europa aprender com experiências do mundo?

Parece existir uma janela de oportunidade, criada nas últimas duas décadas, a que a crise financeira, económica, política e ecológica tem dado nova visibilidade. No entanto, e se a Europa, em vez de ser a solução para os problemas do mundo, fosse ela mesma um problema? Afinal, será a Europa tão singular que tenha apenas que contar consigo própria? Ou será, ao invés, que a Europa é parte de um mundo com o qual pode e deve aprender?

Sendo verdade que durante séculos a Europa assumiu o destino manifesto de evangelizar e civilizar os outros povos, dando lições ao mundo, ora escudada na grandeza do seu deus, ora anunciando a ciência moderna como a forma válida e universal de conhecimento, tal não implica que revertamos de forma simplista os termos da questão afirmando que a Europa deve receber lições do Sul global. Não se trata, pois, de demonizar o pensamento europeu ou a ciência moderna europeia, mas de reconhecer as suas incompletudes. Do mesmo modo, o objetivo não é romantizar as inovações do Sul, mas abordá-las por meio de uma sociologia das ausências e das emergências, isto é, reconhecer experiências e conhecimentos invisibilizados e desvalorizados pelo pensamento colonial para pensar o futuro a partir de um presente dilatado, observando os sinais do presente como tendências ou embriões que podem ser decisivos no futuro (Santos, 2006).

É tempo de um entendimento pós-colonial e pós-imperial entre a Europa e o mundo. Nesse sentido, neste texto procuro responder a duas questões: quais as condições que possibilitam as aprendizagens mútuas? Quais as áreas essenciais nestas aprendizagens globais? O argumento é apresentado em três partes. Num primeiro momento, analiso as duas premissas mencionadas, contextualizando historicamente o declínio da Europa. No segundo ponto, apresento as condições para ocorrerem aprendizagens mútuas, nomeadamente a disponibilidade para aprender com o Sul e a aceitação de que o mundo do futuro é pós-europeu. Finalmente, apresento alguns exemplos de aprendizagens mútuas em quatro áreas temáticas: direitos humanos e interculturalidade, desenvolvimento sustentável e outras economias, democracia e constitucionalismo intercultural.

1. A Europa no mundo

Até ao século XV, a Europa é a periferia de um sistema-mundo cujo centro está localizado na Ásia Central e na Índia. Só a partir de meados do milénio, com as navegações ibéricas, é que esse sistema-mundo é substituído por outro, capitalista e planetário, cujo centro é a Europa. As sucessivas cruzadas selaram a conceção do Oriente que dominou durante todo o milénio — o Oriente como civilização temível e temida e como recurso a ser explorado pela guerra e pelo comércio — e que teve a sua consagração científica no século XIX com o chamado Orientalismo.[4] O outro lado do Orientalismo foi a ideia da superioridade intrínseca do Ocidente.

Se o Oriente é, para o Ocidente, o lugar da alteridade, a América e a África, enquanto «descobertas» ocidentais, são o lugar por excelência do selvagem. É a propósito da América e dos povos indígenas submetidos ao jugo europeu que nasce o debate fundador sobre a conceção do selvagem. Este debate que, contrariamente às aparências, está hoje tão em aberto como há 400 anos, inicia-se com as viagens marítimas

[4] O Orientalismo é a conceção do Oriente que domina nas ciências e nas humanidades europeias a partir do final do século XVIII. Segundo Edward Said (1979), essa conceção assenta nos seguintes dogmas: uma distinção total entre «nós», os ocidentais, e «eles», os orientais; o Ocidente é racional, desenvolvido, humano, superior, enquanto o Oriente é aberrante, subdesenvolvido e inferior; o Ocidente é dinâmico, diverso, capaz de autotransformação e de autodefinição, enquanto o Oriente é estático, eterno, uniforme, incapaz de se autorrepresentar; o Oriente é temível (seja ele o perigo amarelo, as hordas mongóis ou os fundamentalistas islâmicos) e tem de ser controlado pelo Ocidente (por meio da guerra, ocupação, pacificação, investigação científica, ajuda ao desenvolvimento, etc.). Max Weber (1990) foi um dos grandes teorizadores do predomínio inevitável do Ocidente. O facto de Joseph Needham (1954) e outros terem demonstrado que, até ao século XV, a civilização chinesa não era em nada inferior à civilização ocidental, não abalou até hoje o senso comum ocidental sobre a superioridade, por assim dizer, genética do Ocidente.

de Cristóvão Colombo e Pedro Álvares Cabral e atinge o seu primeiro clímax na «Disputa de Valladolid», convocada em 1550 por Carlos V. Neste debate, confrontaram-se dois discursos paradigmáticos sobre os povos indígenas e a sua dominação, protagonizados por Juan Ginés de Sepúlveda 1979 [1547], para quem os índios são inferiores e por isso os escravos naturais, e Bartolomé de Las Casas 1992 [1552], que os considerava seres racionais e livres, dotados de cultura e instituições próprias, com os quais a única relação legítima era a do diálogo construtivo. O paradigma de Sepúlveda prevaleceu, porque só esse era compatível com as necessidades do novo sistema mundial capitalista centrado na Europa, que definiu o sistema-mundo moderno em que vivemos.

O período alto da Europa como poder global e imperial terminou em 1945. Devastada, beneficiou da ajuda dos Estados Unidos da América (EUA), país reposicionado pela guerra em esmagadora potência mundial. Quando os EUA entraram em declínio na década de 1970, a Europa, em vez de implementar uma trajetória nova e autónoma, uniu o seu destino ao dos EUA, desenvolvendo uma parceria que, com o passar dos anos, se tornou cada vez mais desigual. Quando os países periféricos do Sul global, muitos dos quais antigas colónias europeias, se tornaram independentes e tentaram traçar a sua história num mundo pós-europeu, a jornada foi acidentada. Por um lado, a Europa e os EUA questionaram e desafiaram qualquer tentativa de desvinculação do sistema capitalista, por outro, a União Soviética recusou qualquer alternativa que não a sua.

O movimento dos não-alinhados (iniciado com a Conferência de Bandung em 1955) foi a primeira manifestação de intenção histórica de desenhar um caminho que fosse além da visão bipolar e contraditória que a Europa oferecia ao mundo, ora liberal e capitalista, ora marxista e socialista, dois lados altamente excludentes e exigindo lealdade incondicional. Esta dicotomização nos assuntos mundiais, dramaticamente ilustrada pela Guerra Fria (por vezes muito quente, como por exemplo na guerra da Coreia ou nas guerras na África Austral), colocou dilemas políticos irresolúveis às novas elites políticas do Sul global, ao nível nacional, regional e das Nações Unidas. Tal sucedeu mesmo com as elites mais distanciadas da cultura ocidental capitalista e comunista, aquelas que percebiam ambos os sistemas como armadilhas gémeas assentes na supremacia do «homem branco».

Nas décadas seguintes surgiram tentativas de construir uma história com algum grau de autonomia, até que se deu a emergência dos BRICS no final do século XX. Esta emergência dramatizou a diversidade da experiência do mundo, que, em todo o caso, sempre subsistiu, das mais diferentes formas de resistência e apropriação criativas, nas lutas desenvolvidas pelos grupos que lutaram e lutam contra as formas de opressão causadas pelo colonialismo, pelo capitalismo e pelo patriarcado.

Ante o desperdício desta diversidade de experiência no mundo, refletir sobre as condições que possibilitam a aprendizagem mútua implica a possibilidade de construção de uma nova visão da Europa, reconhecendo que a antiga, no mínimo, perdeu a incontestada validade e funcionalidade. Curioso paradoxo: neste momento muitos europeus aspiram a uma nova visão da Europa mesmo sem saberem em que termos essa nova visão diferirá da antiga, que é, na melhor das hipóteses, uma vaga noção. A antiga visão da Europa só pôde parecer sólida e precisa pelo modo como, em cada momento, foi sendo simultaneamente modelada e afirmada incontestável pelos poderes que nela se foram imbricando.

Entre incertezas e paradoxos que fogem ao âmbito deste artigo, cabe perguntar o que qualificamos como Europa. Quantas Europas existem? É constituída por 51 países ou pelos 28 países da União Europeia? O que significa ser europeu? Devemos ter em mente que não existe qualquer definição oficial de «europeu», pelo menos em termos de políticas culturais. A desintegração da União Soviética e da Jugoslávia, a reunificação da Alemanha e o movimento em grande escala de migrantes, trabalhadores e refugiados acrescentaram complexidade à ideia de Europa e à identidade europeia, na medida em que novas identidades e fronteiras se justapuseram, tendo-se formado divisórias múltiplas dos estatutos de «íntimo» ou «estranho». É de supor que os serviços de migração e fronteiras possam desenvolver ideias particulares sobre o que seja a Europa e a sua identidade. Por esta razão, alguns autores defendem que o discurso da «identidade europeia» é prematuro (*e.g.*, Shore, 1993). Tal como não existe «uma Europa», mas antes uma pluralidade de definições históricas específicas e concorrentes entre si (Seton-Watson, 1985; Wallace, 1990), existem «identidades europeias» contrastantes e rivais, dependentes do desenho das fronteiras e da perceção da natureza da «Europeidade» (Kundera, 1984; Dahrendorf *et al.*, 1989). Ao mencionar estas complexidades e incertezas, saliento o quanto uma nova visão da

Europa terá de estar intimamente ligada à ideia das múltiplas fronteiras da Europa, frequentemente contraditórias.

2. Aprender com o Sul global

Dado o passado histórico imperial europeu, a primeira condição para a aprendizagem mútua é a disponibilidade para aprender a partir do Sul global, com as experiências de imensas regiões do mundo que estiveram sujeitas ao jugo europeu. O Sul invoca uma geografia e uma cartografia, mas, no sentido que aqui lhe atribuo, é uma metáfora do sofrimento humano injusto provocado pelo capitalismo, pelo colonialismo e pelo patriarcado (Santos, 2014: 215). Claro que este sofrimento não resulta exclusivamente da ação da Europa. Historicamente, os europeus também lutaram contra o colonialismo, o capitalismo e o patriarcado. A metáfora remete para medidas, escalas e pesos, para dominantes e subalternos, para movimentos maioritários e minoritários e para tendências. E tudo isto nos diz que durante séculos a Europa foi um centro fortíssimo que governou o mundo criando periferias subalternas e margens.

A primeira condição de aprendizagem com o Sul passa pelo esclarecimento de que tipo de Sul ou Suis devem ser incluídos neste entendimento. Este esclarecimento pressupõe uma vontade de considerar uma nova cartografia da Europa. Nas primeiras décadas do século XIX, o estadista austríaco Metternich escrevia que «*Asien beginnt an der Landstrasse*», isto é, a Ásia começa na periferia de Viena. No século XIX, a zona em torno da Landstrasse era ocupada por imigrantes dos Balcãs. Então, como agora, a distinção entre os Balcãs e a Europa era marcada, como se os primeiros não pertencessem à Europa.

O significado de Sul é particularmente complexo no caso da Europa. O Sul que confronta a Europa como outro existe tanto dentro como fora da Europa. O Sul fora da Europa é constituído pelos países fornecedores de matéria-prima com mercados de consumo a explorar; países cujas catástrofes naturais tornam lícita a ajuda humanitária europeia; países incapazes de sustentar a sua população dando origem ao problema da imigração que «aflige» a Europa; países que criam terroristas contra os quais é necessário lutar com a máxima inclemência. O Sul dentro da

Europa é constituído, por exemplo, pelos ciganos/roma, pelos imigrantes, e pelos filhos dos imigrantes — alguns dos quais nascidos nesta mesma Europa há várias gerações, portadores de passaportes europeus, sem no entanto serem tidos como «europeus como os outros».

Existe, contudo, um outro Sul dentro da Europa. É um Sul geográfico, porém igualmente cabível no Sul metafórico. Refiro-me aos países do Sul da Europa, em particular Grécia, Espanha e Portugal.[5] A depreciação dos países do Sul é histórica e encontra-se bem documentada. Por exemplo, entre o século XV e o século XVIII há inúmeros relatos de viajantes e comerciantes da Europa do Norte que enfatizavam as condições de vida precárias na Europa do Sul.[6] Estas narrativas atribuíam aos portugueses e aos espanhóis as mesmas características que os colonizadores portugueses e espanhóis imputavam aos povos selvagens e primitivos das suas colónias: condições de vida precárias, preguiça e lascívia, violência, afabilidade, negligência higiénica, ignorância, superstição, irracionalidade, etc.

Nas circunstâncias atuais, é difícil imaginar a Europa a aprender com os países do seu Sul. Os mais cínicos dirão mesmo que com eles só se aprende o que não fazer. Esta afirmação tem raízes históricas profundas. Para as entender, é necessário recuar cinco séculos e prestar atenção à oscilação histórica entre centros e periferias dentro da Europa. Um centro mediterrânico que não durou mais de século e meio (século XVI e metade do século XVII) foi suplantado por outro orientado para o Atlântico Norte, para o Mar do Norte e o Mar Báltico, abarcando cidades do norte de Itália, de França, dos Países Baixos e, no século XIX, da Alemanha. Este centro esteve sempre rodeado de periferias: a Norte, os países nórdicos; a Sul, a Península Ibérica; a Sudoeste, os Balcãs; a Este, os territórios feudais do Império Otomano e da Rússia (semieuropeizada desde o século XVIII sob o domínio de Pedro, o Grande). Ao longo de cinco séculos, apenas as periferias do Norte tiveram acesso ao centro que hoje continua a ser o núcleo da União Europeia. A verdade é que, tal como refere Hobsbawn (1997), sempre houve duas Europas e muitas vezes duas Europas dentro

[5] Para uma análise da situação subalterna de Portugal na Europa, mesmo quando era um império colonial, ver Santos (2011: 21–57).

[6] Ver Santos (2006: 211–256).

de cada país (Catalunha e Castela em Espanha, Itália do Sul e Itália do Norte, etc.).

Esta dualidade que define um Sul na Europa está mais arraigada na cultura europeia do que se poderia pensar, e explica algumas das dificuldades na abordagem da crise financeira que se faz sentir na Europa desde 2008. O que aparenta ser apenas um problema económico ou financeiro é também um problema cultural e sociopsicológico. Entendo que esta dimensão mais profunda pode estar mais presente nas soluções económicas e financeiras do que se poderia pensar.

A segunda condição para uma aprendizagem com o Sul é a aceitação da evidência de que o mundo do futuro será um mundo pós-europeu. O futuro não será ditado ao mundo pela Europa como foi no passado. A empresa colonial estipulava que as populações e nações sujeitas à governação europeia, independentemente da diversidade da herança histórica, estavam condenadas a um futuro ditado pela Europa. Deste modo, o futuro da Europa ficou refém dos limites que impunha aos outros. Quantas ideias e projetos foram descartados, desacreditados, abandonados, demonizados dentro da Europa por simplesmente não servirem o projeto colonial? A visão do futuro não é alcançável sem que a Europa faça contas com o passado, inclusivamente celebrando a libertação alcançada pelos países cuja trajetória está presa ao passado colonial europeu.

No entanto, uma vez fechado o ciclo do colonialismo histórico, o neocolonialismo provou ser um fardo resiliente para vários países, reproduzido por uma vasta gama de políticas, algumas mais benevolentes do que outras, que vão da intervenção militar aos programas de desenvolvimento, dos direitos especiais sobre recursos naturais à assistência humanitária. A ilusão de uma interrupção pós-colonial não permite aos governos da Europa escrutinar criteriosamente as operações globais das empresas europeias, estejam elas a promover alimentação para bebés em regiões de fome, a usurpar terras, a especular com bens alimentares, a reivindicar patentes sobre medicamentos, a restringir o acesso dos camponeses a sementes ou a provocar catástrofes ambientais.

Longe de constituir apenas um imenso espaço de vitimização, o mundo colonial representa um lugar multifacetado de resistência e arte de sobrevivência. Aqui reside a imensidão da experiência do mundo que poderia ser mais vasta não fosse o epistemicídio, isto é, a destruição maciça de experiências e conhecimentos subordinados considerados inadequados para servir o projeto colonial (Santos, 2014: 236). Este passado não pode ser desfeito, mas o modo como condiciona o nosso presente deveria ser objeto de reflexão profunda e transformação política. Deste modo, reivindicar a necessidade de uma leitura pós-colonial não é sustentar uma obsessão interpretativa fundada na experiência colonial, é, sim, reconhecer a fortíssima herança histórica do colonialismo nas estruturas de poder e saber nas sociedades pós-coloniais,[7] bem como a relevância das referências inspiradoras dos movimentos de libertação anticoloniais para pensar as lutas do presente (Young, 2001).

3. Aprendizagens globais

A Europa tem de voltar à escola, à escola do mundo e da sua diversidade infinita, dispondo-se a *desaprender* muitas das conceções sobre si própria, tidas como autoevidentes, que foram verdadeiras e úteis no passado mas deixaram de o ser, dispondo-se ainda a aprender sobre novas ideias, algumas inteiramente não familiares, outras tão estranhas como se fossem o reflexo num espelho surpreendente, ou seja, ideias europeias há muito descartadas e esquecidas por terem sido excluídas da vastíssima família das ideias europeias. Enquanto regressa à escola, a Europa deve aceitar a possibilidade de algumas das suas mais antigas e vibrantes tradições poderem ser encontradas hoje fora da Europa, após serem apropriadas e criativamente transformadas pelos povos subjugados ao colonialismo europeu e ao pós-colonialismo. Como exemplos fortes, apresento algumas lições de *desaprendizagem* e aprendizagem em quatro áreas: direitos humanos, economia, democracia e constitucionalismo.

3.1. Direitos Humanos e Interculturalidade

Desde a Segunda Guerra Mundial, a Europa tem enfrentando um desafio intercultural relativamente à coesão jurídica e política, resultante

[7] Continuidade que tem sido denominada por «colonialidade do poder» (Mignolo, 2000; Quijano, 2000; Dussel, 2001).

não apenas dos processos migratórios mas também do reconhecimento da diversidade subnacional. Uma vez mais, a distinção interior-exterior é crescentemente transformada em divisão interior-interior. À medida que a diferença cultural se torna uma dimensão da cidadania cultural, as questões dos direitos humanos e dos direitos de cidadania estão mais coimplicadas do que nunca, ainda que as forças conservadoras tentem separá-las. A demanda por uma noção de cidadania europeia mais ampla, partindo do tradicional âmbito nacional de cidadania no sentido de uma escala europeia amplificada, é fundamental à ideia de uma conceção cosmopolita de humanidade e de direitos humanos. Em meu entender, a defesa da interculturalidade e dos direitos humanos é cada vez mais a mesma luta. Contudo, num mundo pós-11 de Setembro, o apelo à interculturalidade tornou-se simultaneamente mais difícil e necessário. Por um lado, existe o perigo de que uma conceção limitada de segurança reprima a interculturalidade face a um receio de perda de controlo; por outro, torna-se evidente que a vítima de tal conceção não é apenas a interculturalidade, mas o cerne dos direitos humanos, tal como foram convencionalmente entendidos na Europa.

Não existe dúvida sobre a hegemonia dos direitos humanos enquanto discurso de dignidade humana (Santos, 2013: 13–27). No entanto, tal hegemonia enfrenta uma realidade perturbadora. O facto é que a grande maioria da população mundial não é sujeito de direitos humanos, mas objeto de discursos de direitos humanos. A questão é se os direitos humanos constituem uma ajuda eficaz nas lutas dos excluídos, dos explorados e dos discriminados ou se, pelo contrário, dificultam mais as suas lutas. Por outras palavras, a hegemonia reivindicada pelos direitos humanos resulta de uma vitória histórica ou de uma derrota histórica?

Temos de começar por reconhecer que os direitos humanos têm uma dupla genealogia na modernidade europeia, uma genealogia imperial e uma genealogia revolucionária. Esta genealogia imperial tem mostrado como os direitos humanos representam, muitas vezes, os «direitos do poder» e não «o poder dos direitos» (Falk, 2009). Os direitos humanos hegemónicos ou convencionais são-no por resultarem da sua origem monocultural ocidental, por terem estado ao serviço dos duplos critérios e das justificações imperialistas na arena geopolítica, e por se constituírem hoje como denominadores mínimos de direito, conquanto congruentes com a ordem global individualista, neoliberal e nortecêntrica. Por outro lado, os direitos humanos foram por vezes um instrumento poderoso na luta pela democracia e pela decência e contra a tirania e a opressão conduzidas por agentes estatais e não-estatais, articulados com outras gramáticas de dignidade contra os poderes estabelecidos.

A Europa teve sempre dificuldade em reconhecer a existência de outras gramáticas de dignidade humana para além da dos direitos humanos. No entanto, basta lembrar que os movimentos de libertação nacional do século XX não invocaram a gramática dos direitos humanos para justificar as suas causas e lutas, lutando em nome da libertação nacional e da autodeterminação (Moyn, 2010).

Hoje em dia, duas outras gramáticas de dignidade humana convocam um envolvimento europeu ativo. A primeira, não sendo estranha às raízes europeias — mas tida como não-europeia — encontra-se nas conceções islâmicas de dignidade humana e na ênfase nos deveres, e não nos direitos, bem como na valorização da comunidade (*umma*) como raiz suprema da dignidade e do mérito humano. Aliás, existe um longo debate sobre as relações entre o islamismo e os direitos humanos e a possibilidade de uma conceção islâmica dos mesmos.[8] A islamofobia feroz que atualmente flagela a Europa impede um diálogo produtivo com um quinto da população mundial e com uma percentagem crescente dos seus cidadãos.

Sobre este assunto ainda existe uma outra plataforma digna de salientar para um novo diálogo com o mundo pela *desaprendizagem*/aprendizagem. Refiro-me ao secularismo. O secularismo é um paradigma arraigado no modo de vida europeu. A trágica experiência dos séculos XVI e XVII deixou a Europa sem qualquer outra alternativa positiva que não fosse a separação do Estado e da Igreja, segundo a ideia de que a liberdade religiosa só se consegue numa sociedade cuja esfera pública está liberta da religião. Não discutirei aqui as complexidades da solução europeia para a questão religiosa. Gostaria apenas de enfatizar que, por motivos complexos, parece que estamos a entrar numa era pós-secular, tal como Charles Taylor (2007) lhe chama. Do mesmo modo, também Habermas (2009) falou de uma pós-secularidade como uma das características definidoras do nosso tempo. A minha opinião sobre este assunto é que nos estamos a dirigir para tempos difíceis, nesse sentido a

[8] Ver, por exemplo, An-Na'im (1990, 1992).

participação da Europa no diálogo mundial deveria articular-se com a importância da distinção entre secularismo e secularidade. A secularidade é uma postura filosófica e política que defende a separação do Estado e da religião, mas que admite a presença de posições não-seculares na esfera pública, enquanto o secularismo é a incorporação da própria esfera pública tornando-se a única fonte de autoridade para a razão pública, não deixando portanto espaço para as atitudes não-seculares no domínio público.

A outra gramática que apela ao desaprender/aprender por parte da Europa é a dos direitos da natureza. Refiro-me à luminosa inovação plasmada na Constituição do Equador de 2008. A relação do Estado com a Natureza é aí determinada pelo sistema de vida definido na Constituição como *Sumak Kawsay* (oposto ao sistema capitalista e desenvolvimentista) e condicionado pelos direitos da *Pachamama* ou Natureza.[9] Em termos culturais, os direitos da natureza configuram uma entidade híbrida que se apropria da ideia europeia de direitos humanos, combinando-a com as cosmovisões indígenas da natureza (Orbe, 2010). Desde Descartes que a cosmovisão europeia dominante reduziu a natureza a *res extensa* (uma identidade corpórea sem alma) e, como tal, desguarneceu-a da dignidade concedida às criaturas humanas vivas. Dada a profunda crise ecológica em que vivemos, proponho que se aprenda com estas conceções de natureza e direitos através do que denomino por tradução intercultural.[10] Se o conseguíssemos, seríamos testemunhas de um fascinante bumerangue cultural: os direitos humanos teriam deixado a

[9] Conforme se refere no artigo 71 da Constituição: «A natureza ou *Pachamama*, onde se reproduz e se realiza a vida, tem direito a que se respeite integralmente a sua existência e a manutenção e a regeneração de seus ciclos vitais, estrutura, funções e processos evolutivos. Toda a pessoa, comunidade, povoado ou nacionalidade poderá exigir da autoridade pública o cumprimento dos direitos da natureza. Para aplicar e interpretar estes direitos, observar-se-ão os princípios estabelecidos na Constituição no que for pertinente. O Estado incentivará as pessoas naturais e jurídicas e os entes coletivos para que protejam a natureza e promovam o respeito a todos os elementos que formam um ecossistema».

[10] A tradução intercultural consiste na busca de preocupações isomórficas e de premissas inerentes entre culturas, identificando diferenças e similitudes, e desenvolvendo, sempre que apropriado, novas formas híbridas de entendimento cultural e intercomunicação que podem contribuir para favorecer interações e fortalecer alianças entre os movimentos sociais que, em diferentes contextos culturais, lutam contra o capitalismo, colonialismo e patriarcado e pela justiça social, dignidade humana ou decência humana (Santos, 2014: 212–235).

Europa impondo humanos contra natureza, teriam atravessado o mundo e regressado, voltando a unir humanidade e natureza.

À luz desta diversidade de visões sobre a dignidade dentro e fora da Europa, proponho, contra o universalismo tradicional, diálogos interculturais sobre conceitos isomorfos, como os direitos humanos ocidentais, o conceito de *dharma* Hindu (na sua aceção de correto, verdadeiro, consistente), a conceção da *umma* islâmica, a *pachamama* ou o *buen vivir* dos povos indígenas da América Latina, e o *ubuntu* da sabedoria africana (a ideia de que uma pessoa só se realiza com as outras pessoas). Como resultado, uma hipotética visão de dignidade humana poderia ser amplamente aceite na Europa: temos o direito a ser iguais quando a diferença nos inferioriza, temos o direito a ser diferentes quando a igualdade nos descaracteriza.

3.2. Alternativas ao desenvolvimento e outras economias

Neste início do século XXI, a tarefa de pensar e lutar por opções económicas e sociais é particularmente urgente. Em primeiro lugar, vivemos numa época em que a ideia de inexistência de alternativas ao capitalismo alcançou um grau de aceitação sem precedentes na história do capitalismo mundial. Nas últimas duas décadas do século XX, as elites económicas, políticas e intelectuais conservadoras impulsionaram com tal agressividade e êxito o pensamento neoliberal que a ideia de que não há alternativa ao capitalismo neoliberal ganhou credibilidade mesmo entre os círculos políticos e intelectuais progressistas. No entanto, a história do capitalismo, desde o seu aparecimento no que Wallerstein (1979) chamou de «longo século XVI», é também a história das lutas de resistência, que assumem formas variadas e apontam diferentes direções, indo desde a vasta tradição de pensamento crítico que reivindica um desenvolvimento alternativo à rejeição da ideia de desenvolvimento económico defendida por alguns grupos nos países do Sul.

O primeiro exercício de *desaprendizagem*/aprendizagem no âmbito das alternativas ao desenvolvimento e de outras economias implica revisitar o mundo enquanto campo de trocas desiguais. A prosperidade da Europa foi construída com a transferência de riqueza do Sul global, primeiro das colónias e posteriormente com as lógicas neocoloniais.

À luz das recentes controvérsias comerciais que opõem a Europa ao Sul global, uma dimensão relevante de *desaprendizagem*/aprendizagem reside na ideia de que aquilo que é bom para as empresas europeias não é necessariamente bom para a Europa. Dado o investimento massivo em *lobbying* por parte de empresas europeias e não-europeias em Estrasburgo e em Bruxelas, esta será uma aprendizagem desafiadora. Neste contexto, as declarações de líderes europeus sobre a necessidade de relações mais horizontais e inclusivas, fundadas na cooperação e no respeito mútuo, serão tidas pelos parceiros não-europeus como meras operações cosméticas de fachada.

O segundo exercício de *desaprendizagem*/aprendizagem remete para as alternativas ao desenvolvimento e para o papel das relações económicas não-capitalistas nas sociedades capitalistas. A crise financeira e económica tornada visível em 2008 sublinhou os impasses atuais respeitantes às decisões sobre as alterações climáticas e o desenvolvimento sustentável, enfatizando a triste marginalização da Europa neste campo, em lugar de uma posição de liderança nas políticas energéticas amigas do ambiente. Por outro lado, novas iniciativas estão a acontecer noutras partes do mundo. A reivindicação da terra pelos camponeses, que parecia historicamente condenada, conhece na América Latina, em África e na Índia uma força enorme. Organizações económicas não-capitalistas — frequentemente apelidadas de economia solidária ou outras economias — proliferam em países tão diversos quanto o Brasil, a África do Sul, Moçambique e a Índia. Mudanças políticas recentes em alguns países declararam uma moratória aos conceitos convencionais de desenvolvimento económico e enquadraram as suas políticas económicas recorrendo a conceções não-ocidentais, tais como o *Sumak Kawsay* ou *Sumak Qamaña* (bem viver, em quéchua e aimará, respetivamente). Assim, mesmo que envolvidas em controvérsias internas e internacionais, várias iniciativas apontaram caminhos pós-capitalistas e pós-desenvolvimentistas em termos não-utópicos, ou seja, traduziram visões em agendas políticas concretas.[11] Do lado europeu, as atuais crises

[11] O Equador forneceu um exemplo notável, avançando com a proposta mais inovadora num mundo pós-Quioto: manter inexploradas no subsolo as imensas reservas de petróleo do Parque Nacional Yasuni-ITT — considerado pela UNESCO como a região mais rica do mundo em biodiversidade — sob a condição de que as economias industrializadas compensassem o país com metade do valor da receita que obteria com

financeiras, económicas, energéticas e ambientais são sinais evidentes da necessidade de ter em conta os indícios no mundo de emergência de um novo senso comum social e económico. Apesar do progresso significativo na política energética, a Europa não conseguiu afirmar uma liderança no debate global sobre desenvolvimento sustentável e desenvolvimento alternativo. Os interesses económicos organizados e as suas políticas de influência bloqueiam ativamente estes movimentos e as transformações paradigmáticas a que se dirigem. Todavia, a tendência parece irreversível e carece apenas de um alargamento dos desígnios, de uma perspetiva internacional e de uma oportunidade política para experimentação social, de modo que possa tornar-se um fator central da agenda política a nível europeu.

3.3. Democratizar a democracia

A coexistência pacífica ou conflitual de diferentes modelos e práticas democráticas foi dando lugar à consagração da democracia liberal como modelo único e universal na segunda metade do século passado. A imposição deste modelo fica bem patente pelo modo como o Banco Mundial e o Fundo Monetário Internacional o transformam em condicionalidade política para a concessão de empréstimos e ajuda financeira. Esta universalidade é problemática na medida em que a democracia tem um valor intrínseco e não deve constituir uma mera utilidade instrumental, portanto esse valor não pode assumir-se como universal sem mais. Está inscrito numa constelação cultural específica, a da modernidade ocidental, e essa constelação, por coexistir com outras num mundo que agora se reconhece como multicultural, não pode simplesmente reivindicar a universalidade dos seus valores.

Por outro lado, o avanço do modelo de democracia liberal tem mostrado como os avanços e triunfos da democracia representativa estão

---

exploração de petróleo. Era uma ideia totalmente revolucionária, que veio recentemente a revelar-se o plano B de uma agenda que passou sempre pela exploração do petróleo e que envolve a expulsão de camponeses, a criminalização de protestos e a contaminação de águas. Para manter a redistribuição social, o governo aprofundou o modelo neoliberal de acesso aos recursos. Trata-se de um exemplo de desperdício de uma oportunidade para transformar o modelo neocolonial que atribuiu ao Sul o papel de fornecedor de recursos naturais.

de mãos dadas com o reconhecimento crescente dos seus limites. Em particular, a expansão global da democracia liberal coincidiu com a crise da dupla patologia nos países centrais onde estava mais consolidada: a patologia da participação, sobretudo em vista do aumento dramático do abstencionismo; e a patologia da representação, com os cidadãos a sentirem-se cada vez menos representados por aqueles que elegeram (Santos e Avritzer, 2003: 39–69).

Na União Europeia, vive-se o problema do espaço democrático, as suas condições de viabilidade, os seus dois défices, por um lado, o que resulta do que Jürgen Habermas (2012) denominou de «federalismo executivo pós-democrático», por outro, as aporias que resultam da divisão, cada vez mais notória, entre países fortes e países fracos, dado que contraria a igualdade formal enquanto Estados-membros. Este último défice deu origem a um divórcio ideológico entre o Norte e o Sul em termos de confiança política e de legitimidade democrática. Análises sistemáticas de inquéritos de opinião mostram que as democracias do Norte recuperaram e ultrapassaram os níveis de confiança e de satisfação com o sistema político; enquanto nas democracias do Sul os níveis de confiança política e satisfação se encontram em queda. À primeira vista, isto pode parecer surpreendente, já que na Europa, tanto do Norte como do Sul, os governos prosseguem com uma série de políticas de austeridade. Aquilo que aproxima os cidadãos do Norte aos seus governos é o facto de essas políticas serem mais suaves do que as aplicadas aos cidadãos do Sul. Está em marcha um insidioso processo de legitimação, processo esse que consiste em colocar europeus contra europeus. Será possível construir uma *demos* europeia com tal fundamento?

Perante a crise financeira ou o crescimento de um populismo extremo, o desinteresse, a desconfiança e a insatisfação com o regime democrático representativo estão a tornar-se tão profundos que, em vez de terem um impacto positivo na política democrática, ativando novas e intensas formas de envolvimento político, alimentam a resignação maciça e a apatia, a distância crescente entre os cidadãos e os políticos eleitos e a sensação de desconfiança face à democracia. Nos países em que decorre um ajuste estrutural, as pessoas estão de tal forma preocupadas com a sobrevivência e o sustento das suas famílias que a liberdade de escolha, a autonomia individual e a responsabilidade prometidas pelo neoliberalismo estão a tornar-se pesadelos cruéis.

Felizmente, esta não é a história toda. Os jovens e os cidadãos em geral vão enchendo as ruas e praças das cidades europeias do Sul em protesto contra o que consideram a maior e mais escandalosa transferência de riqueza das classes pobres e médias para os ricos e os super-ricos alguma vez testemunhada em regime democrático. Não se trata de protestos desesperados contra uma circunstância injusta, mas de um protesto pacífico levado a cabo em nome de uma ideia nobre: a democracia real. Porquê real? Porque a atual deixou de o ser. Tornou-se um fantasma institucional, uma concha vazia em cujo interior operam, livremente e sem prestação de contas, interesses poderosos manipulando a governação política e a opinião pública.

Está a tornar-se cada vez mais evidente para muitos cidadãos europeus que a integração europeia foi um processo conduzido por elites económicas e políticas com o propósito voluntário ou involuntário de os isolar das pressões e aspirações da cidadania. A crise do euro é a mais dramática evidência desta realidade, revelando como a democracia, tal qual a conhecemos, vem sendo derrotada pelo capitalismo, na versão mais antissocial: o capitalismo financeiro global desregulado. A presente crise revela uma assimetria inquietante: a democracia representativa talvez imponha limites ao capitalismo mas também pode ser absorvida ou derrotada por ele. O contrário não é contudo verdade: o capitalismo pode colocar limites à democracia que esta não consegue absorver ou contornar, correndo o risco de perder significado para os cidadãos. Dito de outro modo, a democracia não é capaz de substituir o capitalismo pelo socialismo, mas o capitalismo pode trocar a democracia pela ditadura como a história europeia provou amiúde no passado.

Neste contexto, é necessário um exercício de *desaprendizagem*/aprendizagem na escola do mundo. Os cidadãos da Europa sentem necessidade de formas mais densas de governação democrática. A Europa tem de *desaprender* a certeza da democracia representativa como modelo único e inquestionável. Por muito precioso que seja, trata-se de um modelo cada vez menos capaz de se defender de inimigos que o usam com o único propósito de minar e ulteriormente abolir a democracia. A democracia representativa tem que ser complementada e revigorada pela democracia participativa, isto é, por formas e áreas de deliberação democrática pelas quais os cidadãos, em vez de elegerem quem decide, tomam decisões dentro dos limites e em função da regulamentação acordada. Esta conjugação virtuosa entre a democracia representativa e participativa foi experimentada com grande sucesso na América Latina, em particular no Brasil (Santos, 2002, 2003). O sucesso tem sido tal que, ainda que timidamente, algumas cidades europeias vêm tentando reproduzir a experiência da América Latina no que se refere, em particular, à implementação de sistemas de orçamento participativo.

Este processo de aprendizagem deve ser intensificado tendo como premissa a ideia de que a luta por uma Europa mais unida e por um conjunto de nações internamente mais coesas só será possível com a expansão dos domínios em que a razão do lucro seja substituída por uma deliberação política que se oponha ao regresso da lógica de mercado. Essa mudança será mais consistente quando os cidadãos comuns tomarem decisões em matérias que afetam diretamente as suas vidas. Não me refiro a utopias longínquas. Falo de orçamento participativo, de conselhos populares de saúde e de educação, de conselhos de desenvolvimento económico e social a cuja pujança vamos assistindo pelo mundo.

Assim sendo, um segundo exercício de *desaprendizagem*/aprendizagem é recomendável. A Europa, a mãe da social-democracia, assistiu ao desmantelamento deste regime político a um ritmo dramático após a queda do Muro de Berlim.[12] Se, ainda assim, formos suficientemente corajosos para exercitar alguma da dúvida do senso comum e olharmos a experiência do mundo, seremos surpreendidos ao constatar que alguns países de fora da Europa, incluindo a Argentina, o Brasil, o Equador, a Bolívia, assumem ter sido inspirados pela social-democracia europeia e dela se terem reapropriado criativamente de modo a adaptá-la às condições locais e internacionais. Isto foi conseguido através de políticas democráticas ratificadas pelas populações em eleições sucessivas. Ao fazê-lo, conseguiram alcançar em escala significativa uma redistribuição

[12] A social-democracia assenta nas seguintes premissas: se as sociedades capitalistas querem singrar na competição com os modelos socialistas da sociedade que seduzem as classes populares precisam de estar preparadas para reduzir a desigualdade social ao ponto de todos os cidadãos participarem na manutenção do atual estado de coisas. Isto é possível apenas através de elevados níveis de tributação; pelo envolvimento do Estado na produção de bens públicos, tais como a educação, a saúde e os transportes; pela regulação das atividades capitalistas a fim de proteger os trabalhadores e o meio ambiente; por algum tipo de indexação de ganhos na produtividade a ganhos na segurança social. Tanto os discursos dos líderes europeus como os relatórios elaborados da burocracia de Bruxelas apontam a conclusão unânime: a social-democracia desapareceu de vez e não existe alternativa ao neoliberalismo e à austeridade.

social da riqueza, sem embarcar na nacionalização maciça ou na presunção de estar a construir o socialismo e sem fechar os seus países aos fluxos económicos transnacionais. O único ato de desobediência cometido por todos foi em relação ao Fundo Monetário Internacional e à receita do Banco Central Europeu que a Europa vê como tabu. É como se o mundo tivesse encontrado uma Europa que se perdeu de si. Conseguiremos ainda reconhecê-la como nossa?

É possível que a Europa se reencontre a partir de fora. Os protestos do Sul da Europa, detonadores de novas emergências políticas de esquerda, tinham bem presentes as lições da América Latina, sobretudo a nova relação partido-movimento, a nova articulação entre democracia representativa e democracia participativa, a reforma constitucional e, no caso da Espanha, a questão da plurinacionalidade. O modo como essas aprendizagens se vão plasmar no novo ciclo político que está a emergir na Europa do Sul é, por agora, uma incógnita. Mas desde já é possível especular o seguinte: se é verdade que as esquerdas europeias aprenderam com as muitas inovações das esquerdas latino-americanas, não é menos verdade que estas se «esqueceram» das suas próprias inovações e que, de uma ou de outra forma, caíram nas armadilhas da velha política, em que as forças de direita facilmente mostram a sua superioridade dada a longa experiência histórica acumulada. Se as linhas de comunicação se mantêm nos dias de hoje, e sempre salvaguardando as diferenças dos contextos, talvez seja tempo de as esquerdas latino-americanas aprenderem com as inovações que estão a emergir entre as esquerdas da Europa do Sul.

Democratizar a democracia é buscar uma «democracia de alta intensidade», combinando formas de democracia participativa e deliberativa com a democracia representativa. Esta conjugação pode fornecer instrumentos importantes para novas configurações de governação democrática, cidadania, representação e participação. Os novos modelos de participação e deliberação conduzirão, mais cedo ou mais tarde, a formas novas e mais exigentes de representação e de prestação de contas. O reconhecimento da riqueza da diversidade de experiências democráticas em diferentes partes do mundo — que denomino demodiversidade (Santos, 2006) — pode ser um passo importante em direção à tão necessária renovação e reinvenção da democracia em contextos de aumento de diversidade cultural, étnica e religiosa, como é o caso da Europa. Esse reconhecimento apontará caminhos possíveis para a resolução de tensões, ou mesmo divergências, entre formas de deliberação e de consulta popular locais e temáticas que vêm proliferando na Europa e a construção de políticas através da democracia representativa ou por delegação aos níveis nacional e da União Europeia.

3.4. Constitucionalismo transformador

O constitucionalismo moderno tem como pressupostos as ideias de unidade, uniformidade e homogeneidade: um Estado soberano, uma nação, uma lei, uma burocracia e estrutura institucional, uma cultura, uma identidade, um sistema de educação, etc. Nas últimas três décadas, dois processos políticos diferentes questionaram seriamente o constitucionalismo moderno. Por um lado, em África e na América Latina (mas também no Canadá e na Nova Zelândia e em menor grau na Austrália) temos vindo a assistir à emergência de novos atores sociais coletivos — na maioria dos casos povos indígenas ou maiorias nacionais anteriormente oprimidas, como na África do Sul — com força para colocar na agenda política uma transformação radical do *statu quo* constitucional, reivindicando nada menos do que a refundação do Estado numa base multicultural e intercultural (Santos, 2010). Estas reivindicações vêm sendo sustentadas pelas ideias de justiça histórica e reparação face à opressão colonial e pós-colonial. O sucesso destas lutas em países como a África do Sul, a Índia, o Brasil, a Bolívia ou o Equador deu origem a um constitucionalismo pós-colonial, que ergueu as bandeiras da interculturalidade, do pluralismo jurídico, da demodiversidade, da plurinacionalidade e da participação cidadã, e alimentou um otimismo assente na ideia de constitucionalismo intercultural e plurinacional.

Por outro lado, o labirinto constitucional da União Europeia, ainda que marcadamente distinto do processo político acima referido, questiona também o princípio de unidade e de exclusividade do Estado soberano, reivindica novas soluções institucionais internamente diversas e, sobretudo, levanta a questão da legitimidade para a criação de uma nova Constituição. Ambos os percursos parecem apontar para um processo irreversível de refundação do Estado moderno. Nos dois casos, a novidade da situação é que a inércia das soluções constitucionais do passado conduziu a alguns ajustes transitórios, os quais denomino por constitucionalismo experimental.

No contexto da Europa, as questões constitucionais vão perdurar, sendo perpetuadas por novos alargamentos da União Europeia. No Sul global, o entendimento monocultural do Estado-nação nunca correspondeu à realidade política. Mundo fora, uma vasta experiência de novas conceções de poder constitucional apontam para a refundação do Estado. Este é um terreno privilegiado para a aprendizagem mútua, para a inovação institucional e, sobretudo, para novas práticas de cidadania no futuro. Por outras palavras, toda a experiência além-Europa pode ser convocada para contribuir para uma melhor compreensão do processo constitucional na Europa e eventualmente para propor novas soluções institucionais.

Até que ponto estamos abertos e preparados para viver num mundo de possibilidades partilhadas, de modos de produção de sentido transformador, de modos desafiantes de expressão, de maneiras contestatárias de conceber o mundo? Tal como diversos autores propuseram — ao descreverem o novo constitucionalismo como «pós-nacional», «transnacional» ou «pluridimensional» — o desafio que abrange a complexidade e a diversidade reside na produção de um novo pensamento constitucional que convoque não só a própria essência de Estado, mas que o leve além do Estado como modo de reclamar a sua legitimidade (Santos e Exeni, 2012; Santos e Grijalva, 2012). Em jogo está a refundação do Estado moderno num contexto em que as instituições do Estado supranacional são ainda embrionárias.

Vários anos volvidos após as reformas constitucionais da Bolívia e do Equador, os casos mais exemplares destes processos, fica claro o incumprimento de algumas das promessas que resultaram dessas vitórias. O que torna estes processos particularmente interessantes constitui talvez o seu maior desafio: como descolonizar um instrumento essencial da modernidade colonial sem pôr em causa a sua centralidade? Este cenário é propício ao surgimento de contradições e choques, quase sempre resolvidos a favor da matriz eurocêntrica, que envolvem a dificuldade de traduzir conceitos não hegemónicos na linguagem jurídica moderna, a incompatibilidade entre as novas constituições e os compromissos nacionais assentes numa matriz jurídica internacional colonial e capitalista ou as tensões entre a nação cívica e as nações étnico-culturais.

Estas questões são tanto mais críticas na medida em que a processos constituintes extremamente ricos tendem a suceder-se poderes constituídos protagonizados por elites políticas que recusam romper com as hierarquias da modernidade. A discussão sobre se a mestiçagem em causa é colonialista ou descolonizadora é legítima e pertinente, mas a questão fundamental está pois no poder constituinte nascido nas ruas, nas lutas que levam ao rompimento da linha abissal e colocam os excluídos no seio do processo constitucional, que, de alguma forma, passa a representar os anseios e as expetativas de uma maioria invisibilizada nas Constituições anteriores. Um novo constitucionalismo experimental está a emergir centrando-se nas noções de multinacionalidade, de interculturalidade e de soluções institucionais de diversidade interna. Estes processos políticos desafiam algumas das mais enraizadas tradições institucionais modernas, bem como os interesses sociais e políticos cristalizados; será, portanto, de esperar que estes processos sejam prenhes de contradições e reveses ainda que a sua direção histórica pareça irreversível.

Conclusão

Por toda a história europeia abundam guerras, rivalidades, competições e conflitos entre nações que só foram resolvidos ou ultrapassados após muito sofrimento. Só na Segunda Guerra Mundial morreram entre 60 a 80 milhões de pessoas; foi o conflito militar mais mortal na história humana. Não obstante, foram raras as tentativas de sarar as feridas do passado por outros meios que não fosse por arranjos que deixaram ressentimentos latentes, sentimentos feridos, emoções dolorosas intocadas. Nunca se fez um esforço sustentado de reparação ou de reconciliação não-económica. De facto, a interpolítica europeia foi privilegiada em detrimento da intersubjetividade europeia.

Do mesmo modo, urge um confronto com o legado da história colonial europeia. Se, como tenho defendido, a modernidade ocidental é um paradigma fundado na tensão entre regulação e emancipação (Santos, 2000), haverá que reconhecer que esta dicotomia se aplica fundamentalmente às sociedades metropolitanas. Porém, nas sociedades coloniais predominou a dicotomia apropriação/violência, expressão do conflito entre os colonizadores e colonizados. No entanto, a força atuante desta tensão pôde permanecer invisibilizada para os contextos europeus, exatamente por ter lugar do outro lado da linha, num espaço invisível, feito inexistente e, por isso, incapaz de comprometer as alegações ocidentais sobre a universalidade da dicotomia regulação/emancipação. A zona colonial emerge como o território social da modernidade sumamente criado e mantido por uma ordem violenta, mas, ao mesmo tempo, suficientemente demarcado pelas linhas abissais para que a violência estrutural fosse estruturalmente invisível no Norte. Nesta invisibilização histórica da violência colonial encontramos uma das expressões de como o colonialismo como relação social e epistemológica sobreviveu ao colonialismo como relação política. Contra o pensamento abissal que se articulou com o colonialismo e a ciência moderna, só uma efetiva descolonização das relações políticas e dos saberes poderá permitir que a Europa seja parte num mundo transformado por aprendizagens globais.

Estou convicto de que ou a Europa se compromete com um vasto processo de *desaprendizagem*/aprendizagem com o Sul global, ou estará condenada a cair nas mesmas divergências e disputas internas, altamente problemáticas, que num passado recente resultaram em consequências trágicas. Trata-se de um empreendimento difícil dada a inclinação secular da Europa para olhar o mundo de fora como objeto de dominação, em vez de o encarar como parceiro de uma cooperação mútua enriquecedora. Sendo difícil, não é de todo impossível se as condições que aqui apresento forem tomadas em consideração. As aprendizagens mútuas são essenciais para uma reinvenção da Europa capaz de aprender com o Sul. Estas aprendizagens são traduções interculturais fortemente informadas pelos sofrimentos, ressentimentos e linhas abissais forjados no longo tempo do colonialismo, pela insustentabilidade de um triunfalismo civilizacional e, finalmente, pela recusa do fatalismo de um mundo sem diversidade e sem alternativas de futuro. Neste mergulho ao encontro das «epistemologias do Sul» talvez esteja a chave para a única nova visão da Europa pela qual vale a pena lutar.

Referências bibliográficas

An-Na'im, Abdullahi A. (1990), *Toward an Islamic reformation*. Siracusa, NY: Syracuse University Press.

An-Na'im, Abdullahi A. (org.) (1992), *Human rights in cross-cultural perspetives. A quest for consensus*. Filadélfia: University of Pennsylvania Press.

Dahrendorf, Ralf *et al.* (1989), *Whose Europe? Competing visions for 1992*. Londres: Institute of Economic Affairs.

Dussel, Enrique (2001), *Hacia una filosofia política crítica*. Bilbau: Desclée de Brouwer.

Falk, Richard (2009), *Achieving human rights*. Nova Iorque: Routledge.

Habermas, Jürgen (2009), *Europe: The faltering project*. Malden, MA: Polity Press.

Habermas, Jürgen (2012), *The crisis of the European Union*. Cambridge: Polity.

Hobsbawm, Eric (1997), *On History*. Nova Iorque: New Press.

Kundera, Milan (1984), «The tragedy of central Europe», *The New York Review of Books*, 31.

Las Casas, Bartolomé (1992), *Obras completas*, Tomo X. Madrid: Alianza Editorial [orig. 1552].

Mignolo, Walter (2000), *Local histories/global designs*. Princeton, NJ: Princeton University Press.

Moyn, Samuel (2010), *The last utopia: Human rights in history*. Cambridge, MA: Belknap Press of Harvard University Press.

Needham, Joseph (1954), *Science and civilization in China*, 6 Vol. Cambridge: Cambridge University Press.

Orbe, Rodrigo (2010), *Manual para defensores y defensoras de derechos humanos y de la naturaleza*. Quito: Fundación Regional de Asesoría en Derechos Humanos, INREDH.

Quijano, Anibal (2000), «Colonialidad del poder y classificacion social», *Journal of World-Systems Research*, 6(2), 342–386. Doi: https://doi.org/10.5195/JWSR.2000.228

Said, Edward (1979), *Orientalism*. Nova Iorque: Vintage.

Santos, Boaventura de Sousa (1995), *Toward a new common sense: Law, science and politics in the paradigmatic transition*. Nova Iorque: Routledge.

Santos, Boaventura de Sousa (2000), *A crítica da razão indolente. Contra o desperdício da experiência*. Porto: Afrontamento.

Santos, Boaventura de Sousa (2002), *Democracia e participação: O caso do orçamento participativo de Porto Alegre*. Porto: Afrontamento.

Santos, Boaventura de Sousa (org.) (2003), *Democratizar a democracia: Os caminhos da democracia participativa*. Porto: Afrontamento.

Santos, Boaventura de Sousa (2006), *A gramática do tempo. Para uma nova cultura política*. Porto: Afrontamento.

Santos, Boaventura de Sousa (2007), «Para além do pensamento abissal: Das linhas globais a uma ecologia de saberes», *Revista Crítica de Ciências Sociais*, 78, 3–6. Doi: https://doi.org/10.4000/rccs.753

Santos, Boaventura de Sousa (2010), *Refundación del Estado en América Latina. Perspetivas desde una epistemología del Sur*. Bogotá: Siglo del Hombre Editores.

Santos, Boaventura de Sousa (2011), *Ensaio contra a autoflagelação*. Coimbra: Almedina.

Santos, Boaventura de Sousa (2013), *Se Deus fosse um ativista dos direitos humanos*. Coimbra: Almedina.

Santos, Boaventura de Sousa (2014), *Epistemologies of the South. Justice against epistemicide*. Boulder, CO: Paradigm.

Santos, Boaventura de Sousa; Avritzer, Leonardo (2003), «Introdução: Para ampliar o cânone democrático», *in* Boaventura de Sousa Santos (org.), *Democratizar a democracia: Os caminhos da democracia participativa*. Porto: Afrontamento, 39–69.

Santos, Boaventura de Sousa; Exeni, José Luis (orgs.) (2012), *Justicia indígena, plurinacionalidad e interculturalidad en Bolivia*. Quito: Abya Yala e Fundación Rosa Luxemburg. Disponível em http://www.rosalux.org.ec/es/democracia-e-interculturalidad-menu/505-justicia-indígena,-plurinacionalidad-e-interculturalidad-en-bolivia.html

Santos, Boaventura de Sousa; Grijalva, Agustin (orgs.) (2012), *Justicia indígena, plurinacionalidad e interculturalidad en Ecuador*. Quito: Abya Yala e Fundación Rosa Luxemburg. Disponível em http://www.rosalux.org.ec/es/democracia-e-interculturalidad-menu/504-justicia-indígena,-plurinacionalidad-e-interculturalidad-en-ecuador.html

Sepúlveda, Juan Ginés (1979), *Tratado sobre las justas causas de la guerra contra los indios*. México: Fondo de Cultura Economica [orig. 1547].

Seton-Watson, Hugh (1985), «Thoughts on the concept of West and East in Europe», *Government and Opposition*, 20(2), 156–165. Doi: https://doi.org/10.1111/j.1477-7053.1985.tb01075.x

Shore, Cris (1993), «Inventing the "People's Europe": Critical approaches to European community "cultural policy"», *Man*, 28(4), 779–800. Doi: https://doi.org/10.2307/2803997

Taylor, Charles (2007), *A secular age*. Cambridge, MA: Harvard University Press.

Wallace, William (1990), *The transformation of Western Europe*. Londres: Pinter.

Wallerstein, Immanuel (1979), *The modern world-system*. Nova Iorque: Academic Press.

Weber, Max (1990), *A ética protestante e o espírito do capitalismo*. Lisboa: Presença.

Young, Robert (2001), *Postcolonialism: An historical introduction*. Oxford: Blackwell Publishers.

Capítulo 2

Deveria a Europa aprender com o secularismo indiano?*

Rajeev Bhargava

Ao longo das últimas três décadas, os Estados seculares encontram-se sob grande pressão, praticamente em todo o lado. Não é portanto surpreendente que o secularismo político, a doutrina que os defende, tenha sido igualmente sujeito a críticas severas. Alguns académicos concluíram que este criticismo é ética e moralmente tão profundo e justificado que está na altura de abandonar o secularismo político. Rejeito esta conclusão e argumento que esta avaliação do secularismo parece indefensável unicamente porque os críticos se focaram em conceções dominantes desenvolvidas em sociedades em grande parte homogéneas em termos religiosos.

Chegou a altura de se desviar a atenção das doutrinas subjacentes a alguns Estados seculares ocidentais e ir ao encontro de práticas normativas de uma grande variedade de Estados, incluindo as melhores práticas de Estados não-ocidentais como a Índia. Logo que assim se fizer, começará a encarar-se o secularismo de forma diferente, numa perspetiva crítica, ética e moral que não está contra a religião, mas contra a homogeneização religiosa e o predomínio (inter e intrarreligioso) institucionalizado. De entre todas as alternativas disponíveis, o secularismo continua a ser a

* Tradução de Rita Caetano.

melhor aposta para nos ajudar a lidar com o aprofundamento cada vez maior da diversidade religiosa e com os problemas endémicos que implica.

Os Estados seculares e a sua ideologia subjacente, o secularismo político, estão a ser alvo de ataque praticamente em todo o lado. O secularismo foi severamente abalado com o estabelecimento da primeira teocracia moderna em 1979, no Irão. No final da década de 1980, surgiram movimentos políticos islâmicos no Egito, Sudão, Argélia, Tunísia, Etiópia, Nigéria, Chade, Senegal, Turquia, Afeganistão, Paquistão e até no Bangladesh.[1]

Os movimentos que contestavam os Estados seculares não estavam apenas restritos às sociedades muçulmanas. Movimentos protestantes que desacreditavam o secularismo emergiram no Quénia, Guatemala e Filipinas; o fundamentalismo protestante tornou-se numa força na política dos Estados Unidos da América (EUA); os nacionalistas budistas cingaleses no Sri Lanka, os nacionalistas hindus na Índia, a ultraortodoxia religiosa em Israel e os nacionalistas *sikhs* no Estado do Punjabe, na Índia, assim como nas comunidades da diáspora no Canadá e na Grã-Bretanha, começaram a questionar a separação entre Estado e religião (Juergensmeyer, 1994).

É evidente que o secularismo tem uma existência instável em sociedades não-ocidentais. O que é menos entendido é que o conjunto de conceções a que se chama secularismo, e que não foi bem transposto para outras sociedades, foi desenvolvido no Ocidente. Ainda menos reconhecido é o facto de que tais conceções e os Estados seculares que alicerçam estão a ser alvo de tensões até na Europa, onde há relativamente pouco tempo eram tidos como solidamente enraizados e seguros.

Porquê? É verdade que a ampla secularização das sociedades europeias também implicou a extensa secularização dos Estados europeus. Independentemente da filiação religiosa, os cidadãos têm um vasto leque de direitos civis e políticos inauditos nos Estados centrados na religião, passados ou presentes. No entanto, dois problemas subsistem.

Primeiro, a migração de antigas colónias e a crescente globalização juntaram nos espaços públicos ocidentais fés pré-cristãs, Cristianismo e Islão (Turner, 2001). O resultado cumulativo é uma diversidade religiosa

[1] Ver Ahmed (1987), Juergensmeyer (1994), Kepel (1994), Westerlund (1996) e Mohsin (1999).

sem precedentes, o enfraquecimento do monopólio público das religiões únicas e a criação de suspeita, desconfiança, hostilidade e conflito mútuos. Embora dramaticamente marcada pela questão do uso do véu em França e pelo homicídio do realizador Theo van Gogh nos Países Baixos, pouco depois da estreia do seu filme controverso sobre a cultura islâmica, a tensão é igualmente manifesta na Alemanha e na Grã-Bretanha.[2]

Segundo, apesar da ampla secularização, o estabelecimento formal da religião dominante não contribuiu para melhores relações intercomunitárias nem reduziu a discriminação religiosa em vários Estados europeus. O que se conclui, afinal, é que a crença generalizada numa esfera pública europeia secular é um mito. Os preconceitos religiosos dos Estados europeus tornaram-se cada vez mais visíveis com o aprofundamento da diversidade religiosa. Os Estados europeus têm continuado a privilegiar o Cristianismo de uma forma ou de outra; têm financiado publicamente escolas religiosas, sustentado propriedades das igrejas e salários clericais, facilitado o controlo dos cemitérios pelas igrejas e formado o clero. Resumindo, não tem havido qualquer imparcialidade na esfera da religião e, apesar da igualdade formal, esta realidade continua a ter um impacto profundo na restante sociedade (Klausen, 2005).

Repetindo o que já referi, a crise dos Estados seculares na Europa deve-se em parte ao facto de o etos humanista secular validado por muitos cidadãos não ser completamente partilhado, sobretudo por aqueles cuja cidadania foi recentemente obtida. Qualquer outra secularização de acordo com as linhas humanistas não vai certamente resolver a crise dos Estados seculares europeus. Além disso, muitos destes Estados têm uma religião formal ou informalmente instituída, e o estabelecimento de uma religião única, mesmo que de uma variante mais fraca, faz parte do problema e não da solução. Perpetua o predomínio religioso e baseado na religião.

O que vão os Estados europeus fazer perante este imbróglio? Aqueles que refletem sobre esta crise têm pelo menos quatro conceções de secularismo a olhá-los fixamente. As quatro conceções fluem entre as diferentes maneiras pelas quais a metáfora da separação é entendida, os níveis em que a separação é pretendida e a forma como os fins são concebidos.

[2] Ver Barker (2004), Freedman (2004), Buruma (2006), Modood *et al.* (2006) e Bowen (2007).

A primeira destas conceções é completamente amoral e antiética, porque separa a religião do Estado precisamente devido às restrições éticas ou morais que as religiões colocam nos seus propósitos (riqueza, poder). Esses Estados seculares amorais são inconsistentes com a auto-organização e a autocompreensão da maioria dos Estados europeus, uma vez que parecem ter abandonado as suas pretensões imperiais.

A autocompreensão dominante do secularismo ocidental assenta numa doutrina «universal» e requer a separação estrita (exclusão) da igreja/religião e do Estado para salvaguardar os valores morais e éticos concebidos de forma individual. Esta autocompreensão dominante assume duas formas: uma inspirada numa versão idealizada do modelo de separação dos EUA e outra igualmente idealizada do modelo francês. Podem os Estados europeus ser revigorados por estas duas formas de secularismo ocidental? Podem eles lidar melhor com a nova realidade da presença vibrante de várias religiões na vida pública e nas tensões sociais subjacentes? Seguidamente, defendo que as «conceções» tradicionais de secularismo ocidental disponíveis muito certamente não estão à altura do desafio que representa a presença pública vibrante da religião e a crescente diversidade religiosa.

Irei começar pela conceção idealizada dos franceses. Segundo esta conceção, o Estado deve estar separado da religião, mas mantém o poder de interferir na religião. Porém, a religião é desprovida de qualquer poder de intervenção em matérias de Estado. Resumindo, a separação significa «exclusão só de uma parte». O Estado pode interferir na religião para a limitar ou suprimir, ou até para a ajudar, mas, em todos os casos, unicamente para garantir o controlo sobre a religião. A religião torna-se um objeto da lei e das políticas públicas, mas só em termos do Estado. Esta conceção, que surgiu como resposta ao predomínio excessivo da Igreja Católica, encoraja a um desrespeito ativo pela religião e só se preocupa em impedir que a ordem religiosa domine o secular. Pretende lidar com o predomínio religioso institucionalizado domando e marginalizando completamente a religião.

Isto pode ajudar os Estados a lidar com aspetos de predomínio intrarreligioso — algo que se verifica quando alguns membros de uma comunidade religiosa dominam membros da própria religião (por exemplo, o anticlericalismo em França). Porém, tem poucos recursos para abordar devidamente o predomínio inter-religioso, ou seja, quando membros de uma comunidade religiosa discriminam, marginalizam ou até oprimem membros de outra comunidade religiosa.

Será por isso que as questões da liberdade individual radical e da igualdade de cidadania surgiram nas sociedades europeias «depois» da homogeneização religiosa? O surgimento de Estados confessionais foi acompanhado de uma expulsão maciça de determinadas comunidades cuja fé divergia da religião do governante. Esses Estados encontraram algum espaço para a tolerância no seu âmbito moral, mas, como é bem sabido, uma tolerância consistente com profundas desigualdades e com uma existência humilhante, marginalizada e quase invisível. É verdade que a democratização liberal, e a consequente secularização de muitos Estados europeus, ajudou cidadãos de fés não cristãs a adquirir a maioria dos direitos formais. Mas tal esquema de direitos não incorpora um regime de igualdade inter-religiosa nem impede efetivamente uma discriminação e exclusão baseada na religião. De facto, mascara os preconceitos maioritariamente etno-religiosos.

Estes preconceitos são evidentes em diferentes tipos de dificuldades enfrentadas pelos muçulmanos. Por exemplo, na Grã-Bretanha, um terço das crianças da escola primária é educado por comunidades religiosas, porem, os pedidos de financiamento estatal feitos por muçulmanos são frequentemente recusados. A dada altura, havia apenas duas escolas muçulmanas comparadas com as 2000 geridas pela Igreja Católica e 4700 pela Igreja Anglicana. Problemas similares persistem também noutros países europeus (Bader, 2007): tanto em França como na Alemanha, não há uma única escola gerida por muçulmanos que seja subsidiada pelo Estado.

A situação manifesta-se também na incapacidade de muitos Estados europeus ocidentais lidarem com a questão dos véus (França), as exigências por parte dos muçulmanos de construir mesquitas para poderem praticar devidamente a sua fé (Alemanha, Itália), a discriminação no abate ritual de animais (Alemanha), ou de terem locais próprios para os seus enterros (Dinamarca). Ultimamente, à medida que a islamofobia prende a imaginação de várias sociedades ocidentais (exemplificado pela controvérsia da BD na Dinamarca), é muito provável que os cidadãos muçulmanos continuem a enfrentar desvantagens apenas por fazerem parte da sua comunidade religiosa.

Algumas franjas das sociedades europeias, tanto à direita como à esquerda, são tentadas a seguir o modelo francês, sobretudo porque acreditam na ideia de que «O Islão é um problema» e de que a única maneira de «endireitar o mal» é através da aplicação do poder coercivo do Estado. Mas isso seria suicida, pois não iria tocar nas instituições formais e informais do Cristianismo nestas sociedades. Além disso, qualquer tentativa de intervir ainda mais nas religiões deverá certamente deparar-se com resistência não só dos muçulmanos mas também dos não-muçulmanos. Qualquer aceitação deste modelo vai provavelmente exacerbar os problemas.

Podem estes Estados europeus recorrer ao modelo dos EUA? A autocompreensão idealizada pelos norte-americanos interpreta a separação como uma forma de «exclusão mútua» — nem o Estado nem a religião devem interferir na esfera do outro. Esta exclusão mútua é tida como necessária para resolver conflitos entre diferentes denominações cristãs, para garantir alguma igualdade entre elas, mas acima de tudo para facultar ao indivíduo a liberdade de criar e manter as suas associações religiosas. A exclusão mútua é tida como necessária à liberdade religiosa e às liberdades mais gerais do indivíduo.

Esta «separação perfeita» ou rígida, como James Madison lhe chamou, deve ter lugar em cada um dos três níveis distintos de (a) fins, (b) instituições e pessoal, e (c) lei e políticas públicas. Os níveis (a) e (b) tornam o Estado não-teocrático e retiram estatuto oficial à religião. O nível (c) garante que o Estado não tem nem uma relação positiva com a religião — por exemplo, não deveria haver qualquer atribuição de ajudas, mesmo não preferencialmente, a instituições religiosas — nem uma relação negativa com ela; não faz parte das tarefas do Estado interferir em questões religiosas, mesmo quando alguns dos valores (como a igualdade) professados pelo Estado são violados no seio da esfera religiosa. O Congresso não tem simplesmente poder para legislar sobre qualquer assunto relacionado com a religião (Levy, 1994: 7; Hamburger, 2002).

Esta não-interferência é justificada com o argumento de que a religião é uma questão privilegiada, privada (não-estatal), e se algo estiver errado no âmbito da esfera privada, só pode ser resolvido pelos que estão incumbidos por direito de o fazer nesse âmbito. Isto é o que liberdade religiosa significa de acordo com os defensores desta visão. Portanto, a liberdade que justifica a exclusão mútua é uma liberdade negativa e está profundamente imbuída na privatização da religião.

Na minha perspetiva, este modelo de secularismo encoraja o Estado a considerar a religião de forma passiva. O secularismo idealizado pelos norte-americanos tem alguns recursos para combater o predomínio inter-religioso (por exemplo, requer a retirada de estatuto oficial à religião dominante), mas não trava uma luta com outros aspetos desse mesmo predomínio ou contra o domínio ao nível intrarreligioso. Uma vez que o Estado é incapaz de facilitar liberdades ou igualdade dentro das religiões, obriga as pessoas a abandonar a sua religião em vez de exigir a igualdade intrarreligiosa.

Ambas as formas de secularismo ocidental têm dificuldades persistentes em lidar com religiões orientadas para a comunidade, como o Catolicismo Romano, o Islamismo, e algumas formas de Hinduísmo e *Sikhismo* que exigem uma maior presença pública e até um reconhecimento oficial de si mesmas — sobretudo quando começam a coabitar na mesma sociedade. Além disso, não foram concebidas para sociedades com profunda diversidade religiosa.

Ambas as versões se desenvolveram no contexto social de uma única religião e para resolver os problemas de uma religião, nomeadamente do Cristianismo. Ambas entendem a separação como exclusão e fazem dos valores idealizados de forma individual — liberdade individual ou igualdade entre indivíduos ou ambos — o motivo para a separação. Devido à sua resistência à diversidade e ao seu caráter individualista, estas duas formas de secularismo ocidental tornaram-se parte do problema.

Estaremos então presos entre ideologias que legitimam o domínio religioso sobre o secular e formas de secularismo que são incapazes de prevenir formas de domínio intrarreligioso ou inter-religioso? Acredito que é possível sair deste impasse porque existe outro modelo de secularismo, embora teoricamente menos desenvolvido; um que não foi gerado exclusivamente no Ocidente, que vai ao encontro das necessidades das sociedades com profunda diversidade religiosa e que também está de acordo com o princípio da liberdade e da igualdade: o modelo do subcontinente ou modelo indiano, que se encontra nos melhores momentos de prática intercomunal na Índia e também na sua Constituição, quando esta é interpretada de forma apropriada. Na Índia, a existência de uma profunda diversidade religiosa garantiu uma resposta conceptual não só para os problemas internos das religiões mas também entre religiões. Sem a considerar um modelo, o Ocidente tem de examinar a conceção indiana e talvez aprender com ela.[3]

[3] Para uma descrição pormenorizada, ver Bhargava (2010).

Várias características do modelo indiano são essenciais e relevantes para uma discussão mais abrangente. Em primeiro lugar, múltiplas religiões não são extras, ou acrescentadas como um pensamento *a posteriori*, mas, sim, presentes desde o ponto de partida como parte integrante da sua fundação. O secularismo indiano está intrinsecamente ligado à profunda diversidade religiosa. Em segundo lugar, tem um compromisso com múltiplos valores — liberdade e igualdade —, não sendo concebido como estritamente pertencente a indivíduos, mas largamente interpretado para assegurar a autonomia relativa das comunidades religiosas e a igualdade de estatuto na sociedade, assim como outros valores básicos como a paz e a tolerância entre as comunidades. Tem um lugar não só para o direito de os indivíduos professarem as suas crenças religiosas mas também para o direito de as comunidades religiosas estabelecerem e manterem instituições educativas, cruciais para a sobrevivência e subsistência das suas tradições religiosas distintas.

A aceitação de direitos específicos da comunidade leva à terceira característica do secularismo indiano. Como nasceu numa sociedade profundamente multirreligiosa, preocupa-se tanto com o predomínio inter-religioso como com o intrarreligioso. Ao contrário das duas conceções ocidentais, que facultavam benefícios a minorias apenas acidentalmente (os judeus beneficiaram nalguns países europeus, como a França, não porque as suas necessidades especiais e exigências foram resolvidas, mas porque se deu uma mudança no contexto geral da sociedade), na Índia estiveram quase a ser concedidos direitos políticos a comunidades específicas (quotas políticas para minorias religiosas), tendo acabado por não acontecer apenas devido a motivos contextuais. Na verdade, pode dizer-se que há um espaço conceptual ainda disponível para elas no âmbito da Constituição indiana.

Em quarto lugar, não ergue um muro de separação entre o Estado e a religião. Há limites, evidentemente, mas são permeáveis. Isto permite ao Estado intervir nas religiões, ajudá-las ou limitá-las, sem o impulso de as controlar ou destruir. Isto implica vários papéis: facultar apoio às instituições educativas das comunidades religiosas, de forma não preferencial; ou interferir em instituições sociorreligiosas que neguem igual dignidade e estatuto aos membros da própria religião ou de outras (por exemplo, a interdição da "intocabilidade" e a obrigação de permitir a todos, independentemente da casta, a entrada em templos hindus, e também a possibilidade de corrigir desigualdades de género), fundamentado numa compreensão mais sensível do cuidado e respeito igual para todos os indivíduos e grupos. Resumindo, interpreta a separação de uma forma que não significa exclusão estrita ou neutralidade estrita, mas, sim, aquilo a que chamo «distanciamento ético», no outro extremo da exclusão unilateral, da exclusão mútua e da estrita neutralidade ou equidistância.

Em quinto lugar, o Estado não é inteiramente adverso ao caráter público das religiões. Embora não se identifique com uma religião em particular ou com a religião em termos mais gerais (não há uma religião instituída), existe um reconhecimento oficial e, portanto, público concedido às comunidades religiosas.

Em sexto lugar, este modelo mostra que não é preciso escolher entre hostilidade ativa e indiferença passiva nem entre hostilidade desrespeitadora e indiferença respeitosa em relação à religião. Podem conjugar-se as duas: ter a hostilidade necessária, desde que também haja respeito ativo, isto é, o Estado pode intervir para proibir algumas práticas, desde que mostre respeito por outras práticas da comunidade religiosa e o faça apoiando-as publicamente.

Em sétimo lugar, ao não fixar à partida o seu empenho nos valores exclusivamente individuais ou comunitários nem traçando limites rígidos entre o público e o privado, o secularismo constitucional indiano permite que as decisões sobre estes assuntos sejam tomadas ou no âmbito da dinâmica aberta das políticas democráticas ou por meio de entendimento contextual nos tribunais.

Finalmente, este compromisso com valores múltiplos e com o distanciamento ético significa que o Estado tenta equilibrar valores diferentes e ambíguos, mas igualmente importantes. Isto torna o seu ideal secular num acordo mais contextual, eticamente sensível e politicamente negociado (que de facto é), em vez de uma doutrina científica criada por ideólogos e meramente implementada por intervenientes políticos.

Uma articulação um tanto forçada e estereotipada do secularismo indiano é algo deste género. O Estado tem de manter um distanciamento ético de todas as instituições religiosas, públicas ou privadas, orientadas para o indivíduo ou para a comunidade, de maneira que sejam salvaguardados valores igualmente significativos (e por vezes conflituosos) de paz, bens materiais, dignidade, liberdade e igualdade (em todas as suas versões complicadas, individualistas ou não-individualistas). Por conseguinte, o secularismo indiano é um acordo eticamente sensível, negociado com diversos grupos e valores divergentes. Permitam-me que desenvolva a noção de distanciamento ético.

Que é exatamente distanciamento ético? A política de distanciamento ético implica uma abordagem flexível da questão da inclusão/exclusão da religião e do envolvimento/anulação do Estado, que, no que diz respeito à legislação e às políticas, depende do contexto, natureza, ou situação atual das religiões relevantes. Este envolvimento deve ser regido por princípios subjacentes a um Estado secular, ou seja, princípios que provêm de um compromisso com os valores mencionados anteriormente. Isto significa que a religião pode intervir nos assuntos do Estado se essa intervenção promover liberdade, igualdade, ou qualquer outro valor essencial ao secularismo.

Por exemplo, os cidadãos podem apoiar uma lei coerciva do Estado baseada unicamente numa fundamentação religiosa, se essa lei for compatível com a liberdade e a igualdade. Da mesma maneira, o Estado pode envolver-se com a religião ou afastar-se dela, envolver-se positiva ou negativamente, mas dependendo inteiramente do facto de esses valores serem ou não promovidos ou postos em causa. Um Estado que intervém ou se coíbe de intervir neste fundamento mantém um distanciamento ético de todas as religiões. Esta é uma ideia constitutiva do distanciamento ético.

Esta ideia é diferente da neutralidade estrita, ou seja, da ideia de que o Estado pode ajudar ou prejudicar todas as religiões num grau equivalente e da mesma forma, isto é, se intervier numa religião, terá de fazê-lo em todas as outras. Pelo contrário, assenta numa distinção, explicitamente criada pelo filósofo norte-americano Ronald Dworkin (1978), entre tratamento igual e tratar todos como iguais.

O princípio do tratamento igual, no sentido politicamente relevante, exige que o Estado trate todos os seus cidadãos da mesma maneira nos aspetos relevantes, por exemplo, na distribuição de um recurso ou oportunidade. Por outro lado, o princípio de tratar as pessoas como iguais implica que todas as pessoas ou grupos sejam tratados com igual preocupação e respeito. Este segundo princípio pode, por vezes, exigir um tratamento igual, ou seja, uma igual distribuição de recursos, mas pode também ocasionalmente ditar um tratamento desigual. Tratar pessoas ou grupos como iguais é completamente consistente com tratamento diferenciado. Esta ideia é o segundo ingrediente do que chamei distanciamento ético.

Afirmei que o distanciamento ético permite tratamento diferenciado. Em que tipo de tratamento estou a pensar? Primeiro, os grupos religiosos têm procurado ser dispensados de práticas em que o Estado intervém com a promulgação de uma lei a ser aplicada de forma neutra à restante sociedade. Esta exigência de não interferência é feita com base na ideia de que a lei lhes exige que façam coisas que a sua religião não lhes permite ou que os impede de agir de acordo com o que a religião estabelece.

Por exemplo, os *sikhs* exigem ser dispensados da lei do uso obrigatório de capacete, bem como de algumas peças do uniforme da polícia, devido aos turbantes exigidos pela sua religião. Noutros locais, os judeus pretendem dispensa das regulamentações da força aérea para poderem usar os seus *yarmulkes*. As mulheres e raparigas muçulmanas exigem que o Estado não interfira no uso do chador exigido pela sua religião. Os judeus e os muçulmanos pretendem ficar dispensados do cumprimento das leis de encerramento aos domingos, porque isso não lhes é exigido pela sua religião. O distanciamento ético permite que uma prática que seja banida ou regulamentada numa cultura possa ser permitida numa cultura minoritária devido ao estatuto distintivo e ao significado que tem para os seus membros.

Segundo muitas teorias republicanas ou liberais, isto representa um problema devido ao facto de a sua moralidade simples, de alguma forma absolutista, conferir uma importância avassaladora a um valor, particularmente ao igual tratamento ou à igual liberdade. Os grupos religiosos podem exigir que o Estado se coíba de interferir nas suas práticas, mas podem igualmente exigir que o Estado interfira de maneira a dar-lhes apoio especial, permitindo-lhes acesso àquilo a que outros grupos têm rotineiramente direito em virtude do seu domínio social na comunidade política. Pode conferir autoridade a oficiais religiosos para levarem a cabo casamentos juridicamente vinculativos, para terem as suas próprias regras ou métodos de obter um divórcio, as suas regras sobre relações entre ex-maridos e ex-mulheres, as suas maneiras de definir um testamento, ou as suas leis sobre a distribuição póstuma de bens, mediação de disputas civis e até os seus métodos de estabelecer direitos de propriedade. O distanciamento ético permite a possibilidade de tais políticas com base na ideia de que pode ser injusto responsabilizar pessoas perante uma lei injusta.

Contudo, o distanciamento ético não é só uma receita para tratamento diferenciado na forma de exceções pontuais. Pode até exigir intervenção estatal em algumas religiões mais do que noutras, considerando as condições históricas e sociais de todas as religiões relevantes. Para a promoção de um valor particular constituinte do secularismo, uma religião, em relação a outras religiões, pode exigir maior intervenção do Estado. Por exemplo, se o valor que se pretende é a igualdade social, isso exige, em parte, a neutralização das hierarquias de castas. Se esse é o objetivo do Estado, então pode ser-lhe exigido que interfira no Hinduísmo livre de castas muito mais do que no Islão ou no Cristianismo.

Porém, se o valor que o Estado pretende implementar é uma liberdade religiosa impulsionada pela diversidade, então terá de intervir no Cristianismo e no Islão mais do que no Hinduísmo. Se é assim, o Estado não pode excluir rigidamente as considerações provenientes da religião nem manter uma neutralidade estrita no âmbito da religião. Não pode antecipadamente decidir que irá sempre abster-se de interferir nas religiões nem que vai intervir de igual forma em todas. De facto, pode não se identificar exatamente da mesma maneira com todas as religiões existentes na sociedade ou intervir em cada religião num grau equivalente ou da mesma forma.

Querer proceder dessa maneira seria simplesmente absurdo. Tudo o que tem de garantir é que a relação entre o Estado e as religiões seja guiada por princípios não sectários consistentes com alguns valores e princípios. O facto de um Estado interferir mais numa religião do que noutras não o distancia automaticamente do secularismo. O secularismo indiano rejeita o pressuposto de que «o mesmo tamanho serve para todos».[4]

Podem surgir duas objeções a esta leitura. Na primeira, pode dizer-se: «Vejam o estado do subcontinente. Olhem para a Índia. Como continua profundamente dividida. Então e a violência contra os muçulmanos em Gujarate e contra os cristãos em Orissa? Como é possível reclamar sucesso para a versão indiana de secularismo?» Não pretendo subestimar a força desta objeção. O ideal secular na Índia encontra-se numa crise periódica e é profundamente contestado. Além disso, mesmo na melhor das alturas, gera tantos problemas como os que resolve.

Mas não se deve esquecer que um Estado secular foi estabelecido na Índia «apesar» do massacre e deslocação de milhões de pessoas, por

---

[4] Isto é parte do que quero dizer por secularismo contextual. Para perspetivas similares sobre pensamento contextual, ver Taylor (1994), Carens (2000) e Parekh (2000).

motivos etno-religiosos, e sobreviveu num contexto de continuidade em que o nacionalismo étnico continua dominante em todo o mundo. Além disso, foi estabelecido para resolver as tensões geradas continuamente pela profunda diversidade religiosa e não para oferecer «uma solução final» através da expulsão ou liquidação de todos, menos dos grupos religiosos dominantes. Independentemente do que fizeram no passado, não é justo esperar que os Estados europeus ou norte-americanos não permitam nos dias de hoje qualquer tentativa de «limpeza étnica» nos seus territórios?

Os praticantes do secularismo indiano podem aprender com os mecanismos institucionais criados pelos Estados europeus para evitar violência intergrupal: algumas facetas da base institucional do secularismo indiano podem ser fortalecidas seguindo exemplos dos Estados ocidentais. Para consolidar o seu caráter minimamente decente, a Índia ainda pode aprender com o Ocidente contemporâneo. Porém, à medida que diferentes culturas religiosas reclamam o seu lugar nas sociedades do mundo inteiro, o desenvolvimento do secularismo da Índia pode ser o que oferece a forma mais pacífica, sensível à liberdade e democrática de seguir em frente.

Seja como for, este relato não deve ser lido como uma apologia do Estado indiano, mas como uma articulação razoável e solidária de uma conceção de que o Estado indiano frequentemente não se consegue aperceber. A minha argumentação pretende focar-se no valor comparativo desta conceção e no seu potencial futuro e não em como tem resultado na realidade da Índia. O destino de conceções ideais com potencial transcultural não deve ser decidido unicamente baseado naquilo que lhe acontece no seu local de origem.

Em segundo lugar, pode objetar-se que não me concentro nas melhores práticas dos Estados ocidentais e saliento as articulações mais prementes das conceções seculares ocidentais. Mas é esse precisamente o meu objetivo. A conceção dominante do secularismo ocidental deriva de uma autocompreensão idealizada de duas das suas versões e não das melhores práticas dos Estados ocidentais, incluindo as práticas dos EUA e da França. Defendo que esta conceção doutrinal (a) impede uma compreensão de conceções alternativas trabalhadas no terreno por intervenientes políticos moralmente sensíveis; e, (b) ao influenciar tanto políticos como cidadãos, frequentemente distorce a prática de muitos

Estados ocidentais e não-ocidentais. Além disso, (c) esconde as muitas formas em que o predomínio inter ou intrarreligioso persiste em muitas sociedades ocidentais. Mais, foi esta conceção que viajou para o mundo inteiro e que é uma fonte contínua de mal-entendidos em relação ao valor dos Estados seculares. O meu objetivo é afastar estas conceções ou pelo menos colocá-las no seu lugar.

Espero ter demonstrado que existem pelo menos duas conceções abrangentes de secularismo: uma do ocidente dominante (a norte-americana e a francesa) e a outra que oferece uma alternativa e está incorporada no modelo indiano. Destas, a conceção indiana tem um melhor potencial ético e moral para lidar com a profunda diversidade religiosa. Não pretendo sugerir que este modelo alternativo só se encontra na Índia. O caso indiano pretende mostrar que tal alternativa existe, não pretende ressuscitar uma dicotomia entre Ocidente e Oriente. Como já referi, estou certo de que esta versão alternativa faz parte das melhores práticas de muitos Estados, incluindo os Estados europeus que estão profundamente apaixonados pelas conceções dominantes de secularismo político.

O meu objetivo neste artigo é chamar a atenção para a frequente incapacidade dos teóricos éticos e políticos de verem o potencial normativo nas práticas seculares destes diferentes Estados porque estão obcecados com o valor normativo das conceções dominantes. Os Estados europeus têm de melhorar a compreensão das suas próprias práticas seculares, assim como o secularismo ocidental precisa de uma melhor autocompreensão teórica. Em vez de ficarem presos a modelos desenvolvidos num determinado momento da sua história, fariam bem em examinar cuidadosamente o potencial normativo nas suas práticas políticas ou aprender com a variante original indiana, que respeita todas as religiões, mas que reconhece a necessidade, pelo menos às vezes, da intervenção do Estado democrático em práticas religiosas moralmente dúbias.

Referências bibliográficas

Ahmed, Ishtiaq (1987), *The concept of an Islamic state: An analysis of the ideological controversy in Pakistan*. Londres: Frances Pinter.

Bader, Veit (2007), *Secularism or democracy?* Amesterdão: Amsterdam University Press.

Barker, Christine R. (2004), «Church and state: Lessons from Germany?», *The Political Quarterly*, 75(2), 168–176.

Bhargava, Rajeev (2010), *The promise of India's secular democracy*. Nova Deli: Oxford University Press.

Bowen, John (2007), *Why the French don't like headscarves: Islam, the state and public space*. Princeton, NJ: Princeton University Press.

Buruma, Ian (2006), *Murder in Amsterdam: The death of Theo van Gogh and the limits of tolerance*. Londres: Penguin.

Carens, Joseph (2000), *Culture, citizenship, and community: A contextual exploration of justice as evenhandedness*. Oxford: Oxford University Press.

Dworkin, Ronald (1978), «Liberalism», *in* Stuart Hampshire (org.), *Public and private morality*. Cambridge: Cambridge University Press, 113–143.

Freedman, Jane (2004), «Secularism as a barrier to integration? The French dilemma», *International Migration*, 42(3), 5–27.

Hamburger, Philip (2002), *Separation of church and state*. Cambridge, MA: Harvard University Press.

Juergensmeyer, Mark (1994), *The new Cold War? Religious nationalism confronts the secular state*. Berkeley, CA: University of California Press.

Kepel, Gilles (1994), *The revenge of God: The resurgence of Islam, Christianity, and Judaism in the modern world*. University Park, PA: Pennsylvania State University Press.

Klausen, Jytte (2005), *The Islamic challenge: Politics and religion in Western Europe*. Oxford: Oxford University Press.

Levy, Leonard (1994), *The establishment clause: Religion and the first amendment*. Chapel Hill, NC: The University of North Carolina Press.

Modood, Tariq; Triandafyllidou, Anna; Zapata-Barrero, Ricard (orgs.) (2006), *Multiculturalism, Muslims and citizenship: A European approach*. Abingdon: Routledge.

Mohsin, Amena (1999), «National security and the minorities: The Bangladesh case», *in* D. L. Sheth e Gurpreet Mahajan (orgs.), *Minority identities and the nation-state*. Nova Deli: Oxford University Press, 312–332.

Parekh, Bhikhu (2000), *Rethinking multiculturalism: Cultural diversity and political theory*. Londres: Macmillan.

Taylor, Charles (1994), «Justice after virtue», *in* John Horton e Susan Mendus (orgs.), *After MacIntyre: Critical perspetives on the work of Alasdair MacIntyre*. Cambridge: Polity, 16–43.

Turner, Bryan Stanley (2001), «Cosmopolitan virtue: On religion in a global age», *European Journal of Social Theory*, 4(2), 131–152.

Westerlund, David (1996), *Questioning the secular state*. Londres: Hurst.

Capítulo 3
Este mundo dividido em dois*

Richard Pithouse

1. A linha abissal

Numa intervenção provocadora e influente feita há menos de uma década, Boaventura de Sousa Santos defendeu que «O pensamento moderno ocidental é um pensamento abissal» (2007: 45). Afiançou que existe uma linha, umas vezes visível, outras não, que divide «a realidade social em dois universos» (2007: 3). Santos fundamenta-se no pensamento anticolonial, incluindo o trabalho de Frantz Fanon, que oferece um relato bem conhecido de uma realidade social bifurcada — sobretudo nas passagens da sua obra *The Wretched of the Earth* [Os condenados da Terra] que relatam as colónias em África, em que descreve «um mundo dividido em compartimentos», «um mundo cortado ao meio» (Fanon, 1967a [1961]: 29), um mundo de estase, um mundo que é fixo na sua génese e antidialético.

Como Fanon, Santos vê a linha abissal em termos de uma linha antidialética, com dimensões ontológicas, epistemológicas, espaciais e, claro, económicas e políticas. Na sua perspetiva, a linha abissal pode ser reconstituída até ao século XV, mas começa a denotar-se como característica distintiva da modernidade europeia em meados do século XVI. Santos questiona o papel central do ser humano, defendendo que linhas abissais «dividem o mundo humano do sub-humano» (2007: 10) e afirma que:

* Tradução de Rita Caetano.

> A humanidade moderna não se concebe sem uma sub-humanidade moderna. A negação de uma parte da humanidade é sacrificial, na medida em que constitui a condição para a outra parte da humanidade se afirmar enquanto universal. A minha tese é que esta realidade é tão verdadeira hoje como era no período colonial. (Santos, 2007: 10)

Para Santos, um aspeto do que chama de «fascismo social», decorrente do pensamento abissal, é «o *fascismo do apartheid social*. Trata-se da segregação social dos excluídos através de uma cartografia urbana dividida em zonas selvagens e zonas civilizadas» (2007: 16).

Santos não considera os investimentos liberais na sociedade civil emancipadores. Pelo contrário, defende que

> A modernidade ocidental, em vez de significar o abandono do estado de natureza e a passagem à sociedade civil, significa a coexistência da sociedade civil com o estado de natureza, separados por uma linha abissal com base na qual o olhar hegemónico, localizado na sociedade civil, deixa de ver e declara efectivamente como não-existente o estado de natureza. (Santos, 2007: 8)

Para Santos, o «cosmopolitismo subalterno», que na altura entendia como estando presente, de forma prometedora mas embrionária, no Fórum Social Mundial, oferecia uma alternativa potencialmente emancipatória.

O argumento de Santos é provavelmente rejeitado por aqueles que, num reflexo dogmático teórico, consideram qualquer declaração de pensamento binário, *a priori*, inaceitável. Mas, como Lewis Gordon nota, «Os binários persistem em muitas conjeturas, constituindo descrições não só precisas mas também produtivas» (2006: 17). Há evidentemente casos em que a melhor crítica é notar os limites da análise levada a cabo em termos binários. No entanto, pode ser analiticamente apropriada, sobretudo quando determinados modos de pensar e certos acordos políticos e económicos são rotineiramente apresentados como universais, sendo, na verdade, baseados na exclusão total ou parcial, implícita ou explícita, por parte de algumas pessoas do grupo dos inteiramente humanos, revelando as dimensões binárias em que o pensamento e a prática do poder instituído estão estruturados.

2. Liberalismo

O que Santos chama de pensamento abissal pode, simplesmente, ser explicado recorrendo à estrutura profunda de muitos dos grandes textos da modernidade ocidental, assim como aos acordos políticos que estes legitimaram. A sua crítica ao pensamento abissal inclui, mas ultrapassa, o liberalismo, uma vez que é uma crítica à modernidade ocidental no geral. Contudo, dada a autoridade hegemónica das ideias liberais em grande parte do mundo contemporâneo, há uma urgência particular (embora não exclusiva) em estudar as ideias e práticas liberais à luz da crítica de Santos.

Os textos liberais clássicos são claramente formulados em redor do pensamento abissal. Em *Two Treatises of Government* [Dois Tratados sobre o Governo], escrito em 1689, John Locke legitima explicitamente a repressão dos irlandeses e a expropriação dos nativos americanos, que o autor descreveu como «não [...] se juntando à restante humanidade» (1986 [1689]: 139). As terras deles são descritas como «os locais vagos da América» (1986 [1689]: 134), como «desperdício» (1986 [1689]: 139), e que Deus não quereria que estas terras permanecessem «comuns e por cultivar» (1986: 132). Para Locke, igualdade liberal só podia aplicar-se às «criaturas da mesma espécie e categoria» (1986 [1689]: 118). No texto *On Liberty* [Sobre a Liberdade], publicado em 1859, John Stuart Mill afirma que: «O despotismo é um modo legítimo de governo quando se lida com bárbaros» (1976 [1859]: 73).

A análise convincente de Domenico Losurdo do liberalismo, enquanto teoria e prática, revela um apoio evidente à crítica de Santos. Losurdo nota que, nas revoluções liberais nos Países Baixos, Inglaterra e Estados Unidos, «a exigência de liberdade e justificação da escravatura, assim como a dizimação (ou destruição) dos bárbaros, estavam bastante interligadas» (Losurdo, 2011: 27). Não se tratava apenas de uma questão de exigência, «A escravatura não é algo que persistiu apesar do sucesso de três revoluções liberais. Pelo contrário, experimentou o seu apogeu no seguimento desse sucesso» (2011: 35).

Losurdo conclui que o pensamento liberal clássico gira em redor de uma distinção original entre o espaço sagrado e o profano, uma distinção que mais tarde é contestada:

> O espaço sagrado, a minúscula ilha sagrada, é assim delimitado com a máxima claridade do infinito espaço profano. Podemos dizer que — além das pessoas escolhidas — tudo tendia a ser reduzido a natureza profanada, dentro de cuja órbita também se incluem as populações condenadas por Jeová a ser dizimadas da face da terra. A destruição caiu igualmente sobre «homens e mulheres, novos e velhos, bois e ovelhas e idiotas»; ou, em termos mais gestantes, «todas as almas», «todos os que respiram», «todos os habitantes das cidades, e aquilo que crescia do solo». Dentro do espaço especificamente profano, a distinção entre homem e natureza não parece surgir, ou não desempenha um papel proeminente. (Losurdo, 2011: 310)

Losurdo mostra que o liberalismo, enquanto conjunto de práticas históricas existentes, se baseou com frequência na exclusão da maior parte da humanidade da contagem de quem é inteiramente humano.

3. A tradição radical negra

Sem surpresas, a questão do humano é central à crítica do liberalismo antirracista e anticolonial. De acordo com a tradição radical negra, que vem de Toussaint L'Ouverture e passou por figuras como Aimé Césaire, Frantz Fanon, Steve Biko e pensadores contemporâneos como Sylvia Wynter e Lewis Gordon, a questão do humano e a afirmação de uma humanidade universal são tópicos centrais. Numa carta escrita à Assembleia Colonial de São Domingos, em 1792, a exigir o fim da escravatura, Toussaint L'Ouverture, em conjunto com outros, denunciou a escravatura aos «olhos da humanidade» (2008: 6) e afirmou uma igualdade universal: «Somos vossos semelhantes, portanto, por direito natural, se a natureza se deu ao prazer de diversificar as cores da raça humana, não é crime ter nascido preto nem vantagem ser branco» (L'Ouverture, 2008: 6).

Muitos teóricos já documentaram a maneira como a exclusão de certas pessoas do grupo dos inteiramente humanos se tem mantido ao longo do período moderno. No seu registo da incapacidade dos pensadores europeus, incluindo os de esquerda, de compreenderem a Revolução Haitiana, Michel-Rolph Trouillot defende que a revolução era impensável para os intelectuais europeus quando sucedeu, e assim permaneceu durante dois séculos, em resultado de um investimento numa «ontologia, uma organização implícita do mundo e dos seus habitantes» (Trouillot, 1995: 73). O seu argumento é que o racismo postula uma cisão ontológica que serve para excluir algumas pessoas, ou a maior parte delas, do domínio da razão e da possibilidade de executarem ações conscientes e racionais.

Em *Black Skin, White Masks* [Pele negra, máscaras brancas], Fanon (1967b [1952]) sublinha que o racismo não só é irracional como também estrutura *a priori* as categorias através das quais a experiência é mediada, de forma a tornar impossível o reconhecimento da razão expressa como razão por parte dos negros: «quando eu estava presente, aquilo não estava; quando aquilo estava lá, eu já não estava» (Fanon, 1967b [1952]: 119–120). Num ensaio escrito no mesmo ano que *Black Skin, White Mask*, alarga a sua crítica à ciência na França colonial, alegando:

> A atitude do pessoal médico é muito frequentemente uma atitude *a priori*. Os norte-africanos não vêm com um substrato comum à raça, mas com uma base construída pelos europeus. Por outras palavras, os norte-africanos, espontaneamente, pelo simples facto de estarem presentes, entram num enquadramento preexistente. (Fanon, 1967c [1964]: 7)

Muitos pensadores da tradição radical negra responderam à cisão ontológica nos humanos, introduzida pelo racismo colonial, defendendo um conceito universal do humano — um conceito decorrente do reconhecimento imediato de uma capacidade igual de raciocínio e ação. Fanon, na tradução revista por Ato Sekyi-Otu, afirma a necessidade imperativa de «criar uma noção humana, uma vez que se trata de pessoas conscientes e soberanas envolvidas» (Sekyi-Otu, 1996: 46). Mais recentemente, Lewis Gordon, ao escrever contra os sentimentos anti-humanistas, muito presentes no pensamento pós-moderno, insiste que: «A luta contra o racismo é para a humanidade das pessoas cuja humanidade lhes foi recusada» (2006: 17).

O pensamento anticolonial, na tradição radical negra e além dela, tem frequentemente apontado para uma dimensão espacial. Como referido acima, Fanon facultou um conceito de descolonização que foi, pelo menos em parte, espacial. Argumentou que a ordenação do mundo colonial, a sua organização geográfica, tem de ser estudada para «revelar as linhas de força que implicam» aquilo que «nos irá permitir traçar as linhas que irão reorganizar uma sociedade descolonizada» (Fanon, 1967a [1961]: 29). Na sua perspetiva, uma descolonização verdadeira requer um fim determinante para uma situação em que «este mundo dividido em compartimentos, este mundo dividido em dois é habitado por espécies diferentes» (Fanon, 1967a [1961]: 30).

Para Mahmood Mamdani, a definição de algumas pessoas como nativas é central ao pensamento e às práticas coloniais. Salienta que, contrariamente a uma visão usualmente aceite — incluindo em algumas correntes de pensamento anticolonial —, «nativo não designa uma condição original e autêntica» (Mamdani, 2012: 2). O autor demonstra que a ideia de nativo é uma construção colonial através da qual a pessoa assim designada é «vinculada, localizada, excluída da civilização como marginal, confinada aos costumes, e posteriormente definida como o seu produto» (2012: 2–3). Afirma que uma conceção bifurcada de cultura — imaginada como «um acontecimento murado, isolado e imutável no não-Ocidente, em oposição a um acontecimento transformador no Ocidente» (2012: 14) — foi usada para legitimar a ordem colonial e para a organizar através de uma bifurcação política e espacial. O Estado colonial «obedecia a uma única característica, a "origem", e ignorava completamente todos os desenvolvimentos subsequentes, incluindo a "residência". [...] o Estado descrevia os nativos como um produto da geografia em vez da história» (Mamdani, 2012: 47).

4. Crítica pós-colonial

A crítica pós-colonial transmite frequentemente uma sensação de que existe uma linha divisória fundamental entre o mundo previamente colonizado e o mundo previamente colonizador. Achille Mbembe dá início ao famoso *On the Postcolony* com a declaração de que «falar racionalmente sobre África não é algo que alguma vez tenha surgido com naturalidade. Fazê-lo, no virar do milénio, é ainda menos» (2001: 1). Para Mbembe, trata-se, fundamentalmente, de um caso de exclusão dos africanos do grupo dos que são inteiramente humanos:

> a experiência humana africana aparece constantemente no discurso dos nossos tempos enquanto experiência que só pode ser compreendida através

> de uma interpretação negativa. África nunca é vista como possuindo coisas e atributos que fazem naturalmente parte da «natureza humana». Ou, quando é, são coisas e atributos geralmente de menor valor, de pouca importância e de fraca qualidade. É esta elementaridade e primitivismo que tornam África o mundo por excelência de tudo o que é incompleto, mutilado e inacabado, a sua história é reduzida a uma série de percalços da natureza, na sua busca da espécie humana. (Mbembe, 2001: 1)

Mas, como muitos pensadores apontaram, incluindo, evidentemente, Fanon, a condição pós-colonial é também aquela em que as elites assumem, em certos aspetos, o lugar do colonizador, enquanto os novos Estados continuam a governar os oprimidos de uma forma que dá continuidade evidente aos métodos coloniais de domínio. No volume inaugural produzido pelo coletivo de Estudos Subalternos, Ranajit Guha escreve que:

> A historiografia do nacionalismo indiano há muito que é dominada pelo elitismo — elitismo colonialista e elitismo nacionalista burguês. Ambos com origem no produto ideológico da governação britânica na Índia, mas que sobreviveram à transferência de poder e foram assimilados pelas formas de discurso neocolonialista e neonacionalista na Grã-Bretanha e Índia, respetivamente. (Guha, 1982: 1)

Posteriormente, no seu ensaio *The Prose of Counter-Insurgency*, observa que na historiografia indiana «a revolta é considerada externa à consciência do camponês e a causa é dada como justificação, como um fantasma substituto da razão, a lógica dessa consciência» (Guha, 2009: 196). O camponês continua a ser imaginado como estando fora do domínio da razão e da capacidade de ações racionais e conscientes.

Mamdani também indica continuidades importantes entre práticas coloniais e pós-coloniais. Defende que, com a exceção significativa da Tanzânia, a maioria dos Estados pós-coloniais africanos manteve formatos coloniais de governação, uma vez que algumas pessoas foram classificadas como membros de «tribos» e só tinham direitos em locais específicos. Para Mamdani, a questão fundamental é a cidadania e a necessidade de se obter um regime legal que ofereça direitos iguais a todos os cidadãos. Os direitos têm de estar de acordo com a residência e não com pretensões de origem.

No plano de Mamdani, o espaço urbano é o domínio dos direitos, o espaço rural é o domínio da tradição (inventada) em que os direitos só estão disponíveis para as pessoas que podem fazer certas reivindicações relacionadas com a origem e etnia. Mas vários pensadores problematizaram o espaço urbano enquanto domínio de direitos no pós-colonialismo. A ideia de que as divisões espaciais de classe têm igualmente de ser ontológicas tem frequentemente feito parte do senso comum, não estudado, do pós-colonialismo. Obika Gray escreve que na Jamaica, na década de 1970, os «pobres urbanos mobilizados permaneceram um grupo moralmente desacreditado, socialmente isolado e culturalmente estigmatizado» (2004: 263). Partha Chatterjee, ao escrever sobre a Índia, mas assumindo uma repercussão mais abrangente das suas conclusões, defende que os habitantes nos bairros de lata que vivem à margem da lei não só são sujeitos a estigmatização mas também estruturalmente excluídos da vida pública. São, defende, «cidadãos abrangidos de forma ténue por direitos, mesmo assim ambígua e contextualmente, em relação à forma como a constituição os imaginou. Não são, portanto, membros devidos da sociedade civil nem assim considerados pelo Estado» (Chatterjee, 2004: 38). Chatterjee salienta que a política levada a cabo fora da sociedade civil, fora da «zona do discurso político legítimo», é frequentemente ignorada como sendo «cultura de lúmpen», fruto dos medos de que «a política esteja a ser controlada por máfias e criminosos» (2004: 47).

Não é apenas a produção académica que deteta várias versões da «linha abissal» no pós-colonialismo. Observações semelhantes surgem repetidamente no discurso de ativistas envolvidos em lutas populares e também no discurso dos movimentos populares. Ao refletir nas consequências do golpe de Estado no Haiti, em 2004, apoiado pelos EUA, Jean-Bertrand Aristide observa:

> Tudo acaba por se resumir ao simples princípio de que *tout moun se moun* — cada pessoa é de facto uma pessoa, cada pessoa é capaz de pensar nas coisas por si própria. Aqueles que não aceitam isto, quando olham para os *nègres* do Haiti — consciente ou inconscientemente, é o que veem —, veem pessoas demasiado pobres, básicas, sem educação para pensar por elas próprias. Veem pessoas que precisam de outros para tomar as decisões no lugar delas. É uma mentalidade colonial, na verdade, e ainda muito disseminada entre a nossa classe política. (Aristide *apud* Hallward, 2007a)

Já foi frequentemente defendido que quando a esquerda pós-colonial é constituída em volta de pequenos grupos de pessoas, alienados da política das massas e empenhados em leituras grosseiras cruas do marxismo, ideias similares estão presentes. Raúl Zibechi, ao escrever sobre a Bolívia, defende que os sujeitos da organização e mobilização popular são «sempre considerados irracionais ou, em termos da esquerda política, "espontâneos"» (Zibechi, 2010: 36). Alvaro Reyes levanta uma questão similar (2012: 22) em relação à tendência de setores da esquerda para descrever novas formas de luta através de novos intervenientes como «pré-políticas», resultando no facto de novos locais, sujeitos e modos de luta não serem reconhecidos nem compreendidos. Para Zibechi, assim como para muitos outros pensadores radicais alinhados com a luta popular pós-colonial, existe uma incapacidade sistémica entre as elites (incluindo as de esquerda) de reconhecer a habilidade de raciocínio e ação entre os oprimidos: «Uma espécie de tremor de terra epistemológico ocorre quando aqueles que ocuparam as profundezas da sociedade durante séculos [...] emergem enquanto sujeitos» (Zibechi, 2010: 83). Há uma repercussão clara da ideia de Gordon de «aparecimento ilícito». Gordon defende que, como o racismo torna a individualidade do outro impossível, «o esforço dos negros para terem lugar em tal sistema torna-se a sua violação. Sofrem portanto de "aparecimento ilícito"» (Gordon, 2015: 114).

5. Marxismo e empobrecimento urbano

Em muitas partes do mundo anteriormente colonizado, a cidade e, em particular, as zonas ocupadas fora da jurisdição da lei, emergiram como um espaço central de luta. Raúl Zibechi afirma que: «Se um fantasma está a assombrar as elites latino-americanas no início do século XXI, vive certamente nas periferias das grandes cidades» (2012: 189). Alvaro Reyes defende que na América Latina as «revoltas de massas» têm sido «capazes de colocar aqueles que foram excluídos do espaço da política institucional (sobretudo povos indígenas, residentes da periferia urbana e intelectuais marginalizados) [...] no centro dos eventos políticos na região» (2012: 7). Este tipo de afirmações não deve ser usado para sugerir que as lutas dos intervenientes com os quais a teoria ortodoxa radical se sente mais à vontade — camponeses, operários, estudantes etc. —

são redundantes. Contudo, o surgimento de lutas de massas em países como o Haiti, a Bolívia e a Venezuela, sedeadas em grande parte, ou significativamente, em bairros de lata, é um desenvolvimento importante que dá origem a um conjunto de desafios para os modos estabelecidos de teorização radical.

Em *Marx at the Margins* [Marx nas margens], Kevin Anderson (2010) faculta uma análise útil sobre a forma como o pensamento de Marx evoluiu durante o curso da sua vida e mostra, em particular, como ele acabou por rejeitar a ideia do colonialismo enquanto força progressista e começou a observar modos de vida comunais, longe do seu alcance e do alcance do capital, como sítios potenciais de movimento progressista. Os escritos de Marx, lidos em conjunto, não se resumem a uma insistência num conceito de trabalho ou num conceito de trabalho metropolitano estritamente concebidos. No entanto, o marxismo, enquanto cultura política e não um conjunto de textos, carrega frequentemente um nível de hostilidade ou suspeita em relação aos pobres urbanos.

Na primeira metade da sua vida, Marx (1932) falou do «lumpemproletariado» — os pobres urbanos que viviam com menos do que o salário mínimo — com impressionante acidez. Marx usou o termo pela primeira vez na obra *The German Ideology* [A ideologia alemã] — um texto escrito em 1845 e 1846 (mas só publicado na íntegra em 1932), durante a quebra na produção agrícola, a urbanização crescente e os primeiros sinais de fermentação política que em breve iriam explodir na Primavera dos Povos, em 1848. Afasta-se, notoriamente, da tese de que é a produção em vez da capacidade de discurso — como Aristóteles teria dito — que distingue os humanos dos animais. O termo «lumpemproletariado» é normalmente traduzido por «proletariado esfarrapado», mas a palavra «lúmpen» significa tanto esfarrapado como patife, e tem sido sugerido que Marx estaria a pensar na segunda aceção da palavra. No *Manifesto Comunista*, de 1848, Karl Marx e Friedrich Engels escreveram sobre «a "classe perigosa", a escumalha social, essa massa passiva que apodrece, deitada fora pelas camadas mais baixas da sociedade antiga» (Marx e Engels, 1848). Quatro anos depois, na obra *The 18th Brumaire of Louis Bonaparte* [O 18 de Brumário de Louis Bonaparte], Marx manifestou-se contra a «escumalha, resíduos, detritos de todas as classes» (Marx, 1852).

Ernesto Laclau mostra que, neste ponto do trabalho de Marx, o proletariado é rigidamente delimitado do «lumpemproletariado» para, desta forma, afirmar a sua posição no seio do desenvolvimento capitalista, com o resultado de o «lumpemproletariado» receber o estatuto do marginal puro e a sua «expulsão do campo da historicidade é a condição essencial para uma interioridade pura» (Laclau, 2005: 114). Por outras palavras, a virtude dos operários, trabalhadores homens, é afirmada em contraste com a dissolução dos pobres urbanos. Mas quando escreveu o *Capital*, quinze anos depois da obra *O 18 de Brumário*, Marx assumiu uma visão muito menos hostil, argumentando que:

> é a acumulação capitalista em si que constantemente produz, e produz no rácio direto da sua própria energia e extensão, uma população relativamente redundante de operários, isto é, uma população mais abrangente que basta para as necessidades básicas da autoexpansão do capital e, consequentemente, uma população supérflua. (Marx, 1887: 443)

Também apresenta a «combinação entre os empregados e os desempregados» tanto como uma forma de os trabalhadores contestarem as suas funções no seio da produção capitalista como precárias; como uma ameaça real à lógica da produção capitalista que, pela lei da oferta e da procura, depende da existência de um grupo grande de pessoas sem um sustento independente ou um salário, de modo que os salários baixem. Aqui, a imaginação política de Marx consegue ver um papel positivo para os pobres urbanos, embora ainda pense no trabalho unicamente em termos de trabalho efetuado por homens em fábricas. Escreve que, para o trabalhador, as relações sociais capitalistas «transformam a vida dele numa vida de trabalho, e arrastam a mulher e os filhos para baixo do rolo compressor do capital» (Marx, 1887: 451).

Os discursos coloniais sobre raça e sobre pobres urbanos começaram a misturar-se a partir do início do século XIX. Engels seguiu o pensamento burguês corrente e declarou que o «lumpemproletariado» era uma corrida «desprovida de qualquer humanidade, degradante, reduzida moral e fisicamente à bestialidade» (1845). A dada altura, Engels repete um dos estereótipos do pensamento burguês da altura, que, de uma forma racista, também se tornou central para a ideologia colonial — os pobres urbanos são aqueles «que não desejam trabalhar» (1845). Nicholas Thorburn conclui que «Os ataques mais veementes de Marx e Engels são guardados para aqueles que parecem divertir-se em sobreviver fora das relações produtivas» (2002: 443).

Como Kristin Ross afirmou, a Comuna de Paris de 1871 tornou-se num momento decisivo do investimento político na ideia do bom operário — um homem — por parte da esquerda moderna. A autora sugere que terá sido em grande parte uma resposta às diatribes da direita, frequentemente bastante sexista, que descrevia os pobres urbanos politizados em termos monstruosos. As elites parisienses da altura, em conjunto com as alegações esperadas de que criminosos e intervenientes estrangeiros estavam por detrás da revolta, também apontaram, no meio de um pânico moral a toda a escala, para a imagem perversamente sexualizada do apoiante da Comuna como sendo uma mulher, uma «incendiária» — uma «prostituta sedenta de sangue, indolente, embriagada» (Ross, 2008: 16). O investimento político de Marx no «homem operário» e, em particular, nos operários fabris em resposta a um acontecimento político — uma revolução municipal, em grande parte constituída no bairro e não na fábrica, e isso foi, segundo Manuel Castells, «decididamente uma ação das mulheres» (1983: 18) — deixou a sua marca no senso comum da esquerda.

Na conjuntura contemporânea, houve frequentemente um silenciamento, mesmo no seio das teorias da emancipação coletiva, das lutas dos pobres urbanos; lutas em que as mulheres estiveram muitas vezes na linha da frente. A tendência para ler a interseção de realidades espaciais e sociológicas em termos ontológicos costuma estender-se ao longo dos tempos e atravessar diferentes regimes políticos. Janice Perlman defendeu de forma célebre que o mito da marginalidade, da degradação moral dos moradores das favelas do Rio foi produzido pela «tentativa constante dos detentores do poder de culpar os pobres pela sua posição devido a atitudes desviantes, mascarando a falta de intenção dos poderosos de partilhar os seus privilégios» (Perlman, 1976: 102). Notou que a «esquerda política também é influenciada, até certo ponto, pelos mitos da marginalidade» e concluiu que o mito estava «ancorado nas mentes das pessoas, com raízes que permanecerão inabaladas por qualquer crítica teórica» (1976: 242). Quase quarenta anos depois, Raúl Zibechi reporta que

> A esquerda latino-americana olha para as periferias pobres como núcleos de crime, tráfico de droga e violência; espaços em que o caos e a lei da selva imperam. A desconfiança assume o lugar do entendimento. Não há a mais ínfima diferença de perspetiva entre a esquerda e a direita nesta questão. (Zibechi, 2012: 197)

Pelo mundo inteiro, as lutas contemporâneas dos pobres urbanos são frequentemente, através do recurso implícito a uma divisão ontológica do mundo, sujeitas a formas contemporâneas de silenciamento. Não é invulgar a esquerda académica contribuir para isso. Numa intervenção sobre os motins nos guetos parisienses em 2006, Emilio Quadrelli (2007) demonstra a enorme lacuna entre as premissas, invariavelmente pejorativas, do que Bruno Bosteels apelida de esquerdismo especulativo, desligado do empenho concreto e «tão radical como politicamente inoperativo» (2005: 762), e as realidades das lutas que, de facto, existem nas *banlieues*, através do instrumento, simples mas eficaz, da justaposição de voos teóricos de fantasia académica, infundados, sem qualquer experiência de participação em lutas populares ou em investigação credível com entrevistas a militantes de base.

No pós-colonialismo, as ONG definem a agenda dos média e da academia. Servem frequentemente para silenciar a iniciativa política popular por parte dos pobres urbanos e procuram muitas vezes substituir as lutas populares. Peter Hallward mostra que no Haiti o poder das ONG é frequentemente racista: «a provisão da caridade dos brancos iluminados a indigentes negros, alegadamente "supersticiosos", é parte integrante do padrão neocolonial sobejamente conhecido» (2007b: 180). Nota que as ONG de esquerda não tendem a «organizar-se com as pessoas [...] nos locais e nos termos em que as pessoas são fortes», preferindo «demonstrações triviais feitas para os meios de comunicação social [...] a que normalmente comparecem pequenos grupos de 30 ou 40 pessoas» (2007b: 181–182). Hallward demonstra que algumas destas ONG, como a ActionAid, apoiaram o golpe de 2004 dos EUA contra um governo eleito que foi buscar a maior parte do apoio aos pobres urbanos. A sua crítica vai além das ONG e engloba a minúscula organização política Batay Ouvriye, que é, «como qualquer um dos setores neotrotskistas [...], militante e inconsequente em igual medida» (Hallward, 2007b: 186), mas que tem sido, todavia, predominante na esquerda internacional e que atacou as formas populares de mobilização política de modo tão virulento como se tivesse sido algo vindo da direita. Isto tornou-se, conclui, «propaganda inestimável para o setor da sociedade civil» (2007b: 189) mais empenhado em legitimar o apoio dos EUA ao golpe contra um governo popular e eleito. Em ambos os casos discutidos por Quadrelli e Hallward, torna-se claro que os pressupostos ontológicos *a priori*, profundamente infetadas pelas ideias coloniais, recebem por vezes um maior peso explicativo do que a investigação empírica dentro da esquerda, incluindo a esquerda académica.

Tudo isto pode ser particularmente grave em África. Como Valentin-Yves Mudimbe refere, as ansiedades com a presença africana no mundo moderno são frequentemente dirigidas à África urbana: «A marginalidade designa o espaço intermédio entre a chamada tradição africana e a modernidade projetada do colonialismo. É aparentemente um espaço urbanizado» (1988: 5).

6. África do Sul

Se o argumento apresentado até agora indica a relevância do conceito de pensamento abissal de Santos — que não deve ser lido em termos absolutos, mas compreendido como dinâmico, contestado e, até certo ponto, permeável —, parece não suscitar controvérsia apontar o *apartheid* enquanto caso paradigmático desta lógica. Uma das muitas dimensões desta lógica é que a regulamentação do espaço — a espacialização da raça e a racialização do espaço — foi fundamental ao colonialismo e ao *apartheid*. O *apartheid* era um sistema que, pedindo a frase emprestada a Bessie Head, «mantinha tudo no seu lugar» (1974: 116).

Cada vez mais é reconhecido que, em alguns aspetos, têm havido claras linhas de continuidade entre o período colonial, o *apartheid* e (no sentido liberal) o período democrático, na África do Sul. Incluem-se continuidades impressionantes em termos da regulamentação do espaço. Uma delas é que a África do Sul pós-*apartheid* continuou a governar os antigos bantustões de forma diferente do resto do país e a manter uma bifurcação espacial e política entre o reino dos costumes e o dos direitos. Ashley Westaway demonstra que «partes significativas do sistema de segregação do governo nos bantustões não só foram deixadas intactas, como na verdade foram reforçadas» (2012: 21). Fora dos antigos bantustões, todos os cidadãos têm direitos iguais segundo a lei. Mas, como Aimé Césaire observou em 1956, «igualdade abstrata» pode assumir uma qualidade quimérica, na medida em que «a igualdade se recusa a permanecer abstrata» (*apud* Nesbitt, 2013: 86).

Numa continuidade inegável com o *apartheid* e as práticas coloniais, os moradores de bairros de lata continuam a ser governados com fundamentos notoriamente diferentes dos espaços considerados normalizados e legais. Os moradores dos bairros de lata não se encontram numa relação de diferença unicamente com os espaços das elites. Há todo o tipo de espaços — condomínios fechados, subúrbios, municípios, campos de transição, etc. — que, embora não estejam em conformidade com o maniqueísmo binário descrito no relato de Fanon acerca da colónia e dos colonos, lhes é no entanto atribuído um estatuto hierarquizado, profundamente ligado às ideias coloniais sobre raça e espaço.

Outra forma óbvia em que os bairros de lata são tratados como uma zona distinta pelo Estado e por muitos outros intervenientes das elites é a maneira pela qual, sem que seja entendido como uma crise, se permite que milhões de pessoas habitem em condições que muitas vezes põem a vida em perigo. Inundações e incêndios são acontecimentos regulares. Sem acesso seguro a saneamento, as mulheres enfrentam grandes riscos quando procuram um sítio privado para fazer as necessidades. Ao mesmo tempo, o trabalho diário exigido para a reprodução social, muitas vezes com base sexista, enfrenta dificuldades extraordinárias. As lavagens, por exemplo, podem exigir que se espere em longas filas para conseguir água que depois tem de ser transportada por caminhos íngremes e enlameados.

Como a ocupação de terra e a apropriação de serviços, como a eletricidade e a água, são tratados como atos criminosos, milhões de pessoas consideram que têm um modo de vida que as coloca, segundo o termo de Chatterjee, numa relação «ambígua» com a lei. Mas a particularidade da relação entre a lei e o policiamento nos bairros de lata ultrapassa com frequência a lei escrita. Em Durban, é comum a polícia tratar os bairros de lata como uma zona de criminalidade generalizada. A polícia pode, por exemplo, levar a cabo uma «rusga» num bairro, deitar portas abaixo ao pontapé e simplesmente apreender equipamento eletrónico e dinheiro, alegando que se trata de propriedade roubada. Ao mesmo tempo, ações ilegais e frequentemente violentas por parte do Estado — como despejos — mantêm-se procedimentos regulares no dia a dia.

Um conjunto de intervenientes da elite trata os bairros de lata como locais de criminalidade endémica e com falta de capacidade independente de raciocínio e ação. Os intervenientes da elite — incluindo partidos políticos, ONG, organizações académicas ou religiosas — partem muitas vezes do princípio de que têm um direito incontestado de representar e de fazer experiências com as pessoas que habitam esses locais.

Hoje em dia, existe uma situação generalizada de insubordinação crescente na África do Sul, que se estende dos bairros de lata às minas, aos bairros universitários e ao parlamento. Denota-se um certo sentido de possibilidade do que Zibechi (2012) chama «uma sociedade em movimento». No seio desta fermentação crescente, os bairros de lata tornaram-se um local significativo de contestação popular — que ganha contornos reacionários, contraditórios e progressistas. Há mais de uma década, os bairros de lata surgiram como um local-chave da luta popular e os seus habitantes como protagonistas dessa luta. Há um conflito crescente em torno do solo urbano, a ocupação de terras e a resistência aos despejos resulta muitas vezes em formas de contestação extremas, por vezes fatais, entre pessoas desfavorecidas e o Estado. Este cenário criou alguns problemas às formas de teoria radical — seja o marxismo ou o nacionalismo —, que fazem um investimento dogmático *a priori* no operário industrial ou no camponês enquanto sujeito apropriado da política. Isto explica, em parte, o flagrante insucesso da maioria da classe média que resta em levar a cabo qualquer tipo de ligação regular e produtiva com a referida fermentação.

Os bairros de lata não são um domínio completamente separado da política. Houve várias ocasiões em que estiveram bastante ligados a outras lutas, como a greve dos mineiros em Marikana, em 2012 (Naicker, 2016), e as lutas rurais contra vários casos de desapropriação de terras em favor do interesse do capital transnacional.[1] Algumas das táticas usadas em lutas organizadas a partir dos bairros de lata, tais como o bloqueio de estradas com pneus queimados, chegam agora aos espaços das elites, como as universidades. Porém, há uma noção significativa de que os bairros de lata ocupam uma área da política que é muitas vezes fundamentalmente diferente, digamos, da sociedade civil.

[1] Por exemplo, em 2008, quando os residentes de Macambini resistiram à desapropriação das suas terras por um investidor do Dubai, procuraram apoio político nas organizações de moradores dos bairros de lata de Durban. Mais recentemente, uma figura-chave da contestação ao trabalho nas minas perto de Bizana, na província do Cabo Oriental, começou a empenhar-se no trabalho político nos bairros de lata de Durban.

Não é apenas um modo de vida que é tratado de forma sistemática — embora não em absoluto — como se estivesse do outro lado de uma linha. Isto é também evidente na forma como se tratam as organizações e ações políticas desenvolvidas nos bairros de lata. Não é invulgar que formas legais de política tenham respostas por parte do Estado que espelham tentativas ilegais, e frequentemente violentas, de suprimir direitos básicos. Um conjunto de outros intervenientes da elite da sociedade apoia, implícita ou explicitamente, esta atuação do Estado. É frequentemente assumido que a «sociedade civil» (isto é, as ONG) devia representar e dar voz às pessoas desfavorecidas, e existe uma hostilidade generalizada por parte de um conjunto de intervenientes da elite quando as pessoas procuram organizar-se, ser os seus próprios porta-vozes, tomar posições e fazer as suas próprias escolhas em termos de alianças.

Na África do Sul, o Fórum Social Mundial não ofereceu oportunidades para o desenvolvimento de um cosmopolitismo subalterno. Pelo contrário, tem sido um local esmagadoramente dominado por financiadores e ONG, um modo de domínio que é muitas vezes profundamente concorrencial e hostil à presença autónoma da iniciativa política por parte de pessoas desfavorecidas e negras. As formas de poder exercidas aqui por intervenientes da elite, tendo em vista o povo negro desfavorecido, têm frequentemente adquirido os contornos daquilo a que Paulo Freire (1996) chama de «manipulação». Este fenómeno não se restringe ao Fórum Social Mundial. Anna Selmeczi (2015) defendeu que, na África do Sul pós-*apartheid*, a sociedade civil é um instrumento neocolonial que se constitui implicitamente contra um outro racializado. Há importantes exceções a isto, mas a crítica é fundamentada em muitos casos. Houve alturas em que a sociedade civil, enquanto formato organizacional constituído à volta das ONG, se cruzou com as fantasias da elite (muitas vezes branca, mas nem sempre) de constituir uma vanguarda radical. Nestes casos, o cruzamento entre as patologias do sectarismo radical — incluindo o rápido recurso à difamação — e as da sociedade civil resultaram em práticas políticas particularmente autoritárias e tóxicas. As elites são fabricadas como sendo iluminadas e detentoras do direito de dominar os oprimidos pelos interesses que têm, enquanto os oprimidos são fabricados como sendo irracionais, desonestos, criminosos, retrógrados e incapazes de levar a cabo pensamentos e ações independentes e eficazes. Quando os protestos públicos adquirem uma dimensão ou impacto que exige atenção, são frequentemente desvalorizados como espontâneos — mesmo que tenham demorado meses a organizar e espelhem o resultado de anos de contestação política — e mal interpretados como sendo uma resposta quase biológica à privação ou, nas palavras de E. P. Thompson, como sendo «espasmódicos» (1971). Quando é obrigatório admitir que existiu uma organização sustentada, especula-se muitas vezes que se deveu a manipulação externa.

Uma característica marcante da agitação na África do Sul é que, quando adquire formas de emancipação ou de potencial emancipação, frequentemente se afirma de maneira a suscitar a questão do humano — e as questões que levanta têm uma clara repercussão no conceito da linha abissal. Uma aceção comum — sustentada ao longo de muitos anos e presente por todo o país e em muitas línguas — declara que «somos todos seres humanos, e não cães». Ao contrário da América Latina, o trabalho intelectual feito sobre lutas populares raramente é levado a sério pela academia sul-africana e, portanto, este tipo de declarações não é normalmente visto como tendo consequências teóricas ou sendo de interesse teórico. Mas, embora o pensamento de Achille Mbembe não se desenvolva em diálogo com a luta popular, há elementos deste pensamento que têm uma clara repercussão em algumas ideias afirmadas em contexto da luta. Quando Mbembe insiste que, «para o projeto democrático ter futuro, deve obrigatoriamente assumir a forma de tentativa consciente de resgatar a vida e "o humano" de uma história de desperdício» (Mbembe, 2011: s.p.), esta é uma repercussão profunda.

7. Abahlali baseMjondolo

As tentativas de vários intervenientes da elite, incluindo ONG liberais e de esquerda, de criar alguma organização neste contexto têm falhado sempre. Contudo, na cidade de Durban, as pessoas desfavorecidas construíram e têm mantido um movimento, o Abahlali baseMjondolo (residentes das barracas), que tem uma presença política significativa naquela cidade e, até certo ponto, na vida política nacional.

A política do movimento — que, claro, é dinâmica — inspirou-se numa série de influências, nomeadamente na luta pela libertação nacional e de esquerda e, em particular, nos sindicatos. Mas, desde o início, tem também feito um uso consistente de ideias e práticas retiradas da vida rural e das igrejas africanas instituídas. Esta política sincrética, que tem um elemento de *bricolage*, opera fora da lógica do pensamento abissal, uma vez que as ideias e práticas são abraçadas fora da sua lógica antidialéctica.

Na primeira declaração do movimento, pretendia obter-se reconhecimento nacional e internacional, incluindo a afirmação clara de um sentimento de exclusão da contagem dos humanos: «Para nós, a luta mais importante é ser reconhecidos como seres humanos» (Zikode, 2006: 187).

O ponto de partida do movimento era evidenciar a sua exclusão do país denunciando aquilo a que chamava de «política dos pobres». Ao mesmo tempo, afirmava uma «política viva» — uma política desenvolvida a partir das condições concretas com que os desfavorecidos se confrontavam e que procurava que permanecessem sob o seu alcance e controlo. As tentativas de subordinar o movimento aos modos de representação autorizados — partidos políticos e ONG a operar sob a alçada da «sociedade civil» — foram sempre recusadas. Como resultado, desenvolveu-se uma hostilidade sustentada, por vezes uma repressão grave. Como se observa no relato de Hallward sobre o Haiti, tem havido semelhanças impressionantes na forma como o Estado, partes da sociedade civil e a esquerda sectária têm respondido ao movimento. As três entidades já se referiram ao movimento como essencialmente criminoso e resultante de manipulação externa (por parte dos brancos). Parece fazer sentido entender tal aceção como uma incapacidade constitutiva de transcender o pensamento abissal.

O compromisso do movimento com a autonomia política não foi, à maneira dos zapatistas, um compromisso de autonomia espacial e económica. Pelo contrário, permitia uma política que procurava ativamente ganhar e conservar terra dentro das zonas de elite da cidade. O desejo de ter acesso à cidade encontra-se no ponto diretamente oposto da dimensão espacial do pensamento abissal. Significa, concretamente, uma recusa de ser limitado tanto aos antigos bantustões como aos lotes de habitações nos pontos extremos da periferia urbana.

Nos termos em que Raquel Gutiérrez (2014) se refere ao âmbito prático da luta, o movimento concentrou maioritariamente as energias na ocupação e na posse de terras, na apropriação de serviços, na exigência de acesso formal às terras, serviços e habitação e, crucialmente, na contestação da forma como o Estado e outros intervenientes da elite tratam as pessoas desfavorecidas.

O que Gutiérrez descreve como horizonte de emancipação de luta foca-se sobretudo no direito à presença no espaço urbano, na prioridade do valor social do solo urbano e na relação fundamentalmente diferente do Estado e outros intervenientes da elite com a premissa do que é entendido como a recuperação do direito à participação na tomada de decisão. Há, portanto, uma tentativa concomitante de forçar o Estado a reconhecer e a cumprir as suas obrigações, e a transcendê-las. Os pontos em que se exigiu a transcendência incluem: a recusa em aceitar que a terra e a habitação só serão facultadas na periferia urbana; a exigência de terra e habitação nas zonas da elite; a recusa em aceitar que o valor comercial da terra deve vir antes do seu valor social; e a recusa em aceitar a expropriação contínua do direito de participação nos processos de decisão.

Mais de uma década depois da sua formação, os lemas do movimento afirmam frequentemente que os seus três compromissos principais são com a terra, a habitação e a dignidade. A exigência de terra e habitação é, em parte, uma exigência de base material para a inclusão social. Há também exigências que são frequentemente construídas por oposição a formas continuadas de segregação espacial. Mas é a questão da dignidade que apresenta maiores dificuldades para as versões padronizadas da política da elite — quer sejam liberais, marxistas ou nacionalistas.

A centralidade atribuída ao conceito de dignidade — algo que, evidentemente, acontece noutros locais do mundo — é simultaneamente um compromisso com um modo de prática política no presente e uma exigência orientada para o futuro. A insistência na dignidade enquanto compromisso político é muitas vezes enquadrada como resultante da insistência num direito pleno e igual para todos os humanos.

O movimento procura facultar um espaço social em que os seus membros — geralmente os desonrados da sociedade — sejam tratados com respeito. Na vida do movimento sempre houve uma dimensão análoga à de uma congregação. Isto inclui práticas como visitar doentes, oferecer apoio a pessoas em processo de luto e enterrar os mortos com dignidade. Também significa que as reuniões são muitas vezes conduzidas sem uma base unicamente instrumental. As práticas das reuniões mudaram significativamente à medida que o movimento se expandiu e também como resposta à repressão. Ao mesmo tempo, desenvolveu-se uma pequena burocracia e algumas decisões são agora tomadas através de formas representativas de autoridade. Mas uma premissa manteve-se ao longo do tempo: as reuniões são muitas vezes um espaço onde as pessoas podem ser solidárias umas com as outras e ser tratadas como merecedoras de respeito. Claro que, tal como acontece numa igreja, isto nem sempre é alcançado. Houve dois períodos de conflito significativo dentro do movimento, ambos no seguimento de períodos de intensa repressão, e um dos quais esteve relacionado com uma tentativa de captura por parte de uma ONG. Mas isto não altera o facto de que foi construído e mantido durante mais de uma década um movimento que se constitui, em parte, como um espaço onde a dignidade dos seus membros é afirmada.

Mas a mobilização política no sentido da dignidade também assume a forma de um conjunto de exigências contidas nessa afirmação contra o Estado, assim como contra os intervenientes da elite como as ONG e a academia. Essas exigências por vezes foram expressas em *slogans* como «Fala connosco, não nos dês ordens» e «Pensa connosco, não penses por nós». Faz sentido ler este tipo de exigências como uma insistência para que os intelectuais universitários, e outros, se libertem das limitações do pensamento abissal e tornem assim possível um empenho produtivo. É também útil pensar nesta dimensão da insistência pela dignidade em termos da definição de Raquel Gutiérrez de emancipação enquanto afirmação, na teoria e na prática, da «capacidade comum [do oprimido] de agir e decidir por si próprio» (Gutiérrez, 2012: 55).

Passados mais de dez anos de luta, o movimento continua vulnerável à repressão e ainda não é claro de que maneira se vai relacionar com as novas formas de política parlamentar, que têm um alcance nacional cada vez maior e pretendem instrumentalizar as lutas populares. Mas é evidente que a sociedade sul-africana mantém dimensões coloniais, que algumas delas são compatíveis com formas de nacionalismo da elite e que a política popular excede com frequência as categorias mais facilmente disponíveis para as formas-padrão do liberalismo, marxismo e nacionalismo da elite. Continuamos a habitar um mundo em que se imagina que pessoas de diferentes tipos devem habitar zonas diferentes e manter relações diferentes com o Estado. A afirmação de uma humanidade universal continua a implicar uma mudança radical profunda.

Referências bibliográficas

Anderson, Kevin (2010), *Marx at the margins*. Chicago: University of Chicago Press. Doi: https://doi.org/10.7208/chicago/9780226019840.001.0001

Bosteels, Bruno (2005), «The speculative left», *South Atlantic Quarterly*, 104(4), 751–767. Doi: https://doi.org/10.1215/00382876-104-4-751

Castells, Manuel (1983), *The city and the grassroots*. Berkeley: University of California Press.

Chatterjee, Partha (2004), *The politics of the governed: Reflections on popular politics in most of the world*. Nova Deli: Permanent Black.

Engels, Friedrich (1845), «The condition of the working class in England», *Marxists Internet Archive*. Consultado a 02.05.2016, em https://www.marxists.org/archive/marx/works/1845/condition-working-class/

Fanon, Frantz (1967a), *The Wretched of the Earth*. Londres: Penguin [orig. 1961].

Fanon, Frantz (1967b), *Black Skin, White Masks*. Nova Iorque: Grove Press [orig. 1952].

Fanon, Frantz (1967c), *Towards the African revolution*. Nova Iorque: Grove Press [orig. 1964].

Freire, Paulo (1996), *Pedagogy of the oppressed*. Londres: Penguin.

Gordon, Lewis (2006), «African-American philosophy, race and the geography of reason», *in* Lewis Gordon e Jane Anna Gordon (orgs.), *Not only the master's tools: African-American studies in theory and practice*. Boulder, CO: Paradigm.

Gordon, Lewis (2015), *What Fanon said: A philosophical introduction to his life and thought*. Joanesburgo: Wits University Press.

Gray, Obika (2004), «Demeaned but empowered: The social power of the urban poor in Jamaica». Kingston: University of West Indies Press.

Guha, Ranajit (1982), «On some aspects of the historiography of colonial India», *in* Ranajit Guha (org.), *Subaltern studies 1: Writings on South Asian history and society*. Nova Deli: Oxford University Press, 1–8.

Guha, Ranajit (2009), «The prose of counter-insurgency», *in* Partha Chatterjee (org.), *The small voice of history*. Nova Deli: Permanent Black, 194–238.

Gutiérrez, Raquel (2012), «The rhythms of the *Pachakuti*: Brief reflections regarding how we have come to know emancipatory struggles and the significance of the term social emancipation», *South Atlantic Quarterly*, 11(1), 51–64. Doi: https://doi.org/10.1215/00382876-1472585

Gutiérrez, Raquel (2014), *Rhythms of the Pachakuti: Indigenous uprising and state power in Bolivia*. Durham, NC: Duke University Press. Doi: https://doi.org/10.1215/9780822376361

Hallward, Peter (2007a), «An interview with Jean-Bertrand Aristide», *London Review of Books*, 24(4), 9–13. Consultado a 02.05.2016, em http://www.lrb.co.uk/v29/n04/peter-hallward/an-interview-with-jean-bertrand-aristide

Hallward, Peter (2007b), *Damming the flood: Haiti and the politics of containment*. Londres: Verso.

Head, Bessie (1974), *A question of power.* Portsmouth: Heinemann.
Laclau, Ernesto (2005), *On populist reason.* Londres: Verso.
Locke, John (1986), *Two treatises on government.* Londres: Everyman [orig. 1689].
Losurdo, Domenico (2011), *Liberalism: A counter-history.* Londres: Verso.
L'Ouverture, Toussaint (2008), *The Haitian revolution.* Londres: Verso.
Mamdani, Mahmood (2012), *Define and rule: Native as political identity.* Cambridge, MA: Harvard University Press. Doi: https://doi.org/10.4159/harvard.9780674067356
Marx, Karl (1852), «The 18th Brumaire of Louis Bonaparte», *Marxists Internet Archive.* Consultado a 02.05.2016, em https://www.marxists.org/archive/marx/works/1852/18th-brumaire/
Marx, Karl (1887), «Capital: volume 1», *Marxists Internet Archive.* Consultado a 02.05.2016, em https://www.marxists.org/archive/marx/works/download/pdf/Capital-Volume-I.pdf
Marx, Karl (1932), «The German ideology», *Marxists Internet Archive.* Consultado a 02.05.2016, em https://www.marxists.org/archive/marx/works/1845/german-ideology/
Marx, Karl; Engels, Friedrich (1848), «Manifesto of the Communist Party», *Marxists Internet Archive.* Consultado a 02.05.2016, em https://www.marxists.org/archive/marx/works/1848/communist-manifesto/
Mbembe, Achille (2001), *On the postcolony.* Berkeley: University of California Press.
Mbembe, Achille (2011), «Democracy as a Community Life», *Johannesburg Workshop in Theory & Criticism,* 4. Consultado a 02.05.2016, em http://jwtc.org.za/volume_4/achille_mbembe.htm
Mill, John Stuart (1976), *On liberty.* Londres: Dent [orig. 1859].
Mudimbe, Valentin-Yves (1988), *The invention of Africa: gnosis, philosophy, and the order of knowledge.* Bloomington, IN: University of Indiana Press.
Naicker, Camalita (2016), «Worker struggles as community struggles: The politics of protest in Nkaneng, Marikana», *Journal of Asian and African Studies,* 51(2), 157–170. Doi: https://doi.org/10.1177/0021909615605533
Nesbitt, Nick (2013), *Caribbean critique: Antillean critical theory from Toussaint to Glissant.* Liverpool: Liverpool University Press. Doi: https://doi.org/10.5949/liverpool/9781846318665.001.0001
Perlman, Janice (1976), *The myth of marginality: Urban poverty and politics in Rio de Janeiro.* Berkeley: University of California Press.
Quadrelli, Emilio (2007), «Grassroots political militants: Banlieusards and politics», *Mute Magazine,* de 30 de maio. Consultado a 02.05.2016, em http://www.metamute.org/editorial/articles/grassroots-political-militants-banlieusards-and-politics
Reyes, Alvaro (2012), «Revolutions in the revolutions: A post-counterhegemonic moment for Latin America?», *South Atlantic Quarterly,* 111(1), 1–27. Doi: https://doi.org/10.1215/00382876-1472567

Ross, Kristin (2008), *The emergence of social space: Rimbaud and the Paris Commune*. Londres: Verso.

Santos, Boaventura de Sousa (2007), «Para além do pensamento abissal: Das linhas globais a uma ecologia de saberes», *Revista Crítica de Ciências Sociais*, 78, 3–46. Doi: https://doi.org/10.4000/rccs.753

Sekyi-Otu, Ato (1996), *Fanon's dialectic of experience*. Cambridge, MA: Harvard University Press.

Selmeczi, Anna (2015), «Haunted by the rebellion of the poor: Civil society and the racialized problem of the (non-)economic subject», *Foucault Studies*, 20, 52–75. Doi: https://doi.org/10.22439/fs.v0i0.4929

Thompson, Edward Palmer (1971), «The moral economy of the English crowd in the eighteenth century», *Past & Present*, 50, 76–136. Doi: https://doi.org/10.1093/past/50.1.76

Thorburn, Nicholas (2002), «Difference in Marx: the lumpenproletariat and the proletarian unnameable», *Economy & Society,* 31(3), 434–460. Doi: https://doi.org/10.1080/03085140220151882

Trouillot, Michel-Rolph (1995), *Silencing the past: power & the production of history*. Boston: Beacon Press.

Westaway, Ashley (2012), «Rural poverty in the Eastern Cape Province: Legacy of apartheid or consequence of contemporary segregationism?», *Development South Africa*, 29(1), 115–125. Doi: https://doi.org/10.1080/0376835X.2012.645646

Zibechi, Raúl (2010), *Dispersing power: Social movements as antisstate forces*. Oakland: AK Press.

Zibechi, Raúl (2012), *Territories in resistance: A cartography of Latin American social movements*. Oakland, CA: AK Press.

Zikode, S'bu (2006), «The third force», *Journal of Asian and African Studies*, 41(1/2), 185–189. Doi: https://doi.org/10.1177/0021909606062177

Capítulo 4

Democracia e democratização em África: interrogar paradigmas e práticas[*1]

Issa G. Shivji

Introdução

A democracia é um modelo. A democratização é um processo. A democracia é um transplante. A democratização é orgânica. Por democracia quero dizer o conceito de democracia liberal burguesa imposto pelo Ocidente ao resto do mundo. Por democratização quero dizer as lutas do resto do mundo contra o Ocidente e os seus «implantes» locais para expandir a esfera da liberdade e da dignidade humana.

Vasco da Gama dobrou o Cabo da Boa Esperança em 1498 e abriu o caminho para a invasão ocidental da África e da Ásia. Cristóvão Colombo chegou à ilha Hispaniola (atualmente Haiti e República Dominicana) em 1492 e plantou as sementes do primeiro genocídio de habitantes originais das Américas, os chamados índios peles-vermelhas, e do comércio mais tenebroso: o comércio triangular de escravos no Atlântico. Assim

* Tradução de Rita Caetano.

[1] Trata-se de uma versão ligeiramente editada do artigo que apresentei pela primeira vez no seminário sobre Democracia Eleitoral — «O que pode tornar a Democracia Eleitoral Eficaz?» —, organizado pelo MS–Training Centre for Development Cooperation (MS-TCDC), Arusha, Tanzânia, 7 a 9 de novembro de 2011.

começaram os cinco séculos do desenvolvimento do sistema capitalista mundial e da civilização ocidental, com acumulação no centro e expropriação na periferia. O Ocidente hegemónico desdenha das histórias que contamos aos nossos filhos, da história que lhes ensinamos e dos valores que proclamamos no altar. A isto chama-se civilização, progresso, direitos humanos universais, desenvolvimento, modernização e, hoje em dia, globalização. Ao processo de resistência contra a expropriação chama-se barbárie, canibalismo, nativismo, bruxaria, *juju*, tribalismo e terrorismo. Assim prossegue a história do Ocidente e do resto do mundo até ao dia de hoje, em que estamos aqui reunidos para discutir o modelo liberal de democracia, boa governação, direitos humanos, transparência, responsabilização, humanitarismo e os restantes chavões.

Esta introdução extremamente simplificada pretende chegar à conclusão de que os conceitos e paradigmas no nosso discurso sobre democracia não podem nem devem ser tidos como garantidos. O discurso é controverso e essa controvérsia não pode ser desfeita sem a localizarmos historicamente nas lutas sociais. O modelo liberal de democracia, que é o discurso político dominante em África nos dias de hoje, é uma abstração da história particular das lutas dos povos europeus. O facto de ser apresentada e aceite como universal deve-se à hegemonia do Ocidente perante o resto do mundo. E essa hegemonia pressuposta no sistema capitalista foi obtida através da guerra e da violência e continua a ser mantida através dos mesmos meios.

Neste curto capítulo, quero abordar de forma abrangente três temas que permeiam o discurso sobre a democracia. Primeiro, a construção de modelos de democracia — democracia liberal e as suas variantes, como a social-democracia — em centros imperiais e o seu contexto histórico e base socioeconómica. Em segundo lugar, o período pós-colonial em África. Este período divide-se claramente em dois — os primeiros vinte e cinco anos do período «nacionalista» e os segundos vinte e cinco anos do período neoliberal. Por último, vou olhar para o futuro ou para «o que pode ser feito?». E gostava de fazê-lo revendo os debates entre académicos africanos. Dada a limitação de espaço, vou deixar de fora os pormenores e a argumentação elaborada. Os interessados podem recorrer à bibliografia selecionada que anexo no final do capítulo (Leitura adicional).

1. Construção de «modelos» de democracia nos centros imperiais

Em primeiro lugar, o modelo de democracia liberal, que em termos históricos é o mais antigo, foi construído na Europa ao longo de um largo período de transição do feudalismo para o capitalismo, do final do século XVI até o final do século XIX. Economicamente, marcou a ascensão da burguesia e o seu triunfo na sequência do sucesso da industrialização. Politicamente, o modelo democrático liberal foi desenvolvido em oposição ao regime absolutista dos monarcas, incluindo a hegemonia ideológica/cultural da Igreja.

O Estado feudal era um Estado paroquial descentralizado. Os governantes obtinham a sua legitimidade na ideologia religiosa, ou seja, era a instância metafísica que dominava. A ordem feudal baseava-se no estatuto e, portanto, na desigualdade inerente, uma vez que os estatutos eram organizados hierarquicamente. Algumas das pedras basilares da ordem burguesa e da democracia liberal foram construídas em oposição às premissas da ordem feudal. Foi a burguesia que construiu o Estado **centralizado**, estabelecendo assim as bases do que atualmente se designa de «nação». Alguns dos outros conceitos centrais da ordem liberal foram igualmente construídos em oposição ao feudalismo. Daí, por exemplo, o privilégio do individual por oposição à coletividade; a igualdade do «ser individual» por oposição à desigualdade inerente ao estatuto; o domínio da instância económica por oposição ao domínio da instância metafísica, legitimando desta forma a governação burguesa através da lei e não da religião (note-se a noção de Estado secular). Igualdade dos indivíduos traduz-se em igualdade perante a lei, que, por sua vez, se traduz em direitos iguais. Todos os seres humanos são iguais porque possuem **direitos iguais**. Escusado será dizer que esta igualdade política e jurídica é sobreposta à desigualdade social e económica de base que é inerente ao sistema capitalista.

O princípio filosófico do modelo da democracia liberal assenta em várias separações e abstrações. Primeiro, na separação da produção de mercadorias e da circulação de mercadorias (o mercado). No mercado, todos os proprietários, vendedores e compradores de mercadoria são iguais. Na produção, o senhorio e o inquilino, o dono da fábrica e o trabalhador, o mercador e o *machinga*[2] são evidentemente diferentes.

[2] Suaíli para vendedor ambulante.

Na famosa máxima de Anatole France, igualdade burguesa significa: «A lei, na sua imparcialidade majestosa, proíbe da mesma maneira ricos e pobres de dormir debaixo de pontes, de mendigar nas ruas e de roubar pão.»

Resultado: a desigualdade económica e social inerente ao sistema capitalista torna absurda a igualdade política e jurídica. Foi esta enorme contradição entre a política e a economia, entre a realidade e a retórica, que originou as lutas dos trabalhadores e produziu a outra variante da democracia liberal, perto do final do século XIX, a social-democracia. A social-democracia exigia equidade e não simplesmente igualdade. Estas lutas tiveram início de uma forma concreta na Comuna de Paris de 1871, passaram pela social-democracia e terminaram na revolução socialista da Rússia, em 1917, colocando um desafio sistémico para ambos os modelos democráticos, o liberal e o social, assim como para o sistema de imperialismo capitalista subjacente. A democracia socialista foi, portanto, a terceira forma de democracia baseada na classe dos trabalhadores e que procurava transcender — embora sem sucesso — os modelos democráticos liberais e sociais.

Em suma, o modelo democrático liberal que os países imperialistas-capitalistas pretendiam tornar universal servia essencialmente para racionalizar, justificar, proteger e defender a propriedade privada capitalista, de forma a reproduzir o sistema de exploração de classes. Tem sido um processo controverso, dando origem à sua variante, o modelo social-democrata, que se dividiu em social-democracia e socialismo. O modelo social-democrata tenta moldar as arestas duras do modelo democrático liberal sem desafiar o sistema capitalista-imperialista. Quando se deu a crise nas décadas de 1970 e 1980, até a mais avançada social-democracia dos países escandinavos cedeu ao modelo neoliberal que vou discutir mais à frente. Entretanto, o modelo socialista, deturpado como era, entrou em colapso, abrindo caminho para a renovação do modelo liberal na forma neoliberal.

Em segundo lugar, é importante referir que o modelo democrático liberal só foi completamente consumado depois da industrialização no final do século XIX, estabelecendo as bases do desenvolvimento económico dos centros imperiais. O processo da industrialização em si foi marcado pela exploração selvagem dos trabalhadores da Europa e dos Estados Unidos da América (EUA), resultando em pobreza extrema, exploração e opressão dos trabalhadores, como ficou documentado em muitos romances e textos como os de Charles Dickens, Friedrich Engels, E. P. Thompson, Robert Tressell, John Steinbeck, etc.

Em terceiro lugar, o processo de desenvolvimento do capitalismo, que fundamentou o modelo democrático liberal, foi global logo desde o início no século XV. A pilhagem das Américas, da Ásia e dos seus tesouros, a devastação do continente africano, incluindo o comércio de escravos, desempenharam um papel crucial no desenvolvimento dos centros imperialistas.

Em quarto lugar, o capitalismo e a sua expressão política concomitante, a democracia liberal e, mais tarde, a social-democracia, foram construídos à custa dos trabalhadores da Europa e dos EUA, e do povo de África, da Ásia e da América Latina. A democracia liberal nos países centrais foi acompanhada pela ditadura imperialista e pelo despotismo colonial nos países da periferia. A democracia e os direitos eram para os cidadãos, não para os nativos. A Declaração Universal dos Direitos Humanos de 1948 não incluía africanos porque eram considerados «nativos» e não seres humanos.

Em quinto lugar, toda a trajetória do desenvolvimento capitalista foi marcada por guerras e violência. Na verdade, há um autor que chega a defender que o ciclo de destruição/construção é inerente ao processo de acumulação/desenvolvimento capitalista (Jha, 2006). É o caso das famigeradas guerras europeias do século XVI ao XIX que culminaram nas chamadas primeira e segunda guerras mundiais no século XX. O único período de paz na Europa durou cerca de quatro décadas e seguiu-se à Segunda Guerra Mundial. Mesmo nessa altura havia paz na Europa e nos EUA, mas guerra no Terceiro Mundo. A seguir ao colapso da União Soviética, a guerra regressou à Europa (Balcãs) e, agora com a Líbia, o imperialismo voltou a mudar o teatro da guerra para África. O ciclo destruição/construção da acumulação capitalista é bem ilustrado pelo que aconteceu no Iraque e na Líbia. Depois dos bombardeamentos impiedosos naqueles países, os tubarões das multinacionais dos países imperialistas invadiram a Líbia para reconstruir o país, como abutres que se alimentam de cadáveres.

Em sexto lugar, o modelo democrático liberal não atravessou os mares durante o colonialismo. O colonialismo era tudo menos democrático. Tratava-se de um Estado despótico com o objetivo de controlar, subjugar e desumanizar os colonizados para, dessa forma, facilitar a exploração dos recursos naturais e humanos das colónias. Esta situação levou ao surgimento de lutas dos colonizados pela autodeterminação e resultou na independência de colónias no Sul global.

Por fim, o período dourado do capitalismo e do Norte desenvolvido duraram as quatro décadas que se seguiram à Segunda Guerra Mundial. Em muitos aspetos, a Segunda Guerra Mundial foi um ponto de viragem. A liderança do campo imperialista mudou da Grã-Bretanha para os EUA. Com a revolução chinesa, quase um terço do mundo se distanciou do sistema capitalista. O movimento de libertação nacional no Sul adivinhava problemas à medida que os países da Ásia e da África começavam a conquistar a sua independência. O imperialismo estava à defesa e lutou com afinco para manter a sua hegemonia. O Partido Comunista Chinês resumiu a situação da seguinte forma:

> Os países querem independência
> As nações querem libertação
> As pessoas querem revolução.

Foi neste contexto que os países africanos ganharam independência em relação aos territórios que tinham sido constituídos como países pelos poderes coloniais. A África independente nasceu num mundo muito litigioso, em que o socialismo desafiava o capitalismo, em que o nacionalismo desafiava o imperialismo e em que a emancipação desafiava a escravatura. O imperialismo estava à defesa mas não estava derrotado; o socialismo tinha conseguido avanços revolucionários impressionantes, mas não era hegemónico, ainda sofria das marcas de ter nascido em países economicamente atrasados. O nacionalismo tinha trazido o *uhuru;* a questão era como defendê-lo e protegê-lo num ambiente hostil.

2. *Uhuru* e o que se seguiu: do nacionalismo ao neoliberalismo

Os cinquenta anos de independência africana dividem-se claramente em dois períodos de vinte e cinco anos. Os primeiros vinte e cinco anos podem ser chamados de período nacionalista e os vinte e cinco anos seguintes de período neoliberal. A complexa confluência de forças e a longa luta dos povos levaram à concessão da independência. Contudo, os senhores coloniais não iriam simplesmente largar as antigas colónias. Os líderes da independência minimamente nacionalistas que queriam criar Estados relativamente independentes foram rapidamente erradicados através de assassinatos e golpes militares. Patrice Lumumba, líder da independência congolesa, foi assassinado pela Bélgica em conluio com a CIA. Assim como Félix-Roland Moumié, um líder progressista da União do Povo Camaronês (UPC), foi assassinado pelos serviços secretos franceses. Mehdi Ben Barka, do partido marroquino União Nacional das Forças Populares (UNPF), um grande líder tricontinental, desapareceu em França, em 1965, a mando de agentes franceses e marroquinos. Os portugueses mataram Amílcar Cabral, líder do movimento nacionalista da Guiné-Bissau e de Cabo Verde. Thomas Sankara, o jovem líder progressista do Burkina Faso, também foi assassinado. Outros, como Kwame Nkrumah, foram depostos por exporem os projetos neocoloniais do imperialismo americano. Só em 1966 houve oito golpes militares em África — em todos eles foi possível implicar poderes imperialistas. Portanto, a mera sobrevivência foi a primeira preocupação dos líderes da independência. O resultado foi que muitos desses líderes depressa reproduziram os antigos poderes ocidentais ao perpetuar o acordo colonial que iria ficar conhecido como «neocolonialismo». Outros, de cariz mais nacionalista e independente, como Julius Nyerere, na Tanzânia, tiveram de fazer cedências para sobreviver.

O segundo desafio foi o chamado projeto de construção e desenvolvimento da nação. Dada a ausência da burguesia, a responsabilidade tanto de construção como de desenvolvimento passou a ser do Estado. Como Nyerere observou, nas antigas colónias africanas, o Estado tinha de construir a nação e também criar desenvolvimento. Mas tratava-se do Estado colonial despótico herdado do passado, assim como a extrovertida economia colonial integrada no sistema capitalista. A economia política colonial consistia em desviar o excedente para a metrópole através da acumulação primitiva, não da acumulação interna. E o Estado agia como criador e facilitador de condições para isto. Não é de admirar que a nova pequena burguesia que assumiu as rédeas do poder continuasse a instituir a mesma economia política. As tentativas de alguns líderes nacionalistas, como Nyerere, de criar estruturas internas para uma acumulação autocêntrica, embora capitalista, depressa atingiram os seus limites, uma vez que as estruturas globais da economia eram controladas por centros imperialistas.

Politicamente, a construção liberal de estruturas independentes deu lugar a estruturas autoritárias que imitavam de muitas maneiras o despotismo do Estado colonial. No final da década de 1970 e no início da década de 1980, quando muitas economias africanas entraram numa profunda crise económica, era claramente manifesto que as promessas de independência tinham azedado — não existia nem desenvolvimento sustentado nem democracia credível. Contudo, o imperialismo, em termos ideológicos e políticos, estava à defesa. Mas a crise tinha agora criado as condições para os poderes imperialistas controlados pelos EUA montarem uma ofensiva em nome do neoliberalismo. O declínio e consequente colapso da União Soviética e a mudança de direção na China facilitaram ainda mais o processo.

Em África, o neoliberalismo, económica e filosoficamente gerado por Milton Friedman e Friedrich von Hayek, e politicamente enfiado pelas nossas gargantas abaixo por Margaret Thatcher e Ronald Reagan, bateu à porta com os Programas de Ajustamento Estrutural (PAE). Embora esboçado em linguagem económica, o neoliberalismo foi acima de tudo um ataque ideológico ao nacionalismo radical. O imperialismo passou ao ataque — económica, política, cultural e intelectualmente. Num período de duas décadas, África passou por três gerações de Programas de Ajustamento Estrutural, numa orgia de liberalização, mercantilização, privatização, comercialização e financiamento. As bolsas de desenvolvimento capitalista baseadas na acumulação autocêntrica interna foram destruídas enquanto país após país, em África, foi sendo desindustrializado. Os poucos feitos dos serviços sociais na educação, saúde, água, pensões para idosos e outros serviços públicos foram mercantilizados tendo como pretexto políticas de repartição de custos e subcontratação. Os instrumentos fiscais e as instituições de decisão política, como os bancos centrais, foram tornados autónomos e os bancos comerciais foram privatizados longe do escrutínio público dos órgãos eleitos. As suas políticas são feitas com base nas prescrições impostas por instituições financeiras internacionais e financiadores, e enfiadas pela garganta abaixo dos políticos e parlamentares, usando os empréstimos, as ajudas e apoios orçamentais como cenoura, e a retirada de tudo isso a funcionar como um autêntico pau. Entretanto, capitalistas imperialistas vorazes, apoiados pelos seus Estados e a chamada «comunidade de doadores», apropriam-se de terra, minerais, água, flora e fauna. Não preciso de entrar em pormenores porque alguns académicos africanos documentaram amplamente estes factos — digo alguns, porque muitos sucumbiram a consultorias ao serviço de «parceiros de desenvolvimento».

Fazia parte dos PAE e dos seus requisitos que também nos fosse concedido o pacote da democracia — o modelo democrático liberal. Não quero com isto dizer que não tenha havido lutas internas pela democratização. Tiveram lugar, mas foram rapidamente desviadas ou evitadas pelos governos locais e os seus apoiantes imperialistas.

Vou agora passar à última secção para debater o discurso sobre democracia, que, de certa forma, é também um reflexo das lutas pela democratização do povo africano.

3. Pela via do «caminho a seguir»

Na conjuntura atual, o discurso/debate democrático entre os académicos africanos gira à volta de três perspetivas: (a) o modelo democrático liberal; (b) o modelo social-democrata e (c) a nova democracia.

O modelo democrático liberal transmitido pelos centros simplificou questões como eleições multipartidárias, responsabilização, transparência, boa governação e direitos humanos. É o discurso preponderante entre muitos dos académicos africanos tradicionais, na academia, em ONG com segundas intenções, nos partidos políticos e antigos «praticantes do desenvolvimento», um eufemismo para observadores e monitores dos países financiadores. Este discurso, que acontece sobretudo em fóruns financiados pelos chamados «parceiros do desenvolvimento» e é organizado por ONG locais, gira à volta de três ou quatro temas repetitivos — eleições livres e justas ou, por vezes, chamadas de eleições limpas, transparência e responsabilização, e «boa governação». Os facilitadores e intervenientes destes fóruns são normalmente académicos que andam à volta das mesmas sabedorias gastas (como estou a fazer agora!) acerca da necessidade de uma comissão eleitoral independente, da necessidade de acompanhar as eleições, de impor sanções legais contra os que desrespeitarem as regras, de um cumprimento rígido dos direitos humanos e de género, e de um conjunto de outros direitos — dependendo da vontade do financiador naquele dia —, da abolição da pena de morte, da justiça de género e por aí em diante.

A cada cinco anos têm lugar eleições patrocinadas por financiadores; a cada cinco anos há monitores e observadores de eleições que as classificam de «livres e justas» ou «moderadamente livres e justas» ou «nada livres nem justas», dependendo da atitude política dos financiadores daquele país e da ocasião; a cada cinco anos a oposição alega que houve fraude; a cada cinco anos dizem que há que mudar a constituição para haver uma comissão eleitoral independente, ou multipartidária, que as comissões têm de ser mais capazes e, então, contrata-se um consultor académico prontamente disposto a elaborar uma proposta de projeto. E este ritual aplica-se independentemente do partido que venceu as eleições, o partido do poder ou a oposição. A crença de que a oposição conseguiria fazer melhor foi desanimadoramente destruída em África, pois, em vários países, desde a Zâmbia e do Malawi ao Senegal, a oposição provou ser ainda pior do que os partidos no poder cessantes. Contudo, a encenação continua.

Grande parte do discurso sobre transparência, responsabilização e boa governação é, na verdade, uma discussão sobre corrupção, o habitual «bode expiatório» dos financiadores. A encenação em cada «grupo consultivo» e sessão de trabalho dos investidores também não é muito diferente. Bindra fez o seguinte comentário sobre uma «reunião consultiva» em Nairobi, em 2005:

> As conversas dos financiadores focam-se na corrupção. [...] Ninguém está farto desta charada? Ano após ano, marchamos perante os financiadores como mendigos abjetos a pedir «assistência ao desenvolvimento» (esmolas, diria eu). Ano após ano, os financiadores põem vistos na lista e apontam as nossas várias limitações. Ano após ano, prometem-se largas somas e entregam-se somas menores. Ano após ano, desperdiçamos a maior parte do que nos dão [...]. Por quanto mais tempo pretendemos manter este modelo falhado de senhor e pedinte? Quando um ato de futilidade é repetido incessantemente, só pode ser porque defende o interesse de ambas as partes. Portanto, encontramo-nos cá pela mesma altura no ano que vem, quando, sem dúvida, o tema for o mesmo. (Bindra *apud* Bujra, 2005: 27)

A questão, claro, é que dificilmente se questionam as premissas básicas do modelo democrático liberal no seu contexto histórico e socioeconómico. Até no seu território o modelo está em crise, assim como o sistema capitalista-imperialista que o sustém. Devido ao seu mérito, um número significativo de académicos africanos mais empenhados não se deixou convencer pelo pacote da «boa governação» e da democracia liberal que acompanhou as PAE. Um dos melhores e mais profundos pensadores africanos, o falecido Archie Mafeje, escreveu, logo nos primórdios da democracia multipartidária, no início da década de 1990:

> Todas as provas apontam para o facto de que, na chamada «onda de democratização» que varre a África, uma nova classe de «procuradores» de interesses externos vai ascender. Vai ser em grande parte constituída por tecnocratas que vão dar o seu melhor para cair nas boas graças do Banco Mundial e para dar um novo fôlego aos seus Programas de Ajuste Estrutural em África. Ao contrário dos seus predecessores, vão ser menos nacionalistas, mais pró-Ocidente e vão abraçar algumas ideias ingénuas e anacrónicas sobre a democracia liberal. Na esperança de alcançar a democracia há muito esperada, desde a independência, as pessoas vão votar nele. Mas a desilusão não tardará a chegar. (Mafeje, 1995: 25)

Passados mais de vinte anos, depois de termos visto o desempenho do multipartidarismo e do modelo caricaturado de democracia liberal que nos foi apresentado, podemos dizer com pasmo: Quão profético!

Uma pequena minoria de académicos africanos chegou a considerar a ideia da social-democracia de estilo escandinavo (Claude Ake, Peter Anyang' Nyongo'o; por exemplo, ver uma crítica excelente em Mafeje, 1998). O que é o mesmo que dizer algum tipo de Estado-Providência. No entanto, um Estado-Providência baseado no modo de acumulação primitiva imposto pelo imperialismo parece praticamente impossível. Embora haja muito a dizer sobre esta variante, sobretudo em oposição à democracia liberal que não trata das questões de igualdade e necessidades, em relação às condições africanas ficará aquém se não tratar da questão nacional, ou seja, da questão do imperialismo. É exatamente onde os académicos africanos defensores da social-democracia soam mais vulgares do que os políticos. Na verdade, Nyongo'o, membro fundador do Partido Social Democrata no Quénia, não demorou a demitir-se e a juntar-se ao Movimento Democrático Laranja (ODM), de Raila Odinga.

A terceira perspetiva, que tem sido discutida por uma minoria de académicos africanos, é a nova democracia. É interessante que nos seus artigos de 1995 e 1998, Mafeje também tenha visto a social-democracia como perspetiva para a democracia africana. O seu entendimento da social-democracia, assim como a sua defesa, era muito mais profundo.

> Tendo em consideração as condições atuais em África, isto só pode referir-se a duas coisas: a primeira, em que medida é que a vontade das pessoas é tida em consideração nas decisões que afetam as suas hipóteses de vidas; e, em segundo lugar, em que medida os seus meios de subsistência são garantidos. Em termos políticos, a primeira exigência [...] implica ascendência ao poder por uma aliança nacional democrática em que as classes populares mantêm o equilíbrio do poder. A segunda exigência implica uma distribuição justa (não igual) dos recursos. Nem a democracia liberal, o «multipartidarismo» imposto, nem as «forças de mercado» podem garantir estas duas condições. Revela-se, portanto, que a questão não é nem de democracia liberal nem de democracia de «procuradores» de interesses externos, mas de democracia social. (Mafeje, 1995: 26)

Num artigo posterior, Mafeje explicou melhor o seu conceito e perspetiva sobre social-democracia e acrescentou a dimensão da libertação nacional. Concluiu que, «embora a social-democracia não possa ser usada como base para a libertação nacional, a nova democracia pode» (Mafeje, 2002: 87). Argumentou também que a «nova democracia» se distancia das noções da democracia liberal: reconhecimento da soberania das pessoas; justiça social em oposição à justiça jurídica; igualdade social em oposição à igualdade perante a lei. E, o mais importante, igualdade social implica acesso igualitário aos recursos produtivos que não dependem das noções burguesas de propriedade privada.

Tomando a posição de Mafeje quanto à nova democracia como ponto de partida, defendi, num artigo que apresentei no 75.º aniversário de Julius Nyerere (Shivji, 2000), que a «nova democracia» em África tem de ser construída levando em conta três elementos fundamentais — «meios de subsistência populares», «participação popular» e «poder popular». Com popular quero dizer anti-imperialista. A «democracia nacional» não pode ser «nacional» ou «democrática» se não for ao mesmo tempo anti-imperialista, porque o imperialismo é a antítese de «nação» e «democracia». O termo popular em oposição a «nacional» também pretende transcender os limites do termo «nacional» para salientar os limites da primeira independência nacional.

O segundo significado de «popular» transmite a ideia de que os agentes do projeto da nova democracia são as classes populares, ou seja, um bloco de trabalhadores. A composição exata vai evidentemente variar de acordo com o espaço e o tempo. É aqui que se requer uma análise específica das condições concretas.

«Participação popular» existe para ultrapassar os limites da democracia eleitoral parlamentar que, na melhor das hipóteses, significa mudanças anuais de cadeira entre as elites. Isto tem provado ser o que Samir Amin chama «uma fraude democrática». A participação popular refere-se, portanto, à participação do povo nas tomadas de decisão nos seus locais de produção e de vida, que são onde a política acontece, e não simplesmente ao nível do Estado. Isto levanta a questão controversa do formato organizacional que a ação popular iria assumir. É sem dúvida uma questão concreta e não pode ser respondida de antemão. No entanto, pode afirmar-se com alguma certeza que os partidos políticos tradicionais mostraram ser completamente desadequados para a tarefa de democratização, no sentido de liderar a luta dos trabalhadores pela nova democracia. Os partidos políticos tradicionais são essencialmente máquinas eleitorais. Baseiam-se em alianças eleitorais oportunistas para chegar ao poder e não em alianças sociais éticas para transformar o poder.

Em conclusão, embora tenhamos indicado uma forma alternativa possível de democracia para resolver as necessidades atuais e os problemas africanos, não podemos postular antecipadamente a ação social e a sua forma organizacional. Só a luta da democratização do povo será capaz de levantar estas questões de forma mais concreta e marcante e também indicar uma possível solução. Entretanto, podemos afirmar com uma certa dose de confiança que o modelo liberal construído na economia neoliberal entrou em crise, tanto nos centros imperialistas como na periferia. A Praça Tahrir no Egito e o movimento *Occupy Wall Street* nas zonas financeiras dos centros imperiais, desde Washington e Nova Iorque a Londres, foram sintomáticos desta crise. Estes movimentos denunciaram a fraude democrática do modelo liberal e colocaram na agenda histórica a procura e a luta por formas alternativas de organização política e económica da sociedade humana.

Em África, a nova onda de exploração dos recursos naturais, por um lado, e a militarização do continente sob a égide da AFRICOM, por outro, apresentam novos desafios às lutas democráticas dos trabalhadores. Depois da invasão da Líbia pela NATO, a ocupação militar do continente já não é apenas hipotética. A questão com que deparamos é: vamos ingenuamente repetir os modelos que nos são impostos pelo Ocidente e os seus duplos padrões correspondentes, ou vamos pensar de forma criativa em formas alternativas de organização política e económica para as nossas sociedades?

Embora a História nos mostre cada vez mais que o modelo liberal da democracia deixou de ter caráter progressista e que a alternativa progressista baseada nos trabalhadores aparenta ser a única alternativa viável, a sua fruição ainda não foi alcançada. A História não funciona mecânica nem logicamente. Quando muito, estamos a testemunhar a exaustão da democracia liberal, até no Ocidente, situação que está a criar espaço para a ascensão do populismo da ala direita e das forças fascistas, tanto no Ocidente como no resto do mundo. O nacionalismo redutor e os preconceitos paroquiais — raça, género, casta, etnia e fundamentalismos — estão a erguer as suas cabeças disformes alimentadas pelos falcões sedentos de guerra do imperialismo. Cabe portanto aos intelectuais progressistas expor esta tendência e desmistificar as promessas do *statu quo* liberal e neoliberal, enquanto ao mesmo tempo se teorizam modelos e caminhos alternativos em direção à política popular.

Os intelectuais africanos progressistas têm de acordar dos seus modos defensivos e apologéticos. Têm de tomar a iniciativa, ter a audácia de se aventurar em direção ao futuro e imaginar uma ordem social humana, em vez de permanecerem aprisionados no chamado realismo existente.

Referências bibliográficas

Bujra, Abdalla (2005), «Liberal democracy and the emergence of a constitutionally failed state in Kenya», *in* Abdalla Bujra (org.), *Democratic transition in Kenya: The struggle from liberal to social democracy*. Nairobi: African Centre for Economic Growth & Development Policy Management Forum.

Jha, P. Shanker (2006), *The twilight of the nation state: Globalisation, chaos and war*. Nova Deli: Vistaar.

Mafeje, Archie (1995), «Theory of democracy and the African discourse: Breaking bread with my fellow-travellers», *in* Eshetu Chole e Jibrin Ibrahim

(orgs.), *Democratisation processes in Africa: Problems and prospects*. Dakar: CODESRIA.
Mafeje, Archie (1998), «Democracy, civil society and governance in Africa», *Proceedings of the Second DPMF Annual Conference on Democracy, Civil Society and Governance in Africa*, Adis Abeba, 7–10 de dezembro.
Mafeje, Archie (2002), «Democratic governance and new democracy in Africa: Agenda for the future», *in* Peter Anyang' Nyong'o, Aseghedech Ghirmazion e Davinder Lamba (orgs.), *NEPAD: A new path?* Nairobi: Heinrich Boll Foundation, 72–87.
Shivji, Issa Gulamhussein (2000), «Critical elements of a new democratic consensus in Africa», *in* Haroub Othman (org.), *Reflections on leadership: Forty years after independence*. Bruxelas: ASP-VUB Press.

Leitura adicional

Amin, Samir (1990), *Maldevelopment: Anatomy of a global failure*. Londres: Zed.
Amin, Samir (2011), «An Arab springtime?», *Monthly Review*, 63(5). Doi: https://doi.org/10.14452/MR-063-05-2011-09_2
Amin, Samir (2011), «The democratic fraud and the universalist alternative», *Monthly Review*, 63(5). Doi: https://doi.org/10.14452/MR-063-05-2011-09_3
Amin, Samir (2011), *Eurocentrism, modernity, religion and democracy: A critique of eurocentrism and culturalism*. Oxford: Fahamu.
Davidson, Basil (1961), *The black mother: The years of the African slave trade*. Boston: Little, Brown & Co.
Fanon, Frantz (1967), *The wretched of the earth*. Londres: Penguin [orig. 1961].
Harvey, David (2003), *The new imperialism*. Oxford: Oxford University Press.
Harvey, David (2005), *A brief history of neo-liberalism*. Oxford: Oxford University Press.
Mkandawire, Thandika; Soludo, Charles Chukwuma (1999), *Our continent, our future: African perspetives on structural adjustment*. Dakar: CODESRIA.
Pashukanis, Evgeny Bronislávovich (1978), *Law & marxism: A general theory*. Londres: Ink Links [orig. 1924].
Shivji, Issa Gulamhussein (2006), *Let the people speak: Tanzania down the road to neo-liberalism*. Dakar: CODESRIA.
Shivji, Issa Gulamhussein (2009), *Where is Uhuru? Reflections on the struggle for democracy in Africa*. Oxford: Fahamu.
Shivji. Issa Gulamhussein (2009), *Accumulation in an African periphery: A theoretical framework*. Dar es Salaam: Mkuki na Nyota.
Toussaint, Éric (1999), *Your money or your life: The tyranny of global finance*. Dar es Salaam: Mkuki na Nyota.

Williams, Eric (1944), *Capitalism and slavery*. Chapel Hill, NC: University of North Carolina Press. Disponível em https://archive.org/stream/capitalismandsla033027mbp#page/n15/mode/2up

Zinn, Howard (2005), *A people's history of the United States: 1492-present*. Nova Iorque: Harper Perennial.

Capítulo 5
Por uma política do amor revolucionário*

Houria Boutledja

O projeto Alice desafia-nos a interrogarmo-nos sobre o que as epistemologias do Sul podem trazer ao Norte. Gostaria de começar por dizer que, no que me diz respeito, faço parte simultaneamente tanto do Sul como do Norte. Sou uma indígena da República Francesa, sou um sujeito colonial. Por outras palavras, faço parte do Sul no interior do Norte. O que faz de mim uma branca na minha relação com o Sul, uma vez que beneficio direta ou indiretamente da exploração do Sul pelo Norte. Beneficio das vantagens das democracias liberais em termos de direitos sociais, políticos e simbólicos. O que compromete a minha consciência e a minha responsabilidade. Mas sou igualmente uma não-branca, na minha relação com o corpo legítimo da nação francesa, ou seja, os brancos, europeus e cristãos. O que faz de mim uma branca é viver num país imperialista; o que faz de mim uma não-branca é viver num país estruturalmente racista. Os meus pais vêm da Argélia, viveram o período colonial e a guerra de libertação. Porém, depois da independência, na realidade, a Argélia era um país destruído pelo colonialismo. Como explicaram Fanon (1961) ou Bourdieu (1958), as estruturas sociais, económicas e políticas tradicionais foram destruídas. É por essa razão que os meus pais emigraram para a antiga potência colonial, para fazer de mim

* Tradução de Catarina Martins.

um sujeito pós-colonial em França, uma vez que a República Francesa, quando teve de renunciar à Argélia como colónia, não renunciou, apesar de tudo, ao seu império. A França criou imediatamente as estruturas do neocolonialismo a que eu prefiro chamar contrarrevolução colonial. Este processo teve como consequência a manutenção do domínio económico e político sobre África e, ao mesmo tempo, o prolongamento da política racista no interior das fronteiras francesas.

Enquanto sujeito colonial, sou vítima deste racismo estrutural que afeta os descendentes dos colonizados: os magrebinos, os africanos, os antilhanos e os muçulmanos. Vivemos atualmente em França uma situação paradoxal inquietante. Por um lado, observamos um crescimento do fascismo na Europa e da extrema-direita em França e, por outro lado, uma regressão incrível da esquerda. Mas pior que isso: observamos um ódio crescente contra a esquerda da parte dos descendentes de imigrantes. Devo afirmar aqui que esta rejeição é justificada. A esquerda francesa é terrivelmente eurocêntrica e islamófoba. Falo aqui da esquerda da esquerda, não falo do Partido Socialista no poder. É verdade que uma parte desta esquerda esteve sempre do lado dos imigrantes contra a violência policial e contra as discriminações, mas a lógica que dominou a política concreta das grandes organizações de esquerda desenrolou-se em torno dos interesses da classe operária branca. O racismo estrutural do Estado francês que atravessa as organizações de esquerda foi ignorado durante 30 ou 40 anos. Hoje, estamos a pagar essa fatura. Permitam-me que vos diga, por exemplo, que em certas cidades dos subúrbios, a amargura é de tal forma profunda e o divórcio foi de tal forma consumado que numerosos descendentes de imigrantes fizeram campanha pela direita e participaram, por vezes, na vitória desta, durante as eleições municipais de março de 2014. Não se trata de um voto de adesão à direita, mas antes de uma vontade de sancionar a esquerda e, nomeadamente, o partido comunista.

Enquanto membro, em França, de um partido descolonial, o Partido dos Indígenas da República (PIR), devo esclarecer primeiro que a nossa organização é produto do abandono da esquerda. Esta esquerda que contribuiu largamente, por exemplo, para que fosse votada a lei islamofóbica de 2004 que excluiu as meninas muçulmanas da escola porque usavam véu. A nossa convicção é de que é urgente proceder à recomposição do campo político numa base descolonial, ou seja, que permita aos descendentes de imigrantes pós-coloniais investir no campo político de maneira autónoma e liberta do paternalismo de esquerda, com a nossa própria agenda e as nossas prioridades. A nossa prioridade é a luta contra o racismo e o imperialismo. Deste ponto de vista, estamos em conflito com a esquerda que tenta explicar-nos que a prioridade é a luta de classes. Conhecemos evidentemente a pertinência e a importância da luta de classes, mas respondemos à esquerda, dizendo que existem conflitos de interesses dentro das próprias classes populares e que este conflito se desenrola na clivagem de raça. Não existe uma classe operária ideal preocupada com os interesses dos operários imigrantes. Quase sempre, estes são considerados como ilegítimos e em concorrência com os operários brancos no mercado de trabalho. Os seus filhos e netos também. Por isso, dizemos à esquerda que, para obter a nossa solidariedade, é preciso que ela integre a clivagem racial e que leve a cabo um combate descolonial no interior da própria esquerda.

As organizações que se assemelham ao Podemos em França censuram-nos por não nos solidarizarmos com as suas lutas. Nós respondemos-lhes o seguinte: a Europa está a viver uma grave crise económica. Esta crise faz descer socialmente e retroceder as classes médias brancas e proletariza-as. Porém, esta situação nova para as classes médias é a situação normal dos descendentes de colonizados há 30 anos. Onde é que vocês estiveram durante 30 anos? Onde é que estavam quando a taxa de desemprego atingiu os 30% nos bairros populares e era de 10% no resto do país? Onde é que vocês estavam quando pedimos o vosso apoio contra os crimes policiais, contra o horror do sistema prisional, contra as discriminações, contra a ofensiva ideológica islamófoba que se seguiu ao 11 de Setembro? Por que é que nos deparámos com a vossa cegueira e a vossa surdez, apesar de travarmos há 30 anos lutas pela emancipação humana e em nome dos valores universais que vocês pretendem defender?

Gostaria de prosseguir com uma citação de C. L. R. James (intelectual e militante das Antilhas britânicas), que, evocando o seu património político e, em particular, dos militantes negros que encarnaram para ele o combate contra a escravatura e o racismo, afirmou: «São os meus antepassados, podem tornar-se vossos antepassados também, se o desejardes» (James *apud* Richards, 1995: 325).

Proponho-vos aqui uma reflexão sobre a estética revolucionária desta citação. C. L. R. James propõe aos europeus que considerem a possibilidade de uma filiação política e filosófica entre os antepassados negros de C. L. R. James e os descendentes de colonos brancos. É um ato de amor, porque abre a possibilidade de escapar à fatalidade estrutural da raça. Esta proposta põe em causa o Estado-nação imperialista. Contrapõe-se à definição racial e genética da pertença nacional. Por exemplo, em França, os franceses legítimos são aqueles que têm Clóvis, o primeiro rei de França, como antepassado. É uma construção histórica que serve de base ao mito nacional. Este mito assenta na ideia de um povo unido pelo sangue e, por extensão, pelo sangue europeu, à medida que o bloco ocidental se foi consolidando, o que exclui da cidadania plena e completa os descendentes de imigrantes oriundos das colónias francesas de África, do Magreb e dos franceses de segunda categoria, como os habitantes dos Departamentos Ultramarinos ou ainda os roma.

Assim, a partir desta conceção estreita da nação, não nos restam senão duas escolhas possíveis: a integração na narrativa nacional e no Estado-nação capitalista, colonial e imperialista, tentando apropriar-nos de Clóvis, algo que nos é recusado pelo racismo francês. É aquilo a que chamamos o apelo paradoxal à integração: pedem-nos que nos integremos e, ao mesmo tempo, dizem-nos: «Vocês nunca serão brancos, nunca serão filhos de Clóvis». A segunda escolha: a libertação, isto é, o questionamento do discurso nacional/republicano/imperialista. Esta começa por propor ao povo francês não uma filiação de sangue com os seus antepassados, mas uma filiação política com aquelas e aqueles que combateram o colonialismo francês, que combateram o crime europeu. Isto constitui simultaneamente a libertação do indígena mas também a libertação do branco.

Adotar a narrativa dos condenados da terra é um ato de amor, porque pressupõe que aquele que beneficia objetivamente com o colonialismo e o racismo, o branco, é livre. Este amor, ou seja, o reconhecimento de que a branquitude é uma construção histórica, postula a liberdade dos povos do Norte. Postula que a branquitude é, ao mesmo tempo, uma herança histórica nascida da dominação do Ocidente, mas é também uma escolha política. Por outras palavras, os brancos podem escolher renunciar à sua branquitude apoiando sem condições as lutas dos povos do Sul contra o imperialismo e as lutas dos sujeitos coloniais contra o racismo. Este ato de amor é um ato revolucionário que propõe uma alternativa radical à guerra civil, à violência no momento em que o fascismo na

Europa toma uma amplitude inquietante. É por isso, de um ponto de vista descolonial, que estamos felizes com o progresso de movimentos como o Podemos em Espanha e o Syriza na Grécia. Porém, lamento dizer que, se a existência deles é necessária, ela não é suficiente. Com efeito, as direitas e as extremas-direitas não são as únicas a acreditar no mito nacional. Em França, uma grande parte da esquerda, incluindo o partido comunista, e uma parte da extrema-esquerda cedem, de uma forma ou de outra, ao mito nacional, bem como a todo o sistema de valores da civilização ocidental que eu prefiro denominar modernidade ocidental. Estes valores são os direitos humanos, o universalismo abstrato, o antirracismo moral, a democracia liberal, o Iluminismo... Estes valores são eurocêntricos e devem ser combatidos.

O que fazer a partir da questão colocada por Boaventura de Sousa Santos? Que forma de diálogo podemos levar a cabo? Como é que o Norte pode aprender com o Sul?

A primeira coisa a fazer é identificar claramente os setores da vida política com os quais não podemos dialogar. Enquanto movimento descolonial, sabemos com quem jamais dialogaremos: a social-democracia representada em França pelo PS e a direita republicana e a extrema-direita, porque são os principais artesãos da nossa opressão e os promotores ativos do neoliberalismo colonial.

A segunda coisa a sublinhar é que é falso afirmar que o diálogo epistemológico é unilateral. Na realidade, o Norte aprendeu sempre com o Sul sob a forma da pilhagem. Os conhecimentos e os saberes do Sul foram sempre estudados no Norte para serem, seguidamente, absorvidos e reapropriados pelo mesmo Norte. Acrescento ainda que, de cada vez que o Sul conquistou vitórias, estas foram sempre estudadas pelo Norte para preparar a contrarrevolução colonial. Gostaria de recordar que a estratégia de luta da batalha de Argel que teve lugar na década de 1960 foi estudada pelo exército americano por altura da guerra contra o Iraque em 2003. As nossas resistências, que, como disse Fanon, constroem as nossas novas epistemologias, são estudadas e dissecadas. Sei bem e compreendo que a questão de Boaventura de Sousa Santos se dirige para uma perspetiva descolonial e que ele se interessa pelo modo como as epistemologias do Sul podem transformar as forças ditas do progresso social.

Efetivamente, a partir do momento em que identificámos aqueles com os quais não podemos dialogar, restam aqueles com quem podemos dialogar: a esquerda da esquerda, mesmo sabendo que ela é eurocêntrica. Mas este diálogo pressupõe a construção prévia da nossa própria força política. Pressupõe também que esta esquerda compreenda que nós já não somos crianças e que podemos tomar nas mãos o nosso próprio destino, o que significa um reconhecimento recíproco das nossas existências políticas, ou aquilo que, no PIR, nós chamamos de internacionalismo doméstico.

Porém, gostaria de aprofundar ainda mais os detalhes das nossas alianças possíveis, identificando os interesses de uns e de outros.

Penso que é preciso desconfiar da solidariedade do Norte para com o Sul, porque ela é frequentemente o cavalo de Troia do Ocidente. Porém, apesar de tudo, não penso que seja necessário recusar a solidariedade. Pelo contrário, temos de desenvolvê-la. Gostaria, contudo, de acrescentar uma nuance. Há um Norte de cor e há um Norte branco anti-imperialista. E cada um destes grupos tem a sua própria missão. Se eu tivesse de resumir a situação, preconizaria três estratégias complementares e convergentes: os povos do Sul sob dominação imperialista devem estabelecer a sua própria agenda, deixar de olhar para o Norte e privilegiar as alianças Sul-Sul. É urgente recriar uma fraternidade dos condenados da terra e reinserir as lutas na história anticolonial e anti-imperialista, reconciliar-se com o espírito da Tricontinental, o espírito de Bandung.

Os não-brancos do Norte devem aliar-se prioritariamente com os não-brancos do Sul. É urgente acelerar o desenvolvimento das forças de resistência descoloniais no Norte. Estas devem ter dois objetivos: lutar contra o racismo estrutural das sociedades ocidentais e combater o imperialismo dos seus respetivos Estados, criando sinergias em toda a Europa, a Austrália e os Estados Unidos.

Por fim, os brancos antirracistas e anti-imperialistas devem, como os não-brancos, combater as políticas imperialistas e neoliberais dos seus países, ajudar a descolonizar as suas organizações e renunciar a ditar qual a melhor forma de lutar. Melhor do que isso, devem desnacionalizar, desracializar a sua história. Adotar as vitórias terceiro-mundistas como Dien Bien Phu ou a independência argelina como a sua própria vitória. Considerar Amílcar Cabral, Lumumba, Césaire, Fanon, Malcolm X como antepassados seus.

O conjunto destas estratégias poderia assemelhar-se àquilo a que chamo uma «divisão internacional do trabalho militante» para, simultaneamente, conter os efeitos devastadores da crise do capitalismo, que é também uma crise de civilização, e participar na transição para um modelo mais humano. Neste esquema, cada um luta pelos seus próprios interesses. O Sul contra o neocolonialismo, os pós-colonizados contra o racismo e o imperialismo, e os progressistas contra o imperialismo dos seus Estados e o eurocentrismo das suas organizações. Mas também pelo interesse daquele que está abaixo dele na hierarquia de privilégios. Acrescento que, neste esquema, não há lugar para o paternalismo e para o humanismo abstrato, porque, ao mesmo tempo, aqueles que estão em baixo lutam objetivamente contra a barbárie capitalista que acabará por atingir os povos ocidentais. Vemo-lo na Grécia e em Espanha. As lutas do Sul, a partir desta perspetiva, estão ao serviço dos povos do Norte. Noutros termos, as lutas do Sul libertam os povos do Ocidente. É aquilo a que chamo uma política do amor revolucionário.

Referências bibliográficas

Bourdieu, Pierre (1958), *Sociologie de l'Algérie*. Paris: PUF.

Fanon, Frantz (1961), *Les damnés de la terre*. Paris: Éditions Maspero.

Richards, Glen (1995), «C.L.R. James on Black Self-Determination in The United States and the Caribbean», *in* Selwyn Reginald Cudjoe e William E. Cain (orgs.), *C.L.R. James: His intellectual legacies*. Amherst, MA: The University of Massachusetts Press, 317–327.

Capítulo 6

Micropolítica andina. Formas elementares de insurgência quotidiana*

Silvia Rivera Cusicanqui

Introdução

Gostaria de começar por realçar que vivi durante três décadas uma espécie de descoberta por conta própria da noção de «micropolítica». Uma prática multiforme, de tentativa e erro, permitiu-me ler de outra maneira as fontes que, em qualquer outro trabalho intelectual, deviam ter sido o meu ponto de partida. Felicito-me, pois, por essa «ousadia de colonizada» que me levou a inverter a ordem escolástica e a procurar a teoria noutras fontes, mais próximas da experiência vivida. Gayatri Spivak disse-me, na antessala da conferência[1] que deu em La Paz, em 2008: «Faço teoria com as minhas entranhas».

Além disso, a aproximação às leituras não resultou de um planeamento mas antes de encontros, talvez sob os auspícios da *Pacha*. Conheci Suely Rolnik em Bogotá, em 2009, numa espécie de deslumbramento mútuo propiciado pela atmosfera lúdica do Encontro de Performance

* Tradução de Carla Lopes.

[1] Conferência intitulada «Colonialidad, capitalismo y descolonización en las sociedades periféricas», no âmbito do III Seminário Internacional *Pensando el Mundo desde Bolivia*, La Paz, 25 de novembro de 2008 (AA.VV, 2010).

e Política que se realizou na Universidade Nacional e invadiu as praças e vias centrais da cidade. Pouco depois, li o seu trabalho com Félix Guattari — *Micropolítica. Cartografías del deseo* (Guattari e Rolnik, 2006) — e o formato do livro, muito *ch'ixi*, e as suas reflexões e táticas expositivas soaram-me próximas e, ao mesmo tempo, surpreendentes. Nessa obra, apresenta-se a estrutura rizomática, multidialógica, tanto interna como externa, de diversos sujeitos individuais e coletivos do Brasil, que vivem entre a autonomia e a resistência-negociação com as macroestruturas do Estado, da nação e da fronteira. Por isso, é uma mistura de entrevistas, testemunhos e recriações de Rolnik sobre as palavras de Guattari, que se pode ler a direito ou de trás para a frente. E é nessas reflexões pontuais, microssociológicas, justapostas como numa manta de retalhos, que encontramos a pegada da micropolítica subjetiva em localidades concretas, em espaços discretos e, ao mesmo tempo, ramificados e com múltiplos pontos de fuga em direção a exterioridades diversas. Como poderia não encontrar ali uma evocação da minha própria ação, uma imagem que me interpela e me confirma? E, graças a este encontro intelectualmente carregado com Sueli, pude desbravar o caminho para a leitura dos originais franceses a partir da «etnicidade tática» da minha própria localização no espaço circundante dos lagos andinos, e da minha própria temporalidade autónoma: de pensamento e obra. Relato, então, alguns episódios da história desta prática.

1. Micropolítica e memória coletiva

As ideias de partida do trabalho da Oficina de História Oral Andina (THOA) eram simples, e até óbvias, no contexto da insurgência *katarista* da década de 1980. A história oficial tinha-nos apagado, subsumido e obliterado, índios e mestiços. Além disso, tinha-nos incluído no discurso e na retórica de uma cidadania colonizada. A urgência de reconstruir a história aimará do princípio do século XX começou nos arquivos da Prefeitura e permitiu-nos descobrir a existência de uma vasta rede de comunidades originárias (*ayllus*), organizadas em *markas*, que abarcou cerca de 400 povoações e que, por vezes, se comportava como uma «nação dentro da nação» (Rivera, 1984; THOA, 1984). Desde o início, saltava à vista o caráter itinerante dos seus líderes e a multiplicidade dos seus vínculos e preferências junto do mundo mestiço e letrado das cidades. Isto orientou-nos para o movimento artesanal urbano, onde descobrimos as organizações anarquistas e os seus modos comunitários e universalistas (*ch'ixis*) de conceber os seus direitos e de recordar as suas lutas. Dois movimentos foram apagados da história: um, por obra da história oficial nacionalista das «lutas camponesas» (Antezana e Romero, 1973); o outro, pela esquerda operária e pelo seu máximo representante trotskista (Lora, 1970). O «desenterro» e regresso à vida destas duas histórias sobrepostas foi uma ação micropolítica, uma iniciativa intelectual e comunicativa, que pôde incitar a emergência de novas subjetividades, novas conceções do mundo e epistemes.

Mas não eram só os participantes do THOA que faziam micropolítica ao investigar e ao devolver o conhecimento às comunidades, em performances de diversos tipos. Na década de 1920, a micropolítica era feita pelos caciques representantes, que eram a parte mais visível e documentada de uma vasta rede de comunidades autónomas, rurais e urbanas, que iniciou uma luta incansável, legal e insurrecional contra a usurpação de terras propiciada pelas reformas liberais da década de 1980 (THOA, 1984; C. Mamani, 1991; Choque *et al.*, 1992). Estas organizações e comunidades de base incorporavam na sua prática noções de território e pertença, de conflito e convivência, que expressavam uma autopoiese comunitária, através de rituais de diálogo com as múltiplas espécies e entidades que habitavam a paisagem. A micropolítica destes núcleos comunitários, ligados entre si e com a sociedade dominante por múltiplas conexões, era uma prática quotidiana, assente nos corpos e atualizada ciclicamente no ritual ou, ocasionalmente, na mobilização aberta. Constitui-se, então, em memória coletiva, recapturada pela reativação *katarista* da década de 1980 e reconstruída por nós — entre outros coletivos — nos arquivos e práticas coletivas que fomos construindo com as pessoas mais velhas das comunidades e grémios urbanos, cruzando brechas geracionais.

Parecia-nos, então, que a memória coletiva só podia existir no contexto local de comunidades relativamente pequenas, articuladas entre si em redes diversamente vastas. A memória parecia mais profunda quanto mais circunscrito e partilhado fosse o espaço de realização da vida em comum. E, por outro lado, a memória curta do presente imediato seria mais superficial, menos densa. A sua base em experiências cidadãs paradoxais, em grandes conglomerados anónimos e em cenários do discurso oficial e mediático tornava-a mais incorporável nos guiões abstratos da identidade ou da classe. Isto contraria a argumentação de Deleuze e Guattari (2002), em *Mil mesetas*, que concebem a memória longa como uma consciência ossificada e totalizante, incapaz de se tornar revolução. É certo que da densidade polimorfa do presente surge a possibilidade de a memória do passado poder ser reinterpretada e recriada. Mas é também certo que a memória foi sucessivamente recodificada nos horizontes e conjunturas de reforma estatal que antecederam a repressão preventiva, como demonstrei no meu trabalho *Mito, olvido y trauma colonial* (Rivera, 2014). Ambos os processos, a codificação e a recodificação, se justapõem, transformando as derrotas em vitórias, ou em advertências cautelosas sobre como se deveria proceder. As «lições da história» são, simultaneamente, exegeses e reinvenções que surgem em debates comunitários, em reuniões clandestinas nas cidades, mas que também se transmitem, nos longos períodos de refluxo, através de relatos orais e mitos, de aforismos e atos performativos. Acima de tudo, exibem-se na prática ritual e cerimonial, com a qual as comunidades atravessam um abismo polarizado de noções divergentes de direito, de propriedade e de representação, conjurando o inimigo através de uma abordagem dupla e virando as suas armas contra ele.

Um exemplo mais recente destes processos foi a transformação, no decurso da revolução de 1952, da memória dos «cercos» paraguaios durante a Guerra do Chaco (1932–1935). Através desta tática, as tropas *pilas* aplicaram duros golpes aos soldados bolivianos, matando centenas e capturando outros tantos para os fazer prisioneiros. Duas décadas mais tarde, no contexto das lutas insurgentes de 1949 e 1952, os cercos tornaram-se numa tática operária de resistência por encurralamento e dispersão das tropas do exército. Muitos dos líderes espontâneos que surgiram nos três dias da insurreição popular de 1952 (9–11 de abril) eram ex-combatentes daquela guerra, sem medo de enfrentar a morte. Através da tática dos cercos, conseguiram transformar a derrota no Chaco em vitória contra a oligarquia, principal responsável pela desastrosa condução do conflito e da raivosa repressão perante as multidões urbanas que, em La Paz e Oruro, se ergueram para a combater (sobre isto, ver Murillo, 2012).

Em ambas as conjunturas, a recriação-reinvenção apaga e ao mesmo tempo incorpora plenamente as marcas do passado. Apresenta igualmente desejos e crenças comuns (Tarde, 2011), que permitem vislumbrar uma emancipação futura baseada em ações corporais e recursos simbólicos adquiridos na luta. Os longos períodos de derrota e refluxo desenvolvem, assim, restos não assimilados da memória, que se descodificam numa prática reflexiva e material, reatualizando o passado e abrindo o caminho para o novo. Aqui acertam Deleuze e Guattari (2002), pois é a imaginação que desperta a potência da memória curta, aquela que vai construindo os significados dos factos juntamente com os próprios factos.

O trabalho sobre o mundo anarquista, publicado em dois livros (THOA, 1986; Lehm e Rivera, 1988), também teve a sua projeção no trabalho com imagens. Os vídeos *A cada noche sigue un alba* (realizado por Cecilia Quiroga) e *Voces de Libertad* (realizado por Raquel Romero) foram filmados enquanto parte dos processos de «devolução» e difusão dos trabalhos escritos aos públicos populares, através de eventos abertos. Um deles foi a Vigília Histórico-Literária realizada em 1 de maio de 1986 por ocasião do lançamento do livro *Los constructores de la ciudad* (THOA, 1986). Para a apresentação de *Los artesanos libertarios y la ética del trabajo* (Lehm e Rivera, 1988), organizámos uma vigília e uma exposição de documentos, fotografias e objetos, que tinham pertencido à Federação Operária Local (FOL) e à Federação Operária Feminina (FOF). Expusemos diversos jornais anarquistas de vários países do continente e da Europa, assim como as bandeiras, máquinas de escrever e estandartes dos sindicatos que tinham formado a FOL e a FOF (carpinteiros, construtores, floristas). A exposição, que tinha sido programada para quinze dias, teve de se manter durante um mês, devido à enorme afluência de público que a queria ver. Era um público popular, artesãos, pedreiros, muitos deles mestiços, com pais ou mães anciãos, que se aproximavam das fotos das marchas e manifestações para se reconhecerem.

A apresentação do vídeo *Voces de Libertad*, no Teatro Modesta Sanjinés da Casa da Cultura, em La Paz, teve lotação esgotada, e muita gente ficou à porta a exigir entrar para ver. Juntou-se ali o mesmo tipo de público: uma multidão de senhoras de saias rodadas e artesãos das encostas e dos mercados próximos. Se do livro *Los artesanos libertarios*, cujo capítulo sobre as mulheres anarquistas serviu de base para o guião do vídeo, se editaram 2000 exemplares em 1988, que só se esgotaram passados mais de vinte anos, a assistência às projeções do vídeo superou em muito esse número em apenas alguns dias. Isso convenceu-me de que a imagem interpela a consciência popular melhor do que a palavra escrita; e essa constatação foi uma das bases para me retirar durante algum tempo da escrita e explorar o mundo da imagem. Entre 1992 e 1994, decepcionada com a mudança «ONGista» e macropolítica da THOA, e com o uso e abuso do meu livro *Oprimidos pero no vencidos* (Rivera, 1984) nas escolas de quadros dos partidos da velha esquerda, fui viver para Yungas, onde escrevi o guião de uma longa-metragem, que nunca chegou a ser realizada, e realizei o documentário-ficção de 20 minutos *Wut Walanti. Lo irreparable* (1993). Destas experiências nasceu a disciplina de Sociologia da Imagem, que comecei a lecionar no curso de Sociologia em 1994. Considero que esta é também uma forma da micropolítica, mas deixarei este tema para outra oportunidade.

2. Micropolítica e política

Pode dizer-se que a insurgência popular dos anos 2000 a 2005 foi também uma constelação de atos micropolíticos. Como mostrou Pablo Mamani (2005), no seu livro sobre os microgovernos dos bairros de El Alto, as multidões insurgentes que se levantaram nessa cidade nas jornadas de bloqueios de fevereiro-abril e setembro-outubro de 2000 e na chamada Guerra do Gás em El Alto (setembro-outubro de 2003) organizaram-se à margem de qualquer liderança unificada e constituíram uma espécie de confluência rizomática e molecular de ações autónomas que seguiam um impulso e um etos articulado. Os mecanismos de rotatividade, na liderança e nas vigílias e bloqueios, foram-se sucedendo a um ritmo complexo e coordenado, tanto em resposta às ações repressivas, como através de ofensivas coletivas de grande magnitude, como o derrube de vários vagões ferroviários sobre a autoestrada, à entrada de El Alto, no qual participaram milhares de pessoas: uma cena que parecia saída da história de Gulliver. A multidão em ação era formada por milhares de microcomunidades autogovernadas, cujas relações cara a cara eram quotidianas. Conseguiram uma coordenação extraordinária, graças à participação de mulheres e jovens que faziam de tecido moral e de sustentação material das ações. A paragem total de atividades, o esvaziamento dos mercados e a recusa das associações em abastecer o vale de La Paz realiza-se precisamente no momento em que a sociedade dominante se distancia mais da sociedade aimará de El Alto e das encostas de La Paz. Em outubro, entramos no que se conhece como o *awti pacha*: tempo de fome e escassez, tempo de aguentar a aridez da atmosfera e a falta de chuvas, momento do ciclo anual em que as pessoas apertam o cinto e se recolhem para uma fase de não-consumo, recorrendo às reservas de *chuño*, grãos e carne seca que permitem assegurar uma austera sobrevivência até chegar a colheita seguinte.

Foi neste tempo-espaço em que os factos da natureza deixaram de assumir um caráter inevitável, pois o levantamento outorgou-lhes uma nova materialidade, que a participação coletiva começou a recusa inequívoca das reformas fiscais que pretendiam incorporar milhares de trabalhadores por conta própria no universo dos contribuintes, enquanto os grandes, que fogem aos impostos — entre eles as companhias petrolíferas —, faziam o que queriam com recursos legais e extralegais. O confronto transformou-se em indignação vociferante quando, para abastecer La Paz de gasolina, os tanques e as metralhadoras deixaram um rasto de morte. A fome e a caminhada a pé passaram, então, a ser estratégias de luta, expressões de rebeldia, formas de manifestar a insubornável vontade de abrir um espaço público para a dignidade e justiça. É nesta dimensão ética da multidão que o papel das mulheres foi absolutamente crucial. Ao organizar minuciosamente a raiva quotidiana, ao converter o tema privado do consumo num assunto público, ao fazer das suas artes de falatório um jogo de rumores «desestabilizadores» da estratégia repressiva, ao organizar circuitos de troca e marmitas populares para os participantes na marcha de protesto de cada bairro e ponto de bloqueio, conseguiram derrotar moralmente o exército, dando não só o sustento físico mas também o tecido ético e cultural que permitiu a todos e todas manterem-se agressivamente ativos, quebrar o muro doméstico e transformar as ruas no espaço da socialização coletiva.

Mas que é que acontece com esta revolução do senso comum quando se alcança a trégua e se consegue a «sucessão constitucional» que exigiam as organizações de base, as associações de moradores, os participantes na marcha de protesto, e as pessoas em greve de fome? Se, durante o levantamento, eram maioritariamente mulheres e jovens que sustentavam a ética do levantamento e lhe conferiam um sentido de dignidade e soberania coletiva, na hora de repensar a democracia e projetar para o futuro as lições destas jornadas, estes protagonistas brilham pela sua ausência nos plenários sindicais ou nas antessalas do Parlamento. Se, na hora da revolta, a multidão consegue interpelar o país inteiro em torno do tema do gás, articulando com isso outros problemas centrais como a desigualdade, a corrupção e a não-transparência na gestão da coisa pública, na hora de discutir política, voltam a ouvir-se apenas vozes masculinas, ocidentais e ilustradas, como se só eles se pudessem ocupar das coisas sérias ou dos momentos construtivos.

É claro que a indignação coletiva, o choro e as injúrias foram o rosto mais visível da consciência coletiva, mas são indissociáveis do processo de reflexão, raciocínio e discussão política que se viveu nas ruas, praças e igrejas, que rapidamente se transformaram numa espécie de governo aberto em sessão permanente. Foi ali que o ódio ao Chile, inculcado durante décadas na escola pública e nos quartéis, se transformou em acusação a um sistema de saque sistemático pelas implacáveis multinacionais que alimentam o desperdício dos países ricos. Foi ali que se identificou o *gringo* Goni (o presidente Gonzalo Sánchez de Lozada) e o «Zorro» (Carlos) Sánchez Berzaín (ministro da Defesa) como expressões de um sistema colonial e de casta, que utiliza as palavras — como disse Octavio Paz — não para designar os objetos, mas para os encobrir. Um sistema que chama «mercado livre» ao intercâmbio desigual, «pacificação» ao massacre, «equidade» à lei do mais forte e «justiça» à impunidade dos poderosos. E a brecha entre as palavras e as coisas não parou de crescer nos 10 anos do governo do MAS, eleito em 2006.

Por fim, gostaria de mencionar que embora haja alguns processos de recolonização importantes, a partir da razão, estes são mais difíceis no que respeita às memórias do corpo. E vou dar um exemplo. Geralmente, na hora de triunfar, as mulheres estão ausentes, e, na hora de lutar, são as primeiras. Isto acontecia nos bloqueios entre 2000 e 2003. Neste período, uma das coisas que as mulheres faziam sistematicamente nos bloqueios era vestir a sua melhor roupa tradicional e, sobretudo quando já se sentia a fome, quando mesmo os soldados viam as suas rações reduzidas, sentar-se no meio das pedras, desdobrar os seus *apthapis* sobre os *awayus* e partilhar com os bloqueadores vários produtos locais: batata, *chuño*, favas, queijo, chilis e *mote*. Tudo isso durava bastante tempo, era até os soldados se irem embora. E, se se fossem embora, as mulheres ofereciam-lhes algo para comer. Pode ver-se aqui uma espécie de luta psicológica e de mensagem política. As mulheres das comunidades insurgentes diziam aos urbanos: nós produzimos, vocês só consomem, vocês dependem de nós. Por trás do gesto corporal, havia uma linguagem política.

Macropolítica e micropolítica entrecruzam-se e bloqueiam-se mutuamente, num pêndulo que vai de uma para a outra, neutralizando a insurgência e tentando impor a política férrea do Estado, a identidade única da nação e a linguagem da lei. A micropolítica é escapar permanentemente aos mecanismos da política. É constituir espaços fora do Estado, manter neles um modo de vida alternativo, em ação, sem projeções teleológicas nem aspirações à transformação do conjunto da sociedade. Neste sentido, é nada mais nada menos do que uma política de subsistência.

Referências bibliográficas

AA.VV (2010), *Pensando el mundo desde Bolivia*. La Paz: Vicepresidencia del Estado Plurinacional. Disponível em http://www.vicepresidencia.gob.bo/IMG/pdf/pensando_elmundo.pdf

Antezana Ergueta, Luis; Romero Bedregal, Hugo (1973), *Historia de los sindicatos campesinos. Un proceso de integración nacional en Bolivia*. La Paz: Servicio Nacional de Reforma Agraria.

Choque, Roberto *et al.* (1992), *Educación indígena: ¿Ciudadanía o colonización?* La Paz: Aruwiyiri.

Deleuze, Gilles; Guattari, Félix (2002), *Mil mesetas. Capitalismo y esquizofrenia*. Valência: Pre-Textos.

Lehm Ardaya, Zulema; Rivera Cusicanqui, Silvia (1988), *Los artesanos libertarios y la ética del trabajo*. La Paz: THOA. Disponível em https://docs.google.com/file/d/0BxolbZDtPTaWYVFCQWtGSXd5MWM/edit

Lora, Guillermo (1970), *Historia del movimiento obrero boliviano, 1923-1933* (Tomo III), La Paz: Los Amigos del Libro.

Mamani Condori, Carlos (1991), *Taraqu 1866-1935. Masacre, guerra y renovación en la biografía de Eduardo L. Nina Qhispi*. La Paz: Aruwiyiri.

Mamani Ramírez, Pablo (2005), *Microgobiernos barriales: levantamiento de la ciudad de El Alto (octubre 2003)*. El Alto/La Paz: CADES/IDIS-UMSA.

Murillo Aliaga, Mario (2012), *La bala no mata sino el destino. Una crónica de la insurrección popular de 1952 en Bolivia*. La Paz: Plural.

Rivera Cusicanqui, Silvia (1984), *Oprimidos pero no vencidos: Luchas del campesinado aymara y qhechwa, 1980-1984*. La Paz: HISBOL-CSUTCB.

Rivera Cusicanqui, Silvia (2014), *Mito y desarrollo en Bolivia. El giro colonial del gobierno del MAS*. La Paz: Plural. Disponível em http://myslide.es/documents/rivera-cusicanqui-silvia-mito-y-desarrollo-en-bolivia-el-giro-colonial-del.html

Rolnik, Sueli; Guattari, Félix (2006), *Micropolítica. Cartografías del deseo*. Madrid: Traficantes de sueños. Disponível em https://www.traficantes.net/sites/default/files/pdfs/Micropolítica-TdS.pdf

Tarde, Gabriel (2011), *Creencias, deseos, sociedades*. Buenos Aires: Cactus.

THOA — Taller de Historia Oral Andina (1984), *El indio Santos Marka T'ula, cacique principal de los ayllus de Qallapa y apoderado general de las comunidades originarias de Bolivia*. La Paz: THOA-UMSA.

THOA (1986), *Los constructores de la ciudad. Tradiciones de lucha y de trabajo del Sindicato Central de Constructores y Albañiles de La Paz, 1908-1980*. La Paz: THOA-UMSA e Sindicato Central de Constructores y Albañiles.

Capítulo 7

Repensar a questão (pluri)nacional e o desafio da democracia intercultural*

Vivian Urquidi

1. A democracia intercultural: da questão nacional à questão plurinacional

No cenário das transformações políticas latino-americanas da primeira década do século XXI, a aprovação dos textos constitucionais dos Estados Plurinacionais no Equador, em 2008, e na Bolívia, em 2009, se apresentou como alternativa promissória para a instalação de uma democracia mais ampliada, em termos de «interculturalidade» e «plurinacionalidade». Nos textos, foram introduzidas arquiteturas de democracia — representativa, participativa e comunitária — e se legitimaram os procedimentos tradicionais de administração de justiça, além de que parâmetros culturais e políticos comunitários foram incorporados na divisão territorial para que outros modelos produtivos e de apropriação do espaço físico sejam incorporados; as línguas originárias foram elevadas a línguas oficiais, enquanto aspetos materiais e simbólicos das culturas indígenas foram trazidos para o centro do projeto de construção de uma identidade plural de nação.

* Neste capítulo, a grafia é a do português do Brasil.

Os projetos de constituição de «Estados Plurinacionais» prometeram assim responder às pendências históricas que desde os estatutos republicanos vinham sendo colocadas como a «questão nacional»: acabar com a *carga* oligárquica e sua residual economia colonial em cenários em que o capitalismo já atuava globalmente; «integrar» os territórios nacionais não totalmente controlados pelo Estado; e definir políticas sobre as comunidades indígenas dentro dos embrionários e incompletos *Estados nacionais*.

Ao completar-se o primeiro quinquênio da «refundação» dos Estados Plurinacionais, este trabalho retoma o debate secular sobre a *questão nacional* no pensamento crítico de autores latino-americanos. Muito embora o modelo de desenvolvimento no subcontinente se tenha imposto por uma ética liberal ao longo do século XX, a corrente do pensamento crítico «sobre» e «a partir» da América Latina se firmou também proficuamente nas lutas por emancipação na região, colocando a base para as utopias não apenas socialistas como também as de construir sociedades plurinacionais pós-capitalistas, pós-patriarcais e pós-coloniais.

Há dois momentos no pensamento crítico latino-americano: aquele que apostava no projeto revolucionário socialista e que as ditaduras recentes colocaram em xeque, e o iniciado no final da década de 1980, quando as esquerdas se articulam na via democrática e novos atores e temáticas, como a questão indígena, interpelam o cenário político.

Muito embora este segundo momento guarde os aspetos fundamentais da crítica à «questão nacional», que caracterizaria os autores até a década de 1970, abdicar do projeto revolucionário, como se verá, colocou às esquerdas a cilada de apostar numa situação pós-capitalista e pós-colonial, com autodeterminação, sem romper as relações materiais. Os Estados Plurinacionais nasceram então no século em que a dinâmica da sobre-exploração do trabalho e a subordinação da nação periférica sob o capital globalizado nunca foi tão agressiva na busca de consolidar o sistema-mundo capitalista (Wallerstein, 1979). Em suma, a «questão plurinacional» surgirá com problemáticas novas sem ter superado, porém, a «questão nacional».

Um autor seminal para pensar a «questão nacional» latino-americana com uma abordagem crítica é o marxista peruano José Carlos Mariátegui (1894-1930) cujo projeto era a construção de um «socialismo indo-americano».

2. A questão nacional no projeto de socialismo indo-americano

O projeto socialista indo-americano de Mariátegui propunha a revolução no Peru — e, por extensão, na América Latina — a partir de um setor popular socialmente heterogêneo que teria no centro o proletariado urbano — porção muito reduzida da sociedade —, segmentos da classe média intelectual, e principalmente camponeses indígenas, o maior contingente social. O aspeto mais destacado da «questão nacional» para Mariátegui (1986a [1929], 2007 [1928]), era definir um projeto político revolucionário a partir da experiência *ayllu*, caracterizada pelo trabalho e a propriedade coletivos, e ainda vigente nas comunidades indígenas.

Tal proposta ousada se opunha radicalmente ao projeto *etapista* ditado pela ortodoxia da 3.ª Internacional Comunista. Mariátegui (1986a [1929], 1986b [1928], 2007 [1928]) entendia que, na América Latina, a incipiente burguesia não havia desenvolvido seus interesses de classe antagônicos ao *gamonalismo*.[1] Pelo contrário, no Peru, a burguesia — basicamente comercial naquele momento — atuava aliada ao latifúndio, se acomodando aos interesses do capital internacional. Assim, diferentemente do leste asiático, onde a burguesia detinha as rédeas do projeto nacional, na América Latina, ela era incapaz de desenvolver qualquer projeto nacional liberal como acreditava o «etapismo da Komintern». O autor observou que, à medida que as forças populares se organizavam, a posição liberal-democrática da burguesia se transfigurava em versões mais coercitivas de exercício do poder, com matizes saudosos, inclusive, a valores aristocráticos coloniais, o que incluía também uma aversão doentia à nação indígena.[2]

[1] O *gamonalismo* é um tipo de poder particular que o latifúndio estabeleceu regionalmente no Peru, a partir de formas locais de servidão impostas ao «camponês-indígena». Por extensão, o conceito permitiu explicar as relações de produção do latifúndio na América indígena na maior parte do século XX. É um poder econômico e político que nasce com a usurpação e posse das terras comunitárias, e que se estende à família do *gamonal* pelo controle de todo o suporte administrativo e político regional. Assim, o *gamonalismo* é a combinação de posse de terra, controle político regional e um modo peculiar de exploração de mão de obra indígena (Flores Galindo, 2001; Mariátegui, 2007 [1928]; Quijano, 2007).

[2] Uma das críticas mais celebrizadas de Mariátegui à sociedade peruana sentencia que «A economia atual e a sociedade peruana atual têm o pecado original da conquista. O pecado de ter nascido e de ter-se formado sem o índio e contra o índio» (Mariátegui, 1986c [1925]: 83).

Determinar quais seriam as classes nacionais será o segundo elemento da «questão nacional» para Mariátegui, pois ele desconfiava da burguesia, e se negava a compactuar com o «nacionalismo democrático» transclassista de intelectuais como Victor Haya de la Torre (1895–1979), que muito embora se organizasse contra o *gamonalismo* e o imperialismo, incluía porém a burguesia local na solução dos problemas nacionais.

Ao negar-se o caráter revolucionário da burguesia peruana, Mariátegui apontou precocemente para o caráter do que seriam as democracias liberais latino-americanas:

> A palavra democracia já não serve para designar a ideia abstrata da democracia pura mas, sim, para designar o Estado demoliberal-burguês. A democracia dos democratas contemporâneos é a democracia capitalista. É a democracia-forma e não a democracia-ideia. (Mariátegui, 1970 [1925]: 32)

O novo bloco socialista então estaria composto por setores populares em que os operários teriam a tarefa de articular as classes médias intelectuais e as comunidades indígenas sob uma ética pautada pelo «indo-socialismo».

Aqui subjaz uma das interpretações mais originais até então produzidas sobre a situação latino-americana.

E mais: o indo-socialismo denuncia as teses dualistas comuns tanto a liberais como a marxistas ortodoxos, que concebiam o «progresso» e «desenvolvimento» das forças produtivas como horizonte de transformação para os setores «atrasados» e «tradicionais».

Para ele, na América Latina, os tempos produtivos não se sucediam, mas coexistiam sem profundas contradições: a economia comunitária ficava subsumida à produção «semifeudal» *gamonal*, que, pelo seu turno, se adaptava de modo subordinado e funcional à lógica do capitalismo mundial (Mariátegui, 1986a [1929], 1987b [1928], 2007 [1928]). Por isto, o processo europeu, em que um modo de produção teria sido superado por outro; ou o asiático, em que a burguesia nacionalista se impôs sobre o regime dinástico, na América Latina ocorreria, conforme o autor, como uma totalização de diversas modalidades produtivas funcionalmente articuladas ao capital mundial. A vinculação subordinada dos tempos produtivos locais aos mercados internacionais seria então outro aspeto fundamental da «questão nacional» em Mariátegui.

Ao romper com o pensamento dualista e historicista, Mariátegui pôde enxergar, então, que as condições para a revolução já estavam estabelecidas na experiência comunitária indígena, concluindo que as lutas latino-americanas deveriam ser ao mesmo tempo *antigamonais*, anticoloniais e anti-imperialistas, e se organizar rumo ao «socialismo indo-americano» a partir da estrutura complexa indígena já existente.

Estas premissas inspiraram as futuras lutas libertárias latino-americanas.

3. A questão nacional nas políticas de modernização conservadora e populistas

A morte prematura de Mariátegui esvaiu seu projeto socialista, enquanto diversos processos ditatoriais se espalharam na América Latina até fins do século XX. Nesse longo período, a influência norte-americana se consolida em projetos de «modernização» orientados para as «etapas de crescimento».[3]

A «industrialização pela substituição de importações», a partir de categorias como *centro/periferia*, da Comissão Econômica para a América Latina e Caribe (CEPAL), será o mote de uma tese que aposta na «modernização». Desta linha de pensamento se sobressai a obra *O Desenvolvimento Econômico da América Latina e alguns dos seus Principais Problemas*, escrita em 1949 por Raúl Prebisch (1901–1986), cuja influência foi decisiva nos programas de «modernização» dos regimes civis e ditatoriais da época na América Latina, principalmente os modelos «populistas» da segunda metade do século que deram base e sustentação ao que se chamou de «modernização conservadora».

«Modernização conservadora» é o qualificativo com que Octavio Ianni (1983) designa a política de desenvolvimento industrial acelerado

---

[3] *Etapas do crescimento económico*, obra de Walter Whitman Rostow (1916–2003) publicada em 1952, ofereceria a chave do desenvolvimento econômico das sociedades tradicionais para alcançar o alto consumo maciço. O governo Kennedy (1961–1963) encarregou-se de promover as «etapas» na América Latina, com assessoria do próprio Rostow, que era economista e político liberal. Programas como a Aliança para o Progresso (1961–1971), cujo foco era o investimento produtivo na forma de capital, tecnologia e experiência dos Estados Unidos na região, eram o resultado desta política. Pelo sucesso do modelo rostowniano objetivou-se neutralizar a «cubanização» do continente.

no Brasil, que introduz desde a década de 1930 uma base técnica nova na produção rural, mas que mantém a estrutura fundiária altamente concentrada.

O défice democrático também era a marca deste modelo, embora a tutela do povo pelo Estado garantisse ao governo apoio popular maciço. A este projeto de modernização sem perfil democrático, apoiado no fenômeno da massa, a teoria política tem dado o nome polêmico de «populismo».

As experiências mais conhecidas do fenômeno na América Latina, o «varguismo» no Brasil, o «peronismo» na Argentina e o «cardenismo» no México, vieram da década de 1930. Nas décadas seguintes, tiveram vez Velasco Ibarra no Equador, Velasco Alvarado no Peru, Arbenz na Guatemala, Ibañez no Chile, e Paz Estenssoro na Bolívia.

Nos regimes «populistas», atacou-se as estruturas regionais de poder fundiário, com impacto negativo nas estruturas comunitárias do campo que foram desmontadas, incidindo no êxodo desmedido às cidades e na degradação das paisagens urbanas.

As análises do «populismo» (Ianni, 1975; Chonchol, 1994, entre outros) costumam frisar que a migração gerou certa disponibilidade moral da massa a aceitar as expressões da autoridade ou da vontade do governo, independentemente do seu teor democrático. Para tal, o carisma paternalista do líder garantiria a fidelidade da massa.

Pela análise, a politização teria cedido lugar a uma moral «clientelar» e, por isso, o impacto do «populismo» se daria também na formação das classes. Na interpretação crítica de Octavio Ianni (1975), as oligarquias fundiárias perderam espaço na política latino-americana, sem que ao mesmo tempo uma nova classe liberal se alce para substituí-las. Igualmente, o «fenômeno da massa» teria impactado no desenvolvimento do proletariado como classe em formação.

Como resultado, as classes se combinariam e aglutinariam na «massa» sob uma ideia difusa de «nação», ou melhor, sob um sentimento contra o que se considerava a «antinação»: o imperialismo e as oligarquias tradicionais.

O problema desta interpretação difundida do «populismo» é que ela nega o «conteúdo nacional», em termos culturais, dos setores populares e sua substância democrática historicamente acumulada.

As análises de Octavio Ianni (1975) sobre o «populismo» partem do pressuposto da existência empírica de um Estado-nação, sem se preocupar por caracterizar a composição «nacional» a partir da diversidade cultural preexistente, mas apenas em oposição à «antinação». De resto, desaparece da análise das «massas», também, qualquer aposta nas populações rurais da América Latina e seu potencial emancipatório a partir de suas experiências históricas e culturais, conforme o fizera Mariátegui.

A despeito deste debate,[4] polemizar a «modernização conservadora» e os projetos «populistas» permitiu avançar nas limitações do pensamento da CEPAL sobre a «questão nacional» e sobre as oposições atraso/desenvolvimento e centro/periferia.

4. Novas teses para a questão nacional e a situação da dependência

A superação das interpretações dualistas da modernização latino-americana se dá na crítica seminal de obras como *Siete Tesis Equivocadas sobre América Latina*, do sociólogo mexicano Rodolfo Stavenhagen (1965). O autor denuncia que o confronto de uma sociedade «*arcaica, tradicional, agraria, estancada o retrógrada*» com a «*moderna, urbanizada, industrializada, dinámica, progresista y en desarrollo*» teria sido devastador para entender os problemas socioeconômicos e políticos dos países latino-americanos: as [pequenas] economias rurais — a produção camponesa e indígena — foram consideradas obstáculo ao desenvolvimento;

[4] As premissas polêmicas sobre o «populismo» latino-americano têm gerado interpretações errôneas sobre os recentes governos populares, considerados como de «baixa institucionalidade política»: a Bolívia de Evo Morales, o Equador de Rafael Correa ou a Venezuela de Hugo Chaves e, incluso, o *Lulismo* no Brasil ou a Nicarágua de Daniel Ortega. O *neopopulismo* (Demers, 2001; Baquero, 2010; Vélez Rodríguez, 2011) seria um fenômeno de *massa* como política de Estado, embora agora com respeito a procedimentos democráticos, que designa e julga também à esquerda, às experiências sindicais e às posições de intelectuais e de partidos identificados com os movimentos populares contemporâneos. A «política clientelar» e «assistencialista» do «neopopulismo» repousaria sobre os «trabalhadores urbanos» — policlassialmente concebidos — e sobre os novos movimentos sociais.

As experiências recentes latino-americanas, entretanto, merecem abordagens mais cuidadosas (Villa e Urquidi, 2006; Laclau, 2008, Santos, 2010). A formação «policlassista» deve ser atrelada aos pressupostos do «bloco plural» histórico que se constitui em torno de um «núcleo popular», isto é, do «nacional-popular» na aceção gramsciana. Sem este cuidado, o que se interpreta como (neo)*populismo* latino-americano reduz a heterogeneidade de experiências a um «dualismo» pobre e treinado nas epistemologias eurocêntricas sobre Estado e instituições «fortes» ou «fracas». O conceito de «nacional-popular» envolve diversas dimensões da política e da cultura.

apostou-se no potencial revolucionário nulo da burguesia regional e no frágil nacionalismo das classes médias urbanas; a via «mestiça» das alianças sociais e da integração teve impacto etnocida; e a esquerda apostou no dogma de classe como base da articulação da frente popular.

Denunciar as sequelas do capitalismo global para o Terceiro Mundo e a situação periférica mediante leituras da «dependência» nas múltiplas dimensões da vida social passou a ser a nova tarefa do pensamento crítico na solução da «questão nacional», o que resultou nas «teorias da dependência». O «marxismo» localmente situado destes estudos — rebeldes às interpretações mais ortodoxas — foi basilar para compreender as «relações coloniais» e a impossibilidade do crescimento regional enquanto estiver atrelado ao capitalismo globalizado. Mas havia que ultrapassar-se a denúncia da situação periférica para entender a «lógica econômica da dependência». Em 1973, a *Dialética de la dependencia*, do brasileiro Rui Mauro Marini (1932–1997), produz uma das mais lúcidas e cabais contribuições sobre a origem da «dependência» e das contradições no interior dos países dependentes. Na obra, Marini (2008) advertiu que o tipo de exploração da força de trabalho entre Estados nacionais centrais e periféricos permitia mudar o padrão de exploração em países industriais — da exploração «absoluta» para a «relativa» —, e aprofundar e manter vigente o padrão de exploração da mais-valia absoluta nas economias dependentes e exportadoras. Desta relação, produzia-se a «superexploração» do trabalho: para diminuir o impacto da perda da mais-valia drenada para as economias centrais, as classes dominantes locais aumentavam o tipo de exploração absoluta do trabalho rural e de mineração, graças à elevada disponibilidade de mão de obra. Assim, a «superexploração» não seria uma forma a mais das relações de produção, mas seria a forma específica assumida pelas relações de exploração numa nação dependente.

A análise «dependentista» da «questão nacional» aportou com elementos novos aos projetos anticoloniais mundo afora (Young, 2001), mas de facto na América Latina pouca luz trouxe para superar as relações coloniais relativas aos povos indígenas. Até à década de 1960, a maior parte das lutas sociais na região teve um tom «obreirista» e urbano,[5]

[5] No *Marxismo na América Latina*, Michael Löwy (1999) afirma que as diretrizes do Komintern aos partidos comunistas da região eram de preparar a «revolução por etapas», iniciando-se pela revolução democrático-burguesa. Esta diretriz deu o tom classista e

superado apenas pelo «guevarismo»[6] e a ação da «igreja dos pobres» fundada nos princípios filosóficos da «teologia da libertação» (Freire, 1967; Gutierrez, 1971; Dussel,1997). O campesinato estará no foco destas experiências socialistas, o que não implica que a questão indígena também fosse a ela vinculada.

5. A questão indígena na questão nacional

Isto somente irá ocorrer pelo aparecimento dos primeiros intelectuais e líderes de origem indígena, avessos à política indigenista de integração dos índios que era o eixo central da «questão nacional» para «o problema do índio».

As «políticas indigenistas» da América Latina são exemplo eloquente do pensamento colonial sobre sua «modernidade»: reconhece a diversidade, mas a submete ao imperativo do progresso.

A história oficial do «indigenismo» latino-americano começou em 1940, quando o Congresso Indigenista de Patzcuaro, no México, harmoniza um corpo comum doutrinário e as tarefas dos governos participantes para resolver «o problema do índio». Sua *Declaração Solene de Princípios*, no discurso inaugural do presidente mexicano Lázaro Cárdenas, anunciou: «*nuestro problema no es conservar indio al indio, ni en indigenizar a México, sino en mexicanizar al indio. Para ello es necesario dotarlo con tierra, crédito y educación*» (*apud* Pineda, 2012: pág. 18).

Cárdenas reconhece a contribuição dos povos indígenas à história mexicana, mas reafirma a intenção de incorporá-los ao projeto nacional, estendendo ao indígena a política «populista» de massa do México dos anos 1940.

Em consequência, as lutas armadas na indo-américa a partir da década de 1960 repudiaram principalmente a ética «populista» do «indigenismo»,

urbano às lutas regionais, impedindo que a preparação da luta se dirigisse, também, aos camponeses-indígenas. A exceção foi a insurreição armada em El Salvador, em 1932, liderada por Agustín Farabundo Martí (1893–1932), e sua tentativa de construção do socialismo a partir de conselhos de operários, soldados e camponeses. A luta armada se iniciou nas plantações de café e foi formada por camponeses indígenas.

[6] Para Guevara (1964, 1967), a luta armada a partir de um foco guerrilheiro poderia criar as condições para um levante geral. Para isso, deveria haver uma ligação estreita entre a guerrilha, os camponeses e a Reforma Agrária.

algo que se iniciou com a luta pela terra e contra as diversas formas de exploração do índio. Deste movimento, emergem os primeiros intelectuais e líderes «indianistas» nos anos 1960 e os alvores da organização indígena contemporânea que buscará avançar posições políticas na sociedade (Barré, 1983).

Um levantamento[7] minucioso (Bonfil Batalla, 1981) dos principais documentos do «indianismo» até a década de 1970 sintetizou algumas tendências fundacionais e tarefas deste projeto: reafirmar o pensamento político *índio* em contraposição ao da civilização ocidental; denunciar o colonialismo das relações racializadas e na razão genocida hegemônica; reinterpretar a «história índia» na «história colonial» e denunciar como «invasão» e «etnocídio» o que o discurso oficial chama de «conquista»; revalorizar a moral e ética comunais; recuperar os conhecimentos ancestrais e restabelecer a relação harmoniosa com a natureza. Finalmente, denunciar as mazelas da miséria, a fome, as doenças e condutas antissociais, heranças todas da situação colonial e de se ter erradicado os métodos pré-coloniais de produzir a terra (Bonfil Batalla, 1981).

Observou-se também que, muito embora, até final da década de 1970, alguns movimentos indígenas tenham atuado aliados à luta armada ou em comunidades de base da igreja, os ideólogos «indianistas» tendiam também a se emancipar das religiões ocidentais e do marxismo, fontes de valores civilizatórios alheios:

> O «sopro vital» do pensamento do Ocidente é a razão. De Sócrates a Kant, e de Kant a Marx, a razão avança em linha reta [...]. O Ocidente a partir do seu mito: a serpente do paraíso que tenta Eva, e Caim que mata Abel; até ao esplendor de Atenas [...], a Roma [...], a noite de 12 séculos do feudalismo medieval; a revolução francesa [...], a revolução russa; a Alemanha de Hitler [...] Hiroxima e Nagasaki... é a marcha da razão num tempo retilíneo. [...] O pensamento no Novo Mundo não é a «razão genocida». É a razão cósmica: razão vital [...] sem fome nem opressão. (F. Reinaga, 1981 [1974]: 74)

[7] Trata-se de documentos históricos e de análise produzidos por intelectuais e movimentos indígenas, que foram organizados e publicados por Bonfil Batalla *et al.* (1977) e Bonfil Batalla (1981). Reúnem-se neles os projetos políticos que começam a se configurar, e as conclusões dos primeiros encontros regionais dos movimentos. A *Declaração de Barbados II*, publicada em 1977, por exemplo, sintetiza a situação social, econômica e política conforme os indígenas, e apresenta o projeto de autonomia para as comunidades. O debate contemporâneo sobre o direito às autonomias indígenas nasce, assim, nesse período.

Crescentemente, a crítica se condensa na relação entre a mentalidade colonial e a opressão capitalista.[8] Busca firmar uma civilização «pan-índia»,[9] de povos e culturas vítimas da história colonial, unidas em prol de um futuro descolonizado.

De facto, o «indianismo» tem posições nem sempre conciliadas. Um viés mais essencialista ou restaurador do passado pode se opor a um foco mais reformista ou afinado com os ideários revolucionários socialistas. Para um setor, a situação de classe pode ser parte das relações coloniais e gerar solidariedade entre trabalhadores e etnias oprimidas. Mas, para outro, uma classe oprimida não é igual a uma etnia oprimida, já que uma classe oprimida também pode ser opressora de uma etnia.

Este «indianismo» vingou até final da década de 1970 com ideólogos como os bolivianos quéchua-aimarás Fausto Reinaga (1981) e Ramiro Reinaga (1981), os peruanos quéchuas Guillermo Carnero Hoke e Virgílio Roel Pineda, além do guatemalteco maia Antonio Pop Caal e do *mixteco* mexicano Franco Gabriel Hernandez (Bonfil Batalla, 1981), entre outros. Gerou instrumentos políticos importantes, como o *Manifesto Tiawanaku,* de 1973, que dá suporte ideológico ao *Movimento Katarista* da Bolívia, e a *Declaração de Barbados II,*[10] em que, em 1977, se refletiu sobre os procedimentos da Descolonização.

Destes debates resultaram duas conclusões categóricas: não é possível entender o problema indígena sem trabalhar também as dimensões «nacional» e «política», pois: «o conteúdo profundo da luta dos povos indígenas é a sua exigência de serem reconhecidos como unidades políticas». Consequentemente:

[8] «Apenas [...] o domínio sobre a mente permite o domínio das riquezas, do trabalho, dos governos, etc. Imperialismo económico e colonização mental são causa e efeito um do outro, num processo incansável e crescente» (R. Reinaga, 1981 [1972]: 88).

[9] A *Declaração de Barbados II*, de 1977, expõe as tarefas das lutas libertárias dos indígenas: para «conseguir a unidade da população índia, considerando que para alcançar esta unidade o elemento básico é a ligação histórica e territorial em relação às estruturas sociais e ao regime dos Estados nacionais [...]. Através desta unidade, retomar o processo histórico e tratar de terminar o capítulo da colonização» (Bonfil Batalla *et al.*, 1977: 112).

[10] Diferentemente da *Declaração de Barbados I*, de 1971, que reuniu antropólogos da região e gerou importantes documentos de referência para os indígenas com foco na autonomia e no colonialismo de Estado, a *Declaração de Barbados II*, em 1977, teve participação e protagonismo principalmente dos indígenas. Aqui se definiram os rumos do «indianismo» contemporâneo (Bonfil Batalla, 1981).

> [as organizações indígenas], implícita ou explicitamente, afirmam que os grupos étnicos são entidades sociais que reúnem condições que justificam o seu direito a governarem-se a si mesmas, seja como nações autónomas, seja como segmentos claramente diferenciados de um todo social mais amplo. (Bonfil Batalla, 1981: 50)

O reconhecimento da unidade política das comunidades e seu direito a autonomia são, pois, a «questão nacional» para os povos indígenas, e apresentam sua compreensão do procedimento *democrático*. Evidentemente, este foi o espírito das resoluções da *III Declaração de Barbados*, em 1993, quando as autonomias e seus termos estiveram no centro do debate.

Desde então, os povos indígenas têm avançado posições para legitimar e legalizar as «autonomias» onde fossem demandadas.[11] E tal é a questão central do debate político nos Estados Plurinacionais, em que, pese à consagração de um corpo doutrinário específico, as comunidades indígenas ainda enfrentam a rigidez das formas clássicas do Estado centralizador e colonial para garantir este direito (Santos e Exeni, 2012; Santos e Grijalva, 2012).

6. A questão nacional como Colonialismo Interno e Poderes Coloniais

Afinada com o indianismo, a «questão nacional» tem sido equiparada ao «colonialismo interno» na obra do mexicano Pablo Gonzalez Casanova, já na década de 1960. Para ele, a ideia que repousaria sob o conceito, «eufemisticamente chamado de *questão nacional*» (Gonzalez Casanova, 2006: 413), trata das relações metrópole-colônia que se reproduzem no interior das colônias:

> As nações, minorias ou povos colonizados pelo Estado-nação sofrem condições semelhantes às que os caracterizam no colonialismo e no

[11] A autonomia dos *Miskitos* na Nicarágua, na década de 1980, inaugurou as «autonomias indígenas» no acordo de paz assinado com o Estado. Duas décadas mais tarde, os Zapatistas, no México, já no início do século XXI, anunciaram suas autonomias à margem da ordem institucional e em territórios em que o Estado historicamente esteve, e decidiu continuar, ausente.

> neocolonialismo a nível internacional: habitam num território sem governo próprio; encontram-se em situação de desigualdade perante as elites das etnias dominantes e das classes que as integram; a sua administração e responsabilidade jurídico-política dizem respeito às etnias dominantes, às burguesias e oligarquias do governo central ou aos seus aliados e subordinados; os seus habitantes não participam nos mais altos cargos políticos e militares do governo central, exceto na condição de «assimilados»; os direitos dos seus habitantes e a sua situação económica, política, social e cultural são regulados e impostos pelo governo central; em geral, os colonizados no interior de um Estado-nação pertencem a uma «raça» diferente da que domina o governo nacional, sendo a «raça» dos colonizados considerada «inferior» ou, na melhor das hipóteses, convertida num símbolo «libertador» que faz parte da demagogia estatal; a maioria dos colonizados pertence a uma cultura diferente e fala uma língua diferente da «nacional». (González Casanova, 2006: 410)

Há três componentes que sustentam a «questão nacional» em Gonzalez Casanova: (a) a *marginalidade*, típica de sociedades subdesenvolvidas, (b) a *pluralidade social* que divide a sociedade pela origem castiça, branca ou mestiça, de um lado, e de outro os «indígenas» e «afrodescendentes», e (c) articulando-se com ambas, o «preconceito, discriminação, [e] exploração do tipo colonial» (Gonzalez Casanova, 1980: 104).

Sem negar as contradições de classes, o «colonialismo interno» agrega a diversidade cultural às divisões sociais, trazendo à tona a exploração de comunidades étnicas, de nações independentes, de regiões dentro de um mesmo país, de povos que exploram outros, que impõem sua forma de governo, sua legislação e justiça, e que impedem a possibilidade ulterior do povo oprimido exercer sua autonomia e alteridade.

Muito embora na década de 1960, quando o conceito foi reintroduzido, não implicasse formas de dominação posteriormente advertidas pela crítica pós-colonial — relações de gênero ou hierarquias epistemológicas, por exemplo —, o «colonialismo interno» permitiu ampliar o suposto da exploração para além das *classes*. O cenário de renovação socialista, pós-1959, das lutas libertárias do mundo afora, e contra a modernização conservadora, de facto contribuiu para esta ampliação de conceito.

Na década de 1990, um aporte fundamental foi dado pelo sociólogo peruano Anibal Quijano (2000) sob o conceito de «colonialidade do poder» que indica que desde o século XVI há uma matriz de poder pela qual a ideia de raça se torna o princípio organizador que estrutura múltiplas hierarquias do sistema mundo, principalmente as hierarquias de classe, mas também as sexuais e epistêmicas (Quijano, 2000). A «colonialidade» *do poder* se instaurou com a invasão ibérica da América Latina, e foi se consolidando no capitalismo global, a partir de uma forma específica de exploração em que as relações de trabalho passaram a ser mediadas pela noção de raça.

Desses poderes coloniais ora vigentes teria se originado a «questão plurinacional» a ser superada nos anseios e princípios das Constituições Plurinacionais no Equador e na Bolívia.

Observa-se, assim, ao longo do século XX, o desenvolvimento da problemática nacional a partir de vários focos: o sujeito da transformação e da revolução, a dependência nacional em relação a um sistema capitalista já configurado, a necessidade de integrar a diversidade sociocultural e de superar os poderes coloniais. Neste último aspeto, repousam as demandas indígenas para descolonizar as relações de poder e consolidar suas autonomias.

E muito embora as lutas pelas autonomias não possam ser um objetivo em si mesmo, alheio à situação nacional de dependência econômica e de desintegração social e nacional, ou territorial, quando os indígenas irromperam diretamente na política nacional, contrariaram seu destino de «massas passivas e manipuláveis». Evidenciaram que não é mais possível num regime democrático ignorar suas diferentes conceções de fazer política e a vontade dos povos indígenas de se autogovernar.

A teoria crítica eurocêntrica tem relacionado o grau de desenvolvimento das forças produtivas de um país e o desempenho das tarefas históricas de um povo a seu nível de consciência de classe. Porém, a luta dos povos indígenas latino-americanos, em cenários despidos de progresso — no sentido moderno da palavra —, sugere que a luta pela manutenção das suas culturas pode estar obliterando uma evidência mais substancial: que os indígenas adquiriram uma capacidade política em termos de autodeterminação, base fundamental da democracia, e que os povos indígenas podem ser base e núcleo, também, de um novo bloco popular na América Latina.

7. A questão nacional e a Questão Nacional-Popular

A interpretação dos Estados Plurinacionais como um tipo de *neopopulismo* contemporâneo não compreende nem o grau de desenvolvimento político dos povos indígenas, nem o conteúdo «nacional-popular» dos projetos plurinacionais da Bolívia e do Equador.

Destacamos o conceito de «nacional-popular», caro na teoria crítica latino-americana, porque marca uma distinção ontológica — não poucas vezes ignorada[12] — que o diferencia essencialmente do «populismo» como política conservadora de massa.

O conceito de «nacional-popular» é recuperado pelos autores latino-americanos das *Cartas do Cárcere* do italiano Antonio Gramsci (1891–1937) e do desafio que propõe para articular um «bloco histórico» sob a nova hegemonia do proletariado. Nos setores populares, Gramsci (1982, 2000) não identifica uma «massa» abstrata, mas uma «ampla base» de classes populares com conteúdos políticos e culturais concretos que compõem o «nacional-popular». Neste setor, haveria interesses, «vontade coletiva» e «conceções de mundo» potencialmente coincidentes que, de modo geral, estão contra a situação de opressão.

A ideia que sustenta o «nacional-popular», e que origina a tese do «bloco histórico», busca superar a estreita conceção corporativa de «classe», e se adentra no plano subjetivo da «vontade coletiva»,

> vontade como consciência operosa da necessidade histórica, como protagonista de um drama histórico real e efetivo.
>
> [...] [vontade que implica a existência de condições e que se efetue] uma análise histórica (econômica) da estrutura social do país em questão e uma representação «dramática» das tentativas feitas através dos séculos para criar esta vontade e as razões dos sucessivos fracassos. (Gramsci, 2000: 17)

O «nacional-popular» de Gramsci qualifica o conteúdo social pela «consciência prática» do povo numa realidade concreta e a partir de suas experiências contra sua situação de opressão.

[12] Ver, por exemplo, o fundador da sociologia argentina, Gino Germani (1962), que trata como sinônimos o «populismo» e o «nacional-popular».

Tal cenário do «nacional-popular» nasce da urgência histórica de dar respostas ao bloco conservador de poder econômico e militar fascista que se sustentava na enorme base dos camponeses do sul da Itália, e que inviabilizava qualquer ação revolucionária frontal comunista. Seu projeto contra-hegemônico era constituir um «bloco histórico» novo a partir do partido comunista, capaz de articular as forças populares emergentes em torno do proletariado e, assim, realizar a transição para a verdadeira Revolução.

Muito embora o termo em Gramsci careça de sentido político imediato, pois é antes uma articulação cultural da hegemonia, o «nacional-popular» e seus derivados — «popular-nacional», «povo-nação», «nação-povo» (Gramsci, 1982, 2000) — lhe permitem idealizar um projeto a partir *também* da cultura em países heterogêneos, como a Itália, que até ao início do século XX não havia sido unificada sob uma cultura nacional. O projeto «nacional-popular» faria coincidir Estado e *nação* com o que existia de *povo*.

No caso que nos interessa: aparentemente, a questão é distinguir como a «política de massa» do Estado — ou de outras instâncias de organização social — ativa a «vontade popular», com foco na formação de um bloco alternativo e contra-hegemônico. O fator classista para Gramsci é essencial, pela centralidade do proletário, mas ao valorizar aspetos culturais e a vontade popular, ele introduz fatores subjetivos qualitativamente distintos tanto do dogma economicista sobre classes quanto das interpretações do «populismo» fascista limitado à emotividade e passividade da «massa».

Foi em Gramsci que alguns dos teóricos mais importantes do pensamento crítico latino-americano — como Rodolfo Stavenhagen, Enrique Dussel, René Zavaleta Mercado, apenas para citar autores em si bastante diferentes — inspiraram suas reflexões sobre as culturas populares e o projeto «nacional-popular».

René Zavaleta Mercado (1935–1984), sociólogo boliviano, propôs uma original compreensão de *Lo Nacional-Popular en Bolivia*, na obra póstuma publicada em 1986. Com o conceito explica um país de composição social heterogênea, impossível de ser interpretado por categorias explicativas ocidentais. Em países socialmente heterogêneos, sustenta Zavaleta, nem a democracia procedimental nem o Estado traduzem o conteúdo real do social, de modo que será preciso prestar atenção aos momentos de «crise» hegemônica, quando entre as fraturas do eixo de dominação emergem as «massas» com seu conteúdo essencialmente antiestatista, articulando o heterogêneo e a dispersão social, para se transformar, potencialmente, num novo «bloco social» alternativo.

Eis a contribuição de Gramsci na interpretação zavaletiana da sociedade boliviana: nos atos da «massa» existiria um conteúdo político e um potencial de autodeterminação popular capazes de constituir um *bloco* «nacional-popular» com uma nova qualidade «democrática».

A forma coercitiva e «aparente» do Estado impede à teoria social entender o conteúdo real histórico deste povo, restando apenas considerá-lo como «massa» típica do [neo]populismo. Esta incompreensão é maior quando se trata dos povos indígenas cujo conteúdo histórico e alteridade são ininteligíveis nos saberes e poderes colonizados.

Por isso, recuperar o conceito de «nacional-popular» na análise do projeto de Estado que coloca a questão indígena no cerne do debate, como ocorre nos Estados Plurinacionais, promete saldar algumas pendências da histórica «questão nacional» latino-americana. Entretanto, não nos libera de ciladas de mistificação da etnicidade na política. Não é incomum que a valorização das lutas étnicas menospreze o debate sobre o conteúdo classista das relações entre indígenas, bem como que as lutas por autonomias indígenas e pela descolonização da democracia ocorram separadas das lutas contra as relações de produção capitalistas.

De resto, as esquerdas sem suas bandeiras revolucionárias, e sem um projeto socialista alternativo, vêm acomodando suas posições entre aquelas que, numa perspetiva materialista, ainda subordinam a dimensão étnica à dimensão de classe, e aquelas que recebem idealística e desapegadamente da realidade dependente do país, o receituário plurinacional — «etnicidade», «demodiversidade», «buen vivir» — como panaceia para o pós-capitalismo e pós-colonialismo.

No cenário intermediário entre estas perspetivas opostas, um importante pensamento crítico vem se consolidando com posições ora mais indianistas e ambientalistas, ora neodesenvolvimentistas e pragmáticas, ora mais socialistas e anticapitalistas.

É a partir destas posições que se reconfigura a «questão plurinacional».

8. Novas questões da questão (pluri)nacional

A primeira novidade dos Estados Plurinacionais é os textos Constitucionais recentemente aprovados confrontarem a base sobre a qual os Estados modernos têm organizado suas identidades políticas e culturais, isto é, o Estado-nação. Na América Latina, muito embora os projetos de Estado-nação fossem inacabados e incompletos (Quijano, 2000; Zavaleta Mercado, 1986), foi esse o formato que deu substância e movimento aos Estados republicanos.

Nos Estados Plurinacionais, porém, não se trata mais de integrar dentro do Estado-nação a diversidade de povos marginalizados, mas de assumir que há um problema com a própria forma estatal, e que as hierarquias coloniais a ela atreladas criaram um «território existencial ilegítimo e ininteligível», separado do território Estatal «reconhecido» como «universal» (Santos, 2007). É no espaço ilegítimo que os povos indígenas têm mantido de forma clandestina suas formas de organização diferenciada.

O acesso agora a diversas instâncias de poder pelos movimentos sociais, principalmente os indígenas, permitiu mais que nunca enxergar quanto a matriz de poder estaria arraigada na forma concreta do Estado-nação, e quanto se faz necessária uma matriz institucional descolonizada, que aqui chamamos de «questão plurinacional».

O desafio da «questão nacional» foi resolver a integração da diversidade — cultural, política, territorial e econômica — num projeto nacional, estatalmente constituído com o povo, e que fosse capaz de consolidar a autonomia e desenvolvimento do país num cenário de dependência internacional.

A «questão plurinacional» ainda se desenvolve no cenário hostil das relações econômicas de centro/periferia, típicas do sistema-mundo capitalista. Isto, muito embora o espírito «autonomista» — entendido como «autodeterminação» ou «soberania» no sentido que as relações internacionais outorgam ao termo — que repousa nas constituições.

Quanto ao cenário interno, a «unicidade dos projetos nacionais» cedeu à diversidade, com critério de «igualdade legítima». O novo constitucionalismo (Santos, 2010: 71–111) busca uma nova institucionalidade plurinacional como reconhecimento de que a nação, como síntese da identidade, está incompleta. Abre, desse modo, a possibilidade de coexistência da diversidade de nações na comunidade cívica do mesmo Estado. Aceita uma nova territorialidade, com níveis distintos de autonomia e com diversos tipos de instituições em que se possam exercer as experiências democráticas particulares — a representativa, a participativa e a comunitária —, bem como a justiça comunitária e os novos critérios de gestão pública. Os textos constitucionais reconhecem e viabilizam a existência das diversas formas de reprodução social e de propriedade comunitária e individual, e o Estado abriu suas instituições públicas para quadros políticos e técnicos indígenas. No princípio jurídico, é um Estado que aceita a «alteridade» vivida nos diversos modos de justiça e de conhecimentos da natureza, ou nos vários princípios de «bem viver». Os Estados Plurinacionais, por isto, representam a expressão normativa mais depurada dos anseios de autonomia dos povos indígenas e são um desafio para a imaginação política porque se definem como o campo mais avançado das lutas anticapitalistas e anticolonialistas.

Finalmente, ao definir um novo Estado, a partir do princípio do *Sumaj Kawsay* (*Vivir Bien/Buen Vivir*), o novo projeto plurinacional pode estar estabelecendo as bases de uma alternativa ao capitalismo, à dependência, ao extrativismo e ao modelo agroexportador ainda vigentes. O reconhecimento dos direitos da Mãe Terra (*Pachamama*), junto com o princípio do *Sumaj Kawsay*, implicam uma proposta de relação distinta com a natureza, em que ela não é mais considerada como capital, mas como patrimônio. Daqui pode emergir uma lógica de autodeterminação que controle o ritmo e o tipo de desenvolvimento nacional.

Ao superar o primeiro decênio dos Estados Plurinacionais, observam-se já críticas aos projetos e às políticas que, ao se acumular, desgastam os governos da Bolívia e do Equador.

O *Buen Viver* dos textos constitucionais não implicou a substituição da lógica desenvolvimentista nem a tendência centralista do Estado, o que faz pensar em que um processo de desconstitucionalização pode estar em marcha. Observam-se dificuldades na institucionalização da plurinacionalidade e dos princípios constitucionais, e o potencial emancipatório das autonomias indígenas cede às tendências centrífugas das comunidades e ao centralismo estatal, exigindo repensar o sentido da plurinacionalidade.

Entretanto, por ora, aparentemente, quando se esperava

> a morte do Estado-nação, que é a expressão colonial do Estado liberal e da República, e a construção do Estado plurinacional, comunitário e

> autónomo, [o que se observa ainda é que] se restaurou o Estado-nação e o seu mapa institucional com as suas normas e estruturas liberais. Assim, em vez de nos descolonizarmos, estamos a recolonizar-nos. (Prada Alcoreza, 2012: 410)

Se esta constatação é um fato definitivo, ainda está por se ver. Por ora, possivelmente a conclusão possível seja que a «questão (pluri)nacional» na América indígena ainda é uma pendência a ser resolvida.

Referências bibliográficas

Baquero, Marcello (2010), «Populismo e neopopulismo na América Latina: o seu legado nos partidos e na cultura política», *Sociedade e Cultura*, 13(2), 181–192.

Barré, Marie-Chantal (1983), *Ideologías Indigenistas y movimientos indios*. México: Siglo XXI.

Bonfil Batalla, Guillermo (comp.) (1981), *Utopía y Revolución: El pensamiento Político Contemporáneo de los Indios en América Latina*. México: Ed. Nueva Imagen.

Bonfil Batalla, Guillermo *et al.* (1977), «La Declaración de Barbados II y Comentarios», *Revista Nueva Antropología*, II(7), 109–125. Disponível em http://www.redalyc.org/comocitar.oa?id=15900708

Chonchol, Jacques (1994), *Sistemas Agrarios en América Latina: de la etapa prehispánica a la modernización conservadora*. México: Fondo de Cultura Económica.

Demers, Jolle (ed.) (2001), *Miraculous Metamorphoses: The neoliberalization of Latin American Populism*. Nova Iorque: ZED.

Dussel, Enrique (1997), *Oito Ensaios sobre Cultura Latino-Americana e Libertação*. São Paulo: Paulinas.

Flores Galindo, Alberto (2001), *Los Rostros de la Plebe*. Barcelona: Crítica.

Freire, Paulo (1967), *Educação como Prática de Liberdade*. Rio de Janeiro: Civilização Brasileira.

Germani, Gino (1962), «Clases Populares y Democracia Representativa en la América Latina», *Desarrollo Económico* 2(2), 23–43. URL estável: https://www.jstor.org/stable/3465689

Gonzalez Casanova, Pablo (1980), *Sociología de la explotación*. México: Siglo XXI [10.ª ed.; orig. 1969].

Gonzalez Casanova, Pablo (2006), «Colonialismo Interno [una redefinición]», *in* Atílio A. Boron, Javier Amadeo, Sabrina Gonzalez (comp.), *La Teoría Marxista Hoy: Problemas y perspetivas*. Buenos Aires: CLACSO, 409–434.

Disponível em http://bibliotecavirtual.clacso.org.ar/ar/libros/campus/marxis/marxis.pdf

Gramsci, Antonio (1982), *Os Intelectuais e a Organização da Cultura*. Rio de Janeiro: Ed. Civilização Brasileira. Tradução de Carlos Nelson Coutinho [4.ª ed.; orig. em port. 1968].

Gramsci, Antonio (2000), «Maquiavel. Notas sobre o Estado e a Política», in *Cadernos do Cárcere* (vol. 3). Rio de Janeiro: Civilização Brasileira. Tradução de Luís S. Henriques, Marco A. Nogueira e Carlos N. Coutinho.

Guevara, Ernesto Che (1964), «Discurso del Comandante Che Guevara en la Asamblea General de las Naciones Unidas». Consultado a 13.05.2014, em http://pt.scribd.com/doc/47836000/Discursos-del-Che-Guevara

Guevara, Ernesto Che (1967), *Crear dos, tres... muchas Vietnam, es la consigna: Mensaje a la Tricontinental*. Consultado a 13.05.2014, em http://www.rebelion.org/noticia.php?id=124578

Gutierrez, Gustavo (1971), *Teología de la liberación-perspetivas*. Lima: Centro de Estudios y Publicaciones.

Ianni, Octavio (1975), *A Formação do Estado Populista na América Latina*. Rio de Janeiro: Civilização Brasileira.

Ianni, Octavio (1983), *O Ciclo da Revolução Burguesa*. Petrópolis: Vozes.

Laclau, Ernesto (2008), «La rupture populiste et le centre gauche latino-americain», *Les cahiers psychologie politique*, 12. Consultado a 27.09.2014, em http://lodel.irevues.inist.fr/cahierspsychologiepolitique/index.php?id=566

Löwy, Michael (org.) (1999), *O Marxismo na América Latina — Uma antologia de 1909 aos dias atuais*. São Paulo: Perseu Abramo.

Mariátegui, José Carlos (1970), «La crisis de la democracia», in *El Alma Matinal y otras estaciones del hombre hoy*. Lima: Editorial de Amauta, 31–36 [4.ª ed.; orig. 1925]. Consultado a 10.05.2013, em http://www.archivochile.com/Ideas_Autores/mariategui_jc/s/Tomo3.pdf

Mariátegui, José Carlos (1986a), «Punto de Vista Antiimperialista», in *Ideología y Política*. Lima: Editorial de Amauta, 87–95 [6.ª ed.; orig. 1929] Consultado a 10.05.2013, em http://www.archivochile.com/Ideas_Autores/mariategui_jc/s/Tomo13.pdf

Mariátegui, José Carlos (1986b), «Aniversario y Balance», in *Ideología y Política*. Lima: Editorial de Amauta, 246–250 [6.ª ed.; orig. 1928]. Consultado a 10.05.2013, em http://www.archivochile.com/Ideas_Autores/mariategui_jc/s/Tomo13.pdf

Mariátegui, José Carlos (1986c), «El hecho económico en la historia peruana», in *Peruanicemos al Peru*. Lima: Editorial Amauta, 79–84 [11.ª ed.; orig. 1925]. Consultado a 10.06.2012, em www.archivochile.com/Ideas_Autores/mariategui_jc/s/Tomo11.pdf

Mariátegui, José Carlos (2007), *Siete Ensayos de la Realidad Peruana*. Caracas: Fundación Ayacucho [3.ª ed.; orig. 1928].

Marini, Ruy Mauro (2008), «Dialética de la dependencia», *in* Ruy Mauro Marini, *América Latina, dependencia y globalización*. Bogotá: CLACSO e Siglo del Hombre Editores [2.ª ed.]. Disponível em: http://biblioteca.clacso.edu.ar/clacso/se/20100830090624/marini.pdf

Pineda C., Roberto (2012), «El Congreso Indigenista de Pátzcuaro, 1940, una nueva apertura en la política indigenista de las Américas», *Baukara*, 2, 10–28. Disponível em http://www.humanas.unal.edu.co/baukara/files/9714/5506/2033/Baukara2.pdf

Prada Alcoreza, Raul (2012), «Estado Plurinacional Comunitário Autonómico y Pluralismo Jurídico», *in* Boaventura de Sousa Santos e José Luis Exeni Rodríguez (orgs.), *Justicia indígena, plurinacionalidad e interculturalidad en Bolivia*. Quito: Fundación Rosa Luxemburg e Abya-Yala. Disponível em http://www.rosalux.org.ec/es/democracia-e-interculturalidad-menu/505-justicia-indígena,-plurinacionalidad-e-interculturalidad-en-bolivia.html

Quijano, Anibal (2000), «Colonialidad del poder, eurocentrismo y América Latina», *in* Edgardo Lander (ed.), *La Colonialidad del Saber: eurocentrismo en Ciencias Sociales — Perspetivas Latino-americanas*. Buenos Aires: CLACSO.

Quijano, Anibal (2007), «Prólogo», in *Siete Ensayos de la Realidad Peruana*. Caracas: Fundación Ayacucho [3.ª ed.].

Reinaga, Fausto (1981), «El Pensamiento del Nuevo Mundo», *in* Guillermo Bonfil Batalla (comp.), *Utopía y Revolución: El pensamiento Político Contemporáneo de los indios en América Latina*. México: Ed. Nueva Imagen, 74–83 [orig. 1974].

Reinaga, Ramiro (1981), «Ideología y raza en América Latina», *in* Guillermo Bonfil Batalla (comp.), *Utopía y Revolución: El pensamiento Político Contemporáneo de los indios en América Latina*. México: Ed. Nueva Imagen, 87–109 [orig. 1972].

Santos, Boaventura de Sousa (2007), «Para Além do Pensamento Abissal: das linhas globais para uma Ecologia do Saber», *Novos Estudos*, 79, 71–94. Doi: http://dx.doi.org/10.1590/S0101-33002007000300004

Santos, Boaventura de Sousa (2010), *Refundación del Estado en América Latina: Perspetivas desde una epistemología del Sur*. Lima: IIDS.

Santos, Boaventura de Sousa; Exeni Rodríguez, José Luis (orgs.) (2012), *Justicia indígena, plurinacionalidad e interculturalidad en Bolivia*. Quito: Fundación Rosa Luxemburg e Abya-Yala. Disponível em http://www.rosalux.org.ec/es/democracia-e-interculturalidad-menu/505-justicia-indígena,-plurinacionalidad-e-interculturalidad-en-bolivia.html

Santos, Boaventura de Sousa; Grijalva, Agustin (orgs.) (2012), *Justicia Indígena, Plurinacionalidad e Interculturalidad en Ecuador*. Quito: Ediciones Abya Yala e Fundación Rosa Luxemburg. Disponível em http://www.rosalux.org.ec/es/democracia-e-interculturalidad-menu/504-justicia-indígena,-plurinacionalidad-e-interculturalidad-en-ecuador.html

Stavenhagen, Rodolfo (1965), «Siete tesis equivocadas sobre la América Latina», *Política Externa Independente,* 1(1), 67–80.

Vélez Rodriguez, Ricardo (2011), «Patrimonialismo, Democracia Direta e Neopopulismo na América Latina», *Diálogos Latinoamericanos*, 18, 1–20.

Villa, Rafael; Urquidi, Vivian (2006), «Venezuela e Bolívia: legitimidade, petróleo e neopopulismo», *Política Externa*, 14(4), 63–78.

Young, Robert J. C. (2001), *Postcolonialism: An Historical Introduction.* Singapura: Blackwell.

Wallerstein, Immanuel (1979), *The capitalist world-economy. Essays by Immanuel Wallerstein.* Cambridge: Cambridge University Press; Paris: Editions de la Maison des Sciences de l'Homme.

Zavaleta Mercado, René (1986), *Lo nacional-popular en Bolivia.* México: Siglo XXI.

Capítulo 8

Política após a derrota da política: pós-democracia, pós-política e populismo*

Juan Carlos Monedero Fernández

1. Partir da derrota

Com a crise de 2008, marcada pela falência do Lehman Brothers, regressou a discussão sobre a democracia em duas direções. Por um lado, a recuperação do discurso do «fim da história», com o triunfo do modelo neoliberal, que marca o fim do contrato social do pós-guerra numa sociedade ameaçada na sua coesão interna pelas alterações climáticas, o envelhecimento, as migrações, o desemprego, a precarização laboral, as doenças, a miséria, as desigualdades sociais extremas e a incerteza. Por outro lado, o debate sobre as democracias de maior qualidade ou densidade, com a possibilidade de explorar um modelo para o qual não existem referências claras e que obriga a uma experimentação, submetida através de tentativa e erro, que será utilizada até nos mínimos erros ou fracassos pelos defensores da extensão e aprofundamento do modelo neoliberal.

A partir da década de 1970, o neoliberalismo fez o diagnóstico da impossibilidade da universalização do modelo keynesiano e, ao mesmo tempo, pôs à disposição a sua terapia — redução dos gastos sociais,

* Tradução de Ana Saldanha.

abertura de fronteiras, desregulação laboral e financeira, primazia das variáveis monetárias —, juntamente com um conjunto de variáveis antropológicas, políticas, biológicas, jurídicas e filosóficas articuladas em três ideias: os mercados não são naturais e necessitam de apoio estatal; a superioridade moral outorgada ao privado sobre o público (e, portanto, a sanção moral das desigualdades) e a primazia dada aos direitos civis sobre os políticos e sociais (Escalante, 2016). Estes princípios básicos do neoliberalismo tinham como objetivo central conseguir a derrota da classe trabalhadora como instrumento para alcançar «o reino da liberdade».

A essência do político, que é o conflito (Mouffe, 2003), tem vindo a dar lugar a uma narrativa onde tudo é supostamente redutível ao consenso. O caráter prescindível da política tem que ver, exatamente, com a sua substituição por um discurso técnico, reflexo da construção do modelo político sobre a base dos modelos da economia neoclássica e do desprezo pelas realidades concretas. Reduzindo o contexto social e histórico a algo irrelevante, desaparece a possibilidade de encontrar adaptações ou de inventar alternativas, convertendo-se o neoliberalismo numa ideologia radicalmente bem-sucedida. Daí que já não se debatam opções que encerram modelos diferentes, mas, sim, ajustes que alcançarão mais os especialistas do que os cidadãos. A queda da União Soviética abalou a alternativa direita-esquerda e, portanto, o debate ideológico, que seria substituído pelas regras «técnicas» ditadas pela União Europeia, a OMC, o FMI ou o Banco Mundial, que alimentavam, por sua vez, a despolitização. O conceito «governação» resume esta simplificação. Desaparecidos os conflitos sociais, especialmente entre o capital e o trabalho, os desacordos são meramente uma questão de conhecimentos técnicos. E, por sua vez, isto conduz ao assumir que a democracia melhora quando os técnicos são os decisores. Um novo marco teórico apresenta a democracia como um risco para os «peregrinos» da democracia, ao mesmo tempo que o discurso do «excesso de democracia» foi recuperado (Zakaria, 2003; Diamond, 2016). O regresso do golpismo à América Latina, mesmo que em forma de «golpes brandos» — no Brasil, Venezuela, Equador, Bolívia, Paraguai — ou com violência — nas Honduras —, tinha este enquadramento teórico como porta de entrada.

A principal conquista na Europa depois da Segunda Guerra Mundial, o Estado Social, está a ser desmantelada com base em argumentos supostamente técnicos e, portanto, irrefutáveis. De acordo com este programa político, a manutenção do sistema de pensões é insustentável e exige planos privados; a educação pública, além de ser dispendiosa, é de má qualidade e retira liberdade às famílias; a saúde universal não é apenas um gasto absurdo e estagnado mas algo que constrói uma burocracia inimiga da liberdade e da eficiência; os que protestam contra os cortes são terroristas e inimigos da democracia. Quem argumenta essa impossibilidade? O novo senso comum sustentado por um corpo de técnicos inseridos nos aparelhos do Estado (principalmente advogados e economistas) que, com uma linguagem própria, define os contornos do mundo necessário. Trata-se do «Estado gerencial», que começa na década de 1990 e injeta a lógica da empresa e do cliente nas instituições, em substituição da ideia de cidadania (Osborne e Gaebler, 1992).

Na ideia de derrota do espaço da «esquerda» há que considerar pelo menos quatro grandes elementos: o esvaziamento da consciência trabalhadora e a submissão moral das organizações sindicais, as insuficiências teóricas do campo crítico, as debilidades da gestão socialista e comunista no século XX, que ofuscam as suas conquistas, e a derrota social dos valores próprios da emancipação (Monedero, 2011). Os instrumentos teóricos da esquerda foram demonstrando a sua debilidade conforme avançava o século. Ideias como o partido único, a nacionalização dos meios de produção, a conceção do proletariado como o único sujeito revolucionário, o desprezo pelo mérito ou a troca entre a justiça e a liberdade foram permanecendo como relíquias pouco atrativas para amplos setores da cidadania. Da mesma forma, os valores do «comum» foram sido substituídos pela maior sedução do «particular». Partir da derrota permite sair do resistencialismo e caminhar mais além do pedido impotente de regressar ao mundo perdido do final do século XX.

2. O medo como ferramenta para a construção da hegemonia

Santos (2000) defende que a cidadania veio marcada pelo direito ao trabalho, depois, pelo direito ao consumo e, finalmente, na última parte do século XX, pelo «desejo de consumo». As dificuldades de lutar contra o desejo explicam parte das dificuldades da teoria e prática alternativa para construir uma escolha atrativa que permita substituir a oferta neoliberal de um consumo infinito.

A perda dos marcadores de certeza faz referência à perda de capacidade de coesão das referências sociais que balizavam a vida em comum durante o século XX. Não é que tenham desaparecido, no entanto, não cumprem a mesma função que desempenharam durante o século anterior. Torna-se certa a advertência de Gramsci de que os tempos de crise são tempos onde o velho não acaba de morrer e o novo não termina de nascer — espaços ideais para a profusão de situações mórbidas.

A lista de fatores que alimentam o medo expresso como incerteza é extensa. A **morte de Deus**, expressa no crescimento da secularização; a **quebra do mundo do trabalho**, com o desenvolvimento tecnológico, a deslocalização e a derrota moral dos sindicatos; o fim do **monopólio da família tradicional**; a **remercantilização e a mercantilização crescente** de espaços sociais que resistiam a sucumbir à lei da oferta e da procura — como a noite, a amizade, a solidariedade, a ecologia, a religião, o desporto amador, o saber coletivo —; a **precarização laboral** — pela primeira vez na história, o desenvolvimento tecnológico destrói de forma clara o emprego (Frey e Osborne, 2013) e, além disso, a participação dos salários no PIB tem descido desde há três décadas, agravando-se o fosso entre o Norte e o Sul e entre homens e mulheres —; a **urbanização** colocada em marcha a partir da década de 1970 e que gera uma fragmentação que pesa sobre a sociedade da informação e as suas tecnologias, transformando-nos em «borbulhas culturais» desligadas da realidade física (Riechmann, 2012), responsáveis pelo aumento da utilização de antidepressivos, mesmo em locais de elevado rendimento *per capita* como é a Islândia (Rendueles, 2004). A diminuição da participação dos salários no PIB traduz-se num **aumento das desigualdades.** Estas, além de desestabilizarem as sociedades, fomentarem as migrações, aumentarem a delinquência e desperdiçarem recursos (os milhões de pobres são inteligências perdidas), geram uma nova realidade que favorece a incerteza: a incorporação dos setores populares no capitalismo financeiro via **endividamento.** O «homem endividado» (Lazaratto, 2013) começa a assumir a condição de «empresário de si mesmo» e, portanto, incorpora o risco de viver sob a tensão do fracasso. Sublima a desobediência convertendo-a em «responsabilidade» e medo. É a passagem do «pobre» a «perdedor» como construção subjetiva da própria responsabilidade na queda na escala social. Encerram o clima de incerteza as alterações climáticas, a guerra como recurso crescente para a solução de problemas e, como conclusão de todos estes desequilíbrios, o necessário aumento de refugiados que procuram sair da morte certa, quer por causa da violência, quer por questões económicas ou ambientais (o fator que mais havia gerado migrações antes da guerra da Síria em 2015).

A solução neoliberal para a crise pretende usar os mesmos remédios que deixaram o paciente doente. O recurso a mais mercado, a mais dinheiro fiduciário, a mais privatizações, a mais precariedade laboral desemboca na expressão máxima da competitividade, que é a guerra. A luta pelos recursos energéticos e a consequente estratégia geopolítica levaram à desestabilização do Médio Oriente a partir da invasão do Iraque, bem como ao agravamento das pressões sobre a América Latina.

Todos estes elementos têm um traço comum: individualizam, criam insegurança e geram um clima de medo que atua como terreno propício a respostas autoritárias e securitárias que justificam os cortes no Estado de direito. É importante entender que estes traços das sociedades neoliberais não fazem parte somente de uma vontade política onde alguns atores executam um plano preconcebido. É certo que o neoliberalismo se articula como uma «enorme experiência» (Mason, 2016), mas tem por trás quatro elementos estruturais que impedem qualquer hipótese de «regresso ao passado». Em primeiro lugar, está a globalização como uma transterritorialização dos fluxos sociais que já não atravessam o Estado nacional. Em segundo lugar, a complexidade, entendida como a maior diferenciação social, o crescimento da particularidade, o menor peso da tradição, a fragmentação e multiplicação da identidade e as dificuldades das grandes narrativas e dos grandes «recipientes» (partidos, igrejas, ideologias, nações) de moldar a cidadania da mesma forma que ocorria na década de 1920 ou de 1930. Numa sociedade complexa, «complexificar» a gestão institucional, democratiza; ao passo que simplificar, esvazia a democracia. Em terceiro lugar, o desenvolvimento tecnológico e informativo que quebra os fundamentos centrais do mercado (a escassez) e da democracia representativa (as dificuldades de alcançar a opinião popular). Em último lugar, está a queda da taxa de lucro da década de 1960, solucionada, pela primeira vez na história, não com a colocação em marcha de um novo desenvolvimento tecnológico que arraste toda a economia, recuperando o emprego, mas através da queda dos salários dos trabalhadores num contexto de derrota da classe trabalhadora organizada.

3. Pós-política e cartelização dos partidos políticos

O discurso da pós-democracia é uma nostalgia que oculta o problema de fundo, que é o fim da política. Pese embora a sua polissemia, pode entender-se como a eterna intenção liberal de deslocar a política para um lugar neutro a fim de proclamar a morte do antagonismo político e a aceitação resignada do reformismo político e da economia de mercado.

As funções tradicionais desempenhadas pelos partidos políticos nas democracias liberais já não são seu património exclusivo, apesar de continuarem a ser responsáveis diretas pelo funcionamento estrutural do Estado. A perda da democracia tem muito que ver com as deficiências dos partidos, se bem que a diferença tenha que ver com a impugnação, ou não, do modelo económico (o auge dos partidos de extrema-direita na Europa não se apresenta como um desafio ao sistema, sendo os partidos da nova esquerda que o desafiam). A desestruturação ideológica e dos eleitorados concede uma força inusitada aos meios de comunicação que, por sua vez, alimentam a despolitização. A cidadania está despolitizada e os tecnocratas e os meios de comunicação marcam a agenda. Isto obriga a que os partidos e os políticos se subjuguem aos meios de comunicação numa relação perversa.

Na cartelização política, dominada pelo bipartidarismo, os partidos só estão circunstancialmente fora do governo, de forma que na oposição não se comportam no sentido de a tarefa lhes ser dificultada quando voltarem. O financiamento público e privado, o papel mediático da liderança, a relevância dos média, a procura do centro e a funcionarização dos militantes através de cargos tornam insignificante o papel da militância. Os partidos acabam por representar não os interesses da sociedade na política, mas, sim, os interesses da política na sociedade (seja do governo ou da oposição) ao defender enquanto «especialistas» o que se pode e não pode fazer (Mair, 2016). Assim, a oposição real só se poderá fazer a partir de fora da lógica tradicional dos partidos, mas não «fora dos partidos» (os partidos continuam a ser uma condição necessária mesmo que insuficiente). A lógica de construção alternativa deixa de ser o confronto e passa a ser o transbordo: utilizar a própria força do que existe para superar o que existe (Villasante, 2006).

4. Variações em torno do populismo

O «populismo» converteu-se num conceito de combate. Utiliza-se mais em termos eleitorais e jornalísticos para apelar qualquer articulação política que questiona a democracia representativa liberal, o sistema de partidos e a exclusão de camadas crescentes da sociedade (Panizza, 2009). O esgotamento da democracia representativa e do modelo neoliberal gerou todo o tipo de respostas por todo o planeta. Desde a Primavera Árabe à *Nuit Debout* francesa, passando pelo *Occupy Wall Street*, pela praça Sintagma de Atenas e pelo movimento 15M em Espanha. A expressão do movimento indignado resume-se em dois lemas que se ouviram nas ruas de Madrid em 2011: «Não nos representam» e «não queremos ser mercadorias nas mãos de banqueiros e políticos corruptos». A resposta ao esgotamento do modelo também teve expressões da extrema-direita por todo o mundo, especialmente na Europa, tendo como elementos essenciais a crítica à corrupção política e económica, a reclamação da soberania nacional, a queixa perante os efeitos negativos da globalização sobre as classes médias e, paradoxalmente, uma crítica às desordens populares que podem gerar os contextos de crise.

A extensão do modelo neoliberal expulsou camadas crescentes da população das vantagens da vida social. A «proletarização» das classes médias foi utilizada pelo neoliberalismo para justificar a «antipolítica», alimentando o senso comum generalizado que outorga ao privado maior força moral. O «politicamente incorreto», ou seja, a resposta irada à crescente exclusão, foi-se depositando nos partidos políticos de matriz conservadora, enquanto a esquerda foi afirmando a sua condição de «recuperadora» do Estado social perdido. Sendo o senso comum hegemónico conservador, a forma mais provável de resposta à exclusão vem do populismo das direitas, o que explica a ascensão vertiginosa dos partidos «antissistema» de raiz xenófoba e críticos da União Europeia.

Aqui verifica-se uma dualidade. A oposição ao modelo neoliberal e seu correlato político de democracia representativa tem dois momentos: um «destituinte», de impugnação do modelo existente, e outro «constituinte», onde se estabelecem as alternativas. Na fase destituinte, podem coincidir formações políticas que advêm de realidades radicalmente diferentes, como a Frente Nacional francesa (extrema-direita xenófoba fundada por um colaborador do nazismo), o 5 Stelle italiano (fundado por um comediante televisivo com o naufrágio do berlusconismo e com retalhos da velha esquerda comunista) ou o Podemos em Espanha (nascido do movimento 15M e do esgotamento dos partidos da esquerda socialista e comunista). A diferença está no facto de o populismo conservador nunca impugnar o sistema, mas, sim, os «excessos do sistema» (a burocracia, a corrupção, os privilégios dos políticos, a exclusão dos setores crescentes da sociedade, as desigualdades extremas ou, no caso da União Europeia, a perda da soberania nacional).

5. O movimento 15M: as bases de um relato contra-hegemónico

O Podemos nasceu em Espanha da experiência do movimento dos «indignados», também conhecido por 15M. O movimento recebeu o nome do livro de Stéphane Hessel — *Indignai-vos!* — e ganhou forma em maio de 2011, após uma concentração noturna de cidadãos na Porta do Sol, em Madrid, que tinha sido precedida (nessa mesma tarde) por uma manifestação muito parecida com tantas outras que aconteciam quase semanalmente. A manifestação fora convocada pelo grupo Democracia Real Já! e contava com o apoio de outros grupos como a Juventude sem Futuro, a Plataforma de Afetados pelas Hipotecas e a ATTAC. O mal-estar em Espanha tinha crescido com a crise de 2008, que se manifestou com dureza especialmente entre os imigrantes do setor da construção e os mais jovens, que viam como as promessas de bem-estar se dissolviam. Diferentes protestos contínuos a favor da habitação, contra a proibição de *downloads* da Internet e a favor da educação pública foram alimentados pelos protestos no mundo árabe que tiveram início com a autoimolação de Mohamed Bouazizi na Tunísia. Também faziam parte do ciclo os protestos em Portugal da Geração à Rasca, em março de 2011. De forma mais consistente, realizaram-se manifestações estudantis, especialmente universitárias, que aumentaram no final de março em várias capitais espanholas. Esta ação coletiva crítica veio dar continuidade a outros protestos de grande repercussão social, como, por exemplo, as marchas contra a guerra, em 2005, os protestos contra a catástrofe do petroleiro *Prestige*, em 2002, ou as reivindicações universitárias contra o Processo de Bolonha da UE.

Após a marcha do 15M, várias dezenas de manifestantes decidiram acampar na Porta do Sol, em Madrid. A polícia interveio durante a madrugada e deteve 40 pessoas. Conhecido o facto através das redes sociais e de mensagens enviadas por telemóvel, cresceu a indignação. Nesse momento, governava o PSOE, pelo que a repressão era menos compreendida. O protesto transbordou e foi muito além da capacidade de resposta das autoridades. Em muitos cartazes, estava escrito «#Colapsodosistema». Pôs-se em marcha um processo participativo inédito que ajudou a alterar o relato oficial do neoliberalismo (segundo o qual as pessoas tinham vivido «acima das suas possibilidades» e teriam de assumir os ajustes). A responsabilidade da crise recaía nos políticos e nos banqueiros e, pela primeira vez, a classe política espanhola tinha de prestar contas do seu trabalho, num clima de ira crescente por virem a público muitos casos de corrupção. O movimento conseguiu igualmente algo inédito ao romper com as distâncias geracionais, ao juntar avós e netos num mesmo protesto, quebrando a barreira intergeracional aberta pela política de ajustes neoliberal.

O 15M teve êxito devido a quatro razões que serviram para canalizar a frustração das maiorias: a falta de memória (não se olhava para o passado para não gerar diferenças na leitura do franquismo e da ditadura), a ausência de liderança (que rompia com a lógica dos partidos cartelizados que se sustêm no líder), a ausência de estrutura (que permitia um tipo de compromisso circunstancial) e a ausência de programa (que permitia que qualquer exigência se pudesse expressar na queixa abstrata do protesto). Paradoxalmente, foram estes quatro elementos que fizeram com que o movimento definhasse. Funcionou com eficácia como processo «destituinte» (daí a sua semelhança com o populismo expressado por Laclau), no entanto, a ausência de memória, liderança, estrutura e programa acabou por debilitar a sua capacidade de convencer enquanto proposta alternativa de governo, bem como de fazer da sua nova semântica uma gramática alternativa. Nas eleições de dezembro de 2015, quinze milhões de espanhóis votaram em partidos tradicionais, perante seis milhões que apostaram na mudança. A repetição das eleições, em junho de 2016, ajudou a que um milhão dos que apostaram na mudança optasse por se abster.[1]

---

[1] Entre as razões esgrimidas para explicar esta derrota estão: o cansaço eleitoral; a mimetização parlamentar do Podemos nesse período; a indefinição ideológica — procurando alargar a base eleitoral —; a unanimidade das sondagens que situavam o novo partido como a segunda força, o que teria ajudado a descansar os eleitores; uma

Ao atuar como «alteração de narrativa», o 15M afastou, nas eleições gerais de 2011, o votante da esquerda tradicional e mobilizou, pelo contrário, o votante conservador, com um resultado igualmente paradoxal de uma maioria absoluta do Partido Popular com apenas 30% dos votos.

Três anos depois do 15M, a aparição do Podemos, uma formação impulsionada por professores de Ciências Políticas da Universidade Complutense de Madrid, veio continuar este processo de transformação. Reclamava-se como herdeiro do 15M, mas insistia que não se identificava com ele. Principalmente coletivo porque manifestava uma «vontade de poder» que o levava a apresentar-se às eleições e a pugnar por se elevar a espaços institucionais.

6. Populismo de esquerdas?: rumo a um partido com novo cunho

O Podemos nasceu da abertura de uma nova «janela de oportunidades» bem lida pelos seus impulsionadores.[2] O esgotamento do bipartidarismo era um facto que começava a ser recolhido pelas sondagens. A substituição do PSOE pelo PP e vice-versa tinha-se realizado de tal forma que já não havia uma transferência de votos entre eles. A Esquerda Unida, a formação que articulou o PCE e outras forças alternativas, podia tentar recolher o descontentamento, mas optou por reforçar os aparelhos internos, travou um processo de confluência e recusou submeter a primárias a lista das eleições europeias de 2014. A crise económica e a incapacidade política de dar uma resposta à crescente exclusão, à precariedade laboral, juntamente com um contexto de explosão informativa de corrupção política, marcavam uma «crise de regime» que impugnava a moldura constitucional e abria a possibilidade de um processo constituinte. Outro elemento de relevância foi a existência da Frente Cívica «Somos maioria», uma organização impulsionada em 2012 por Julio Anguita, fundador da Esquerda Unida, que advogava a criação de uma

campanha moderada com base na manutenção dos votos socialistas que as sondagens lhe atribuíam; e a irritação dos eleitores da Esquerda Unida perante uma união eleitoral que relegava esta força política para segundo plano.

[2] Mesmo sendo difícil de ponderar, os vínculos de amizade e afinidade entre os fundadores do Podemos e os primeiros colaboradores facilitou, claramente, o esforço inicial de pôr em marcha um partido.

força política à margem dos partidos, baseada nuns quantos pontos mínimos de luta contra a crise. A implementação da Frente Cívica por toda a Espanha criou uma base territorial que o Podemos utilizaria, somada à que havia sido proporcionada por outra formação — ligada desde o princípio à criação do Podemos —, a Esquerda Anticapitalista, ligada à IV Internacional.

O último fator essencial foi o auge mediático alcançado por Pablo Iglesias, o mais conhecido dos fundadores do Podemos. Pablo Iglesias (nascido em Madrid em 1978) tinha começado por apresentar *La Tuerka*, um programa de debate político realizado numa televisão local, principalmente vista na Internet e que começou a ter um grande prestígio entre os jovens. Daí, saltou para os canais de televisão abertos de fraca difusão, especialmente os da extrema-direita, a partir dos quais foi convidado para as tertúlias políticas de grande audiência, até se converter numa figura mediática com uma grande influência. O contexto das eleições europeias de maio de 2014 permitia tentar a sorte eleitoral sem cair em acusações, prejudiciais em termos de votos, de «dividir a esquerda», uma vez que este tipo de eleições não reunia um grande interesse popular (a abstenção em Espanha nas eleições europeias de 2014 foi de 54,16%). Nessas eleições, o Podemos conseguiu 1,2 milhões de votos, ou seja, 7,97% dos votos. Nas eleições gerais de dezembro de 2015, somou 20,66% e 5 130 283 votos, convertendo-se, em apenas dois anos, na terceira força política — a trezentos mil votos do PSOE, força hegemónica na esquerda desde a recuperação da democracia. A convocatória de umas novas eleições em junho de 2016, por não se ter conseguido formar governo, fez-se com uma aliança com a Esquerda Unida que situou a coligação como a terceira força política em Espanha.

O Podemos irrompeu com um discurso que enfatizava a «vontade de ganhar», algo que contrastava com a atitude tradicional da esquerda radical, que se contentava em arrastar o PSOE para posições mais críticas. Apresentou também um discurso que reclamava a transversalidade, ou seja, dirigia-se aos atingidos pela crise em vez de recorrer às ideologias preconcebidas. O Podemos afirmava que o eixo «esquerda-direita» já não funcionava, não por não existir a direita política e social, mas, sim, pela dispersão da esquerda e a polissemia do conceito. Um exemplo repetido insistia que quando alguém era desalojado ou despedido, ninguém lhe perguntava se era de direita ou de esquerda. De facto, este eixo «esquerda-direita» servia apenas para que o PSOE se situasse ocupando o espaço da esquerda e do centro-esquerda, e o PP o da direita e do centro-direita, de maneira que quem entrasse no sistema de partidos tinha necessariamente de se situar nos extremos, sacrificando o espaço vencedor da centralidade (não exatamente do centro, mas da leitura do espaço amplo do senso comum hegemónico). Se havia alterações nos conteúdos, também as havia nos meios de comunicação, com a incorporação das redes sociais nas campanhas, bem como a aposta em irrupções inovadoras na política, que conseguiam tornar-se virais. A eficaz campanha televisiva dos porta-vozes, a hegemonia nas redes sociais, especialmente no Facebook e no Twitter — inédito na política espanhola —, e os diferentes atos multitudinários (em janeiro de 2015, concentraram-se na Porta do Sol em Madrid mais de 300 000 pessoas numa convocatória do Podemos que não reivindicava coisa alguma, senão a «alegria de sermos contados») romperam o silêncio tradicional ao qual se condenam as novas formações políticas nos sistemas cartelizados.

Conhecedor das insuficiências dos partidos políticos, a partir do Podemos criou-se um modelo de partido com dois vetores. Um eleitoral, com grande presença mediática dos seus líderes, hierárquico, com um poder executivo com muitas prerrogativas (outorgadas no congresso do partido onde houve uma discussão na qual se propunha um modelo mais participativo e «menos leninista»), orientado para ganhar as eleições e que permitia à Comissão Executiva (configurada inicialmente por onze pessoas) tomar um grande número de decisões, incluindo alterar a ordem das listas escolhidas obrigatoriamente através de processos de primárias.

O Podemos nasceu numa conjuntura eleitoral na qual se concentraram, no prazo de dois anos, cinco processos eleitorais. A «locomotiva eleitoral» acabou por devorar parte do segundo vetor, o igualitário, espontâneo, deliberativo, encarregado da «responsabilidade horizontal» e responsável pela relação entre o partido e seus representantes e a sociedade. Neste segundo vetor, configurado pelos «círculos», era essencial sair do que gerava fricções nos partidos tradicionais: a eleição dos cargos públicos. Para elaborar as listas, convocaram-se, por estatutos, primárias abertas a qualquer pessoa que se quisesse inscrever. Desta forma, pretendia-se entregar a eleição dos candidatos à cidadania, rompendo com o malefício que levava a que os candidatos eleitos pelos partidos acabassem por se parecer demasiado com os próprios partidos e não com as pessoas comuns. Esta decisão serviu para que os círculos se virassem para as campanhas eleitorais e não para as discussões internas. No entanto, quando foi necessário eleger os órgãos do partido, a partir de 2015 (secretários-gerais nas Comunidades Autónomas e nos municípios, assim como conselhos de cidadãos nas Comunidades Autónomas e conselhos de cidadãos municipais), repetiu-se a experiência de fratura que sempre caracterizou os partidos políticos. Michels (1915) voltava a ganhar a partida. Os problemas de organização e o faccionalismo burocrático, próprio das instâncias representativas, levaram à primeira grande crise real do Podemos, com a destituição do secretário da organização, em março de 2016, algo que seria utilizado pelos meios de comunicação e demais partidos para tentar provocar uma rutura e facilitar a abstenção do Podemos, o que permitiria formar um governo entre o PSOE e um novo partido da direita liberal, o Cidadãos (Ciudadanos), nascido para contrariar o auge do Podemos. A intenção fracassou e houve a necessidade de convocar novas eleições, seis meses depois das anteriores, que tiveram um resultado similar e dificuldades semelhantes para formar governo.

Se se considerarem os desafios da nova política no quadro que assinalámos, os problemas do Podemos resumem-se em três aspetos muito relacionados: (1) que resposta devia ser dada à desafeição cidadã nascida do 15M; (2) que tipo de partido se queria construir; (3) que ideia de transversalidade se assumia no que respeita ao sujeito da mudança.

Quanto à resposta ao afastamento cidadão da política, contrapunham-se duas grandes discussões: representar o desagrado dos cidadãos expresso no 15M ou aproveitar tal «indignação» para a reconduzir para posições políticas mais transformadoras e não meramente «recuperadoras» do *statu quo* anterior à crise económica de 2008. O 15M foi um movimento que alcançou uma enorme simpatia porque abraçava tanto os tradicionais atingidos pelas políticas do capitalismo, como as novas vítimas da classe média que passaram a engrossar as filas «proletarizadas». A rutura do fosso geracional e a capacidade de se adaptar às especificações de cada território ajudaram também a que as suas propostas alcançassem 78% de aceitação popular.[3]

---

[3] É importante assinalar que noutros lugares do Estado espanhol que não Madrid, o movimento incorporou reivindicações de soberania nacional, como no caso da Catalunha. A clivagem «centro-periferia» em Espanha teve, no âmbito do Podemos, a sua expressão na assunção do chamado «direito a decidir» (direito a fazer valer a soberania nacional

Ao produzirem-se alterações económicas num curto espaço de tempo, a sensação de perda não se pôde neutralizar e gerou um mal-estar cidadão que permitiu a mudança de narrativa em relação à inevitabilidade e moralidade da narrativa neoliberal. Dito de outra forma, uma parte não quantificada do 15M não estava contra o sistema, mas, sim, contra os «excessos do sistema», ou seja, a exclusão, as desigualdades evidentes, a corrupção e a sensação de ameaça. Representar taticamente os indignados a partir da crítica dos «excessos do sistema» tinha um problema estratégico: era muito mais fácil surgir uma força política de direita que representasse esse contexto, com a vantagem de não exigir nada de novo em troca, e, além disso, gerava apoios que eram voláteis. Por outro lado, reconduzir o desagrado dos cidadãos criava posições mais comprometidas com a construção de «democracias de alta intensidade» (Santos, 2000) e implicava aprofundar um programa alternativo.

Este debate pode expressar-se como uma discussão entre Laclau e Santos. De acordo com a hipótese populista, tratava-se de construir um «eles» — a quem se denominou a casta, de acordo com o exemplo italiano —, e um nós — um povo em construção —, polarizando a situação em torno de uma liderança que se esvaziava das suas procuras concretas iniciais para facilitar uma cadeia de equivalências onde qualquer desafeição com o regime pudesse encontrar abrigo simbólico no «vazio significativo» representado pelo líder (Laclau, 2005). Isto levava à construção de uma narrativa apenas com «pontos vencedores», de forma que ficava fora do discurso tudo o que fosse controverso (durante as eleições europeias, gerou-se uma polémica porque numa Universidade de Verão do Podemos, onde se formavam candidatos, se indicou que não se devia falar em campanha do aborto, pese embora o Partido Popular no governo pretender uma reforma que faria retroceder trinta anos esse mesmo direito. O argumento esgrimido foi: «não é um ponto vencedor». Acabaram por se gerar protestos de setores feministas, o que provocou um desmentido por parte do Podemos).[4]

Aquilo a que chamamos «hipótese Santos» pode expressar-se em termos da sua sociologia das ausências e da sua sociologia das emergências

---

perante uma Espanha centralista) e marcou um debate cheio de complexidades em torno de saber se a nova formação teria uma organização federal ou confederal.

[4] Pode ver-se a polémica em <http://www.eldiario.es/andalucia/desdeelsur/Escuela-Verano-Podemos-Sevilla-pragmatismo_6_289481062.html>.

e, mais concretamente, na ideia de tradução. Não se trata de esvaziar as experiências para as poder somar mas, sim, ajudá-las a traduzir-se entre si na busca de uma sintonia política que está marcada pela superação das causas partilhadas que geraram tais experiências. Não se adapta à hegemonia vigente, mas parte dela para a exceder. A partir desta perspetiva, a hipótese populista tem três problemas. Por um lado, a sua condição transitória. Serve apenas no momento «destituinte», mas não no «constituinte», ao afastar-se da ideologia e fazer a pedagogia do confronto necessário para superar o enquadramento neoliberal. O populismo é transitório. Em segundo lugar, não se confronta com o populismo conservador, fornecendo-lhe um tapete vermelho para formações que partilhando a crítica ao existente não perturbam a tranquilidade dos mercados nem o *statu quo* social (foi o que ocorreu em Espanha com o surgimento do Cidadãos, a reconversão social de um pequeno partido catalão que foi mediaticamente impulsionado depois de o presidente do Banco Sabadell expressar a necessidade de um «Podemos à direita». Nas eleições gerais de 2016, o Cidadãos alcançou 32 deputados, convertendo-se na muleta potencial do velho bipartidarismo). Em terceiro lugar, a hipótese populista expressada por Laclau (pensada para o contexto latino-americano do século XX) não explica as dificuldades dos governos na hora de fazer políticas públicas que confrontem algum poder existente, uma vez que, por um lado, esses assuntos não estiveram na agenda política (a cidadania podia sentir-se indignada por não ter sido avisada de tais intenções) e que, portanto, não se gerou um debate social. Além disso, ao ignorar a sua prioridade, é mais fácil ficarem fora da gestão de um governo de mudança que vai receber, necessariamente, muitas pressões e terá de escolher que problemas enfrentar.

O tipo de novo partido oscila entre a criação de uma «maquinaria de guerra eleitoral» que dê prioridade às eleições e ao trabalho institucional ou um partido de novíssimo cunho que prime pela participação como requisito essencial para alterar o senso comum. Contudo, não se trata de optar por um ou por outro, mas, sim, de sincronizar esses dois momentos. Os partidos políticos, como o parlamentarismo, são realidades do século XIX que continuam a funcionar com princípios periclitantes, como seja a proibição do mandato imperativo, e que continuam a legitimar-se com realidades que já não se cumprem (o poder legislativo como representação da nação, depositário do monopólio da elaboração das leis e lugar do controlo do governo). Todos são elementos superados pelo que Manin (1998) chamou de «democracias de audiência».

A luta entre «tática» e «estratégia» latente entre a «hipótese Santos» e a «hipótese Laclau» adquire novos valores na organização interna de um partido que queira superar a cartelização assinalada por Katz e Mair (2009). Trata-se de escolher entre um partido ao serviço de uma liderança vertical (que se justifica como a tática necessária para conseguir uma maioria eleitoral) ou um movimento sociopolítico com maior nível de complexidade. Ou seja, que concilia as obrigações representativas próprias da partidocracia (tarefa que corresponde aos órgãos de direção, aos conselhos de cidadãos do partido e aos cargos políticos eleitos) com a politização e condição autónoma e autogerida dessa fação «não partido» do partido (ou seja, no caso do Podemos, os círculos). Os círculos, para saírem das prisões estruturais da cartelização política, deveriam funcionar com a lógica da subsidiariedade, ou seja, deveriam ter autonomia na gestão do seu trabalho, ao mesmo tempo que deveriam receber assistência da parte mais orgânica, em termos de financiamento e apoio. Corresponde a esta fação de «não partido» o controlo político a partir de baixo no contexto do partido. Isto só é possível com uma lógica que rompa com o profissionalismo na política e estabeleça uma limitação dos mandatos (no caso do Podemos, de acordo com os estatutos do partido, nenhum cargo poderá ficar igual mais do que duas legislaturas). É evidente que a máxima democracia é inoperante em termos de eficácia (o que gerou a decadência do 15M), mas não é menos certo que a médio prazo a primazia da eficácia acaba por colapsar caso não se mantenha a politização que apenas se consegue com a deliberação horizontal e a participação igualitária. A mudança de regime reclama uma nova legitimidade que seja intrínseca à superação da velha ordem. Alguns círculos poderão perverter-se — converter-se no espaço de articulação dos que perderam as primárias para algum cargo de representação —, mas, de outra forma, é a organização que está estruturalmente pervertida.

Por último, a ideia de transversalidade é igualmente refém da discussão entre tática e estratégia. A partir da hipótese populista e a partir da defesa do modelo de partido como «maquinaria eleitoral», a transversalidade converte-se, de novo, na probabilidade de representação do mal-estar cidadão. Mas, uma vez mais, tem problemas. Em primeiro lugar, a expressão da transversalidade como um discurso que se constrói sobre um mínimo comum partilhado socialmente pode terminar por esvaziar ideologicamente o discurso, ao mesmo tempo que sacrifica a possibilidade de as novas gerações ganharem consciência política (a proposta de mínimos feita, no seu tempo, pela Frente Cívica fazia referência a um rendimento básico universal, o que contestava desde logo todo o modelo fiscal próprio do neoliberalismo). Em segundo lugar, rejeita a discussão relativamente a como se construíram as preferências sociais que se querem representar, assumindo implicitamente uma moderação nos comportamentos de acordo com a própria moderação social (como já não estão em discussão, por exemplo, nem a distribuição do emprego nem a democracia do local de trabalho, estes assuntos ficam fora caso se queira alcançar um maior número de pessoas). Poderia distinguir-se entre uma «transversalidade complacente», que renuncia a qualquer referência de lutas passadas postulando uma etapa radicalmente nova que quer construir o sujeito «povo» simplesmente através do discurso (como se a capacidade performativa da linguagem fosse infinita[5]), e uma «transversalidade crítica», que rompe com a ideia nuclear de que o sujeito da mudança é a classe trabalhadora organizada e também com a ideia de que uma única força política pode conseguir representar todas as pessoas que trabalham. Esta segunda ideia de transversalidade procura escapar a rótulos que fragmentem a base social utilizando categorias esgotadas. Pretender alianças eleitorais guiadas pela procura de «maiorias de esquerda», falar exclusivamente para a «classe trabalhadora», ancorar as referências em modelos que remetam para o socialismo do século XX, construir formações políticas que sejam meros agregados de siglas («sopas de siglas»), formar uma política resistencialista que procura alguma forma de «regresso ao passado» são fórmulas que devem ser superadas se se quiser ter êxito eleitoral (e desde a queda da União Soviética que estão fora de qualquer lógica soluções que não sejam eleitorais).

[5] Um cartaz que diga «cuidado com o cão» só funciona durante um certo tempo.

7. As dificuldades irreconciliáveis da mudança política: contra o desperdício da experiência

Partindo da mesma conclusão — de que não existe um sujeito único de transformação social e, muito menos, de que se possa postular a sua existência com base num universalismo essencialista como o que assinalava o marxismo mecanicista —, a pergunta sobre a construção de uma identidade política capaz de ser portadora de legitimidade é uma questão para resolver na hora de avaliar a possibilidade da transformação social. É evidente que a construção de uma identidade passa por um discurso que tenha a capacidade performativa para colocar todas as exigências sociais no mesmo lado da fronteira entre a inclusão e a exclusão e para converter essa exclusão num antagonismo. Em Laclau (2005), o esvaziamento do significante que se vai converter em hegemónico — esvaziamento necessário para permitir a cadeia de equivalências, sendo que, de outro modo, não se poderiam apresentar todas as exigências — implica uma «claudicação parcial» das exigências particulares. E essa claudicação, somada às pequenas falhas no caminho da procura do mínimo comum sobre o qual construir um «nós» e um «eles», acaba por esbater as lutas e debilitar os esforços. Seria, nas palavras de Santos, um «desperdício da experiência». Em Laclau, tal como nas propostas populistas, sejam de direita ou emancipadoras, o processo que soma exigências particulares para construir uma identidade que possua a possibilidade da transformação é vertical; parte das exigências concretas para o «significante vazio» que acrescenta o conjunto. É a exigência com capacidade de se converter em hegemónica — a liderança populista — que define a identidade política, que vem já determinada ou que será definida pela própria liderança. O risco de se desperdiçar a experiência, como vimos, é muito alto. Estabelecer a construção do sujeito «povo» com base no discurso força Gramsci a uma direção errada, pois separa a construção da hegemonia da revolução e da luta, convertendo-a numa mera tática eleitoral que não pode construir um novo sujeito porque não confronta a nova identidade com qualquer realidade material que vá mais além da sensação de ter visto rejeitada uma exigência que não foi elaborada de forma aprofundada. O momento hegemónico «estratégico» tem, obviamente, de contar com a correlação de forças sociais e deve enfrentar a «realidade rebelde» que dificulta a emancipação, porém, da mesma forma que não existe qualquer explicação mecânica entre a estrutura e a superestrutura, não se pode postular a ausência de uma base estrutural objetiva que torne o discurso plenamente autónomo (Dal Maso, 2016).

É precisamente esta dificuldade em definir e controlar a identidade a partir do discurso que leva a militarizar as organizações políticas populistas, para unificar, teoricamente, as definições e deter qualquer «dissidência». O que é sensato — fazer sacrifícios pelos interesses da maioria para facilitar a sua posterior defesa construindo um novo bloco histórico — converte-se numa renúncia vazia que se compensa com uma organização tenaz e muito disciplinada. Se algo a que poderíamos chamar de «leninismo amável» fosse uma fórmula que procurasse diminuir a incerteza social através da construção de lideranças nascidas das lutas concretas — com base no princípio zapatista «mandar obedecendo» —, a hipótese populista finalmente resultaria numa forma de leninismo nada amável.[6] O novo sujeito político, formado e conectado, não suporta o funcionamento tradicional dos partidos.

Por outro lado, na proposta de Santos, o processo de construção de uma alternativa também é alternativo (portanto, rompe com a seletividade estratégica do Estado agrilhoada ao velho modelo) e constrói uma «inteligibilidade mútua» entre as diferentes exigências que se traduzem em condições de igualdade. É nessa tarefa de tradução entre exigências que

[6] Por um lado, define-se verticalmente o significado de povo; por outro, há uma adaptação ao que existe. Como defendeu Errejón, secretário político do Podemos, «a política radical que aspira a gerar outra hegemonia e outro bloco de poder não é aquela que se situa contra os consensos da sua época, numa margem melancólica de impugnação plena, mas, sim, aquela que assume a cultura do seu tempo e coloca um pé nas conceções e "verdades" da sua época e o outro na sua possível rota alternativa» (Errejón, 2016: s.p.). Para Moruno (2016), responsável pelo discurso do Podemos, trata-se de: «Colocar no centro do debate político o que já se entende como sendo os consensos definidos na sociedade [...]. Dito de outra forma, a centralidade é composta por uma transversalidade que, por sua vez, toma forma com as exigências instaladas na sociedade [...] para fazer delas algo central na arena política eleitoral e institucional» (Moruno, 2016: s.p.). A linguagem é o instrumento por excelência da mudança: «A política é construção de sentido e, portanto, o discurso não é uma "roupagem" das posições políticas já determinadas em outro lugar (a economia, a geografia, a história), mas, sim, o terreno de combate fundamental para construir posições e alterar os equilíbrios de forças numa sociedade» (Errejón, 2016). Assim, a academia acabou por assumir que os partidos *catch-all* não eram o que eram, mas, sim, o que deviam ser; a transversalidade despojada de uma crítica das desigualdades que acaba por se converter num discurso vazio e desconectado, como as cópias de arte, do mundo real e finito — no seguimento de Rawls, que retira as questões económicas da discussão ideal.

se explora a capacidade de combinação; e a identidade alternativa que surgir não estará definida *a priori*. Uma proposta, a de Laclau, é orientada por um «tacticismo arrogante», enquanto a proposta de Santos aponta uma «vontade estratégica humilde».

Em termos práticos, a proposta de Laclau leva ao prevalecimento do aparelho do partido, faz da moderação do discurso uma solução dedicada à construção de maiorias, rejeita as lutas passadas que não sejam hegemónicas e convida a um incómodo difuso e brando que pode crescer. Mas aí demonstra a sua enorme debilidade: é conjuntural e transitório, apenas justificado com argumentos da *Blitzkrieg* (pretendendo que o processo de acesso ao poder possa ser vertiginoso); prima pela emoção para suprir a falta de compromisso programático (aproximando-se da «emoção de pertença» nas abordagens nacionais da extrema-direita populista); não permite que arranque um novo ciclo de aprofundamento democrático ao trabalhar exclusivamente com os consensos existentes; não cumpre com as promessas gerais e abstratas de renovação ao não poder realizar as alterações por falta de apoio popular e, definitivamente e uma vez mais, desperdiça a experiência. Em termos de probabilidade de alcançar a mudança, não cria um povo com capacidade de apoiar o governo além da eleitoral, de modo que o risco de alcançar o governo mas carecer de parcelas reais de poder é muito elevado, tornando-se o exercício do poder em pactos e concessões à velha política que sacrificam o ânimo simbólico do novo ao não fazer da verdade um território próprio da política emancipatória. Concluindo, correm o risco de se transformar numa mera substituição de elites políticas. O exemplo do Brasil com a crise da destituição de Dilma Rousseff e das imputações a Lula Da Silva é claro a este respeito.[7]

---

[7] A seletividade estratégica pressupõe que o Estado é uma relação social e relembra que a forma através da qual o Estado resolveu historicamente os seus conflitos o torna propenso a resolver mais uns assuntos do que outros. Se não se identifica, é impossível que qualquer política alternativa possa ter êxito. Não é tanto que o Estado seja *per se* um instrumento de classe, mas, sim, que a sua trajetória (a *path dependence*) leve a que tenha memória das vitórias históricas que a burguesia infligiu ao proletariado, os homens às mulheres ou os brancos a outras raças. A seletividade estratégica manifesta-se nas estruturas institucionais, na agenda, nas tecnologias, na linguagem, na distribuição dos gastos. Em termos gramscianos, na sociedade civil e na sociedade política. Uma política alternativa tem de operar sobre esta seletividade (Jessop, 2008). A imaginação é aqui uma condição *sine qua non*. Em 1995, o Exército Zapatista de Libertação Nacional — cujo levantamento indígena, em 1992, poria em transe o governo do PRI instalado

8. Três lógicas alternativas e uma alternativa lógica: O princípio da subsidiariedade

Não existe um quadro global que substitua a democracia representativa nem o capitalismo, mas cada negação deste modelo que se reclame universal faz parte da «sociologia das emergências» (Santos) que permite intuir a alternativa. Ladrilhos de um mosaico que apenas no final deixará ver o seu desenho. Por isso, é essencial contestar a partir desse novo senso comum a viabilidade do modelo vigente, apesar da ausência de alternativas. A ideia de colapso acompanha a crise civilizacional. O modelo neoliberal é um «senso comum», com a sua utopia, a sua salvação e a sua ideia de felicidade. As análises críticas surgem em forma de «profecias do desastre», que convidam mais ao medo e à paralisia do que à ação coletiva. As críticas morais que não articulam um projeto político correm o risco de cair em catastrofismo e, a partir daí, em paralisia, como ocorreu com uma parte da Escola de Frankfurt.

As soluções que surgem oscilam entre saídas mercantis (num mercado global) ou na forma extrema da competitividade que é a guerra. Pelo contrário, não existe um modelo que se guie «pelo que se quer», mas, sim, «pelo que não se quer» (o exemplo mais claro é a proposta ecologista do declínio), numa espécie de parênteses na procura de um novo senso comum que sustente novas políticas públicas.

O objetivo, não muito afastado do contexto histórico emancipador, é procurar construir um «senso comum do comum», perante o atual «senso comum do particular». As três mercadorias fictícias assinaladas por Polanyi (2011) como construções que não se podem entender como puras mercadorias, salvo se se quiser perecer no «moinho satânico» do mercado — a terra, os trabalhadores e o dinheiro —, são três elementos a reverter na construção de uma política alternativa. Podia acrescentar-se

---

durante sete décadas no México — reuniu-se com o governo na povoação de San Andrés, em Chiapas, no sul do país. As negociações entre o exército e os rebeldes tiveram lugar num campo de basquetebol da pequena vila para lembrar que era uma negociação com os humildes. Esta foi a primeira batalha ganha. As negociações não teriam lugar no Palácio do Governo, onde o Estado foi deixando, durante décadas, as marcas do seu domínio — nos quadros, nas divisões fechadas, no luxo, nos subalternos solícitos ou inconvenientes, nos fatos e gravatas, nos horários marcados pela burocracia, no ir e vir de assistentes inúteis, na solenidade que convida ao silêncio —, que acabam por manietar quem nele entre. Esse campo era a proclamação de uma vitória e o governo, sentado em cadeiras simples a que não estava habituado, sabia que fazer política no território do povo era uma derrota.

uma quarta mercadoria também fictícia, o conhecimento coletivo, que devia igualmente regressar à sua lógica «comum». Estes quatro elementos não são criados pelo mercado nem pelo seu metabolismo e, entretanto, convertem-se na sua possibilidade de benefício. A agenda política alternativa deveria, portanto, desmercantilizar estas mercadorias fictícias devolvendo à terra a possibilidade da sua sustentabilidade, aos trabalhadores a sua possibilidade de uma boa vida, ao dinheiro a sua condição de mero instrumento de intercâmbio e ao conhecimento, enquanto inteligência coletiva, a possibilidade de construir bens a custo zero, visto a informação ser um bem que, ao contrário de qualquer outro, não é escasso. Todos estes assuntos chocam de frente com a lógica imediata e de curto prazo do capitalismo e os ritmos igualmente urgentes do jogo eleitoral que alimentam reclamações insertas em bolhas culturais que impedem de ver o conjunto e o médio e longo prazo.

Perante estas transformações estruturais, insiste-se apenas em resolver os erros ou a disfunções, como a corrupção, do modelo neoliberal. Mas, mesmo ajudando a avançar para uma nova etapa, esta saída faz referência exclusivamente aos «excessos do sistema», não aos seus problemas estruturais, caindo em críticas moralizantes que acabam por colaborar com a paralisia e travam a politização e posterior deliberação, verdadeiras ferramentas para a mudança. No horizonte imediato, existem transformações que ganham contornos de urgência: a redução das emissões de poluentes (com a necessária nacionalização da energia); o fim dos paraísos fiscais; a desconcentração dos monopólios (em primeiro lugar, o das armas, dos alimentos e dos meios de comunicação); a regulamentação do sistema financeiro; a socialização das tecnologias da informação, incluindo a democratização dos meios de comunicação; a distribuição de emprego e dos cuidados de saúde; a instauração universal de um rendimento básico universal (com uma advertência: de nada serve proporcioná-lo na Europa se existem mais de trezentos milhões de pessoas na costa mediterrânica à espera de cruzar as fronteiras para aí se instalarem) e a aplicação de políticas de igualdade que resolvam as extremas desigualdades que distorcem os sistemas económicos e condenam metade da humanidade, as mulheres, a situações de subalternidade.

Existem por explorar três lógicas alternativas que deveriam servir, conjuntamente, para construir esse «pensamento alternativo de alternativas». Estas lógicas facilitariam as transformações para ajudar a contestar a seletividade estratégica do Estado, procurando mecanismos que ajudem a quebrar a sua maior inclinação para atender a determinados interesses e reproduzir as estruturas de poder material e simbólico, tanto no Estado como na sociedade.

As três lógicas que proponho são as seguintes. Por um lado, a «lógica Wikipédia», o trabalho colaborativo que Mason (2016) chama de «Estado *wiki*» e que entra na proposta de Santos de um «Estado experimental». Baseia-se no facto de que as ideias, as informações e as relações são intangíveis, podem gerar bens a custo zero e funcionam tanto melhor quanto mais gente as partilhar. A Wikipédia, uma enciclopédia com 26 milhões de páginas e 24 milhões de colaboradores, produz, graças ao trabalho colaborativo e às possibilidades proporcionadas pelas tecnologias da informação, a mais importante enciclopédia do mundo, com 8500 milhões de páginas visitadas por mês. E é grátis, dando como certo o sonho socialista de conseguir bens gratuitos e com qualidade (a Wikipédia tem sido reconhecida como uma enciclopédia com maior qualidade do que a Enciclopédia Britânica, o que não invalida que também contenha erros) (Giles, 2005). Ao contrário do Twitter, não é uma empresa com interesses mercantis e tem filtros para estabelecer controlos que evitam que o conhecimento se democratize negativamente (o que acontece no Twitter e no Facebook). É verdade que as multinacionais estão a contratar pessoas para controlar os conteúdos de determinadas vozes, mas este mesmo facto faz parte de uma aprendizagem facilmente controlável a partir da mesma lógica cooperativa. Esta «produção entre iguais e baseada em bens comuns» assinala a possibilidade de uma lógica alternativa que já está aqui e que deve ser encorajada.

A segunda lógica é a do Fórum Social Mundial (FSM), que garante universalidade, tradução, deliberação, ecumenismo, resolução pacífica dos conflitos e fraternidade (Santos, 2005). É uma lógica que vê a partir do Sul, que relembra que ao lado das gramáticas da distribuição próprias do marxismo estão as gramáticas da identidade e do reconhecimento ocultas pelo colonialismo epistemológico do Norte. A lógica do FSM caminha ao ritmo das pessoas (não são as instituições que forçam os militantes), mas também tem um organismo democrático de gestão, o Conselho Internacional, que afasta o perigo dos movimentos com estruturas débeis (que, como as ondas do mar, existem apenas quando há vento). A sua condição plural e a sua capacidade de encontro criam um retrato muito amplo do nível de consciência — é luta cultural e também luta política, estão os intelectuais e os ativistas — e alimentam uma ideia essencial para a rearticulação da alternativa: cada vez que um movimento estabelece uma oposição e esta não se defende como um particularismo, mas se postula com validade global, está a colocar o ladrilho na parede, a caminhar para o desenho final da alternativa, onde o mosaico é criado pela soma dos protestos.

Por último, existe a lógica dos indignados (15M, Primaveras Árabes, *Occupy Wall Street*, *Nuit Debout*, *Mareas Ciudadanas*), que, somando elementos da «lógica Wikipedia» e da «lógica FSM», se baseia na contestação da democracia representativa e da exclusão económica, exige novas formas de participação ligadas às novas tecnologias, questiona as empresas de meios de comunicação, preconiza um funcionamento libertador profundamente destituinte e propõe como articulação do novo modelo um processo constituinte que rompe com a lógica exclusiva dos partidos e injeta participação na política institucional. As explosões de indignação funcionam como «acontecimentos» que rompem as fronteiras cognitivas e permitem ir mais além dos limites sociais.

Não obstante, estas três lógicas, que podem operar a médio e longo prazo, têm o horizonte obrigatório, quando enfrentam o curto prazo, de articular a construção de alternativas a partir da capacidade institucional, único espaço real para abrandar o metabolismo capitalista na sua fase neoliberal. Estas três lógicas alternativas podem ser expressas — e sublimadas em algo superior — nos casos de formações políticas que perante o eixo «direita-esquerda», ainda que sem rejeitar o «ar de família» proveniente das tradições da esquerda, insistem no eixo «baixo-cima» e «novo-velho». A aposta nos de baixo implica a reivindicação popular (é o âmbito da fraternidade, preterido perante a igualdade e a liberdade na oferta do Iluminismo). O eixo do novo engloba todas as novidades que emergem da leitura crítica da velha esquerda e da sua derrota. Vimos que o caso do Podemos em Espanha soma a lógica horizontal dos círculos, própria do movimento dos indignados; incorpora uma nova gramática sustentada tecnologicamente, que é irreverente com a seletividade estratégica do Estado; e tem uma clara referência de construção internacional, de forma evidentemente europeia.[8] Ao mesmo tempo, constrói uma

---

[8] Exemplos evidentes da seletividade estratégica contra os governos de mudança na Europa ou na América Latina, municipais ou estatais, podem ser vistos na ligação pessoal do sistema judicial com os partidos tradicionais, na dependência institucional dos

maquinaria eleitoral que tem a possibilidade de converter em políticas públicas os programas construídos coletivamente. A construção do Podemos é necessariamente posterior à nova narrativa que possibilitou a ocupação das praças durante quase três anos e procura ser a encarnação institucional das exigências que representam as três lógicas assinaladas (coincidente com o fim da conversão do dinheiro, dos trabalhadores, da terra e do conhecimento em meras mercadorias). O seu grande desafio é converter o Estado num lugar de reinvenção da política, sendo capaz de pôr em marcha a ideia de subsidiariedade que ajude a sociedade a organizar-se de forma autogerida, ou seja, que permita a auto-organização sem que isso signifique abandonar à sua sorte as partes inferiores que assumem uma tarefa (esse engano foi o correlato da descentralização na década de 1980, significando finalmente uma hipótese de privatização ligada à ideia de «Estado mínimo»). A ideia de subsidiariedade significa que a administração ajuda a sociedade civil a organizar-se, fornece-lhe os elementos básicos de encontro, juntamente com meios humanos e recursos materiais, para imediatamente se colocar em segundo plano, permitindo que a própria sociedade se auto-organize. Coloca-se em segundo plano mas sem se retirar, uma espécie de «política maternal» perante o paternalismo social-democrata ou comunista, que permite unir as três fontes da esquerda tradicional — a reformista, a revolucionária e a rebelde ou libertária —, cuja separação foi um elemento essencial para a derrota da emancipação no último terço do século XX, ao mesmo tempo que trabalha para a corresponsabilidade entre o mercado, o Estado e a sociedade, essenciais em qualquer transformação que queira ter legitimidade a curto prazo.[9]

---

meios de comunicação existentes, na oposição dos corpos da função pública às mudanças, na habilidade da maquinaria político-mediática para amplificar os erros ou inventar escândalos, no maior custo de energia institucional que implica a procura de soluções alternativas dentro de uma lógica conservadora por definição — e que escapa às inovações —, no endividamento herdado e na capacidade arbitrária de pressão do sistema financeiro, no maior conhecimento por parte das forças tradicionais das armadilhas jurídicas que se utilizam quando se governa e que se denunciam como se fossem golpes de Estado a partir da oposição, na vinculação entre as elites financeiras globais e as elites políticas conservadoras, na formação que as universidades fornecem, na menor trajetória profissional dos quadros e militantes vinculados à mudança, na capacidade sedutora do sistema para criar divisões internas nas forças alternativas ou captar quadros, etc.

[9] Um exemplo claro desta política de subsidiariedade está na construção da lei foral de igualdade de género desenvolvida no governo do Bildu, na Deputação Foral de

Este duplo vetor, partidarista e «movimentista», assume que na crise civilizacional atual, o velho, mesmo que inutilizável, ainda pugna por existir; enquanto o novo, promissor, ainda não demonstrou a sua capacidade. Enquanto as novas certezas se consolidam, a solução tem de ser dinâmica. As formações políticas devem ser, ao mesmo tempo, «onda e partícula», assumindo que todas as reivindicações vão estar em conflito e, portanto, há que as converter em sucessos dialogantes onde participem as maiorias, não apenas na decisão mas também, e sobretudo, na deliberação. A solução não vai estar a curto prazo em nenhum extremo dos conflitos ligados às soluções (não se trata de encontrar um ponto médio entre o nazismo e os judeus ou entre o terrorismo financeiro e os desalojados), devendo dar-se nesse diálogo entre as práticas e os discursos em oposição: entre o partido e os movimentos, entre o municipalismo e o Estado, entre o Estado e a internacionalização, entre o consumo e a sustentabilidade, entre a liderança e a participação, entre a especialização e a interdisciplinaridade, entre as tradições e o progresso, entre a autorregulação e a regulação pública, entre a propriedade privada e os bens comuns, entre os interesses particulares e os interesses gerais, entre a vanguarda e a retaguarda. Todas estas discussões devem ser interpretadas como contradições ou «tensões criativas» (García Linera, 2010) utilizando as três lógicas assinaladas, mas a partir do controlo das instituições, para o qual é essencial a construção de um partido político de novo cunho que acompanhe com uma nova lógica — a subsidiariedade construída a partir de uma perspetiva global — as lógicas novas que permitem uma sociedade pós-capitalista.

Guipúscoa, no País Basco. Para reequilibrar a corresponsabilidade nos cuidados rumo a «uma vida digna de ser vivida», era necessário implicar as instituições públicas, o mercado e os agregados familiares. Uma vez conseguido o acesso às instituições, o passo seguinte era projetar outro imaginário de poder e construir outra subjetividade coletiva. A Direção de Igualdade reuniu todas as associações feministas, impulsionou outras novas, criou espaços de encontro, ajudou a sair do estrangulamento do assembleísmo e do burocratismo e entregou a essa sociedade civil, então organizada, a presidência da Comissão, ocupando a diretora de igualdade — cargo similar ao de ministra nesse contexto institucional territorial — o cargo de vice-presidente, encarregando-se de acompanhar o processo. O resultado foi uma lei foral de igualdade muito avançada — assumia que não há política de igualdade que reinvente os cuidados se não se alterar a capacidade fiscal do Estado e se reverter a lógica de acumulação —, que teve de ser apoiada devido ao amplo consenso social alcançado pelo conjunto dos partidos políticas, incluindo alguns dos conservadores. Veja-se Gómez (2015).

Referências bibliográficas

Dal Maso, Juan (2016), «Gramsci: Tres momentos de la hegemonía». Disponível em http://www.laizquierdadiario.com/ideasdeizquierda/gramsci-tres-momentos-de-la-hegemonia/

Diamond, Larry (2016), «Hacer frente a la regresión democrática», *Vanguardia Dossier*, 59, 16–25.

Errejón, Íñigo (2016), «Podemos a mitad de camino», *Contexto y Acción*, 61. Disponível em http://ctxt.es/es/20160420/Firmas/5562/Podemos-transformacion-identidad-poder-cambio.htm

Escalante Gonzalbo, Fernando (2016), *Historia mínima del neoliberalismo*. Madrid: Turner.

Frey, Carl Benedikt; Osborne, Michael A. (2013), «The future of employment: How susceptible are jobs to computerisation». Disponível em http://www.oxfordmartin.ox.ac.uk/downloads/academic/The_Future_of_Employment.pdf

García Linera, Álvaro (2010), *Las tensiones creativas de la revolución*. La Paz: Vicepresidencia del Estado Plurinacional.

Giles, Jim (2005), «Special report Internet encyclopaedias go head to head», *Nature*, 439, 900–901. Doi: http://doi.org/10.1038/438900a

Gómez, Laura (2015), «Instituciones públicas como instrumentos feministas emancipadores para un mundo en transición», *Viento Sur*, 143, 73–77. Disponível em http://vientosur.info/spip.php?article10945

Jessop, Robert (2008), *El futuro del Estado capitalista*. Madrid: Catarata.

Katz, Richard; Mair, Peter (2009), «The cartel party thesis: A restatement», *Perspectives on Politics*, 7, 4, 753–766. Doi: https://doi.org/10.1017/s1537592709991782

Laclau, Ernesto (2005), *La razón populista*. México: FCE.

Lazzarato, Maurizio (2013), «La fábrica del hombre endeudado. Ensayo sobre la condición neoliberal». Buenos Aires: Amorrortu.

Mair, Peter (2016), *Gobernando el vacío*. Madrid: Alianza.

Manin, Bernard (1998), *Los principios del gobierno representativo*. Madrid: Alianza.

Mason, Paul (2016), *Postcapitalismo*. Barcelona: Paidós.

Michels (2015), *Political Parties: A sociological study of the oligarchical tendencies of modern democracy*. Nova Iorque: Hearst's International Library Company. Tradução de Eden Paul e Cedar Paul [orig. 1911]. Disponível em https://archive.org/details/politicalparties00mich

Monedero, Juan Carlos (2011), *El gobierno de las palabras. Política para tiempos de confusión*. Madrid: FCE.

Moruno, Jorge (2016), «Confederación de almas», *eldiario.es*, de 20 de abril. Disponível em http://www.eldiario.es/tribunaabierta/Confederacion-almas_6_507509267.html

Mouffe, Chantal (2003), *La paradoja democrática*. Barcelona: Gedisa.

Osborne, David; Gaebler, Ted (1992), *Reinventing government: How the entrepreneurial spirit is transforming the public setor*. Nova Iorque: Addison-Wesley.

Panizza, Francisco (2009), *El populismo como espejo de la democracia*. México: FCE.

Polanyi, Karl (2011), *La gran transformación*. México: FCE [orig. 1944].

Rendueles Olmedo, Guillermo (2004), *Egolatria*. Oviedo: KRK.

Riechmann, Jorge (2012), «Sobre *lemmings* (en videojuegos) y seres humanos desconectados», Rebelion.org, de 06.01.2012. Disponível em http://www.rebelion.org/noticia.php?id=142416

Santos, Boaventura de Sousa (2000), *Crítica da razão indolente: Contra o desperdício da experiência*. Porto: Afrontamento.

Santos, Boaventura de Sousa (2005), *Fórum Social Mundial: Manual de uso*. Porto: Afrontamento.

Villasante, Tomás (2006), *Desbordes creativos*. Madrid: Catarata.

Zakaria, Fareed (2003), *El futuro de la libertad*. Madrid: Taurus.

Capítulo 9

Fazer política através do espelho: vislumbres de outras democracias à luz dos indignados*[1]

Antoni Aguiló Bonet

Talhado do lado inverso,
um espelho deixa de ser espelho e converte-se em cristal.
E os espelhos são para ver deste lado
e os cristais são para ver o que há do outro lado.
Os espelhos são para os talhar.
Os cristais para os quebrar... e passar para o outro lado...

Ejército Zapatista de Liberación
e Subcomandante Marcos (1995: 145)

---

* Tradução de Ana Saldanha.

[1] Esta publicação foi possível graças ao apoio financeiro da Fundação para a Ciência e a Tecnologia (FCT) através do concurso público de 2014 para a atribuição de bolsas de investigação de doutoramento e pós-doutoramento, que conta com um orçamento partilhado por fundos do Ministério da Educação e da Ciência de Portugal e pelo Fundo Social Europeu.

Este capítulo também se inspira nas reflexões desenvolvidas no âmbito do projeto «ALICE — Espelhos estranhos, lições imprevistas; definindo para a Europa um novo modo de partilhar as experiências do mundo» (alice.ces.uc.pt), coordenado por Boaventura de Sousa Santos no Centro de Estudos Sociais da Universidade de Coimbra. O projeto recebe fundos do Conselho Europeu de Investigação através do Sétimo Programa-Quadro da União Europeia (FP/2007–2013)/ERC Grant Agreement no. 269807.

Introdução

A necessidade de uma profunda revisão das teorias elitistas e economicistas da democracia que dominam a academia, quer no senso comum, quer na criação de políticas públicas, é cada vez mais evidente. No âmbito dos sistemas capitalistas ocidentais apoiados em democracias liberais globalizadas, a persistência de fenómenos como a desigualdade ou a exclusão social demonstra que boa parte da teoria democrática hegemónica não só está obsoleta como também é insensível às aspirações populares e se viu ultrapassada pela realidade. Assim o refletem as chamadas «revoltas de indignação» que têm vindo a suceder-se no contexto da crise mundial: desde as rebeliões do mundo árabe às recentes mobilizações da *Nuit Debout* em França (Santos, 2015).

Partindo destas premissas, o objetivo do presente capítulo é delinear novos horizontes para a produção de teorias e práticas democráticas contra-hegemónicas, tomando como referente analítico a proposta de um «pensamento pós-abissal» lançada por Boaventura de Sousa Santos (2009a, 2009b).

Ao esforço para visualizar horizontes alternativos, Santos (2005) chama de «sociologia das emergências»: «A investigação das alternativas que cabem no horizonte das possibilidades concretas» (2005: 169). Horizontes provisórios compostos pelo «entrelaçamento de passados, presentes e futuros» (Mbembe, 2001: 16) e que podem servir de ponte entre uma diversidade de experiências emancipadoras.

A ampliação dos horizontes para a teoria e a prática democrática procura contribuir para a implementação de racionalidades democráticas cujo significado potencialmente transcende o horizonte capitalista, colonial, patriarcal e elitista da modernidade ocidental, gerando lógicas de pensamento e ação com tendência a desarticular os pressupostos básicos da democracia liberal e a resolver as promessas não cumpridas em matéria de democratização, através da consolidação de instituições eleitorais representativas.

Esta exploração de novos horizontes abarca três momentos complementares. No primeiro, caracteriza-se a democracia liberal como um dispositivo da modernidade ocidental que produz lógicas de dominação. No segundo, apresentam-se os principais recursos da outra política para uma democracia real posta em prática pelos indignados do «outro lado da linha». No terceiro, são apresentadas algumas aprendizagens que permitem caminhar em direção a um horizonte democrático disruptivo, apontando o Sul global como posição estratégica de crítica e busca de alternativas, como *locus* de experiência democrática que oferece a possibilidade de desmontar as narrativas hegemónicas através de processos de descentralização do olhar, desconstrução de imaginários e procedimentos de tradução intercultural e interpolítica (Santos *apud* Aguiló, 2010: 144).

1. O pensamento abissal e a democracia «deste lado da linha»

No seu trabalho *Para além do pensamento abissal: Das linhas globais a uma ecologia de saberes*, Boaventura de Sousa Santos (2009b) aborda uma questão muito interessante: o predomínio de uma lógica que cria espaços de invisibilidade, desacredita o alternativo, dificulta pensar o diverso e naturaliza formas hierárquicas e exclusivas de pensamento. O autor traça uma demarcação fundamental:

> O pensamento moderno ocidental é um pensamento abissal. Consiste num sistema de distinções visíveis e invisíveis, sendo que as invisíveis fundamentam as visíveis. As distinções invisíveis são estabelecidas através de linhas radicais que dividem a realidade social em dois universos distintos: o universo «deste lado da linha» e o universo «do outro lado da linha». A divisão é tal que «o outro lado da linha» desaparece enquanto realidade, torna-se inexistente, e é mesmo produzido como inexistente. Inexistência significa não existir sob qualquer forma de ser relevante ou compreensível. (Santos, 2009b: 23)

Para Santos, o mundo moderno é constituído por um processo de produção maciça de ausências chamado de «pensamento abissal» (Santos, 2009b: 23). Consiste num sistema de formas de exclusão — linhas abissais — que produz como invisíveis certas existências. As linhas, que são ontológicas e epistemológicas, não representam posições fixas e imutáveis, mas, sim, determinados estados num campo de relações de poder, em que se dão deslocamentos de um lado para outro, fundamentados no acesso a recursos materiais e simbólicos e, por fim, em zonas de ser e «não ser» (Fanon, 2009: 42). Isto significa que as zonas do não ser são um fenómeno da modernidade ocidental, também presente deste lado da linha, sempre que determinados sujeitos, saberes e práticas são criados como invisíveis na cena social, situados na posição de um outro não desejado, provocando a sua expulsão, rejeição ou inclusão subordinada.

As linhas não delimitam apenas geografias e universos opostos mas também relações entre colonizadores e colonizados, sendo que estão traçadas no interesse do colonialismo e do imperialismo. São linhas de limite que revelam profundas fraturas e hierarquias naturalizadas entre os indivíduos e grupos que vivem de um e de outro lado. Assim, o pensamento abissal divide arbitrariamente a realidade em dois universos diferentes e antagónicos, caracterizados pela impossibilidade de copresença. Em termos civilizacionais, este lado da linha define-se como o mundo moderno produzido pelo Norte global, onde regem a democracia liberal, o Estado de direito, a cidadania e os direitos humanos. É um espaço onde operam contextos analíticos (formas de ver, de dizer e de agir) que convertem o diverso em desigual e que reconhecem como humanas apenas certas vidas.

Pelo contrário, o outro lado da linha é o espaço do que foi radicalmente excluído e no qual imperam lógicas de desapossamento e violência, cuja essência consiste em marginalizar, ocultar ou tornar invisível — trata-se de uma lógica de invisibilização determinante das relações de poder intrínsecas ao colonialismo.[2] Nas zonas de não-ser habitam populações consideradas ignorantes, atrasadas, inferiores, locais e não produtivas (Santos, 2010a: 24). São espaços criados em volta das novas formas de escravatura e exploração, do tráfico de pessoas, dos desalojados,

[2] O colonialismo é definido por Santos, num sentido amplo, como «todas as trocas, todos os intercâmbios, as relações, em que uma parte mais fraca é expropriada de sua humanidade» (2007: 59). Assim, tomando a distinção conceptual estabelecida pelos membros do grupo Modernidade/Colonialidade, o colonialismo faz referência ao controlo e ao domínio político, económico, militar e cultural de uma potência sobre outra, enquanto a colonialidade é concebida como um resíduo do colonialismo formal que sobrevive no imaginário social (Castro-Gómez, 2011: 260). De acordo com Ramón Grosfoguel, a colonialidade remete para «um padrão de poder que se inaugura com a expansão colonial europeia a partir de 1492 e onde a ideia de raça e a hierarquia etnorracial atravessam todas as relações sociais existentes, tais como a sexualidade, género, conhecimento, classe, divisão internacional do trabalho, epistemologia, espiritualidade, etc. e que continua vigente mesmo quando as administrações coloniais foram quase erradicadas do planeta» (Grosfoguel *apud* Montes e Busso, 2007: 3).

da solidão como modo de sociabilidade, dos suicídios induzidos por condições de vida sub-humanas, dos cortes de água e eletricidade, das vedações fronteiriças que rodeiam os territórios da Europa-fortaleza no Norte de África, da privatização da educação e da saúde pública, da emigração de quem se vê forçado a abandonar o seu país para procurar trabalho, etc.

Não é de estranhar que o pensamento abissal se apoie num processo de coisificação de tudo o que habita nas zonas de não ser. O que faz parte do outro lado da linha considera-se objeto de apropriação e exploração e, portanto, é classificado como entidade descartável. A expropriação violenta de terras, saberes, religiosidades, valores, identidades e conceções do mundo foi levada a cabo em função de uma razão autoritária e «preguiçosa, que se considera única, exclusiva, e que não se exercita o suficiente para poder ver a riqueza inesgotável do mundo» (Santos, 2007: 25) — uma razão orientada para delimitar os contornos do humano visível. Em virtude disto, para Santos, «A humanidade moderna não se concebe sem uma sub-humanidade moderna» (2009b: 30).

Uma das teses centrais do estudo de Santos é a de que existe uma dupla cartografia moderna abissal: a epistemológica e a jurídica. O outro lado da linha é um universo que existe além da verdade e falsidade, da legalidade e ilegalidade. A linha epistemológica abissal outorga à ciência moderna o monopólio da produção da verdade universal e da consequente distinção entre o verdadeiro e o falso, o real e o irreal. No âmbito do Direito, a linha abissal determina aquilo que se considera legal ou ilegal, em concordância com o direito formal do Estado e o direito internacional (Santos, 2009b).

No ensaio, são indicadas chaves de análise que permitem alargar esta cartografia abissal a outros âmbitos, como, por exemplo, a democracia moderna. Em cumplicidade com a razão indolente, a filosofia política liberal legitimou relações coloniais e invisibilizou alternativas que podiam gerar dinâmicas de emancipação social; de modo que as formas pelas quais evoluiu a teoria da democracia nas sociedades ocidentais não se podem dissociar das imaginações coloniais e dos projetos imperiais que nelas persistem (Santos, 2009b).

Apesar das progressivas conquistas sociais e jurídicas, a história da democracia liberal está revestida de marcas de invisibilidade. Desde Locke até à atualidade, tem sido atravessada por dinâmicas de subordinação, opressão e diferenciação desigual que trazem consigo uma conceção racista, classicista e patriarcal da democracia que primeiro excluiu *de iure* e que depois manteve excluídos *de facto* os indígenas, negros, mulheres e trabalhadores assalariados, entre outros conjuntos situados no lado invisível da linha. Os obstáculos que estes grupos têm de superar na hora de fazer política têm que ver com a predominância mundial daquilo a que Domenico Losurdo chama de *herrenvolk democracy*: «uma democracia apenas válida para a "raça dominante"» (2007: 314), em referência à hegemonia do sujeito branco, masculino, proprietário, heterossexual, cristão e instruído que consagra a modernidade ocidental. De facto, o conceito de democracia liberal só foi possível quando:

> Os teóricos, ao princípio apenas alguns e depois a maioria dos teóricos liberais, encontraram motivos para acreditar que a norma de «um homem, um voto» não seria perigosa para a propriedade, nem para a manutenção de sociedades divididas em classes. (Macpherson, 2003: 20-21)

Ao longo das diferentes ondas de democratização reconhecidas pela historiografia eurocêntrica (Huntington, 1994), a democracia liberal consolidou-se como um produto globalmente institucionalizado com base na «colonialidade do poder» de que fala Aníbal Quijano (2000), aludindo ao padrão de poder que se estabelece entre os séculos XV e XVI com a colonização de Abya Yala e que se estende por todo o planeta à medida que a narrativa ocidental se impõe e normaliza como discurso civilizador.

Este padrão de poder baseado na colonialidade também está inscrito no que Santos e Avritzer denominaram de «conceção hegemónica da democracia» (2002: 41) — individualista, liberal, representativa e capitalista — que

> bloqueia a perceção de outra linhagem histórica da democracia, sem dúvida mais universal e mais profunda: a comunidade como estrutura de autoridade, ou seja, o controlo direto e imediato da autoridade coletiva por parte dos povoadores de um espaço social determinado. (Quijano, 2001: 123)

Nestes termos, a colonialidade da democracia remete para a dinâmica de reprodução de um imaginário eurocêntrico para o qual a democracia constitui um produto natural e exclusivo do Ocidente. Trata-se da construção e validação histórica de um «regime de verdade» democrático, com efeitos epistemológicos e geopolíticos importantes na vida material e simbólica de quem está do outro lado da linha (Foucault, 1994).

Como dispositivo próprio do lado «civilizado» da linha, a democracia liberal funciona como uma monocultura[3] articulada em torno de cinco eixos de produção de inferiorização-desumanização, sendo que nenhum deles reconhece a copresença igualitária de tradições democráticas estrategicamente invisibilizadas.

O primeiro é o estabelecimento de um regime de visibilidade em torno da democracia liberal, desqualificando teorias e práticas democráticas afastadas da ortodoxia liberal. A conceção hegemónica da democracia desacredita outras experiências de democracia, declaradas como irrelevantes, ininteligíveis (arcaicas, exóticas, pré-modernas) ou inviáveis enquanto manifestações de ingovernabilidade, populismo e autoritarismo — qualquer desvio dos princípios democrático-liberais é um defeito que necessita de correção. Esta desqualificação exclui sistemas de coorganização e convivência tidos como não democráticos e, em consequência, não civilizados e inferiores em relação à monocultura da democracia liberal (Mignolo, 2008).

Além disso, as práticas políticas institucionais desta monocultura tendem a reproduzir os imaginários culturais hegemónicos pensados como «superiores». Isto contribui para subalternizar as formas não liberais de democracia que, historicamente, representaram os espaços de produção da política dos movimentos sociais de base e das classes subalternas.

O resultado é um desperdício de experiência democrática que mantém as linhas que separam ambos os lados do abismo. Como afirma Álvaro García Linera, a monocultura política liberal transforma as conceções e práticas democráticas alternativas em «objeto sistemático de desconhecimento, desvalorização e substituição por esquemas procedimentais liberal-representativos» (García Linera, 2003: 182).

O segundo eixo é a instituição de uma ordem social e política que faz passar por gerais os interesses particulares das classes dominantes e que legitima, através de meios políticos, um modelo de sociedade que

[3] As monoculturas são lógicas de pensamento e ação instituídas pela razão indolente eurocêntrica no imaginário coletivo que «tentam bloquear a imaginação emancipadora e sacrificar as alternativas» (Santos, 2011: 16). Veja-se Santos (2005, 2009a, 2009b).

reproduz a sua hegemonia. Tanto na teoria como na prática, a conceção hegemónica da democracia domina a configuração da maioria dos sistemas políticos e constituições do mundo. A democracia liberal proporciona um enquadramento que permite criar sistemas eleitorais favoráveis aos interesses do liberalismo. São democracias de baixa intensidade, como as qualifica Santos (2005: 336), sem poder de transformação nem redistribuição e nas quais persistem fenómenos como a desvalorização da classe trabalhadora, dos seus direitos e da sua força organizativa; a fragilização dos direitos sociais; a destruição da natureza; as privatizações de empresas, bens e serviços públicos; a comercialização do conhecimento e da educação; a criminalização estatal do protesto; o crescente protagonismo dos agentes privados em decisões de interesse público; o esvaziamento do conteúdo da democracia; a produção de conformismo e apatia; o debate eleitoral como um espetáculo controlado pelos grandes meios de comunicação social; a violência urbana e rural; a falta de igualdade de género; o ressurgimento do colonialismo em forma de racismo, sexismo e xenofobia; e, definitivamente, a produção de uma enorme massa de resíduos humanos.

Outra forma de produzir invisibilidade é por meio da conversão da democracia liberal num «localismo globalizado» (Santos, 2005: 275), que propaga a hegemonia geopolítica e cultural dos três países ocidentais cuja experiência particular se elevou a cânone democrático: Inglaterra (o parlamentarismo, a filosofia política de Locke, a revolução Gloriosa de 1688, entre outros fenómenos), França (o Iluminismo e a revolução de 1789) e Estados Unidos (a Declaração de direitos da Virgínia de 1776 e a Constituição Federal de 1787). A partir do século XVIII, a democracia liberal foi-se consolidando como um dispositivo modular da colonialidade do poder capaz de permear todo o espaço, tanto externo, como interno. No plano externo, projetando-se para o outro lado da linha através da colonização dos povos não-europeus, classificados como «natural e inerentemente autoritários, negando ao mundo não-ocidental discursos democráticos e formas de democracia institucional» (Grosfoguel, 2011: 345). No plano interno, apresentando como nocivas e, em última instância, ilegítimas outras formas de fazer política presentes deste lado da linha: formas mais inclusivas, radicais e inconformistas que incorporam a diversidade e se baseiam na participação popular desde baixo. A conceção hegemónica da democracia foi, portanto, produzida basicamente em três países do Norte global, a partir dos quais se estabeleceram os critérios universais da democraticidade.

O quarto eixo passa pela utilização da democracia liberal como um artefacto político e ideológico ao serviço da «imperialidade do poder» que David Slater (2008: 352) define como o direito, o privilégio e o sentimento que legitima a expansão do poder ocidental através de uma geopolítica da invasão (guerras, ataques preventivos, ocupações, intervenções militares em nome da democracia e dos direitos humanos, etc.), a imposição de determinados valores civilizacionais e a falta de reconhecimento para com os colonizados. Neste cenário, a democracia funciona como um potente e subtil veículo de colonização dos bens naturais e culturais do outro lado da linha.

Por último, o quinto eixo proclama a democracia liberal como a «forma final de governo humano» (Fukuyama, 1989: 4), como um produto historicamente acabado e culturalmente insuperável, em consonância com o auge das teorias neoliberais e pós-modernas dominantes da globalização que, desde a década de 1990, anunciam a celebração de diferentes fins: o da história, o do Estado, o da dicotomia ideológica esquerda/direita, etc.

Em síntese, o pensamento abissal estabelece que as definições do humano e do sub-humano são produções sociais diretamente relacionadas com as políticas epistémicas de visibilidade e invisibilidade vigentes. A democracia representativa liberal suporta nas suas costas a questão da sub-humanidade; ao longo da sua história mostrou-se capaz de conviver com a produção de desigualdades, poderes não eleitos e violações sistemáticas de direitos humanos, propiciando uma matriz democrática fundamentalmente individualista, capitalista, elitista, patriarcal e temerosa de qualquer «excesso de democracia», como alertava, em 1975, o relatório sobre a governabilidade das democracias da Comissão Trilateral (Crozier *et al.*, 1977–1978: 385).

Em novembro de 2011, Mario Monti, então presidente europeu da Comissão Trilateral, foi designado presidente (não eleito) da República italiana para pôr em prática reformas e medidas de austeridade que reafirmavam a primazia da economia sobre a política. «O país necessita de reformas, não de eleições», afirmou o presidente do Conselho Europeu, Herman Von Rompuy.[4] No entanto, esta não seria a única

[4] As declarações podem ser lidas em <http://internacional.elpais.com/internacional/2011/11/11/actualidad/1321035138_502904.html> (consultado a 10.01.2016).

mudança de governo na Europa operada desde cima. Nesse mesmo mês, Lukas Papademos, também membro da Comissão Trilateral, foi imposto sem processo eleitoral como primeiro-ministro da Grécia. A democracia prescindia, assim, do sufrágio universal como fonte de legitimação e a soberania dos Estados-membros ficava subordinada, de forma flagrante, ao capital financeiro e aos padrões da governabilidade neoliberal. A razão indolente e o pensamento abissal alcançavam plenamente o coração da Europa, colaborando na produção de discursos neocoloniais internos sobre os desdenhosamente chamados de PIGS (Portugal, Itália, Irlanda, Grécia e Espanha) pela imprensa económica anglo-saxónica.

2. O «outro lado da linha» como espaço de outra política

Santos (2015) assinala uma tripla genealogia que contextualiza as diferentes proveniências geográficas e especificidades culturais das revoltas de 2011. Por um lado, as Primaveras Árabes que surgem sobretudo do colapso dos projetos nacional-populares no Magreb e no Médio Oriente, tal como o de Nasser no Egito. Por outro lado, o *Occupy Wall Street* que surge nos Estados Unidos das ruínas do neoliberalismo, enquanto na Europa o surgimento das revoltas se relaciona, de forma direta, com a erosão paulatina da social-democracia e do Estado-Providência desde a década de 1980.

Todavia, independentemente dos seus contextos, as revoltas de 2011 apresentam pontos de identidade comuns que subvertem a racionalidade política hegemónica e abrem o caminho para a produção coletiva de «outra política para uma democracia real» (Mir García, 2014). A irrupção de «presenças coletivas»[5] de rebelião nas ruas permitiu a emergência de uma consciência comum que denuncia a crise de legitimidade das instituições representativas e põe em causa as formas tradicionais de fazer política dos partidos, dos sindicatos e dos sucessivos governos (Tormey, 2015).

Na sua reivindicação por uma democracia real, os movimentos surgidos no calor da indignação estão a criar, a partir da horizontalidade, da

[5] Veja-se a entrevista de David Bollero a Boaventura de Sousa Santos, de 28 de novembro de 2012, consultada a 10.01.2016, em <http://www.publico.es/actualidad/crisis-oportunidad-lanzar-europa-socialista.html>.

inclusão e da democracia direta, espaços de participação que contribuem para a mudança social desejada, abrindo possibilidades de reconstruir a coletividade, a subjetividade e a solidariedade mais além (e apesar) da política liberal elitista e mercantilizadora dominante. Isto gerou condições para a criação de outras gramáticas políticas com potencial para ampliar, radicalmente, o sentido e o alcance da democracia (della Porta, 2013; Graeber, 2013).

De acordo com Jerome Roos e Leonidas Oikonomakis (2013), estas outras formas de fazer política partilham de algumas características. Em primeiro lugar, a sua autonomia em relação ao Estado e a suspeita perante a política institucional. Desiludidos com os políticos e com as instituições representativas, muitos destes movimentos populares repudiaram a política representativa e posicionaram-se contra o que entendem como instituições corruptas e antiquadas; significando isto que a política democrática é exercida fora das instituições tradicionalmente dispostas para a participação política. As mobilizações de 2011 não foram convocadas por partidos políticos nem sindicatos, mas por plataformas de cidadãos que funcionam principalmente através da Internet: «Sem partido!», gritavam os indignados no Brasil nas revoltas de 2013. Em Espanha, o 15M pôs no centro do debate social o caráter antidemocrático do atual sistema parlamentar; os participantes afirmavam que votar a cada quatro anos não é democracia. O incumprimento frequente das promessas eleitorais e um sistema bipartidário desacreditado pela corrupção criam um sistema não representativo, uma democracia não real — lemas como «não nos representam» ou «chamam democracia ao que não o é» expressam a natureza do problema.

Em segundo lugar, a adoção do que Mariana Sitrin e Dario Azzellini (2012: 38) chamam de «horizontalidade» como meta e ferramenta, que se pode observar na adoção dos métodos de democracia direta e deliberativa que desconfiam das lideranças individuais e perseguem o autogoverno através da tomada de decisões consensuais.

Em terceiro lugar, contêm uma dimensão prefigurativa (Boggs, 1977) que persegue uma base alternativa de vida social perante as formas de política e sociabilidade institucionalizadas pela modernidade capitalista. A incorporação do prefigurativo traduziu-se na criação de espaços públicos livres (acampamentos, centros comunitários, etc.) e redes de apoio mútuo. Esta conceção prefigurativa da ação social não tem apenas como ponto de referência as formas clássicas de mobilização mas também a utilização de tecnologias de informação e comunicação como novas formas de ação e mobilização social, em especial as redes sociais e as comunicações por telemóvel (Castells, 2012).

Mas, contudo, pode adicionar-se outro traço distintivo. A emergência de outra política para uma democracia real trouxe à luz uma diversidade de sujeitos populares[6] invisibilizados e despolitizados pelas teorias elitistas que olham unicamente para a sociedade civil organizada e para o sistema político institucional, sendo incapazes de ver a existência de um Sul global interclassista, intergeracional e intergénero, não institucional e não organizado nas estruturas clássicas de participação.

Por outro lado, Santos (2015) identifica as características desta outra política para uma democracia real a partir de uma teoria sociojurídica da indignação.

Primeira: o recurso à luta não eleitoral e à ação direta como postura que desafia os poderes instituídos, considerados ilegítimos ou injustos. Muitos participantes rejeitam inclusivamente a dicotomia política esquerda/direita, com a qual não se sentem identificados. Neste sentido, são «assembleístas» que recuperam a tradição anarquista e pacífica do debate, a procura de consensos e que, nas suas assembleias, acampamentos ou ocupações, funcionam através de uma democracia sem lideranças e por rotação (Naredo e Villasante, 2011).

Esta suspeita para com a política institucionalizada não significa uma modalidade de apolítica ou antipolítica. Pelo contrário, vivemos tempos de «contrademocracia» (Rosanvallon, 2007), de surgimento de formas pós-institucionais de democracia que expressam a heterogeneidade de lutas apartidárias e albergam a esperança de um novo contrato democrático em sintonia com as necessidades e aspirações da maioria. São lutas pela reinvenção da democracia a partir da ação direita, do experimentalismo, da diversidade democrática, do «assembleísmo» e da autogestão.

Segunda: apela à não-violência, à desobediência civil pacífica e inclusivamente à desobediência política, uma vez que, com frequência, não reconhece a legitimidade da legislação vigente ou do processo político

[6] Seguindo Helio Gallardo, por sujeitos populares entende-se aqui «os setores sociais e indivíduos que são objeto de domínio estrutural» (2011: 78), como o exercido por sistemas como o colonialismo, o capitalismo, a heterossexualidade e o patriarcado.

através do sistema representativo. A legitimidade democrática é concebida como um aspeto multidimensional que vai além do aperfeiçoamento do processo eleitoral e das modalidades de representação, para se relacionar com a participação direta da população na tomada de decisões. Especificamente, a jornada de desobediência civil pacífica convocada em Madrid em setembro de 2012 pela Coordenadora 25S, com o objetivo de cercar o Congresso dos Deputados de forma indefinida, quis visibilizar o bloqueio dos meios institucionais para acionar as exigências dos cidadãos e reivindicar a legitimidade da desobediência.

Terceira: reivindica o direito a uma democracia real e a partir de baixo. Com base na ideia de que a democracia representativa foi derrotada pelo capitalismo, o que surge é a possibilidade de uma democracia real na sociedade capitalista neoliberal e como esta se concretiza politicamente como via de emancipação social (Wood, 2003).

Quarta: os principais temas de discussão vagueiam em torno dos mecanismos de exclusão social, identificados com a economia e a política. O sistema económico neoliberal exclui, precariza e explora os sujeitos excluídos como recurso, com a aquiescência das autoridades públicas que não lhe impõe limites. E a política não os representa porque existe uma enorme desconexão entre o sistema político e as aspirações populares, facto que conduziu a uma marcada deterioração expressa em fortes níveis de corrupção e desinteresse cidadão. Nem tão pouco os representa através dos autoritarismos infiltrados nas democracias representativas, quer sejam pessoais, como acontece nas autocracias árabes, ou impessoais, como, por exemplo, o exercido pelo «fascismo financeiro» da globalização neoliberal (Santos, 2005: 356). A democracia representativa é objeto de crítica não apenas por ter permitido o seu sequestro por parte dos poderes financeiros globais mas também devido a organizações internacionais, como o Fundo Monetário Internacional e a União Europeia, cujos programas de austeridade — impostos em troca de empréstimos e resgates — são considerados formas inconstitucionais de chantagem que privam a cidadania do exercício da soberania popular.

Neste contexto, surgem lemas como «Nós somos mercadoria nas mãos de políticos e banqueiros», do 15M, ou «Somos dos 99%», do *Occupy Wall Street*, que ligam a outra política para uma democracia real com uma crítica mais ampla do imaginário social contemporâneo, com a justiça social e a afirmação de um modelo económico diferente.

Quinta: a utilização de ferramentas tecnopolíticas como veículo de comunicação, deliberação e mobilização, não substituindo a presença nas ruas (Alcazan *et al.*, 2012). O Partido X, advindo do ecossistema do 15M e da cultura *Anonymous*, é um exemplo de um novo ciberpartido que trata de avançar no processo democrático de forma criativa, mantendo privada a identidade dos seus membros e permitindo aos participantes tomar decisões em tempo real e não apenas durante a jornada eleitoral.

Sexta: uma política reconfigurativa, instituinte, que recupera a aposta de construção de um futuro em comum através de aprendizagens e desaprendizagens em torno de três eixos: democratizar, desmercantilizar e descolonizar (Santos *apud* Aguiló, 2010: 138).

Democratizar significa desnaturalizar a democracia representativa liberal e legitimar outras formas de deliberação democrática, estabelecendo novos vínculos entre elas e ampliando os contextos de deliberação democrática além do campo político liberal. Significa afastar-se da mera representação e da igualdade formal para, na linha de Jacques Rancière, conceber a democracia como «o poder dos incompetentes» (*apud* Benvenuto *et al.*, 2003: 26), situados do outro lado da linha pelo pensamento abissal.

Desmercantilizar quer dizer lutar contra a naturalização do imaginário capitalista e desenvolvimentista do progresso e a favor da «eliminação do lucro como categoria» orientadora das relações humanas (Wallerstein, 2002: 36).

Descolonizar é combater a naturalização do racismo nas suas diferentes expressões e denunciar o conjunto de técnicas, entidades e instituições que o reproduzem.

São três eixos a partir dos quais se combate a colonialidade da democracia com o objetivo de transitar da monocultura da democracia liberal para a demodiversidade: «A coexistência pacífica ou conflituosa de diferentes modelos e práticas democráticas» (Santos e Avritzer, 2002: 65).

Isto implica grandes doses de inovação e criatividade para gerar lógicas de ação que ponham em causa os formatos da política liberal colonial (oligopólio da representação partidária, separação entre representantes e representados, profissionalização da política, etc.) e assumam a mencionada horizontalidade. A horizontalidade implica outras formas de elaborar e praticar o político e a política, pensada como confluência e complementaridade recíproca entre diferentes visões e experiências articuladas mediante uma «organização federalista»[7] (Hardt e Negri, 2012: 94) ou por via da «despolarização» (Santos, 2007: 99). Como afirma Isabel Rauber:

> A luta contra a alienação política reclama também — juntamente com o questionamento radical a respeito dos modos de representação (e organização) política — um novo modo de articulação do social e do político, do reivindicativo e do político, bem como a democratização (abertura, ampliação) da participação dos protagonistas em ambos os espaços. (Rauber, 2003: 94)

Em síntese, o que está em jogo é a transformação radical da política — dos seus processos, atores, métodos, espaços, tempos e escalas, mas sobretudo dos seus estilos e formas de fazer —, em busca de novos modos de intercâmbio a partir de formas reticulares de articulação que permitam experimentar formatos pós-liberais de participação política (Arditi, 2011) e façam emergir à superfície «políticas subterrâneas» que excedam os enquadramentos teóricos e as práticas vigentes da democracia fundada na colonialidade (Kaldor *et al.*, 2015).

3. Aprendizagens globais, democracias pós-abissais

As epistemologias do Sul empurram-nos para ir mais além do espelho, propondo diálogos entre diferentes vozes, perspetivas e tradições de pensamento e ação. Este desafio obriga a repensar o mundo a partir de focos críticos capazes de ampliar a experiência do presente, pluralizar os campos de ação dos movimentos emancipadores e clarificar os horizontes normativos das lutas pelo aprofundamento democrático. A força do desafio reside em iluminar um «pensamento pós-abissal» (Santos, 2009b) que combata as ausências produzidas pela monocultura da democracia liberal. Isto implica necessariamente «aprender que existe o Sul; aprender a ir até ao Sul; aprender a partir do Sul e com o

[7] Federalismo entendido «como uma relação aberta e extensiva entre diferentes forças políticas implementadas em todo o terreno social e não divididas sob uma unidade abstrata e centralizada» (Hardt e Negri, 2012: 94).

Sul» (Santos, 2009a: 287) como coordenadas epistemológicas, éticas e políticas que perturbam o olhar que não refletiu sobre o impacto da colonialidade na formação da democracia moderna. Do que se trata é de aprender a pensar o mundo através do espelho, de ir mais além para produzir formas de conhecimento, de política e de sociedade que revelem e legitimem a diversidade de práticas sociais. O propósito é gerar «ecologias de saberes» orientadas para desconstruir as naturalizações hierárquicas que legitimam formas de domínio (Santos, 2009b: 45 ss.). A partir destas ecologias poderá articular-se uma política de alianças entre movimentos, lutas e resistências como fator estratégico da globalização contra-hegemónica.

As ruas e praças da indignação quebram os espelhos tradicionais através dos quais vemos o mundo e, simultaneamente, abrem horizontes de possibilidade que desafiam as nossas perspetivas clássicas relativamente ao que significam hoje o ativismo, os movimentos sociais e a democracia. Estes horizontes não proporcionam apenas uma visão — um espelho — que reflete a sua própria realidade; também revelam tensões, desafios e aprendizagens para a construção de teorias e práticas democráticas contra-hegemónicas.

As formas de produção coletiva da política, inovadas pelas revoltas de indignação, estão a provocar uma regeneração significativa da democracia; e o mesmo se aplica aos mecanismos pelos quais «o outro lado da linha» transforma as formas de fazer política quanto à lógica abissal imperante da democracia liberal. Estas outras formas de fazer política remetem para pontos de fricção, linhas de fuga e resistência, campos em disputa e lógicas emergentes que produzem formas pós-abissais de democracia: modos de organização e intervenção abertos a experiências capazes de quebrar o jogo de espelhos que impõe uma lógica dicotómica entre o visível e o invisível, entre o que existe e o que não existe, entre este e aquele lado da linha.

A produção de outra política para uma democracia real mobiliza o que Donatella della Porta e Mario Diani chamam de um «processo crítico de aprendizagem» (2011: 236), que se traduz na criação de novos sensos comuns, como diria Gramsci (1986), ou de imaginários radicais alternativos, de acordo com Castoriadis (1999), orientados para transformar o regime de visibilidade imposto pela conceção dominante da democracia, que não dá conta das suas especificidades no presente. Deste modo, a prática de outra política funciona como um espaço-laboratório de diálogo, saberes e aprendizagens coletivos «onde se colocam novos problemas e perguntas e nos quais se inventam e ensaiam novas respostas» (Melucci, 1989: 202). Estas aprendizagens revelam emergências que esgotam a teoria hegemónica da democracia e abrem processos de democratização.

Provavelmente, a aprendizagem mais importante que a outra política para uma democracia real nos pode ensinar é reconhecer que, ao contrário do que mostram os espelhos dominantes, existem alternativas à colonização da democracia por parte da globalização neoliberal; que entre elas é necessário considerar experiências não-ocidentais e não-liberais de democracia, presentes nas periferias e nas fronteiras do cânone democrático-hegemónico; e que estas alternativas criam uma constelação, um pluriverso aberto e infinito de inúmeros projetos de democracia.

As aprendizagens específicas podem situar-se em vários planos: no da comunicação gestual e linguística (escuta ativa, respeito por todas as opiniões, linguagem gestual silenciosa); no do civismo (normas cuidadosas de convivência, solidariedade grupal, resistência pacífica); no da utilização e gestão do espaço (estrutura organizativa, ocupações de espaços públicos e privados, criação de uma «especialidade de resistência»,[8] etc.); no da produção de um conhecimento e de uma prática social crítica (reuniões de formação, tecnologias de protesto, autogestão, etc.). Mas existem, sobretudo, duas aprendizagens que, a partir de um pensamento pós-abissal, representam um esforço para ultrapassar o cânone e compreender a democracia com base em experiências marginalizadas por parte da cultura liberal.

3.1. A demodiversidade em exercício

Como propõe Humpty Dumpty em *Alice Através do Espelho*, a questão é quem define o significado das palavras. Para tal, há que considerar a «luta de hegemonias» e contra-hegemonias entre as diferentes conceções democráticas que circulam na sociedade (Gramsci, 1986: 253).

---

[8] Ver Oslender (2002).

Criar outros enquadramentos de interpretação que sirvam como catalisador de alternativas ao presente requer

> abandonar as velhas categorizações, os conceitos-prisão, as argumentações que reproduzem hegemonias. Urge, assim, ativar os processos de subjetivação que fazem mudar a visão das coisas, o pensamento que nos subtrai dos esquemas obsoletos. (Viejo, 2013)

A isto mesmo se referia Norbert Lechner quado afirmava que «um eixo fundamental da luta política é precisamente a luta por definir o que significa fazer política» (1990: 27).

A luta por definir o que significa fazer política traduziu-se num deslocamento teórico e prático na conceção da democracia, proporcionando um enquadramento para a criação de discursos questionadores dos tópicos de referência do discurso democrático dominante (Errejón, 2011).

Na teoria política hegemónica, predomina a conceção procedimental ou elitista da democracia, que restringe a participação popular ao ato eleitoral porque concebe a democracia como um «sistema institucional, para a tomada de decisões políticas, no qual o indivíduo adquire o poder de decidir mediante uma luta competitiva pelos votos do eleitor» (Schumpeter, 1961: 321). Schumpeter concebeu a vida democrática como uma luta competitiva entre líderes e partidos políticos rivais com o objetivo de governar, de modo que as definições hegemónicas da democracia colocam em primeiro lugar uma conceção formal e procedimental que se afasta do seu significado original como poder popular e das suas aspirações de igualdade e justiça. Para Schumpeter, a democracia era teorizada como um regime de elitismo competitivo, um método em que as pessoas atuam como eleitores que escolhem de entre as equipas de líderes. A democracia é exercida no ato de escolher representantes, negando ao cidadão a possibilidade de participar no processo de tomada de decisões e na criação das políticas públicas.

Neste contexto, as revoltas de indignação desencadearam uma disputa pela ressignificação da democracia através da transformação das suas práticas dominantes, da ampliação do campo político e da inclusão de reflexões e experiências provenientes do outro lado da linha. A partir daí, mostram que a demodiversidade não empobrece a democracia, mas que a enriquece.

Semanticamente, consideram que a democracia não é uma questão de preferências eleitorais nem um conjunto de exigências dirigidas aos governos, mas, sim, uma série de processos e lutas que constroem o poder popular e criam formas contra-hegemónicas de política ao seu serviço. Não se trata de lutas para assaltar o poder e mantê-lo, mas, sim, para o inverter, para o dispersar (Zibechi, 2007) e transformar relações desiguais de poder em relações de autoridade partilhada em todos os âmbitos da vida (Santos, 1998: 332).

Na prática, o deslocamento aponta para um repertório de formas de exercer o poder popular que esvaziam os limites de uma democracia formal que, muito frequentemente, o reprime e criminaliza: acampamentos em espaços públicos, assembleias, marchas, ocupações, denúncias públicas, «gritos mudos», demonstrações artísticas, desobediências pacíficas, manifestações de protesto com panelas, entre outras.

O deslocamento para outras conceções de democracia está presente nas assembleias populares, ações e manifestações. Os espaços públicos ocupados transformam-se numa arena dialógica aberta à tomada de decisões coletivas, por meio de uma democracia de assembleia, deliberativa e inclusiva que reconhece o direito de todos os participantes a falar com franqueza e a ser escutados, bem como as suas competências na identificação de problemas e na pesquisa de soluções possíveis. Está subjacente uma visão comunitária e alheia de lideranças individualistas que se afasta da legitimidade da democracia representativa liberal, tendo por base o princípio das decisões maioritárias através do sufrágio para praticar uma democracia participativa, direta, radical e comunitária que procura o respeito e o consenso.

O deslocamento do significado da democracia introduz dois elementos-chave para a renovação da teoria democrática. Por um lado, a ideia da democracia como criação aberta, como *praxis* instituinte, como realização contínua, experimental e sempre contingente. Em consequência, a imaginação política dos indignados concebe a democracia como a «autoinstituição da coletividade pela coletividade» (Castoriadis, 1998: 185). Uma autoinstituição não submetida a períodos eleitorais, nem a regras procedimentais, nem ao jogo partidário que domina a política parlamentar. Por outro lado, permite refundar o conteúdo normativo e utópico da democracia, tido como perigoso para a continuidade da ordem existente pela conceção hegemónica.

A demodiversidade também expressa as tensões que ocorrem no interior da outra política. Uma das mais importantes é a relação entre as formas horizontais e verticais da política, que transparece no surgimento de partidos e ferramentas eleitorais de um novo tipo. Nos Estados Unidos, um grupo de veteranos do *Occupy* trata de lançar um partido próprio, *The After Party*, enquanto outros colaboram com o *Working Families Party*. No Sul da Europa, ganham força os partidos-movimentos que propõem um pacto social alternativo ao da Europa tecnocrática e neoliberal. Na Grécia, o Syriza converteu-se na principal referência da oposição no Parlamento, entre 2012 e 2014, antes de ganhar as eleições de janeiro e setembro de 2015. Em Espanha, o 15M reflete as tensões entre as formas representativas e as formas horizontais e participativas de fazer política. Ele explica — juntamente com as tendências insurgentes de autogestão, centradas numa perspetiva revolucionária que faz finca-pé na participação extrainstitucional e nas tendências horizontais comprometidas com a democracia radical, assembleísta e sem líderes — porque surgem frações mais imediatistas, regeneracionistas, com formas de participação híbridas que combinam elementos horizontais e verticais e que optaram pela institucionalização do conflito através da participação eleitoral, como o Podemos e as novas candidaturas municipalistas (Taibo, 2013; Flesher Fominaya, 2014). Tudo isto levanta a questão de até que ponto estamos a ser testemunhas de um retorno aos modos verticais da política ou se estes partidos tiveram êxito na criação de relações dinâmicas entre estruturas horizontais e verticais e, portanto, de novas formas de apresentar a dimensão da representação (Santos, 2014).

3.2. A ecologia de saberes

A ecologia de saberes e práticas é um convite a converter a diversidade num fator de visibilidade, enriquecimento e força coletiva, de modo que não se desperdice qualquer experiência social de luta e resistência. Consiste num exercício baseado na «copresença radical» e igualitária dos seus protagonistas (Santos, 2009b: 45), ou seja, na abolição de toda e qualquer linha abissal e na aceitação de que o simultâneo é, por sua vez, contemporâneo e vice-versa. Como base das epistemologias do Sul, as ecologias perseguem a «Agregação da diversidade através da promoção de interações sustentáveis entre entidades parciais e heterogéneas» a fim de promover a articulação e a complementaridade entre experiências parciais e contextuais (Santos, 2009a: 113). Constituem, portanto, uma proposta teórico-prática no horizonte das epistemologias descoloniais.

A outra política para uma democracia real abre o caminho para o exercício de ecologias de saberes que impulsionam a articulação entre fragmentos dispersos de demodiversidade. As ruas e praças representam «zonas de contacto» (Pratt, 2007: 7–8), espaços comunitários onde se encontram e entrecruzam saberes, mas também diferentes relações de poder entre formas de ser e de conhecer. As praças do 15M propiciaram a formação de ondas de cidadãos em defesa dos serviços públicos, que, pela primeira vez, articulavam utilizadores, profissionais e sindicatos. No Egito, a praça Tahrir promoveu uma ecologia de lutas feministas, camponesas, sindicais e islamistas, como a dos Irmãos Muçulmanos. Na Turquia, a revolta no parque Gezi fomentou a antes improvável convivência entre anarquistas, ecologistas, estudantes universitários, sindicalistas, marxistas, antimilitaristas, laicos, muçulmanos, curdos e ativistas LGBT.

Tomemos como exemplo o caso da Plataforma de Afetados pelas Hipotecas (PAH), em Espanha, que nas suas assembleias reúne ativistas antidespejos, advogados, desempregados e trabalhadores nativos e migrantes. Aí, tece-se um saber que põe em causa a hegemonia do imaginário da «cultura proprietária» fortemente enraizado na sociedade espanhola antes do rebentar da bolha imobiliária em 2007 (Colau e Alemany, 2012: 33).

Além disso, em virtude desta lógica ecológica, a PAH combina a ação direta (ocupação de filiais de bancos, organização de denúncias públicas, acampamentos e ações de sensibilização para travar os despejos e as execuções hipotecárias) com medidas de pressão tradicionais, como, por exemplo, a Iniciativa Legislativa Popular, ultrapassando a lógica clássica de mobilização (Parcerisa, 2014: 32). Ao mesmo tempo, através dos seus diferentes coordenadores locais, trabalha em estreita colaboração com grupos e movimentos afins, como o 15M, se bem que a sua existência remonte a 2009.

A PAH acaba por se configurar como uma zona de contacto da qual emergem formas de fazer política a partir da demodiversidade e da complementaridade. Uma zona de contacto que permite a tradução interpolítica para articular saberes e práticas que confluem solidariamente na reivindicação de um direito constitucional, rompendo a dinâmica da mobilização atomizada e transformando os sentidos da ação.

Conclusões

Neste trabalho, procurou-se esboçar, de forma preliminar, os contornos de uma teoria crítica pós-abissal da democracia, revelando, por um lado, algumas das inexistências e hierarquias que ela, como instrumento ao serviço da colonialidade, produz e, por outro, proporcionando horizontes para uma ampliação do olhar em torno da política e do político. Horizontes para elaborar teorias e práticas democráticas contra-hegemónicas, concebidas não a partir de discursos disciplinares prefigurados que capturam a realidade, mas como um campo de conhecimento aberto, provisório e em revisão permanente, cuja principal tarefa, como dizia Karl Marx na sua carta a Arnold Ruge de setembro de 1843, é a «autoclarificação das lutas e anseios da época» (Marx, 1982: 460), ou seja, identificar contradições sociais e indicar possibilidades emancipadoras.

Teorias da democracia baseadas nas experiências dos grupos oprimidos que reflitam a complexidade política e a heterogeneidade interna do Sul global; teorias que não existam em abstrato mas num tempo e lugar concretos; teorias capazes de ver o que ocorre fora do institucional, superando a tendência da maioria das investigações sobre o impacto dos movimentos sociais centrados na participação institucional e nas inovações produzidas neste âmbito; teorias que ressignifiquem a democracia do ponto de vista de quem está do lado invisível do espelho; teorias que ponderem em termos de copresença, demodiversidade e complementaridade; teorias que diminuam a distância entre o ideal e a prática democrática ou, como diria Koselleck, o abismo entre o nosso «espaço de experiência» e o nosso «horizonte de expetativas» (1993); «teorias de retaguarda» que caminhem com os suis (Santos, 2010b); teorias, enfim, que não acabem na reprodução da dicotomia entre o Norte e o Sul, mas que trespassem o espelho abissal para, relembrando as palavras do subcomandante Marcos, o partir em mil pedaços de uma vez por todas e para sempre.

Está ainda por averiguar se as presenças coletivas de indignação estão em condições de reverter a tendência da sociedade capitalista e neoliberal para a desdemocratização e superar a crise dos atores e modelos da agência da representação política tradicional, ancorada em teorias procedimentalistas e elitistas institucionalizadas. Todavia, o futuro não está escrito. Visualizar horizontes também é uma forma de o construir.

Referências bibliográficas

Aguiló, Antoni (2010), «La democracia revolucionaria, un proyecto para el siglo XXI. Entrevista a Boaventura de Sousa Santos», *Revista Internacional de Filosofía Política*, 35, 117–148. Disponível em http://e-spacio.uned.es/fez37/public/view/bibliuned:filopoli-2010-numero35-2070

Alcazan, Arnau *et al.* (2012), *Tecnopolítica, internet y r-evoluciones. Sobre la centralidad de redes digitales en el #15M*. Barcelona: Icaria.

Arditi, Benjamin (2011), *La política en los bordes del liberalismo: diferencia, populismo, revolución, emancipación*. Barcelona: Gedisa.

Benvenuto, Andréa; Cornu, Laurence; Vermeren, Patrice (2003), «Entrevista con Jacques Rancière», *Revista de Educación y Pedagogía,* 15(36), 15–27. Consultado a 13.01.2016, em http://aprendeenlinea.udea.edu.co/revistas/index.php/revistaeyp/article/view/5957/5367

Boggs, Carl (1977), «Marxism, prefigurative communism, and the problem of workers», *Libcom.org*. Consultado a 14.01.2016, em https://libcom.org/library/marxism-prefigurative-communism-problem-workers-control-carl-boggs

Castells, Manuel (2012), *Networks of outrage and hope: Social movements in the internet age*. Cambridge: Polity Press.

Castoriadis, Cornelius (1998), *El ascenso de la insignificancia*. Madrid: Cátedra.

Castoriadis, Cornelius (1999), *Figuras de lo pensable*. Madrid: Cátedra.

Castro-Gómez, S. (2011), *Crítica de la razón latinoamericana*. Bogotá: Pontificia Universidad Javieriana.

Colau, Ada; Alemany, Adrià (2012), *Vidas hipotecadas. De la burbuja inmobiliaria al derecho a la vivienda*. Barcelona: Cuadrilátero.

Crozier, Michael; Huntington, Samuel; Watanki, Joji (1977–1978), «Informe del Grupo Trilateral sobre la gobernabilidad de las democracias al Comité Ejecutivo de la Comisión Trilateral», *Cuadernos Semestrales. Estados Unidos. Perspetiva latinoamericana*, 2–3, 377–397.

della Porta, Donatella (2013), *Can democracy be saved? Participation, deliberation and social movements*. Cambrigde: Polity Press.

della Porta, Donatella; Diani, Mario (2011), *Los movimientos sociales*. Madrid: Universidad Complutense y Centro de Investigaciones Sociológicas.

Ejército Zapatista de Liberación; Subcomandante Marcos (1995), *Chiapas: del dolor a la esperanza*. Madrid: La Catarata.

Errejón, Iñigo (2011), «El 15-M como discurso contrahegemónico», *Encrucijadas: Revista Crítica de Ciencias Sociales*, 2, 120–145. Consultado a 15.01.2016, em http://dialnet.unirioja.es/descarga/articulo/3819589.pdf

Fanon, Frantz (2009), *Piel negra, máscaras blancas*. Madrid: Akal.

Flesher Fominaya, Cristina (2014), «España es diferente: Podemos y el 15-MPart», *Público.es*, de 9 de junho. Consultado a 16.01.2016, em http://blogs.publico.es/el-cuarto-poder-en-red/2014/06/09/espana-es-diferente-podemos-y-el-15-m

Foucault, Michel (1994), *Microfísica del poder*. Barcelona: Planeta DeAgostini.

Fukuyama, Francis (1989), «The end of History?», *The National Interest*, 16, 3–18.

Gallardo, Helio (2011), «Pensamiento crítico y sujetos coletivos en América Latina», *in* Yamandú Acosta, Alfredo Falero, Alicia Rodríguez, Isabel Sans e Gerardo Sarachu (coords.), *Pensamiento crítico y sujetos coletivos en América Latina: perspetivas interdisciplinarias*. Montevideu: Trilce, 77–98.

García Linera, Álvaro (2003), «Movimientos sociales y democratización política», *in* Robinson Salazar Pérez, Eduardo Sandoval Forero e Dorangélica de la Rocha Almazán (orgs.), *Democracias en riesgo en América Latina*. México: LibrosEnRed, 139–206.

Graeber, David (2013), *The democracy project: A history, a crisis, a movement*. Londres: Penguin.

Gramsci, Antonio (1986), *Cuadernos de la cárcel 4*. México: Era.

Grosfoguel, Ramón (2011), «Racismo epistémico, islamofobia epistémica y ciencias sociales coloniales», *Tabula Rasa*, 14, 341–355. Consultado a 04.01.2016, em http://www.scielo.org.co/pdf/tara/n14/n14a15.pdf

Hardt, Michael; Negri, Antonio (2012), *Declaración*. Madrid: Akal.

Huntington, Samuel (1994), *La tercera ola: La democratización a finales del siglo* XX. Barcelona: Paidós.

Kaldor, Mary; Selchow, Sabine; Murray-Leach, Tamsin (orgs.) (2015), *Subterranean politics in Europe*. Basingstoke: Palgrave Macmillan.

Koselleck, Reinhart (1993), *Futuro pasado. Para una semántica de los tiempos históricos*. Barcelona: Paidós.

Lechner, Norbert (1990), *Los patios interiores de la democracia. Subjetividad y política*. Santiago do Chile: Fondo de Cultura Económica.

Losurdo, Domenico (2007), *Contrahistoria del liberalismo*. Barcelona: El Viejo Topo.

Macpherson, Crawford Brough (2003), *La democracia liberal y su época*. Madrid: Alianza Editorial.

Marx, Karl (1982), *Escritos de juventud*. México: Fondo de Cultura Económica.

Mbembe, Achille (2001), *On the postcolony*. Berkeley, CA: University of California Press.

Melucci, Alberto (1989), *Nomads of the present: Social movements and individual needs in contemporary society*. Londres: Hutchinson.

Mignolo, Walter (2008), «Hermenéutica de la democracia: el pensamiento de los límites y la diferencia colonial», *Tabula Rasa*, 9, 39–60. Consultado a 14.01.2016, em http://www.revistatabularasa.org/numero-9/03mignolo.pdf

Mir García, Jordi (2014), «La emergencia de otra política para una democracia real», *Kultur*, 1(2), 87–100. Doi: http://dx.doi.org/10.6035/Kult-ur.2014.1.2.4

Montes, Angélica; Busso, Hugo (2007), «Entrevista a Ramón Grosfoguel», *Polis*, 18, 1-11. Consultado a 07.01.2016, em http://polis.revues.org/4040

Naredo, José Manuel; Villasante, Tomás (2011), «Democracia real, desde abajo, sin siglas y sin jefes», *Rebelión*, de 10 de junho. Consultado a 12.01.2016, em http://www.rebelion.org/noticia.php?id=130187

Oslender, Ulrich (2002), «Espacio, lugar y movimientos sociales: hacia una "espacialidad de resistencia"», *Scripta Nova*, VI, 115. Consultado a 14.01.2016, em http://www.ub.edu/geocrit/sn/sn-115.htm

Parcerisa Marmi, Lluís (2014), «La PAH: un moviment social contrahegemònic?», *Oxímora*, 4, 23–40. Consultado a 17.01.2016, em http://revistes.ub.edu/index.php/oximora/article/view/10237/13225

Pratt, Mary Louise (2007), *Imperial eyes: Travel writing and transculturation*. Londres: Routledge.

Quijano, Anibal (2000), «Colonialidad del poder, eurocentrismo y América Latina», *in* Edgardo Lander (org.), *La colonialidad del saber: eurocentrismo y ciencias sociales. Perspetivas latinoamericanas*. Buenos Aires: CLACSO, 201–246. Doi: http://bibliotecavirtual.clacso.org.ar/ar/libros/lander/lander.html

Quijano, Anibal (2001), «Colonialidad del poder, globalización y democracia», *Utopías, nuestra bandera*, 188, 97–123.

Rauber, Isabel (2003), *América Latina, movimientos sociales y representación política*. Buenos Aires: Central de Trabajadores Argentinos.

Roos, Jerome; Oikonomakis, Leonidas (2013), «We are everywhere! The autonomous roots of the real democracy movement». Comunicação apresentada na *7th Annual ECPR General Conference «Comparative Perspectives on the New Politics of Dissent»*, Sciences Po Bordeaux, 4-7 de setembro.

Rosanvallon, Pierre (2007), *La contrademocracia: la política en la era de la desconfianza*. Buenos Aires: Manantial.

Santos, Boaventura de Sousa (1998), *De la mano de Alicia: lo social y lo político en la postmodernidad*. Bogotá: Siglo del Hombre/Facultad de Derecho Universidad de los Andes.

Santos, Boaventura de Sousa (2005), «El milenio huérfano. Ensayos para una nueva cultura política». Madrid: Trotta.

Santos, Boaventura de Sousa (2007), *Renovar a teoria crítica e reinventar a emancipação social*. São Paulo: Boitempo.

Santos, Boaventura de Sousa (2009a), *Una epistemología del Sur. La reinvención del conocimiento y la emancipación social*. México: Siglo XXI/CLACSO.

Santos, Boaventura de Sousa (2009b), «Para além do pensamento abissal: Das linhas globais a uma ecologia de saberes», *in* Boaventura de Sousa Santos e Maria Paula Meneses (orgs.), *Epistemologias do Sul*. Coimbra: Almedina, 23–71.

Santos, Boaventura de Sousa (2010a), *Descolonizar el saber, reinventar el poder*. Montevideu: Trilce.

Santos, Boaventura de Sousa (2010b), *Refundación del Estado en América Latina. Perspetivas desde una epistemología del Sur.* Lima: Instituto Internacional de Derecho y Sociedad.

Santos, Boaventura de Sousa (2011), «Introducción: las epistemologías del Sur», *in* AA.VV, *Formas-otras. Saber, nombrar, narrar, hacer*. Barcelona: CIDOB, 11–22. Doi: http://www.boaventuradesousasantos.pt/media/INTRODUCCION_BSS.pdf

Santos, Boaventura de Sousa (2014), «La ola Podemos», *Público.es*, de 8 de dezembro. Consultado a 17.01.2016, em http://blogs.publico.es/espejos-extranos/2014/12/08/la-ola-podemos/

Santos, Boaventura de Sousa (2015), «Las revueltas mundiales de indignación: su significado para la teoría y para la práctica», *Revueltas de indignación y otras conversas*. La Paz: Alice, Oxfam, CIDES-UMSA, Ministerio de Autonomías, 17–36. Disponível em http://www.boaventuradesousasantos.pt/media/BSS_Revueltas.pdf

Santos, Boaventura de Sousa; Avritzer, Leonardo (2002), «Para ampliar o cânone democrático», *in* Boaventura de Sousa Santos (org.), *Democratizar a democracia: os caminhos da democracia participativa*. Rio de Janeiro: Civilização Brasileira, 39–82.

Schumpeter, Joseph (1961), *Capitalismo, socialismo e democracia*. Rio de Janeiro: Fundo de Cultura.

Sitrin, Marina; Azzellini, Dario (2012), *Occupying language: The secret rendezvous with history and the present*. Nova Iorque: Zuccotti Park Press.

Slater, David (2008), «Repensando la geopolítica del conocimiento: reto a las violaciones imperiales», *Tabula Rasa*, 8, 335–358. Consultado a 05.01.2016, em http://www.revistatabularasa.org/numero-8/stanler.pdf

Taibo, Carlos (2013), «The Spanish *Indignados*: A movement with two souls», *European Urban and Regional Studies*, 20(1), 155–158. Doi: http://dx.doi.org/10.1177/0969776412459846

Tormey, Simon (2015), *The end of representative politics*. Cambridge: Polity Press.

Viejo, Raimundo (2013), «Del militante al ativista», *Rebelión*, de 14 de fevereiro. Consultado a 15.01.2016, em http://www.rebelion.org/noticia.php?id=163800

Wallerstein, Immanuel (2002), «Uma política de esquerda para o século XX? Ou teoria e práxis novamente?», *in* Isabel Loureiro, José Leite e Maria Cevasco (orgs.), *O espírito de Porto Alegre*. São Paulo: Paz e Terra, 15–39.

Wood, Ellen Meiksins (2003), *Democracia contra capitalismo. A renovação do materialismo histórico*. São Paulo: Boitempo.

Zibechi, Raúl (2007), *Dispersar el poder*. Quito: Abya Yala.

Capítulo 10

Revolução passiva, «transformismo», «cesarismo»? Uma explicação gramsciana alternativa para os governos progressistas na América Latina[*]

Rebeca Jasso-Aguilar

Toda a cidade estava revoltadíssima e nós sabíamos que a vitória era nossa, que não desistiríamos das nossas exigências e que o governo não tinha alternativa senão ceder, ou então ver a cidade num estado de insurreição permanente.

Padre Luis Sánchez[1]

Introdução

A América Latina tem sido palco de crises neoliberais durante os últimos trinta anos. Desde a década de 1980, os países desta região têm sido governados por elites empresariais e políticas que lhes impuseram medidas neoliberais, abandonando os princípios da igualdade e

---

[*] Tradução de Sara Reis.

[1] Testemunho de um padre jesuíta a propósito dos últimos dias da Guerra da Água, em Cochabamba, na Bolívia, em 2000. Mais tarde, tornou-se membro do governo de Evo Morales. Entrevista realizada no verão de 2004.

redistribuição que imperaram nessa região e enfraquecendo a capacidade do Estado para adotar políticas públicas. No entanto, as sociedades latino-americanas não se limitaram a assistir à erosão do setor público. Cidadãos comuns participaram em ações coletivas que resultaram no impedimento de privatizações, na apropriação de fábricas e na destituição de governos. Surgiram muitos movimentos sociais, alguns em busca de autonomia e autodeterminação, outros em busca de uma mudança através de eleições; mas todos eles partilhando dos mesmos objetivos globais de justiça social. No início do novo milénio, chegou ao poder um conjunto de governos progressistas de esquerda que ficou conhecido por «onda rosa». Países como a Argentina, Bolívia, Brasil, El Salvador Equador, Uruguai e Venezuela, entre outros, testemunharam a ascensão ao poder de partidos políticos de esquerda. Alguns através de ações coletivas contestatárias; outros, em grande parte, através de eleições; e outros, ainda, através de uma combinação de ambas. Os governos daí resultantes adotaram políticas progressistas que se refletiram positivamente no bem-estar das suas populações: reduziram o nível de pobreza extrema, aumentaram os indicadores de educação e saúde, e testemunharam a expansão das suas classes médias.

Estes governos atuaram geralmente em terreno politicamente disputado, sofrendo pressões e ataques de todo o espectro político, da esquerda à direita. Todavia, durante os últimos anos, intensificaram-se os sinais de instabilidade nestes países, especialmente na Argentina, Bolívia, Brasil e Venezuela. Ao mesmo tempo, alguns especialistas gramscianos defendem que estes governos progressistas são exemplos de processos de revolução passiva, mais especificamente de «transformismo» e «cesarismo». Neste capítulo, pretendo analisar as afirmações de dois trabalhos que propõem esta perspetiva. No seu artigo *Spaces of Uneven Developments and Class Struggle in Bolivia: Transformation or Trasformismo?*, Chris Hesketh e Adam Morton (2014) defendem que as mudanças políticas resultantes da Revolução boliviana de abril de 1952 e as perturbações sociais ocorridas entre 2000 e 2005 são casos de «transformismo». Massimo Modonesi (2013a, 2014), por seu lado, afirma que há elementos comuns em todos os governos progressistas latino-americanos que permitem que os leiamos como casos de «transformismo» ou «cesarismo» progressista. Este capítulo é uma retificação destas interpretações. Para defender o meu ponto de vista, apresentarei: 1) um resumo das alegações, com ênfase nos acordos, nas diferenças e nas questões problemáticas; 2) uma crítica às alegações; 3) um enquadramento gramsciano alternativo; 4) a aplicação deste enquadramento à experiência boliviana recente e respetivas conclusões.

Os dados usados neste capítulo provêm de um estudo mais abrangente sobre as trajetórias de dois movimentos sociais que desafiaram o neoliberalismo na Bolívia e no México. A minha abordagem metodológica combina o método histórico-comparativo com etnografia e estudos de caso. Conduzi trabalhos de campo na Bolívia em 2004, 2005, 2009 e 2010, por um total de cinco meses. Efetuei observação participante em locais e eventos específicos, estive presente em manifestações e protestos, e conduzi entrevistas semiestruturadas com participantes de vários movimentos sociais, em particular das lutas contra a privatização da água. Realizei também entrevistas a intelectuais, políticos e membros do Gabinete do Presidente (Evo Morales). A escolha dos locais, participantes e eventos baseou-se no princípio da «seleção propositada», também conhecida por «amostra propositada» ou «seleção criteriosa». Trata-se de uma estratégia de investigação qualitativa através da qual «cenários, pessoas ou atividades são escolhidos deliberadamente com o objetivo de fornecerem informações que não podem ser conseguidas a partir de outras fontes» (Maxwell, 2005: 88). Transcrevi entrevistas na íntegra e analisei as respostas dos participantes a questões relativas a temas-chave que incluíam, entre outros, o neoliberalismo, os partidos políticos, a política eleitoral, o papel do Estado, os objetivos dos movimentos e as motivações dos participantes para continuarem envolvidos na ação coletiva.

1. As alegações: A Bolívia enquanto caso de «transformismo»; os governos progressistas latino-americanos enquanto casos de «cesarismo»

O «transformismo» é um mecanismo particular de revolução passiva. Este conceito foi usado por Gramsci para descrever o processo histórico na Itália do século XIX e início do século XX, em especial a luta pela unificação que culminou no primeiro período do Ressurgimento italiano. Durante este processo, algumas figuras políticas da oposição radical foram absorvidas pelos mais moderados. Gramsci denominou de «transformismo» esta absorção e incorporação, uma situação em que «a direita e a esquerda históricas [...] tendem a convergir nos seus programas [...] até não restarem quaisquer diferenças substanciais entre elas» (Gramsci, 1971: 58).

Hesketh e Morton (2014) defendem que as mudanças políticas na Bolívia que advieram da Revolução de 1952 e das perturbações sociais ocorridas entre 2000 e 2005 são exemplos de «transformismo», sublinhando o facto de terem sido momentos potencialmente revolucionários que não conseguiram construir alternativas revolucionárias. Em 1952, as forças subalternas aliaram-se à burguesia, constituindo assim um co-governo, em vez de assegurarem o poder autónomo; por outro lado, os camponeses tornaram-se conservadores em vez de apoiarem a classe operária urbana (2014, 155–156). De 2000 a 2005, o partido Movimento para o Socialismo (MAS) «não conseguiu oferecer uma liderança revolucionária» e o presidente Evo Morales levou o país «a acomodar-se ao capital global através de um neoliberalismo reconstruído», em vez de romper com a ordem existente (2014: 162–163).

«Cesarismo» é um conceito gramsciano que expressa «uma situação na qual as forças em conflito se equilibram mutuamente de modo catastrófico» (Gramsci, 1971: 219). O resultado pode ser progressista ou reacionário dependendo de qual das forças é favorecida pela intervenção do «césar». O «cesarismo» progressista representa «uma revolução completa» na qual as mudanças introduzidas são de uma «natureza quantitativa e qualitativa», representando a «fase histórica da passagem de um tipo de Estado para outro» (1971: 222); promove também o avanço de «toda a sociedade, sendo fundador de uma época» (Buci-Glucksmann, 1980: 312). No «cesarismo» regressivo, «não há uma passagem de um tipo de Estado para outro, apenas a evolução do mesmo tipo através de linhas contínuas» (Gramsci, 1971: 222).

Modonesi (2013a, 2014) pretende sublinhar as diferenças e semelhanças entre todos os governos progressistas latino-americanos, realçando a existência de «um elemento de passividade fundamental e profundamente problemático que acompanha e caracteriza estas experiências» (2013a: 223). O mesmo autor propõe cinco hipóteses gerais que caracterizam estes governos (2013a: 221–223). A primeira hipótese alega que as mudanças introduzidas por estes governos são inequivocamente revolucionárias. A quinta hipótese identifica e enfatiza o papel de um «césar» progressista — uma figura carismática, um caudilho popular presente em cada um destes países —, que resolve a situação de equilíbrio catastrófico garantindo «a proporção entre transformação e conservação», enquanto assegura o «caráter fundamentalmente passivo e delegativo» (2013a: 222–223) dessa transição. A segunda, terceira e quarta hipóteses reforçam a capacidade de o Estado administrar e manter uma mudança a partir de cima, e de cooptar, absorver e desmobilizar movimentos populares, transferindo-os para o domínio institucional.

Uma semelhança importante entre estes artigos é o papel pacificador que os autores atribuem aos governos progressistas, afirmando que a desmobilização ou diminuição do nível de atividade dos movimentos sociais após a chegada ao poder dos governos progressistas foi maioritariamente o resultado das políticas e estratégias destes últimos. Os movimentos sociais que anteriormente se dedicavam a atividades antagonistas foram encorajados a seguir um caminho constitucional (Hesketh e Morton, 2014) e a transferir as suas lutas para o domínio institucional (Modonesi, 2013a). A transferência para este domínio viabiliza a absorção e a cooptação dos movimentos sociais e aumenta a probabilidade de conduzir à desmobilização.

Outra semelhança é o reconhecimento de um aspeto crucial da dinâmica que caracteriza o processo de revolução passiva: o facto de a tese postular a necessidade de uma «antítese vigorosa» (Hesketh e Morton, 2014: 166; Modonesi, 2013a: 217). Todavia, nenhuma destas obras desenvolve este aspeto-chave. Esta falta de atenção para com a antítese é uma das minhas principais críticas e serve de base ao enquadramento gramsciano alternativo que desenvolverei mais adiante.

É possível que a diferença principal entre as duas obras resida no seguinte: para Hesketh e Morton (2014), nem a Revolução boliviana de 1952 nem os conflitos ocorridos entre 2000 e 2005 trouxeram grandes transformações à Bolívia; enquanto para Modonesi (2014), as mudanças introduzidas pelos governos progressistas na região — incluindo o governo boliviano eleito em 2005 — mostraram-se indiscutivelmente revolucionárias.

2. Algumas questões problemáticas

Em primeiro lugar, é uma contradição problemática o facto de Hesketh e Morton (2014) entenderem as mudanças trazidas pelos governos progressistas bolivianos como representativas de um neoliberalismo renovado, enquanto Modonesi (2014) interpreta as mudanças implantadas pelos governos progressistas latino-americanos, incluindo o caso boliviano, como revolucionárias. No epicentro desta contradição está a problemática de saber quem decide o que deve considerar-se como revolução e como reforma, quais as mudanças e conquistas que podem ser entendidas como revolucionárias e como reformistas, independentemente das exigências, estratégias e objetivos iniciais traçados pelos agentes envolvidos. É verdadeiramente inquietante que estas decisões sejam muitas vezes tomadas por observadores e especialistas externos.

Em segundo lugar, os autores reconhecem, mas não desenvolvem, o ponto-chave da revolução passiva enquanto processo dialético. Gramsci defende

> a tese da revolução passiva como uma interpretação do período do Ressurgimento e de todas as épocas caracterizadas por convulsões históricas complexas. [...] Perigo do derrotismo histórico, por exemplo, o indiferentismo, já que a forma como se coloca o problema pode levar à crença em algum tipo de fatalismo, etc. No entanto, a conceção continua a ser dialética; por outras palavras, ela pressupõe — na verdade, postula como necessária — uma antítese vigorosa que possa apresentar intransigentemente todas as suas possibilidades de desenvolvimento. (Gramsci, 1971: 114)

O facto de não se desenvolver este ponto, isto é, de não se examinar a antítese, pode conduzir ao tipo de fatalismo que expressa a inevitabilidade, esse «derrotismo histórico» que a citação anterior menciona. Isto poderá levar à generalização de que os governos progressistas acabarão inevitavelmente por sucumbir aos processos de revolução passiva. Não examinar o processo de revolução passiva seria como tirar uma fotografia que nada revela sobre os fatores e circunstâncias que levaram os governos progressistas ao ponto onde se encontram. Há o risco de transmitir a perspetiva de que as revoluções passivas são inevitáveis, irreversíveis e definitivas.

Em terceiro lugar, relativamente à generalização de Modonesi (2014) quanto às experiências latino-americanas enquanto casos de «transformismo» ou «cesarismo», quando se analisa em detalhe o contexto da região, esta explicação generalista não faz justiça à variação substancial entre os diversos casos. Modonesi reconhece que tal generalização «pode ser imprudente», embora argumente que

> a «prova» do alcance interpretativo dos conceitos [gramscianos] pode ser retirada da possibilidade desta generalização. Por outras palavras, se o conjunto destes fenómenos pode ser lido à luz da revolução passiva/cesarismo progressista/transformismo, isso abonaria a favor da capacidade explanatória destas categorias e das suas conexões. (Modonesi, 2013a: 221)

Mas trata-se de um «se» problemático, ainda mais com a falta de provas empíricas que suportariam o seu argumento. Esta generalização parece também não considerar exemplos de outros governos progressistas semelhantes que foram destituídos ou impedidos de chegar ao poder, particularmente o caso das Honduras, do México e do Paraguai.

E, em quarto lugar, nem Modonesi (2014) nem Hesketh e Morton (2014) fornecem provas que corroborem a teoria de que estes governos são responsáveis pela desmobilização de movimentos sociais anteriormente antagonistas. Modonesi afirma ainda que estes governos beneficiaram com a desmobilização, apesar de não sustentar este argumento.

3. Uma crítica às alegações

Será que a Revolução boliviana de 1952 falhou na construção de uma alternativa revolucionária? Os registos históricos fornecem informações que permitem pôr em perspetiva este argumento. O Movimento Nacionalista Revolucionário (MNR) — partido político que liderou a Revolução de 1952, tendo depois chegado ao poder — era constituído por três fações bastante distintas, com estratégias, táticas e objetivos muito próprios (Malloy, 1970).

A fação de direita — constituída essencialmente pela pequena burguesia, pela elite secundária do partido e por uma emergente classe média empobrecida — prestava tributo a símbolos vagos de dignidade nacional, rejeitando a oligarquia e tudo o que era antinacional. O centro pragmático — constituído pelos líderes originais do partido que se exilaram após o golpe falhado — tinha uma ideologia nacionalista e o objetivo de desenvolver a Bolívia. Tanto a ala direita como o centro pragmático careciam de objetivos e programas definidos. Apesar disso, defendiam convictamente que a elite burguesa deveria estar no poder (Malloy, 1970: 158–163). Não há registos históricos que sugiram a existência de um projeto revolucionário cuja construção tenha fracassado.

Os trabalhistas representavam a ala esquerda do partido e tinham objetivos e programas socialistas. Porém, os trabalhadores escolheram o MNR como instrumento político, em vez de formarem o seu próprio partido. Procuraram constituir um cogoverno, empurrar o partido para a ala esquerda e construir uma larga base a partir de dentro (Malloy, 1970: 158–163, 223, 228), tendo sido em grande medida bem-sucedidos (Zavaleta, 1970: 84; Malloy, 1970: 223). Contudo, isto não sugere que, nessa altura, procurassem poder autónomo ou pretendessem derrubar o sistema político para estabelecer uma alternativa socialista. Na verdade, os trabalhistas não podem ser responsabilizados por não terem alcançado objetivos que não se propuseram atingir. É também difícil afirmar que os trabalhistas tenham sido absorvidos ao ponto de não haver diferenças significativas entre o seu programa e o das outras fações. Enquanto grupo, os trabalhistas mantiveram um nível de independência que resultou na sua repressão por parte do MNR — uma situação que atingiu o seu auge aquando do golpe de 1964. Provavelmente, se os trabalhistas se tivessem transformado em algo indissociável da fação dominante, as ações do partido para com os trabalhadores teriam sido diferentes.

Os camponeses não se tornaram conservadores após a Revolução de 1952; continuaram simplesmente a insistir nas suas reivindicações ancestrais por terra e autonomia (Rivera Cusicanqui, 1984: 61). Os camponeses estavam sujeitos às práticas clientelistas e de cooptação de todos os grupos do MNR, mas formavam aliança com qualquer grupo que apoiasse o seu direito à posse de terras e tivesse o poder de lho garantir. Apesar de ter provindo dos trabalhistas o empurrão para se incorporarem na nova nação, esta incorporação ocorreu, na prática, através do aparelho estatal oficial (Zavaleta, 1970: 223). A crescente militarização no campo reforçou as relações entre os camponeses e os militares, em detrimento da sua ligação com os trabalhistas (Rivera Cusicanqui, 1984: 49, 94; Postero, 2007: 40). Consequentemente, os camponeses forjaram e consolidaram a sua relação com o Estado aliando-se ao grupo mais reacionário dentro dele e não ao mais revolucionário (Zavaleta, 1970: 223).

Deve sublinhar-se o facto de que apesar de a Revolução de 1952 ter tido as características de um fenómeno revolucionário — tratou-se de uma revolta popular que destituiu o presidente da época, ainda que este tivesse sido imposto por um golpe —, o objetivo não fora romper com a ordem social, mas devolver o poder ao homem que ganhou justamente as eleições presidenciais de 1951 e que depois foi ilegalmente deposto. Foi uma revolução dentro das fronteiras das instituições políticas existentes e uma afirmação da necessidade de as devolver à legalidade. Não se tratou de uma revolução que questionasse e ambicionasse destruir as ditas instituições para dar lugar a novas. No entanto, esta não seria a última vez que as massas insurretas criariam as condições para chegar ao poder através dos canais institucionais. Aconteceria novamente no auge das conturbações sociais de 2000 a 2005.

As afirmações de que o MAS não ofereceu uma liderança revolucionária durante a Guerra do Gás, de 2000 a 2005, e de que esta foi outra oportunidade perdida para mudar a ordem social ignoram o facto de que os eventos ocorridos não foram liderados por uma só organização ou grupo nem tiveram apenas um objetivo. No auge da Guerra do Gás, em outubro de 2003, houve consenso geral entre os movimentos sociais por todo o país relativamente ao que veio a ser conhecido por Agenda de Outubro: a nacionalização do gás, a convocação de uma Assembleia Constituinte e a demissão do presidente Gonzalo Sánchez de Lozada. Mas as principais organizações sociais tiveram fortes desentendimentos quanto ao modo como a Assembleia Constituinte e o processo de nacionalização deveriam ser executados (Gutiérrez Aguilar, 2009). Foi extremamente complicado resolver tais desentendimentos. Além disso, as próprias organizações sociais não tinham definido uma estratégia para avançar com os seus projetos.

Evo Morales e o MAS tinham uma nítida perceção dos seus objetivos e estratégias, sabiam que «tinham capacidade eleitoral e que queriam seguir a via eleitoral [...] beneficiaram da confusão e da falta de clareza [por parte dos outros grupos] [...] mas o MAS tinha um projeto eleitoral e não insurrecional»[2] O MAS não podia oferecer uma liderança

[2] Da entrevista efetuada em 2 de fevereiro de 2010 a Raúl Prada, membro do grupo Comuna (com os colegas investigadores Álvaro García Linera, Luis Tapia e Raquel Gutiérrez Aguilar); foi também membro da Assembleia Constituinte entre 2007 e 2008

revolucionária quando o próprio partido não tinha um projeto revolucionário alternativo. Contudo, a falta de uma alternativa revolucionária era partilhada por outros agentes insurretos (Webber, 2013: 162). As «massas mobilizadas», em particular as de El Alto, procuraram uma «solução constitucional» para chegar ao poder, em vez de o conquistar por uma via «não democrática» (Escóbar, 2008: 286–287). As massas mobilizadas levaram a Bolívia a um impasse, congestionaram as cidades de La Paz e de El Alto e exigiram uma «tripla demissão»: a do presidente Carlos Mesa e a renúncia do presidente do Senado e do presidente do Congresso aos seus direitos constitucionais de substituir o presidente em caso de demissão. O gabinete executivo seria ocupado pelo presidente do Supremo Tribunal de Justiça, que teria apenas a função de convocar eleições presidenciais no prazo de seis meses. Toda esta complexa manobra política foi imposta pelas massas insurretas; de qualquer modo, era este o protocolo legal estabelecido pela Constituição boliviana em tempo de crise.

Uma vez mais, a teoria de que «o MAS não ofereceu uma liderança revolucionária» ignora a diversidade de exigências, estratégias e objetivos das várias organizações que participaram na revolta. Também é desconsiderada a independência dos militantes de base em relação à liderança, «como se a decisão sobre o modo de ação dependesse dos líderes em vez de depender das coletividades» (Gutiérrez Aguilar, 2009: 314). E, independentemente do quão crítico é cada um relativamente ao governo de Morales, torna-se também difícil defender a teoria de que o seu programa coincidiu com o das fações de direita e conservadoras ao ponto de não haver diferenças entre os mesmos, o que está no cerne do conceito de «transformismo».

No que diz respeito à generalização dos governos progressistas latino-americanos enquanto casos de «cesarismo», se, por um lado, Modonesi não destaca na sua obra nenhum governo progressista em particular, por outro, também é verdade que se referiu anteriormente ao Brasil como um caso de revolução passiva/«cesarismo», atribuindo as características do «césar» progressista aos presidentes Lula e Rousseff (Modonesi, 2013b). Mas se aderirmos aos conceitos gramscianos de «cesarismo», segundo

---

e, desde o final de 2008, diretor no Ministério da Economia e Finanças. Já não faz parte da administração de Morales e, mais recentemente, tornou-se crítico do Governo.

os quais as forças A e B se equilibram mutuamente de modo catastrófico, é necessário avaliar se o equilíbrio de forças no Brasil representou, de facto, essa situação, aquando da ascensão ao poder do presidente Lula. Esta análise não está presente na obra de Modonesi. Alguns analistas têm sugerido que Lula se tornou presidente numa altura em que a atividade dos movimentos sociais tinha diminuído ou começado a diminuir (Guerra Cabrera, 2013) e sublinham a ausência das mobilizações de massas vindas de baixo (Robinson, 2008: 346). Mas não existe qualquer indício de que isso tenha beneficiado a sua administração. De facto, alguns analistas têm alegado que, na ausência de movimentos sociais ativos que apoiassem e promovessem a sua agenda, o presidente Lula foi forçado a formar alianças que lhe deixaram muito pouca margem de manobra (Guerra Cabrera, 2013) e expuseram o seu governo às pressões do capital transnacional (Robinson, 2008: 346). Daqui se depreende que a ação coletiva contenciosa possa ter isolado Lula perante as pressões dos grupos dominantes e ter potencialmente permitido que ele seguisse e cumprisse uma agenda mais progressista. Deste modo, a desmobilização foi mais uma desvantagem do que um benefício.

A variação a incluir numa análise profunda dos governos progressistas latino-americanos exigiria uma explicação mais diversificada. Além disso, a explicação generalista de Modonesi não tem em conta casos como o do presidente das Honduras, Manuel Zelaya, deposto na sequência do golpe de 2009; o do antigo presidente da Câmara da Cidade do México, Andrés Manuel López Obrador (AMLO), que não conseguiu ganhar as eleições presidenciais mexicanas em 2006 e 2012, entre polémicas de fraude eleitoral bem fundamentadas; ou ainda do presidente do Paraguai, Fernando Lugo, deposto por um recurso legalista em 2012. Se é possível generalizar as experiências latino-americanas enquanto casos de «cesarismo», então porque não foi permitido a AMLO, Zelaya e Lugo seguirem políticas progressistas? Em que medida estes potenciais «césares», ou as suas políticas, constituíram uma ameaça ao *statu quo*? Até que ponto foram diferentes dos «césares» a quem foi permitido chegar ou permanecer no poder? Quando tomamos em consideração a variedade de casos e as situações atípicas, a generalização de Modonesi torna-se insatisfatória. Isto não significa que o «cesarismo» não possa estar a implantar-se. Mas, para validar este argumento, é necessário efetuar uma análise comparativa rigorosa, dando particular atenção ao equilíbrio de forças em conflito em cada caso. Falta uma análise deste género na obra de Modonesi.

Estarão os governos progressistas condenados a tornar-se revoluções passivas? Será a revolução passiva inevitável? Partindo da minha investigação empírica, proponho uma explicação gramsciana diferente para os governos progressistas da América Latina.

4. Uma explicação alternativa: uma teoria de revolução antipassiva[3]

Noutro contexto, expus a seguinte representação gráfica do processo de revolução passiva:

Figura 10-1. Transição do Estado e revolução passiva segundo Gramsci

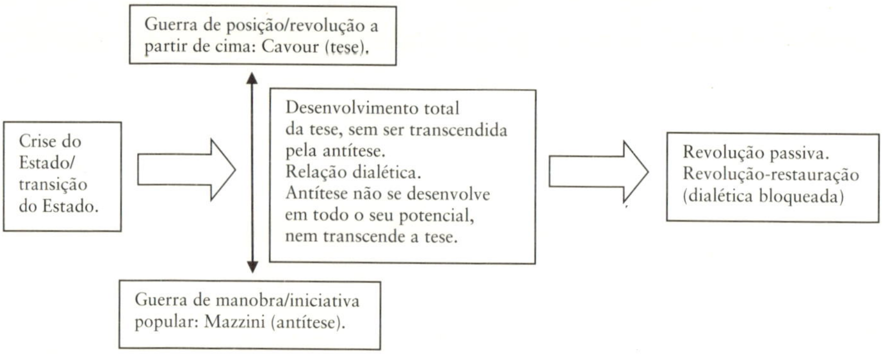

Durante o Ressurgimento italiano, Cavour representou a guerra de posição, ou revolução a partir de cima, enquanto Mazzini representou a guerra de manobra, ou a iniciativa popular.[4] Ambos estavam envolvidos numa relação dialética representando a tese e a antítese, respetivamente.[5] Para Gramsci,

[3] Esta teoria e narrativa surgiram pela primeira vez em Jasso-Aguilar (2014: 618–622, 625–628).

[4] A guerra de posição é uma guerra de atrito ou revolução a partir de cima que não envolve quaisquer armas; a guerra de manobra consiste num ataque frontal perpetrado pelo elemento popular (Gramsci, 1971: 108–109). A guerra de posição, no seu «sentido mais restrito implica uma tática de penetração informal exigida quando a guerra aberta, ou «guerra manobrada», é impossível» (Adamson, 1980: 10).

[5] A tese é entendida como a estrutura social vigente institucionalizada dentro de processos histórico-materiais, enquanto a antítese é a recente forma histórica emergente

> cada elemento de uma oposição dialética [tem de] ser ele próprio tanto quanto possível e fazer uso de todos os «recursos» políticos e morais que possui, já que só assim poderá chegar a uma «transcendência» dialética genuína do seu oponente. (Gramsci, 1971: 109)

Quando a antítese fracassa neste intento, só a tese desenvolve o seu potencial ao máximo, absorvendo até os «representantes da antítese» sem por ela ser transcendida. Foi nisto que a revolução passiva, ou restauração, consistiu (Gramsci, 1971: 110). A revolução a partir de cima de Cavour absorveu a iniciativa popular sem ser transcendida por ela, o que resultou num desequilíbrio que favoreceu o seu projeto político à custa do de Mazzini. Se a antítese se tivesse desenvolvido completamente, «o equilíbrio que adveio da convergência das atividades de Mazzini e Cavour teria sido diferente, [...] mais favorável ao mazzinianismo. [...] o Estado italiano teria sido constituído numa base menos retrógrada e mais moderna» (1971: 108). Neste sentido, a revolução passiva é uma «revolução-restauração» e a expressão de uma «dialética bloqueada» (Buci-Glucksmann, 1980: 315).

Isto ilustra não só a extrema importância da dialética envolvida na relação entre as forças em conflito como também a necessidade de «uma antítese vigorosa que possa apresentar intransigentemente todas as suas potencialidades para o desenvolvimento» (Gramsci 1971: 114), caso a revolução passiva/revolução-restauração seja evitada. A ênfase de Gramsci numa antítese vigorosa que consiga desenvolver-se ao máximo, transcender a tese e contribuir adequadamente para o equilíbrio final de forças é um argumento contra a inevitabilidade da revolução passiva.

Ao reexaminar a teoria gramsciana de transição do Estado, Buci-Glucksmann (1979) defende que, em vez da guerra de posição das elites e da guerra de manobra das classes populares, na verdade, são duas guerras de posição que têm lugar durante esta transição: «a guerra da classe dominante nas suas várias formas de revolução passiva e a guerra assimétrica das classes subalternas na sua luta pela hegemonia e liderança

---

criada por forças sociais subalternas. Cavour e o Partido Moderado constituíam a estrutura social vigente que procurava implementar mudanças reformistas com o intuito de evitar uma revolução. Mazzini e o Partido de Ação eram, por sua vez, as forças subalternas que procuravam uma mudança revolucionária.

política sobre a sociedade» (1979: 210).[6] Afirma também que a complexa relação dialética entre estas duas guerras de posição deve ser explorada quanto aos seus aspetos negativos e positivos (1979: 211).

Se interpretarmos a revolução passiva/revolução-restauração representada na Figura 10-1 como um desfecho negativo, podemos concluir que o desfecho positivo implicaria o oposto. Na verdade, «a utilidade do conceito de revolução passiva» (Voza, 2009: 72) reside no seu potencial para conceber uma revolução antipassiva. Buci-Glucksmann defende que se a luta pelo socialismo — ou possivelmente por qualquer outra fase relevante para a época — se baseia, como Gramsci sugeriu, em «estratégias democráticas consistindo necessariamente em revoluções democráticas em massa que estabelecem novas ligações entre a democracia representativa e a democracia de base», então esta luta terá de ser, «antes de mais, uma revolução antipassiva» (Buci-Glucksmann, 1979: 211). Um processo deste tipo teria o aspeto seguinte:

Figura 10-2. A teoria da transição do Estado e da revolução antipassiva, de Buci-Glucksmann

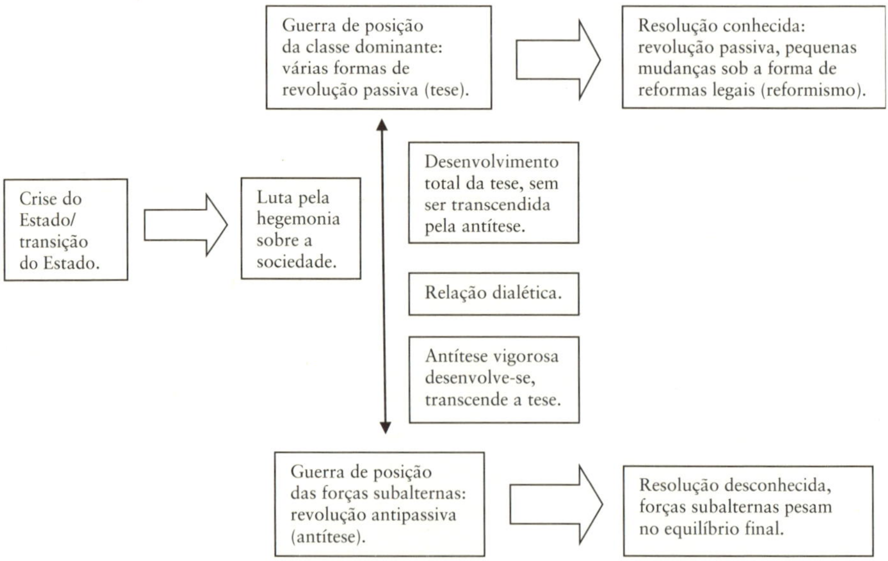

[6] O termo «subalterno» refere-se, neste caso, aos grupos sociais que, tendo sido privados da sua participação política, atingiram ainda assim um nível avançado de consciência e organização política que lhes permitiu ir além de um processo de contra-hegemonia e colocar um verdadeiro desafio à hegemonia dominante (Liguori, 2013: 94).

A guerra de posição das classes subalternas é necessariamente uma revolução antipassiva e estará sempre em conflito permanente — uma relação dialética — com a guerra de posição das classes dominantes — a revolução passiva — e com o reformismo que ela produz (Buci-Glucksmann, 1979: 229). A Figura 10-2 mostra que a revolução passiva é um processo, um projeto e uma resolução/desfecho. É o processo pelo qual a oposição é absorvida pela classe dominante — na essência, «transformismo». Trata-se do projeto das classes dominantes imposto a partir de cima, expresso «nas suas várias formas de revolução passiva» (1979: 210). É também um desfecho ou resolução — uma revolução-restauração como no Ressurgimento —, ou uma forma de reformismo dos tempos modernos. A resolução da revolução antipassiva na Figura 10-2 é desconhecida porque Gramsci «não oferece nenhuma resolução para ela relativamente ao Estado» (Buci-Glucksmann, 1979: 233).

> Atualmente, cabe-nos resolver — em condições históricas diferentes, mas *com base em certos elementos fornecidos* pelo seu trabalho [de Gramsci] — o problema teórico e político apresentado pelo desenvolvimento simultâneo, por um lado, de uma certa forma de revolução passiva (que inclui novas características resultantes da atual crise capitalista) e, por outro, de um novo tipo de Estado democrático, pluralista e transitório que não pode continuar a ser compreendido nos termos clássicos de um Estado de direito parlamentar com a sua eterna separação formal entre sociedade política e sociedade civil.
>
> [...] uma transição democrática antipassiva deve ser baseada na expansão não burocrática das formas de vida política dentro da totalidade das estruturas abrangidas pelo «Estado alargado», desde a base aos vários aparelhos hegemónicos.
>
> [...] Assim, o que é necessário definir *é a forma* de um Estado de transição que seja capaz de oferecer [...] uma nova dialética política entre a democracia representativa e [...] a democracia de base, [em vez de] uma oposição frontal entre ambas, que destrua o poder das duas ou na qual uma delas seja absorvida pela outra como resultado de alguma nova política reformista que assinalaria a transição com uma simples mudança de governo. (Buci-Glucksmann, 1979: 233–234) (itálicos no original)

A chave para a compreensão do termo «dialética» na citação acima é a interpretação da democracia representativa como a tese dentro da dialética. A democracia representativa é a estrutura social vigente, institucionalizada no âmbito dos processos histórico-materiais. A democracia de base seria, nesse caso, a antítese, a nova forma histórica emergente criada pelas forças sociais subalternas e em confronto, pelo menos parcial, com as formas democráticas representativas (a tese). A dialética reside na tensão, interação e conflito entre estas duas formas históricas

O meu argumento assenta no seguinte: para um enquadramento gramsciano mais adequado à explicação dos governos progressistas latino-americanos, incluindo o caso boliviano, devemos entendê-los como processos em curso de transição do Estado tal como representado na Figura 10-2, em vez de os vermos como o resultado final de uma relação dialética já solucionada. As perguntas que deveriam ser feitas a cada governo progressista são as seguintes: Que forma devem tomar estes Estados de transição para que possam oferecer esta dialética política? Quais são as condições para o desenvolvimento de uma antítese vigorosa que resista à absorção e evite o caminho da revolução passiva? Que podem fazer os governos e movimentos sociais para evitar este caminho ou para se afastar dele caso já aí se encontrem? E que podem os estudiosos fazer? De que modo podemos pôr o nosso conhecimento ao serviço dos agentes destas transições?

Em termos metodológicos, a investigação histórico-comparativa e as análises sistemáticas qualitativo-comparativas das experiências progressistas latino-americanas permitiriam começar a responder a estas questões e a formular outra teoria relativamente à transição do Estado, que fosse mais adequada ao nosso tempo e contexto. As respostas a estas perguntas permitiriam situar estas experiências políticas no âmbito da teoria da transição do Estado e da revolução antipassiva representada na Figura 10-2. As semelhanças e diferenças entre os vários casos permitiriam identificar elementos e processos nas transições do Estado, com potencial para conduzir a uma antítese tanto fraca como forte e, portanto, com maior propensão à resolução da dialética numa revolução passiva, ou em algo diferente, na qual as forças subalternas intervêm em conformidade. Tal investigação teria implicações teóricas e práticas muito importantes. Contribuiria para a literatura dos estudos gramscianos, da sociologia política e da teoria dos movimentos sociais, sendo um instrumento inestimável para os agentes envolvidos em transições do Estado.

5. Lições da experiência boliviana

Neste âmbito, a Guerra da Água e os bloqueios de estradas perpetrados por aimarás na Bolívia, em 2000, representaram a fase inicial de uma revolução antipassiva que continuou a desenvolver-se durante as convulsões sociais verificadas entre 2000 e 2005. Este foi um período de crise estatal durante o qual as forças subalternas lutaram contra as elites dominantes que continuavam a promover uma agenda neoliberal. A deposição do presidente neoliberal Gonzalo Sánchez de Lozada foi uma vitória das forças subalternas, embora não representasse a derrota definitiva das classes dominantes. O referendo sobre a nacionalização do petróleo sublinha a resiliência da revolução passiva. Proposta por Carlos Mesa,[7] um presidente fraco, esta foi uma hábil manobra política que dividiu as forças subalternas.

Neste período, as forças subalternas fizeram enormes progressos através de ações coletivas de contestação que desafiaram a democracia representativa. Ao participarem na política eleitoral e elegerem Evo Morales como presidente, estas forças procuraram consolidar estes progressos e alcançar novos objetivos. A sua decisão de seguir este rumo não foi tomada de ânimo leve. Nos meses que antecederam as eleições de dezembro de 2005, o tipo de apoio que os movimentos sociais independentes estavam dispostos a oferecer à campanha presidencial de Evo Morales tornou-se tema de discussão. Organizaram-se inúmeras reuniões e debates até se alcançar um consenso sobre qual deveria ser o posicionamento destes movimentos durante o processo eleitoral e em caso de vitória de Evo Morales. Eu estive presente numa dessas reuniões, em julho de 2005, onde também estava Alvaro García Linera, que tinha acabado de ser convidado por Evo Morales para concorrer como seu vice-presidente. García Linera procurava aferir o apoio que poderia receber das organizações sociais; enquanto estas, por sua vez, procuravam ter uma ideia do grau de compromisso de Morales para as escutar e se comprometer com elas.

García Linera realizou reuniões semelhantes com várias organizações sociais para sublinhar a importância de conquistar o poder estatal e para

[7] Carlos Mesa foi vice-presidente durante o mandato de Lozada e tornou-se presidente após a renúncia deste em 2003.

tentar obter o seu apoio. Reconhecendo os ganhos alcançados por meio da mobilização, Linera defendia que as questões então mais urgentes na agenda dos movimentos sociais — a nacionalização do gás e a reforma da Constituição, a *Asamblea Constituyente* — eram exigências que «só poderiam ser feitas depois de se conquistar o poder estatal. E há duas maneiras de conquistar o poder estatal: ou se compram armas ou se ganham as eleições».[8] Este comentário sugeria uma dicotomia que não era partilhada por muitas organizações independentes. Estas não rejeitavam forçosamente a política eleitoral, mas não aceitavam abraçar esta opção de forma acrítica.

O Estado que emergiu após as eleições de 2005 pode ser descrito como um Estado de transição, no qual as forças subalternas continuavam a lutar contra a revolução passiva operada pela classe dominante. Este conflito teve lugar num novo cenário político, em que as forças subalternas detinham agora poder estatal. Uma vez que os cargos políticos na Bolívia tinham sido sempre exercidos pela classe dominante, é tentador ver Evo Morales e os membros dos movimentos sociais atualmente no poder como fazendo parte do grupo dominante, sobretudo se a esperada agenda progressista não for rapidamente posta em prática. Contudo, é mais correto vê-los como membros da democracia representativa, reconhecendo que as forças subalternas possuem agora uma representação alargada dentro deste grupo. É nesta nova arena política que questões como as nacionalizações e as reformas constitucionais, entre outras, têm sido e continuarão a ser resolvidas. Porém, e ao contrário do que se poderia pensar, tal não torna os movimentos sociais e/ou a mobilização social obsoletos. O sucesso da revolução antipassiva depende do reforço e/ou estabelecimento de novas ligações entre a democracia representativa e a democracia de base, justificando-se assim a importância crucial dos movimentos sociais ativos e independentes.

Sugiro que foquemos a nossa atenção académica na forma particular de transição estatal que a Bolívia adotou para chegar à dialética política que se desenvolveu entre a democracia representativa e a democracia de base. Precisamos de identificar as relações que se desenvolveram entre o governo de Morales e os parceiros sociais. Este é precisamente o tipo de

[8] Entrevista efetuada em 12 de janeiro de 2010 a Jim Schultz, diretor do Democracy Center, uma ONG com sedes em Cochabamba e São Francisco.

relações que Modonesi identifica corretamente como importantes mas que têm sido mal analisadas.[9] É necessário estudar a sua emergência, contexto, trajetórias e consequências, identificar os seus pontos fortes e fracos, e transformá-las em experiências de aprendizagem. A seguinte vinheta da minha investigação empírica na Bolívia é um exemplo extraordinário desta relação dialética.

O Ministério da Água foi um novo gabinete que o candidato presidencial Evo Morales negociou com os movimentos e organizações sociais envolvidos nas questões da água e do ambiente, como retribuição pelo apoio que lhe conferiram nas eleições de 2005. O ministério lidou com as questões prementes resultantes das então recentes guerras da água e introduziu também uma nova forma de o povo participar no governo através de uma comissão sociotécnica que integrava movimentos e organizações sociais, bem como académicos e intelectuais envolvidos nas questões da água. O papel da comissão era discutir, alcançar consensos e aprovar os projetos, planos e programas propostos pelo ministério. A intenção era que fosse uma «forma forte de "controlo social" e uma forma de cogestão entre o governo e a sociedade civil».[10] Originalmente, a comissão possuía direitos de discussão e de voto sobre todos os projetos, planos e programas do ministério.

O governo de Morales honrou o seu compromisso e criou o Ministério da Água, mas a comissão social não funcionou como tinha sido inicialmente planeado. O papel desta comissão foi limitado desde o início e o seu raio de ação foi ainda mais condicionado pelo argumento de que as decisões tomadas por terceiros não poderiam sobrepor-se às que fossem tomadas pelo ministro. Este comportamento realça a tensão inerente à relação dialética entre a democracia representativa, mesmo quando progressista, e a democracia de base. Também sublinha a separação

[9] Este facto é reconhecido em Modonesi (2013a: 220, nota de rodapé 25; 2014: 191, nota de rodapé 9).

[10] Entrevista efetuada em 7 de janeiro de 2010 a Rocío Bustos, engenheira e investigadora especializada nas questões da água. Por controlo social, ou *control social* em espanhol, entende-se o controlo exercido pela sociedade civil sobre o governo. Tal pressupõe uma sociedade civil com um papel mais forte em matérias normalmente a cargo do governo. Este tipo de sociedade foi debatido e implementado pela primeira vez após a Guerra da Água de Cochabamba, em 2000, incorporando a participação da comunidade na gestão da empresa municipal de águas SEMAPA através da eleição de membros da comunidade para o Conselho de Administração desta empresa. Os resultados foram desiguais, mas manteve-se o desejo e o objetivo a longo prazo de melhorar esta experiência.

aparentemente inevitável entre os dois regimes, a qual parece ser posta em prática logo que se alcança o poder político formal. Contudo, não há razões para pôr de lado esta experiência. Pelo contrário, esta e outras experiências semelhantes na Bolívia, e noutros governos progressistas, devem ser objeto de estudos académicos e discussões com os intervenientes envolvidos, procurando identificar obstáculos e pontos de discórdia, bem como formas de os ultrapassar. Estas análises exigem uma grande dose de investigação empírica — entrevistas, análise de transcrições e de registos (se/quando disponíveis), entre outros —, bem como a vontade dos intervenientes em participar. No entanto, são essenciais para a transformação destas experiências em ferramentas de aprendizagem que possam ser úteis a governos progressistas na Bolívia e noutros países, evitando que as olhemos como experiências falhadas ou, ainda pior, descartando-as como sendo o resultado da «traição do governo».

A dialética política entre o governo de Morales e as organizações sociais que se mantiveram independentes do partido MAS não tem exercido uma oposição frontal a este objetivo. Nenhuma das partes procurou destruir a contrária, embora o comportamento do MAS possa parecer uma tentativa deliberada de neutralizar os movimentos sociais. Oscar Olivera vê como missão dos movimentos sociais forçar o presidente Evo Morales a cumprir a Agenda de Outubro ou a esclarecer as razões pelas quais ela ainda não foi cumprida:

> Pedimos apenas que o governo diga a verdade sobre o que tem feito e sobre quais são as limitações de um mundo globalizado e da estrutura estatal que herdou. [...] Não queremos que diga que houve uma nacionalização [do gás] na Bolívia ou que há um processo revolucionário e anti-imperialista, porque tal não é verdade.[11]

Embora mordaz, esta crítica não significa que Olivera desvalorizasse o governo de Morales. Quando sugeri um cenário no qual o governo tivesse um diálogo honesto com os movimentos sociais sobre as pressões

[11] Entrevista efetuada em 21 de Janeiro de 2010 a Oscar Olivera, antigo secretário-geral da Federação dos Trabalhadores e porta-voz da Coordenadora da Água e da Vida, mais tarde denominada Coordenadora do Gás, uma coligação que continua a ser uma das organizações sociais mais independentes. É também um dos fundadores da Fundación Abril, uma ONG que se dedica às questões da água e do trabalho, entre outras matérias sociais.

a que estava sujeito e as fronteiras e limitações dentro das quais tinha de trabalhar, e perguntei a Olivera se esta abordagem ou diálogo facilitaria uma colaboração favorável de movimentos sociais independentes, a sua resposta foi rápida e categórica:

> Claro que sim! Além disso, [este diálogo honesto] permitiria [aos movimentos sociais] desenvolver estratégias para quebrar essas correntes de dominação e também para romper completamente com outros governos.

A resposta de Olivera esclarece a forma que o processo de revolução antipassiva na Bolívia poderia tomar e sugere uma vontade de prosseguir neste rumo. Para este processo, Olivera vê um caminho que talvez se pudesse materializar caso fosse estabelecida uma relação nova e diferente entre a democracia representativa e a democracia de base. No entanto, antes de se começar a explorar esta possibilidade é preciso compreender as nuances e a complexidade das relações entre o governo e os movimentos sociais.

O destacado sociólogo aimará Pablo Mamani sublinha a futilidade de categorizar as organizações e os movimentos sociais bolivianos como estando simplesmente «a favor ou contra» o governo.[12] A histórica «instabilidade da lógica indígena» é uma forma mais apropriada de compreender a relação entre o governo e as organizações sociais. Esta instabilidade reflete-se nas formas usadas pelos grupos indígenas para apoiar o governo, e no tipo e sentido de oportunidade deste apoio. Mamani identifica «uma tipologia do poder indígena» adotada pelos movimentos e organizações sociais na sua relação com o governo: movimentos dentro-dentro, movimentos dentro-fora e movimentos fora-fora.

Os movimentos dentro-dentro são aqueles que sempre afirmaram claramente os seus esforços e intenções de alcançar o poder estatal. Encontram-se presentemente dentro do governo e conferem-lhe apoio. Historicamente, a conquista do poder estatal foi sempre o objetivo destas organizações. As suas origens localizam-se fora das estruturas do Estado, embora se sintam confortáveis a participar na «lógica liberal

---

[12] Entrevista efetuada em 26 de janeiro de 2010 a Pablo Mamani, professor e investigador na Universidad Mayor de San Andrés (UMSA, La Paz) e na Universidad Pública y Autónoma de El Alto (El Alto).

do Estado» e a procurar criar novas formas de política dentro do Estado liberal. Estes movimentos correm o risco de cooptação, embora também tenham capacidade para moldar o Estado ao «seu próprio estilo» ao mesmo tempo que são cooptados.

Os movimentos dentro-fora são aqueles que se encontram alternadamente dentro e fora do governo, oferecendo apoio ao mesmo tempo que tecem críticas. Este apoio não é permanente e não deve ser tomado por garantido; por vezes, pode ser conferido apenas a algumas questões e ser retirado a outras. Estas organizações exemplificam a relação entre o Estado e a sociedade civil — historicamente frágil, conflituosa e violenta —, visto que os grupos no poder sempre se impuseram aos povos indígenas por meio do aparelho repressivo do Estado. Houve, porém, momentos nos quais «o Estado se vergou» perante a sociedade civil, como na Revolução boliviana de 1952 e durante os anos de 2000 a 2005. Estas organizações têm claramente o potencial para o fazer de novo.

As organizações fora-fora não querem estar dentro do governo ou ser parte dele, e muitas vezes nem sequer o querem apoiar. As suas formas de organização distinguem-se das adotadas pelas organizações de tipo estatal ou relacionadas com o Estado. Organizam-se em sistemas rotativos e sistemas de assembleia, com uma linguagem ritualista que não se refere ao Estado mas ao mundo e à comunidade dos *ayllus*,[13] pelo que esta lógica as coloca de fora. Contudo, em tempos difíceis, oferecem apoio e tornam-se a vanguarda política e moral que impulsiona o governo a seguir rumos mais radicais. Por exemplo, durante o primeiro mandato do presidente Morales, quando o seu governo sofreu o ataque implacável dos grupos de direita, as organizações fora-fora foram as mais radicais e aquelas que queriam travar uma guerra contra a oligarquia em Santa Cruz. Do mesmo modo, caso o governo se afaste do rumo revolucionário, estas organizações terão autoridade moral para o forçar a retomar a direção correta.

Os três tipos de movimentos sociais são necessários para que o governo leve a cabo o processo de mudança desejado pelo povo. A coexistência dos três tipos implica uma espécie de concorrência positiva, de

[13] «O *ayllu* é uma forma tradicional de comunidade familiar nos Andes, sobretudo entre os quéchuas e os aimarás, com um governo local indígena», *Wikipedia*.org, disponível em <https://en.wikipedia.org/wiki/Ayllu>.

críticas permanentes e até de ações radicais contra Evo Morales. Parece, porém, que o presidente Morales, intencionalmente ou não, consolidou o seu governo sobretudo com o apoio dos movimentos dentro-dentro — organizações da província de El Chapare, as Mulheres Camponesas Bartolina Sisa, os regantes de Cochabamba e a FEJUVE (Federación de Juntas Vecinales) em El Alto, por exemplo.

Pode especular-se que tal se deve a pragmatismo político: não ter que lidar com bloqueios de estradas — táticas frequentemente empregadas por estas organizações — facilita indubitavelmente o processo diário de governação. A economia também desempenha um papel relevante. A pressão económica exercida pelos intervenientes nacionais e internacionais pode ter forçado o governo de Morales a desviar-se dos seus objetivos e políticas originais. Considere-se este facto: oitenta por cento do orçamento indispensável para assegurar as necessidades de água de todo o país provém de ajuda internacional, sobretudo europeia.[14] Um governo progressista sem dinheiro e que dependa em grande parte das forças do sistema capitalista internacional pode ser mais vulnerável ao processo de revolução passiva. Os obstáculos e restrições impostos pelo sistema internacional podem fazer com que os governos progressistas sintam e ajam como se não houvesse alternativa senão abandonar projetos revolucionários em proveito de pequenas reformas. As organizações dentro-dentro, com os seus vários níveis de subordinação ao governo, podem estar mais dispostas a aceitar ou tolerar tais reformas, pelo menos temporariamente.

Assim se sublinha a importância da tipologia de movimentos e organizações proposta por Mamani, e a necessidade crucial de coexistirem simultaneamente. Em situações de subordinação ou dependência, os movimentos dentro-fora e fora-fora são muitas vezes a única alavanca que os governos progressistas possuem para combater políticas danosas ou projetos impostos por agentes nacionais e internacionais. Esta alavanca funciona com base no facto de estes movimentos operarem e se organizarem de modo independente, não se mobilizando às ordens de líderes identificáveis que obedecem aos agentes governamentais. A citação escolhida para introduzir este artigo ilustra esta alavanca. Durante a Guerra da Água de Cochabamba, inúmeras organizações e indivíduos se

[14] Entrevista a Rocío Bustos, em 7 de janeiro de 2010.

mobilizaram de modo independente e recusaram-se a abandonar os protestos enquanto a empresa privada não fosse expulsa. A sua liderança era difusa e não havia um único interveniente com quem o governo pudesse negociar e confiar para acalmar os manifestantes. O governo neoliberal da altura não teve outra escolha senão aceitar as exigências dos manifestantes, depois de a repressão e instauração da lei marcial não terem conseguido dispersar os protestos. Estas ações coletivas independentes são um risco para os governos neoliberais, visto que não podem garantir que estes projetos são aplicados de forma pacífica. Contudo, são também uma mais-valia para governos progressistas que se veem assim dotados da alavanca necessária para negociar melhores condições ou rejeitar completamente um acordo prejudicial. Em teoria, os governos progressistas têm interesse em cultivar, reforçar e promover este tipo de movimentos independentes — dentro-fora ou fora-fora.

Este tipo de organizações não desapareceu na Bolívia, embora os movimentos dentro-dentro pareçam ter-se consolidado durante o governo de Evo Morales. Nestas circunstâncias, o desenvolvimento de uma revolução antipassiva torna-se cada vez mais difícil porque a dialética política entre a democracia representativa e a democracia de base acabará por resultar na absorção e neutralização desta última. No entanto, este não tem de ser um processo inevitável ou irreversível. Uma análise comparativa sistemática e baseada em dados empíricos pode esclarecer este processo e ajudar as organizações sociais e os governos progressistas a evitar ou reverter este rumo.

Em forma de conclusão

Os governos progressistas na América Latina constituem uma oportunidade única para os sociólogos realizarem análises comparativas sistemáticas, oferecendo um contributo importante e oportuno para o domínio dos movimentos sociais, da sociologia comparativa e dos estudos gramscianos. Neste capítulo procurou-se examinar alegações específicas sobre os governos progressistas na América Latina e oferecer uma alternativa à leitura destas experiências como revoluções passivas, «transformismo» ou «cesarismo». Existem variações, diferenças críticas e exceções suficientes para questionar tal generalização.

Assim, propus uma explicação baseada numa estrutura gramsciana alternativa, que analisa estes governos como processos incompletos e como palco de lutas dialéticas. Defendi a necessidade de realizar trabalho de investigação que permita: 1) esclarecer as circunstâncias históricas que levaram a estes conflitos; 2) identificar a guerra de posição das classes dominantes nas suas várias formas de revolução passiva, e a revolução antipassiva das classes subalternas; 3) examinar a relação dialética entre a democracia de base e a democracia representativa; e 4) identificar os momentos-chave nos quais o processo parece ter seguido o rumo da revolução passiva. A identificação destes factos históricos, relações dialéticas e momentos-chave permitirá compreender os processos através dos quais movimentos aparentemente revolucionários se desviam em direção à revolução passiva, e revelar formas através das quais as forças subalternas consigam travar e reverter estes processos. Os contributos teóricos desta investigação seriam tão importantes quanto os seus contributos para a *praxis* política; poderiam servir como inspiração e ferramenta para governos progressistas e ativistas envolvidos em lutas contra o neoliberalismo. Este resultado é próprio de uma prática sociológica que procura não apenas compreender e explicar o mundo social mas também contribuir para a sua mudança. Tal não significa que os «investigadores sejam donos da verdade» e que devam dizer aos executantes o que fazer. Significa apenas pôr as nossas competências e conhecimento ao serviço dos que estão comprometidos com a mudança social e que podem ou não possuir o tempo e as competências necessárias para levar a cabo esta investigação.

Por que razão é este trabalho importante? Os conceitos gramscianos de revolução passiva, «transformismo» e «cesarismo» possuem conotações negativas porque implicam uma derrota das forças subalternas. Se se analisarem os governos progressistas na América Latina à luz desta ótica, estará a enviar-se uma mensagem de pessimismo e desgraça. No entanto, estes conceitos gramscianos admitem a possibilidade de explorar resultados positivos. A componente crítica, que não é estudada ou desenvolvida nos artigos analisados, é o aspeto dialético da revolução passiva. O foco nesta relação dialética — a tensão e interação entre a democracia de base e a democracia representativa — e a realização de análises comparativas baseadas em investigação histórica rigorosa e em dados empíricos são condizentes com o trabalho académico de Gramsci.

A transformação destas análises em ferramentas que possam ajudar as forças progressistas seria um desfecho que honraria o legado de Gramsci.

Referências bibliográficas

Adamson, Walter L. (1980), *Hegemony and revolution: A study of Antonio Gramsci's political and cultural theory*. Berkeley: University of California Press.

Buci-Glucksmann, Christine (1979), «State, transition, and passive revolution», *in* Chantal Mouffe (org.), *Gramsci and Marxist theory*. Londres: Routledge, 207–233.

Buci-Glucksmann, Christine (1980), *Gramsci and the state*. Londres: Lawrence & Wishart.

Escóbar, Filemón (2008), *De la revolución al Pachakuti: El aprendizaje del respeto recíproco entre blancos e indios*. La Paz: Garza Azul.

Gramsci, Antonio (1971), *Selections from the prison notebooks of Antonio Gramsci*. Nova Iorque: International Publishers.

Guerra Cabrera, Ángel (2013), «La sorpresa brasileña», *La Jornada*, de 20 de junho. Consultado a 19.04.2016, em http://www.jornada.unam.mx/2013/06/20/opinion/024a1mun

Gutiérrez Aguilar, Raquel (2009), *Los ritmos del Pachakuti: Levantamiento y movilización en Bolivia (2000–2005)*. Cidade do México: Sísifo Ediciones, Bajo Tierra Ediciones e Instituto de Ciencias Sociales y Humanidades «Alfondo Vélez Pliego» de la BUAP.

Hesketh, Chris; Morton, Adam (2014), «Spaces of uneven development and class struggle in Bolivia: Transformation or *trasformismo?*» *Antipode*, 46(1), 149–169. Doi: https://doi.org/10.1111/anti.12038

Jasso-Aguilar, Rebeca (2014), «Antineoliberal struggles in the 21st century: Gramsci revisited», *Partecipazione e Conflitto*, 7(3), 616–656. Consultado a 16.05.2016, em http://siba-ese.unisalento.it/index.php/paco/article/view/14349/12500

Liguori, Guido (2013), «Tres acepciones de "subalterno" en Gramsci», *in* Massimo Modonesi (org.), *Horizontes gramscianos: Estudios en torno al pensamiento de Antonio Gramsci*. Cidade do México: Universidad Nacional Autónoma de México, 81–97.

Malloy, James (1970), *Bolivia: The uncomplete revolution*. Pittsburgh, PA: University of Pittsburgh Press.

Maxwell, Joseph A. (2005), *Qualitative research design: An interactive approach*. Thousand Oaks, CA: Sage.

Modonesi, Massimo (2013a), «Revoluciones pasivas en América Latina: Una aproximación gramsciana a la caracterización de los gobiernos progresistas de inicio del siglo», *in* Massimo Modonesi (org.), *Horizontes gramscianos: Estudios en torno al pensamiento de Antonio Gramsci*. Cidade do México:

Universidad Nacional Autónoma de México, 209–236. Disponível em https://massimomodonesi.files.wordpress.com/2014/04/modonesi-horizontes-gramscianos.pdf

Modonesi, Massimo (2013b), «El fin de la revolución pasiva en Brasil», *La Jornada*, de 22 de junho. Consultado a 27.04.2016, em http://www.jornada.unam.mx/2013/06/22/opinion/019a1mun

Modonesi, Massimo (2014), *Subalternity, antagonism and autonomy: Constructing the political subject.* Londres: Pluto Press.

Postero, Nancy Grey (2007), *Now we are citizens: Indigenous politics in multicultural Bolivia.* Stanford, CA: Stanford University Press.

Rivera Cusicanqui, Silvia (1984), *Oprimidos pero no vencidos: Luchas del campesinado aymara y qhechwa de Bolivia 1900–1980.* La Paz: CSUTCB-HISBOL.

Robinson, William I. (2008), *Latin America and global capitalism: A critical globalization perspetive.* Baltimore, MD: Johns Hopkins University Press.

Voza, Pasquale (2009), «Rivoluzione passive», *in* Guido Liguori e Pasquale Voza (orgs.), *Dizionario Gramsciano 1926–1957.* Roma: Carocci, 69–73.

Webber, Jeffery R. (2013), «From left-indigenous insurrection to reconstituted neoliberalism in Bolivia: Political economy, indigenous liberation, and class struggle, 2000–2011», *in* Jeffery R. Webber e Barry Carr (orgs.), *The new Latin American left.* Plymouth: Rowman & Littlefield, 149–189.

Zavaleta Mercado, René (1970), «El poder dual en América Latina: Estudio de los casos de Bolivia y Chile». Cidade do México: Siglo XXI.

Capítulo 11

Sobre a democratização árabe e o conhecimento democrático: o normativo *versus* o prático no contexto da Primavera Árabe*

Larbi Sadiki

Introdução

No contexto da Primavera Árabe, as disputas pelo poder assentam em processos específicos de eleições e na correspondente luta por lugares nos parlamentos recém-criados. A análise adotada neste artigo segue uma agenda tripartida:

1. Uma avaliação crítica da democratização árabe;
2. Uma análise das dificuldades enfrentadas pela recém-formada «democratização», com especial incidência na institucionalização parlamentar emergente no contexto das revoltas de 2011. Esta discussão aborda questões teóricas referentes a dilemas de natureza prática e normativa;
3. A análise termina com uma nota empírica e faz um retrato ponderado da capacidade de consolidação parlamentar nos Estados da Primavera Árabe.

* Tradução de Samuel Alexandre.

Neste capítulo, analiso o modo como a «parlamentarização» é, por assim dizer, «a nova sensação» nas democracias inexperientes. Assim, a discussão é estruturada numa breve análise da teoria das instituições humanas e da tensão entre teoria e prática, e entre o normativo e o prático. A capacidade de consolidação parlamentar é uma questão crucial num tempo em que o Estado profundo, os conflitos antigos e recentes, as forças centrífugas e a falta de valores comuns parecem estar a devastar a estrutura política na maioria dos Estados árabes. Para que se possa consolidar uma democratização sustentável, o conjunto de regras, leis, procedimentos e processos deve ser democraticamente legítimo, de modo que sejam impedidos retrocessos e ruturas. Por detrás desta situação está subjacente a pergunta-chave na era da Primavera Árabe: saber se as eleições estão a criar um sistema de apoio que permita o desenvolvimento de uma cultura parlamentar mais robusta.

1. A democratização árabe e a esfera do conhecimento

As revoltas árabes de 2011 representam uma «pedrada no charco» no que se refere à ontologia, epistemologia e metodologia que sustentam o estudo da boa governação no Médio Oriente Árabe (MOA). Todo o paradigma de «transição democrática» neste momento histórico deve ser questionado, até mesmo a forma como tem sido narrado, descrito e discutido nos meios académicos deve «sofrer uma revolução». Isto vai ao cerne da esfera do que em tempos designei por esfera do «conhecimento democrático» (Sadiki, 2015). No domínio ontológico, a discussão sobre o sentido da «democratização», seja qual for o seu significado atual, e sobre a sua implementação deve precaver-nos contra os excessos decorrentes do elogio dos modelos e padrões eurocêntricos, os quais estão a ser alvo de escrutínio crítico no Ocidente. No domínio epistemológico, nunca até hoje a necessidade de normativização da democracia exigiu a contribuição do contexto local, isto é, o aproveitamento do reportório local de ideias e práticas indígenas. No domínio metodológico, é necessário combater toda a permeabilidade que o orientalismo (Said, 1978) e os seus traços ideacionais de zelo «civilizador», e respetivos processos (colonização, nacionalismo, globalização, democratização) e agentes (colonialistas, orientalistas, etc.) ainda possuam. Neste contexto, o desafio que se apresenta é o de saber como ir além das ferramentas explanatórias de orientalistas e ocidentalistas através de áreas do saber que tendem a transpor ou sobrepor conhecimento vindo do exterior. Assim, a iniciativa de reformular a problemática da democracia/democratização no MOA é mais urgente do que nunca. Durante a maior parte da história pós-colonial, a democracia e a democratização têm ficado em segundo plano dentro das «comunidades imaginadas» (Anderson, 2006) criadas pelas elites nacionalistas (militares, tradicionais ou burguesas). A discussão sobre parlamentos, isto é, a «parlamentarização», enquanto aliada do desenvolvimento democrático das instituições, está envolvida na desimaginação e reimaginação de comunidades. Estes processos foram desencadeados pelas revoluções árabes que tiveram início na Tunísia, em janeiro de 2011. Qualquer tentativa, ainda que provisória, de compreender a sua substância exige uma análise cuidadosa. A limitação colocada pelo curto espaço de tempo em questão compromete uma análise ou cômputo longitudinais. Esta é uma ressalva a ter em mente.

Além disso, a relação do MOA com a democracia e a democratização (e, consequentemente, com o «Ocidente») tem estado carregada de tensão ideacional desde o advento do colonialismo europeu na região em meados do século XIX (Gregory, 2004). A interação dialógica é de algum modo «suspensa» pela tensão epistemológica, quando não é pela rivalidade. Desde o seu início que a interação entre árabes e ocidentais não iria ser fácil. O «Ocidente» (os colonizadores europeus e, muito mais tarde, os EUA) atribuiu a si mesmo o papel de agente omnisciente em todas as matérias de organização política. Isto vale especialmente para matérias relacionadas com a arte da governação. Os orientalistas (formuladores de conceitos antiárabes ou antimuçulmanos) veem a experiência ocidental, sobretudo no período pós-Iluminismo, como uma base democrática exemplar, digna de ser reproduzida por um «Oriente» desprovido de culturas e práticas cívicas (Gellner, 1989). Defendem ser este o referencial para medir o grau de modernidade e tradição, de transição e estagnação, e de democracia e autocracia. Em contrapartida, os ocidentalistas (aqueles que criam conceitos antiocidentais) criam uma defesa contra esta posição salientando que a mente indígena não é uma tábua rasa. A fundamentação conceptual e epistemológica usada para organizar o político deve assentar no saber político, na história, na cultura e na religião locais. Nenhuma das duas linhas de pensamento é verdadeiramente convincente. Talvez ambas as narrativas, sendo igualmente «etnocêntricas» e «culturalistas», tenham tendência para se desviar da essência normativa da democracia enquanto *ethos* de pluralismo e igualdade. É fundamental ir além de ambas as narrativas e do seu sentido exagerado de «autoexcecionalismo», de modo que sejam reformulados os parâmetros de uma nova linha de investigação da democratização árabe e, presentemente, de um novo estudo dos parlamentos árabes. Para este efeito, os constructos de ambas as narrativas exigem uma breve análise comparativa de modo que se revisitem os seus respetivos postulados. Esta é uma exigência crucial para qualquer tentativa séria de «problematizar» ou reformular a questão dos parlamentos e da democratização árabe. Encontra-se, assim, em andamento a contextualização da democratização árabe.

1.1. Contextualizando a democratização árabe

Até há muito pouco tempo, a democracia era considerada irrelevante para o contexto árabe. «Democracia» e «árabe» eram muitas vezes vistos como um «oximoro». Hudson repudia este «excecionalismo», que encara como um subproduto, entre outras coisas, do tipo de literatura orientalista que, por exemplo, exclui o MOA do estudo da democratização. Uma extensão deste preconceito orientalista é o pressuposto da incompatibilidade entre o Islão e as práticas democráticas. Contudo, existem contra-argumentos para esta posição. O preconceito contra o Islão tem raízes num historial de confronto com a cristandade. As formas de produção de conhecimento e as práticas adotadas no estudo das políticas árabes não são neutras, inserem-se na atitude historicamente tendenciosa que caracteriza as ideias euro-americanas sobre o Islão e o arabismo. Como consequência, muitas deturpações de origem ocidental transformam-se em «conhecimento» do MOA, como diria Said. Pondo de parte as generalizações sobre o Islão, os muçulmanos e a sua pressuposta hostilidade para com a democracia, os valores democráticos islâmicos e ocidentais partilham um conjunto de conceitos e valores fundamentais, como a igualdade, a justiça e a boa governação (Sadiki, 2004: 30–42). O modelo democrático pós-1945, filtrado pelo pluralismo americano, não é passível de ser reproduzido no MOA. Não se pretende defender que a democracia deva ser «ocidentalizada» enquanto prática exclusivamente ocidental ou que um modelo democrático árabe tenha de ser *sui generis*. Pelo menos em teoria, já existe um denominador comum. Os conceitos islâmicos de consulta (*shura*) e consenso lutam por ser reconhecidos como iguais e compatíveis com os princípios mais básicos da democracia: a participação e a contestação (Esposito e Piscatori, 1991: 430–436). Muitos estudiosos muçulmanos defendem que os princípios do Islão de igualdade e justiça possuem equivalentes na democracia ocidental (Abou El-Fadl, 2004: 21–25).

Os artefactos intelectuais difundidos pelos estudiosos da boa governação e pelos transitólogos euro-norte-americanos não têm a mesma repercussão no MOA. Depois de arrancados dos seus contextos temporais e espaciais, dificilmente germinam conforme desejado pelos seus inventores ou «exportadores». Do mesmo modo, uma «transitologia árabe» inexperiente que mimetize a sua congénere ocidental não consegue transmitir o conhecimento democrático e a produção desse conhecimento descontextualizado do tempo e do espaço. Assim, a discussão da democracia e democratização árabes tropeça desde o início em problemas fundamentalmente conceptuais e teóricos. A democracia e a democratização têm tendência a resistir à transição para o contexto árabe tanto quanto as sociedades e instituições políticas e civis do MOA se recusam a transitar para a democracia e democratização. No âmbito conceptual e teórico, as estruturas e conceitos teóricos ocidentais nem sempre explicam as peculiaridades árabes. Isto acontece apesar do uso generalizado de neologismos como *dimuqratiyyah*, *damaqratah* ou *tahawwul dimuqrati* (respetivamente, os termos árabes para «democracia», «democratização» e «transição democrática»). A natureza do engajamento intelectual com esta problemática permanece deficitária em termos de rigor, continuidade, conhecimento acumulado e de um ambiente empírico enriquecedor. O envolvimento árabe nesta problemática não a pode reproduzir sem um conhecimento democrático local de si própria, que suplemente qualquer aprendizagem comparativa recolhida de exemplos globais. Este conhecimento democrático local permanece limitado, subdesenvolvido, ou sem ser apoiado por um contexto empiricamente didático. De uma forma geral, como se explicará a seguir, a democracia e a democratização são condicionadas pelo eleitoralismo superficial introduzido há menos de trinta anos no MOA contemporâneo, no Egito

(Sadiki, 2009). Os dois males do empréstimo conceptual/teórico e da escassez de dados empíricos oferecem pouco material para estudar a problemática da democracia e da democratização no MOA. Além disso, a luta entre orientalistas e ocidentalistas tem moldado e perturbado continuamente o cerne da discussão. Esta luta reflete um longo historial de exclusão mútua. As marcas desta exclusão mútua têm dificultado um diálogo moderado — ou uma discussão dialógica. Esta situação tem-se desenrolado à custa da adaptação mútua e da troca de aprendizagens favoráveis à consolidação dos parlamentos e à construção de instituições democráticas no MOA.

Os paradigmas analíticos criados com especial referência aos contextos europeus e norte-americanos irão, sem dúvida, resistir à transposição para diferentes contextos. O paradigma de democratização deve ser fluido, flexível e sensível aos fatores linguísticos, históricos e culturais do MOA. A democratização deve ser defendida e instituída no MOA. Contudo, o perigo de uniformizar significados referentes ao modo como os parlamentos se consolidam e constroem e ao modo como a democratização é institucionalizada reside na tentativa de os encerrar num único enquadramento (como a «terceira onda»), ao ponto de não se adaptarem a um contexto diferente. Nesse caso, esses significados ficam presos a uma única maneira de ver o mundo. É necessário que um paradigma que reclama a singularidade da «verdade» reavalie os seus preceitos básicos. As tentativas de Laurence Whitehead e Thomas Carothers de reavaliar criticamente o «estatuto» não só da «terceira onda» de democratização mas também de todo o edifício paradigmático da democratização oferecem matéria de reflexão para qualquer estudo sério sobre o sucesso da democracia e da democratização fora dos seus contextos ocidentais. Assim, Whitehead observa corretamente que

> se a «democracia» for vista como um conceito contestado e, em certa medida, instável e assente na invocação de conhecimento prático e num filtro deliberativo ou numa deliberação coletiva, então a democratização só será alcançada através de um longo processo de construção social que será, decerto, relativamente aberto. (Whitehead, 2002: 30)

A isto acresce a crítica de Carothers:

> Chegou a altura de admitir que o paradigma de transição deixou de ter utilidade e é necessário buscar uma nova perspetiva.
>
> [...]
>
> Durante os anos críticos da terceira onda de democratização, os promotores da democracia propalaram a presunção quase automática de que qualquer país que se afastasse da ditadura estava em «transição para a democracia», o que muitas vezes se tem mostrado ser incorreto e enganador. Alguns desses países quase não se democratizaram. Muitos deles adotaram algumas características democráticas, mas mostram poucos sinais de quererem alargar essa democratização, sendo certo que não estão a seguir nenhum guião previsível de democratização. (Carothers, 2004: 168, 176)

Durante o período revolucionário de 2011, pareceu estar prestes a acontecer, em todo o MOA, apenas uma forma de «transição democrática minimalista». Por agora, este minimalismo democrático está a ser «manufaturado» por via do eleitoralismo. Este minimalismo democrático parece ser suficiente para a região se «encaixar» na assim designada «marcha global da democracia». Isto acontece em diversos Estados por diferentes razões e em conformidade com variados regimes e fundamentos políticos. Para os Estados populosos e empobrecidos, talvez o eleitoralismo tenha sido calculado de modo que se tornem elegíveis para o «afeto» da comunidade doadora internacional — UE, EUA, FMI, Banco Mundial, etc. Para os países ricos em petrodólares, exceto a Líbia de Gaddafi, que se viam cada vez mais sob o escudo de segurança dos EUA, as eleições foram mecanismos de concessão mínima destinados a gerir a vulnerabilidade ao patrocínio e à tutela dos EUA (promoção da democracia). Para outros países, a era da «providência» material já passou há muito. Nem os cofres do Estado nem a consolidação do «consenso de Washington» permitem subsídios. Assim, a função distributiva do Estado mudou desde o início da década de 1990: passou de distribuidor de «pão» para distribuidor de «democracia». No entanto, esta mudança na distribuição não significa que a regulamentação seja «democrática». Em grande medida, a regulamentação continuou a ser coerciva, embora com alguns progressos na regulamentação jurídica em algumas partes do MOA. Além disso, o eleitoralismo era um meio pelo qual os «clientes» árabes da União Europeia conseguiam assegurar «patrocínios» ou «boa vontade» através de benfeitores políticos — por exemplo, a França, a Alemanha e a Espanha para os regimes árabes com ligações à Zona Euromed (por exemplo, a Tunísia de Ben Ali e o Egito de Mubarak).

Para aqueles que estudam a transição democrática, as instituições e procedimentos parlamentares e os dados eleitorais podem ser um método de averiguar a ocorrência de democratização. Os números e os resultados de cada eleição realizada no MOA antes da Primavera Árabe deslumbraram os investigadores. Contudo, as eleições ainda são imperfeitas, incluindo as da nova geografia pós-Primavera Árabe, e podem ser parcialmente cosméticas se não forem apoiadas no futuro por processos suplementares de democratização. Como todos os números, também estes se prestaram à manipulação. A lógica matemática de «um mais um são dois» não se aplica a estas eleições. Segundo a «transitologia» dos gurus da democracia, como Huntington, duas eleições equivalem a uma certa transcendência de um limiar democrático (Huntington, 1991). Nos últimos quatro anos, houve quatro eleições no Kuwait. No Egito, realizaram-se mais de uma dúzia de eleições entre o final da década de 1970 e a revolução de 25 de janeiro de 2011. No Iraque, houve sete eleições desde 2003. Por agora, o único número que vem à cabeça quando se soma eleições com democracia é a cifra (a palavra árabe para zero).

Apesar de estarem inundados em eleições, e naquilo a que chamo de «fetichismo da eleição» (Sadiki, 2009), os parlamentos não se consolidaram, não enfraqueceram a autoridade executiva, não responsabilizaram os governantes nem deram origem a uma supervisão parlamentar eficaz. Mais precisamente, a ubiquidade das eleições não se traduziu numa prática democrática. De facto, pode mesmo falar-se de uma «febre das eleições» no MOA. Há mais de uma década, as eleições eram pouco frequentes. Hoje, realizam-se regularmente. Na verdade, na década que antecedeu o *tsunami* político que tragou a região árabe, não passou um ano sem se realizarem, pelo menos, meia dúzia de eleições. Elas tiveram lugar em monarquias e repúblicas árabes, em Estados laicos e religiosos, em países ricos em petróleo e em países mais pobres, e em universos políticos com, ou sem, ideologias rígidas. É em contraste com este cenário que a «parlamentarização» deve ser compreendida. Do mesmo modo, o contexto da Primavera Árabe não é menos importante.

2. Parlamentarização: O normativo *versus* o prático

A parlamentarização é aqui vista como um processo duplo. Inclui a) uma componente institucional: o equipamento e o correspondente saber técnico que funcionam como um sistema de apoio logístico para facilitar a função parlamentar (quase-«infraestrutura»); e b) o conjunto de valores e o sistema jurídico-racional (quase-«superestrutura») que integram as diversas competências que permitem exercer as funções legislativas. De um modo geral, com muito poucas verdadeiras exceções, os parlamentos árabes não funcionaram de modo autónomo e não desenvolveram a sua capacidade de criar meios que pudessem limitar os excessos executivos, responsabilizar os governantes, representar o povo, criar, rever e alterar leis adequadas a um determinado tempo e espaço e representativas da «vontade comum». A característica marcante da maioria dos órgãos legislativos árabes (*Majlis Al-Ummah*: Assembleia Nacional ou, literalmente, Casa do Povo; *Majlis Al-Nuwwab*: Assembleia de Deputados; *Majlis Al-Shura*: Conselho Consultivo; *Al-Majlis Al-Watani*: Assembleia Nacional; entre outras designações) tendia a ser o seu caráter cosmético e deferente; e um parlamento árabe bate no fundo ao transformar-se numa instituição de carimbos. O período que antecedeu as revoluções de 2011 está, quase invariavelmente, cheio de exemplos desta hostilidade funcional em relação a uma atividade parlamentar sólida. Ao longo da sua história atribulada enquanto instituições que trabalhavam sob a pressão de regimes autoritários, os parlamentos árabes resumiam-se a um «decoro» necessário de ser exibido como prova da boa governação por parte de governantes omnipotentes, nacionais-secularistas e tradicionais, nas mãos dos quais convergiam os meios de todos os poderes — executivo, legislativo e jurídico. Como resultado, o poder coercivo foi instituído sem as devidas verificações de procedimento e supervisão parlamentar. Os autores árabes que documentam as funções dos três poderes nos sistemas árabes concordam com uma diluição de fronteiras entre o poder executivo e o legislativo (Al-Tamawi, 1996: 20–67). É claro que a ironia está no facto de os sistemas mais denunciados — como o Líbano, com a sua política confessional dividida, e o Kuwait, com a sua vida legislativa descontínua, devido a uma marca de política eleitoral conhecida por «progresso e retrocesso», causada por dissoluções da legislatura eleita (Sadiki, 2009, 108–115) — possuírem alguns dos parlamentos mais interativos e dinâmicos (Al-Maqata, 2002: 5–19). A mistura de ideologias políticas, seitas e alianças leva muitas vezes as sessões ao ponto de ebulição, explodindo em cenas de caos e cacofonia que geram tumultos a propósito de todo o tipo de divergências aparentemente perpétuas. Os parlamentos dos dois países são vítimas de uma paralisia passageira. Veja-se a recente disfunção do parlamento libanês: uma disfunção que raia a ilegalidade e talvez mesmo a inconstitucionalidade. Este parlamento prolongou por duas vezes o mandato do presidente em funções:

1. Em 31 de maio de 2013, os deputados prolongaram o mandato do presidente por mais 17 meses;
2. Em 5 de novembro de 2014, os deputados voltaram a prorrogar o mandato do presidente, prolongando-o até junho de 2017, sem ser submetido a eleições.

Do mesmo modo, o parlamento não tem conseguido chegar a acordo quanto à data de novas eleições legislativas. As últimas eleições realizaram-se em 7 de junho de 2009. Daqui, retira-se uma observação-chave. Até agora, a escassez de artigos sobre as legislaturas árabes não tem privilegiado uma linha de investigação histórica que capte a singularidade de a atrofia parlamentar (na qual caem alguns Estados, como o Kuwait) muitas vezes resultar do exercício de responsabilização dos ministros e da criação de supervisão parlamentar. A Assembleia Nacional do Kuwait desperdiçou muitos anos de vida quando os decretos do emir suspenderam os trabalhos do parlamento e o exercício da supervisão parlamentar entrou em conflito com os interesses e preferências políticas da família reinante Al-Sabah — nas décadas de 1960, 1980, 1990, e mais recentemente. Já descrevi noutro texto estes ciclos de «progresso e retrocesso» democrático, com referência ao Kuwait, entre outros países árabes (Sadiki, 2009: 120–125).

O forte propósito de instituir a supervisão parlamentar e de questionar a negligência governamental e a incompetência ministerial desencadeou os protestos sob o mote de «vocês fedem» que ocorreram no Líbano no verão de 2015 (Naylor e Haidamous, 2015). Note-se como estes protestos evoluíram de uma campanha centrada numa única questão para uma campanha que envolve uma agenda política mais alargada.

Assim, os protestos «vocês fedem», em Beirute, inspiraram-se nos jovens revoltosos do Egito, Iémen, Síria e Tunísia, ao exigir mais do que a simples demissão do ministro do ambiente pela sua incapacidade de reciclar o lixo. Os manifestantes foram mais longe e exigiram a demissão de quase todo o governo, com base em acusações de corrupção e falta de responsabilização (Jay, 2015). Note-se como as «reformas eleitorais» constituíam um tema central nestes protestos. Numa fotografia publicada num artigo de Martin Jay vê-se um cartaz dos protestos de Beirute com a seguinte mensagem: «Vocês reciclaram o parlamento, agora reciclem o lixo» (Jay, 2015). É uma «pérola» que vale mil palavras. Capta o descontentamento público perante a extensão ilegal do mandato do parlamento sem realização de eleições — daí a referência à «reciclagem». Duas conclusões se tiram do acima exposto. A diluição de fronteiras que se verifica quando os governantes agem como um sistema acima do sistema, como no Kuwait, mancha a legitimidade do parlamento e enfraquece o regime das responsabilidades parlamentares. Este é um desequilíbrio profundamente enraizado na maioria dos sistemas políticos árabes, segundo o qual o poder legislativo se torna responsável pelo poder executivo (Hassan, 2006). Deste modo, inverte-se a pirâmide «democrática». Fazer a supervisao parlamentar não é necessariamente uma falha nas legislaturas árabes. É uma competência que tem gerado todo o tipo de lutas e com um enorme preço político: a suspensão do parlamento, como no Kuwait, e a sua quase dissolução no Líbano.

Assim, é talvez presunçoso avançar com extensas generalizações que declarem a ausência de uma sólida capacidade parlamentar no compromisso de abdicar da função legislativa e de supervisionar o ramo executivo do governo. Mais propriamente, a função parlamentar é destruída pelos excessos do poder executivo (como no Iraque, Síria, Sudão, Egito, Iémen e Argélia) ou sujeita a um sufoco esmagador, como no Kuwait, quando uma família dominante é o centro de todo o sistema político. Isto aplica-se quase sempre à maioria das outras monarquias árabes. Esta observação exige uma avaliação mais matizada por parte dos académicos que traçam o «perfil» dos padrões da função parlamentar no mundo árabe. Na verdade, a visão eurocêntrica que defende a história e a prática euro-americana como porta-estandarte não deve perder de vista as condições extremamente difíceis em que operam os «parlamentos de decoro». De facto, poucos contestariam uma definição de parlamento que respeitasse estes modelos-padrão euro-americanos: representativos, abertos e transparentes, acessíveis, responsáveis e eficazes e que se envolvam com a comunidade global — por oposição a modelos fechados (União Interparlamentar, 2006). Contudo, será realista universalizar estes modelos-padrão enquanto pontos de referência? É aqui que a necessidade de relativização é mais premente. Está em causa a teoria das instituições humanas. Isto remete para uma divisão ou tensão clássica, embora ambígua, entre «o que é» e «o que deve ser» — isto é, o descritivo *versus* o normativo, segundo a explicação resumida de um académico das teorias da legislação:

> Uma teoria descritiva procura explicar o modo como uma instituição realmente funciona. Uma teoria normativa procura explicar o modo como uma instituição deve funcionar. Uma vez que as instituições humanas são normalmente criadas para alcançar determinados propósitos, uma teoria descritiva que inclua uma análise do propósito ou propósitos de uma instituição deve também, e até certo ponto, ser normativa. De modo que se tenha uma descrição completa de uma instituição, logo que se identifique o propósito ou propósitos da mesma, deve averiguar-se se e até que ponto essa instituição os alcança. Ou seja, logo que um teórico identifique os propósitos de uma instituição humana, fica de algum modo obrigado a avaliar até que ponto essa mesma instituição os atinge. (Kelley, 2009: 98)

Em termos de reforço das instituições e de aprofundamento dos valores anteriormente referidos, a normativização das boas práticas parlamentares não pode desafiar as regras da temporalidade e da espacialidade — é um colete de forças inevitável. O normativo é, ele próprio, uma construção social, gerada e incubada, se não num tempo e espaço específicos, pelo menos num mundo social de ideias, cultura, língua e dinâmicas políticas que moldam a constituição, a instituição e a identidade. Por outras palavras, em termos políticos, a distribuição tem um papel importante e é por ela que os parlamentos lutam através das fronteiras da geografia, história, língua e cultura: a regulação da distribuição do poder é feita por um conjunto de representantes ideais que fazem as leis e, ao mesmo tempo, são regidos por elas. Deste modo, em política, a distribuição é intrínseca à vocação dos seus praticantes, nos quais se incluem os parlamentares. A conceptualização clássica da política — prática e não esotérica — proposta por Harold Lasswell transmite um sentido claro de distribuição: «quem fica com o quê, quando e como» (Lasswell, 1958). Em teoria, o parlamento é o canal ideal para regulamentar a distribuição de benefícios e perdas públicas em qualquer Estado funcional. A distribuição diz respeito à representação das várias diferenças — é assim que defino a democracia, de um modo minimalista: a representação da diferença (Sadiki, 2002) — no decurso da distribuição de poder por intermédio de meios legais. No mesmo sentido, David Easton apresenta outro argumento ousado sobre a teoria e a prática da política relevante para a atividade normativa daquilo que os parlamentos devem fazer numa democracia: «a alocação oficial de valores a uma sociedade» (Easton, 1965: 96). As palavras-chave nesta citação são «alocação», no sentido de distribuição; «oficial», no sentido de juridicamente vinculativo; e «valores», que se refere a qualquer «bem» material e imaterial distribuído pela ação do governo. Este percurso teórico, que aborda o lado normativo da política com as suas implicações na função de distribuição pela qual os parlamentares devem funcionar enquanto executores das leis, é uma manobra de diversão — uma falácia lógica. Na maioria dos Estados árabes, a distribuição do poder ainda está a dar os primeiros passos, e os parlamentos estão ainda encarregados de algo semelhante a distribuição. A atividade governativa oficial — destinada a ser dirigida pelos legisladores no parlamento no acompanhamento da implementação de legislação sobre a alocação de qualquer tipo de valor — tende a ser o bastião exclusivo de indivíduos, famílias ou partidos poderosos que não podem ser controlados pela supervisão parlamentar. As tentativas feitas nesse sentido, como no Kuwait, geram frequentemente crises políticas e/ou o encerramento da legislatura.

Contudo, é falacioso o argumento que defende a existência de uma escala fixa e única que possa ser universalmente usada para aferir boas práticas parlamentares. Na sociedade diversificada dos Estados-nação, as nações não são equivalentes em termos de desenvolvimento, condições socioeconómicas, legado colonial, penetração capitalista, difusão das forças globalizantes e *stock* global de capital social que moldam a identidade política e a disposição cívica (Putnam *et al.*, 1993), incluindo as influências afetivas que alimentam as relações nepotistas e as redes de clientelismo. Diz-se que muitas vezes as pessoas têm o governo que merecem. Segundo a mesma lógica, as pessoas terão sempre o parlamento que merecem — com fatores como estes a definir, indubitavelmente, a estrutura e a forma das legislaturas. Lindberg (2003) tem razões para crer que mesmo as eleições podem ser meios de cultivar relações neopatrimoniais. O mundo árabe não é exceção. A compra de votos é uma prática comum nas eleições no Egito e no Kuwait (Al-Jasser, 2013). A escala usada pelo Programa das Nações Unidas para o Desenvolvimento (PNUD), que apresenta um entendimento quase esotérico que associa o trabalho parlamentar sólido à «boa governação» (Johnson e Nakamura, 1999), é difícil de aplicar de modo universal e com precisão. A especificidade é importante. Talvez só a sensatez do compromisso com a legislação, defesa, proteção e revisão do bem comum comunal (como quer que ele seja definido no tempo e no espaço) constitua um ideal que possa ser comensurável com uma prática parlamentar «sólida».

2.1. Instituição humana: Questões práticas e de avaliação

Retome-se agora o argumento de Kelley sobre os propósitos de uma instituição: perceber quais os propósitos de uma determinada instituição humana — neste caso, os parlamentos — e fazer a sua avaliação com base na implementação e no respeito desses propósitos (Kelley, 2009). Deste modo, segundo Kelley, diluem-se as fronteiras entre o descritivo e o normativo. Para o autor, os teóricos das ciências sociais enfrentam, assim, um «dilema teórico» (Kelley, 2009: 121–122): como atingir um equilíbrio dentro de uma «teoria científica da legislação» coerente, que construa uma ponte entre a teoria e a prática, isto é, entre o descritivo («o que é» — o lado prático das coisas) e o normativo («o que deve ser» — os aspetos avaliativos). Para resolver este dilema, Kelley recorre à metodologia de John Finnis — tal como foi apresentada na sua obra *Natural law and natural rights* (Kelley, 2009: 122). Segundo Finnis, uma instituição humana, ou um dado processo legislativo, é identificável pelo seu «elemento prático ou objetivo básico» (Kelly, 2009: 122). Por «objetivo» entende-se aqui a soma das «ações, práticas [...] e discurso», construída pelos intervenientes nessa instituição (Kelly, 2009: 122). Remetendo para Finnis, Kelley afirma o seguinte:

> Quem procurar formular uma teoria científica adequada das instituições humanas deve adotar o ponto de vista interno de alguém envolvido na ação

> dentro dessas instituições e, a partir desse ponto de vista, identificar o elemento prático dessas mesmas instituições. (Kelley, 2009: 122)

Deste modo, apresenta-se o dilema resolvido por Finnis com base numa dupla abordagem, exposta por Kelley da seguinte forma:

> Em primeiro lugar, devemos identificar o foco ou questão principal da instituição. [...] Seguidamente, devemos adotar o ponto de vista interno de um indivíduo com caráter prático e razoável envolvido na ação dentro dessa instituição, e, consequentemente, usar os princípios básicos de raciocínio prático para testar respostas propostas às questões teóricas de base. (Kelley, 2009: 122)

Esta é uma razão pela qual a especificidade é importante — contexto e não apenas «texto», isto é, a «teoria» sobre o que é suposto os parlamentos fazerem e como devem agir deve ter uma importância suprema na compreensão do significado que o desenvolvimento de competências deve assumir num determinado país árabe. As teorias exportadas do «Ocidente para o resto do mundo» não são universalmente aplicáveis. A busca de soluções e teorias aplicáveis a todos os casos desafia as realidades em que os parlamentos operam. Assim, para resolver o dilema proposto, Kelley recorre, novamente, ao raciocínio de Finnis, defendendo que:

> Logo que se tenha identificado o elemento prático ou o objetivo básico de uma instituição, o passo seguinte na análise é forçosamente uma questão avaliativa: com que eficácia ou até que ponto esta instituição alcança o seu objetivo? Deste modo, qualquer boa teoria descritiva das ciências sociais será também, e até certo ponto, normativa ou avaliativa. (Kelley, 2009: 122)

Kelley aproveita a metodologia de Finnis, considerando-a útil para desenvolver uma teoria do processo legislativo. Ele acredita que esta metodologia explica de que forma o processo legislativo pode ser associado ao «bem comum», mesmo que este não seja consensual ou claro (Kelley, 2009: 123). Para Kelley, Finnis compreende o bem comum «do ponto de vista do indivíduo com caráter prático e razoável» (Kelley, 2009: 124). Por outras palavras, o bem comum «pode ser entendido como o conjunto de condições que possibilitam ou permitem que cada membro da comunidade participe nos bens que ele ou ela escolher» (Kelley, 2009, 124). Estes «bens» incluem desejos que vão desde a busca de conhecimento até outros tipos de satisfação pessoal: lazer, liberdade, segurança, religião, vida, etc. (Finnis *apud* Kelley, 2009: 125). Finnis indica três testes para identificar, em termos teóricos e práticos, o bem comum relevante para o processo legislativo: 1) a «razoabilidade prática», que determina qual destes valores é «bom para todas e quaisquer pessoas»; 2) a inclusão, em que «nele podem participar um número infinito de pessoas numa variedade infinita de maneiras»; e 3) «um conjunto de condições» que reja a cooperação comunal através da qual os «membros da comunidade [...] tenham razões para colaborar uns com os outros (de modo positivo e negativo)» em sociedade, na busca desse bem (Finnis *apud* Kelley, 2009: 125).

À luz da metodologia de Finnis, tal como exposta por Kelley, parte da investigação sobre os parlamentos árabes deve ser direcionada para a exploração dos objetivos internos dos processos legislativos. Abordam-se, assim, tanto as questões práticas como as teóricas. No domínio prático, o saber parlamentar deve pender para o cumprimento das reivindicações locais, dentro das condicionantes de tempo e espaço, e das exigências e circunstâncias políticas. No domínio teórico, em vez de exagerar na aplicação de escalas externas para avaliar a prática parlamentar, é bem mais útil criar métodos avaliativos compatíveis com os objetivos legislativos locais. O crescimento da parlamentarização é uma oportunidade para fazer uma imprescindível e renovada reflexão que possibilite uma reificação mais independente do saber e das escalas locais. As estratégias para reificar as teorias sobre a legislação e a prática parlamentares não podem ser implementadas de um modo monolítico que ignore a especificidade. O desafio está em mudar a tónica para uma teoria fundamentada que baseie os seus resultados de aprendizagem em exemplos devidamente contextualizados. O saber local será ineficaz e incapaz de se desenvolver e evoluir se, em primeiro lugar, não anunciar uma orientação prática séria e sistemática com dois objetivos interligados. Em primeiro lugar, trabalhar para objetivos práticos internos, conforme o requerido pelas exigências de tempo e espaço. Por exemplo, a consolidação parlamentar nos Estados da Primavera Árabe que vivem um tumulto revolucionário e se encontram divididos entre correntes revolucionárias e contrarrevolucionárias exigirá sensibilidade na elaboração de planos concretos capazes de responder aos desafios locais: uma assembleia constituinte *versus* uma assembleia nacional ou um parlamento. No contexto de uma revolução, o próprio «bem comum» tende a ser minimalista e direcionado para a resolução de conflitos, políticas de negociação e pragmatismo. Isto explica em parte o sucesso da transição metódica na Tunísia, cuja Assembleia Constituinte eleita em 2011 ficou responsável pela redação de uma nova constituição (Bahi e Völkel, 2014). Em segundo lugar, capacitar-se através da participação na elaboração de escalas avaliativas que redefinam as relações de poder de domínio e dependência. Por natureza, os parlamentos são criados para reificar a autogovernação e, enquanto «casas do poder», estão em posição de fazer mais do que apenas o lado prático da redação de leis e da supervisão (Salih, 2006). É neste ponto que os cientistas sociais podem oferecer um contributo útil ao aplicarem as suas metodologias de modo a fornecer um saber concreto e devidamente fundamentado a partir de diversas práticas parlamentares, como no contexto da Primavera Árabe. Uma tarefa deste tipo facilitaria as comparações dentro e entre elas, conferindo-lhes maior visibilidade. As práticas alternativas podem exigir fertilização, diálogo e trocas interculturais. A «revolução», a «democratização», a «consolidação parlamentar», o «bem comum», a «supervisão» ou a «igualdade perante a lei» não são específicas do Médio Oriente e do Norte de África. A fundamentação lógica usada para valorizar o local não pretende de forma alguma limitar a abertura a outras possibilidades. Ninguém ganha com a criação de compartimentos rígidos que oponham práticas de conhecimento «locais» e «externas». O ponto de partida é sempre uma espécie de «banho de realidade» orientado por situações parlamentares devidamente contextualizadas. É uma estratégia para recuperar a relevância da diversidade e das *nuances*, e para deixar um alerta contra a adoção de metodologias monolíticas.

3. Evolução e dissolução parlamentar: O contexto da Primavera Árabe

As eleições são uma instituição democrática importante, mas a democracia não se reduz simplesmente a exercícios eleitorais periódicos. As eleições são um passo na direção certa, como se pode concluir a partir do contexto da Primavera Árabe (ver Tabela 11-1). Em conjunto, o Egito, a

Líbia e a Tunísia realizaram sete eleições parlamentares, incluindo duas para Assembleias Constituintes (Líbia, em 2014; e Tunísia, em 2011), responsáveis pela redação de constituições democráticas. Num período de três anos e sob o governo da Irmandade Muçulmana e do regime que a derrubou em julho de 2013, o Egito realizou duas eleições parlamentares (em 2012 e 2015). Marrocos é o exemplo mais aproximado de um Estado árabe que viveu em primeira mão o efeito de demonstração dos movimentos de protesto liderados pelos jovens durante a Primavera Árabe (por exemplo, o Movimento de 20 de fevereiro). Além disso, em termos de conquistas eleitorais (as eleições parlamentares de 2011), o cenário político tornou-se mais plural com os islamitas a marcarem posição (com a bênção do Rei) pela primeira vez na história do país. Nunca até então a região tinha passado por eleições com tanta frequência. Trata-se de um momento de viragem na política. Em teoria, a realização tão regular de eleições deveria favorecer a construção e consolidação parlamentares. As eleições não só infundem novo sangue à política, através do recrutamento de novos representantes para o parlamento, como também, e mais importante, «habituam» os eleitores à arte da política participativa, à disputa pacífica pelo poder, à ética do diálogo e da construção de consensos, à afirmação de direitos civis e políticos de representação, e à responsabilização por meio dos deputados eleitos. Deste modo, a questão inevitável é saber se a enxurrada de eleições durante a Primavera Árabe, como as realizadas no Egito, Líbia, Tunísia e Marrocos, desenvolve a democracia através do aprofundamento de uma cultura parlamentar. No caso de Marrocos, existem provas *prima facie* que apontam para a produção de uma espécie de «efeito de demonstração» (ver Tabela 11-1). As eleições e os parlamentos daí resultantes não devem ser transformados em «eventos publicitários» ou manobras de «relações públicas» para consumo externo. Enquanto principais interessados na democratização árabe, a UE ou os EUA não devem despejar dinheiro destinado a programas de consolidação parlamentar sem levar em consideração o caderno de encargos local, o tipo de «bem comum» e as agendas partilhadas, sejam elas quais forem — como o desmantelamento de monopólios políticos de partidos e famílias dominantes, e a permissão de formas de justiça transitória. Em particular, enfraquecendo o atual *statu quo*, em que o parlamento e os parlamentares parecem estar «sob a ameaça» de objetivos restritos e de curto prazo:

1. *Khadamat* (fazer favores a indivíduos ou grupos por meio da prestação de serviços, por exemplo, documentos como passaportes, dispensa do serviço militar, acordos de garantia de negócio ou emprego): a maioria dos parlamentos árabes experimenta diferentes graus deste papel de mediador que liga parlamentares e cidadãos. Existe um aspeto «afetivo» desta função que reduz o trabalho do comum representante parlamentar árabe a uma «figura institucionalizada de intermediário» e, em alguns casos, a um «empresário político» — ou *wasit*. Isto aproxima-o de um tráfico de influências «alternativo» em contextos nos quais as culturas políticas árabes estão privadas de exercer tráfico de influências em favor de interesses egoístas.
2. *Tafweedh* (este termo refere-se a um tipo de «deferência delegatória», na qual os parlamentos carimbam as preferências políticas das cliques dominantes): isto reduziu as legislaturas árabes a «parlamentos de decoro». Assim, em vez de os governantes delegarem o poder nos parlamentos, acontece o oposto.

As eleições não se traduzem em exercícios robustos de consolidação dos parlamentos. No ano de 2009, realizaram-se quatro eleições: parlamentares no Líbano e no Kuwait, e duas séries de eleições regionais no Iraque e no Curdistão iraquiano. No início de 2010, os iraquianos voltaram às urnas para eleger os seus representantes parlamentares. Seis meses depois, todavia, o falhanço dos iraquianos em formar governo ou parlamento não facilitou a harmonia entre as partes. Nouri al-Maliki, o primeiro-ministro derrotado, então em funções, e Iyad Allawi, um ex-primeiro-ministro cuja coligação tinha conquistado na altura mais dois lugares do que o bloco xiita de Nouri al-Maliki, discutiram durante oito meses sobre quem tinha realmente vencido as eleições e estava «mandatado» para governar o país. As eleições não suscitaram atitudes democráticas ou a necessária competência ética para partilhar o poder e aceitar a derrota nas urnas. As eleições parlamentares do Iémen agendadas para 2010 foram adiadas para 2011. Em novembro de 2010, as duas voltas das eleições no Egito deram origem ao parlamento mais viciado e, consequentemente, menos representativo até hoje. A impressionante organização Irmandade Muçulmana, que tinha conquistado 20% dos lugares em 2005, não conquistou um único lugar na primeira volta das eleições devido aos escândalos de violência e fraude que a forçaram a desistir da segunda volta. Mais próximo da orla meridional do Mediterrâneo, as eleições presidenciais na Argélia, em abril de 2009, deram a Abdelaziz Bouteflika um terceiro mandato depois de a Assembleia Nacional ter suprimido, em novembro de 2008, a norma constitucional que limitava o exercício do cargo presidencial a dois mandatos. Em outubro de 2009, os tunisinos foram a votos para eleger um novo parlamento e restituíram Ben Ali à presidência, institucionalizando o mandato presidencial vitalício na Tunísia pré-Primavera Árabe.

É por isso que se deve novamente questionar a utilidade das eleições. O Médio Oriente Árabe não é um monólito. A diversidade de tempo e espaço revela uma rede diversificada de experiências eleitorais que originam diferentes experiências parlamentares. Perante um vasto cenário político que se estende do Egito ao Iémen, existe um risco real de tecer generalizações sobre as eleições e os parlamentos no contexto da Primavera Árabe. Não existem «conceitos perfeitos» para analisar as eleições e a subsequente consolidação parlamentar nestes Estados e, dado o curto intervalo de tempo em questão, é difícil chegar a qualquer generalização significativa dentro do contexto da Primavera Árabe. Em cinco anos de revoluções e contrarrevoluções, o ponto da situação não suporta mais indeterminação. Assim, as transições democráticas continuam a ser historicamente situadas, flexíveis, contingentes, fragmentadas, diferenciadas, não-lineares e variáveis. Na conjuntura histórica atual, a «transição democrática» dentro da geografia da Primavera Árabe (conforme medido pelos quatro Estados na Tabela 11-1) revela Estados ativos no plano eleitoral, mas não necessariamente transições irreversíveis e, nesse sentido, parlamentos estáveis que apoiem o processo de transformação democrática (Barkan *et al.*, 2004). Os parlamentos e os Estados que os acolhem sentem-se apertados entre fortes correntes de revolução e contrarrevolução. São evidentes os fatores contraditórios de puxa-e-empurra que os afastam dos antigos monopólios de poder e da organização singular da política rumo à legitimidade democrática e aos parlamentos eleitos. Não obstante, perturbações no Egito e na Líbia (Tabela 11-1) fizeram com que a dissolução suplantasse a evolução parlamentar, ao contrário do que sucedeu na Tunísia e, até certo ponto, em Marrocos.

Tabela 11-1. Eleições durante a Primavera Árabe: evolução e dissolução parlamentar

País	Eleição parlamentar	Consolidação	Perturbação	Tendência principal
Egito	Dez-jan 2012	Realizada	Golpe de julho de 2013. Dissolução do parlamento eleito.	Ascensão dos Islamitas.
	Out-nov 2015	Realizada		Retorno dos secularistas. Indiferença dos eleitores.
Líbia	7 de julho de 2012. Congresso Nacional Geral.	Realizada	Dissolvido a 4 de agosto de 2014.	
	20 de fevereiro de 2014. Assembleia Constituinte.	Realizada	Violência e discórdia.	Vitória dos nacionalistas e dos liberais.
	25 de junho de 2014. Câmara de Deputados.	Realizada após adiamento.	Adiamento das eleições de 2013. 13 de julho de 2014: operação «Odisseia Amanhecer». Cancelamento dos resultados da eleição de novembro de 2014.	Fragmentação: Rivalidade Tobruk-Trípoli. Guerra civil e mediação das Nações Unidas.
Tunísia	23 de outubro de 2011	Realizada	Inexistente	Ascensão dos Islamitas. Aliança Tripartida: Aliança islamitas-esquerdistas.
	26 de outubro de 2014	Realizada	Inexistente	Recuperação dos secularistas. Partilha de poder entre islamitas e secularistas
Iémen	27 de abril de 2011	Adiada	Início da violência.	Fragmentação
	Fevereiro de 2014	Adiada	Violência	Guerra civil e diálogo nacional.
País mais afetado pela Primavera Árabe: Efeito de Demonstração				
Marrocos	25 de novembro de 2011	Realizadas	Reacionária: resposta aos protestos da Primavera Árabe.	Ascensão dos islamitas. Aliança entre o Rei e os islamitas.
	7 de outubro de 2016	Planeadas		Ascensão dos islamitas.

Ao afirmar-se que a dissolução tem um peso maior do que a evolução parlamentar, não se pretende subestimar os ganhos políticos da Primavera

Árabe. O que se pretende realçar é o facto de o tipo de transformação não ter refletido as expetativas dos diversos públicos. O Egito e a Líbia são excelentes exemplos deste facto (Hardy, 2011; Quwaydar, 2011). As duas revoluções derrubaram dois regimes e ditadores famosos pela solidez dos seus aparelhos de «Estado profundo». Estes aparelhos caíram com estrondo e geraram revoluções aparatosas, sobretudo no Egito. As expetativas corresponderam ao espetáculo revolucionário que depôs regimes poderosos: a mudança radical e a rutura total com o passado, que são, em teoria, as marcas de uma revolução. Quwaydar fala de uma *iradat al-taghyeer* (busca pela mudança) na Líbia. Este autor capta o sentimento revolucionário do país ao explicar o esforço investido no momento revolucionário. Cinco anos depois, as eleições realizadas em ambos os países não refletiram o sentimento de transformação profunda. No Egito realizaram-se duas eleições parlamentares (para não falar de três referendos sobre a Constituição e de duas eleições presidenciais). Não é exagero afirmar que hoje em dia se verifica uma fadiga eleitoral no Egito. A última eleição parlamentar, em 2015, é disso um exemplo: a afluência às urnas revela desilusão (Völkel, 2015) e fadiga. A comissão eleitoral criou uma multa de valor equivalente a 57 dólares americanos para punir os não votantes. Trinta e cinco anos de consolidação parlamentar no Egito não evitaram o fenómeno da dissolução parlamentar e muito menos interferências e golpes militares, como o que se verificou em julho de 2013. É por esta razão que existe um aspeto ontológico referente ao modo como os parlamentos nascem e para que servem então se, e quando, não se mostram à altura nos momentos mais importantes, impedindo a usurpação do poder por interesses restritos que agem contra as instituições eleitas. O Egito tinha um sistema parlamentar bicameral (composto pela Assembleia do Povo ou câmara baixa e pelo Conselho da *Shura* ou câmara alta) desde o governo de Sadat, que foi fundamental na restauração deste sistema no final da década de 1970. A nova Constituição de 2014 criou um parlamento unicameral: a Assembleia do Povo deu lugar à Câmara dos Representantes, composta por 596 deputados, e o Conselho da *Shura* foi extinto.[15]

[15] O número de 596 representantes é o maior na história parlamentar do país. Apenas 120 serão eleitos integrando listas partidárias. Os outros 448 deputados, a esmagadora maioria, serão eleitos como independentes. Até certo ponto, isto diminuirá a influência dos partidos políticos na nova Câmara de Representantes. O presidente

As eleições no Egito não têm evitado governos marcados pela esclerose política na ausência de parlamentos fortes (Baaklini *et al.*, 1999) que deem credibilidade e justificação a eleições legislativas frequentes. No centro desta paralisia está a mistura paradoxal das políticas de Hosni Mubarak e de Abdel Fattah al-Sisi que definem o novo sistema. No Egito atual, as contradições e tensão resultantes deste facto são uma característica marcante de um sistema definido pela atrofia e incompletude. A Revolução de 25 de Janeiro no Egito, que depôs Mubarak há mais de cinco anos, compete por atenção com a linguagem, os agentes e peticionários de outro conflito: a revolta de 30 de junho (*Tamarrud* — ou revolução). No papel, Mubarak e o seu antigo Partido Nacional Democrático (PND), extinto em abril de 2011, abandonaram as suas posições de poder e privilégios. Na prática, dezenas de antigos deputados do PND regressaram ao parlamento eleito em 2015 e aos seus comités por meio de um mecanismo quase «substituto» do PND, a lista «Por Amor ao Egito» — a atual lista do regime. Quase três anos depois da deposição, em 13 de julho de 2013, do presidente Mohamed Morsi, eleito democraticamente, e da Irmandade Muçulmana, o Egito atravessa crises multidimensionais, sendo que algumas delas contribuíram para desencadear a Revolução de 25 de Janeiro: o fraco crescimento económico, a corrupção, a injustiça, a marginalização, o autoritarismo, as políticas de exclusão e os excessos do poder executivo. Acima de tudo, neste momento histórico, a nova composição da Câmara dos Representantes não augura nada de bom para a institucionalização de uma cultura parlamentar sólida. Note-se que o Egito tem um século e meio de história de conselhos eleitos. A dissolução de um parlamento e o cancelamento dos resultados de uma legislatura eleita ferem a credibilidade de todo o sistema político. Isto acontece ainda que a nova Constituição adotada em 2014 confira à Câmara dos Representantes, pelo menos em teoria e segundo os Artigos 101 a 138, poderes para aprovar ministros nomeados pelo presidente, discutir o Orçamento do Estado e rever leis e políticas. Em teoria, os novos poderes deviam moderar os excessos

pode nomear 28 deputados e, segundo o Artigo 102 da Constituição, tem plenos poderes para nomear qualquer personalidade que considere apta a exercer o cargo de deputado. Uma condição é a de que as mulheres podem constituir até metade do número de deputados escolhidos pelo presidente.

presidenciais, transformando o Egito (como aconteceu na Tunísia) num sistema presidencial-parlamentar.

O Congresso Geral Nacional (CGN) da Líbia, eleito em julho de 2012 para formar uma Assembleia Constituinte responsável pela redação da Constituição, não cumpriu a sua missão. Posteriormente, visto que os políticos líbios se mostravam hesitantes e não chegavam a acordo, o Conselho Nacional de Transição (CNT), então no poder, optou pela eleição direta dos membros da Assembleia Constituinte. Esta eleição realizou-se em 20 de fevereiro de 2014, apesar de uma violenta guerra civil. A eleição de 2012 e as duas eleições de 2014, incluindo a eleição dos 200 membros do Conselho de Deputados em junho desse ano, dividiram os líbios em vez de os unirem, como se confirma pela taxa de afluência eleitoral de 18%. Isto significou que as instituições que nasceram em pleno Estado de guerra civil não foram de todo eficazes e não conseguiram cumprir as missões que lhes foram atribuídas, nomeadamente no que se refere à criação de instituições e à conclusão da redação da Constituição. Em vez de uma estrutura parlamentar estável, os líbios são governados por um sistema bifurcado. Os derrotados das eleições de 2014 são os que reclamam o poder e se mobilizam em torno do dissolvido e agora autoproclamado CGN (composto maioritariamente por forças islamitas lideradas por Nouri Abusahmain: a Irmandade Muçulmana e os membros do partido Justiça e Construção, seus aliados), que foi eleito para orientar a transição em 2012. Do outro lado está o Conselho de Deputados eleito em 2014, nas eleições perdidas pelos islamitas. Ambos os lados beneficiam de apoio militar local e internacional (como o oferecido pelo general reformado Haftar e pela Força Escudo, em Trípoli), o que dá às instituições eleitas, novas ou já dissolvidas, um caráter algo absurdo.

Tabela 11-2. Líbia: Percentagem de votos e lugares conquistados pelos principais novos partidos ou coligações nas eleições para o Congresso Nacional, em julho de 2012

Grandes partidos	Votos	Percentagem de votos	Número de lugares
Aliança das Forças Nacionais	714 769	48,14%	39
Justiça e Construção	152 521	10,27%	17
Frente Nacional	60 592	4,08%	3
União pela Pátria	66 772	4,50%	2
Partido Nacional Centrista	59 417	4,00%	2
Partido Wadi Al-Hayah	60 566	4,07%	2

Os números eleitorais registam tanto o sucesso como o fracasso da estreia democrática da Líbia. De um total de quase três milhões de eleitores, um milhão e cem mil faltaram ao registo eleitoral. Estes números são compreensíveis num país que atravessou uma guerra violenta contra o regime deposto, bem como uma guerra interna — a resolução de todo o tipo de conflitos regionais e tribais. Não foi concedido tempo suficiente para a preparação das eleições, para que se cumprisse o desígnio de uma maior inclusão e para que as sociedades políticas e civis emergentes pudessem organizar-se, divulgar devidamente os seus programas eleitorais e mobilizar-se para o desafio eleitoral. A exceção foi a coligação que Mahmoud Jibril conseguiu montar muito antes do início da campanha eleitoral — isto explica, até certo ponto, o sucesso das *Tahalouf al-quwa al-wataniyya* (Aliança das Forças Nacionais), que alcançaram a maior percentagem de lugares de entre os 80 atribuídos a partidos políticos. A instabilidade marca o Estado e o processo mediado pelas leis e instituições interinas e, posteriormente, o organismo constituinte responsável pela definição da Constituição — que se espera vir a integrar sessenta membros, vinte para cada uma das três principais regiões da Líbia: Barca ou Bengasi (Cirenaica), a oriente; Tripolitânia, a ocidente; e Fezão, no sul. Acresce ainda o facto de a fluidez não se verificar apenas no número substancial de eleitores registados mas também numa participação maior do que a média habitual de 62% de eleitores. Isto deve-se em parte ao boicote eleitoral em Bengasi, que se estima ter abrangido 70% da população na parte oriental do país. Além disto, desde a libertação de Trípoli às mãos do *shabab* ou *thuwar* (o exército de jovens que integram as várias milícias rebeldes), os tuaregues líbios têm sido vítimas de violência indiscriminada, sendo ainda excluídos de todos os aspetos da reorganização da associação e participação política na Líbia. A ausência até à data de um processo coerente e credível de justiça transicional que atue em conjunto com a contestação e participação eleitoral e com o desenvolvimento institucional manchou em parte o sucesso relativo das eleições líbias de julho de 2012. Em particular, o processo de renovação política — com a sua dimensão dupla de participação e contestação — foi levado a cabo sem considerar o sofrimento de milhares de famílias tuaregues vítimas de violência em Dereg, Gadamés e Misrata, forçando um grande número de pessoas a fugir para a Argélia devido ao medo de represálias e atos de violência.

O único sucesso que se pode atribuir às eleições na Líbia (ver Tabela 11-2) prende-se com o regresso à participação e contestação num momento histórico de «explosão cívica», verificado no grande número de partidos políticos que participaram nas eleições. No entanto, o futuro a longo prazo destas formações políticas recém-fundadas permanece incerto. Esta tem sido uma característica comum das eleições no espaço geográfico da Primavera Árabe: a proliferação de partidos políticos cuja percentagem total de votos é mínima, o que fragmenta o regime. No caso da Líbia, os lugares disputados com base na representação individual geraram um número enorme de independentes que devem os seus lugares a padrões de votação tribais e regionais, e que raramente se associam aos grupos partidários existentes, como a Aliança das Forças Nacionais ou o partido Justiça e Construção da organização Irmandade Muçulmana (*Hizib al-Adalah wal-Bina*). Dezasseis partidos conquistaram um lugar cada; três conseguiram dois lugares cada; e logo a seguir à Aliança de Forças Nacionais (39 lugares) e ao partido Justiça e Construção (17 lugares), a Frente Nacional conquistou a terceira posição, com três lugares, e o cargo invejável de presidente do Congresso foi atribuído a Al-Magariaf, presidente do partido. A quota de 10% reservada para as mulheres foi abandonada no plano eleitoral original e, de acordo com os resultados publicados pelo observatório eleitoral do país, a Alta Comissão Nacional para as Eleições, o Congresso recém-eleito tem trinta e três mulheres. A percentagem de 16,5% de lugares atribuídos a mulheres é uma mais-valia para o processo democrático e um sinal promissor num país conhecido pelo amplo cumprimento da ortodoxia religiosa. Isto é a prova de que a observância religiosa não se traduz necessariamente na vitória dos partidos muçulmanos ou numa fraca representação das mulheres no parlamento.

No Iémen nunca se realizaram as eleições parlamentares agendadas para 27 de abril de 2011 e destinadas a «consumar» a sua «entrada» jurídico-racional na Primavera Árabe — também não se realizaram em conjunto com as eleições presidenciais agendadas para fevereiro de 2014. O Iémen é um Estado da Primavera Árabe sem eleições. Do mesmo modo, o mecanismo da Conferência para o Diálogo Nacional (CDN) tem atuado como um parlamento alternativo na ausência de uma Assembleia Nacional eleita. O Iémen também não tem Constituição. No início de 2015, a comissão para a redação da Constituição redigiu e submeteu uma nova Constituição para a aprovação por parte dos políticos em disputa (apoiados e financiados pela Arábia Saudita ou pelo Irão), que a votariam e aprovariam por meio de um referendo. No entanto, até hoje, esta votação ainda não teve lugar. Na ausência de um órgão representativo, todo o processo de tomada de decisões apresenta lacunas em termos de coerência e de formação de consensos, sendo que a interferência estrangeira e a guerra no Iémen contribuem para agravar a situação. Por exemplo, todos os representantes da assim designada Autoridade Nacional se recusam a aprovar, e muito menos implementar, as conclusões alcançadas pela CDN (Baron, 2014). A realização de eleições e a aprovação das conclusões da CDN são adiadas indefinidamente. O miasma iemenita é um bom exemplo do falhanço do desenvolvimento institucional devido à falta de capacidade para criar consensos no contexto local. Os «patrocinadores» transnacionais erraram ao colocar sunitas contra xiitas e fizeram com que os decisores atuassem fora do alcance das instituições jurídico-racionais de representação democrática, bem como das instituições tradicionais de consulta e reconciliação baseadas em políticas definidas territorialmente.

A Tunísia e Marrocos (Tabela 11-1) parecem ser as exceções à regra no contexto da Primavera Árabe. Ambos os países instituíram processos eleitorais duradouros e reproduzíveis, e que até ao momento têm gerado processos parlamentares estáveis. Em ambos os casos, as eleições e os respetivos parlamentos encorajaram a partilha de ideias. Os parlamentos transformaram-se em fóruns comuns para a partilha de experiências e de boas práticas por meio de canais parlamentares, comités, debates sobre temas e áreas de legislação. No caso da Tunísia, a Constituição democrática de 2014 permitiu fazer a ponte entre esquerdistas, secularistas e islamitas, com a mediação do governo tripartido. No mesmo sentido, o sistema marroquino mostrou resiliência através de uma espécie de hábil «absorção-choque» das repercussões da Primavera Árabe. Tal como no Egito e na Tunísia, nas suas primeiras eleições parlamentares, os islamitas ganharam visibilidade e apoio eleitoral por meios legais (ver Tabela 11-1). Segundo esta perspetiva, os parlamentos deixaram de ser instituições de carimbos para se tornarem campos de treino para o desenvolvimento de competências do saber parlamentar, incluindo o compromisso, a pluralidade, a igualdade e a reciprocidade. Estas experiências recentes abrem uma janela para o bom uso das potencialidades éticas e práticas que diversas vozes e convicções levam para o parlamento com o propósito geral de promover a criação de competências em democracias inexperientes.

As segundas eleições legislativas, realizadas em outubro de 2014, foram importantes, embora não pelos resultados que se verificaram. Serviram antes como indicador de que a transição da Tunísia tinha entrado numa fase de consolidação, aprofundando a cultura parlamentar e aproveitando as conquistas e reformas democráticas introduzidas desde 2011. O resultado mais evidente das eleições de outubro de 2014 foi a completa mudança na paisagem política partidária no parlamento e ao nível do Estado. O partido islamita Nahda conquistou 69 lugares e ficou em segundo lugar, atrás do Partido Nidaa Tounes. Quanto aos parceiros do Partido Nahda no governo tripartido, o CPR conquistou três lugares e o Ettakatol um lugar no parlamento — um resultado francamente mau. Estes dois partidos desintegraram-se devido a confusão e conflitos internos muito antes das eleições de 2014. Mais relevante ainda é o facto de os partidos do governo tripartido terem sofrido uma derrota coletiva: juntos conquistaram 73 lugares, menos 12 do que os 85 lugares conquistados pelo partido Nidaa Tounes. A volatilidade do poder no período entre 2011 e 2013 não ajudou os partidos do governo tripartido. Os eleitores castigaram o partido Nahda e os seus jovens parceiros por não conseguirem melhorar a justiça social, por reintegrarem antigas figuras do regime na política, por deteriorarem a segurança e a economia, por demonstrarem fraca capacidade de liderança e inexperiência política e, ainda, pelo aumento do extremismo e da violência religiosa. O Banco

Mundial considera que ainda se mantêm as fraquezas económicas do tempo pré-revolução, nomeadamente nas áreas da criação de emprego, aumento das exportações e redução das disparidades regionais. Em parte, o bom desempenho eleitoral dos partidos da aliança tripartida na eleição para a Assembleia Nacional Constituinte, em 2011, deveu-se a um elemento de voto solidário, sobretudo no contexto do rescaldo da revolução. O tema da consolidação é importante para futuros estudos sobre a transição democrática na Tunísia por oferecer uma oportunidade única para fortalecer o parlamento, agora composto por membros eleitos e não nomeados. Em outubro de 2014, o partido islamita Nahda perdeu as eleições legislativas para o partido Nidaa Tounes. Estes resultados são especiais para o mundo árabe e, pela primeira vez, está a desenrolar-se na Tunísia um processo duplo de transição-consolidação, concretizado através de eleições livres, justas e democráticas.

Conclusão

Atualmente, a parlamentarização divide-se entre tendências de evolução e dissolução, e entre correntes revolucionárias e contrarrevolucionárias. Parece existir uma maior frequência de eleições, sobretudo dentro do espaço geográfico da Primavera Árabe. Nos casos da Tunísia e de Marrocos, a entrada no parlamento de islamitas e esquerdistas — até então excluídos do poder — não só consolidou os canais formais de governação e de partilha do poder como também multiplicou estruturas e fóruns informais para a reconciliação de antigos adversários políticos. No contexto da Primavera Árabe, as iniciativas reformistas têm variado em termos de ritmo, conteúdo, profundidade e alcance. A Tunísia é o único caso onde se pode afirmar que existe um rumo claro no sentido da consolidação democrática após duas eleições legislativas (em 2011 e 2014) e, em menor escala, duas voltas de eleições presidenciais que, em dezembro de 2014, lhe deram o seu primeiro presidente eleito democraticamente desde que o país se tornou independente da França em 1956. Presentemente, este presidente trabalha em conjunto com um parlamento eleito democraticamente sob a égide de uma Constituição democrática. A escala pela qual este tipo de parlamentarização deve ser avaliado tem de ser realista e favorecer as aspirações locais, sejam elas quais forem. A compreensão dos processos de consolidação parlamentar e de democratização na geografia da Primavera Árabe exige um maior período de tempo, bem como teorias de médio alcance que combinem o aspeto normativo e o prático. Os cientistas políticos devem elaborar métodos e teorias sobre o desenvolvimento de capacidades parlamentares que levem em consideração estas novas experiências, e talvez o estudo dos discursos e práticas locais seja um passo na direção certa. É fundamental elaborar estudos e análises comparativos sobre o sucesso e o fracasso do desenvolvimento de capacidades parlamentares tendo por base os processos legislativos da Primavera Árabe. Como acontece em todas as investigações das ciências sociais, a pretensão de «verdade», como quer que seja definida, dependerá não apenas de teorias de médio alcance mas também da interpretação de testes empíricos devidamente contextualizados e adaptados a cada caso específico.

Referências bibliográficas

Abou El Fadl, Khaled (2004), *Islam and the challenge of democracy*. Princeton: Princeton University Press. URL estável: http://www.jstor.org/stable/j.ctt14bs1gz

Al-Jasser, Hamad (2013), «Accusations of vote-buying ahead of Kuwait elections», *Al-Monitor*, de 22 de julho. Consultado a 16.04.2016, em http://www.al-monitor.com/pulse/politics/2013/07/kuwait-parliament-elections-accusations-vote-buying.html

Al-Maqata', Muhammad Abd-Almohsen (2002), «Al-Istijwab Al-Barlamani lil-Wuzaraa fi Al-Kuwayt» [«O interrogatório dos ministros no parlamento do Kuwait»], *Majllat Al-Huquq Al-Kuwaytiyyah*, 6(3), 5–33.

Al-Tamawi, Sulayman Muhammad (1996), *Al-Sulutat al-Thalathah fi Al-Dasatir Al-Arabiyyah Al-Mu'asirah wa fi Al-fikr Al-Islami* [Os três poderes nas Constituições árabes e no pensamento político islâmico]. Cairo: Dar al-Fikr al-Arabi.

Anderson, Benedict (2006), *Imagined communities*. Londres: Verso.

Baaklini, Abdo; Denoeux, Guilain; Springborg, Robert (1999), *Legislative politics in the Arab world: The resurgence of democratic institutions*. Londres: Lynne Rienner.

Bahi, Riham; Völkel, Jan (2014), «The surprising success of the Tunisian parliament», *openDemocracy*, de 30 de janeiro. Consultado a 22.05.2016, em https://www.opendemocracy.net/arab-awakening/riham-bahi-jan-völkel/surprising-success-of-tunisian-parliament

Barkan, Joel D.; Adamolekun, Ladipo; Zhou, Yongmei; Laleye, Mouftaou; Ng'ethe, Njuguna (2004), «Emerging legislatures: Institutions of horizontal accountability», *in* Brian Levy e Sahr John Kpundeh (orgs.), *Building state capacity in Africa*. Washington, DC: IBRD/The World Bank, 211–255. Disponível em https://openknowledge.worldbank.org/bitstream/handle/10986/14878/302630PAPER0Building0state0capacity.pdf

Baron, Adam (2014), «Yemen's "national dialogue" ends in violence, no election scheduled», *MacClatchy DC*, de 21 de janeiro. Consultado a 28.05.2016, em http://www.mcclatchydc.com/news/nation-world/world/article24762025.html

Carothers, Thomas (2004), «The end of the transition paradigm», *in* Thomas Carothers (org.), *Critical mission: Essays on democracy promotion*. Washington: Carnegie Endowment for International Peace, 167–184. URL estável: http://www.jstor.org/stable/j.ctt6wpk4p

Easton, David (1965), *A framework for political analysis*. Englewood Cliffs, NJ: Prentice-Hall.

Esposito, John L.; Piscatori, James P. (1991), «Democratization and Islam», *Middle East Journal*, 45(3), 427–440. URL estável: http://www.jstor.org/stable/4328314

Gellner, Ernest (1989), *Muslim societies*. Cambridge: Cambridge University Press.

Gregory, Derek (2004), *The colonial present*. Malden, MA: Blackwell.

Hardy, Roger (2011), «Egypt protests: An Arab Spring as older order crumbles», *British Broadcasting Corporation*, de 2 de fevereiro. Consultado a 26.12.2015, em http://www.bbc.co.uk/news/world-middle-east12339521

Hassan, Murid Ahmed A. (2006), «Al-Tawazun bayna Al-Sultatayn Al--Tashri'yyah wa Al-Tanifidhiyyah: Dirasah Muqaranah» [Equilíbrio entre o poder legislativo e o poder executivo: Um estudo comparativo]. Cairo: Dar Al-Nahda Al-Arabiyyah.

Huntington, Samuel Phillips (1991), *The third wave: Democratization in the late twentieth century*. Norman, OK: University of Oklahoma Press.

Jay, Martin (2015), «Speaking to the organisers of Beirut's You Stink group», *The National*, de 22 de outubro. Consultado a 26.04.2016, em http://www.thenational.ae/arts-lifestyle/the-review/speaking-to-the-organisers-of-beiruts-you-stink-group#full

Johnson, John; Nakamura, Robert (1999), *A concept paper on legislatures and good governance*. Nova Iorque: UNDP.

Kelley, Patrick J. (2009), «Theories of legislation and statutory interpretation: Natural law and the intention of legislature», *Washington University Jurisprudence Review*, 1(1), 97–138. Disponível em: http://openscholarship.wustl.edu/law_jurisprudence/vol1/iss1/3/

Lasswell, Harold D. (1958), *Politics: Who gets what, when, how*. Nova Iorque: Meridian Press.

Lindberg, Staffan I. (2003), «It's our time to "chop": Do elections in Africa feed neo-patrimonialism rather than counter-act it?» *Democratization*, 10(2), 121–140. Doi: http://doi.org/10.1080/714000118

Naylor, Hugh; Haidamous, Suzan (2015), «Trash crisis sparks clashes over corruption, and dysfunction in Lebanon», *Washington Post*, de 23 de agosto. Consultado a 22.05.2016, em https://www.washingtonpost.com/world/middle_east/lebanon-rattled-by-protests-over-trash-crisis-corruption/2015/08/23/9d309ef8-2c2f-447b-9fff-3c5c62543da9_story.html

Putnam, Robert David; Leonardi, Robert; Nonetti, Raffaella Y. (1993), *Making democracy work: Civic traditions in modern Italy*. Princeton, NJ: Princeton University Press. URL estável: http://www.jstor.org/stable/j.ctt7s8r7

Quwaydar, Ibrahim (2011), *Libia: Iradat Al-Taghyeer* [Libya: Will to Change]. Cairo: Dar Al-Ulum.

Sadiki, Larbi (2002), «The search for citizenship in Bin Ali's Tunisia: Democracy versus unity», *Political Studies*, 50(3) 497–513. Doi: http://doi.org/10.1111/1467-9248.00381

Sadiki, Larbi (2004), *The search for Arab democracy: Discourses and counter-discourses*. Nova Iorque: Columbia University Press.

Sadiki, Larbi (2009), *Rethinking Arab democratization: Elections without democracy*. Oxford: Oxford University Press. Doi: https://doi.org/10.1093/acprof:oso/9780199562985.001.0001

Sadiki, Larbi (2015), «Towards a "democratic knowledge" turn? Knowledge production in the age of the Arab Spring,» *The Journal of North African Studies*, 20(5), 702–721. Doi: http://doi.org/10.1080/13629387.2015.1081461

Said, Edward (1978), *Orientalism*. Nova Iorque: Pantheon.

Salih, Mohamed (2006), «African parliaments: Between government and governance». Londres: Palgrave Macmillan.

União Interparlamentar (2006), *Parliament and democracy in the twenty-first century: A guide to good practice*. Genebra: UIP — União Parlamentar. Disponível em http://archive.ipu.org/dem-e/guide.htm

Völkel, Jan (2015), «Why almost nobody participated in the Egyptian parliamentary elections», *openDemocracy*, de 23 de outubro. Consultado a 22.05.2016, em https://www.opendemocracy.net/arab-awakening/jan-v-lkel/why-almost-nobody-participated-in-egyptian-parliamentary-elections

Whitehead, Laurence (2002), *Democratization: Theory and experience*. Oxford: Oxford University Press. Doi: https://doi.org/10.1093/0199253285.001.0001

Capítulo 12

Carry their rights, their own way: a luta dos Dalit pela igualdade

José Manuel Mendes

> *A nossa visão dos Dalits é mais orgulhosa. Pensamos a partir deles, temos uma perspetiva, temos uma ideologia e estamos comprometidos. Nascemos entre eles. Não nascemos para eles.*[1]
>
> Ashok Bharti — Líder do NACDAOR

Introdução

A partir de estudos anteriores realizados na Europa, mais concretamente em França e Portugal, argumentei que o Estado é o mediador e o recurso de última instância que legitima a integração das sociedades no capitalismo global (Mendes, 2016), sendo que a linha abissal que define os integrados e os descartáveis ou invisíveis percorre tanto o Sul como as pequenas colónias do Norte, tanto as lógicas de regulação/emancipação

[1] Tradução livre do autor, assim como nas restantes traduções para português neste capítulo. No original: «We have prouder outlook of the Dalits. We think from, we have a perspetive, we have an ideology, and we are committed. We are born among them. We are not born for them».

como as de apropriação/violência que existem tanto no Norte como no Sul globais (Santos, 2014).[2]

Surge a necessidade de interrogar o conceito de cidadania a partir dos não-cidadãos, daqueles que ficam de fora, sem direitos e garantias. Incluindo também aqueles que, embora nominalmente cidadãos ou cidadãs, são considerados/as descartáveis ou remetidos a uma cidadania que, nesses casos, pode ser considerada como invisível. A cidadania invisível reporta-se a todos aqueles que, apesar de integrados biopoliticamente nas estatísticas e nas políticas da população, não contam, não são ouvidos, não interessam ao projeto do Estado ou não adquirem grandeza ou projeção mediática. Daí a necessidade de ir além da biopolítica, nas suas formulações originais avançadas por Michel Foucault (2004a), como na sua tanatopolítica baseada somente no racismo (Mendes e Araújo, 2016: 12).

A cidadania invisível afeta, em suma, todos os que são vítimas da indiferença. Essa indiferença resulta na ausência daquele que constitui um critério essencial de cidadania: a pertença digna. A pertença não portadora de dignidade pode passar por corpos que sofrem ou morrem, por territórios contaminados ou por políticas excludentes (Mendes e Araújo, 2016: 13).

No presente capítulo, analiso a luta dos Dalit (intocáveis) na Índia pela igualdade e pela dignidade a partir das epistemologias do Sul de Boaventura de Sousa Santos. Inicio o capítulo com uma breve discussão sobre o pensamento de Ambedkar, uma das referências intelectuais essenciais para a compreensão da luta dos Dalit na Índia e do papel da religião como fator de dominação assente no conceito de casta. Numa segunda secção do capítulo, procedo à análise da reivindicação do termo Dalit como identidade política, como forma de resistência às lógicas de dominação e de opressão. Na terceira parte do capítulo, discuto, na esteira das propostas de Gopal Guru, a humilhação como categoria política. Na quarta parte, abordo o tema da democracia num contexto

[2] Boaventura de Sousa Santos, a partir do quadro teórico das epistemologias do sul e da aplicação do conceito de linha abissal, propõe uma análise que mostra como as lógicas de regulação/emancipação, presentes no Norte global, coexistem com as lógicas de apropriação/violência típicas dos espaços colonizados (Santos, 2014). Santos argumenta que a linha abissal da apropriação/violência se está a expandir. Ao retorno do colonial e do colonizador contrapõe um cosmopolitismo subalterno, que luta contra a exclusão radical (Santos, 2014: 125–126, 2015).

pós-colonial, mostrando a importância de se atender ao sistema de castas e à dominação sobre os Dalit como desafio ao próprio conceito de democracia.

A última parte do capítulo baseia-se no meu trabalho de campo realizado na Índia em outubro e novembro de 2014, mais especificamente no estudo que levei a cabo com a National Confederation of Dalit and Adivasi Organizations (NACDAOR).[3] Durante esse período, fiz cinco entrevistas a dirigentes e ativistas desta confederação em Nova Deli e duas em Patna. Acompanhei algumas das atividades diárias da confederação e um comício realizado em Jhansi a 2 de novembro de 2014, além de ter procedido à recolha de material de divulgação, relatórios e outra documentação.

Para a NACDAOR, trata-se de centrar a atuação nos temas estruturantes relacionados com os Dalit num país com uma longa tradição democrática como a Índia: a luta contra as atrocidades, pela terra, pela nutrição, contra a discriminação e a intocabilidade, por uma vida digna e pela subsistência e pela partilha dos recursos nacionais com base no peso demográfico dos Dalit e dos Adivasi.

Como afirmou Ashok Barthi, o líder da NACDAOR, num programa televisivo transmitido a 31 de outubro de 2015, e cujo tema eram as atrocidades praticadas no Estado de Haryana sobre uma família Dalit:[4] «Temos de entender que a lei em vigor neste país é a Constituição da Índia e não a lei de Manu. E os Dalit sabem muito bem que os seus direitos estão consagrados e protegidos pela Constituição indiana.»

Ashok Bharti invocava uma luta de centenas de anos contra a associação entre religião hinduísta, castas,[5] intocabilidade, discriminação e exclusão social. E reivindicava os direitos das castas menos privilegiadas

---

[3] A partir de meados de 2015, após a minha estada na Índia, e numa mudança estratégica de grande relevo, a National Confederation of Dalit Organisations passou a designar-se National Confederation of Dalit and Adivasi Organisations (NACDAOR), unindo a luta política dos Dalit e das tribos Adivasi. Utilizarei neste capítulo a nova designação da confederação na Índia.

[4] A casa de uma família Dalit foi incendiada durante a noite, com a morte de uma criança de dois anos e de outra de oito meses e causando ferimentos graves na mãe.

[5] O termo casta foi introduzido na Índia somente no século XV pelos portugueses. É usado pelos falantes de língua inglesa, sendo que no meio rural é utilizado o termo *Jat* ou *Jati* para definir a posição social e coletiva das pessoas, a partir da profissão e do local onde residem na localidade (V. Kumar, 2014: 26–28). Para um leitura histórica do sistema de castas numa perspetiva marxista, ver Dipankar Gupta (2000: 198–224).

consagrados na Constituição da Índia, que bane toda a forma de discriminação baseada na casta e na intocabilidade.[6]

Para mim, a tarefa era — a partir do quadro teórico das epistemologias do Sul de Boaventura de Sousa Santos (2014: 238), em que estas são definidas como as formas de saber que nascem com as lutas contra o capitalismo, o colonialismo e o patriarcado — aplicar uma sociologia das ausências e, atendendo aos processos sociais em presença, procurar explicitar como e onde se definiam as linhas abissais, o que estava para além dessas linhas abissais, mas também, aplicando uma sociologia das emergências, observar e analisar as práticas do outro lado das linhas abissais que poderão permitir a deslocação das mesmas pela luta e produzir uma democracia de mais alta intensidade (Santos, 2014: 7–8).

Duas novas problemáticas emergiram no meu trabalho: a necessidade de, à luz das epistemologias do Sul, instituir a religião — em articulação com o capitalismo, o colonialismo e o patriarcado — como uma das formas centrais de dominação; e, recorrendo à teoria dos espaços estruturais de Boaventura de Sousa Santos (2002), já explicitada na Introdução deste livro, analisar o corpo como um novo espaço estrutural, com as suas formas de poder, de direito e de epistemologia. A intocabilidade seria o caso limite da instituição da linha abissal neste espaço estrutural.[7]

O caso das castas na Índia e a luta dos Dalit pela igualdade e pela dignidade mostram a importância central da componente simbólica na constituição do social, da instituição imaginária teológico-política na produção e reprodução da dominação. E mostram ainda como a ordem social tem uma base religiosa, e como a religião é uma forma de dominação e opressão, que atua em interseção com o capitalismo, o colonialismo e o patriarcado. No caso do hinduísmo, a religião define a divisão do trabalho, ou melhor, a divisão dos trabalhadores,[8] que é rígida e inscreve nos corpos, nas identidades pessoais e coletivas — pelo nome, pela ascendência, pela localidade de origem, pela localização geográfica na

[6] A Constituição da Índia aboliu a intocabilidade no seu artigo 17.º

[7] Também me inspirei em Michael Taussig, quando, ao estudar a violência dos paramilitares sobre os camponeses na Colômbia, e a propósito do esquartejamento dos corpos dos ativistas e dos camponeses, afirma que o corpo é o último território (Taussig, 2012: 513).

[8] Vivek Kumar acentua que a casta não está associada à divisão moderna do trabalho mas a uma divisão rígida e hierárquica dos trabalhadores (2014: 28).

aldeia — as castas e as respetivas feridas e formas de dominação. Como bem definiu Ambedkar, «a religião é a fonte do poder», em que a Índia não é mais do que um caso extremado que reforça a norma (Ambedkar, 2014a [1944]: 44).

A Constituição da Índia reconheceu formalmente as castas e, ao atribuir as designações Scheduled Castes, Scheduled Tribes e Other Backward Castes (castas e tribos que figuram nas listas oficiais para a atribuição de quotas no ensino e na administração pública), permitiu, reproduzindo o *statu quo*, uma forma de mobilidade social sem o radicalismo da aniquilação da casta como propunha Ambedkar.[9]

A implementação das recomendações da Comissão Mandal em 1990 levou a uma mudança profunda no discurso político na Índia (Chandhoke, 2010). Esta comissão, instituída em 1978, no seu relatório de 1980, propunha uma mudança das quotas para as castas e tribos desfavorecidas de 27% para 49,5% (Government of India, 1980). Segundo Chandhoke (2010), a mobilização política com base na casta passou a ter um novo peso político na Índia a partir da aprovação das medidas propostas.[10]

1. A herança de Ambedkar: a luta contra o colonialismo interno

Muitas organizações de defesa dos direitos dos Dalit, entre as quais a NACDAOR, invocam o pensamento e a vida de Bhimrao Ramji Ambedkar (1891–1956) como inspiração e figura titular. Ambedkar, que era um Dalit,[11] fez os seu estudos superiores nos Estados Unidos e na Grã-Bretanha, e foi um dos redatores da Constituição da Índia, tendo sido Ministro da Justiça após a independência, de 1947 a 1951. Baseou a sua atuação política na luta contra a intocabilidade, o sistema de castas e a

---

[9] Para o percurso da designações sobre os Dalit, ver Gopal Guru (2009a: 18). Pandey (2013: 57) analisa a sequência de designações atribuídas aos Dalit, desde *outcastes, pariahs, untouchables, depressed classes, harijans* (designação proposta por Gandhi), *scheduled castes* e, por reivindicação própria, Dalit.

[10] As recomendações e a sua implementação teriam o acompanhamento legal e formal da National Commission for Backward Classes, criada em 1993 pela National Commission for Backward Classes Act.

[11] Para uma pequena nota autobiográfica, ver Ambedkar (2014b). Para uma biografia de Ambedkar, ver Keer (1993).

sua legitimação no âmbito do hinduísmo. Foi, em muitas ocasiões, oponente de Gandhi em temas fraturantes.[12]

Como bem mostrou Aishwary Kumar (2015: 9), o pensamento de Ambedkar tem origem no niilismo e na teologia negativa indo-europeia. Para Ambedkar a justiça é a única verdade irredutível e, na sua obra *Annihilation of Caste* (Ambedkar, 2014a [1944]), acentua que a imaginação constitucional deve estar ligada aos deveres insurrecionais do cidadão. Ou seja, Ambedkar apresenta uma relação entre a ética da aniquilação revolucionária e as energias criativas do povo, isto é, uma relação entre a força incomensurável e destrutiva de um povo e a sua capacidade espiritual para se construir de raiz (A. Kumar, 2015: 9). E, segundo Kumar, a força de Ambedkar advém da sua rutura com as genealogias pré-modernas do misticismo e com a piedade ligada ao nacionalismo moderno, emergindo como o pensador do teológico-político no seu sentido clássico e insurrecional (A. Kumar, 2015: 9).

Para Ambedkar, «as revoluções políticas foram sempre precedidas por revoluções sociais e religiosas» (2014a [1944]: 43). No caso da Índia, a precedência da reforma política sobre a reforma social não permitiria, segundo Ambedkar, a reconstrução radical da sociedade. Esta reconstrução só seria possível pela aniquilação total do sistema de castas[13] (2014a [1944]: 42). A emancipação da mente e da alma é um aspeto preliminar necessário para a expansão política do povo (2014a [1944]: 44). O mesmo se aplica à reforma económica e à questão da propriedade. Sem reforma social não haverá reforma económica (2014a [1944]: 45). Para Ambedkar as guerras sociais na Europa tiveram sempre maior expressão do que na Índia. A causa estava, segundo ele, em três fatores: «na Europa, o fraco teve na sua liberdade em relação ao serviço militar a sua arma física; no sofrimento, a sua arma política; na educação, a sua arma moral» (2014a [1944]: 63). Estas são, para Ambedkar, as três armas da emancipação.

[12] Sobre as relações tumultuosas com Gandhi e a frase famosa dita por Ambedkar num encontro que teve com Gandhi em 1931, «Gandhi, eu não tenho pátria» (*Gandhiji, I have no homeland*), que refletia a orfandade dos Dalit dentro do sistema de castas na Índia, ver o relato dos acompanhantes de Ambedkar (Ambedkar, 2014c [1931]). O mesmo volume contém as atas das várias reuniões havidas entre Gandhi e Ambedkar.

[13] Esta diferença da Índia será celebrada posteriormente pelos cientistas políticos indianos, mostrando a especificidade do seu contexto pós-colonial (Chakrabarty, 2005: 3300).

Como bem salienta Pandey (2013: 12), no seu livro de comparação do racismo nos Estados Unidos e da casta na Índia como formas de preconceito, nos dois casos o colonialismo interno tem sido invocado como forma de luta pela democracia e pelos direitos. Para Pandey (2013: 63–64), a acusação de colonialismo interno não é comum hoje na Índia, sobretudo após a institucionalização do sistema de quotas. Mas, para o autor, o argumento do colonialismo interno dá um dos quadros mais importantes para uma discussão da luta dos Dalit desde a independência até aos dias de hoje. Para ele, «o problema com este tipo de colonialismo interno é que o colonizado não consegue escapar do domínio físico e económico ou até mesmo do domínio cultural» (2013: 63). No colonialismo interno indiano, não há a possibilidade de migração ou de fuga num contexto opressor a nível simbólico, cultural e religioso, e onde a casta acaba por ser transversal às várias religiões e acompanha o indivíduo e a família mesmo quando emigra. Como veremos à frente, este argumento do colonialismo interno não faz parte do reportório discursivo dos ativistas das organizações Dalit por mim estudadas, centrando-se a sua ação na reivindicação dos direitos políticos e sociais.

Ainda durante o regime colonial, as duas *Satyagraha*[14] impulsionadas por Ambedkar tinham por objetivo denunciar o colonialismo interno, pressionando o colonizador britânico e afastando-se dos ideais e das lutas nacionalistas e anticoloniais. O principal alvo não era o colonialismo interno dos britânicos, mas, sim, o colonialismo interno das castas altas contra as castas mais baixas e os intocáveis. A primeira Satyagraha apoiada por Ambedkar ocorreu a 20 de março de 1927, em Mahad, Maharashtra, e tinha por base beber água num tanque público mas reservado às castas puras ou tocáveis. O município de Mahad já tinha publicado um edital que permitia o acesso de todas as pessoas à água do tanque, mas tal não tinha sido possível por oposição das castas altas locais. Após o encontro local com centenas de participantes, Ambedkar encabeçou a marcha até ao tanque e bebeu água do mesmo. Registaram-se

[14] Segundo o Oxford English Dictionary, o termo *Satyagraha* resulta no sânscrito da junção de *satya* (verdade) e de *graha* (obstinação). Para a filosofia da *Satyagraha* como resistência baseada na não-violência, ver Gandhi (2001). Embora a *Satyagraha* mais famosa seja a do sal, em 1930, a primeira apoiada por Gandhi teve início em Champara, Bihar, em 1917, uma luta dos trabalhadores agrícolas e camponeses contra a imposição pelo senhor local britânico do cultivo do índigo ou anil.

vários incidentes e episódios de violência, e as castas altas ativaram posteriormente um ritual de purificação do tanque (Ambedkar, 2014d [1927]).

Mais significativa é a ressignificação empreendida por Ambedkar quanto ao conceito de *Satyagraha*. Se para Gandhi e os seus seguidores tal termo significava literalmente «o apego à verdade» (*clinging to truth*), para Ambedkar o mesmo devia ser traduzido por «resistir à injustiça com a força da alma» (*resisting injustice with soul force*) (Ambedkar, 2014d [1927]: 3). Como disse Ambedkar junto ao tanque de água, «Esta Conferência tem lugar para desfraldar o estandarte da Igualdade e, por isso, pode ser equiparada à Assembleia Nacional em França, em 1789» (2014d [1927]: 4A). Tratava-se para Ambedkar de uma luta pela igualdade para além do sistema de castas.

A outra *Satyagraha*, mais longa e de grande impacto simbólico, ocorreu em 1930 sobre o Templo Kala Ram em Nashik, Maharashtra, tendo durado mais de um ano. O objetivo era a entrada dos Dalit no templo, onde estavam proibidos de o fazer por questões de impureza e de poluição. Após vários confrontos, negociações e mediações pela polícia colonial, os Dalit não conseguiram entrar no templo. Esta *Satyagraha* confrontava diretamente a religião hindu e o seu preceito de exclusão de pessoas com base na casta e a religião como fonte de discriminação e de desigualdade, considerando algumas pessoas como não-humanas (Ambedkar, 2014e [1930]).

A luta de Ambedkar não era contra um colonialismo externo, mas contra uma forma de dominação que, legitimada por princípios religiosos, reproduzia as categorias naturalizadas de humano/não-humano, puro/impuro, tocável/não-tocável.

2. Dalit como identidade política

O termo Dalit deriva de uma antiga palavra da língua Marathi que significa «chão», «quebrado ou reduzido a pedaços» (Zelliot, 2001: 267). A reativação do termo Dalit deveu-se a dois movimentos da década de 1970 no Estado de Mararashtra: o movimento dos Panteras Dalit, diretamente inspirado no movimento Black Panthers dos Estados Unidos, e o movimento da literatura Dalit, também inspirado na literatura afro-americana (Zelliot, 2001: 267). Para os ativistas e intelectuais Dalit, o termo era usado como uma forma de orgulho, de militância e de criatividade. Era também uma recusa da ideia de poluição, de *karma* e de hierarquia de casta (Zellliot, 2001: 267).

Nesta luta simbólica em torno da relevância das designações, e de como as designações definem os direitos e o acesso a bens e recursos, a National Commission for Scheduled Castes elaborou em 2008 uma recomendação aos governos estaduais e ao governo nacional para não utilizarem nos documentos oficiais o termo Dalit, porque o mesmo era inconstitucional ao abrigo do artigo 341.º da Constituição. De uma penada, a comissão procurava retirar toda a força de uma identidade reivindicada politicamente.

Como bem refere Gyanendra Pandey (2013: 61), uma primeira etapa da entrada na cidadania formal dos Dalit foi conseguida pela abolição da intocabilidade na Constituição, pelo voto universal, pelos direitos legais e políticos e pelo sistema de quotas. A segunda etapa da entrada na cidadania formal dos Dalit processou-se pela conversão em massa ao budismo em 1956.[15] E Pandey tem razão quando afirma que a conversão dos Dalit ao budismo em massa não era para recuperar algo primordial, mas para repensar o padrão do desenvolvimento histórico como um todo, apontar as contradições e delinear possibilidades políticas. Era, segundo Pandey, uma conversão para o futuro (Pandey, 2013: 43–44). Mas esta conversão, se for para o cristianismo ou para o islamismo, implica a impossibilidade de acesso ao sistema de quotas.[16]

3. A humilhação como categoria política?

Para Gopal Guru, a categoria de humilhação está presente em todas as sociedades e resulta do paradoxo social produzido pelas elites sociais

[15] Esta foi a data em que Ambedkar se converteu formalmente ao budismo, arrastando consigo milhares de seguidores Dalit. Segundo os dados do Censo de 2011 na Índia, do total de praticantes do Budismo, 89,5% são das Scheduled Castes. No total de praticantes do Hinduísmo, esse valor é de 22,2%, e é de 30,7% entre os praticantes do siquismo.

[16] Ver, neste livro, o Capítulo 15, de Kamal Chenoy, para o argumento da religião num Estado laico. Para a consagração constitucional do acesso exclusivo às quotas para os que professam as religiões hinduísta, budista e sique, ver Samarendra (2016a, 2016b).

para a reprodução do poder em cada contexto social (Guru, 2009a: 1). No Ocidente, a raça será a categoria máxima de humilhação, enquanto no Oriente será a de intocabilidade. A intocabilidade e a própria situação de se ser intocável na Índia, Dalit na assunção política do efeito de casta, resulta diretamente da configuração colonial de poder, em que as elites compensaram diretamente a sua perda de poder e prestígio com uma configuração local que salientava o seu poder e prestígio sobre os inferiores e os intocáveis. Resulta daqui que o discurso nacionalista radical durante a luta da independência e num contexto pós-colonial subsume, invisibiliza, a humilhação baseada na casta e na diferença sexual no contexto da sociedade indiana (Guru, 2009a: 4).

A pergunta central aqui será: pode a humilhação levar à resistência e à luta pela dignidade? Gopal Guru argumenta que sim. Para ele, a resistência é inerente à humilhação, pois a mesma não pode ser definida se não for reivindicada, o que implica a capacidade de protestar (Guru, 2009a: 18). Guru situa-se numa posição académica, centrada na discussão filosófica e numa perspetiva de arqueologia da intocabilidade, procurando, por invocação direta de Ambedkar, apreender e desvelar a essência e o efeito do sistema de castas — a intocabilidade (Guru, 2009b). A arqueologia de Gopal Guru e um certo essencialismo na definição do efeito corporal, social, simbólico e político da casta não será a estratégia adotada pelos ativistas Dalit. A pertença e a origem Dalit só legitimarão a representação, mas não a lógica e o conteúdo das campanhas e das exigências de justiça e de igualdade social.

A nível metodológico e analítico adotarei uma abordagem sociológica atenta aos processos e dinâmicas sociais, longe da arqueologia de Guru e também da cartografia de Deleuze, seguindo de forma crítica e interrogativa, e também reflexiva, os e as ativistas, numa aplicação da teoria de retaguarda de Boaventura de Sousa Santos, como se verá na secção seguinte.

4. A democracia e o pós-colonial

Partha Chatterjee, na tradição dos estudos subalternos, irá avançar com uma ideia crítica da noção de democracia ocidental, reservando para esta e para os pressupostos políticos e culturais subjacentes o termo de democracia moderna capitalista (2004a: 3). A democracia será para ele, não o governo do, pelo e para o povo, mas, sim, a simples política dos governados (Chatterjee, 2004a: 4). Para o caso da Índia, Chatterjee retoma a distinção proposta por Grasmci entre sociedade política e sociedade civil. Enquanto a sociedade civil comporta, na linha do conceito de sociedade burguesa, os direitos formais dos cidadãos e as instituições e quadros legais respetivos, a sociedade política abrange todos os indivíduos, grupos e comunidades que não são membros da sociedade civil e não são tratados como tal pelo Estado e pelas instituições (Chatterjee, 2004b: 30–40). A sociedade política é marcada por uma normatividade nebulosa, uma atuação de tipo comunitário e nas margens da legalidade, uma herança tanto das lutas e protestos contra o Estado colonial como do projeto desenvolvimentista nacionalista pós-independência.[17]

Uma das melhores críticas a Partha Chatterjee pode ser encontrada em Swagato Sarkar (2014). Sarkar considera que, na conceptualização de Chatterjee, os marginalizados — a zona liminar na aceção de Mary John e Satish Deshpande (2008) — ficam fora tanto da sociedade civil como da sociedade política. Contrariamente ao que afirma Chatterjee, o direito e o constitucionalismo podem ser emancipatórios (Santos, 2003; Sarkar, 2014: 38). Atendendo ao papel da violência na sociedade indiana, o conceito de hegemonia não é aplicável, tratando-se simplesmente de processos de dominação.[18]

Gudavarthy (2013), no seu livro sobre os movimentos sociais na Índia, conclui pela necessidade de uma análise pós-sociedade civil. Critica também o conceito de sociedade política de Chatterjee e a recusa dos estudos subalternos em imporem uma normatividade externa sobre os grupos subalternos, argumentando que tal leva a uma «menor espessura da ação» (*thinning of agency*) (Gudavarthy, 2013: 226). Para ele, a

[17] Boaventura de Sousa Santos, num contexto teórico e político completamente distinto, mas numa assunção crítica do conceito de sociedade civil burguesa, discute, como se viu na Introdução do presente livro e em vários dos capítulos que o compõem, a existência de diferentes formas de fascismo social articuladas com três tipos de sociedade civil: a sociedade civil íntima, a sociedade civil estranha e a sociedade civil incivil (2003: 25–26). A sociedade política de Chatterjee estaria entre a sociedade civil estranha e a sociedade civil incivil. A vantagem da teorização de Boaventura de Sousa Santos é que é mais flexível, permitindo apreender as zonas de transição e as mudanças pautadas pela deslocação das linhas abissais que marcam as diferentes formas de exclusão.

[18] Para a prevalência da violência estrutural na sociedade indiana, ver o livro fundamental de Akhil Gupta (2012).

alternativa não passa pela neutralidade do investigador ou do intelectual, mas por um «afastamento informado» (*informed detachement*), em parte inspirado nas propostas de John Holloway (2005: 150) sobre o devir sem garantias (*becoming without guarantees*) (Gudavarthy, 2013: 226–227).

Não se trata de um qualquer afastamento mas, pelo contrário, de estar com os movimentos sociais, seguindo os preceitos apontados por Boaventura de Sousa Santos (2014: 3–17) no seu manifesto para os intelectuais-ativistas, numa lógica de intelectual de retaguarda, baseada numa *teoria povera* e na perspetiva da impossibilidade do radicalismo.[19] O afastamento informado de Gudavarthy leva-o a concluir, quanto aos movimentos dos Dalit, por um erro na estratégia destes, sobretudo na década de 1990, ao enfatizarem, pela política da identidade, a moralização da política em vez de uma ação política baseada na politização da ética (2013: 222).

Ora, como se verá adiante, os líderes Dalit o que propõem não é uma politização da ética mas, sim, uma politização da diferença, baseada na dignidade e nos direitos. Aqui sigo mais as propostas de Boaventura de Sousa Santos da teoria de retaguarda ou de Chatterjee de uma normatividade não imposta, tão bem expressa por este quando descreve Ambedkar como o portador de uma sabedoria realista e de sonhos emancipadores para as classes oprimidas (Chatterjee, 2004a: 24).

No caso da democracia na Índia, há que distinguir, segundo Vivek Kumar (2014), duas correntes analíticas: uma que vê as castas como funcionais para a sociedade mas disfuncionais para a democracia, em que a democracia se confronta diretamente com o sistema de castas; e outra que postula que as castas são disfuncionais para os Dalit mas funcionais para a democracia, permitindo a reprodução do sistema de castas em regime democrático pelo sistema de quotas e pela exclusão dos Dalit dos cargos de poder, aquilo a que Kumar chama de casteísmo.[20]

---

[19] Para Boaventura de Sousa Santos, este posicionamento esteia-se em três fatores: o fim do jogo dos dogmas; a missão da teoria de retaguarda; e a inesgotável diversidade do mundo.

[20] O termo casteísmo é usado por Vivek Kumar (2014: 17) para significar a monopolização das instituições modernas com base no capital social e cultural que advém da pertença às castas dominantes.

Para Vivek Kumar, a visão mais comum nas análises sobre a democracia na Índia é a primeira. Segundo Kumar, o desafio está, no que chama uma perspetiva a partir de baixo, em inverter as análises hegemónicas existentes e mostrar a exclusão social que afeta os Dalit em plena democracia (Kumar, 2014: 15).

5. A luta dos Dalit pela igualdade

Nesta secção do capítulo, irei centrar-me no trabalho de terreno realizado com a Confederação das Associações de Dalit e Adivasi (NACDAOR) em Nova Deli e Patna, em outubro e novembro de 2014.

A NACDAOR foi fundada em 2001 por Ashok Bharti durante a primeira conferência das associações Dalit, realizada em Nova Deli. Ashok Bharti é um Dalit licenciado em engenharia pela Delhi College of Engineering e mestre em engenharia pela University of South Australia. Durante o seu tempo de estudante universitário foi fundador, em 1991, do movimento Mukti (Liberdade), que tinha por objetivo lutar pela implementação e defesa das quotas favorecendo os Dalit no sistema de ensino superior. Foi fundador também, para contrapor ao discurso mediático hegemónico das castas altas, do Committee for Alternative Dalit Media, que em 1995 se transformou no Centre for Alternative Dalit Media (CADAM).

Todas estas iniciativas apareceram como uma reação direta à violência das castas altas contra a implementação pelo governo nacional, em 1990, das recomendações da Comissão Mandal sobre quotas, e do incitamento à violência contra essas medidas por parte dos média convencionais. Como data marcante, vários ativistas referem também a aprovação do Scheduled Castes and Scheduled Tribes Prevention of Atrocities Act de 1989, que criminalizava todos os atos de violência cometidos sobre as castas desfavorecidas, e o relatório oficial de 1998 elaborado pela Commission of the Scheduled Castes/Scheduled Tribes, que apresentava as estatísticas das desigualdades com base na casta e na diferença sexual na Índia.

Alguns aspetos são de salientar nas características dos/das líderes e ativistas do NACDOAR. Quase todas e todos têm experiência de trabalho anterior com ONG ou com organizações da sociedade civil, muitas delas estrangeiras ou financiadas internacionalmente, aplicando metodologias participativas. A adesão dos/das líderes e ativistas à NACDAOR prende-se com a reivindicação da herança de Ambedkar e uma recusa de agendas de trabalho e temáticas que veem como heteroimpostas. Os e as dirigentes e ativistas da NACDAOR também criticam a influência dos movimentos cristãos nas organizações de apoio aos Dalit, em que um dos exemplos é a National Campaign on Dalit Human Rights (NCDHR).[21] Sendo uma organização de âmbito nacional, a NACDAOR concentra a sua atuação sobretudo nos Estados do Norte da Índia, que em conjunto representam mais de 50% da população Dalit da Índia e são falantes de hindi.[22] Segundo Ashok Bharti, é importante que a liderança da confederação partilhe as características da maior parte da população Dalit, sendo também originária do norte da Índia, falante de hindi e Dalit.[23]

5.1. A luta pelos direitos e não pela justiça

As atividades da confederação dos Dalit estão totalmente distantes do que Chatterjee chama de sociedade política. Com efeito, depois de um período mais radical em que, na conferência anual das organizações Dalit, realizada em 2004 em Nova Deli, se queimaram as efígies dos grandes patrões da indústria indiana (Moddie, 2013), a estratégia é agora de invocação de todos os instrumentos legais e constitucionais disponíveis e de diálogo e de negociação com as diferentes partes interessadas, a nível local, regional e nacional.[24]

A NACDAOR, devido à experiência pessoal dos seus líderes e ativistas, afasta-se deliberadamente da lógica de atuação dos movimentos

---

[21] Para o papel da NCDHR na projeção da questão dos Dalit a nível internacional, ver Reddy (2005). Para uma excelente análise da influência dos movimentos cristãos no apoio aos Dalit na Índia, ver Mosse (2012).

[22] Esses Estados são, segundo os censos da Índia de 2011: Uttar Pradesh (20,5% do total dos Dalit na Índia); Bengala Ocidental (10,7%); Bihar (8,2%), Tamil Nadu (7,2%) e Andhra Pradesh (6,9%), que totalizam 53,5% dos Dalit da Índia.

[23] Entrevista realizada na sede da NACDAOR em Nova Deli a 12 de outubro de 2014.

[24] No seu artigo no jornal *The Hindu*, Mandira Moddie (2013) elogia a NACDAOR pela celebração de um protocolo de cooperação, a 12 de novembro de 2012, com a confederação da indústria da Índia, que resultou na criação conjunta de um sítio eletrónico de oferta de emprego (www.thefairjob.com).

sociais na Índia. Os dirigentes do NACDAOR lutam contra a prevalência no tempo da discriminação, da exploração e da opressão que deriva do que chamam de quadro mental Hindu (*Hindu mindset*), que percorre todas as instituições e reproduz a sociedade indiana como uma sociedade hierárquica, de casta, assente em direitos adquiridos por atribuição divina. Ashok Bharti chamou-lhe a estrutura de aço (*steel frame*) do Estado indiano, que perpassa toda a burocracia e exclui os Dalit — numa linha abissal radical — dos altos cargos judiciais, policiais, militares e administrativos. A mentalidade Hindu reforça a lógica estrutural e quotidiana do casteísmo, da exclusão e da hierarquia.

Na explicitação da estratégia da NACDAOR para desconstruir e desmantelar a «estrutura de aço» do Estado indiano, Ashok Bharti acentuou que «não é a política que perpetua a casta. É a instrumentalidade que existe no governo».[25] Este conceito de instrumentalidade será invocado por Bharti com dois sentidos: a instrumentalidade como meio para atingir o objetivo último do fim da sociedade de castas e a igualdade dos Dalit, em que a estratégia da NACDAOR é a pressão constante sobre os detentores dos poderes efetuada pelos Dalit como detentores de direitos; e a instrumentalidade como orientação autoafirmativa e independente, com capacidade de definição de objetivos e formas de luta próprias, e com uma forte componente normativa.

Nesta lógica da instrumentalidade, Ashok Bharti afasta também a violência como estratégia de atuação. Na sua perspetiva, a violência favorece sempre os poderosos, e a Constituição da Índia assegura que vivem numa sociedade civilizada. Embora as atrocidades e a violência sobre os Dalit sejam uma realidade, Bharti considera que a violência não pode ser uma resposta à violência, e que a violência é sempre um fenómeno temporário, enquanto a paz é de longo prazo. Contudo, a resistência à violência exige sacrifício e uma visão de maior alcance. Quando insisti sobre a violência perpetrada sobre os Dalit e dos relatos sobre a mesma na comunicação social, Bharti acabou por citar Ambedkar quando este afirmou a propósito da não-violência: «Na verdade, a lei deve ser a não-violência sempre que possível, a violência quando necessário».

[25] Instrumentalidade aqui entendida por analogia com o conceito de governamentalidade em Foucault (2004b).

Para que a sua atuação seja eficaz, a NACDAOR tem uma estrutura organizacional análoga à da estrutura administrativa da Índia, do nível local com os *panchayat*, aos blocos, ao distrito, à região, ao Estado federal e ao nível nacional. Contra a noção negativista de biopolítica, a NACDAOR utiliza o peso demográfico dos Dalit e Adivasi (25% da população da Índia, 4,5% da população mundial) como argumento, como arma de luta e de pressão política. O lema da NACDAOR apoia-se numa frase curta incluída num discurso proferido por Ambedkar (2014f [1945]: 357), e inspirada no seu professor na Columbia University, John Dewey: educar, agitar, organizar, por esta ordem específica.

Ashok Barthi, tanto na entrevista que me concedeu como em várias declarações públicas, afirmou que a NACDAOR alterou o discurso da exigência de justiça para a reivindicação de direitos. Segundo ele, a justiça é um conceito em que as pessoas não participam. É sempre o outro que faz justiça, são os outros que decidem o que está correto e o que é adequado. Tudo tem que ver com a autonomia da tomada de decisões, com a igualdade nessa autonomia. A justiça é, assim, só um processo que emergirá do exterior, com heterodefinição do quando, quem e com quem acontecerá esse processo de justiça. A justiça, segundo ele, é um processo complexo, com vários níveis e temporalidades, difícil de articular numa luta ou numa campanha específica.

Para Bharti, quanto aos direitos, pelo contrário, uma vez adquiridos ou decididos, tudo depende da autonomia do portador dos direitos e da capacidade de os reivindicar e ativar (*autonomy of the right world up*). O conceito dos direitos, na relevância da autonomia, acentua a capacidade da luta própria, sem depender dos outros e das iniciativas de outras organizações.

Esta conceção é também defendida por Rajni Tilak, uma ativista Dalit feminista e poeta consagrada, líder do Rashtriya Dalit Mahila Andolan (Movimento Nacional das Mulheres Dalit), do Centre for Alternative Dalit Media e coordenadora do North India Republican Party of India. Rajni Tilak ancora a moralidade das ações da NACDAOR na filosofia de Buda,[26] embora nem todos os dirigentes e ativistas sigam esta religião. Mais importante é perceber que tal ancoragem permite a Tilak justificar

[26] Entrevista pessoal realizada a 8 de outubro de 2014 na sede da NACDAOR, em Nova Deli.

a capacidade de iniciativa própria e a recusa de caridade da NACDAOR. A luta com base nos direitos consagrados na Constituição da Índia permite uma projeção da luta a nível nacional, mas todo o trabalho é feito a nível das comunidades locais, sem promessas, mas permitindo congregar as ações de luta. O trabalho da NACDAOR é somente de facilitador e de amplificador das lutas, definidas nas bases e nas comunidades locais.

Para terminar esta secção da minha análise, abordo o tema da identidade dos Dalit a partir da prática no terreno. Para Ashok Bharti, toda a identidade é sempre construída para permitir a associação dos que não são reconhecidos (identidade como opção).[27] O crescimento do movimento dos Dalit levou a uma expansão dessa identidade, mesmo fora da Índia, em coligações internacionais. Bharti acentua que a identidade Dalit não é uma identidade de casta, pois não há nenhuma casta denominada Dalit. Nas suas palavras: «Dalit é uma identidade, não tem nada que ver com casta. Agora há mesmo pessoas pobres [que não são da casta dos intocáveis] que também se reconhecem como Dalits.»

Para Ashok Bharti a identidade Dalit começa a congregar todos os que se sentem explorados e oprimidos no contexto indiano. O termo Dalit, para Barthi e para a NACDAOR — embora tenha várias conotações, muitas de cariz negativo, como «quebrados», «deprimidos», «suprimidos», «marginalizados» —, é reivindicado para significar, de forma positiva, os que, tomando consciência do seu estatuto secundário na sociedade indiana, resistem e exigem uma dignidade igual. O termo Dalit foi recuperado também como uma reação ao termo paternalista de *Harijan* (filhos de Deus) proposto por Gandhi. Também importante é a associação que Ashok Bharti faz do termo Dalit com a reivindicação dos movimentos dos direitos civis nos Estados Unidos na passagem da palavra negro a afro-americano.

A ductilidade do termo Dalit e a ideia de que é uma designação temporária fica patente na resposta de Bharti, quando afirma que: «Mesmo no caso dos Dalits, historicamente também tivemos o termo *achuta*, a seguir *Panchama*, classes desvalorizadas, classes reprimidas, depois *Harijan* e agora passámos a Dalit. O que virá a seguir?»

[27] Para o debate sobre as identidades pós-coloniais e a relação complexa entre raízes e opções nas narrativas identitárias e de mudança, ver Santos (2014: 48–69, 70–98; 1998). Para uma discussão mais teórica sobre a temática das identidades, ver Mendes (2002).

5.2. Formas de ação e campanhas: *yatras*

Como se viu até ao momento, a resposta à pergunta que tinha colocado anteriormente — se a humilhação pode levar à resistência e à luta pela dignidade, na linha das afirmações de Gopal Guru — é negativa. A luta e a resistência só podem emergir da afirmação de uma identidade, de uma visão de futuro. E, apesar da violência da dominação com base na casta e na exclusão, atuando com base nos direitos e sem medo. A questão premente do medo é um subtexto que esteve sempre presente nas entrevistas realizadas e nas ações coletivas observadas por mim. Tal implica, como afirmou Ashok Bharti, a recusa da situação de vítima, de uma não-identificação com os perpetradores: «Não somos vítimas, somos guerreiros.»

O reportório de ações da NACDAOR é variado e consiste em três tipos essenciais de atividades: programas estruturais; *yatras* ou marchas temáticas; e monitorização através de auditorias sociais de programas nacionais em curso. Dos vários programas estruturais organizados pela NACDAOR, os dois mais emblemáticos são o Fair Share in Business and Economy e o Nutrition for Dignity. O programa Fair Share (Partilha Justa) iniciou-se em 2004 e exige um sistema de quotas no setor privado análogo ao que existe na administração pública, 25% de compras do setor público e privado a empresas de Dalit e Adivasi (refletindo o seu peso demográfico), e 50% dos fundos oriundos da responsabilidade social empresarial distribuídos pelos Dalit e Adivasi, numa lógica de luta contra a exclusão social.[28]

Ashok Bharti é enfático ao afirmar que o NACDAOR neste caso pressiona através do peso demográfico dos Dalit e Adivasi como consumidores, ou seja, o NACDAOR funciona como uma grande associação de consumidores. Para ele, «só podemos combater o mercado neoliberal como consumidores comprometidos... A base da pirâmide nunca tinha tido consciência da sua imensa força no mercado. E os ideólogos nunca lhes tinham dito que eram uma imensa força no mercado». Esta força dos Dalit foi posta à prova quando uma empresa foi boicotada por discriminar no emprego e no acesso dos Dalit às suas lojas e produtos. Esta

[28] Desde janeiro de 2014, todas as empresas na Índia são obrigadas a aplicar 2% dos seus lucros em atividades de responsabilidade social.

ação é vista como exemplar porque obrigou a empresa a empregar Dalit e a colaborar diretamente com a NACDAOR.

A campanha Nutrition for Dignity foi lançada pela NACDAOR e pela Global Alliance for Improved Nutrition (GAIN), e visa desenvolver ações de monitorização e de sensibilização a nível das comunidades locais de Dalit e Adivasi quanto à segurança nutricional. Na base da campanha, como noutras atividades da NACDAOR, está a utilização da metodologia das auditorias sociais,[29] com reuniões e levantamento da situação em todas as localidades e a elaboração de relatórios aos diferentes níveis administrativos do Estado indiano.

As ações da NACDAOR com maior impacto mediático são as *yatras* ou marchas temáticas.[30] Conforme me informou Ashok Bharti quando nos dirigíamos de comboio para o comício de encerramento da *yatra* do NACDAOR de 2014 em Jhansi, estas marchas realizam-se anualmente desde 2003. Encerram sempre numa determinada cidade e com um tema específico. A diferença deste tipo de atividade é que a marcha assenta sempre nas lideranças locais. Os líderes locais reúnem com as pessoas para auscultarem as necessidades, aspirações e lutas e elaborarem o caderno reivindicativo. A marcha é também uma forma de consciencialização, juntando muitos ativistas ao longo do seu percurso. Uma marcha pode durar de 3 a 6 meses.

Das *yatras* mais marcantes cabe referir a Dalit Jan Akrosh Yatra (Alerta sobre as atrocidades cometidas sobre os Dalit e os Adivasi), a Bhoomi Adhikar Yatra (Marcha da terra para os sem-terra), a MGNREGA Roszar Adhikar Yatra (Consciencialização para os direitos associados ao MNREGA[31]), e a Bundelkhand Nirman Yatra (Marcha para a criação do Estado de Bundelkhand).

A Dalit Jan Akrosh Yatra foi emblemática porque colocou na agenda mediática a questão das atrocidades sobre os Dalit e os Adivasi. Sobretudo

[29] O método das auditorias sociais (*social audit*) foi criado por Freer Spreckley, em 1979, como ferramenta de monitorização das empresas sociais. O método foi depois adaptado por várias organizações e instituições internacionais. Para uma apresentação revista do método, ver Spreckley (2008).

[30] Para o papel das marchas nas ações coletivas de protesto na América Latina, ver Caetano (2006) e Modonesi e Rebón (2011).

[31] O Mahatma Gandhi National Rural Employment Guarantee Act (MNREGA) foi criado em 2005 e tem por objetivo assegurar 100 dias de trabalho remunerado por ano aos mais pobres nas áreas rurais.

no Estado de Haryana, onde, desde a sua criação em 1966, nunca tinha havido uma mobilização Dalit. A questão das atrocidades é praticamente a única onde a NACDAOR colocou processos e queixas-crime em tribunal por violação dos direitos humanos. Para Bharti, a violência em Haryana advém e é uma consequência direta da mobilização e das reivindicações dos Dalit, um Estado que nunca teve movimentos sociais ou mobilizações coletivas significativas. A mobilização dos Dalit através da NACDAOR levou à reação violenta das castas dominantes.

A Bhoomi Adhikar Yatra, centrada na questão do acesso à terra, exigia a distribuição de 5 acres de terra agrícola (cerca de 2 hectares) pelos trabalhadores agrícolas Dalit.[32] Segundo Ashok Barthi, a campanha pela terra foi bem-sucedida em Orissa, onde 1000 acres tinham sido distribuídos para uma gestão coletiva pelos Adivasi. Daí que tenha salientado que na estratégia de luta da NACDAOR o mais importante é relevar a partilha dos recursos, da propriedade e da terra. Não queriam dar tanta ênfase à questão do estigma social mas, sim, tratar de temas mais abrangentes, como as questões económicas e os recursos. A sua preocupação era que, no caso dos Dalit, a sua longa experiência como trabalhadores agrícolas não os preparasse para a gestão autónoma da terra. A prioridade da NACDAOR é transmitir às comunidades locais Dalit conhecimentos e formas de gestão, além de ferramentas e equipamentos agrícolas, para que a distribuição da terra, caso ocorra, tenha sucesso.

A MGNREGA Roszar Adhikar Yatra centrou-se na campanha em relação à qual os e as dirigentes da NACDAOR acham que tiveram maior sucesso até hoje. Tal sucesso ficou a dever-se a vários fatores. Um primeiro prende-se com um financiamento substancial do programa internacional Poorest Areas Civil Society Program (PACS), um programa oficial de apoio ao desenvolvimento do governo do Reino Unido, UK-AID. O segundo está relacionado com a presença de um gestor do programa da NACDAOR muito experiente e com conhecimentos profundos de gestão e de dinâmica de contactos com as comunidades Dalit locais.[33]

[32] Na marcha foi dado o exemplo do Estado de Madhya Pradesh, onde os Dalit e os Adivasi representam 36% da população e só detêm 4% da terra.

[33] O diretor do programa MNREGA pela NACDAOR no Estado de Bihar, onde o mesmo decorreu, era Ganesh Gautam, de 41 anos. Licenciado em História Antiga, fez um percurso profissional na alta finança na Bolsa de Nova Deli. Após cinco anos de trabalho na Bolsa, quando um filho adoeceu, o gestor da empresa não o deixou ir visitar

O terceiro relaciona-se com a aplicação rigorosa e metódica do método das auditorias sociais, envolvendo os trabalhadores e as suas famílias, os representantes políticos e administrativos a todos os níveis, do local ao nacional, e com o envolvimento do Ministério nacional, sobretudo num programa, o MNREGA, marcado por elevados níveis de corrupção.

O sucesso do programa MNREGA da NACDAOR em Bihar levou à criação do sindicato de trabalhadores rurais, o Akhil Bhartiya MGNREGA Mazdoor Union (ABMMU). O líder do programa, Ganesh Gautam, quando regressou a Bihar, trabalhou no State Programme for Elementary Education Development (SPEED). Nas visitas às aldeias e comunidades locais, apercebeu-se da discriminação sobre os Dalit, que, apesar de beneficiarem das medidas devido ao sistema de quotas, não participavam das reuniões, dado que muitos habitavam no exterior das aldeias.[34]

Ganesh Gautam decidiu que os Dalit deviam participar nas reuniões sobre os programas educativos. Este contacto com as comunidades Dalit, sempre acompanhado pela polícia, para evitar ações de represália e de violência das castas altas, lançou as bases para a constituição do sindicado dos trabalhadores rurais, agora enquadrado pela NACDAOR e pela sua estrutura organizativa e administrativa.

Finalmente, a Bundelkhand Nirman Yatra teve início a 21 de setembro, tendo terminado na cidade de Jhansi a 2 de novembro de 2014. Percorreu 433 aldeias de alguns distritos que poderão constituir o futuro Estado de Bundelkhand, entre os quais os distritos dos atuais Estados de Uttar Pradesh e Madhya Pradesh. Enquanto viajávamos de comboio para Jhansi, onde decorreria o comício de encerramento desta *yatra*, Ashok Barthi abriu o seu *iPad* e mostrou-me as fronteiras previstas do novo Estado. Explicou que em Uttar Pradesh e Madhya Pradesh há um total de 45% de Dalit e Adivasi, que constituiriam a maioria do novo

o filho ao hospital. Desgostoso com a reação da empresa, demitiu-se e decidiu voltar a Bihar, às origens, e trabalhar, primeiro como voluntário e depois como dirigente e técnico, para a causa Dalit e para a NACDAOR. Ele próprio é de origem Dalit, e o pai era sapateiro, tendo este aprendido o ofício numa empresa de um muçulmano, que não o deixava entrar nas instalações por ser Dalit (entrevista realizada na sede da NACDAOR, em Patna, a 22 de novembro de 2014).

[34] O sistema de discriminação sobre os Dalit no meio rural exclui-os, por questões de intocabilidade e de poluição espiritual e religiosa, dos espaços centrais das comunidades. Muitas famílias habitam no exterior das aldeias, quase sempre, por razões religiosas, no lado sul das mesmas, considerado o menos nobre (Sadangi, 2008).

Estado. E, olhando para fora da carruagem, para as planícies quase desérticas, enfatizou que aqui a maior parte da terra estava abandonada ou era propriedade do Estado.

Esta *yatra*, com a reivindicação de um Estado para os Dalit, coloca a questão importante de saber qual é o território dos Dalit. Será possível a luta sem um território? Contra a desterritorialização, a que território mítico apelar?[35] Este tema é bem abordado por Sambad Ghanshyam, dirigente da associação JUDAV (Envolvimento) e que trabalha no Estado de Jharkhand.[36] Segundo ele, o Estado de Jharkhand é de maioria Adivasi e, por lei, o seu ministro chefe deve ser um Adivasi. Este Estado foi criado em 2000, a partir da região sul do Estado de Bihar. Esta região e o novo Estado concentram 30% das riquezas minerais da Índia, e muitos chamam ao novo Estado de «Estado das multinacionais»,[37] isto porque o mesmo terá sido criado para ultrapassar as restrições ao extrativismo das grandes multinacionais que eram colocadas pelo Estado de Bihar, tradicionalmente de esquerda.

Mas, o que é mais relevante para Sambad Ganshyam é que, contrariamente aos Dalit, os Adivasi habitam e podem reivindicar um território ancestral, marcado por uma filosofia e modos de vida próprios, em grande proximidade com a floresta e a natureza, e com a propriedade coletiva da terra.[38] Os Adivasi não sentem a pressão nem a discriminação com base na casta mas, sim, a exclusão social e económica. Esta especificidade da relação com a natureza e da definição da coisa política e da relação entre grupos e comunidades, levou Sambad Ghanshyam a cunhar o neologismo «indigenocracia», que resulta da junção das palavras indígena

---

[35] Por exemplo, estima-se que 65% das 150 000 pessoas que moram nas ruas de Deli sejam Dalit.

[36] Sambad Ghanshyam é licenciado em Ciência Política, tem 60 anos e é um ativista experimentado, tendo estado envolvido no Movimento JP, de Jayaprakash Narayan, criado em 1974 em Bihar e que em 1975 se opôs ao estado de emergência decretado por Indira Gandhi. Ghanshyam fazia parte da juventude universitária do Movimento, tendo sido preso várias vezes durante o estado de emergência. A entrevista que me concedeu foi realizada em Patna, Bihar, a 12 de dezembro de 2014.

[37] Para uma análise crítica da criação do Estado de Jharkhand, a complexidade dos movimentos de protesto dos Adivasi e a importância do conceito de comunidade, ver Chandra (2013).

[38] Para o caso dos indígenas na América Latina, ver, neste livro, os capítulos de Orlando Aragón (Cap. 17), Maria Teresa Zegada (Cap. 20), José Luis Exeni (Cap. 21) e Mara Bicas (Cap. 22).

e democracia (Ghanshyam, 2004, 2009).[39] Segundo Ghanshyam, o sistema de autogoverno, de autoestima, de autodignidade e de autossustentação das tribos Adivasi assenta em três princípios: *ajivika* (modo de vida e de subsistência), *ajadi* (liberdade), e *harsh* (alegria).

Tendo Ghanshyam trabalhado em Bihar aquando das cheias de 2008, apercebeu-se da grande diferença entre os Dalit como grupo desfavorecido e oprimido pelas castas altas, sem uma lógica de atuação comunitária ou territorial, e os Adivasi e a sua filosofia de vida e a força da lógica comunitária na promoção da coesão e das formas de luta.

Voltando ao reportório das ações da NACDAOR, em 2004, no Fórum Social Mundial realizado em Mumbai, Ashok Bharti propôs a realização do Fórum Mundial da Dignidade e do Dia Mundial da Dignidade, este a comemorar todos os anos a 5 de dezembro. Com efeito, todos os anos a NACDAOR realiza um encontro em Nova Deli de todas as suas organizações filiadas, no espaço mítico e com longas tradições dos Ramlila Manda. É uma forma de afirmar simbolicamente a confederação dos Dalit e Adivasi na capital do país, de mostrar a sua força com a presença de milhares de militantes e a ocupação física de espaços míticos. Além dos comícios, desfilam até ao Parlamento Nacional e, no dia 6 de dezembro, dia da invocação da morte de Ambedkar, desfilam até ao local da sua última morada, onde se encontram as instalações da Fundação Ambedkar.

5.3. O corpo, o patriarcado e as feridas que não saram

O patriarcado está profundamente enraizado na religião hindu, no sistema de castas e na sociedade indiana em geral. As mulheres na Índia, segundo várias autoras, são afetadas pela tripla dominação da casta, da raça e da diferença sexual (Rege, 2006; Chakravarti, 2013; Datta, 2016; Mencher, 2016). E essa dominação acentua-se no caso das mulheres Dalit (Sabharwal e Sonalkar, 2015). Apesar dos avanços a nível legal, que permitiram mobilizar as mulheres e a articulação de exigências e de direitos políticos (Mukhopadhyay, 2007: 296),[40] a violência sobre as

[39] Na mesma lógica, foi criado o termo «*indegenonomic*» para a economia e «*indinopathy*» para a saúde.

[40] As leis mais marcantes na defesa dos direitos das mulheres foram o Dowry Prohibition Act, de 1961, e, mais recentemente, a Criminal Law (Amendment) Bill, de 2013, conhecida como a lei antiviolação.

mulheres continua a ser um fenómeno social de grande impacto na Índia (Kethineni, Srinivasan e Kakar, 2016).

Nesta secção analiso a questão do patriarcado e das mulheres Dalit a partir da experiência de duas ativistas da NACDAOR, Rajni Tilak e Lakshita, e de uma freira católica que trabalha em Bihar, Sudha Verghese.

Rajni Tilak é uma das proponentes do feminismo Dalit. Além de ser a líder do Rashtriya Dalit Mahila Andolan (Movimento Nacional das Mulheres Dalit), que está filiado na NACDAOR, também coordena a National Federation of Dalit Women.[41] Na entrevista que me concedeu, retratou o seu percurso como ativista e a experiência em várias organizações de defesa dos direitos das mulheres. O seu afastamento dos movimentos feministas que ela chama de convencionais deveu-se à constatação de que os mesmos não atendiam às situações das mulheres Dalit, as mais pobres e excluídas no contexto da sociedade indiana. A sua entrada no Centre for Alternative Dalit Media (CADAM), e depois no NACDAOR, também a levou a aperceber-se de que estas estruturas Dalit eram marcadas por lógicas claramente patriarcais. A sua estratégia foi manter sempre a autonomia da organização que dirige dentro da NACDAOR e desconstruir a lógica e as práticas patriarcais dominantes.

Interessante é que no início da sua participação na NACDAOR e no contacto com as comunidades locais, por opção política, todas as iniciativas eram organizadas em conjunto com homens e mulheres. Mas as líderes e as participantes nas comunidades locais começaram a exigir que as atividades fossem prosseguidas separadamente dos homens. A exigência das mulheres nas comunidades locais de se organizarem separadamente dos homens levou à criação de lideranças específicas e à orientação das ações de formação e dos projetos em curso para as atividades que permitem às mulheres uma maior autonomia política e cultural. A prioridade é a consciencialização das mulheres quanto aos seus direitos, a possibilidade de auto-organização e de descoberta do seu lugar na sociedade.

Esta orientação política e filosófica é aplicada no terreno de forma mais concreta por Lakshita, a coordenadora do Departamento das Mulheres e das Crianças da NACDAOR. Licenciada em Prostética e Mestre

[41] Alguns dados biográficos de Rajni Tilak, o seu percurso como ativista e a sua visão do feminismo Dalit podem ser encontrados na publicação Neel Kranti Media (2013).

em Serviço Social pela Universidade de Deli, entrou recentemente na NACDAOR. Para Lakshita, o acesso à terra é essencial para a emancipação e dignidade dos Dalit em meio rural.[42]

A nível local, Lakshita acentua o caráter discriminatório dos Gram Panchayat. Salientando que na Índia não há praticamente nenhum em que o líder seja Dalit, muitas das terras que são comuns não podem ser exploradas pelos Dalit. Estes são obrigados, o que é ilegal, a trabalhar à jorna gratuitamente ou pelo salário mínimo nas terras que são propriedade da comunidade. O objetivo da NACDAOR é dar aos Dalit a possibilidade de trabalhar a terra coletiva por conta própria e, nos casos em que a mesma foi indevidamente apropriada pelas castas altas, reverter essa apropriação indevida para a comunidade.

Para Lakshita, as mulheres são a força da NACDAOR.[43] E as mulheres só poderão ser autónomas no meio rural pelo acesso à terra. Lakshita avança a ideia de que a dignidade das mulheres Dalit só pode ser recuperada pelo acesso à terra. A terra dá-lhes autonomia e, como têm mais dificuldade do que os homens em arranjar empregos noutros distritos ou Estados e em entrar em processos de mobilidade geográfica, a terra será a base da sua subsistência.

Quanto ao sistema de patriarcado entre os Dalit, embora existindo, este assume contornos distintos, segundo Chakravarti (2013: 86–88). Como o trabalho é fundamental para a sobrevivência das famílias Dalit, ao contrário de muitas das mulheres das castas mais altas, as mulheres Dalit desde cedo trabalham e dependem menos dos homens simbólica e materialmente.

Sudha Verghese é uma freira católica reconhecida na Índia e a nível internacional pelo seu trabalho junto das comunidades Dalit em Bihar, sobretudo a comunidade Musahar (literalmente «comedores de ratos»), um dos grupos de estatuto social mais baixo em toda a Índia. Ela concedeu-me a entrevista na sede da sua instituição de formação escolar para crianças Musahar do sexo feminino, a Nari Gunjan (As vozes das

---

[42] Entrevista realizada na sede da NACDAOR, em Nova Deli, a 10 de novembro de 2014.

[43] Na manifestação e no comício em Jhansi, quando comentei com Ashok Bharti que a maioria dos participantes e das lideranças eram mulheres, ele respondeu: «Nos últimos anos mudámos a nossa estratégia, pois as mulheres são mais aguerridas e sólidas, sabem o que querem e são mais constantes na participação».

mulheres), que está localizada em Danapur, Patna.[44] Nesta instituição, as crianças frequentam a escola até ao 6.º ano em regime de internato, ingressando depois nas escolas públicas. As que mostram mais aptidões escolares poderão ser enviadas para Nova Deli, com o consentimento das famílias, uma forma de as subtrair à força do destino, ao patriarcado e à casta, para prosseguirem os estudos secundários e superiores.

Sudha Verghese é licenciada em Direito, assumindo que tirou o curso para poder ajudar as mulheres Dalit nas suas reivindicações e na assunção dos seus direitos, sobretudo em casos de violência doméstica e de assédio sexual e de violação por homens de outras castas. Para Verghese só a educação poderá libertar as mulheres da força da casta e do patriarcado e, no meio rural, possibilitar o acesso à terra. Enquanto os homens podem migrar, apesar de na comunidade Musahar tal não se verificar muito por medo das represálias, da violência e das atrocidades, as mulheres não têm essa hipótese.

Na luta pelo empoderamento das mulheres, uma parte da ação passa pela educação das crianças através da inovação dos Joyful Learning Centers. Verghese já instituiu 35 centros em Bihar e o objetivo é o ensino dos direitos básicos das mulheres e evitar o abandono escolar.

A dominação das castas altas estende-se a todos os níveis da vida quotidiana dos Dalit e, no caso dos Musahar, dos grupos mais discriminados na Índia, os lugares onde habitam são os mais proscritos e com condições mais degradantes, sendo frequentados pelos homens das castas mais altas para beberem o álcool caseiro produzido por eles e para terem acesso sexual às mulheres Musahar. Como refere Sudha Verghese, a intocabilidade não se estende neste caso à partilha de bebidas e ao sexo, situações de liminaridade no universo hierárquico e excludente Hindu.

A exploração e a dominação com base no colonialismo interno e no sistema de castas sancionado pela religião, que subjugava os corpos dos considerados intocáveis e não-humanos, prolongava-se na exploração e na dominação sexual, subtraindo o ato sexual à lógica da poluição e, por isso, expondo as mulheres Dalit à predação sexual e à objectificação dos seus corpos.

A ação e as iniciativas de Sudha Verghese centram-se exclusivamente nas crianças do sexo feminino e nas mulheres como forma de romper

---

44 Entrevista realizada a 4 de dezembro de 2014.

com o ciclo vicioso da casta, do patriarcado e da violência sexual. A diferença com as atividades da NACDAOR é que Verghese trabalha a partir de uma posição e de uma metodologia que são exteriores à comunidade, tanto a nível da casta como da religião.[45] Claro que a comunidade em que ela trabalha é das mais discriminadas na Índia, sem grande mobilidade geográfica e adstrita ao seu destino de casta, mas as atividades desenvolvidas não têm contornos políticos ou uma lógica de emancipação política que tenha por objetivo o fim do sistema de castas.

Nesta parte do texto quero retomar a ideia do corpo como o último território (Taussig, 2012). Como afirma Boaventura de Sousa Santos (2014: 84), o século XX iniciou-se com as revoluções socialista (Marx) e introspetiva (Freud). A nova revolução, iniciada no século XXI, centra-se, não na classe social ou na psique mas, sim, no corpo, na corporalidade transformada na raiz de todas as opções.

A partir das experiências vividas ou das narrativas sobre os Dalit, centro-me no corpo como resistência, no corpo como inscrição de feridas que demoram em sarar. O corpo tem que ser teorizado, para este propósito, como um espaço estrutural por analogia com os espaços estruturais definidos por Boaventura de Sousa Santos (2002). Em cada caso concreto há que explicitar as formas de poder que se exercem sobre o corpo (intocabilidade, invisibilidade, ostracização, objeto de violação, afastamento, etc.), as formas de direito que o regem (neste caso, proibição da imolação das viúvas, proibição do casamento infantil, regulação do casamento e do dote, sanção penal da violência doméstica, sanção penal da violação, etc.), e as formas de epistemologia (monocultura da ciência, rituais de purificação, etc.).

O sistema de castas e a estrutura patriarcal na relação entre os sexos instituiu e legitimou a hierarquia dos corpos entre o puro e o impuro, o tocável e o intocável, o que pode ser visto e o que não pode ser visto, o que habita dentro e o que habita fora, o que já viveu duas vezes e o que está condenado ao seu corpo.

Para realçar a importância do corpo e do toque físico na luta e na resistência das mulheres Dalit, relato agora a minha participação no comício

---

[45] Cabe referir que a Igreja Católica tem uma longa tradição de atuação em Bihar e junto dos Dalit, tendo-se destacado no apoio às famílias e às comunidades Dalit durante a grande fome de 1966 e 1967.

de encerramento da *yatra* da NACDAOR em Jhansi, a 2 de novembro de 2014. Quando cheguei com Ashok Bharti ao recinto onde tinham pernoitado milhares de homens e mulheres que caminharam durante os três meses da *yatra*, fomos conduzidos a um edifício contíguo, uma espécie de pavilhão que estava totalmente vazio, somente com algumas cadeiras de plástico e a fotografia de Gandhi numa das paredes. Ashok sentou-se e eu também, assim como alguns dos líderes locais, homens e mulheres. Entraram para o edifício cerca de 100 mulheres, todas trazendo um varapau com um lenço amarelo, que é o símbolo do movimento Rashtriya Dalit Mahasaha, um movimento de mulheres filiado no NACDAOR e dos mais radicais e ativos e com maior visibilidade mediática pelas ações encetadas.

Ashok informou em hindi que eu ia tomar a palavra para me apresentar. Eu expliquei quem era, o que estava a fazer e a razão pela qual estudar a marcha delas era importante. Falei do facto de serem mulheres, do orgulho de lutarem e de construírem um futuro digno para os seus filhos. Expliquei o que era o projeto de investigação ALICE e a importância da luta daquelas mulheres e dos Dalit, e do Sul global, para serem simplesmente reconhecidos como seres humanos, e não como intocáveis.

De seguida, após a minha pequena intervenção em inglês e respetiva tradução para hindi, todas as mulheres presentes alinharam para me cumprimentar, assim como a Ashok Bharti. A primeira mulher, num gesto de reverência, tentou tocar os sapatos cheios de pó de Ashok Bharti, mas este disse para ela não o fazer, indicando com um gesto a minha presença. As mulheres perceberam a indicação e limitaram-se a juntar as mãos no gesto tradicional. Este pequeno episódio demonstra a força dos hábitos, e como os corpos inscrevem as lógicas de poder e, neste caso, o peso do líder como representante do sistema de patriarcado. Nenhuma das mulheres olhou Ashok Bharti nos olhos.

No meu caso, todas as 100 mulheres presentes, num processo que durou mais de 30 minutos, fizeram questão de me tocar, colocando a minha mão entre as delas, e de me olhar fixamente nos olhos. O meu estatuto de estrangeiro, fora do sistema de castas e da intocabilidade, permitia-lhes tocar-me com confiança e com orgulho e, porque não dizê-lo, com altivez. Ao cumprimentar uma a uma todas as mulheres presentes, vi nos olhos de todas, apesar de muito marcados pela dureza da vida, uma dignidade e uma altivez que mostravam a força da luta, da ocupação dos espaços públicos e de confrontarem os poderes estabelecidos. E também um certo reconhecimento por saberem que há outros movimentos e outros contextos que se interessam pela luta delas, que elas não estão sós em tentar romper com séculos de opressão devido à religião, à casta e ao patriarcado.

Conclusão

Neste capítulo, a partir da experiência de luta dos Dalit na Índia, abordei a prevalência das lógicas de apropriação/violência num contexto pós-colonial e num país com uma longa e duradoura experiência democrática. A política da identidade é agora menos relevante para os ativistas Dalit, centrando-se na reivindicação da consecução plena dos direitos consagrados constitucionalmente e em temas que acentuam mais a exclusão social, económica e política do que o estigma social.

A luta dos Dalit na Índia é contra o peso estrutural e de longa duração do sistema de castas, justificado pela religião dominante e hegemónica — o hinduísmo —, e contra a exclusão abissal baseada na intocabilidade e na politização da pureza. A luta e as ações são de opções e não de raízes (Santos, 1998). Como respondeu Ambedkar a Gandhi, «*I have no homeland*» (Não tenho pátria). Não se trata da politização da ética mas, sim, da politização da exclusão baseada na dignidade e nos direitos e na luta pela igualdade. O caso dos Dalit na Índia mostra como a democracia, para sobreviver, pode conviver e depender do sistema de castas, disfuncional e excludente para os Dalit, mas funcional para a democracia, reproduzindo os poderes estabelecidos das castas superiores e dos grupos sociais favorecidos.

Esta constatação permite avançar com uma pergunta teórica mais vasta: quais as formas de exclusão que permitem à democracia a sua reprodução e sobrevivência? Num contexto de democracia pós-abissal, mesmo como horizonte, é possível a eliminação de todas as formas de exclusão ou só poderemos assistir ao deslocar das linhas abissais? A democracia sem fim continuará a ser um regime democrático ou precisamos de outras lógicas de produção do coletivo, de convivência e de sociabilidade?

No contexto atual da teoria e das práticas democráticas, o conceito de democracia pós-abissal permite identificar as linhas abissais que marcam o poder das relações económicas (capitalismo), da dominação pela diferença que inferioriza (colonialismo) e das relações desiguais entre os sexos (patriarcado). Mas, no caso concreto da Índia e dos Dalit em particular, argumento que a religião é uma forma de dominação e de opressão que deve ser analisada em articulação com o capitalismo, o colonialismo e o patriarcado. Argumento também que a ordem social tem uma base religiosa que legitima o sistema de relações sociais.

Referências bibliográficas

Ambedkar, Babasaheb (2014a), «Annihilation of caste, with a reply to Mahatma Gandhi», in *Dr. Babasaheb Ambedkar writings and speeches*, vol. 1, compilado por Vasant Moon. Nova Deli: Dr. Ambedkar Foundation, Ministry of Social Justice & Empowerment, Govt. of India, 24–96 [orig. 1944].

Ambedkar, Babasaheb (2014b), «Waiting for a visa», in *Dr. Babasaheb Ambedkar writings and speeches*, vol. 12, organizado por Vasant Moon. Nova Deli: Dr. Ambedkar Foundation, Ministry of Social Justice & Empowerment, Govt. of India, 661–691.

Ambedkar, Babasaheb (2014c), «I have no homeland», in *Dr. Babasaheb Ambedkar writings and speeches*, vol. 17. Nova Deli: Dr. Ambedkar Foundation, Ministry of Social Justice & Empowerment, Govt. of India, 51–56 [orig. 1931].

Ambedkar, Babasaheb (2014d), «Mahad satyagraha not for water but to establish human rights», in *Dr. Babasaheb Ambedkar writings and speeches*, vol. 17. Nova Deli: Dr. Ambedkar Foundation, Ministry of Social Justice & Empowerment, Govt. of India, 3–48 [orig. 1927].

Ambedkar, Babasaheb (2014e), «Kalaram temple entry satyagraha, nasik and temple entry movement», in *Dr. Babasaheb Ambedkar writings and speeches*, vol. 17. Nova Deli: Dr. Ambedkar Foundation, Ministry of Social Justice & Empowerment, Govt. of India, 179–207 [orig. 1930].

Ambedkar, Babasaheb (2014f), «Communal deadlock and a way to solve it», Discurso proferido na sessão da All India Scheduled Castes Federation que decorreu em Bombaim a 6 de maio de 1945, in *Dr. Babasaheb Ambedkar writings and speeches*, vol. 1, compilado por Vasant Moon. Nova Deli: Dr. Ambedkar Foundation, Ministry of Social Justice & Empowerment, Govt. of India, 357–379 [orig. 1945].

Caetano, Gerardo (org.) (2006), *Sujetos sociales y nuevas formas de protesta en la historia reciente de América Latina*. Buenos Aires: CLACSO.

Chakrabarty, Dipesh (2005), «"In the name of politics": Sovereignty, democracy, and the multitude in India», *Economic & Political Weekly*, 40(30), 3293–3301. URL estável: http://www.jstor.org/stable/4416937

Chakravarti, Uma (2013), *Gendering caste. Through a feminist lens*. Calcutá: Stree.
Chandhoke, Neera (2010), «Review of Chatterjee, Partha, *Empire and nation: Selected essays*, and Kaviraj, Sudipta, *The imaginary institution of India: Politics and ideas*», *H-Asia, H-Net Reviews*, August. Consultado a 11.08.2016, em http://www.h-net.org/reviews/showrev.php?id=30477
Chandra, Uday (2013), «Beyond subalternity. Land, community, and the state in contemporary Jharkhand», *Contemporary South Asia*, 21(1), 52–61. Doi: https://doi.org/10.1080/09584935.2012.757579
Chatterjee, Partha (2004a), «The nation in heterogeneous time», in *The politics of the governed. Reflections on popular politics in most of the world*. Nova Iorque: Columbia University Press, 3–25.
Chatterjee, Partha (2004b), «Populations and political society», in *The politics of the governed. Reflections on popular politics in most of the world*. Nova Iorque: Columbia University Press, 27–51.
Datta, Anindita (2016), «The genderscapes of hate. On violence against women in India», *Dialogues in human geography*, 6(2), 178–181. Doi: https://doi.org/10.1177/2043820616655016
Foucault, Michel (2004a), *La naissance de la biopolitique. Cours au Collège de France, 1978–1979*. Paris: EHESS, Gallimard, Seuil.
Foucault, Michel (2004b), *Sécurité, territoire, population. Cours au Collège de France, 1977-1978*. Paris: EHESS, Gallimard, Seuil.
Gandhi, Mohandas K. (2001), *Non-violent resistance (Satyagraha)*. Nova Iorque: Dover Publications.
Ghanshyam, Sambad (2004), *Indigenocracy: Polity and praxis of another world*. Ranchi: Agrawal Press.
Ghanshyam, Sambad (2009), «Indigenocracy — Indigenous community rule of forest, land and water», *in* Marko Ulvila e Jarna Pasanen (eds.), *Sustainable futures. replacing growth imperative and hierarchies with sustainable ways*. Helsínquia: Ministry of Foreign Affairs, 207–211. Disponível em http://www.ymparistojakehitys.fi/sustainable_societies.html
Government of India (1980), *Report of the Backward Classes Commission*. First Part (volumes I & II) and Second Part (volumes III to VII). Nova Deli: Government of India. Consultado a 15.08.2016, em http://www.ncbc.nic.in/User_Panel/UserView.aspx?TypeID=1161
Gudavarthy, Ajay (2013), *Politics of post-civil society: Contemporary history of political movements in India*. Nova Deli: Sage.
Gupta, Akhil (2012), *Red Tape. Bureaucracy, structural violence, and poverty in India*. Durham, NC: Duke University Press. Doi: https://doi.org/10.1215/9780822394709
Gupta, Dipankar (2000), *Interrogating caste. Understanding hierarchy & difference in Indian society*. Nova Deli: Penguin.
Guru, Gopal (2009a), «Introduction. Theorizing humiliation», *in* Gopal Guru (ed.), *Humiliation. Claims and Contexts*. Nova Deli: Oxford University Press, 1–19.

Guru, Gopal (2009b), «Archeology of untouchability», *Economic & Political Weekly*, 44(37), 49–56. URL estável: http://www.jstor.org/stable/25663543

Holloway, John (2005), *Change the world without taking power*. Londres: Pluto Press.

John, Mary E.; Deshpande, Satish (2008), «Theorising the present: Problems and possibilities (A response to Partha Chatterjee)», *Economic and Political Weekly*, 43(46), 83–86. URL estável: https://www.jstor.org/stable/40278186

Keer, Dhananjay (1993), *Dr. Ambedkar: Life and mission*. Mumbai: Popular Prakashan.

Kethineni, Sesha; Srinivasan, Murugesan; Kakar, Suman (2016), «Combating violence against women in India: *Nari Adalats* and gender-based justice», *Women & Criminal Justice*, 26(4), 281–300. Doi: https://doi.org/10.1080/08974454.2015.1121850

Kumar, Aishwary (2015), *Radical equality: Ambedkar, Gandhi, and the risk of democracy*. Stanford, CA: Stanford University Press. Doi: https://doi.org/10.11126/stanford/9780804791953.001.0001

Kumar, Vivek (2014), *Caste and democracy in India. A perspetive from below*. Nova Deli: Gyan Publishing House.

Mencher, Joan (2016), «Studying women and the women's movement in India», *Economic & Political Weekly*, 51(18). Disponível em http://www.epw.in/journal/2016/18/studying-women-and-womens-movement-india.html

Mendes, José Manuel (2002), «O desafio das identidades», *in* Boaventura de Sousa Santos (org.), *A globalização e as ciências sociais*. São Paulo: Cortez, 503–540.

Mendes, José Manuel (2016), «A dignidade das pertenças e os limites do neoliberalismo: catástrofes, capitalismo, Estado e vítimas», *Sociologias*, 43, 58–86. Doi: https://doi.org/10.1590/15174522-018004303

Mendes, José Manuel; Araújo, Pedro (2016), *Sofrer e morrer onde se está. O Estado posto à prova e as provas do Estado*. Coimbra: CES/Almedina.

Moddie, Mandira (2013), «The development divide», *The Hindu*, de 19 de janeiro. Consultado a 17.08.2016, em http://www.thehindu.com/features/magazine/the-development-divide/article4322679.ece

Modonesi, Massimo; Rebón, Julián (orgs.) (2011), *Una década en movimiento: Luchas populares en América Latina en el amanecer del siglo* XXI. Buenos Aires: CLACSO/Prometeo Libros.

Mosse, David (2012), *The saint in the banyan tree. Christianity and caste society in India*. Berkeley, CA: University of California Press. Doi: https://doi.org/10.1525/california/9780520253162.001.0001

Mukhopadhyay, Maitrayee (2007), «Situating gender and citizenship in development debates. Towards a strategy», *in* Maitrayee Mukdopadhay e Navsharan Singh (eds.), *Gender justice, citizenship & development*. Nova Deli: Zubaan/International Development Research Centre, 263–314.

Neel Kranti Media (2013), «An Interview with Rajni Tilak», *Round Table India*. Página consultada a 20.08.2016, em http://roundtableindia.co.in/index.

php?option=com_content&view=article&id=6155:need-to-redefine-dalit-movement-rajni-tilak&catid=119:feature&Itemid=132

Pandey, Gyanendra (2013), *A history of prejudice. Race, caste and difference in India and the United States*. Nova Deli: Cambridge University Press. Doi: https://doi.org/10.1017/CBO9781139237376

Reddy, Deepa (2005), «The ehnicity of caste», *Anthropological Quarterly*, 78(3), 543–584. Doi: https://doi.org/10.1353/anq.2005.0038

Rege, Sharmila (2006), *Writing caste, writing gender*. Nova Deli: Zubaan Books.

Sabharwal, Nidhi; Sonalkar, Wandana (2015), «Dalit women in India: At the crossroads of gender, class, and caste», *Global Justice: Theory Practice Rhetoric*, 8(1), 44–73.

Sadangi, Himansu Charan (2008), *Dalit: The downtrodden of India*. Nova Deli: ISHA Books.

Samarendra, Padmanabh (2016a), «Religion and the scheduled caste status», *Economic & Political Weekly*, 51(31), 13–16.

Samarendra, Padmanabh (2016b), «Religion, caste and conversion: Membership of a scheduled caste and judicial deliberation», *Economic & Political Weekly*, 51(4), 38–48.

Santos, Boaventura de Sousa (1998), «The fall of the Angelus Novus: Beyond the modern game of roots and options», *Current Sociology*, 46(2), 81–118. Doi: https://doi.org/10.1177/0011392198046002007

Santos, Boaventura de Sousa (2002), *A crítica da razão indolente. Contra o desperdício da experiência*. São Paulo: Cortez.

Santos, Boaventura de Sousa Santos (2003), «Pode o direito ser emancipatório?», *Revista Crítica de Ciências Sociais*, 65, 3–76. Doi: https://doi.org/10.4000/rccs.1180

Santos, Boaventura de Sousa (2014), *Epistemologies of the South. Justice against epistemicide*. Boulder, CO: Paradigm Publishers.

Santos, Boaventura de Sousa (2015), «Towards a sociolegal theory of indignation», *in* Upendra Baxi, Christopher McCrudden e Abdul Paliwala (eds.), *Law's ethical, global and theoretical contexts: Essays in honour of William Twining*. Cambridge: Cambridge University Press, 115–142. Doi: https://doi.org/10.1017/CBO9781316337325.007

Sarkar, Swagato (2014), «Political society in a capitalist world», *in* Ajay Gudavarthy (ed.), *Reframing democracy and agency in India: Interrogating political society*. Londres: Anthem Press, 31–48.

Spreckley, Freer (2008), *Social audit toolkit*. Herefordshire: Local Livelihoods [4.ª ed.].

Taussig, Michael (2012), «Excelente zona social», *Cultural Anthropology*, 27(3), 498–517. Doi: https://doi.org/10.1111/j.1548-1360.2012.01156.x

Zelliot, Eleanor (2001), «Dalit — New cultural context for an old Marathi word», in *From Untouchable to Dalit. Essays on the Ambedkar Movement*. Nova Deli: Manohar, 267–292.

Capítulo 13

Um balanço da participação democrática no Brasil (1990–2014)[*]

Leonardo Avritzer

Introdução

A teoria democrática transitou, ao longo do século XX, de um consenso elitista em relação à organização do sistema político, para uma concepção participativa que se estabeleceu fortemente em alguns países do Sul, entre os quais vale a pena destacar o Brasil e a Índia (Santos e Avritzer, 2002). Em ambos os países um processo constitucional contra-hegemônico elaborado ao final de um processo de colonização, em um caso, e de democratização, no outro, produziu uma constituição com fortes elementos participativos. No caso do Brasil, estes elementos, que serão analisados neste artigo, tiveram forte influência no ciclo político de esquerda que foi de 1990 até 2013. Permitam-me elaborar estes elementos.

O Brasil teve mais momentos não democráticos do que democráticos ao longo do século XX e teve, ao longo do pós-guerra, um período de baixa propensão associativa e poucas formas de participação da população de baixa renda (Kowarick, 1980; Singer e Brandt, 1980). Neste sentido, ele se encaixou em um modelo que existiu no pós-guerra de poucas

[*] Neste capítulo, a grafia é a do português do Brasil.

democracias de corte mais elitistas baseadas nos países do Norte e poucas democracias instáveis vigentes nos países do Sul (Santos e Avritzer, 2002). A democratização brasileira contou com forte organização de movimentos sociais e associações da sociedade civil e modificou este panorama. No momento da convocação da Assembleia Nacional Constituinte (ANC), o grande debate girou em torno da convocação ou não de uma assembleia exclusiva para o processo de revisão constitucional. No entanto, uma outra característica da ANC brasileira adquiriu importância com o tempo, a sua orientação participativa. A ANC brasileira permitiu emendas populares e desencadeou uma campanha popular para obter assinaturas para muitas propostas ligadas às políticas públicas. Alguns entre os mais importantes movimentos da sociedade civil, tais como os da saúde e os movimentos de reforma urbana, da mesma forma que outros importantes atores sociais, como a CUT (Central Única de Trabalhadores) ou o MST (Movimento dos Trabalhadores Sem Terra), também se juntaram à campanha para emendas populares (Whitaker *et al.*, 1994).

Com isso, o Brasil começou a se transformar em uma democracia com traços participativos no final dos anos 1980. Os anos 1990 tornaram o país um laboratório com um grande número de práticas participativas. O surgimento do orçamento participativo em Porto Alegre despertou atenção de atores do Norte e do Sul sobre as novas formas de participação geradas pela democratização brasileira (Santos, 1998; Avritzer, 2002; Allegretti e Herzberg, 2004; Baiocchi, 2005; Gret e Sintomer, 2005; Wampler, 2007). Ao mesmo tempo que o orçamento participativo surgiu em Porto Alegre e se estendeu para mais de 201 cidades (Wampler e Avritzer, 2004), surgiram também outras formas adicionais de participação no Brasil democrático resultantes do processo constituinte e sua posterior regulamentação. Os conselhos de políticas foram resultado da Lei Orgânica da Saúde (LOS) e da Lei Orgânica da Assistência Social (LOAS), e o Estatuto da Cidade foi resultado do capítulo das políticas urbanas. Através do Estatuto da Cidade, começaram a proliferar no Brasil durante a última década os assim chamados «Planos Diretores Municipais» (Avritzer, 2009). Estes últimos, se tornaram obrigatórios em todas as cidades com mais de 20 000 habitantes. Ainda existem no Brasil as chamadas conferências nacionais (Avritzer e Souza, 2013). Assim, hoje no Brasil existe o que se pode denominar de uma infraestrutura da participação bastante diversificada na sua forma e no seu desenho, ainda que a grande questão em relação a estas formas de participação seja a sua relação com as formas de representação, tal como se aponta em «Para Ampliar o Cânone Democrático» (Santos e Avritzer, 2002).

Neste sentido, apesar deste enorme aumento das formas de participação no Brasil, podem apontar-se pelo menos três limites claramente demarcados durante as manifestações recentes ocorridas em junho de 2013:

Em primeiro lugar, pode apontar-se um distanciamento relativo do Partido dos Trabalhadores (PT) em relação às políticas participativas. Não é possível subestimar a importância do PT na ascensão das políticas participativas no Brasil. Na primeira fase, entre 1990 e 2004, a participação sempre foi mais forte e mais intensa nas administrações locais do PT do que nas administrações de outros partidos, mesmo que pertencentes ao centro-esquerda. Este distanciamento se inicia com a derrota eleitoral em Porto Alegre em 2004. O orçamento participativo (OP) não é desativado, mas é fortemente redefinido na quantidade de recursos empregados e no método adotado (Baierle, 2005). Ao mesmo tempo, ocorre uma diminuição significativa dos investimentos no OP de Belo Horizonte entre 2004–2012. No que diz respeito às novas administrações do Partido dos Trabalhadores a partir de 2004, poucos foram os casos de investimentos significativos no OP com exceção da cidade do Recife. Deste modo, o OP se torna uma política participativa opcional no campo do Partido dos Trabalhadores a partir de 2004. Assim, a primeira questão que se coloca no período pós-2004 é uma profunda readequação da visão de participação do PT com uma forte normalização da sua concepção de participação política.

Um segundo fenômeno diz respeito a uma segmentação da participação entre as políticas sociais e a infraestrutura que se inicia ainda durante o processo de democratização. De um lado, é possível notar o uso intensivo da participação nas políticas sociais (Souza e Pires, 2012). De outro, nota-se uma ausência quase integral da participação na área de infraestrutura. Estes dois fenômenos ocorrem simultaneamente mas têm origens bastante diferenciadas. No que diz respeito à área de infraestrutura, esta não foi uma arena privilegiada dos movimentos sociais da década de 1990, devido principalmente ao apagão de investimentos em infraestrutura provocado pela crise da dívida externa no período que precedeu à democratização brasileira. Já no que toca à participação local, tudo indica que existem sinais de esgotamento dentro das gestões ligadas ao próprio Partido dos Trabalhadores e aos partidos de centro-esquerda. Assim, a participação não foi capaz de se generalizar no campo dos movimentos sociais e do Partido dos Trabalhadores.

Em terceiro lugar, há a questão do plano nacional e dos desafios da participação social neste nível. Em «Para Ampliar o Cânone Democrático» (Santos e Avritzer, 2002), apontava-se para a necessidade de rearticular a relação entre participação e representação, uma tarefa que só poderia ser realizada no plano nacional. Hoje é possível afirmar que, depois de 12 anos de governo de esquerda, o Brasil não foi capaz de realizar esta tarefa democrática. Desde 2003, com a chegada do Partido dos Trabalhadores ao poder, o governo federal adotou uma orientação genericamente participativa que implicou em uma expansão dos conselhos nacionais e em uma forte expansão das conferências nacionais. A realização de um conjunto de conferências — prática que já existia antes de 2003 mas estava fortemente limitada às práticas de algumas áreas de políticas participativas, entre as quais vale a pena destacar a saúde e a assistência social (Avritzer, 2013) — constituiu uma das marcas registradas dos governos Lula e Dilma Rousseff. Duas questões, no entanto, se manifestam no nível federal em relação à participação. A primeira questão é que há um forte desequilíbrio em relação às políticas participativas e à efetividade das conferências nacionais no plano federal. A segunda, é que a participação inexiste na área de infraestrutura, mas, ainda mais relevante, o Brasil está reconstruindo a sua infraestrutura de forma antidemocrática e antissocial, com remoções de atores sociais de baixa renda sendo feitas ao arrepio de estruturas importantes como o Estatuto da Cidade. Neste capítulo, irá tratar-se destas questões fazendo um balanço da participação social no Brasil em relação às maneiras como pode entender-se a ampliação do «cânone democrático».

1. Ascensão e queda da participação nos governos locais

A participação social se consolidou no Brasil no início da década de 1990. A constituição de 1988 estabeleceu uma nova relação entre representação e participação. Nos seus artigos sobre soberania (artigo 1.º) e participação direta (artigo 14.º) e nos capítulos sobre as políticas sociais participativas, ela constituiu o ponto de partida na direção da participação social no Brasil. O orçamento participativo foi a política que consolidou este passo inicial dado na direção da participação. No caso do OP, sua introdução em Porto Alegre em 1990 levou a um forte sucesso que pode ser traduzido em três resultados: em primeiro lugar, a forte participação, que surpreendeu até mesmo alguns dos seus proponentes. O OP teve, no seu primeiro momento em Porto Alegre, uma participação desigual fortemente marcada pela presença ou não de movimentos associativos fortes nas regiões. Este processo voltou a se repetir em Belo Horizonte alguns anos depois, tal como mostra a Tabela 13-1, abaixo (Wampler e Avritzer, 2004). Este foi o ponto de partida do enorme sucesso do OP, que também foi marcado pela capacidade de realizar obras públicas de visibilidade a partir da decisão dos próprios atores sociais e pela inversão de prioridades políticas.

Tabela 13-1. Participação no OP em Porto Alegre e Belo Horizonte

	Região	1990	1992	1994	1996	1998
Regiões com tradição associativa forte	Leste	152	510	339	623	710
	Lomba	64	569	575	973	638
	Partenon	75	1096	661	809	805
	Cruzeiro	181	297	494	649	604
Regiões com tradição associativa fraca	Navegantes	15	165	135	495	624
	Nordeste	33	276	350	682	906
	Restinga	36	369	1096	763	1348
	Centro-Sul	101	591	352	1513	1461

Fonte: Prefeitura Municipal de Porto Alegre, Coordenação de Relações com a Comunidade.

Com o sucesso inicial do OP em Porto Alegre no começo da década de 1990, a participação se tornou uma marca generalizada das administrações locais petistas e de muitos partidos do centro-esquerda, como, por exemplo, o PSB. A Figura 13-1 é uma boa expressão da expansão do OP durante a década de 1990 até o ano de 2004. O OP passou a ser implementado em 201 municípios de todas as regiões do Brasil, com destaque especial nas regiões Sul e Sudeste do país.

Figura 13-1. Mapa da evolução do OP de 1990 a 2004

Fonte: PRODEP — Projeto Democracia Participativa (UFMG)

Com o sucesso do OP em Porto Alegre e Belo Horizonte, introduziu-se uma forma contra-hegemônica de participação que teve êxito por dois motivos: em primeiro lugar, pela demonstração da capacidade dos atores sociais que participaram das assembleias regionais de tomarem decisões baseadas no debate aberto; em segundo lugar, pelo amplo efeito distributivo das decisões do OP (Pires e Vaz, 2010). No entanto, o crescimento do OP alcançou o seu limite e o ano de 2004 é o que melhor indica este esgotamento relativo do OP. Ele foi marcado por três fenômenos principais:

em primeiro lugar, a derrota eleitoral do Partido dos Trabalhadores em Porto Alegre, que teve forte impacto sobre o OP. A derrota em Porto Alegre teve um significado político e simbólico. A derrota do PT ocorreu também em outras cidades, como São Paulo, mas em nenhuma delas o impacto sobre o OP foi tão grande porque as administrações petistas não eram homogeneamente participativas (Avritzer, 2009). Porto Alegre era petista e participativa, e sua influência sobre as políticas participativas em outros lugares do país não deve ser subestimada. Neste sentido, a derrota do Partido dos Trabalhadores em Porto Alegre foi uma derrota das políticas participativas ou, para colocar nos termos do texto sobre o «cânone democrático» (Santos e Avritzer, 2002), foi uma derrota de uma proposta de estruturar participativamente a cidade.

Em segundo lugar, há uma perda da centralidade do OP nas gestões do Partido dos Trabalhadores, que se expressa principalmente por uma diminuição dos recursos alocados no OP em quase todas as cidades. O caso exemplar é o de Belo Horizonte. As diferentes gestões petistas em Belo Horizonte expressam diferentes dinâmicas do OP. Entre 1993–2002 há uma dinâmica fortemente participativa tanto na administração do PT quanto na administração do PSB. No ano de 2004, é tomada a decisão de diminuir a aplicação de recursos no OP. A partir de 2008 ocorre uma fortíssima redução dos investimentos no OP. A Tabela 13-2 mostra a diminuição dos recursos alocados no OP em Belo Horizonte, mas, em geral, há uma decisão de todos os partidos do centro-esquerda de utilizar menos o OP a partir de 2004.

Pode fazer-se um raciocínio idêntico e complementar em relação aos conselhos de políticas, em especial, o de saúde. Os conselhos surgiram no começo da década de 1990, com base principalmente na LOS e na LOAS. Eles se generalizaram rapidamente e chegaram a mais de 10 000 conselhos de políticas no Brasil, segundo dados do Instituto de Pesquisa Econômica Avançada (IPEA, 2015). Neste momento, diversas cidades brasileiras se tornaram conhecidas pelos seus conselhos. O conselho de saúde da cidade de São Paulo se tornou muito importante para a política da saúde da cidade e estabeleceu importantes diretrizes de ampliação do acesso à saúde na cidade que se manifestaram posteriormente em outras cidades. Segundo Coelho Pereira, o acesso a consultas na área de saúde na cidade de São Paulo com base no Índice de Desenvolvimento Humano médio das regiões da cidade evoluiu fortemente na cidade de São Paulo.

Tabela 13-2. Recursos alocados através do OP (1994–2011/2012) (em Reais)

Ano	Recursos alocados	Valores indexados ao ano de 2008
1994	15 000 000,00	66 300 000,00
1995	18 000 000,00	79 560 000,00
1996	27 000 000,00	95 310 000,00
1997	27 000 000,00	86 508 000,00
1998	15 974 186,00	46 325 139,40
1999/2000	60 208 600,00	166 233 902,88
2001/2002	71 500 000,00	161 733 000,00
2003/2004	74 650 000,00	133 160 670,00
2005/2006	80 000 000,00	107 056 000,00
2007/2008	80 000 000,00	97 880 000,00
2009/2010	110 000 000,00	110 000 000,00
2011/2012	110 000 000,00	110 000 000,00

Fonte: Wampler (2015)

Ao mesmo tempo, conselhos de saúde foram extremamente importantes em Belo Horizonte e Porto Alegre na melhoria do acesso a esta política pública (Cortes, 2002; Coelho, 2004). Em ambos os casos, foram criados, com base em discussões no interior dos conselhos, critérios para a descentralização do acesso aos serviços médicos. Foi criada também uma diferenciação dos serviços que passaram a ser plenos, semiplenos e que incidiram sobre a descentralização da oferta dos serviços de saúde. O mesmo pode ser afirmado em relação à assistência social. Esta política evoluiu fortemente com o aumento do acesso da população de baixa renda ao serviço e com a introdução de planos anuais de assistência social nas diversas cidades (Cunha, 2009). Também aqui há uma perda de centralidade ligada tanto à disputa política quanto a outros fatores. O conselho de saúde da cidade de São Paulo foi desativado durante as gestões conservadoras de Paulo Maluf e Celso Pitta em uma das lutas políticas mais significativas no Brasil em torno da participação (Tatagiba, 2004), mas a questão central foi a diminuição da influência dos conselhos durante as administrações do Partido dos Trabalhadores. Assim, é possível mostrar que a participação em conselhos também alcançou o seu limite na primeira metade da década passada.

Tabela 13-3. Políticas participativas e PT

Ano	N.º de experiências de OP	% referente a administrações do PT
1989–1992	13	92%
1993–1996	53	62%
1997–2000	120	N/A
2000–2004	190	59%
2005–2008	201	65%

Fonte: Dados recolhidos na pesquisa (Wampler e Avritzer, 2005)

Assim, a questão da construção de uma concepção participativa de democracia encontrou os seus primeiros limites a partir de 2004–2005, apesar de uma boa base constitucional e de experiências bem-sucedidas. As políticas participativas passam a se encontrar em um isolamento relativo nas administrações do Partido dos Trabalhadores, o que está ligado a uma mudança na perspectiva participativa do próprio partido. Em relação a conselhos como o de saúde, ele não readquiriu a mesma relevância na gestão Marta Suplicy, assim como em outras gestões do Partido dos Trabalhadores, e São Paulo não constituiu um caso à parte. Assim, as administrações do PT, em vez de constituírem um sistema de participação, acabaram se distanciando da sua própria origem participativa. Ao mesmo tempo, a participação social recebeu um impulso com a chegada de Luiz Inácio Lula da Silva à presidência.

2. Participação nos governos Lula e Dilma: um primeiro balanço

A posse de Luiz Inácio Lula da Silva na presidência em 2003 aumentou as contradições das políticas participativas no Brasil. Por um lado, é inegável que, com a chegada do Partido dos Trabalhadores ao poder, o governo federal adotou uma orientação genericamente participativa que implicou em uma expansão dos conselhos nacionais e em uma forte expansão das conferências nacionais. A realização de um conjunto de conferências — prática que já existia antes de 2003 mas estava fortemente limitada às práticas de algumas áreas de políticas participativas, entre as quais vale a pena destacar a saúde e a assistência social (Avritzer, 2010) — constituiu uma das marcas registradas do governo Lula. Houve, durante o governo Lula, uma forte expansão das conferências nacionais. Se se tomar como ponto de referência a primeira conferência nacional de saúde organizada pelo governo Vargas ainda na década de 1940 e se se contabilizarem as conferências nacionais, percebe-se que estas alcançaram a marca de 115 conferências realizadas desde então. Destas, 74 conferências foram realizadas durante o governo Lula, o que mostra a sua centralidade nas políticas participativas deste período. Tal marca também altera a influência das conferências sobre as políticas públicas do governo federal.

Quando se analisam as conferências nacionais sob o ponto de vista dos seus participantes, encontram-se os seguintes dados: participaram das conferências nacionais em torno de 6,5% da população adulta brasileira. O participante típico das conferências nacionais é uma participante, isto é, uma mulher, com quatro anos de escolaridade e uma renda que varia de 1 a 4 salários mínimos (Avritzer, 2012). Vale a pena pensar que este também é o perfil majoritário de outras formas de participação no Brasil, em particular, do orçamento participativo (Baierle, 1998). Se a participação ocorre, no que diz respeito à renda e à escolaridade, em patamares próximos à média da população, vale a pena observar que há também uma estratificação na medida em que ao passar dos níveis locais para o nível nacional este é também um fenômeno importante.

Assim, pode pensar-se em uma tipologia das conferências e da participação dos atores da sociedade civil que seria a seguinte: as conferências são uma iniciativa do governo federal nas áreas das políticas públicas que tem atraído segmentos significativos da sociedade civil em todas as suas etapas. Nas etapas locais, a participação destes segmentos tende a ser muito próxima da renda e da escolaridade média da população, ao passo que nas etapas nacionais pode se perceber uma tendência à estratificação da população por renda e escolaridade. Tal estratificação não diferencia estes grupos radicalmente da população em geral, uma vez que há um processo de eleição de delegados que conecta os dois grupos. No entanto, o mais importante em relação às conferências que pode mostrar o seu impacto democratizador e includente é analisar o seu impacto nas diferentes áreas das políticas públicas.

Quando se analisa a participação nas diferentes áreas de políticas públicas, percebe-se uma dimensão adicional em relação às conferências nacionais para a qual gostaria de chamar a atenção e que é a mudança nas áreas temáticas nas quais ocorre a participação. Quando se pergunta em qual conferência as pessoas participaram, verifica-se um declínio das áreas clássicas da participação em favor de áreas novas, tais como direitos humanos, cultura e política para as mulheres.[1] Quando se observam os resultados que estão apresentados na Tabela 13-4, percebe-se uma mudança no padrão de participação na sociedade civil brasileira.

Tabela 13-4. Se já participou, em qual temática?

Temática	N	%	Total
Assistência Social	52	36,4	143
Comunicação	16	11,2	143
Cultura	42	29,4	143
Das cidades	15	10,5	143
Direitos Humanos	56	39,2	143
Educação	27	18,9	143
Esportes	23	16,1	143
Juventude	16	11,2	143
Política para mulheres	64	44,8	143
Saúde	12	8,4	143
Saúde mental	16	11,2	143
Segurança Alimentar e Nutricional	5	3,5	143
Segurança pública	18	12,6	143

Fonte: Avritzer (2013)

Pode afirmar-se que há uma renovação efetiva nas conferências nacionais que se expressa na renovação das áreas temáticas nas quais a participação surgiu no Brasil durante a redemocratização. Essas novas formas de participação — direitos humanos, mulheres e cultura — têm começado a influenciar o comportamento dos atores da sociedade civil e gerado agendas mais conflitivas com as propostas do governo em áreas como os direitos humanos e a política para as mulheres. Ainda não está claro

[1] Fez-se uma segunda pergunta na pesquisa sobre a intensidade da participação, visando aferir em qual das áreas as pessoas participaram mais ativamente. Neste caso, verifica-se ainda uma certa continuidade com a participação social no início da democratização. Assim, a área da saúde volta ao topo com 14,7% do total da participação, com a assistência social baixando significativamente, mas ocupando, junto com a educação, o segundo lugar. Áreas como a da política para as mulheres e direitos humanos caem fortemente.

como as decisões tomadas nas conferências pautam, de facto, o comportamento do governo, mas o que parece é que nestas áreas se geram conflitos internos ao governo. Por outro lado, é bastante claro que existem conflitos não só nestas novas áreas como principalmente na área de infraestrutura, que é das políticas menos participativas no Brasil ao lado da política econômica. Assim, há aqui uma primeira fonte de conflitos em torno da participação no governo Lula. Este conflito está ligado ao fato de as conferências nacionais serem uma forma de participação de média intensidade (Santos e Avritzer, 2002), isto é, de não pautarem o conjunto do governo. Na medida em que outras arenas de política se engajaram nas conferências, começou a haver um conflito sobre a sua efetividade.

Há, no caso da participação no âmbito local, evidências de processos deliberativos e da sua efetividade (Pires e Vaz, 2010). No entanto, essas evidências foram produzidas depois de um longo período de funcionamento destas instituições no nível local. Este foi o motivo pelo qual se achou importante perguntar, no caso das conferências nacionais, sobre as evidências relacionadas com a sua efetividade. Os dados apresentados na Tabela 13-5 sugerem uma certa cautela em relação à efetividade. O número de respondentes que afirmou que o governo sempre implementa as decisões foi bastante baixo, mas ele seria baixo até mesmo para a primeira fase do orçamento participativo em Porto Alegre, na qual a implementação das decisões foi de aproximadamente 90%. Sempre existem motivos, ou técnicos ou legais, pelos quais não é possível pensar na implementação de 100% das decisões geradas por um processo participativo.

Tabela 13-5. Quanto à implementação das decisões ou orientações da conferência, diria que:

	Frequência	%
Governo sempre implementa decisões tomadas durante a Conferência	8	5,6
Governo implementa maioria das decisões tomadas	15	10,5
Governo implementa um número médio de decisões tomadas	28	19,6
Governo implementa um número pequeno de decisões tomadas	26	18,2
Governo não implementa as decisões tomadas durante a Conferência	13	9,1
Não responde	53	37,0
Total	143	100,0

Fonte: Avritzer (2013)

Para avaliar de forma mais precisa o nível de implementação das decisões das conferências nacionais, faz mais sentido agregar as três primeiras respostas que sugerem um grau razoável de implementação das decisões. Se se agregarem os três níveis, atinge-se a marca de 35,7% dos respondentes afirmando que o governo implementa ou a maioria ou um número médio de decisões. Considero esse número relativamente alto, principalmente se se comparar com os 27,3% que afirmam que o governo implementa um número pequeno ou não implementa as decisões.

Ainda assim, se se pensar a participação no governo Lula em comparação ao padrão de participação vigente no nível local, encontram-se importantes diferenças. A primeira delas é que as conferências nacionais possuem menor intensidade participativa do que o orçamento participativo e influenciam limitadamente as políticas de governo, especialmente nas áreas da economia e da infraestrutura. Algumas áreas do governo federal, em especial aquelas ligadas às políticas sociais, se tornaram fortemente participativas, mas com fortes diferenciações internas. Ao mesmo tempo, outras áreas das políticas públicas tiveram as suas propostas de participação fortemente questionadas. Um segundo dado elaborado pelo IPEA nos fornece uma imagem ainda mais clara desta segmentação. Neste caso, o dado é de entrevistas com os 140 gestores de programas do governo federal, e está expresso no Gráfico 13-1.

Assim, no que diz respeito aos governos Lula e Dilma Rousseff, a participação pode ser analisada nos termos propostos em «Para Ampliar o Cânone Democrático» (Santos e Avritzer, 2002). É correto afirmar que a participação foi mais utilizada pelos dois governos do que nos governos anteriores, especialmente na área de políticas públicas, apontando para um insulamento da participação em relação à representação. Não é que a participação não tenha sido utilizada. Ela foi, sim, utilizada. Mas vale a pena observar que o foi em arenas políticas limitadas, que não influenciaram a tonalidade da representação política, o que significaria a implementação de uma democracia de alta intensidade, tal como ocorreu em Porto Alegre na última década do século XX. Esta segmentação se acentuou no governo Dilma Rousseff e acabou gerando conflito entre as áreas participativas e não participativas do governo federal. Na secção seguinte deste capítulo será feito um balanço destes conflitos.

Gráfico 13-1. Uso da participação pelos gestores do governo federal

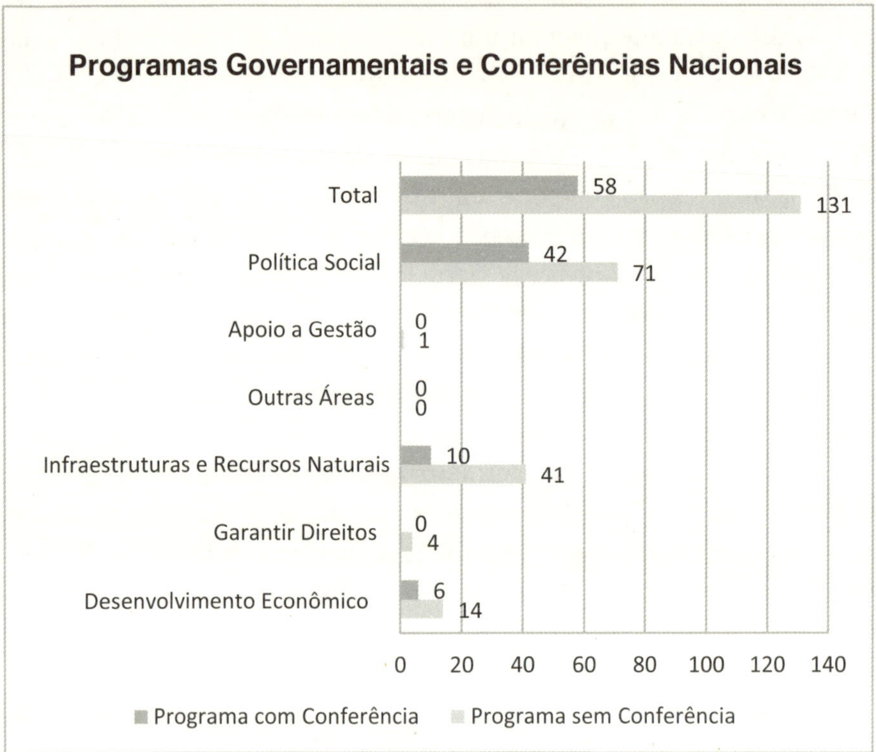

Fonte: Souza e Pires (2012)

3. Um balanço da participação nos níveis local e federal no Brasil

É possível afirmar em relação à participação social no Brasil que, até 2004, houve um acúmulo de políticas participativas que estavam ligadas à própria origem do PT e que implicaram, em um primeiro momento, em uma mudança na própria arquitetura democrática no Brasil. A partir da Constituição de 1988 e do surgimento do orçamento participativo e das políticas participativas nas áreas de saúde e políticas urbanas, houve um momento de rediscussão das políticas participativas na democracia brasileira. Estas políticas participativas sinalizavam a ideia de um aumento da intensidade da democracia, incluindo atores sociais em processos políticos fundamentais (Santos e Avritzer, 2002). No entanto, já no início do governo Lula ocorre uma cisão deste campo. Esta cisão se inicia em relação às políticas participativas na área do meio ambiente. Especialmente na Amazônia, Chico Mendes e Marina Silva fizeram parte do primeiro esforço de formação do Partido dos Trabalhadores e colocaram uma agenda, a das reservas extrativistas, que, em um primeiro momento se tornou uma das agendas principais do PT (Hochstetler e Keck, 2007). Com o início do governo Lula, se colocaram agendas semelhantes no Ministério do Meio Ambiente que acabaram não se colocando como as principais agendas para o setor. Vale mencionar aqui a questão dos transgênicos e a questão dos arranjos institucionais que resultaram das audiências sobre a rodovia BR-163, que eram agendas fundamentais do movimento de meio ambiente e não se tornaram agendas do governo Lula. Elas ficaram isoladas no meio ambiente (Hochstetler e Keck, 2007).

Algo parecido pode ser afirmado em relação à maneira como os governos Lula e Dilma se comportaram no que toca à questão indígena. O governo Lula se inicia com uma pauta progressista para a questão indígena, pautando uma questão importante que era a demarcação da reserva Raposa Serra do Sol. Esta é uma das maiores áreas indígenas do país e vinha sendo demarcada desde 1998 pelo Ministério da Justiça. Em 2004 e 2005, o Ministério da Justiça assume a demarcação integral e contígua da reserva que acaba sendo contestada na justiça pelo governo de Roraima. A confirmação da demarcação pelo Supremo Tribunal Federal é um dos episódios principais do início do governo Lula. No entanto, quando setores agrários passam a fazer parte da base do governo, ocorre uma cisão na política em relação à política indígena. A partir do governo Dilma, esta orientação genericamente a favor dos direitos indígenas começa a ser questionada quando um conjunto de grandes obras de infraestrutura, em especial para o setor elétrico, são propostas para a Amazônia. Estas obras geram um conjunto de conflitos, o principal entre eles está relacionado às audiências públicas para a construção de Belo Monte, que envolvem tanto a questão de audiências públicas quanto a questão da consulta prévia baseada na convenção 169 da OIT (Rodríguez-Garavito, 2011).

O conflito relacionado à construção de Belo Monte foi o primeiro em torno de políticas participativas no Brasil, envolvendo, de um lado, os movimentos sociais e, de outro, o governo do Partido dos Trabalhadores. O governo federal realizou quatro audiências públicas para o licenciamento de Belo Monte. A primeira audiência ocorreu na cidade de Brasil Novo, em setembro de 2009, com a presença de aproximadamente 600 pessoas. A segunda audiência ocorreu em Vitória do Xingú, no mesmo mês, com a presença de 1500 pessoas. A terceira, em Altamira com a presença de mais de 1000 pessoas, entre as quais 150 indígenas, e a quarta, em Belém. Em todas estas audiências os principais conflitos ocorreram no interior de um campo até então homogeneamente participativo, envolvendo atores sociais ambientalistas, indígenas e ministério público, de um lado, e a Eletronorte, de outro. Todas as audiências foram consideradas problemáticas pelo Procurador-Geral da República, Rodrigo Costa e Silva, sob dois aspectos fundamentais para uma teoria da participação: o primeiro, foi o tempo de debate; o segundo, foi a questão do critério da participação dos indígenas. Vale a pena lembrar que todas as audiências públicas relativas à Belo Monte foram organizadas pela Eletronorte.

Diversos elementos importantes para uma teoria da participação emergiram no conflito em torno da construção da usina de Belo Monte. O conflito envolveu dois elementos, um primeiro, sinalizador das novas orientações participativas do governo federal, e um segundo, relativo às novas dinâmicas participativas. O primeiro conflito importante foi entre a Eletronorte e o Ibama (Instituto Brasileiro do Meio Ambiente e dos Recursos Naturais Renováveis) e os atores sociais ambientalistas. Este foi um conflito indicador de um distanciamento relativo entre o PT e as políticas participativas. Ele se deu entre atores que constituíam um campo quase homogêneo e típico das políticas participativas para o meio ambiente. As audiências de Altamira e Belém expressaram muito bem este novo campo com a tentativa de uma política de maioria por parte de atores ligados ao governo federal, e, em especial, à Eletronorte. Estes atores ligados a atores políticos locais da baixa Amazônia foram os que prevaleceram nas audiências. Assim, a hegemonia de um campo participativo relativamente homogêneo que foi criado durante a redemocratização foi substituída por um conflito no interior do próprio campo participativo relativo à posição de atores sociais na decisão sobre as políticas públicas da área de infraestrutura.

O segundo conflito importante envolveu a maneira de consultar os indígenas em relação aos efeitos da usina sobre as suas terras. Esta é uma questão que irá se tornar cada vez mais relevante na medida em que novas obras de infraestrutura forem construídas na Amazônia. De um lado, o Brasil é signatário da convenção 169 da OIT, que coloca a questão da assim chamada «consulta exclusiva». Não existem muitos casos de consulta prévia no Brasil e alguns autores a consideram problemática do ponto de vista de uma teoria democrática, já que outorga direito de veto a estas populações. Por outro lado, a maneira como os indígenas foram «incluídos» nas audiências de Altamira e Belém sugere uma política de maioria inaceitável para os critérios de uma teoria do reconhecimento dos direitos das minorias (Fraser, 2003). Assim, também neste caso se colocam claramente limites da própria forma de participação desenvolvida no Brasil pós-democratização, onde se gesta um conflito entre atores sociais e formas de participação. Todos estes conflitos não constituíram apenas antecedentes das manifestações de junho de 2013. Eles foram constituindo um novo campo da participação social que explodiu naquele momento.

4. Manifestações de junho de 2013

As manifestações de junho de 2013 têm sua origem na cisão entre o governo do Partido dos Trabalhadores e alguns importantes movimentos sociais da área do meio ambiente e das políticas urbanas. Como foi mostrado acima, existem três tipos importantes de conflitos gestados no Brasil, a saber: os conflitos internos ao Partido dos Trabalhadores, que deslocaram a participação social do centro das administrações locais; os conflitos no governo federal entre áreas participativas e áreas não participativas; e os conflitos entre o governo federal e atores ambientalistas e indígenas. Todos estes conflitos foram abordados no ensaio «Para Ampliar o Cânone Democrático» como conflitos entre a democracia participativa e um modelo de democracia liberal que considera a participação portadora de valores antidesenvolvimentistas (Santos e Avritzer, 2002: 67). Em conjunto, estes três conflitos criaram um pano de fundo propício à eclosão destas manifestações na medida em que eles acabaram por criar um campo participativo externo ao governo.

As manifestações no dia 7 de junho de 2013 emergem neste campo de insatisfação de diferentes atores — ambientalistas, estudantis e defensores de direitos urbanos, entre outros — que são catalisados pela agenda do preço da passagem no transporte público. Neste caso, está bastante clara a origem do movimento. Ele surgiu em um campo de esquerda semipetista ou pós-petista que envolveu militantes de diferentes movimentos da juventude, quase todos de esquerda, com uma agenda de democratização do acesso ao transporte público e com críticas ao sistema político. Tais críticas, em quase todos os casos, estavam relacionadas ao que se pode denominar de forma da democracia, isto é, uma crítica à maneira como o governo federal e, em especial, o Congresso Nacional vem governando o país. Neste caso, trata-se também de uma crítica ao deslocamento das políticas participativas do centro dos governos locais e federal. Quando se analisam os temas que, de acordo com o *site* Causa Brasil,[2] foram os mais abordados nas redes sociais no dia 7 de junho, quando ocorre a primeira manifestação de peso na cidade de São Paulo, observam-se os seguintes destaques: preço das passagens ocupando um lugar central e alguns temas secundários mais importantes, tais como democracia, postura da polícia e governo Dilma. A minha interpretação sobre este momento é de um momento de insatisfação difusa com o governo federal, principalmente entre atores de movimentos sociais, onde se coloca também a questão da democracia. Marginalmente, há uma preocupação com os temas da reforma política, qualidade da democracia e corrupção.

Ainda é cedo para avaliar plenamente o que ocorreu no Brasil entre os dias 6 e 20 de junho de 2013. Mas algumas hipóteses podem ser levantadas. A partir da fortíssima repressão policial à manifestação do dia 13 de junho, ocorreram pelo menos três fenômenos inter-relacionados. Em primeiro lugar, uma fragmentação da presença dos organizadores do movimento nas redes sociais, que foram sendo paulatinamente substituídos por um conjunto plural e fortemente despolitizado de *sites* e perfis da Internet, tal como mostra a Tabela 13-6, extraída do *site* Interagentes. O portal do *Estadão*[3] se manteve em primeiro lugar entre o primeiro e o quarto ato público. O portal da *CartaCapital*[4] deixa os dez primeiros lugares a partir do dia 8 de junho. A partir do dia 21 de junho, somente o *Estadão* se mantém entre os 10 principais *hubs*/autoridades acessados, ainda assim no oitavo lugar. Os *sites*/perfis mais acessados passam a ser:

---

2 <http://www.causabrasil.com.br>.
3 <http://www.estadao.com.br>.
4 <http://www.cartacapital.com.br>.

Tabela 13-6. Maiores Autoridades na rede no dia 21 de junho

1	Anonymous Brasil
2	Movimento Contra Corrupção
3	Última Hora
4	Isso é Brasil
5	A Verdade Nua & Crua
6	A Educação é a Arma para mudar o Mundo
7	Rede Esgoto de televisão
8	Estadão

Fonte: Interagentes <https://www.facebook.com/InterAgentes/>

Quando se olham os temas que foram majoritariamente abordados nas redes sociais, percebe-se, mais uma vez através dos dados do *site* Causa Brasil, uma mudança completa de temas. No momento em que estes são os *sites*/perfis mais procurados, também mudam radicalmente os temas e sua centralidade. Pode dizer-se que houve claramente um deslocamento do tema do preço das passagens que acabou sendo substituído por três ou cinco temas com expressão muito semelhante: o governo Dilma, gastos das obras da copa, a segurança pública, saúde e educação.

Neste momento, não ficou claro quais eram as pautas principais do movimento e mesmo quais eram as suas lideranças. A liderança do Movimento Passe Livre anunciou no dia 21 de junho que pararia de convocar manifestações. Assim, ao final de junho havia uma tripla constelação um pouco problemática que levou a um impasse no movimento. Esta constelação esteve constituída por uma perda completa da centralidade dos *sites* de notícias na Internet, por uma entrada de *sites*/perfis conservadores na convocação de manifestações e na retirada do Movimento Passe Livre da convocação destas mesmas manifestações (ainda que ele tenha voltado atrás um pouco depois). Esta nova constelação alterou fortemente a maneira como as notícias sobre o movimento circularam. De acordo com os temas que circularam na Internet nos últimos dias de junho e nos primeiros de julho, notam-se os seguintes fenômenos: uma forte pluralização dos temas, alguns sem nenhuma conexão com outros, como, por exemplo, segurança com gastos da copa e a migração de questões relacionadas ao governo Dilma para o centro das atenções.

Foi neste momento que quase houve no Brasil uma onda antipolítica, seguindo-se uma forte politização da rua que acabou ocorrendo em 2015.

5. Perspectivas da participação social no Brasil

É possível perceber uma tensão na questão da participação social que se coloca nas gestões no nível local e que se acentua no nível nacional. Esta tensão se inicia com uma redução da centralidade das políticas participativas a partir de 2002 ou 2004 ou, nos termos do texto sobre o cânone democrático (Santos e Avritzer, 2002), ela diz respeito ao grau de intensidade da democracia local. Em 2002, se dá uma movimentação do Partido dos Trabalhadores em relação ao centro, que, na minha opinião, não anula a sua orientação genericamente participativa. Em janeiro de 2003, com as audiências públicas do Plano Plurianual e o novo papel de articulação social da Secretaria-Geral da Presidência, esta tendência continua mas torna-se secundária no que diz respeito à maneira como representação e participação se articulam. O centro da política do PT no nível federal está ligado à formação de um grande centro político no Congresso Nacional. No entanto, em 2004 ocorre uma intensificação deste realinhamento, que começa com algumas derrotas eleitorais importantes no nível local, como foi o caso em Porto Alegre e São Paulo. Mas é justamente em cidades como Belo Horizonte, onde o PT continua eleitoralmente forte, que se dá este realinhamento do projeto participativo.

É possível apontar as perspectivas da participação social no Brasil a partir destas breves reflexões. Em primeiro lugar, pode dizer-se que há um modelo claro de participação vinculado à participação no nível local que se esgotou. Este modelo inclui orçamento participativo, conselhos e conferências no nível local e nacional e exclui infraestrutura e políticas ambientais. Ele se esgotou por dois motivos principais: de um lado, o orçamento participativo e os conselhos serviram como portas de entrada para a participação em importantes políticas sociais e de infraestrutura urbana, mas eles acabaram cumprindo um papel pequeno ou sendo deslocados pelas novas políticas de infraestrutura. Diversos exemplos podem ser dados em diferentes partes do país: as obras de infraestrutura viária em Belo Horizonte e a redução da centralidade do OP; a desocupação da cracolândia em São Paulo, o desrespeito da Zona Especial de Interesse Social na construção do acesso ao estádio em Fortaleza e a construção do canteiro de obras da hidrelétrica de Belo Monte. Todas estas ações romperam com um paradigma de participação nas políticas urbanas no Brasil. Assim, deixam de existir experiências no nível local que propõem um realinhamento da relação entre participação e representação e a organização do governo a partir de elementos participativos.

Todos estes elementos indicam que é o momento de começar uma nova fase na participação, que hoje já está presente em alguns Estados, em torno da ideia de sistema de participação. O sistema de participação trabalha a ideia de que a participação social tem que ser inerente ao governo e que ela não pode estar isolada do sistema político. Neste sentido, ela coloca o dedo na ferida dos processos de participação da década de 1990. Sem dúvida, eles foram bem-sucedidos em seus próprios termos, isto é, foram capazes de distribuir bens públicos e serviços para a população de baixa renda e construir uma identificação entre esta parcela da população e os partidos do centro-esquerda proponentes de políticas participativas. Mas eles não foram capazes de alcançar o centro dos governos e das suas políticas. O fenômeno novo que se colocou nos últimos anos é que existem cada vez mais políticas e decisões de investimento passando por fora dos processos participativos. Tal fenômeno está ligado a um esgotamento de certas políticas, como o OP, mas também a um processo de normalização política em direção ao centro que caracteriza a política brasileira hoje.

O ano de 2015 deslocou ainda mais as políticas participativas do centro da política no Brasil. Tal fato se deu porque, de um lado, ocorreu um esgotamento do deslocamento da política brasileira para o centro com o aval do Partido dos Trabalhadores. De outro, porque, devido ao enfraquecimento das políticas participativas, não foi possível formar uma reação à reconstituição das forças conservadoras e à sua nova hegemonia no Congresso Nacional. Neste momento, a reorganização de uma política participativa no Brasil dependerá fortemente de uma reorganização da hegemonia de esquerda no país, processo no qual as políticas participativas terão de ocupar um lugar de maior centralidade, tal como elas o fizeram o começo da década de 1990. Somente assim a promessa vigente no texto constitucional de uma democracia que articule a participação e a representação poderá se realizar.

Referências bibliográficas

Allegretti, Giovanni; Herzberg, Carsten (2004), *El "retorno de las carabelas". Los presupuestos participativos de América Latina en el contexto europeo.* Amesterdão/Madrid: TNI Working Paper/FMI.

Avritzer, Leonardo (2002), *Democracy and the public space in Latin America.* Princeton. Princeton University Press.

Avritzer, Leonardo (2009), *Participatory institutions in democratic Brazil.* Washington, DC: Woodrow Wilson Center Press; Baltimore: Johns Hopkins University Press.

Avritzer, Leonardo (2010), *A Dinâmica da participação local no Brasil.* São Paulo: Cortez Editora.

Avritzer, Leonardo (2012), «The different designs of public participation in Brazil», *Critical Policy Studies*, 6(2), 113–127. Doi: https://doi.org/10.1080/19460171.2012.689732

Avritzer, Leonardo (2013), «Conferências nacionais: ampliando e redefinindo os padrões de participação local no Brasil», *in* Leonardo Avritzer e Clovis Henrique Leite de Souza, (eds.), *Conferências nacionais: atores, dinâmicas participativas e efetividade.* Brasília: IPEA, 125–140.

Avritzer, Leonardo; Souza, Clovis Henrique Leite de (2013), *Conferências nacionais: atores, dinâmicas participativas e efetividade.* IPEA. Brasília.

Baierle, Sérgio (1998), «The explosion of experience: the emergence of a new ethical political principle in Porto Alegre», *in* Sonia Alvarez *et al.* (eds.), *Cultures of politics/Politics of culture: re-visioning Latin American Social Movements.* Boulder, CO: Westview Press, 195–222.

Baierle, Sérgio. (2005), *OP termidor.* Manuscrito. Porto Alegre.

Baiocchi, Gianpaolo (2005), *Militants and citizens: the politics of participation in Porto Alegre.* Stanford, CA: Stanford University Press.

Coelho, Vera Schattan P. (2004), «Conselhos de saúde enquanto instituições políticas: o que está faltando?» *in* Vera Shattan P. Coelho e Marco Nobre (orgs.). *Participação e Deliberação.* São Paulo: 34 Letras, 255–269.

Cortes, Soraya M. V. (2002), «Construindo a possibilidade da participação dos usuários: conselhos e conferências no Sistema Único de Saúde». *Sociologias*, 7, 18–49. Doi: https//doi.org/10.1590/S1517-45222002000100002

Cunha (2009), Conferências de políticas públicas e inclusão política. Brasília: Cadernos IPEA.

Fraser, Nancy (2003). «Social justice in the age of identity politics: redistribution, recognition, and participation», *in* Nancy Fraser e Axel Honneth. *Redistribution or recognition? A political-philosophical exchange.* Londres: Verso.

Gret, Marion; Sintomer, Yves (2005), *Porto Alegre, l'espoir d'une autre democratie.* Paris. La Decouverte.

Hochstetler, Kathryn; Keck, Margaret E. (2007), *Greening Brazil: environmental activism in state and society*. Durham, NC: Duke University Press.

IPEA (2015), «Participação em foco», *Ipea.gov.br*. Página consultada a 1.01.2015, em http://www.ipea.gov.br/participacao

Kowarick, Lúcio (1980), *A espoliação urbana*. Rio de Janeiro: Paz e Terra.

Pires, Roberto; Vaz, Alexander (2010), «A participação faz diferença? Uma avaliação das características e dos efeitos da institucionalização da participação nos municípios brasileiros», *in* Leonardo Avritzer (org.), *A Dinâmica da participação local no Brasil*. São Paulo: Cortez.

Rodríguez-Garavito, César (2011), «Ethnicity.gov: Global Governance, Indigenous Peoples, and the Right to Prior Consultation in Social Minefields», *Indiana Journal of Global Legal Studies*, 18(1), 263–305.

Santos, Boaventura de Sousa (1998), «Participatory Budgeting in Porto Alegre: Toward a Redistributive Democracy», *Politics and Society*, 4, 461–510. Disponível em http://www.boaventuradesousasantos.pt/media/pdfs/Participatory_Budgeting_Politics_and_Society_1998.PDF

Santos, Boaventura de Sousa; Avritzer, Leonardo (2002), «Para ampliar o cânone democrático», *in* Boaventura de Sousa Santos (org.). *Democratizar a Democracia*. Rio de Janeiro: Civilização Brasileira, 39–82.

Singer, Paul; Brant, Vinícius Caldeira (orgs.) (1980), *São Paulo: o povo em movimento*. Petrópolis: Vozes/Cebrap.

Souza, Clóvis; Pires, Roberto Rocha (2012), «Conferências nacionais como interfaces socioestatais: seus usos e papéis na perspectiva dos gestores federais», *Revista do Serviço Público*, 63(4), 499–518. Disponível em http://seer.enap.gov.br/index.php/RSP/article/view/109

Tatagiba, Luciana (2004), «A institucionalização da participação: os conselhos de políticas públicas da cidade de São Paulo», *in* Leonardo Avritzer (org.), *A participação em São Paulo*. São Paulo: Editora Unesp.

Wampler, Brian (2007), Participatory Budgeting in Brazil: Contestation, Cooperation, and Accountability. University Park, PA: Pennsylvania State Press.

Wampler, Brian (2015), *Activating democracy in Brazil. Popular Participation, Social Justice, and Interlocking Institutions*. Notre Dame, IN: Notre Dame University Press.

Wampler, Brian; Avritzer, Leonardo (2004), «Participatory publics: civil society and new democratic institutions in Brazil», *Comparative Politics*, 36(3), 291–312.

Wampler, Brian; Avritzer, Leonardo (2005), «The spread of participatory democracy in Brazil: from radical democracy to participatory good government», *Journal of Latin American Urban Studies*, 7, 737–752.

Whitaker, Francisco *et al.* (1994), *Cidadão Constituinte: a saga das emendas populares*. Rio de Janeiro: Paz e Terra.

Capítulo 14

Tecnopolítica e movimentos sociais globais recentes: questões preliminares para um estudo de caso espanhol e português*

Jesús Sabariego

1. A tecnopolítica irrompe na campanha: Podemos e o assalto ao firmamento institucional

Os resultados eleitorais de 26 de junho de 2016 em Espanha, com a vitória clara do Partido Popular, deram 71 assentos à coligação Unidos Podemos (Podemos, Esquerda Unida, Equo, Més per Balears-Més per les Illes, Batzarre-Assembleia de Esquerdas, Unidade Popular em Comum, Esquerda Asturiana, Construindo a Esquerda-Alternativa Socialista, Segoviemos, Esquerda Castelhana e Democracia Participativa). Embora as expetativas, e as sondagens, anunciassem a vitória do Partido Socialista Operário Espanhol (PSOE), este manteve-se como segunda força política, apesar de ter obtido os piores resultados eleitorais desde 1977.

Olhando igualmente para as eleições legislativas de Portugal, realizadas em 4 de outubro, ambas mostram um novo contexto político na história democrática dos dois países, pelo menos na proporcionalidade, na correlação e na representação tradicional das forças eleitas, sem

* Tradução de Paulo Rocha.

menosprezar as diferenças e a diversidade de matizes que importa interpor entre um e outro, com fatores determinantes como o aparecimento no palco político espanhol de um novo ator, o Podemos, ou a falta de representação institucional do Livre/Tempo de Avançar em Portugal após a consulta eleitoral de outubro.

Não cabe neste texto — que pretende explorar a relação entre as Tecnologias da Informação e Comunicação (TIC), a política, a democracia e os movimentos sociais — o estudo dessas expetativas frustradas, para o qual seria necessário tempo e uma análise profunda. Dedico, sim, estas primeiras linhas a analisar a utilização das TIC por estas novas formações, considerando como hipótese de trabalho que essa utilização provém da sua apropriação por parte dos movimentos sociais surgidos desde 2011 no contexto da crise global, e que pode ser enquadrada numa nova «ecologia de saberes» como parte integrante de uma «epistemologia do Sul», teorizada por Boaventura de Sousa Santos (2014), contra a sua utilização hegemónica e sublinhando a respetiva importância estratégica, não apenas no que se refere à comunicação mas também aos seus processos de organização enquanto novas formações políticas, às suas tentativas de assalto institucional e, inclusivamente, à sua identidade como tal.

A apropriação política, partilhada, transmediada, comum e democratizadora da tecnologia pelos movimentos sociais globais surgidos em 2011 implica uma redefinição não apenas da tecnologia e das suas possibilidades, mas da própria política perante a conceção abissal hegemónica, que poderia situar-se nas coordenadas daquilo que o pensador português classifica como pensamento pós-abissal (Santos, 2007), como uma prática emancipadora que se estendeu dos movimentos às novas formações políticas e conseguiu levar a sua agenda ao firmamento institucional.

O ano de 2015 foi chamado «o ano da mudança» e para esta mudança apelaram — como *leitmotiv* do discurso e começando pelo Podemos em Espanha, que obrigou os restantes a fazê-lo (Iglesias, 2014a; Fernández-Albertos, 2015; Sabariego, 2015) — as diversas forças políticas em luta nestes processos eleitorais. Um apelo que se refletiu mais nos argumentos do que nos seus programas (Mateo Regueiro, 2015) e, sobretudo, nas suas estratégias mediáticas (Ardanuy Pizarro e Labuske, 2015), através de uma utilização alargada das TIC como nunca antes se vira nas campanhas eleitorais nestes países. Já Víctor Sampedro defendia, na introdução de um estudo por si coordenado sobre a importância das aplicações tecnopolíticas das TIC nas eleições gerais de Espanha em 2008, que: «as TIC oferecem a possibilidade de alterar as estruturas prévias da competição política, em princípio, democratizando-as: mais recursos cognitivos, mais capacidade de auto-organização e autonomia de grupos sociais até agora marginalizados» (Sampedro, 2011: 12). Não obstante, no epílogo deste trabalho, publicado em 2011 em plena irrupção do Movimento 15 de maio (15M) em Espanha, Sampedro e Sánchez-Duarte afirmam:

> Numa democracia representativa, a campanha eleitoral é a antecâmara do voto. O valor do sufrágio depende do debate público precedente. Uma campanha aberta, plural e competitiva garante o voto livre e soberano. Mas, nos comícios de 22 de maio, os atos eleitorais foram trocados pela cidadania que tomou as praças do Estado e muitos países do mundo.
>
> [...]
>
> A lógica da Internet foi para a praça pública; por isso, quem a desconhece não compreende o que está a acontecer. Nós também não, mas constatamos, sim, que as práticas na Rede (autoconvocar-se, deliberar em fóruns, consumir contrainformação, tecer redes afetivas e efetivas, gerar e operar em esferas públicas periféricas e digitais) se tornaram tangíveis. Os traços da comunicação digital — cooperação, instantaneidade, realimentação, horizontalidade, descentralização, flexibilidade, dinamismo ou interconexão — tornaram-se presentes em assembleias e acampamentos. (Sampedro e Sánchez-Duarte, 2011: 237–238)

Os movimentos que neste capítulo se designam por «Movimentos Sociais Globais Recentes» (MSGR), surgidos em Espanha a partir de 2011 no contexto da crise, são o sintoma do esgotamento do sistema político, das instituições da democracia liberal e da cultura da transição espanhola da ditadura para a democracia. Os integrantes destes movimentos, agrupados sob a designação genérica de 15M, abriram o caminho para novos movimentos e organizações políticas que beneficiaram das conquistas dos primeiros. O caso mais significativo é o Podemos, uma organização que construiu parte do seu discurso com elementos simbólicos e narrativos identificados com o 15M, bem como com a utilização das TIC feita a partir da experiência por este acumulada e que conta, entre os seus simpatizantes e membros, com vários ativistas do movimento.

Quanto ao Podemos, ainda não existem muitos textos que aprofundem o fenómeno no âmbito da investigação (Müller, 2014; Fernández-Albertos, 2015). Quase todo o material surgido desde 2014 — é muito interessante observar o eco nos meios digitais internacionais — se situa entre o autorreferencial (Domínguez Rama e Giménez, 2014; Iglesias, 2014b; Rivero, 2015) e a crítica (Tímermans, 2014; Gil, 2015; Martos García, 2015) enquadrada no âmbito da *doxa* (Eagleton e Bourdieu, 1992). Em alguns dos ensaios publicados recentemente (Mateo Regueiro, 2015), apontam-se hipóteses, além da opinião enviesada, que começam a poder ser verificadas e se mostram interessantes para empreender investigações mais rigorosas num prazo não muito longo, considerando a quantidade de informação que o Podemos está a gerar no rescaldo do último ciclo eleitoral e que confrontou o Estado espanhol — desde 2015 — com um teste de stresse que pôs à prova a capacidade de resistência do sistema político e da cidadania e a opinião pública.

> Já quase desde a própria noite eleitoral que havia indícios suficientes para pensar que o Podemos não era um suflê e que o seu sucesso não respondia a circunstâncias aleatórias facilmente «desinsufláveis», mas, antes, que respondia a fatores estruturais de fundo, o que antecipava uma trajetória mais longa para este novo projeto político. Em primeiro lugar, o Podemos parecia atrair votantes interessados na política, mas muito desiludidos com os partidos tradicionais. Segundo, conseguia representar alguns setores da população (os jovens eram o melhor exemplo disso) que tinham sido castigados pela crise económica, mas cujas preferências não estavam a ser canalizadas pelos mecanismos de representação tradicionais. Por último, o Podemos conseguia apoios surpreendentemente uniformes em todo o país, algo significativo principalmente tendo em conta que se tratava de um partido com uma vida brevíssima e com uma estrutura organizativa muito errática e ausente em boa parte do território. A sua mensagem era ouvida em lugares social, política e economicamente muito diferentes: em Madrid, o Podemos obtinha muito bons resultados no seu «feudo», onde fora fundado, o bairro multicultural de Lavapiés, no centro, mas também nos bairros tradicionalmente «operários» da periferia, como Vicálvaro ou Vallecas. Conseguia percentagens de apoio dignas de nota em todas as comunidades autónomas, mesmo naquelas com uma corrida eleitoral muito diferente, como a Catalunha ou o País Basco. (Fernández-Albertos, 2015: 11–12)

As coordenadas para realizar uma análise rigorosa sobre o Podemos assentam, no meu entender, em duas dimensões profundamente imbricadas. Por um lado, na perceção que o Podemos suscita na opinião pública e em como esta organização contribui para modificar a opinião pública e vice-versa, criando um discurso próprio ao qual quer a opinião pública, quer os meios de comunicação e outras organizações do «tabuleiro» político institucional em pugna eleitoral com o Podemos se veem obrigados a referir-se para se posicionar em relação à opinião pública e gerar também discursos que gravitem em torno do discurso do Podemos. Por outro lado, o processo constituinte do Podemos enquanto partido político, a sua organização e a fratura entre estas duas dimensões e quem se encontra no meio, os simpatizantes e os círculos. Esta tensão vertical, que no paradigma da teoria da complexidade funciona como uma «diferença-guia» (Sloterdijk, 2012: 28), obriga à tomada de partido, num cenário interno polarizado entre quem ostenta o poder *versus* os privados de poder. O primeiro polo funcionaria como um «atrator» (Sloterdijk, 2012: 29) que dirige o processo para determinados comportamentos de forma que se mantenha o referido poder sem fissuras; enquanto o polo da alternativa, privado de poder, transitaria da repulsa ou do abandono até à construção de um contrapoder que atraísse o sistema, internamente, para outro funcionamento já proposto («Abrindo o Podemos», «Por umas primárias justas no Podemos», «Andaluzia a partir de baixo»...) como outra diretriz ou outras diretrizes diferenciadas daquela que concentra o poder atualmente.

No que se refere à tecnopolítica, o Podemos, apoiado na utilização estratégica das TIC, conseguiu produzir um discurso com um certo caráter hegemónico. Mas, pelo menos eleitoralmente, o discurso do Podemos inscreve-se no paradigma (Morin, 2004; Kuhn, 2007: 70–87; Santos, 2010: 11–44) esgotado no qual o esgotamento é proposto como revitalizante. Devedor de uma parte do discurso contra-hegemónico do 15M, este, sim, contra a hegemonia do referido sistema, embora o tenha fragmentado, não se trata de nenhuma metanarrativa épica, mas antes de um atalho ao estilo «Guerra dos Tronos» (Iglesias, 2014b), em que o épico funciona como um truque de ilusão — assim foi esgrimido, pelo menos inicialmente, nos meios de comunicação: a «casta», as «pessoas», o «medo», o «bando»; para passar a outros significantes, como o «povo» e a «pátria», na procura do «centro do tabuleiro».

Se, como aponta Boaventura de Sousa Santos, a tarefa crítica não pode limitar-se à gestação de alternativas, senão quando requer um «pensamento alternativo de alternativas» (Santos, 2007: 20), a apropriação e a mediação tecnopolítica das TIC, que proporcionou a constelação de movimentos sociais do 15M, pode ser lida — sustentava como hipótese algumas linhas acima — como a emergência de uma nova «ecologia de saberes» (Santos, 2010: 29 ss.) contra-hegemónica, isto é, pós-abissal, perante a linha traçada pelos usos hegemónicos das TIC, naquilo que Stefania Milan classificou como «práticas comunicativas emancipadoras» (Milan, 2012: 2) e da qual o Podemos beneficiou, visto que uma parte importante da «guerra de posições» eleitoral foi combatida nas redes sociais e nos média:

> A construção de um estilo de conversa, de debates adequados aos formatos televisivos, de um saber-fazer comunicacional, e a produção de discurso público para o grande público são, todos eles, elementos-chave da estratégia que permitiu acumular capital simbólico em torno do Podemos. (Toret, 2015: 128)

Para Javier Toret, a apropriação tecnopolítica do Podemos é fundamental para compreender o auge da formação mas também dá pistas sobre a posição que foi ocupando, pelo menos durante o seu primeiro ano de vida:

> Um elemento essencial, frequentemente invisibilizado, para entender a disseminação do Podemos residiu na experimentação tecnopolítica, a inovação política do uso da tecnologia e das ferramentas para a ação coletiva. Na nossa opinião, o projeto funcionou graças à combinação de novas ferramentas, a uma massa crítica muito alargada com profundo desejo de participar no processo de construção da organização, que se articula a partir de uma comunicação multicamadas e que expressa uma nova subjetividade política que apela à construção do povo como política radical e à centralidade de um poder constituinte. (Toret, 2015: 134)

Simultaneamente, apesar das críticas às votações *online*, ao uso excessivo das TIC (Loomio, TitanPad, Appgree, Reddit, etc.) — que subtrairiam a deliberação e o debate coletivo prévios e que enfraqueceriam a necessária cultura da procura de consenso, entendido não como fim, mas, numa conceção agonística, como processo, a partir do corpo a corpo nas assembleias, parafraseando Benjamin Barber (1984, 1998) — e considerando o *handicap* da infoexclusão em contextos rurais e zonas intermédias, entre coletivos e pessoas excluídas e em risco de exclusão, para quem o Podemos se assume como representante apesar do seu eleitorado eminentemente urbano, jovem e de classe média (Fernández-Albertos, 2015), sustento que a utilização hegemónica da tecnopolítica pelo partido relativamente à infoexclusão é um fator determinante, já que impede alguns setores da população de aceder a esta tecnologia e de participar nos processos. A apropriação política emancipadora da tecnologia funciona a partir da inteligência coletiva, da capacidade representada pela experiência nas praças, nas ruas, na autogestão e auto-organização e na prática, habitando o político, construindo a política (Mateo Regueiro, 2015). É esta inteligência coletiva, este senso comum das pessoas, criativo, inovador, instituinte, uma política próxima, de perto, feita pelas pessoas, a partir de baixo, face a uma política distante, hegemónica, em que as pessoas são um argumento — um pretexto — para ganhar as eleições, o fator primordial para explicar a apropriação tecnopolítica mencionada:

> As redes sociais e as iniciativas de participação são muito importantes, mas tão-pouco as devemos sobrevalorizar. Estas iniciativas são um reflexo de um modo de fazer política. As redes de participação devem coincidir com algo mais amplo; a sua existência requer um projeto político forte com um discurso elaborado. No caso do Podemos, são a raiz do projeto que prende a árvore ao solo. Grande parte do seu sucesso reside em ter sabido compatibilizar as iniciativas de participação, as redes sociais e a tecnopolítica com a política discursiva e a política organizativa. Isto diferenciou-nos de outros partidos e iniciativas. Por exemplo, o Partido X, que era um dos novos partidos defensores da tecnopolítica, funcionou como um voto de protesto, de inovação, mas não conseguiu articular um projeto que apostasse em acabar com o bipartidismo. No entanto, todo o seu trabalho e ferramentas foram muito úteis para pensar o tipo de participação que queríamos fomentar. Em meu entender, na capacidade para combinar ferramentas com o discurso residiu o nosso sucesso. (Ardanuy Pizarro e Labuske, 2015: 97–98)

Outra questão a ter em conta na esfera institucional na altura de analisar a apropriação e a mediação tecnopolítica das TIC, ligada ao exposto acima, refere-se aos chamados novos municipalismos em Espanha. As eleições municipais espanholas de 24 de maio de 2015 representaram uma mudança radical no contexto atual e no horizonte democrático do país, ao qual a democracia liberal representativa retira importância.

Além dos marcos históricos que representam o sucesso das candidaturas municipais cidadãs em Barcelona ou Madrid, as cidades mais importantes em população e tamanho, em boa parte das cidades espanholas com mais de 50 000 habitantes, a cidadania votou em candidaturas surgidas em poucos meses nas próprias cidades, formadas, em muitos casos, por pessoas sem experiência política nas instituições, mas com anos de luta e experiência nos movimentos sociais.

Pela mão da confluência, organizações políticas e movimentos sociais — como agrupamentos de eleitores ou como partidos instrumentais —, com um apoio maciço da cidadania, sem presença nos meios de comunicação de massa e praticamente sem recursos (recorrendo ao *crowdfunding*), conseguiram emergir nas instituições, salientando a brecha aberta na hegemonia de governo dos dois partidos maioritários (Partido Popular e Partido Socialista Operário Espanhol), representantes do sistema bipartidário criado pelos pactos e pela cultura da transição da ditadura para a democracia — desde 1978 —, e da evolução, nestes anos da monarquia parlamentar espanhola, para uma espécie de espetáculo mediático de uma representação vazia, com um lastro de corrupção política e económica exacerbada, no quadro da crise económica. Este importante facto histórico mostra claramente que o sistema político atual em Espanha está ferido de morte e que é necessária uma profunda reforma política das instituições.

A maioria dos cidadãos que votou por outra política fê-lo apostando numa política de proximidade, do corpo a corpo, que coloque as pessoas no centro, uma política humana, que cuide, que humanize as instituições e as abra à participação, à deliberação, à tomada de decisões, à capacidade de elaborar propostas de todos e de cada um, de as fiscalizar, acompanhar, auditar. O político, enquanto atividade que nos humaniza e nos dá sentido como seres humanos, substituiu a política, como técnica ou alquimia-património de alguns tecnocratas ou alquimistas, sendo paradoxal que, para entender este processo, a tecnologia — as TIC — e a apropriação desta pela cidadania seja um dos elementos essenciais.

Os especialistas dos gabinetes e salas, que administram a partir de uma cadeira, foram vencidos pela experiência das ruas e das praças, feita no território onde esta vitória para a cidadania devia ter lugar: a cidade — como espaço privilegiado para fazer e habitar a política, para a humanizar, aproximar, e que conecta esta vontade ao ciclo reivindicativo aberto pelos MSGR, movimentos de caráter eminentemente urbano que ligaram as principais praças do mundo, em 2011, através da tecnopolítica.

2. Tecnopolítica e Movimentos Sociais Globais Recentes

O papel que as TIC desempenham na política contemporânea é imprescindível para a sua análise (Norris, 2000). Termos como *ciber*, *hack* e *click* encontram-se, nos nossos dias, inextricavelmente ligados à ideia de ativismo político (Gurak e Logie, 2003: 25–46; Fernández Prados, 2012; Tascón e Quintana, 2012).

Embora não exista uma teoria unificada ou um texto canónico (Norris, 2000) sobre o impacto das TIC na política, há quem (Strangelove, 2003) tenha identificado pelo menos duas tendências destacáveis na teoria cultural da Internet, que oscilam entre a chamada «normalização» (Barber, 1998; Axford e Huggins, 2000; Barney, 2000; Lévy, 2001), em que o mercado global acabará por operar a partir da rede, e a «utópica» (Grossman, 1995; Kamarck e Nye, 2002; Shirky, 2008; Castells, 2009), que entende a Internet como um catalisador-chave em todos os aspetos da existência, sendo paradigma de um novo «Iluminismo induzido tecnologicamente» (Strangelove, 2003: 200) e na qual se pode ler a atualização da velha metáfora da máquina na Revolução Industrial, substituída pelas TIC como resposta aos problemas da globalização: «À medida que a violência do capitalismo globalizante e a resistência do público aumentam, também uma nova arquitetura do conhecimento se dissemina com a adoção da Internet» (Strangelove, 2003: 210).

Esta retórica do «solucionismo tecnológico» (Morozov, 2015), que transita de um otimismo celebratório para um pessimismo que não contempla alternativa, traduz as próprias lógicas do discurso hegemónico em torno da globalização, incluindo o da teoria crítica nele inscrita, e aceite academicamente — o pensamento de alternativas não alternativo denunciado por Santos a que me referi acima —, reduzindo a complexidade social e política ao funcionamento da Internet, prescindindo do corpo a corpo e do «ruído das assembleias» (Barber, 1984: 311). A crítica de Strangelove (2003) às visões utópicas de Castells ou Lévy (Strangelove, 2003: 200–209), nas quais a velha metáfora da máquina na Revolução Industrial é substituída pelas TIC, pela Internet, pelas redes sociais, pelo arquivo (memória) e pela gestão de dados maciços (*big data*), mostra como a tecno-retórica está a anular o como — as causalidades e os processos — nas análises, concentrando-se no quê (Anderson, 2008), uma problemática resgatada pelas teorizações mais recentes (Sierra, 2013) sobre a apropriação cidadã das TIC como ferramenta de mudança social.

Segundo Norris (2000), a teoria contemporânea sobre a influência dos média na política surge na década de 1960, nos EUA, ligada à Escola de Chicago (Lang e Lang, 2009) e cresce na década de 1970 com a guerra do Vietname e o Watergate. A ideia generalizada de que os média impõem a agenda aos partidos políticos em função dos seus próprios interesses está associada, nestas décadas, à irrupção de novos movimentos sociais na luta pelo reconhecimento de direitos e pela distribuição dos recursos, pela justiça global e por uma democracia real baseada na participação, que vão conferir novas dimensões à comunicação política (Touraine, 1978; Klandermans e Tarrow, 1988; Diani e McAdam, 2003; Tilly e Wood, 2009) e mostrar como estas lutas sociais são invisibilizadas e demonizadas pelo *mainstream*.

O modelo dominante tem sido posto em xeque desde a década de 1990 com a emergência de processos participativos em que as TIC foram, paulatinamente, desempenhando um papel estratégico cada vez maior no seu desenvolvimento e extensão.

No âmbito das campanhas eleitorais — a partir da campanha para a eleição do presidente dos EUA, Barack Obama, em 2008, com a chamada *Obamachine 2.0* (Carpenter, 2010), as fugas de informação da WikiLeaks (Hindman e Thomas, 2014), ou as do analista Edward Snowden (Di Salvo e Negro, 2015), ou do soldado Bradley Manning (Thorsen *et al.*, 2013), a utilização estratégica das TIC (Candón Mena, 2014) nas chamadas «revoltas de indignação» (Santos, 2015), o movimento *Occupy*, os distúrbios na Grã-Bretanha e Irlanda (2008) —, o Movimento 12 de março (M12M) em Portugal (2011) mostrou que:

> De uma forma geral, existe uma enorme abertura às ideias vindas do exterior entre os ativistas portugueses. As mensagens sobre eventos noutros países são enviadas por *mailing lists* e Facebook, e são mostrados em público filmes sobre protestos no estrangeiro. As manifestações de 15 de outubro de 2011 e de 12 de maio de 2012 foram organizadas como parte de dias de luta internacional. A Primavera Árabe e a sua reivindicação de democracia tornaram-se uma referência essencial para todas as grandes manifestações em 2011. Não serviram apenas estrategicamente para apelos ao protesto e para manifestos pelos atores dos movimentos sociais. Também foram amplamente usadas por jornalistas e descritas geralmente de uma forma positiva. [...] os acontecimentos e os movimentos internacionais tiveram um forte impacto na política portuguesa. (Baumgarten, 2013: 496)

Se, como bem destacou Santos, não podemos estabelecer uma teoria geral que totalize estas «revoltas de indignação» (2015: 28), existem, apesar das diferenças entre estes movimentos, elementos comuns e correlações diferenciadas relativamente a outros movimentos que nos permitem classificá-los como Movimentos Sociais Globais Recentes (MSGR). Trata-se, em suma, de processos sociais diferenciados e vinculados a redes informais complexas e densas, que promovem a mudança social ou se opõem à corrente dominante — sintomas da violência gerada pelo capitalismo neoliberal, que assinalam a crise global, as lógicas predatórias deste capitalismo e a sua incidência institucional no projeto inconcluso do Estado de bem-estar. Partilham vínculos com outros intervenientes não necessariamente idênticos, mas, sim, compatíveis. É mais apropriado falar de compatibilidade do que de identidade, de uma mobilização coletiva mais ampla, como processo de reconhecimento mútuo na diferença e na heterogeneidade, no intercâmbio e na comunicação — como ação comum — de experiências contra-hegemónicas fortemente enraizadas na utilização estratégica — obviamente também como expressão identitária — das linguagens e das ferramentas oferecidas pelas TIC, sem líderes reconhecíveis, não-apropriáveis, assembleístas e horizontais, sendo muitas das suas estratégias comunicativas de caráter lúdico, carnavalesco e desconstrutor através do humor e da utilização de significantes festivos.

Em Espanha, os antecedentes do 15M (Razquin, 2015) foram o movimento 13M (2004), o movimento «Por una vivienda digna» (2006), o movimento antiglobalização do final da década de 1990, os fóruns sociais do início do século XXI, o movimento Contra a Europa do Capital e da Guerra, o 11M, o «No a la Guerra!», os movimentos autonomistas e libertários, as redes contra a dívida, o «Okupa», o «V de Vivienda», o movimento estudantil contra Bolonha, e, como seus elementos propiciadores, as redes sociais: #Nolesvotes, #sinfuturo, #DRY, Estado de Malestar y Resistencia, entre outras:

> No final da década de 1990, estes ativistas começaram a usar a Internet para promover as filiações e organizar eventos contra os excessos do neoliberalismo e do capitalismo empresarial transnacional. Arrancando com a manifestação «Carnaval contra o Capital!», em 18 de junho de 1999, que organizou secretamente centenas de milhares de manifestantes (incluindo sindicatos, ambientalistas, feministas, anticapitalistas, ativistas pelos direitos dos animais, anarquistas e outros grupos) por todo o mundo para protestarem numa nova solidariedade partilhada, o Carnaval prosseguiu com a famigerada «Batalha por Seattle» contra a cimeira da Organização Mundial do Comércio (OMC), em dezembro de 1999. Portanto, emergiu um movimento de protesto internacional como forma de resistência contra as instituições neoliberais e as suas políticas globalizadoras, defendendo a democracia, a justiça social e um mundo melhor. Desde então, os espetáculos políticos populistas, generalizados, tornaram-se a norma, devido a uma noção emergente de como a Internet pode ser aplicada de uma forma democrática e emancipadora por uma cidadania planetária crescente, que usa estes novos média para se informar, para informar os outros e para construir novas relações políticas e sociais. (Kahn e Kellner, 2004: 87–88)

O «capital» (Bourdieu, 2002), as experiências acumuladas por alguns dos seus ativistas e o intercâmbio entre estas e as pessoas e os recursos criados em campanhas e encontros conseguiram conectar e produzir uma tendência, um *habitus* (Bourdieu, 1989) apropriável, que foi interiorizado por várias gerações, rotuladas por uma certa sociologia superficial em Espanha como a geração «X», a «Ni... ni...» — equiparáveis na sua conceção aos *millennials* da tradição anglo-saxónica —, de entre as quais poderiam contar-se ativistas e simpatizantes forjados nos movimentos e campanhas indicadas acima, e cujos protestos, que não deixam de conter uma resposta à referida caracterização sociológica superficial, mostram até que ponto o paradigma comunicativo dominante está esgotado e como a Internet representaria uma nova esfera pública que possibilitaria uma «expressão não limitada» (Best e Kellner, 1997; Strangelove, 2003; Earl *et al.*, 2010) pelas condicionantes da esfera tradicional e uma necessidade de participação política (Klotz, 2002). Tudo isto com o ceticismo dos críticos (Habermas, 1989; Bauman, 1999, entre outros, e até Fraser, 2007) e talvez também em relação a estas possibilidades, apesar da evidente crise no paradigma comunicativo e informativo dominante e a irrupção das TIC e a sua apropriação e utilização estratégica (Akrivopoulou e Garipidis, 2014) pelos que aqui denomino MSGR.

Estes movimentos produziram uma resposta popular sem precedentes na democracia espanhola (Taibo, 2011) e na portuguesa (Baumgarten, 2013), assim como a repolitização da sociedade ou, para ser mais exato, a politização de uma geração e a repolitização das anteriores que, juntas e intergeracionalmente, estão a implementar uma nova pedagogia democrática, a agenda das lutas sociais anteriores e posteriores, isto é, a agenda e as reivindicações dos movimentos sociais — decrescimento, cuidados, habitação digna, paz e desmilitarização, feminismo, ecologia, educação laica, pública e gratuita de qualidade, cultura, saúde, serviços públicos. Sem esquecer a agenda pelo cumprimento e a efetivação dos direitos humanos que a crise arrancou pela raiz, ou seja, a proposta de uma nova relação entre os intervenientes e os temas e as reivindicações, uma relação transversal e horizontal como recusa do contrato vertical de uma agenda hierarquizada e tematizada em função do interesse de uma das partes, aquela que ostentava o poder.

> Os novos movimentos sociais que registámos em relação ao novo campo das políticas antiausteridade em Portugal evidenciam certamente várias características interessantes e singulares: o seu modo de mobilização assenta amplamente nas TIC; o seu discurso faz reivindicações identitárias originais com base em vetores tradicionalmente silenciosos (emprego informal ou precário, a ideia de uma «geração»); e advogam, em vários casos, formas de mobilização e participação não hierárquica. Por outro lado, os nossos dados sugerem que a capacidade destes movimentos para a mobilização alargada tem sido esporádica e descontínua. Em parte, isto pode ser associado à relativa ausência de uma infraestrutura autónoma estabelecida na sociedade civil: os «novos» movimentos sociais portugueses possuem uma rede

relativamente escassa de organizações autónomas de justiça social e de movimentos sociais ativistas dos quais se obtenha apoio, competência e membros. Como tal, estes movimentos podem estar menos enraizados naqueles que pretendem representar do que frequentemente se sugere. (Accornero e Pinto, 2015: 508)

Este processo foi realizado desde baixo, de uma forma inovadora e criativa, por ciberativistas cuja aplicação tecnopolítica (Alcazan *et al.*, 2012; Toret, 2013) das TIC revolucionou a comunicação política tradicional, tendo já alastrado do instituinte ao âmbito da política instituída, dos movimentos sociais às forças políticas emergentes no contexto da crise no Sul da Europa, que incluíram os usos das novas tecnologias da informação e da comunicação (Ardanuy Pizarro e Labuske, 2015) como um elemento estratégico:

> No caso português, uma característica que se destacou, e que parece ser comum a todo este ciclo de protesto, foi o regresso das questões materiais como elementos centrais da mobilização política e da luta da formação de identidade. As transformações no trabalho, marcadas principalmente pela instalação de um desemprego sem precedentes e por um acelerado processo de precarização das relações laborais, veem-se agora acentuadas pela dinâmica introduzida pelas políticas de austeridade, cujos efeitos são o corte de salários e benefícios sociais, a diminuição das funções sociais do Estado e o agravamento do problema da dívida, em consequência da transformação de uma crise financeira numa crise de dívidas soberanas dos Estados. O dia 12 de março foi a expressão de um descontentamento geral, que enfrentou não apenas o funcionamento da economia mas que também revela uma crise de legitimidade das instituições políticas. De facto, se este ciclo de protesto começa com movimentos pela democracia no mundo árabe, cujos regimes políticos eram claramente autoritários, a sua expressão nos países do sul da Europa, ou a forma como emergiram no outro lado do oceano nos EUA, revela uma desconfiança dos cidadãos em relação às instituições políticas e a reivindicação de uma «democracia real», para usar a expressão dos Indignados espanhóis. (Estanque *et al.*, 2013: 16–17)

As narrativas com que os MSGR que surgem a partir de 2011 interpretam a crise política e económica na chamada Primavera dos movimentos traduzem, portanto, o desafeto cidadão — canalizando a indignação desse desafeto — e, sobretudo, mostram a profunda crise de legitimidade do sistema.

Considerações finais

Os usos tecnopolíticos das TIC desafiam a ordem comunicativa dominante na perspetiva da apropriação e construção coletivas, questionando as práticas e o pensamento hegemónico, bem como os pilares nos quais assenta a investigação em torno das mesmas. Este facto constatável permite situar estas práticas comunicativas emancipadoras, democratizadoras e coletivas, comuns, como uma epistemologia do Sul no modo como foi descrita por Boaventura de Sousa Santos (2014), implicando um benefício enorme na democratização dos sistemas demoliberais representativos. Falta ainda, não obstante, superar a infoexclusão — também de vincado caráter geracional — de populações e contextos, especialmente no meio rural, tanto de Espanha, como de Portugal.

As «torrentes de luta política» (Tilly e Tarrow, 2007: 211) como novos processos políticos de participação, as novas formas de ação e de organização coletiva e a sua incidência nas instituições, a configuração de uma nova esfera híbrida (Castells, 2012) de participação *online*, o denominado governo aberto, juntamente com o projeto em curso de um sistema aberto de dados na União Europeia — Open Data Access (ODA) — e a utilização alargada de redes sociais na esfera institucional representam os marcos mais destacáveis deste processo de transição no paradigma comunicativo, que pode ser seguido através da centralidade que as TIC ocuparam nas revoltas de indignação ocorridas desde 2011.

No âmbito da investigação científica, o debate deslocou-se das questões organizativas, identitárias e distributivas para a análise da comunicação como ferramenta estratégica em relação às anteriores (della Porta e Tarrow, 2005; Mendes e Seixas, 2005; della Porta *et al.*, 2009; Mendes e Araújo, 2013; Santos, 2015), rompendo com as análises centradas na mobilização de recursos e oportunidades (della Porta e Diani, 2011; della Porta *et al.*, 2013), para aprofundar a dimensão tecnopolítica (Sampedro, 2011; Gerbaudo, 2012; Milan, 2012; Howard e Hussain, 2013) que amplia a potência e as escalas temporais e espaciais a que se circunscrevem as análises tradicionais que dão conta da mobilização e dos repertórios de ação.

A operação de apropriação e «carnavalização» (Bajtín, 1998) estratégica das TIC para a construção de um discurso contra-hegemónico com uma intencionalidade política e de uma prática comunicativa contra-hegemónica (Milan, 2012) — a cuidada iteração teatralizada, performativa, discursiva e recursiva, o *role play*, inclusivamente nos seus aspetos paródicos (os temas, a encenação), a dramatização de comportamentos, hábitos e condutas de forma carnavalizada no jogo dos significantes (Austin, 1982) — deve ser interpretada não apenas como uma estética da política, mas, antes, como a utilização política e organizativa da tecnologia — tecnopolítica, isto é, com fins estratégicos — de informação e comunicação por parte dos MSGR; aquela que permite, em grande medida, entender essa dimensão estética e poder defini-la como um elemento diferenciador, um «diferenciante», que os distingue, nesse âmbito, de outros movimentos sociais e, por isso, também nos seus aspetos expressivos e cognitivos, na sua própria perceção, e na alheia, e que está diretamente relacionada com a sua incidência em projetos que alcançaram as instituições pela mão de ativistas que hoje ocupam posições parlamentares, após a emergência de novas formações políticas:

> Em Espanha há vários fatores confluentes. Por um lado, temos a grande disponibilidade tecnológica da sociedade espanhola como condição de possibilidade para que a participação seja maciça. Quisemos seguir o trabalho que tinha sido iniciado nas praças, quando as redes sociais foram utilizadas para fazer política e participar num movimento, com um sucesso notável. Graças ao 15M, as pessoas aprenderam a utilizar as redes sociais de outra forma. Gerou-se um clamor popular que o Podemos aproveitou em lugar de o criar, um espaço forjado durante os últimos anos. (Ardanuy Pizarro e Labuske, 2015: 96)

Através da utilização tecnopolítica das TIC, os MSGR vieram cunhar o regime de significação (Deleuze e Guattari, 2002: 119–120) hegemónico, apropriando-se dos meios e canais tecnológicos de produção de significados para rearticular os «significantes vazios» (Laclau, 1996) que, em maio de 2011, pairavam sobre as narrativas instituídas e hegemónicas em torno da crise, e gerar uma identificação sem precedentes na opinião pública a partir do desenvolvimento de uma inteligência coletiva representada pela experiência nas praças — a autogestão, a auto-organização e a prática —, tornando-a irrepresentável se não fosse na referida coletividade.

Apoiados nas aplicações tecnopolíticas das TIC, os MSGR construíram uma nova «ecologia social da identificação» (Sabariego, 2007), um «marco cognitivo» (Bateson, 1972; Goffman, 1974), «uma ecologia de saberes» (Santos, 2014), designando uma realidade na rua — o colapso da democracia liberal representativa em Espanha associado à corrupção do sistema, à crise económica e de representação e à distância entre as instituições e os cidadãos —, introduzindo-a na corrosão da globalização capitalista neoliberal que a gerou, definindo-a, apropriando-a, portanto (Berger e Luckmann, 1996), construindo sobre ela uma narrativa que não estava escrita — recordemos a negação sistemática da crise económica no governo Zapatero ou os eufemismos iniciais para a referir no governo Rajoy ou diretamente como herança do governo anterior — e enunciando performativamente (Austin, 1982; Searle, 1986, 1997) um significante instituinte contra-hegemónico, negado pelos meios de comunicação de massa, com a criação de meios coletivos de produção de significados através da utilização tecnopolítica das TIC para subverter o signo dominante.

A apropriação tecnopolítica exercida pelos MSGR representa uma questão estratégica, como vimos, que a identifica nesta epistemologia do Sul (Santos, 2014) como geradora de um novo espaço de interação e inter-relação social, definindo até a sua própria identidade diferenciada como movimentos. Embora estas redes transmediáticas, em constante transformação, estejam orientadas para a consecução de determinados fins, se tivesse de as definir a partir de uma conceção sociológica clássica mais instrumental, importaria também destacar que as suas práticas comunicativas emancipadoras (Milan, 2012) implicam um processo de re-historização coletivo, horizontal, caracterizado pela reciprocidade, que implica a visibilização e a reescrita de práticas e contextos que escapam do sentido e das definições hegemónicas. Nesse sentido, o tráfego de dados, as licenças abertas, o *hacktivismo* funcionam como os elementos de um novo arquivo, uma nova memória (*big data*), um novo território híbrido, repleto de tensões e lutas de poder que não permitem identificá-lo como uma esfera comunicativa abstrata com o consenso entre iguais como fim, um espaço de expressão sem limitações, como expressa Michael Strangelove (2003), de liberdade, cuja exploração pelos movimentos procura responder ao como mais do que ao quê — como faz a prospeção de dados hegemónica —, fazendo com que os média acompanhem os fins e não o contrário.

A apropriação tecnopolítica realizada pelos MSGR não se esgota na construção de uma narrativa, de uma metanarrativa. A sua exploração, a de uma hipertextualidade contra-hegemónica, como já defini noutro lugar (Sabariego, 2007), questiona as práticas comunicativas dominantes e a sua agenda, contrapondo esse novo espaço de inter-relação na luta não apenas para inscrever na agenda oficial as suas exigências mas também para redefinir a mencionada agenda a todos os níveis, não só os tópicos que a integram e tematizam como também a sua própria configuração, hierarquia e meios que a constituem.

A voz, a ação comum, alcançou múltiplas saídas, parafraseando Hirschman (1977), novas esferas na era digital, centrais para mudar o estado das coisas. Os MSGR pugnam por manter essa voz como uma expressão não reprimida, intersubjetiva, baseada na troca constante de informação, não-apropriável, lutando por um senso comum emancipador que emudeça o poder do senso comum dominante.

Referências bibliográficas

Accornero, Guya; Pinto, Pedro Ramos (2015), «"Mild Mannered"? Protest and mobilisation in Portugal under austerity, 2010–2013», *West European Politics*, 38(3), 491–515. Doi: https://doi.org/10.1080/01402382.2014.937587

Akrivopoulou, Christina M.; Garipidis, Nicolaos (2014), *Human rights and the impact of ICT in the public sphere: Participation, democracy and political autonomy*. Hershey, PA: IGI Global. Doi: https://doi.org/10.4018/978-1-4666-6248-3

Alcazan *et al.* (2012), *Tecnopolítica, internet y r-evoluciones. Sobre la centralidad de las redes digitales en el 15M*. Barcelona: Icaria. Disponível em http://www.icariaeditorial.com/pdf_libros/Tecnopolitica,%20internet%20y%20r-evoluciones.pdf

Anderson, Chris (2008), «The end of theory: The data deluge makes the scientific method obsolete», *Wired*, 16, 1–2. Disponível em http://www.wired.com/2008/06/pb-theory/

Ardanuy Pizarro, Miguel; Labuske, Eric (2015), «El músculo deliberativo del algoritmo democrático: Podemos y la participación ciudadana», *Teknokultura*, 12(1), 93–109. Doi: https://doi.org/10.5209/rev_TK.2015.v12.n1.48887

Austin, John Langshaw (1982), *¿Cómo hacer cosas con palabras?* Madrid: Paidós.

Axford, Barrie; Huggins, Richard (2000), «Towards a post-national polity: the emergence of the network society in Europe», *The Sociological Review*, 48(S1), 173–206. Doi: https://doi.org/10.1111/j.1467-954X.2000.tb03511.x

Bajtín, Mijail (1998), *La cultura popular en la Edad Media y el Renacimiento. El contexto de François Rabelais*. Madrid: Alianza.

Barber, Benjamin (1984), *Strong democracy: Participatory politics for a new age*. Berkeley, CA: University of California Press.

Barber, Benjamin (1998), «Three scenarios for the future of technology and strong democracy», *Political Science Quarterly*, 113(4), 573–589. Doi: https://doi.org/10.2307/2658245

Barney, Darin (2000), *Prometheus wired: The hope for democracy in the age of network technology*. Chicago: University of Chicago Press.

Bateson, Gregory (1972), *Steps to an ecology of mind: Collected essays in Anthropology, Psychiatry, Evolution, and Epistemology*. Chicago: University of Chicago Press.

Bauman, Zygmunt (1999), *In search of politics*. Palo Alto, CA: Stanford University Press.

Baumgarten, Britta (2013), «Geração à Rasca and beyond: Mobilizations in Portugal after 12 March 2011», *Current Sociology*, 61(4), 457–473. Doi: https://doi.org/10.1177/0011392113479745

Berger, Peter; Luckmann, Thomas (1996), *La construcción social de la realidad*. Buenos Aires: Amorrortu.

Best, Steven; Kellner, Douglas (1997), *The postmodern turn*. Nova Iorque: Guilford.

Bourdieu, Pierre (1989), «Social Space and Symbolic Power», *Sociological Theory*, 7(1), 14–25. Doi: https://doi.org/10.2307/202060

Bourdieu, Pierre (2002), «The forms of capital», *in* Nicole Woolsey Biggart (org.), *Readings in Economic Sociology*. Oxford: Blackwell, 280–291. Doi: https://doi.org/10.1002/9780470755679.ch15

Candón Mena, José Ignacio (2014), «La batalla de la agenda: de las redes sociales a la agenda mediática, política y electoral», *TecCom Studies*, 4, 217–227. Disponível em http://www.teccomstudies.com/articulos/category/4-revista4-teccom?start=20

Carpenter, Cheris A. (2010), «The Obamachine: Technopolitics 2.0», *Journal of Information Technology & Politics*, 7(2–3), 216–225. Doi: https://doi.org/10.1080/19331681003765887

Castells, Manuel (2009), *Comunicación y poder*. Madrid: Alianza.

Castells, Manuel (2012), *Redes de indignación y esperanza*. Madrid: Alianza.

Deleuze, Gilles; Guattari, Félix (2002), *Mil mesetas*. Valência: Pre-Textos.

della Porta, Donatella; Diani, Mario (2011), *Los movimientos sociales*. Madrid: CIS/Complutense.

della Porta, Donatella; Tarrow, Sidney (2005), *Transnational protest and global activism*. Nova Iorque: Rowman & Littlefield.

della Porta, Donatella; Kriesi, Hans Peter; Rutch, Dieter (2009), *Social movements in a globalizing world*. Basingstoke: Palgrave Macmillan.

della Porta, Donatella; Snow, David A.; Klandermans, Bert; McAdam, Doug (orgs.) (2013), *The Wiley Blackwell encyclopedia of social and political movements*. Londres: Wiley.

Di Salvo, Philip; Negro, Gianluigi (2015), «Framing Edward Snowden: A comparative analysis of four newspapers in China, United Kingdom and United States», *Journalism*, July 24, 1–18. Doi: https://doi.org/10.1177/1464884915595472

Diani, Mario; McAdam, Doug (2003), *Social movements and networks: Relational approaches to collective action*. Oxford: Oxford University Press. Doi: https://doi.org/10.1093/0199251789.001.0001

Domínguez Rama, Ana; Giménez, Luís (2014), *¡Claro que Podemos! De «La Tuerka» a la esperanza del cambio en España*. Madrid: Los libros del lince.

Eagleton, Terry; Bourdieu, Pierre (1992), «Doxa and common life», *New Left Review*, 191(1), 111–112.

Earl, Jennifer; Kimport, Katrina; Prieto, Greg; Rush, Carly; Reynoso, Kimberly (2010), «Changing the world one webpage at a time: Conceptualizing and explaining internet activism», *Mobilization*, 15(4), 425–446. Disponível em http://mobilizationjournal.org/doi/abs/10.17813/maiq.15.4.w03123213lh37042

Estanque, Elísio; Costa, Hermes Augusto; Soeiro, José (2013), «The new global cycle of protest and the Portuguese case», *Journal of Social Science Education*, 12(1), 31–40. Doi: https://doi.org/10.4119/UNIBI/jsse-v12-i1-1217

Fernández Prados, Juan Sebastián (2012), «Ciberactivismo: conceptualización, hipótesis y medida», *Arbor*, 188(756), 631–639. Doi: https://doi.org/10.3989/arbor.2012.756n4001

Fernández-Albertos, José (2015), *Los votantes de Podemos. Del partido de los indignados al partido de los excluidos*. Madrid: Catarata.

Fraser, Nancy (2007), «Transnationalizing the public sphere. On the legitimacy and efficacy of public opinion in a post-Westphalian world», *in* Seyla Benhabib, Ian Shapiro e Danilo Petranovich (orgs.), *Identities, affiliations, and allegiances*. Cambridge: Cambridge University Press, 45–66.

Gerbaudo, Paolo (2012), *Tweets and the streets: Social media and contemporary activism*. Londres: Pluto. URL estável: http://www.jstor.org/stable/j.ctt183pdzs

Gil, Iván (2015), *Pablo Iglesias. Biografía política urgente*. Barcelona: Stella Maris.

Goffman, Erving (1974), *Frame analysis: An essay on the organization of experience*. Londres: Harper and Row.

Grossman, Lawrence K. (1995), *The electronic Republic: Reshaping democracy in the information age*. Nova Iorque: Viking.

Gurak, Laura J.; Logie, John (2003), «Internet protests, from text to web», *in* Martha McCaughey e Michael D. Ayers (orgs.) *Cyberactivism: Online activism and theory and practice*. Nova Iorque: Routledge, 25–46.

Habermas, Jürgen (1989), *The structural transformation of the public sphere*. Cambridge: Polity.

Hindman, Elisabeth Blanks; Thomas, Ryan J. (2014), «When old and new media collide: The case of WikiLeaks», *New Media & Society*, 16(4), 541–558. Doi: https://doi.org/10.1177/1461444813489504

Hirschman, Albert Otto (1977), *Salida, voz y lealtad: respuestas al deterioro de empresas, organizaciones y estados*. Cidade do México: FCE.

Howard, Philip; Hussain, Muzammil (2013), *Democracy's fourth wave? Digital media and the Arab Spring*. Oxford: Oxford University Press. Doi: https://doi.org/10.1093/acprof:oso/9780199936953.001.0001

Iglesias, Pablo (2014a), *Disputar la democracia: política para tiempos de crisis*. Madrid: Akal.

Iglesias, Pablo (org.) (2014b), *Ganar o morir: leciones políticas en Juego de tronos*. Madrid: Akal.

Kahn, Richard; Kellner, Douglas (2004), «New media and Internet activism: From the "Battle of Seattle" to blogging», *New Media & Society*, 6(1), 87–95. Doi : https://doi.org/10.1177/1461444804039908

Kamarck, Elaine Ciulla; Nye, Joseph (orgs.) (2002), *Governance.com: Democracy in the Information age*. Washington, DC: Brookings.

Klandermans, Bert; Tarrow, Sidney (1988), «Mobilization into social movements: Synthesizing European and American approaches», *in* Bert Klandermans, Hanspeter Kriesi e Sidney Tarrow (orgs.), *International social movements: From structure to action: Comparing social movement research across cultures*. Greenwich, CT: JAI Press, 1–38.

Klotz, Audie (2002), «Transnational activism and global transformation: The anti-Apartheid and abolitionist experiences», *European Journal of International Relations*, 8(1), 49–76. Doi: https://doi.org/10.1177/1354066102008001002

Kuhn, Thomas Samuel (2007), *La estructura de las revoluciones científicas*. Cidade do México: FCE.

Laclau, Ernesto (1996), *Emancipación y diferencia*. Buenos Aires: Ariel.

Lang, Kurt; Lang, Gladys Engel (2009), «Mass society, mass culture and mass communication: The meaning of mass», *International Journal of Communication*, 3, 998–1024. Disponível em http://ijoc.org/index.php/ijoc/article/view/597

Lévy, Pierre (2001), *Cyberdémocratie: Essai de philosophie politique*. Paris: Odile Jacob.

Martos García, Amador (2015), *Podemos: crónica de un renacimiento*. Málaga: Corona Borealis.

Mateo Regueiro, Estela (org.) (2015), *Hasta luego, Pablo. Once ensayos críticos sobre Podemos*. Madrid: Catarata.

Mendes, José Manuel; Araújo, Pedro (2013) (orgs.), *Os lugares (im)possíveis da cidadania. Estado e risco num mundo globalizado*. Coimbra: Almedina.

Mendes, José Manuel; Seixas, Ana Maria (2005), «Ação coletiva e protesto em Portugal: Os movimentos sociais ao espelho dos *media* (1992–2002)», *Revista Critica de Ciências Sociais*, 72, 99–127. Doi: https://doi.org/10.4000/rccs.984

Milan, Stefania (2012), *Social movements and their technologies*. Londres: Palgrave/McMillan.

Morin, Edgar (2004), «La epistemología de la complejidad», *Gazeta de Antropología*, 20, 43–77. Disponível em http://hdl.handle.net/10481/7253

Morozov, Evgeny (2015), *La locura del solucionismo tecnológico*. Madrid: Katz.

Müller, John (org.) (2014), *#Podemos. Deconstruyendo a Pablo Iglesias*. Barcelona: Deusto.

Norris, Pippa (2000), *A Virtuous circle: Political communications in postindustrial societies*. Cambridge: Cambridge University Press. Doi: https://doi.org/10.1017/CBO9780511609343

Razquin, Adriana (2015), «Desbordamientos y viaje hacia la izquierda. Prehistoria del movimiento 15M: de #Nolesvotes a Democracia Real Ya», *Daimon. Revista Internacional de Filosofía*, 64, 51–70. Doi: http://doi.org/10.6018/daimon/168721

Rivero, Jacobo (2015), *Podemos. Objetivo: Asaltar los cielos*. Barcelona: Planeta.

Sabariego, Jesús (2007), *Los otros derechos humanos. Cultura, politica y movimientos sociales en el Foro Social Mundial*. Sevilha: Atrapasueños.

Sabariego, Jesús (2015), «Podemos y los recientes movimientos sociales globales en España: hipótesis para una propuesta de investigación desde la práctica», *Chasqui. Revista Latinoamericana de Comunicación*, 130, 259–273. Disponível em http://www.revistachasqui.org/index.php/chasqui/article/view/2491

Sampedro, Víctor (org.) (2011), *Cibercampaña: cauces y diques para la participación. Las elecciones generales de 2008 y su proyección tecnopolítica*. Madrid: Complutense. Disponível em http://www.ciberdemocracia.es/wp-content/uploads/CIBERCAMPA%C3%91A2008.pdf

Sampedro, Víctor; Sánchez Duarte, José Manuel (2011), «A modo de epílogo. 15-M: La red era la plaza», *in* Víctor Sampedro (org.), *Cibercampaña: cauces y diques para la participación. Las Elecciones Generales de 2008 y su proyección tecnopolítica*. Madrid: Complutense, 237–242. Disponível em http://www.ciberdemocracia.es/wp-content/uploads/CIBERCAMPA%C3%91A2008.pdf

Santos, Boaventura de Sousa (2007), «Para além do pensamento abissal: Das linhas globais a uma ecologia de saberes», *Revista Crítica de Ciências Sociais*, 78, 3–46. Doi: https://doi.org/10.4000/rccs.753

Santos, Boaventura de Sousa (2010), *Descolonizar el saber, reinventar el poder*. Montevideu: Trilce.

Santos, Boaventura de Sousa (2014), *Epistemologies of the South: Justice against Epistemicide*. Boulder, CO: Paradigm.

Santos, Boaventura de Sousa (2015), «Las revueltas mundiales de indignación: su significado para la teoría y para la práctica», *Revueltas de indignación y otras conversas*. La Paz: Alice, Oxfam, CIDES-UMSA, Ministerio de Autonomías, 17–36. Disponível em http://www.boaventuradesousasantos.pt/media/ BSS_Revueltas.pdf

Searle, John Rogers (1986), *Atos de habla*. Madrid: Cátedra.

Searle, John Rogers (1997), *La construcción de la realidad social*. Barcelona: Paidós.

Shirky, Clay (2008), *Here comes everybody: The power of organizing without organizations*. Londres: Penguin.

Sierra, Francisco (2013), *Ciudadanía, tecnología y cultura. Nodos conceptuales para pensar la nueva mediación digital*. Barcelona: Gedisa.

Sloterdijk, Peter (2012), *¡Has de cambiar tu vida!* Valência: Pre-Textos.

Strangelove, Michael (2003), *The empire of mind: Digital piracy and the anticapitalist movement*. Toronto: University of Toronto Press. URL estável: http://www.jstor.org/stable/10.3138/j.ctt1287wzh

Taibo, Carlos (2011), *Nada será como antes. Sobre el movimiento 15-M*. Madrid: Catarata.

Tascón, Mario; Quintana, Yolanda (2012), *Ciberactivismo. Las nuevas revoluciones de las multitudes conectadas*. Madrid: Catarata.

Thorsen, Einar; Sreedharan Chindu; Allan, Stuart (2013), «Wikileaks and whistle-blowing: The framing of Bradley Manning», *in* Benedetta Brevini, Arne Hintz e Patrick McCurdy (orgs.), *Beyond WikiLeaks: Implications for the future of communications, journalism and society*. Nova Iorque: Palgrave Macmillan, 101–122. Doi: https://doi.org/10.1057/9781137275745_7

Tilly, Charles; Tarrow, Sidney (2007), *Contentious politics*. Boulder: Paradigm.

Tilly, Charles; Wood, Lesley J. (2009), *Social Movements, 1768–2008*. Boulder: Paradigm.

Tímermans, Asís (2014), *¿Podemos?* Madrid: Última línea.

Toret, Javier (org.) (2013), *Tecnopolítica: la potencia de las multitudes conectadas. El sistema red 15M, un nuevo paradigma de la política distribuida*. Barcelona: Universitat Oberta de Catalunya. Disponível em http://docplayer.es/11539621-Tecnopolitica-la-potencia-de-las-multitudes-conectadas-el-sistema-red15m-un-nuevo-paradigma-de-la-politica-distribuida.html

Toret, Javier (2015), «Una mirada tecnopolítica al primer año de Podemos. Seis hipótesis», *Teknokultura*, 12(1), 121–135. Disponível em http://revistas.ucm.es/index.php/TEKN/article/view/48889

Touraine, Alain (1978), «Théorie et pratique d'une sociologie de l'action», *Sociologie et sociétés*, 10(2), 149–188. Doi: https://doi.org/10.7202/001798ar

Capítulo 15

Entre a resistência e o autoritarismo: a Índia hoje em dia*

Kamal Mitra Chenoy

Introdução

Reconhecida há muito pelo seu dinamismo e como uma das mais notáveis democracias do Sul global, a democracia indiana destaca-se pelo seu multiculturalismo e pela sua Constituição laica. Numa população de 1,25 mil milhões de habitantes, perto de 80% são hindus, 14,2% são muçulmanos e mais de 2% são cristãos. Nesta democracia parlamentar, a maioria dos poderes está concentrada na câmara baixa, a Lok Sabha (Câmara do Povo). Contudo, mais recentemente, em particular a partir da década de 1990, assistiu-se a um crescimento do autoritarismo hindu de direita, liderado pelo BJP — Bharatiya Janata Party (Partido do Povo Indiano), que se encontra atualmente no poder. Os principais alvos do BJP e dos seus aliados são as minorias, apesar de a Índia albergar a segunda maior população muçulmana do mundo, apenas atrás da Indonésia, e ultrapassar a do vizinho Paquistão. Está em marcha uma tentativa de substituir a consciência secular por uma visão estritamente centrada numa religiosidade institucionalizada, fundamentada numa única e limitada interpretação do Hinduísmo, chamada de *hindutva*, que significa

* Tradução de Isabel Donas-Botto.

«natureza hindu». Tem havido investidas no sentido de «obscurecer a definição prevalecente de nacionalismo» (Thapar, 2016); e este neonacionalismo ou nacionalismo xenófobo, baseado na interpretação de um passado imaginado, exclui muitas comunidades e faz da identidade um critério definidor da cidadania (Chatterjee, 2016; Thapar, 2016).

Neste capítulo, estuda-se o ataque do Governo central ao sistema universitário, em particular às universidades mais conceituadas e proeminentes politicamente. Este ataque pretende desestabilizar a consciência secular e democrática que tem sido evidenciada pelas universidades e institutos científicos mais prestigiados da Índia, nomeadamente as suas faculdades de direito e de gestão. Procura desacreditar as instituições seculares e o senso comum, substituindo-os por uma ideologia unificada, singular e homogeneizada. Tem-se verificado alguma resistência a estas tentativas, nomeadamente por parte de Gopalkrishna Gandhi, neto de Mahatma Gandhi e anterior governador do Estado de Bengala Ocidental, que escreveu: «Ao intelectual conturbado da Índia de hoje em dia pede-se que escolha entre a liberdade de expressão, que pode levar ao assassínio (do) intelectual, e o silêncio, que pode levar ao suicídio intelectual» (Gandhi, 2016). Este capítulo centra-se no ataque às instituições de ensino superior porque as atuais forças políticas de direita estão a tentar desestabilizar a cultura e os processos políticos seculares e democráticos. Esta argumentação poderia aplicar-se, em sentido mais lato, aos vários Estados da Índia e a outras instituições democráticas, como o poder judicial, mas optei por limitar esta análise ao segmento principal do sistema universitário para sublinhar um aspeto importante.

A minha argumentação inscreve-se num contexto gramsciano precisamente porque Gramsci desenvolveu conceitos como «hegemonia» e «senso comum», os quais incorporam múltiplas linhas de pensamento, uma grande variedade de atores e um desenvolvimento intelectual revolucionário que congrega diversas classes subalternas, as quais participam na construção da hegemonia por meio de pensamentos e ações materiais, intelectuais e culturais (Gramsci, 2014). Tal como um crescente número de intelectuais de esquerda, julgo que a obra de Gramsci oferece uma visão perspicaz dos processos políticos, económicos e culturais de economias emergentes como a da Índia.

A imagem e a construção de uma Índia secular e multicultural tem sido posta em causa por forças de direita autoritária que dominam o

Governo central e alguns Estados desde 2014, quando o BJP subiu ao poder. A oposição está desorganizada. O partido do Congresso Nacional Indiano (INC), partido geralmente designado apenas por Congresso, só obteve 48 dos 545 lugares da Lok Sabha, a câmara baixa que detém mais poder no Parlamento. Com menos de 35% dos votos do eleitorado, o BJP e os seus aliados alcançaram uma maioria de dois terços. Este partido burguês e reacionário tentou abalar a estrutura constitucional e debilitar a estrutura social num país que, em 2013, tinha 68,7% da população a viver abaixo do limiar de pobreza pobreza (Drèze e Sen, 2013). Assim, o declínio acentuado em despesas sociais, mesmo durante o anterior governo do Congresso, contribuiu para a ascensão da direita ao poder. O BJP advoga um nacionalismo agressivo e contesta o nacionalismo indiano mais lato que inspirou as lutas contra o colonialismo e que sofreu algumas distorções ao longo das últimas décadas. Os verdadeiros problemas das sociedades civis e políticas indianas começaram quando o partido no governo adotou um discurso político em que acusava os seus críticos de sedição. A oposição começou a ser rotulada de «antinacional». Os combates em curso que envolvem as sociedades civis, incluindo os estudantes universitários, inscrevem-se numa luta da sociedade civil em prol das estruturas democráticas, da liberdade de expressão e dos direitos, na Índia atual.

1. Antecedentes da conjuntura política atual

A Índia destaca-se no contexto dos países do Sul global devido ao caráter predominantemente não-violento do seu movimento nacional contra o colonialismo, liderado pelo apóstolo da não-violência Mahatma Gandhi, entre outros. A ideia da Índia moldada pela liderança anticolonial e adotada pelos governos pós-coloniais baseava-se em grande parte numa democracia eleitoral constitucional, com uma perspetiva social secular que promovia o distanciamento entre as instituições e as ideologias religiosas, fortalecendo a diversidade e as tradições plurais da Índia. E mesmo em condições económicas adversas, com o povo indiano a viver em extrema pobreza, sem condições de vida básicas e com indicadores socioeconómicos abissais, esta cultura política de democracia e liberdade instalou-se, apesar de muitos obstáculos, num momento em que muitos países do Sul enfrentavam ditaduras militares e outros viviam em regimes autoritários.

Na década de 1950, a Índia adotou uma «economia mista», caracterizada pelo desenvolvimento de um capitalismo de suporte estatal que apoiava as grandes empresas (Frankel, 1978; Chenoy, 2015). Em consequência, verificou-se um desenvolvimento, simultaneamente capitalista e semifeudal, caracterizado por desigualdades que refletiam estruturas sociais baseadas num sistema de castas altamente estratificado e interligado com as crescentes divisões de classe. Devido aos direitos de liberdade de expressão e dissidência presentes na Constituição indiana, a democracia foi-se instalando, embora com falhas e imperfeições, influenciada por uma política eleitoral que implicava capital, apoio empresarial e aspetos de política identitária. Não obstante, a sociedade civil e a oposição também se foram desenvolvendo. E no final do século XX, a Índia era vista como um país com movimentos sociais e políticos vibrantes, capazes de desafiar o regime, obter concessões do poder judicial e pressionar o governo para a promulgação de leis como a Lei Mahatma Gandhi de Garantia do Emprego Rural, do Direito à Alimentação e do Direito ao Ensino, entre muitas outras (Drèze, 2016; Khera, 2016; Narayanan, 2016).

No início da década de 1990, o governo indiano, liderado pelo partido do Congresso, decidiu implementar um conjunto de políticas de globalização neoliberal, reestruturando as indústrias do setor público e fazendo cortes nos serviços sociais. Esta opção provocou a oposição por parte de organizações não-governamentais e de movimentos sociais. Entre os maiores desses movimentos, estavam os que se opunham às grandes barragens, os antinucleares, etc. Foi criada então uma coligação com o nome de Aliança Nacional dos Movimentos Populares, que entrou em confronto direto com os governos, e foi muito convenientemente rotulada de «antiprogresso». No entanto, e simultaneamente, outros movimentos pelo «Direito à Informação», o direito à alimentação e ao trabalho conseguiram ter sucesso quando a Aliança Progressista Unida (UPA), liderada pelo partido do Congresso, concordou com a promulgação destas leis.

Nas eleições de 2014, houve uma grande reviravolta. Depois de uma série de escândalos de corrupção e de má governação, a UPA perdeu as eleições e a Aliança Democrática Nacional (NDA), liderada pelo partido de direita BJP, subiu ao poder com a promessa de «desenvolvimento».

Como é do conhecimento geral, o BJP tem uma agenda política de extrema-direita e está empenhado na construção de uma ordem maioritária baseada na sua própria versão do *hindutva* — a qual, na opinião de muitos hindus, pretende homogeneizar uma tradição que é muito plural e heterogénea. O cerne ideológico deste nacionalismo deriva e origina-se nas castas superiores da ordem tradicional hindu. Apesar do seu discurso nacionalista, o BJP não esteve envolvido nos movimentos anticoloniais de 1925 a 1947, isto é, até à independência da Índia. Está associado a várias organizações culturais e militantes reunidas sob a designação de «Sangh Parivar». A sua ala estudantil, a Akhil Bharatiya Vidyarthi Parishad (ABVP), está diretamente ligada à associação cultural Rashtriya Sevak Sangh (RSS), que é a organização de cúpula do Sangh Parivar e do BJP. A análise destas organizações é um assunto à parte e já foi feita em diversos estudos (Goyal, 1979; Bidwai *et al.*, 1996; Jaffrelot, 1999).

2. A agenda política

Um dos grandes objetivos do governo NDA é um ataque permanente a todas as formas de dissidência. A tentativa de eliminar a ala indiana da conhecida ONG Greenpeace, levantando dúvidas sobre a sua contabilidade, tal como aconteceu com a prestigiada Fundação Ford, foi travada pelo Supremo Tribunal de Madrasta. No mesmo sentido, o Lawyers Collective, o escritório de advogados da antiga procuradora-geral adjunta, Indira Jaising — especializado em Direitos Humanos e conhecido pela sua aceitação de processos em que as liberdades democráticas são postas em causa —, foi atacado por supostamente ter aceitado grandes donativos do estrangeiro, numa violação da legislação que regula as contribuições financeiras estrangeiras, a Foreign Contribution Regulatory Act (FCRA). É de notar que a acusação não partiu do Ministério do Interior; baseou-se numa queixa privada de um cidadão de Jaipur, não seguindo o procedimento aprovado e demonstrando que, para o Sangh Parivar, vale tudo.

Entretanto, os ativistas de direitos humanos Teesta Setalvad e Javed Anand, ambos apoiantes em tribunal das 2000 vítimas de perseguição antimuçulmana nos motins de Gujarate (em 2002), têm sido alvo de ataques. O mesmo aconteceu com Sanjiv Bhatt, um antigo membro da

Polícia Indiana de Gujarate (IPS). Alguns ativistas de ONG viram ser-lhes retirada a autorização para receber fundos estrangeiros, enquanto muitos outros estão a ser alvo de ataque com base em provas forjadas. Por outro lado, aumenta o número de ONG apoiadas pela Aliança Democrática Nacional, que florescem em muitos casos com apoio financeiro do Estado. Os ataques atingem mesmo os líderes políticos, como aconteceu recentemente com o líder do Congresso, Rahul Gandhi, acusado de ter declarado nacionalidade britânica numa transação comercial realizada no passado.

Apesar dos escritores, artistas e realizadores que assumiram uma posição contra o Governo central, a intimidação baseada em divergências políticas continua. É evidente que os ataques aos dissidentes vão prosseguir, apesar do revés nas eleições de Bihar, em que o partido no governo foi derrotado. Os movimentos sociais e as pessoas individualmente reconheceram a necessidade de defender os direitos democráticos através de alianças mais abrangentes.

3. A crise económica

Apesar de se encontrar entre as economias com um ritmo de crescimento mais rápido do mundo, a Índia tem graves problemas, pois o crescimento é desigual e liderado pelas grandes empresas, pelo que a criação de emprego é limitada e a desigualdade continua a crescer visivelmente e de forma exponencial (Himanshu, 2007). Além disso, perante o aumento demográfico de uma imensa juventude com grandes aspirações, o cumprimento da promessa de «desenvolvimento» com emprego não parece viável. Nestas circunstâncias, a tarefa do ministro das Finanças não é fácil: tem procurado promover a economia indiana, mas os factos não corroboram o seu discurso. Por exemplo, em 2016, verificou-se uma forte quebra nas exportações, das quais depende a robustez da economia. Ao longo do último ano, as exportações baixaram 16,52%. Só em novembro de 2015, houve uma quebra de 24%, equivalente a 20 mil milhões de dólares. Nos primeiros nove meses de 2015, houve uma descida de cerca de 17% nas exportações da Índia, enquanto a percentagem das exportações a nível mundial caiu cerca de 11%. E quanto ao aumento do Investimento Direto Estrangeiro (IDE) reivindicado pelo Ministro dos

Negócios Estrangeiros? Segundo a Emkay Global, em vez de aumentar a produção doméstica, o IDE contribuiu para o aumento das importações.

Perante a elevada percentagem de desemprego, a criação de emprego é crucial. Entre abril e junho de 2014, o número de empregos criados em oito dos maiores setores da economia foi apenas de 182 mil. Nos dois trimestres seguintes, esse número baixou: primeiro, para 120 mil e depois, para 64 mil. Entre abril e junho de 2015, a criação de novos postos de trabalho reduziu ainda mais, para 43 mil. O ministro das Finanças salientou o aumento das receitas, mas isto deveu-se a uma meta estabelecida de 18,8%, a qual, neste contexto económico, podia revelar-se inflacionária.

Em que estado estão as grandes empresas, que frequentemente se considera como um indicador das tendências económicas? Resumidamente, é bastante mau. Verificou-se um aumento acentuado da dívida, que envolve milhões de dólares, em cada uma das grandes empresas que são também as mais poderosas no setor económico — por exemplo, Reliance Anil Ambani Group, Vedanta Group, Essar Group, Adani Group, Jaypee Group, JSW (Sajjan Jindal), GMR Group, Lanco Group, Videocon Group, GVK Group, entre outras. Muitas destas empresas contraíram empréstimos de montantes descomunais junto dos bancos públicos. Provavelmente uma parte significativa desses empréstimos terá de ser renegociada, pois as empresas não têm capacidade de os pagar na totalidade.

O setor empresarial indiano está numa situação extremamente difícil, o que representa mais um sintoma de uma economia enfraquecida e com graves problemas. Apesar das «reformas» económicas, o atual modelo económico ainda não conseguiu cumprir os objetivos desejados — os resultados são muito fracos, tanto no que respeita às grandes empresas como à criação de emprego. Tal não resulta da falta de incentivos às grandes empresas nem da falta de oportunidades para o Investimento Direto Estrangeiro. É urgente repensar de forma séria a economia, porque a situação económica é grave, coisa que um país pobre não pode sustentar.

A situação fiscal dos bancos está também a agravar-se por causa dos empréstimos de montantes significativos que a nata do setor empresarial contraiu e que têm de ser renegociados. Quando se contabiliza o crédito malparado acumulado pelos dez maiores bancos nos últimos três anos fiscais, a situação fiscal torna-se ainda mais crítica.

Perante esta situação, em que os bancos públicos assentam em ativos tão vulneráveis, incluindo empréstimos em incumprimento e créditos renegociados, o governador do Banco Central da Índia, Raghuram Rajan, tem vindo a expressar a sua preocupação com a saúde do setor bancário público. Na verdade, estes dados desmentem a argumentação do ministro das Finanças, que afirma que as fundações da economia são fortes — o que poderia ser verdade se as dívidas da banca pública não fossem tão astronomicamente elevadas. Além disso, o Governo central não divulgou esta informação, mantendo também em segredo os empréstimos em incumprimento dos bancos públicos. Se tivessem sido investidos no setor social, os milhões de dólares de empréstimos teriam reduzido a pobreza e dinamizado o mercado, devido ao aumento efetivo do consumo resultante dos melhores rendimentos dos pobres. Teriam dinamizado o setor da produção industrial, o qual, não obstante a retórica do governo, se mantém muito atrás do da China. Mas a propaganda tomou o lugar das estatísticas: perderam-se enormes quantias de dinheiros públicos; os ricos foram ajudados e perderam-se fundos colossais que poderiam ter sido investidos no alívio da pobreza. As palavras do escritor francês Balzac aplicam-se bem neste caso: «Por trás de cada grande fortuna há um crime.»

Na última década, o suicídio de agricultores tornou-se comum na Índia. No entanto, nenhum ministro da tutela apresentou a demissão, nenhum governo foi remodelado, nenhuma alteração substancial da política agrária foi implementada. Por exemplo, em 8 de dezembro de 2015, o número total de suicídios em Marathwada, uma região do Estado de Maharashtra afetada pela seca, ascendeu a 1024. Dos oito distritos de Maharashtra, Beed, o distrito para o qual a ministra do Desenvolvimento das Mulheres e da Criança chamou a atenção, teve o número mais elevado de suicídios de agricultores — 286. Como de costume, as autoridades alegaram que os suicídios causados por perda de colheitas e endividamento foram apenas 630, sendo os restantes atribuídos a outras causas, como a doença ou disputas familiares. Não negaram que o total de mortes fora por suicídio, mas acrescentaram que 616 «famílias elegíveis» tinham recebido uma compensação financeira de base (inferior a mil dólares). Como poderia esta quantia compensar a morte do ganha-pão da família numa situação como esta?

A questão que se impõe é por que razão o governo e a administração permitiram que esta situação fosse possível durante tanto tempo. Por que não foram construídos e instalados mais depósitos de água, poços e bombas de água? Por que é que os bancos não ofereceram apoio financeiro, uma vez que as taxas de juro dos financiadores estavam a levar os agricultores ao suicídio? Numa situação destas, é indiscutível que o financiamento público devia ser uma prioridade, independentemente da compensação relativamente escassa. Uma das principais causas desta situação é o facto de as sementes transgénicas não poderem ser guardadas, ao contrário das sementes anteriores, que podiam ser reutilizadas durante alguns anos, especialmente em áreas com tendência para a seca. Dos elevados custos de produção — das sementes, do financiamento, dos fertilizantes, da água — resulta o que é eufemisticamente designado por quebra de produção e que é a prova terrível de uma política agrária falhada.

Estas crises agrárias foram uma das causas pelas quais o povo indiano rejeitou o anterior lema «Índia Resplandecente», projetado pela UPA, a aliança liderada pelo partido do Congresso. Os analistas perguntavam: «Quantos mais terão de morrer antes que esta política agrária mortal seja suspensa?»

4. A alteração da ideia de Índia e o ataque às instituições

O BJP e o Sangh Parivar (da mesma família política do BJP) começaram a destacar-se após a vitória do BJP nas eleições de 2014. Argumentavam que, dada a inexistência de uma Igreja na Índia, a questão da separação entre Igreja e Estado não se colocava, fazendo assim do secularismo um conceito estrangeiro. No entanto, o debate sobre esta questão na Assembleia Constituinte foi prolongado. A religião foi definida não apenas como um Direito Fundamental, mas um direito que incluía também o direito de a propagar, ou seja, o direito ao proselitismo. Outros direitos fundamentais, como os artigos 19 e 20 da Constituição indiana, incentivam o Estado a financiar instituições minoritárias e autorizam o financiamento privado do mesmo tipo de instituições. O Sangh Parivar alega que instituições como a Universidade Muçulmana de Aligarh e a Jamia Millia Islamia não deviam ser financiadas pelo Estado — um argumento inconstitucional e que representa uma distorção da definição constitucional de secularismo. Além disso, ao contrário do que acontece em França, o secularismo indiano não é rígido. Tal como refere o professor Rajeev Bhargava, o secularismo indiano é um «distanciamento ético» entre o Estado e as instituições, indo além da religião (Bhargava, 1998). Há várias decisões judiciais sobre o assunto, para não falar da experiência histórica anterior e posterior à independência.

Desta forma, o BJP e os seus associados — tais como o Rashtriya Sevak Sangh (RSS), que é o núcleo do Sangh Parivar, e a Akhil Bharatiya Vidyarathi Parishad (ABVP), que é a sua ala estudantil — começaram a sua intervenção direta em público, especialmente em instituições culturais e de ensino com caráter autónomo, o que levou à oposição de intelectuais conhecidos e de movimentos sociais. Em primeiro lugar, o Film and Television Training Institute of India (FTTI), na cidade de Pune, foi tomado por uma prolongada onda de agitação estudantil devido à nomeação para a direção de pessoas que estavam associadas ao partido no poder e sem uma carreira digna desse nome nessa área de estudos. Os estudantes lutaram contra isso, mas o governo foi inflexível. Depois deste episódio, várias instituições de primeira linha na área das tecnologias foram reprimidas de diversas maneiras, enquanto os estudantes tentavam levantar questões críticas sobre as castas. O confronto estudantil mais sério aconteceu com um círculo de estudos Ambedkar, na Universidade Central de Hyderabad (HCU), onde um grupo dalit (a casta mais baixa da ordem social hindu, cujos membros eram anteriormente conhecidos por «intocáveis») foi impedido de realizar encontros sobre a questão da casta e rotulado de «antinacional». As ordens para punir estes estudantes aparentemente tiveram origem no Ministério do Desenvolvimento de Recursos Humanos e no vice-reitor da HCU. Os cinco ativistas dalit da HCU enfrentaram um dirigente da ABVP de casta superior e receberam uma primeira advertência. No primeiro inquérito universitário, não foi tomada nenhuma ação significativa contra a ABVP. Em seguida, deu-se a intervenção do deputado do BJP, também ele um ministro da União de Hyderabad, solicitando, em carta à ministra do Desenvolvimento de Recursos Humanos, Smriti Irani, que fosse intentada uma ação contra os estudantes dalit. Seguiram-se pelo menos quatro emails do ministro, incitando o vice-reitor a agir. Um segundo relatório universitário, muito mais severo, sugeria medidas rigorosas contra Rohith Vemula e os seus colegas dalit, recomendando que os estudantes fossem banidos da residência universitária e que Rohith fosse expulso. Isto acabou por levar ao suicídio de Rohith Vemula, mas foram as maquinações do BJ/RSS que conduziram à sua morte. Toda esta situação desencadeou uma vaga de agitação e distúrbios estudantis, especialmente entre as classes mais desfavorecidas de Hyderabad e não só, pois encontrou eco em muitas universidades por toda a Índia. Um novo movimento estudantil estava a despertar.

Gostaria agora de me focar num ataque dirigido a uma das mais progressistas e conhecidas universidades indianas, a Universidade Jawaharlal Nehru (JNU), onde estudei e trabalho há mais de 25 anos. A JNU é conhecida pela sua política progressista e democrática.

5. Um estudo de caso: o ataque à JNU — a cidadela da política progressista

O presidente da Associação de Estudantes da Universidade Jawaharlal Nehru (JNUSU), Kanhaiya Kumar, foi preso no dia 12 de fevereiro de 2016, acusado de sedição. Aludindo às acusações contra este dirigente estudantil de 28 anos, a Polícia de Deli tornou público no Twitter que «Qualquer tipo de atividade antinacional é considerada uma infração passível de sanção». Alguns meios televisivos em inglês e em hindu (em especial os canais *Times Now* e *Zee News*) organizaram campanhas de propaganda contra Kanhaiya e toda a universidade, rotulando-a de «antinacional». As imagens transmitidas nestes canais mostravam Kanhaiya a participar em manifestações nas quais os estudantes alegadamente gritavam palavras de ordem contra a Índia e a favor do Paquistão, apesar de os estudantes da JNU terem repetidamente afirmado que nenhum deles proferiu tais expressões.

O enquadramento de toda esta questão começou num encontro organizado por alguns estudantes radicais durante um evento cultural no dia 9 de fevereiro de 2016, alegadamente em memória de Afzal Guru, um nativo de Caxemira executado na forca sob acusação de ataque terrorista ao Parlamento indiano (note-se que muitos jovens de Caxemira, incluindo o próprio aliado do BJP naquele Estado, consideram que o julgamento não foi totalmente justo, além do facto de o corpo de Afzal Guru não ter sido devolvido à família). Seja como for, a administração da JNU tinha retirado a autorização para a realização daquele evento, mas os organizadores, os estudantes Anirban Bhattacharya e Omar Khalid, decidiram avançar com a noite de leitura de poesia. Estes dois estudantes desconheciam que a ala estudantil de direita do BJP (a ABVP) já tinha alertado a polícia, o canal *Zee News* e a segurança da JNU para estarem presentes, quando a ABVP interrompeu o evento. A esquerda radical proferiu algumas palavras de ordem repreensíveis e alguns dos presentes, não identificados e com máscaras, gritaram palavras de ordem contra a Índia.

Vários canais, especialmente o *Zee News*, divulgaram exaustivamente as mesmas imagens, dia após dia, mostrando os estudantes aparentemente a gritar palavras de ordem cheias de ódio. Seguiram-se debates em que os participantes expressaram a sua preocupação com o modo como a JNU estava a gastar o dinheiro dos contribuintes, e nos quais alguns destes estudantes participaram. Contudo, a partir do momento em que a polícia entrou no *campus*, não foi possível encontrar a maioria desses estudantes pelo menos nos primeiros dias, enquanto o presidente da JNUSU foi preso sob acusação de «conspiração». Os dirigentes e apoiantes do partido no poder, conhecidos por *Sangh bhakts* (fiéis seguidores do BJP-Sangh), exigiam o enforcamento do dirigente estudantil Kanhaiya Kumar e o encerramento da JNU.

No dia 14 de fevereiro, Rajnath Singh, ministro da Administração Interna, chegou ao ponto de alegar que Hafiz Saeed, líder do Lashkar-e-Taiba (L-e-T) — um grupo terrorista paquistanês —, teria congratulado a JNU; uma acusação que não tentou sequer comprovar e muito menos apresentar desculpas por a ter feito. Não é despiciendo o facto de, como cedo se verificou, a alegação do ministro ter sido baseada num *tweet* de uma conta falsa em nome de Hafiz Saeed. A Polícia de Deli entrou em ação e os canais televisivos deram eco das alegações de que grupos terroristas poderiam estar a apoiar ativistas estudantis. O ministro tentou justificar as suas falsas acusações alegando ter recebido relatórios dos serviços de informações, mas escusou-se a revelar onde se encontravam esses relatórios. Entretanto, grupos de vigilantes do partido no governo manifestaram-se e tentaram entrar no *campus* da JNU, gritando palavras de ordem como «pena de morte para os antinacionais» da JNU e exigindo o encerramento imediato da universidade. Os estudantes eram insultados pelas pessoas nas ruas da cidade, acusados de ser antinacionais; temiam-se rusgas policiais no *campus*; oito estudantes foram suspensos sem conhecimento da causa da sua suspensão e constava que estavam a ser preparadas e postas em circulação outras «listas» de estudantes e docentes «antinacionais». Alguns membros da administração da JNU foram citados na imprensa a referir-se ao tipo de ação a tomar relativamente aos «estudantes antinacionais».

No dia 15 de fevereiro, no tribunal de Patiala, jornalistas, professores e estudantes da JNU — em particular Kanhaiya Kumar, o presidente da Associação de Estudantes, que ali se deslocara para conhecer a sua fiança — foram agredidos por advogados, alguns dos quais foram filmados a praticar atos de violência. As imagens de um dirigente do BJP a agredir um apoiante do Partido da Esquerda (CPI) em frente ao tribunal foram transmitidas na televisão. A Polícia de Deli não interveio e o comissário da polícia B. S. Bassi não deu qualquer importância ao incidente. Dois dias mais tarde, os mesmos advogados agrediram brutalmente Kanhaiya sob o olhar da polícia. A comissão especial de advogados nomeada pelo Supremo Tribunal para investigar os atos de violência foi alvo de agressões verbais. No mesmo dia, o comissário Bassi declarou que a Polícia de Deli não se opunha à fiança de Kanhaiya.

No dia 19 de fevereiro, começaram a circular notícias de que os filmes dos estudantes a gritar palavras de ordem poderiam ter sido manipulados. A informação surgiu em primeiro lugar num outro canal de televisão. Na sequência disto, o tribunal solicitou uma peritagem dos filmes e a apresentação em tribunal do respetivo relatório. Nessa altura, um jornalista da *Zee News* apresentou a demissão devido ao que caracterizou como uma cobertura tendenciosa, por parte do canal, dos protestos na JNU. Afirmou que em nenhuma das filmagens feitas por ele e pela sua equipa se ouviam os gritos «Viva o Paquistão» (*Pakistan zindabad*) que os filmes transmitidos evidenciavam.

O. P. Sharma, membro da Assembleia Legislativa do BJP, e os advogados que agrediram os estudantes, ativistas e jornalistas reunidos no tribunal de Patiala deveriam ter sido alvo de ação penal. Ameeque Jamai, dirigente da juventude do Partido Comunista da Índia (CPI), foi agredido fora do complexo do tribunal. É este o resultado da campanha de ódio e calúnias, lançada das mais altas instâncias, recorrendo a falsas acusações dirigidas à JNU pelos dirigentes do BJP, incluindo o ministro da Administração Interna. O presidente do BJP, Amit Shah, acusou a JNU de apoiar os «separatistas» e atacou o líder do partido do Congresso, Rahul Gandhi, bem como outros dirigentes da oposição, pelo seu apoio aos estudantes e docentes da JNU. Mas a verdade é que determinados dirigentes do BJP, tais como a ministra de Estado Niranjan Jyoti, tinham anteriormente declarado que os Indianos se dividem em *ramzadas* (filhos do Deus Ram) e *hamrazadas* (filhos ilegítimos) — declarações difamatórias que identificam os não-hindus como ilegítimos. O presidente nacional do BJP, Amit Shah — que durante a campanha eleitoral em Bihar afirmou que, se o líder da oposição Nitish Kumar ganhasse, se deitariam foguetes no Paquistão —, fazia naturalmente a associação de toda a oposição indiana ao «Estado inimigo do Paquistão». Alguns dirigentes do BJP declararam que os muçulmanos e todos os que comem carne de vaca (a vaca é sagrada para os hindus) deviam sair da Índia e ir para o Paquistão. Dentro da JNU, ninguém proferiu semelhantes afirmações discriminatórias, que poderiam incitar a desarmonia intercomunitária.

Um outro membro da Assembleia Legislativa de Deli do BJP, que participou na brutal agressão ao líder do CPI, Ameeque Jamai, e que ameaçou que «teria aberto fogo se tivesse uma arma», declarou que «Se alguém assalta a nossa mãe, não é caso para lhe dar uma sova?», invocando a maternidade e o nacionalismo para criar um sentimento anti-intelectual e de contestação à universidade. Durante todo este processo, jornalistas e cidadãos que tentavam protestar contra os ataques à liberdade de expressão foram agredidos por grupos de vigilantes que se autoproclamavam nacionalistas hindus. Entre estudantes e analistas, levantava-se a questão: Por que não foram rapidamente instruídos os processos contra os advogados que agrediram pelo menos dez jornalistas — um crime que deve ser severamente punido pelo Conselho da Ordem e pelos tribunais? Quem lutou pela mãe-pátria, contra o colonialismo britânico, senão os antepassados de milhares de secularistas? Afinal de contas, o Sangh Parivar tinha permanecido fora do movimento nacionalista indiano e sempre procurara a sua desacreditação.

Alguns dias depois, os advogados arruaceiros dos tribunais de primeira instância foram presos quando novas provas vieram a lume em imagens do canal de televisão *India Today*, onde se gabavam de ter dado uma sova a Kanhaiya. Foram presos, mas imediatamente libertados sob fiança. Umar Khalid e outro estudante da JNU, Anirban Bhattacharya, entregaram-se à polícia. O comissário da Polícia de Deli disse que se oporia à concessão de fiança a Kanhaiya: «Temos algum receio de que, caso ele [Kanhaiya] seja libertado sob fiança, venha a ter influência na investigação e nas testemunhas. É também provável que ele se envolva em práticas que violam a lei penal». Além disso, a polícia alegou ter outras provas de atividades antinacionais.

Durante a audiência para deliberar a concessão de fiança a Kanhaiya, a Polícia de Deli testemunhou que não havia prova filmada de Kanhaiya a proferir palavras de ordem antinacionais. Continuaram, no entanto, a invocar a existência de testemunhas oculares — obviamente membros da ala estudantil do BJP — que tinham apresentado queixa e corroboravam a versão policial dos acontecimentos. Na investigação forense, ordenada pelo governo de Deli, ficou provado que tinha havido manipulação de pelo menos dois dos vídeos do controverso incidente na JNU apresentados como prova contra os estudantes acusados de insurreição. O relatório do laboratório forense revelou que as palavras que mostravam incitamento à violência tinham sido emendadas. No que diz respeito aos meios televisivos, os canais de televisão tornaram-se transmissores de partidos e tendências políticas, ao ponto de induzir em erro os espectadores. Isto não é, em si mesmo, um problema. No entanto, as liberdades tomadas como verdade, as falsas alegações e a hostilidade para com os seus convidados e concorrentes ultrapassaram frequentemente os limites. Isto não acontece por os atuais debates serem ofensivos (que até são); trata-se sobretudo do facto de, tal como a imprensa, os meios de comunicação televisivos terem a obrigação de respeitar determinadas normas. Qualquer democracia merece meios de comunicação melhores, mais verdadeiros e não provocatórios.

Em 2 de março, 19 dias depois da detenção de Kanhaiya, o Supremo Tribunal de Deli concedeu-lhe uma fiança provisória — tendo o juiz discursado sobre nacionalismo e citado uma canção de Bollywood sobre patriotismo —, ordenando que se mantivesse afastado de atividades «antinacionais». Uns dias depois, uma vez mais, o canal de televisão *India Today* desenterrou o verdadeiro filme no qual Kanhaiya falava de *azadi* (liberdade) — libertação do capitalismo, do feudalismo, do sistema de castas, do comunalismo, do bramanismo, etc. Nenhuma destas palavras era antinacional.

Entretanto, o julgamento prossegue. O Supremo Tribunal nomeou uma comissão de advogados para analisar o incidente, enquanto o público continua à espera de esclarecimentos quanto aos ataques que tiverem lugar no recinto do tribunal. O BJP assumiu o «antinacionalismo» da JNU como um dos principais eixos da sua agenda política nas eleições que se aproximam para a Assembleia Estadual. Continua por provar quem interveio no filme. É possível que nunca cheguem a ser julgados os verdadeiros conspiradores deste episódio nacional *versus* antinacional, levado a cabo para tentar aniquilar uma das universidades mais progressistas do país. Não há provas objetivas de quem terá realmente dado voz aos motes anti-Índia, mas vários estudantes, incluindo Kanhaiya, enfrentam acusações de sedição.

6. Porquê este ataque à JNU e o crescimento de um nacionalismo agressivo/maioritário no momento presente?

Ao constatar o falhanço da sua política económica e social, bem como da política externa, enquanto todo o seu programa de desenvolvimento se desmantelava ao ponto de ter proposto o lançamento de um imposto sobre as poupanças dos fundos de pensões, o partido no poder, o BJP ou o Sangh, muda de estratégia e investe na construção de um nacionalismo hindu ou de uma retórica *hindutva*. Após o ataque à JNU, provocou uma controvérsia com a proposta de instituir um lema nacional, «Salve Mãe Índia» (*Bharat Mata Ki Jai*), na qual se envolveram também secções do partido do Congresso. Em primeiro lugar, embora a Constituição indiana estabeleça uma bandeira e um hino nacionais, não faz qualquer referência a um lema nacional. Em segundo lugar, «Salve Índia» (*Jai Hind*) foi e continua a ser um lema muito popular no movimento nacional (popularizado por dirigentes como Subhas Chandra Bose, no Exército Nacional Indiano).

A retórica estridente sobre atividades «antinacionais» é arbitrária e tem motivações específicas. A expressão «antinacional» não consta sequer do Preâmbulo nem dos Direitos Fundamentais, que constituem a «estrutura base» da Constituição, não podendo, portanto, sofrer alterações. Como os motes antimuçulmanos podiam provocar uma consolidação de minorias antes das eleições, optaram pela expressão «antinacional», mais eficaz porque não invoca abertamente uma retórica antiminorias. Mais perigoso ainda é o facto de a consistente ala autoritária de direita da retórica e ação do BJP/Sangh — incluindo o ataque às universidades acusadas de «antinacionais», com estudantes a serem acusados de sedição —, se basear numa lei colonial posterior à Revolta de 1857, demonstrando o descaramento do Sangh na sua postura antidemocrática. Os compromissos políticos e a adoção de uma retórica comunal irão enfraquecer ainda mais os partidos seculares e alimentar a ambição implacável do Sangh pelo poder. Os partidos instalados, como o Congresso, ganhavam em recordar o que aconteceu na democracia secular da Alemanha depois da década de 1920, totalmente dominada por um discurso nacionalista. Quem não aprende com a história está condenado a repeti-la.

Portanto, esta caça às bruxas — desde o Instituto de Formação em Cinema e Televisão (FTTI) ao HCU e Rohit Vemula, da Assembleia de Maharashtra à JNU — não se baseia em princípios constitucionais ou na jurisprudência. Estas acusações de antinacionalismo são, elas próprias, antinacionais, porque vão além dos poderes da Constituição, bem como do teor e dos esforços dos movimentos pela liberdade.

7. Porquê a JNU?

A JNU sempre teve a reputação de ser uma universidade radical. Formou muitos eminentes académicos, burocratas, jornalistas, cientistas e outros profissionais. Muitos dos dirigentes nacionais pertenceram à sua galáxia de dirigentes estudantis — pessoas como Prakash Karat, Sitaram Yechury e D. P. Tripathi, do partido do Congresso Nacional Indiano (NCP); Anand Kumar, antigo membro do Partido Aam Admi; Sandeep Mahapatra, do BJP; Chandrasekhar Prasad, da Associação dos Estudantes de Toda a Índia (AISA), uma ala do Partido Comunista da Índia-Libertação, assassinado em Siwan, Bihar; Nirmala Sitharaman, membro do Parlamento e ministra do governo liderado pelo BJP, entre outros. No entanto, nenhum se tornou uma estrela nacional ou um ícone estudantil como Kanhaiya Kumar. Como aconteceu isto? Kanhaiya nasceu numa família pobre em Bihar, no distrito de Begusarai, antigo bastião do Partido Comunista da Índia-Partido da Esquerda, embora menos nos últimos anos. Assim, para Kendaiya, foi natural ter acabado na Federação dos Estudantes de Toda a Índia (AISF), ligada ao Partido Comunista. No entanto, havia um outro objetivo a atingir. A AISF é uma das mais pequenas organizações de esquerda da JNU e Kanhaiya candidatou-se à Presidência da JNUSU, cargo nunca alcançado por alguém da AISF. Mas contra todas as previsões, com os seus discursos mobilizadores e respostas convincentes a questões complexas, Kanhaiya foi eleito presidente da JNUSU. Tinha vencido a sua prova de fogo.

A JNUSU enfrentava o desafio da diminuição de recursos para bolsas de investigação por parte da University Grants Commission (UGC), entidade que, entre outras coisas, coordena o financiamento universitário. No contexto do seu movimento «Ocupa UGC», os estudantes fizeram repetidas marchas para a sede da UGC, exigindo bolsas sem ser através do NET (National Eligibility Test) para todas as universidades, de acordo com a tradição da JNU — uma campanha que se estendeu por toda a Índia. No cerne deste combate, Kanhaiya Kumar tornou-se um dirigente decisivo dos estudantes e de uma significativa parte da juventude. Graças à sua modéstia e capacidade de negociação, Kanhaiya conquistou um grande apoio, mas este combate foi igualmente sustentado pela qualidade e capacidade dos seus camaradas. A vice-presidente, Shehla Rashid Shora, desempenhou um importantíssimo papel, assumindo a direção durante a prisão (sob falsas acusações) de Kanhaiya — uma tarefa ainda mais difícil, uma vez que a secretária-geral, Rama Naga, igualmente membro da AISA, foi também falsamente acusada, juntamente com um anterior presidente da JNUSU e dirigente da AISA, Ashutosh Kumar. Shehla é natural de Caxemira.

Curiosamente, as acusações de palavras de ordem separatistas e de incitamento à insurreição foram dirigidas sobretudo à AISA e à AISF, ambas organizações antisseparatistas de esquerda. Os partidos em que tiveram origem, o CPI(ML)-Libertação e o CPI, sempre se opuseram a tendências separatistas e sediciosas, mas a polícia concentrou os seus ataques nestas organizações nacionalistas. Terá sido fruto do acaso? Devido a alguns comentários desastrados do caprichoso Comissário da Polícia B. S. Bassi? É difícil acreditar que o Ministério dos Assuntos Administrativos não tenha estado envolvido. Talvez o objetivo fosse esmagar as sólidas forças organizadas de esquerda da JNU, para acabar de uma vez por todas com esse espinhoso problema.

Quando regressou, após a sua libertação e um invulgar julgamento no Supremo Tribunal de Deli, Kanhaiya vinha cheio de vigor (os seus discursos estão disponíveis *online* em tradução inglesa). Era agora possível, com a colaboração dos meios de comunicação social, dar um novo significado a *azadi* (liberdade), tal como Kanhaiya tinha feito na JNU.

Liberdade tornou-se libertação da pobreza, do sistema de castas, do bramanismo, do desemprego, da fome, etc. Alguém podia pôr isto em causa? Alguém podia alegar separatismo? Claro que a juíza Pratibha Rani concedeu apenas liberdade condicional, apesar de uma decisão do Supremo Tribunal, de 1995, considerar que nem mesmo lemas como «Punjab autónomo ou Punjab independente» (*Khalistan Zindabad*) são insurrecionais. É evidente a necessidade de melhorar a educação nos meios jurídicos, para não falar do público em geral. Nas entrevistas que se seguiram, pediram a Kanhaiya a opinião sobre as palavras de ordem de Afzal Guru. Na resposta, Kanhaiya redirecionou os seus interlocutores para o estudante dalit da HCU, Rohith Vemula, o ícone da JNU. Está a ser criada uma lenda e os meios de comunicação social reconhecem que os revolucionários têm um papel a desempenhar na construção da nação.

A verdade é que a JNU esteve sempre integrada no contexto político e social mais lato deste país (Datta, 2016; Sharma, 2016). Os estudantes intervieram coletivamente em todas as crises nacionais, fossem desastres naturais ou sociais. Por exemplo, aquando da trágica situação ocorrida durante os motins contra os *sikhs*, em novembro de 1984, o *campus* da JNU ofereceu abrigo e segurança a muitas famílias *sikh*. Alguns de nós trabalharam durante cerca de duas semanas em campos de assistência, organizados pelo Nagrik Ekta Manch. Eu próprio fui um dos que estiveram a trabalhar no campo de Shahdara. Depois do *tsunami*, os estudantes e professores juntaram dinheiro para proporcionar auxílio numa das zonas mais afetadas de Tamil Nadu. Deslocámo-nos, de comboio e autocarro, para Tharangambadi, na zona costeira de Tamil Nadu. As inundações de Deli, o período de emergência, foi outro momento durante o qual os estudantes da JNU assumiram o seu papel. O período de emergência merece uma explicação mais detalhada (Purkayastha, 2016). Houve desafios internos e externos, e houve também o rescaldo, na forma da Comissão Shah, que examinou os excessos ocorridos durante este período. Portanto, exigiria uma discussão mais alargada. Na JNU, demos a nossa contribuição nas crises nacionais, de acordo com as possibilidades, porque consideramos ser nossa obrigação ajudar os menos privilegiados e os mais necessitados. Nenhum país, para não falar de uma universidade, pode viver apenas de e para a política.

O aspeto mais importante de todos é o facto de a composição social da JNU se ter alterado radicalmente ao longo dos anos. Esta universidade reserva cerca de 50% das vagas para estudantes de meios sociais desfavorecidos, marginalizados ou excluídos. As estudantes têm um acréscimo de cinco valores para procurar chegar à igualdade de género nas percentagens de entrada. É assim que os estudantes de distritos longínquos e «atrasados» de toda a Índia têm a oportunidade de frequentar a universidade e usufruir de todos os benefícios da educação. Infelizmente, este facto não é tido em consideração nas classificações académicas internacionais, que aferem apenas os resultados finais, ignorando as políticas de inclusão e diversidade.

8. Resistência

Uma cultura de resistência constrói-se sempre sobre a experiência de movimentos sociais do passado. É à sociedade civil que cabe a principal tarefa. Contudo, os Estados, mesmo os autoritários, constroem a sua legitimidade sobre as fissuras da estrutura social e política da sociedade. A tarefa da sociedade civil é a criação de uma contracultura para expandir as falhas, revelando a irracionalidade das ações ilegítimas e antipopulares do regime no poder.

No caso do ataque do regime à comunidade estudantil, formou-se uma teia de resistência, com múltiplas origens, formada com todo o tipo de pessoas, movimentos e grupos. Tornou-se evidente, para eles, que o ataque aos estudantes progressistas está ligado ao ataque às minorias e a todas as formas de dissidência. Trata-se de um ataque à Constituição indiana e à ideia de uma Índia diversa e plural.

É claro que no centro desta resistência estão os estudantes, que continuam a erguer a voz e a trabalhar arduamente para vincar o seu direito a escrever, a falar e a criticar. Na JNU, os estudantes e a comunidade universitária em geral debatem uma contracultura que contesta as culturas hegemónicas nacionais e internacionais. Em muitas universidades, mas especialmente na JNU e na HCU, este movimento assumiu diversas formas criativas: cartazes, conferências, intervenções nos meios de comunicação social e em canais estudantis e de juventude. Houve marchas com 10 000 pessoas de todos os movimentos sociais de Deli de apoio à JNU e à liberdade de expressão. Os estudantes da JNU, apoiados pela universidade, reiteraram o que nós, docentes, aprendemos enquanto alunos.

A Associação de Docentes da JNU apoiou em peso os estudantes — com umas poucas exceções de docentes que faziam listas de membros antinacionais para entregar ao ministro dos Assuntos Administrativos e à polícia, etc. Organizaram-se greves, manifestações, uma série de «Conferências Públicas sobre Nacionalismo» e «Conferências sobre a Liberdade», na JNU, com transmissão ao vivo e agora disponíveis no Youtube com o título *Stand with JNU*, em inglês e algumas em hindi — proferidas pelos professores Romila Thapar, Prabhat Patnaik, Gopal Guru, Jayati Ghosh e Partha Chatterjee, entre outros (Stand with JNU, 2016). Continuam a ser organizadas algumas marchas em muitas cidades. Chegam declarações de apoio de académicos de todo o mundo, em solidariedade com a JNU e os movimentos de estudantes, o que é francamente importante, porque o governo indiano é muito sensível à opinião externa. O próprio embaixador americano na Índia falou publicamente sobre a liberdade de expressão e o direito à dissidência. Todos os jornais, do *Indian Express*, *The Hindu*, *The Telegraph*, *Times of India*, *Economic Times* ao *Jan Satta*, publicaram editoriais em que censuram o governo pelo seu conceito tão negativo de nacionalismo e pela sua perseguição a um grupo de jovens estudantes e intelectuais. Os estudantes da JNU usam ao máximo os meios de comunicação social e o Facebook com a *hashtag* «#Stand with JNU», argumentando sobre nacionalismo e liberdade, enquanto os seus opositores ripostam com injúrias e insultos, procurando muitas vezes atingir as mulheres com a sua habitual prosa musculada e sexista.

Os partidos da oposição têm apoiado vigorosamente a JNU e o movimento estudantil — o Partido da Esquerda (CPI(ML)-Libertação, CPI); vários partidos socialistas, como o RJD, o JDU, o BSP, liderado pela dirigente dalit Mayawati; e vários chefes de governo estaduais, tais como Nitish Kumar, de Bihar, Arvind Kejriwal, do Partido Aam Admi, ou a chefe de governo de Bengala Ocidental, Mamta Bannerji, entre outros. A questão perturbou durante várias semanas as sessões de discussão no Parlamento indiano sobre o Orçamento. As equipas de advogados encarregadas da defesa dos estudantes contra as acusações de sedição têm, tal como outros eminentes advogados, um papel importantíssimo em toda esta questão. Há também outras instituições com um papel a desempenhar. O sr. P. L. Punia, secretário da comissão Scheduled Castes and Scheduled Tribes (Castas e Tribos Registadas), declarou que procederá à investigação do caso Rohith com todos os meios ao seu dispor.

Nos recentes debates de televisão, as forças de segurança têm sido apresentadas como os nacionalistas, em contraste com os intelectuais, retratados como «intolerantes». Há quem argumente que os militares são um recurso precioso, mas que os intelectuais e a sociedade civil também o são, inclusive fora da Índia. Os militares têm os seus próprios contactos e trocas de conhecimento com o estrangeiro, mas há diferença de parâmetros; é preciso compreender e avaliar essa diferença. Muito do conhecimento é universal, e uma parte substancial do discurso académico e político é comum a várias partes do mundo. A difusão por todo o mundo das campanhas de angariação de assinaturas em apoio da JNU testemunha a universalização do debate e o empenhamento na defesa da liberdade académica. Jornais *online*, especialmente o *Scroll.in*, *The Citizen*, *The Wire* e *Catchnews* estão a desempenhar um papel muito importante ao apresentar o outro lado da questão. Um grupo tem-se destacado pelo seu silêncio: o dos dirigentes das grandes empresas, na expetativa de grandes reformas que lhes poderão proporcionar lucrativos contratos do governo. O padrão, na seleção dos alvos, é evidente: da FTTI a Rohith Vemula, bem como o «bastião» liberal e progressista da JNU. A resistência coletiva da JNU foi clara, mas, se tivesse tombado, as minorias na Índia, a sociedade civil e as forças liberais e seculares ter-se-iam tornado alvos fáceis para as forças de direita. Estes ataques são exemplos de preconceito disfarçado de política. Mas a maré mudou, e está contra o Sangh.

Babasaheb Ambedkar, esse grande dirigente dalit, ícone da liberdade e arquiteto da Constituição da Índia, afirmou, em 1949, na parte final das reuniões da Assembleia Constituinte, que a Constituição tinha assegurado a igualdade política — um homem, um voto, um valor —, mas que não tinha assegurado a igualdade social e económica. Ambedkar avisou que, se estes direitos não fossem assegurados, o povo, enraivecido, poderia desmantelar a Constituição que a Assembleia Constituinte tinha tão laboriosamente criado. Em meados da década de 1950, deu-se a primeira grande revolta de entre os movimentos que lutavam com determinação e violência para a formação dos Estados linguísticos: o movimento Samyukta Maharashtra, em Bombaim, no qual pelo menos 88 pessoas foram mortas sob fogo policial. No final da década de 1960, foram formados os naxalitas, seguidos dos renomeados maoistas, que acreditavam na luta armada e degeneraram em grupos violentos.

Na Índia, várias gerações de ativistas têm vindo a lutar pelos pobres e pelos oprimidos; pessoas como Jyotiba Phule, Gandhi e Ambedkar lutaram pelos direitos das classes atrasadas através do debate político, da palavra e da não-violência. Têm-se celebrado muitos aniversários destas figuras lendárias, mas os males sociais que eles combateram durante toda a vida permanecem. As classes atrasadas são «atrasadas» devido ao domínio da casta superior. Há que combater esta terrível mancha na nossa democracia; até lá, não seremos livres. Temos aprendido a dizer a verdade ao poder; mais virá.

Conclusão

Na Índia, como em outras partes do mundo, a luta é entre hegemonia e contra-hegemonia. A Índia tem tradicionalmente um estrato de intelectuais orgânicos, utilizando a nomenclatura de Gramsci para os intelectuais ligados às sofredoras massas populares. Estes intelectuais orgânicos desempenham a tarefa de construir e aplicar conceitos e teorias relevantes para a educação e organização dos camponeses, das massas trabalhadoras e dos estratos médios (Gramsci *apud* Forgacs, 2014: 425). Alguns dos aspetos do ataque à sociedade civil foram também fortemente criticados pelas grandes potências. A burguesia está dividida; os estratos intermédios estão confusos; e muitos dos meios de comunicação social tendem para a direita, aliciados pela publicidade, etc. Fala-se de fascismo, mas não se construiu ainda o «senso comum» necessário para uma transformação sistemática tão importante. O que Gramsci designa por «senso comum» ou «folclore» é contraditório, com aspetos verdadeiros, mas também com distorções (Gramsci *apud* Forgacs, 2014: 421). Um país que luta pela liberdade desde 1857 não é terreno fácil para a extrema-direita, mas é preciso uma dinamização sistemática das forças democráticas para construir uma contra-hegemonia e criar um «bom senso». Gramsci argumenta que a hegemonia está necessariamente enraizada num modo de produção economicamente dominante e numa das classes sociais «fundamentais» (burguesia ou proletariado), mas define-se precisamente por extravasar dos interesses da classe económica para a esfera política, por meio de um sistema de alianças de classe. Hegemonia acaba por significar liderança «cultural, moral e ideológica» sobre grupos aliados e subordinados (Gramsci *apud* Forgacs, 2014: 422–424). Em junho de 2016, a Polícia de Deli declarou uma vez mais ter provas de sedição por parte dos estudantes e docentes da JNU. A ironia histórica, neste caso, advém de Gandhi ter considerado a lei em causa, de 1870, «a rainha de todas as leis». À luz desta lei, que estabelecia como crime «a incitação ao descontentamento para com o Rei», Gandhi reconheceu que não podia declarar-se inocente. De acordo com o *Indian Express* de 12 de junho de 2016, a Polícia de Deli teve instruções do Governo central para deter estudantes (e professores?) da JNU com base nesta lei. A política indiana é complicada, embora a tendência dominante pareça estar a mudar lentamente no sentido de uma sociedade civil e política mais democrática. Em todo o caso, e considerando a enorme dimensão da Índia e o seu pluralismo, é demasiado cedo para certezas.

Referências bibliográficas

Bhargava, Rajeev (org.) (1998), *Secularism and its critics*. Nova Deli: Oxford University Press.

Bidwai, Praful; Mukhia, Harbans; Vanaik, Achin (orgs.) (1996), *Religion, religiosity and communalism*. Nova Deli: Manohar.

Chatterjee, Partha (2016), «Lecture on nationalism». Palestra apresentada na Freedom Square (JNU), 21 de março. Consultado a 1.06.2016, em https://www.youtube.com/watch?v=RHmy4ubgBbI

Chenoy, Kamal Mitra (2015), *The rise of big business in India*. Nova Deli: Aakar Books.

Datta, Rajat (2016), «The Spring of 2016 and the idea of JNU», *Economic and Political Weekly*, 51(9). Disponível em http://www.epw.in/journal/2016/9/commentary/spring-2016-and-idea-jnu.html

Drèze, Jean (2016), «Democracy and right to food», *in* Jean Drèze (org.), *Social policy, essays from economic and political weekly*. Nova Deli: Orient Black Swan e EPW, 181–199.

Drèze, Jean; Sen, Amartya Kumar (2013), *An uncertain glory: India and its contradiction*. Nova Deli: Penguin.

Forgacs, David (2014), *The Antonio Gramsci reader, selected writings, 1916–1935*. Nova Deli: Aakar Books.

Frankel, Francine (1978), *India's political economy, 1947–1977: The gradual revolution*. Princeton: Princeton University Press.

Gandhi, GopalKrishna (2016), «The general drift of society», *The Hindu*, de 16 de junho. Disponível em http://www.thehindu.com/opinion/lead/gopalkrishna-gandhi-writes-the-general-drift-of-society/article8733336.ece

Goyal, Des Raj (1979), *Rashtriya Swayamsevak Sangh*. Nova Deli: Radhakrishna Prakashan.

Gramsci, Antonio (2014), *Further selections from the prison notebooks*. Nova Deli: Aakar Books.

Himanshu (2007), «Recent trends in poverty and inequality: Some preliminary results», *Economic and Political Weekly*, 42(6), 497–508. Disponível em http://www.epw.in/journal/2007/06/special-articles/recent-trends-poverty-and-inequality-some-preliminary-results.html

Jaffrelot, Christophe (1999), *The Hindu Nationalist Movement and Indian politics, 1925 to the 1990s*. Nova Deli: Penguin.

Khera, Reetika (2016), «The revival of the public distribution system, evidence and explanations», *in* Jean Drèze (org.), *Social policy, essays from economic and political weekly*. Nova Deli: Orient Black Swan e EPW, 218–253.

Narayanan, Sudha (2016), «A case for reframing the cash transfer debate in India», *in* Jean Drèze (org.), *Social policy, essays from economic and political weekly*. Nova Deli: Orient Black Swan e EPW, 388–407.

Purkayastha, Prabir (2016), «Freedom and the emergency». Palestra apresentada na Freedom Square (JNU), 23 de março. Consultada a 1.06.2016, em https://www.youtube.com/watch?v=nwShH4wuWNw

Sharma, K. L. (2016), «Why India needs JNU», *Economic and Political Weekly*, 51(23). Disponível em http://www.epw.in/journal/2016/23/commentary/why-india-needs-jnu.html

Stand with JNU (2016), «New Lecture Series», *Stand with JNU*, 20 de março. Disponível em https://www.facebook.com/standwithjnu/photos/a.1258266454187510.1073741828.1258191490861673/1281941911819964/?type=3&comment_id=1307362352611253&comment_tracking=%7B%22tn%22%3A%22R%22%7D

Thapar, Romila (2016), «The nation and history, then and now». Palestra apresentada na Freedom Square (JNU), 6 de março. Consultada a 1.06.2016, em https://www.youtube.com/watch?v=Q6WbUJhIVUw

Capítulo 16

O passe livre no Brasil e a sociologia das possibilidades[*]

João Alexandre Peschanski[1]

> *O que é possível na prática não está fixado independentemente de nossas imaginações, mas é moldado por nossas visões. A realização daquilo em que acreditamos envolve «utopias reais»: ideais utópicos sustentados por potencialidades reais de reconceber as instituições sociais.*
>
> Erik Olin Wright (2003)

Introdução

Uma característica marcante dos protestos sociais que ocorreram em centenas de cidades brasileiras em junho de 2013 foi sua inicial dimensão propositiva. Num contexto de aumento simultâneo das tarifas de transporte público em várias localidades, o Movimento Passe Livre

---

[*] Neste capítulo, a grafia é a do português do Brasil.

[1] Participaram como assistentes neste trabalho Nair Fonseca e Wilson Vicentim. Este capítulo retoma e desenvolve ideias escritas no «calor da hora» em Peschanski (2013) e Peschanski e Moraes (2013). Parte da pesquisa aqui apresentada integra a tese de doutorado do autor, no Departamento de Sociologia da Universidade de Wisconsin-Madison.

(MPL), que convocou e organizou as primeiras manifestações desse período, com especial atuação na cidade de São Paulo, não se limitou a reagir contra o aumento. Muitos estudos têm destacado as dinâmicas que desencadearam e foram desencadeadas por essas manifestações, até então a maior onda de mobilização da Nova República brasileira, iniciada em meados da década de 1980, mas o foco estará na proposta de alternativa institucional que irrompeu no Brasil durante as Jornadas de Junho. O MPL colocou na pauta da discussão política a proposta da tarifa zero, isto é, do transporte público gratuito, de uma ampliação sistemática da mobilidade urbana.

No geral, a sociologia não se preocupa com o estudo das alternativas, especialmente quando lida com lutas sociais. Na maioria das correntes sociológicas em voga, de variadas tradições, a desejabilidade e a viabilidade da proposta que movimentos sociais avançam não costumam ter centralidade analítica. Nessas correntes, a questão central é entender como e em que circunstâncias as pessoas decidem mobilizar-se. Assume-se, de antemão, nessa linha, que há em permanência motivos para lutar e, nesse sentido, o que importa analisar é em que medida alguns desses motivos se tornam pautas de reivindicações efetivas e outros não. O foco de análise se restringe a entender as capacidades (recursos, ressonância identitária, redes) e as dinâmicas do processo político que levaram a uma mobilização. Nas teorias em voga, o sucesso de protestos depende de um empreendedorismo da contestação e geralmente abdica-se de uma reflexão profunda sobre uma eventual nova configuração institucional que esteja sendo avançada.

As dinâmicas que desencadeiam e são desencadeadas por lutas sociais são de evidente interesse científico, mas não podem justificar o abandono da análise das alternativas. Mais do que isso, é um erro confundir a análise das alternativas simplesmente à da trajetória da organização que promove essas alternativas. As trajetórias da proposta e de seus proponentes interagem, até porque a dinâmica para atingir uma configuração institucional alternativa pode ter impacto no modo como essa configuração vai ser implementada, mas finalmente estas têm relativa autonomia. Isso justifica uma sociologia específica sobre alternativas.

Ocorre nas últimas duas décadas uma renovação da reflexão sociológica sobre alternativas. Despontam nisso as empreitadas acadêmicas independentes lideradas por Boaventura de Sousa Santos (2005, 2006), que busca desenvolver uma nova epistemologia, do Sul global, para pensar e agir em prol de transformações sociais, e Erik Olin Wright (2003, 2010), um projeto eminentemente teórico de repensar o empoderamento social nas configurações do Estado e da economia. Não cabe neste curto ensaio uma comparação mais profunda dessas empreitadas, mas vale notar que ambas apontam para o relativo abandono da grande narrativa da alternativa e o reconhecimento da importância das inovações sociais nas instituições. Este capítulo sobre a proposta do passe livre alinha-se a esse esforço de repensar a sociologia das alternativas, com especial influência da reflexão sobre «utopias reais», na formulação de Wright.

Este capítulo inicia-se com uma breve discussão sobre a sociologia das possibilidades. Na sequência, discute-se a desejabilidade e a viabilidade do transporte público gratuito, além de apresentar o contexto em que a proposta do passe livre irrompe recentemente no debate público nacional no Brasil — as Jornadas de Junho. Por fim, são apresentados resultados de pesquisa de campo original sobre a implementação e a evolução da tarifa zero em duas cidades brasileiras, Agudos e Tijucas do Sul, respectivamente, nos Estados de São Paulo e do Paraná.

1. Renovar a ciência da emancipação social

Refletir sobre alternativas implica o desenvolvimento de uma sociologia de possibilidades. Descrever e diagnosticar o funcionamento e as consequências das regras sociais são parte necessária de uma ciência da emancipação social, em seu enfoque crítico, mas sem proposta alternativa coloca-se em um impasse. Sem caráter propositivo, ou sugere que, dados os constrangimentos da ordem social realmente existente, o melhor que se pode fazer é melhorar as instituições dentro desses constrangimentos ou que, como aliás foi característico em parte das tradições emancipadoras clássicas, uma vez criticada e eventualmente desfeita a amarra da ordem social vigente voluntariosamente surgirão a capacidade e a oportunidade para desenvolver uma alternativa melhor. A ideia de que os que defendem alternativas institucionais devem ser capazes de, quando chegar a hora, transformar sem dificuldades princípios inspiradores em instituições econômicas e sociais concretas parece implausível.

Variados mecanismos sociais, por exemplo, os que dizem respeito aos aparatos ideológicos, modulam aquilo que consideramos possível e impossível, e a reflexão sobre a desejabilidade, viabilidade e atingibilidade de alternativas institucionais influencia justamente as concepções do mundo como ele é e do mundo como ele poderia ser. Pensar em termos de possibilidades, ou na acepção específica de Wright em utopias reais, é estar atento aos fenômenos a partir de uma metodologia crítica específica, como se avaliássemos o mundo por meio de um «olho mágico» de porta, na fronteira entre onde estamos e um outro local, fora do *topos*. Se gostarmos do que vemos e se tivermos as capacidades necessárias para abrir ou romper fechaduras e grilhões, podemos então participar em graus e modalidades variadas do outro mundo possível e até, como fez Alice ao atravessar o espelho e passar para o lado de lá, abandonar o velho e abraçar o novo. O custo da decisão de abrir ou atravessar a porta é um objeto central de uma sociologia de possibilidades.

Dentre os elementos que importam para entender o custo da decisão de transição de uma configuração institucional a uma alternativa está a avaliação crítica da alternativa. Uma formulação dessa metodologia está em Santos (2008):

> Muita da realidade que não existe ou é impossível é activamente produzida como não existente e impossível. Para a captar, é necessário recorrer a uma racionalidade mais ampla que revele a disponibilidade de muita experiência social declarada inexistente (a sociologia das ausências) e a possibilidade de muita experiência social emergente, declarada impossível (a sociologia das emergências). (Santos, 2008: 20)

Avaliar se modelos institucionais alternativos são possíveis — isto é, se fornecem mecanismos de reprodução sistêmica — coloca-se como preocupação central da ciência da emancipação social, já que a própria compreensão das alternativas modifica sua probabilidade de realização, na medida em que o possível é determinado por aquilo que conhecemos e formulamos.

A avaliação sociológica da alternativa torna-se mais fértil se está fundamentada em instituições alternativas que *prefiguram* uma sociedade mais ampla, de acordo com o argumento das utopias reais. Trata-se de um duplo exercício. Por um lado, é preciso entender o funcionamento de configurações realmente existentes que são diferentes das instituições dominantes — no caso do capitalismo, por exemplo, a propriedade privada, o mercado de trabalho assalariado e a produção para o mercado — e incorporam valores emancipatórios, basicamente à medida que contribuem para o desabrochar de capacidades e talentos no sentido da realização de vidas plenas e sustentáveis. A premissa aqui é que toda sociedade é finalmente uma ecologia híbrida de configurações institucionais; em sociedades predominantemente capitalistas, existem nichos de socialismo em funcionamento e compatíveis com a ordem dominante. Diz Wright (2011: 3) sobre o estudo de casos alternativos: «A tentação neste tipo de pesquisa é se tornar um torcedor, exaltando acriticamente as virtudes de promissores experimentos. O perigo é ser um cínico, vendo as falhas como sua única realidade e a potencialidade como uma ilusão». A avaliação sociológica de alternativas — tanto em Wright quanto em Santos, aliás — aponta principalmente para estudos de caso das alternativas.

Por outro lado, existe o desafio de estabelecer no quadro de um sistema alternativo o funcionamento da configuração institucional específica sendo avaliada. Isso é necessariamente um exercício de simulação. Uma forma ambiciosa, mas talvez pouco profícua, é desenhar de modo amplo todo um modelo alternativo, um esforço realizado por exemplo por Michael Albert (2004). Uma forma mais branda desse exercício é se o caso sendo avaliado contribui para fomentar novas configurações que incorporem valores emancipatórios. Não se aprofundará a discussão sobre o funcionamento sistêmico das configurações institucionais neste curto ensaio.

Utopias reais são, portanto, um tipo muito específico de configuração institucional e para reconhecê-las é necessário apresentar critérios de avaliação. Wright (2013) apresenta três princípios morais para avaliar a desejabilidade de configurações institucionais: igualdade, democracia e sustentabilidade. Define igualdade de maneira ampla, como fundamento de justiça social, não apenas de oportunidades equivalentes: «Numa sociedade justa, todas as pessoas teriam no geral acesso igual aos meios sociais materiais necessários para viver uma vida próspera» (Wright, 2013: 4). O princípio da democracia está associado a uma visão de democracia profunda, não apenas como procedimento para a formação de governos: «Numa sociedade plenamente democrática, todas as pessoas teriam no geral acesso igual aos meios necessários para participar de forma significativa das decisões sobre as coisas que afetam suas vidas» (Wright, 2012: 3).[2] Sustentabilidade, define Wright, diz respeito à ideia de que «gerações futuras deveriam ter acesso às condições sociais e materiais para viver uma vida próspera pelo menos no mesmo nível das condições da geração presente» (Wright, 2013: 5). Os critérios morais apresentados por Wright — que se coloca contra uma tendência no campo progressista de colocar em foco apenas os interesses materiais existentes contra o capitalismo — são apenas alguns dos vários meios possíveis de avaliar a desejabilidade de instituições.

Aos três princípios morais apresentados por Wright para avaliar configurações institucionais, pode-se acrescentar o princípio da mobilidade. Princípio amplo, envolve a circulação de pessoas, objetos e informação. Uma definição mínima envolve o mero fato do deslocamento, de A a B por exemplo, inserido em um processo de significação do deslocamento (Cresswell, 2006; Urry 2007; Kaufmann 2008). Por um lado, o princípio aqui definido considera a produção de mobilidades, o modo como o deslocamento e sua significação se inserem em dinâmicas de poder, que os permitem, controlam, encorajam, proíbem. Esta é uma ênfase material nas condições e implicações do mover-se.[3] Por outro lado, a narrativa e a produção de significado dizem respeito ao modo como as pessoas experimentam e entendem suas vidas em redes sociais, considerando que não importa apenas ir de um ponto a outro mas também os aspectos subjetivos do deslocamento. As condições materiais das mobilidades, que alteram fundamentalmente as dinâmicas espaciais, são continuamente alteradas, por exemplo pelas tecnologias das viagens e comunicação, que potencializam as conexões independentemente da distância e reconfiguram as instituições de acordo com novos parâmetros geográficos e de temporalidade. Por mais que haja elementos fundamentais de justiça social conectados aos potenciais de mobilidade, o princípio da mobilidade

[2] A tradução para o português dos princípios da igualdade e da democracia é tomada de Wright (2012), que Wright (2013) retoma e complementa. Vale notar que, no texto de 2012, o princípio da igualdade é pelo autor chamado de «justiça social».

[3] Não se sugere aqui que quanto mais houver mobilidade mais será plena a vida. A noção de comunidade implica em certo modo uma certa imobilidade positiva, em que ficar em algum lugar, como uma praça, ou limitar os potenciais de mobilidade, ao fechar ruas a carros para garantir nichos de interação entre pedestres, surgem como elementos compatíveis com uma vida pública desejável.

assume independência e, o que não será feito neste curto ensaio, deveria constar entre os elementos centrais para avaliar a desejabilidade de configurações institucionais.

2. O transporte público gratuito, uma utopia real

Para entender a relevância das mobilizações de junho de 2013 no Brasil — que se iniciaram com uma passeata de cerca de 4 mil pessoas em São Paulo no dia 6 desse mês e, duas semanas depois, já somavam 1,4 milhões de pessoas em pelo menos 120 cidades —, é preciso levar seriamente em consideração que não começaram como protestos apenas «contra» algo, mas como uma expressão coletiva «a favor» de algo. A proposta do transporte público gratuito, encabeçada pelo Movimento Passe Livre, tem um forte componente utópico. Essa bandeira integra, por sinal, a agenda de transformação ecossocialista. No contexto do aquecimento global, correlacionado ao uso excessivo de combustíveis poluentes, faz parte da solução à crise ecológica e torna-se símbolo de uma alternativa à sociedade burguesa, na qual o carro individual se coloca como uma mercadoria-fetiche, um elemento de prestígio, o centro da vida. A proposta coloca-se em conformidade com os princípios desejáveis das utopias reais, especialmente igualdade, democracia, sustentabilidade e mobilidade, num quadro geral de direito à cidade (Löwy, 2009; Brie e Candeias, 2012; Harvey, 2012). No entanto, a criação de um sistema de transporte público gratuito não é viável apenas numa configuração social futura, hipotética — é em princípio funcional ao capitalismo realmente existente. O caráter realista (ou, mais especificamente, utópico-realista) da proposta é provavelmente importante para entender o apelo e a difusão dos protestos, pois combina o diagnóstico da irracionalidade da sociedade dependente de automóveis individuais e uma alternativa possível nos parâmetros estabelecidos pela própria economia convencional.

Passe livre é entendido de modo amplo neste ensaio, isto é, define-se como a oferta de um serviço de transporte em determinada localidade sem cobrança de tarifa do usuário. Aliás, neste ensaio usa-se indiscriminadamente as expressões «passe livre», «tarifa zero» e «transporte público gratuito» para designar o fenômeno aqui definido. De certo modo, pode haver confusão na indicação de que «gratuito» e «livre» poderiam ser sinônimos, já que finalmente o transporte nunca é realmente gratuito — por algum mecanismo de cobrança social, os custos operacionais do transporte precisam ser contemplados —, é o acesso que se torna sem cobrança direta e, portanto, livre. Em inglês, há quem defenda usar «*fare-free*» (livre de cobrança) a «*free-fare*» (tarifa gratuita) (Hodge *et al.*, 1994). A indicação de que não há cobrança do usuário subentende que o passageiro não paga por um bilhete no veículo de transporte coletivo ou em outro espaço, como uma estação ou uma plataforma, antes de embarcar (Volinski, 2012). A definição aqui proposta contempla tanto sistemas de transporte que adotam completamente o acesso livre a todos os passageiros o tempo todo quanto sistemas em que o acesso livre a todos os passageiros é permitido em momentos específicos, como os períodos fora do pico e fins de semana. Isso justifica-se porque, nesses momentos específicos, não há bloqueio ao uso do transporte coletivo. O problema é que a coexistência de momentos de cobrança com momentos de gratuidade cria dinâmicas — e perversões específicas —, que podem inviabilizá-la, como foi o caso dos experimentos norte-americanos dos anos 1970, citados abaixo. Não são considerados modelos de passe livre aqueles em que apenas parcelas determinadas da população — idosos, estudantes, funcionários, por exemplo — não pagam diretamente suas tarifas, num contexto onde todos os outros usuários precisam pagá-las.

A discussão sobre a viabilidade da proposta do passe livre coloca em foco a comparação entre custos e benefícios dessa proposta, as consequências inesperadas e as dinâmicas de médio e longo prazo previstas a partir da implementação dessa configuração institucional. O passe livre gerou por conta dos protestos de 2013 especial atenção e, no que diz respeito à comparação entre custos e benefícios, o prefeito de São Paulo, Fernando Haddad, do Partido dos Trabalhadores e um quadro intelectual da esquerda brasileira, disse à imprensa que a proposta era impossível, sugerindo até que seria mais fácil garantir viagens gratuitas à Disney para todos os munícipes (Diógenes, 2016). Mas o passe livre não só é possível como foi instituído em dezenas de cidades no mundo, pelo menos onze no Brasil quando da declaração do prefeito. Veremos dois dos casos brasileiros em mais detalhe em seguida.

De modo teórico, a tarifa zero se justifica, em termos econômicos, se o preço total dos impactos sociais positivos for tomado como a base para o pagamento público das tarifas de cada usuário. Os impactos sociais positivos são especialmente sentidos se a tarifa zero ocorrer dentro de um programa mais amplo de limitação do uso de carros individuais. Dentre os impactos positivos, especialmente relevantes para cidades grandes, em que a economia de escala para problemas sociais crônicos é mais importante, está a drástica diminuição dos custos sociais relacionados à poluição e ao trânsito quando o meio de transporte principal é o automóvel individual. A contaminação do ar e o excesso de ruído e barulho estão associados a problemas de saúde pública e, consequentemente, geram gastos médicos, para os cidadãos e o Estado. Há outros gastos relacionados ao uso do automóvel em massa, como a manutenção de uma rede de fiscais de trânsito, necessária para organizar cidades com tráfego intenso, custos de internação hospitalar em casos de acidente de trânsito — a segunda causa de internação em hospitais públicos no Brasil, só superada pelas relacionadas a doenças respiratórias — e o tempo (produtivo) perdido em engarrafamentos. Quem paga a conta pelo trânsito travado são, de novo, os cidadãos e o Estado, especialmente numa situação em que montadoras externalizam de maneira sistemática os problemas sociais que seu nicho de mercado gera. No cerne da justificativa teórica da tarifa zero, está a ideia de que a mobilidade deve ser pensada como um bem político (Galey, 2014), que no agregado direta e indiretamente contribui para o bem-estar social.

O transporte público deve ser entendido como um bem público, que beneficia portanto mesmo as pessoas que não fazem uso de modais coletivos. Os usuários de transporte público beneficiam toda a sociedade, pois mantêm baixos os custos sociais relacionados ao transporte (poluição, trânsito). Cobrar tarifas pelo uso do transporte público pode ser interpretado, então, como uma injustiça econômica: por mais que o serviço beneficie a todos, só uma parcela dos beneficiados paga por ele. De certo modo, cobrar pelo transporte público se torna uma exploração dos usuários pelos não usuários. Os gastos do sistema de transporte coletivo deveriam ser partilhados pelos beneficiados, ou seja, divididos entre todos os cidadãos.

Desde a década de 1960, proponentes do conceito de transporte como bem público, portanto não custeado pelo usuário, defendem a proposta de tarifa zero (Studenmund e Connor, 1982). A proposta ganhou força à medida que cresceu em vários países, nessa década, o volume de subsídios públicos para a manutenção de sistemas públicos de transporte, para que o valor da tarifa não fosse abusivamente excludente. Nos Estados Unidos, num contexto de subsídios federais crescentes desde 1961, a National Mass Transportation Assistance Act autorizou, na década de 1970, experimentos de tarifa zero em duas cidades de porte médio — Denver, no Estado do Colorado, e Trenton, no de New Jersey. Esses experimentos estenderam-se por cerca de um ano, entre 1978 e 1979, abrangendo apenas o horário fora de pico. Os resultados nas duas cidades foram similares: houve um grande número de novos passageiros, sem repercussão significativa no número de carros circulantes, e degradação da qualidade e segurança do serviço público, causada por tumulto, violência e vandalismo (Hodge *et al.*, 1994; Perone e Volinski, 2003). Um experimento independente foi realizado em Austin, no Texas, durante quinze meses, entre 1989 e 1990 (Volinski, 2012), com resultados semelhantes. Embora esses experimentos hajam sido alvos de críticas metodológicas (Hodge *et al.*, 1994), detratores da proposta de tarifa zero usaram seus resultados para descrevê-la como inviável e por várias décadas a proposta teve pouca influência, especialmente nos países do Norte.

No século XXI, ante a insustentabilidade do uso praticamente universal do automóvel, ocorre um ressurgimento da discussão em torno da proposta do passe livre, agora com um enfoque mais fortemente ambientalista. Nas defesas contemporâneas da proposta, ressaltou-se a necessidade de medidas simultâneas para melhoria do serviço, aliadas a desestímulos ao uso do carro, principalmente por um só ocupante. A sensibilidade ao preço pelo uso do transporte público é menor no caso das pessoas ditas «cativas», isto é, das pessoas que dependem do modal coletivo para deslocar-se, como jovens, idosos e deficientes. Mesmo baixando a tarifa a zero, há pouco impacto no recrutamento de usuários que tenham a escolha de dirigir. Essa parcela de motoristas é mais sensível à melhoria da qualidade do serviço e ao aumento dos custos operacionais do automóvel (Litman, 2004; Chen *et al.*, 2010), como o preço da gasolina ou o de estacionamento, por exemplo.

Um relatório do Transportation Research Board, de 2012, listou trinta e nove localidades que oferecem transporte gratuito universal nos Estados Unidos. Distribuem-se em três categorias, presumivelmente mais propensas a adotar o passe livre (Volinski, 2012). Primeiramente, há cidades universitárias, nas quais o financiamento inclui um pagamento da universidade, empenhada em reduzir o número de automóveis e de estacionamento nos *campi*. Em segundo, estão estâncias de esporte de inverno, cuja população flutua conforme o período do ano, que têm interesse em diminuir o congestionamento durante a temporada e oferecer um apelo mercadológico ao turista. Em terceiro, o passe livre é identificado em cidades pequenas com extensa zona rural, nas quais a receita das tarifas representa uma soma muito pequena diante do custo de cobrá-las, à semelhança da pequena cidade de Commerce, Califórnia, que pratica tarifa zero desde 1962.

Na Europa, a tarifa zero foi implantada em algumas cidades, no final da década de 1990. Hasselt, cidade com 70 mil habitantes na Bélgica, a uma hora de Bruxelas, adotou essa proposta em julho de 1997, após ter realizado alguns investimentos para melhorar a rede urbana e enfrentar o esperado aumento de passageiros. Imediatamente após a implementação do passe livre, o aumento esperado de passageiros atingiu cerca de 900% e continuou a crescer até atingir 1300% em 2013. Os custos tornaram-se quatro vezes maiores, excedendo a capacidade financeira da cidade, que encerrou a operação em 2013 (Fearnley, 2013; Canters, 2014). Também em 1997, Templin, uma pequena estância de saúde com 14 000 habitantes, no oeste da Alemanha, a cerca de 100 quilômetros de Berlim, adotou a gratuidade do transporte público, com o objetivo inicial de reduzir o uso do automóvel e suas principais externalidades. Houve um aumento de usuários em 750% no primeiro ano e quase o dobro no segundo ano, mas apenas 10% a 20% desses passageiros provieram de usuários do carro. O maior contingente foi composto de pedestres e ciclistas, o que trouxe um benefício secundário: com a redução dessa população mais vulnerável, caiu o número de acidentes de trânsito e, em termos estritamente financeiros, houve um ganho para a cidade (Storchmann, 2003). Em 2009, Aubagne, na França, cidade de 100 mil habitantes, localizada a 17 quilômetros de Marselha, implementou a tarifa zero: houve aumento de passageiros em 142% entre 2009 e 2012 e uma redução de 10% no número de automóveis (Huré, 2012). O aumento de passageiros nessas cidades foi acima do esperado, a partir de equações de elasticidade (Dias, 1991), o que sugere a hipótese de que a gratuidade em si, não apenas a redução gradual da tarifa, tenha um impacto significativo na atração de usuários.

Não houve aumento considerável de usuários em Tallinn, capital da Estônia, que implantou a tarifa zero em janeiro de 2013 (Cats *et al.*, 2012, 2014; Aas, 2013; Galey, 2014): o incremento do número de usuários foi de 3%, dos quais 1,8 pontos percentuais foram atribuídos à expansão do sistema que acompanhou a implementação da proposta. No entanto, na região mais pobre da cidade, Lasnamäe, habitada por imigrantes russos, com alto índice de desemprego, o aumento de usuários chegou a 10%. Previamente à implementação, o serviço já era amplamente subsidiado: tarifas cobriam apenas 33% dos custos operacionais. Um questionário prévio averiguou que 49% dos habitantes estavam descontentes com o preço da tarifa. Após um referendo sobre a gratuidade, no qual a proposta teve 75% de aceitação, instaurou-se a tarifa zero, com o objetivo declarado de diminuir o congestionamento, reduzir a poluição e melhorar a mobilidade. O impacto da gratuidade foi avaliado por comparação entre os meses precedentes e os meses seguintes à implementação: entre eles, a cidade atraiu 10 mil novos residentes, cujos impostos ajudaram a custear o projeto.

Nos países em desenvolvimento, o aspecto social da proposta da tarifa zero tem maior ressonância. O que está em especial questão nesses casos é o modo como o custeio dos gastos associados à proposta deve dar-se, ou seja, a partir de um custeio progressivo, a tarifa zero pode melhorar as condições das populações mais vulneráveis e ter um impacto significativo na redução das desigualdades sociais. Além disso, embora a valorização do automóvel também haja ocorrido ao longo dos anos nos países em desenvolvimento, a baixa renda média impõe o transporte urbano coletivo como única alternativa para a maioria, o que torna sem sentido a finalidade de escolha modal inspirada na realidade de países ricos, já que os principais obstáculos à mobilidade provêm da má gestão e qualidade dos serviços (Kowarick, 1979; Vasconcellos, 2000).

À diferença de vários outros países em desenvolvimento, o Brasil tem, desde a década de 1960, uma regulamentação federal para o transporte público, custeado pelas receitas arrecadadas, com poucos recursos extratarifários diretos, em contraposição aos sistemas públicos de transporte amplamente subsidiados nos Estados Unidos e na Europa (Carvalho *et al.*, 2013). Esse modelo, cujos corolários são o alto custo das tarifas e a baixa qualidade do serviço, associados à quase absoluta dependência da população pobre residente na periferia das grandes cidades ao transporte público, contribuiu para o surgimento de recorrentes protestos ao longo das décadas. No âmbito federal, em resposta a esses protestos, houve avanços na legislação, até mesmo durante os anos de ditadura militar (Gomide e Galindo, 2013). Nos anos 1970 e no início dos anos 1980, em meio à crise do petróleo, sob o regime militar, o aumento das tarifas e a precariedade do serviço incitaram revoltas em grandes cidades, algumas delas de enormes proporções, como no Rio de Janeiro, em 1975, onde foram depredadas nove estações de trem de subúrbio, e em Salvador, em 1981, onde foram destruídos 600 ônibus. Nesse contexto, o governo militar criou um arcabouço legal e administrativo, que traçou diretrizes, procurou profissionalizar a gestão, definiu o sistema de cálculo de tarifas e, por último, transferiu aos municípios a decisão sobre seu valor. Em termos práticos, essas medidas não responderam à reivindicação de menor custo e maior qualidade do serviço; a tensão social não arrefeceu.

A criação do Vale Transporte em 1985, obrigatório a partir de 1987, subsídio direto ao trabalhador custeado pelo empregador, aliviou o impacto dos custos do transporte para as famílias de baixa renda. Mas é uma política limitada, pois cobre exclusivamente os deslocamentos entre residência e trabalho e é restrito à população inserida no mercado formal do trabalho, que representava menos da metade da população economicamente ativa à época (Carvalho *et al.*, 2010). Promulgada após a redemocratização, a Constituição Brasileira de 1988 transferiu aos municípios a competência de «organizar e prestar esse serviço diretamente ou sob regime de concessão ou permissão» (art. 30, inc. V), cabendo ao governo federal formular diretrizes nacionais. Emendas seguidas na Constituição reforçaram a importância do transporte na ordem legal brasileira, desde 2015 reconhecido como um «direito social», ao lado de educação e moradia (art. 6). Nos anos seguintes à municipalização, houve várias tentativas de organizar de maneira mais eficiente o sistema público de transporte, incluindo propostas de tarifa zero. Foi o caso da maior metrópole brasileira, São Paulo, quando, em 1991, a prefeita Luiza Erundina apresentou um projeto para acabar com a cobrança de tarifas em ônibus, custeado por incremento progressivo no Imposto Predial e Territorial Urbano (IPTU) das grandes indústrias, empresas, mansões, clubes e terrenos vazios. A tramitação da proposta, rejeitada pelo legislativo, sob a pressão das empresas privadas de transporte, foi demonstrativa do «tipo de resistência, de limites» ao propor uma política distributiva «benéfica aos setores pauperizados da cidade» (Kowarick e Singer, 1993). Na primeira metade dos anos 1990, não há registro de experimento continuado de passe livre em cidades de médio e grande porte no Brasil.

No contexto de agravamento da crise econômica em meados dos anos 1990, acompanhada de altos índices de inflação e empobrecimento da população, o governo federal lançou várias políticas econômicas que privilegiaram a indústria automobilística. O intuito, como num plano de 1994, foi criar empregos e estabilizar a economia, o que levou ao aparecimento de automóveis populares com benefícios fiscais, à contenção do preço da gasolina, à criação de vantagens fiscais específicas para montadoras (Vasconcellos e Mendonça, 2010). Com o aumento do número de automóveis e de motos e por conta da baixa capacidade de investimento em infraestrutura viária, houve pesadas consequências sobre a mobilidade urbana, com engarrafamentos, aumento do tempo de deslocamento e elevados índices de poluição.

Sob o pano de fundo dos incentivos à indústria automobilística e à cultura do automóvel individual no Brasil, o transporte coletivo urbano permaneceu praticamente sem subsídios, pesando substancialmente nas pessoas de mais baixa renda. Os critérios de tarificação permaneceram nos moldes definidos nos anos 1970, simplesmente o cálculo do custo de quilômetro rodado dividido pelo índice de passageiros por quilômetro, praticamente sem recursos extratarifários. No cômputo dos custos, a parcela maior era representada pelos gastos com pessoal e tributos (40%–50%), seguida pelo gasto com combustível (22%–30%) — estimou-se que se os tributos fossem desonerados, haveria uma redução entre 7%–10% das tarifas. Entre 1995 e 2003, em consequência da crise econômica, houve uma grande queda do número de passageiros e, sendo a tarifa baseada no rateio dos custos totais estimados pelo número de passageiros, gerou-se um círculo vicioso, pois com a redução da demanda encareceram as tarifas (Carvalho e Pereira, 2011). A queda da demanda, em torno de 30%, foi um dos motivos do aumento da tarifa em valor 60% superior à inflação durante esse período: entre os mais pobres, o transporte urbano consumia em torno de 15% da renda familiar, atrás unicamente das despesas com moradia (Carvalho e Pereira, 2012). Além disso, com poucas exceções, os sistemas gerenciados pelos municípios não formaram fundos extratarifários para custear a gratuidade, concedida por lei federal, a idosos e deficientes. Os assim chamados subsídios cruzados, em 2007, impunham ao valor da tarifa um sobrepreço de 8,7% para financiar os benefícios concedidos (Pereira *et al.*, 2014). Ao pagar integralmente a tarifa, especialmente as pessoas de baixa renda, usuários cativos do transporte público, arcavam com os benefícios concedidos, o que constitui mais uma grave iniquidade do modelo (Vasconcellos, 2005). Em síntese, pessoas mais pobres gastam uma fatia maior de sua renda em transporte, dispõem de menor mobilidade e não contribuem para as externalidades negativas atribuídas ao transporte.

A iniquidade do modelo de transporte no Brasil permaneceu intacta durante os primeiros anos do século XXI, apesar de o crescimento econômico ter reduzido o impacto do preço das tarifas na renda da população mais pobre e da incorporação de um conceito transformador de mobilidade urbana, no sentido amplo do termo, a partir da criação do Ministério das Cidades, em 2003. Duas grandes revoltas estudantis contra o aumento de tarifas marcaram esse período: a Revolta do Buzú, em Salvador, entre agosto e setembro de 2003, que obteve o congelamento da tarifa por um ano e a extensão do benefício da meia-tarifa; e a Revolta da Catraca, em Florianópolis, em junho de 2004 e maio-junho de 2005, quando a prefeitura revogou o aumento (Gomide e Galindo, 2013). Essas revoltas marcaram a consolidação de movimentos sociais, em especial o Movimento Passe Livre (MPL), organizado nacionalmente.

O MPL foi criado oficialmente em Porto Alegre, no Fórum Social Mundial de 2005, a partir de um esforço de dar escopo nacional à defesa da tarifa zero. A proposta do MPL ampliou-se, integrando novas pautas, como um posicionamento contra um conjunto de opressões de classe, gênero, raça, e apropriando-se de novas formas de organização e protesto, com destaque para o aprofundamento democrático na estrutura decisória e a ação direta (Singer, 2013). Nesse contexto de ampliação do movimento, houve uma preocupação de resgatar propostas passadas de experimentos ou projetos brasileiros de tarifa zero, como a da gestão de Erundina em São Paulo, e desenvolver fóruns de discussão amplos sobre mobilidade. Faz parte da preocupação do MPL, independentemente das Jornadas de Junho, entender os mecanismos que motivam e sustentam projetos atuais de gratuidade no transporte coletivo no Brasil. O grande mote político nessa preocupação é justificar a ideia fundamental do MPL de que o obstáculo à tarifa zero não é técnico, apenas político — nos termos colocados aqui, não haveria um problema de viabilidade, apenas de atingibilidade.

No Brasil, há pelo menos onze cidades onde a tarifa zero estava em vigor no primeiro semestre de 2016, quando este texto foi redigido. O modo como a proposta e a realização da gratuidade do transporte público se deu em cada uma dessas cidades tem contornos específicos, até mesmo no contexto brasileiro. A avaliação de viabilidade e a forma de realização, o que se conecta com a atingibilidade, são então próprias a esses municípios e, por mais que possa haver afinidade com o MPL, relativamente independentes da luta nacional por passe livre. A trajetória do passe livre nessas onze cidades é objeto de uma pesquisa ampla, ainda em realização, e o que se apresenta abaixo são dados preliminares. Não existe ainda pesquisa sistemática das experiências de passe livre no Brasil.

3. Alternativa em campo: Agudos e Tijucas do Sul

Quais as condições para a implementação e consolidação de políticas de tarifa zero? Para responder essa questão, que diz tanto respeito à atingibilidade quanto à viabilidade da proposta do transporte público gratuito, apresento os resultados preliminares de uma série de estudos de caso de cidades brasileiras que adotam essa política, em especial de duas cidades de pequeno porte, Agudos e Tijucas do Sul, respectivamente, nos Estados de São Paulo e Paraná. Outras cidades que adotam a tarifa zero no Brasil são Eusébio (CE), Maricá, Silva Jardim e Porto Real (RJ), Monte Carmelo e Muzambinho (MG), Potirendaba (SP), Pitanga e Ivaiporã (PR). Outras cidades na história recente adotaram a gratuidade no transporte público, em especial Paulínia (SP), mas abandonaram a política. O que apresento sobre Agudos e Tijucas do Sul é resultado de pesquisa documental, observação participante e entrevistas semiestruturadas com prefeitos, secretários, ex-prefeitos, integrantes da oposição, vereadores, membros e ex-membros do corpo técnico responsável pelo transporte público, empresários de transporte e sindicalistas. Foram 37 entrevistas, além de relatos de usuários e funcionários públicos.

Há pelo menos três razões que justificam o enfoque específico em Agudos e Tijucas do Sul. Primeiramente, as duas cidades estão em estágios diferentes da implementação do passe livre. Agudos é um dos casos mais antigos no Brasil, em operação desde 2003. Tijucas do Sul é o município que mais recentemente aderiu ao modelo gratuito no Brasil, em 2015. Isso nos permite identificar os dilemas específicos associados à implementação e à evolução da proposta. Em segundo, no momento da implementação da nova política de transporte, tanto Agudos quanto Tijucas do Sul eram municípios pobres no seu contexto regional. No início dos anos 2000, Agudos era o terceiro município menos desenvolvido da mesorregião de Bauru, no interior de São Paulo, uma das áreas mais ricas do Brasil. Desde então, tornou-se uma cidade na faixa de desenvolvimento alto, de acordo com os critérios do Atlas do Desenvolvimento Humano no Brasil. Tijucas do Sul figurava na posição 26 no *ranking* do Índice de Desenvolvimento Humano entre os 29 municípios que compõem a Região Metropolitana de Curitiba e na posição 3378 no *ranking* dos 5565 municípios brasileiros, de acordo com dados do Atlas do Desenvolvimento Humano no Brasil de 2010. Isso nos permite associar em alguma medida a política de mobilidade com características de desenvolvimento humano. Um aspeto a notar em relação a esses dois municípios, é que são considerados de área vasta. Agudos, com 966 quilômetros quadrados, era o 45.º município com maior área entre as 645 cidades do Estado de São Paulo, de acordo com dados oficiais, em 2014. Sua morfologia faz com que o município seja espraiado, aumentando a necessidade de boa infraestrutura para deslocamentos intramunicipais. Tijucas do Sul tinha em 2014 uma área de 672 quilômetros quadrados, a 89.ª maior dentre os 399 municípios do Estado do Paraná. Trata-se de uma cidade composta de três núcleos principais de habitação, sendo o principal o central, onde está a sede da prefeitura, distante mais ou menos 40 a 50 minutos de carro dos outros núcleos. Por fim, os idealizadores e realizadores da transição de um sistema de transporte pago para um gratuito foram políticos cujos partidos estão normalmente associados à direita ou centro-direita brasileira. O prefeito na implementação do passe livre em Agudos era José Carlos Octaviani, então eleito em uma coligação entre PMDB e PPB. O prefeito de Tijucas do Sul que capitaneou a criação do sistema gratuito de transporte público era José Altair Moreira, o *Gringo*, do PP. Por mais que o passe livre no município paranaense tenha se dado após as Jornadas de Junho, o prefeito afirmou não ter vínculo com o MPL e que a proposta que ele encampou é independente dos protestos de 2013.

A decisão de implementar um modelo de transporte público gratuito parte de um diagnóstico de ineficiência da política de transporte então vigente. Assim como na maior parte dos municípios brasileiros, o modelo então vigente caracterizava-se por ter regulação pública e operação privada. A Constituição Federal define que «incumbe ao poder público, na forma da lei, diretamente ou sob o regime de concessão ou permissão, sempre através de licitação, a prestação de serviços públicos», dispondo nessa lei da vigência do contrato, dos mecanismos de fiscalização, dos direitos dos usuários e da política tarifária (art. 175).

Nesse quadro legal geral, estabelece-se que o serviço de transporte dá-se normalmente em uma zona intermediária entre o mercado privado e a prestação pública: no Brasil, organiza-se principalmente como um serviço prestado por empresas privadas, que não se submetem aos imperativos da lei do mercado, mas estão sob regulação pública. Tanto para Agudos, no início dos anos 2000, quanto para Tijucas do Sul, até o início de 2015, a opção pela modalidade de concessão a empresas particulares, o modelo de prestação do transporte coletivo então vigente, havia chegado a um impasse.

De 1990 a 2015, o transporte público em Tijucas do Sul foi operado por concessão pela empresa Campo Alto de Tijucas, com sede na cidade vizinha de São José dos Pinhais, e os proprietários da viação alegavam que o serviço interno ao município não era lucrativo e, portanto, prejudicial à saúde financeira da empresa. A prefeitura apurou um balanço oferecido pela Campo Alto de Tijucas e confirmou a alegação da empresa. A solução que os proprietários apresentavam era aumentar a tarifa — então no valor unitário de 3,5 reais para distâncias abaixo de 18 quilômetros e 5 reais para distâncias acima de 18 quilômetros — ou a criação de um subsídio mensal da prefeitura para a empresa, estimado em 20 mil reais. O serviço prestado pela empresa era de boa qualidade de acordo com o prefeito, mas a tarifa, mesmo sem atender a demanda de aumento por parte da Campo Alto de Tijucas, era considerada alta demais para os munícipes: com uma população principalmente rural, com pouca renda média (9200 reais por ano, em 2010) e, por conta da sazonalidade da produção, períodos de nenhuma renda, e o uso do transporte coletivo era entendido como um «luxo». Para o município, isso criava uma situação de isolamento, especialmente da população nos principais distritos rurais, que evitava ir ao centro de Tijucas do Sul para lazer ou comércio, até mesmo tendo incentivos para viajar para outras cidades para isso. Não houve confronto entre a prefeitura e a empresa, mas a decisão de não prorrogar o prazo da concessão parecia inevitável.

A qualidade da prestação do serviço em Agudos, diferentemente do que ocorreu em Tijucas do Sul, foi o elemento central do diagnóstico de ineficiência da política de transporte vigente de concessão a empresa particular. Na eleição para prefeito desse município paulista, em 2000, a questão do transporte foi um tema central. Então candidato do PMDB, José Carlos Octaviani defendeu a tarifa zero como uma proposta para diferenciar-se do principal adversário no pleito, o então prefeito de Agudos que disputava a reeleição. O diagnóstico, aliás comum aos principais candidatos em 2000, era que a empresa que prestava o serviço de transporte, a Viação Agudos, passava por dificuldades financeiras e, por isso, não conseguia atender à população com qualidade: os ônibus quebravam e não eram repostos, os trajetos eram cancelados por falta de gasolina. Na campanha, Octaviani distribuiu um panfleto com uma fotografia de um ônibus da Viação Agudos com o carimbo «Gratuito!» — esse material foi realizado com o aval das então proprietárias da empresa. O panfleto tornou-se, naquela campanha, motivo de piada, fazendo com que Octaviani cogitasse recolher esse material: «As pessoas não acreditavam e ainda diziam "esse candidato é louco", "ele não tem o que falar", "isso não existe"», disse. Por conta da proposta, Octaviani perdeu apoios de lideranças locais e avaliou ter perdido eleitores. Na eleição de 2000, Octaviani venceu por 341 votos em relação ao segundo colocado, num total de 18 099 votos totais, e, dois anos após o pleito, pôs em prática a promessa de campanha, estabelecendo o passe livre.

A decisão dos prefeitos de Agudos e Tijucas do Sul pelo passe livre teve relativa independência em relação ao diagnóstico de que o modelo então vigente de prestação do serviço de transporte coletivo era ruim. Havia outras opções além de não cobrar a tarifa, em especial a de mudar a prestadora particular do serviço, exigindo melhor qualidade e menor tarifa, e a de passar o transporte para a administração direta, com a cobrança de tarifa. Nos dois casos, a decisão envolveu uma compreensão mais ampla dos possíveis impactos que uma política de transporte diferente, com a gratuidade na condução, teria num projeto de desenvolvimento urbano, especialmente para fortalecer o comércio local e atrair investimentos industriais.

A ideia do passe livre em Agudos não foi originalmente de Octaviani, mas do então candidato a vice-prefeito em sua chapa, que havia conhecido a experiência da tarifa zero em Paulínia, também no interior paulista. Paulínia era uma das cidades mais ricas do Estado e, durante a década de 1990, deixou de cobrar pelo uso do transporte, custeando o serviço com os volumosos excedentes orçamentários. O caso de Agudos era diferente, na medida em que a arrecadação pública era pequena e, ao mesmo tempo em que prometeu implementar o passe livre na campanha de 2000, Octaviani disse aos eleitores que reduziria a carga tributária. Octaviani pediu um estudo a uma empresa de uma cidade vizinha para avaliar os custos de um sistema eficiente de transporte público em Agudos, estimado então em 3% do orçamento do município. O valor foi considerado «pagável» pelo prefeito e, com isso, em 2002, de modo abrupto, o passe livre foi implementado, com o nome «Circular de Graça», com oito ônibus em circulação, em duas rotas, atravessando vasta extensão do município.

A decisão de adotar o passe livre em Tijucas do Sul não foi influenciada a princípio pelas manifestações em 2013, no Brasil. A constatação é curiosa, na medida em que essas manifestações tiveram visibilidade e trouxeram para o debate público nacional a proposta da tarifa zero. O município paranaense passou relativamente incólume por esse processo, aliás a única manifestação que havia sido planejada foi abortada por falta de interesse da população. A inspiração pelo passe livre veio de uma pequena cidade paranaense, Mandirituba, que, segundo o prefeito, transportava as pessoas da cidade «de graça» na década de 1980. A ideia de implementar a gratuidade no transporte público de Tijucas do Sul era defendida informalmente por *Gringo* desde 2008, quando ele assumiu a prefeitura, mas não foi adiante, até porque o contrato com a empresa prestadora do serviço, estava em vigência. Na campanha para a reeleição, em 2012, o prefeito incluiu no plano de governo e no material de campanha o projeto de transporte público gratuito, já com o nome atual, Transporte Cidadão. Apesar de vereadores da oposição considerarem a proposta «eleitoreira», a crítica não parece proceder, na medida em que não há ganho eleitoral imediato; no Brasil, não é possível deter três mandatos consecutivos. O projeto de lei 26/2015, que possibilitou a tomada do controle do transporte público pelo Executivo municipal com a gratuidade, foi enviado à Câmara Municipal de Tijucas do Sul em

28 de setembro de 2015, primeiramente discutido no Legislativo municipal em 19 de outubro e aprovado por unanimidade uma semana depois.

A implementação do Transporte Cidadão foi possível sem aumentar a carga tributária sobre a população de Tijucas do Sul. Em junho de 2015, Tijucas do Sul recebeu um aumento no repasse do ICMS Ecológico, um projeto do governo estadual do Paraná, que destina 5% do Imposto sobre Circulação de Mercadorias e Serviços a municípios que tenham áreas de proteção ambiental ou mananciais de abastecimento a outras cidades. Nesse ano, o município recebeu 539 108,79 reais e a perspectiva é que, em 2016, o valor seja ainda maior. Em junho mesmo, a prefeitura empenhou 340 mil reais na compra de ônibus para administrar diretamente o serviço. Os motoristas foram selecionados entre funcionários já concursados da prefeitura. A manutenção do sistema de transporte público gratuito custou aos cofres do município cerca de 30 mil reais por mês, nos primeiros meses de 2016. Não depender de um aumento tributário sobre a população tornou mais fácil a criação das condições operacionais mínimas para a implementação do passe livre nessa cidade.

Em Agudos, a administração do serviço de transporte público ficou em teoria sob a responsabilidade de um setor criado especialmente para isso mas, na prática, nas mãos do prefeito. A gestão teve de levar em conta todas as especificidades do sistema, das decisões do cotidiano, como a organização da limpeza, e o planejamento estratégico da operação. Sem a participação imediata de Octaviani, o sistema provavelmente teria sido inviável. Porque o transporte era prestado sob modalidade de administração direta, estava sob a égide da recente legislação brasileira sobre contratos e negócios públicos, em especial a Lei 8666, de 1993. De acordo com essa lei, a administração pública não pode, salvo em casos excepcionais, estabelecer contratos livremente, tendo que passar por procedimentos como a licitação. As decisões que garantiram a efetividade do transporte público gratuito em Agudos foram tomadas em certos casos à revelia da lei. No contexto da administração direta, houve casos em que motoristas se demitiram ou se afastaram para tratamentos de saúde longos e, sem tempo para fazer um concurso público autorizado, o prefeito decidiu deslocar um funcionário sem treinamento específico ou contratar pessoas que não haviam sido selecionadas de acordo com a lei. Esse tipo de decisão — tomada segundo o prefeito para garantir a continuidade do serviço, na medida em que concursos públicos podem demorar semanas ou meses — fez com que Octaviani fosse condenado em mais de uma ação ajuizada no Tribunal de Justiça por improbidade administrativa e se tornasse inelegível até as eleições de 2016.

Os principais desafios para a implementação do transporte público gratuito em Tijucas do Sul foram de ordem administrativa. A prestação do serviço ocorreu antes que uma estrutura específica para gerenciar o serviço existisse. No município paranaense, as decisões do dia a dia do sistema de transporte eram tomadas, no momento da pesquisa de campo, em grande medida pelo próprio prefeito. Havia um funcionário responsável pela gestão do sistema, sem formação específica. As dificuldades administrativas eram crescentes, na medida em que, com a adoção do passe livre, o volume de passageiros nos ônibus aumentou 70%, chegando na média a 500 passageiros por dia. Um importante dilema de gestão foi a necessidade de contar com a frota de transporte escolar, quando um ônibus de linha precisava ficar na garagem para manutenção. Essa decisão foi alvo de denúncia da oposição, segundo a qual há risco para as crianças, e está em investigação, podendo levar a uma penalização à administração do sistema de transporte e ao prefeito.

Inicialmente, a prefeitura em Tijucas do Sul optou por basicamente manter a mesma organização das linhas que herdou da empresa que prestava o serviço. A única alteração foi uma mudança de horário, da linha que percorre um bairro rural e chega até a zona industrial. O horário inicial da linha passou das 8h00 para as 6h10, atendendo uma reivindicação de trabalhadores, que iniciam sua jornada às 7h00. Há a previsão de novas mudanças, até mesmo com a criação de uma nova linha, e principalmente a intenção de adquirir pelo menos mais um veículo em 2016.

O sistema de administração direta do transporte em Tijucas do Sul coexistia na prática com operações da Campo Alto de Tijucas. A empresa era responsável pelas linhas intermunicipais que ligavam Tijucas do Sul a São José dos Pinhais (11,20 reais) e Curitiba (12,80 reais). Apesar de essas operações envolverem rotas entre cidades distintas, a Campo Alto de Tijucas oferecia à população o serviço intramunicipal nos mesmos ônibus das linhas que ligam Tijucas do Sul a São José dos Pinhais e Curitiba. Na prática, portanto, a empresa operava as mesmas linhas que a prefeitura operava.

Um dos desafios da administração pública em Agudos foi conter o vandalismo e a criminalidade nos ônibus. Assentos destruídos e pichações aumentaram a partir do passe livre, e a manutenção e limpeza dos veículos criava um gasto imprevisto para a prefeitura, que, segundo um dos responsáveis pelo setor de transporte em Agudos, chegou a alcançar quase um quinto dos gastos com a frota por mês. Especialmente à noite, os ônibus tornaram-se pontos de tráfico de drogas na cidade. Octaviani pediu autorização judicial para que policiais acompanhassem as rotas noturnas, mas esta foi indeferida, considerando-se que a presença desses policiais poderia constranger a entrada de passageiros, que teriam direito ao uso dos ônibus. Um secretário da prefeitura sugeriu que se cobrasse uma tarifa simbólica, como cinquenta centavos, para limitar o vandalismo e a criminalidade. Mas Octaviani quis manter a gratuidade. O então prefeito de Agudos convocou um homem de sua lealdade, armado, que circulou nos ônibus para coibir a deterioração dos veículos e o tráfico. Essa pessoa, segundo seu próprio relato, chegou a entrar em conflito com um suspeito de tráfico, numa situação em que houve até troca de tiros.

O modelo de transporte público gratuito em Tijucas do Sul ainda estava em fase de implementação no momento da redação deste texto e algumas características do processo de implementação podem diminuir a possibilidade de continuidade. A proposta é muito dependente da vontade política do prefeito, que não pode concorrer no pleito municipal do segundo semestre de 2016. Por mais que haja apoio entre políticos locais, há também oposição ao projeto, entre outros motivos porque a proposta não é vista como a prioridade social do município. Enfraquece a continuidade da política o pouco envolvimento da população na tomada de decisões sobre o transporte; houve apenas uma audiência pública, após a implementação, com um foco específico para negociar a coexistência entre o sistema intermunicipal e o serviço intramunicipal. O valor cobrado pela Campo Alto de Tijucas é considerado abusivo, especialmente porque na rede da região metropolitana de Curitiba, que envolve 19 municípios, a tarifa custa metade do que é cobrado pela empresa que opera em Tijucas do Sul. A Campo Alto de Tijucas segue prestando o serviço intramunicipal, o que barateia o custo de uma eventual decisão política de voltar a um sistema de concessão no transporte, já que não haveria grande desorganização do sistema. A administração direta do transporte corre o risco de entrar em uma espiral de processos e impedimentos legais, que poderiam inviabilizar a oferta do serviço.

O grande desafio para a continuidade do passe livre em Tijucas do Sul parece ser de ordem administrativa.

O sistema livre de transporte público gratuito em Agudos é o mais duradouro do Brasil, ainda em vigência, e passou por uma transformação importante: em 2014, decidiu voltar ao modelo de concessão a empresa privada na prestação do serviço de transporte no município, mantendo o passe livre. Sucedeu José Carlos Octaviani no comando da prefeitura seu sobrinho, Everton Octaviani, vencendo os pleitos de 2008 e 2012. Os problemas administrativos associados a ter uma frota sob administração direta, como a sequência de processos por conta de contratações e aquisições de peças sem seguir os procedimentos legais, levaram o novo prefeito a conceder à empresa Eliz Line, de Lençóis Paulista, a prestação do transporte em Agudos. Não foi aventada a possibilidade de interromper a tarifa zero, nessa mudança, considerada o símbolo de Agudos e um motivo pelo qual grandes empresas foram atraídas para a cidade. A convite do Movimento Passe Livre e da então deputada federal Luiza Erundina, Everton Octaviani discursou na Câmara dos Deputados, em Brasília, em 9 de julho de 2013, e disse:

> Agudos era um Município desacreditado, onde as pessoas não tinham autoestima. O Município era ridicularizado por cidades vizinhas pelas más condições encontradas por aqueles que visitavam a cidade. E uma cadeia virtuosa passou a ser movida desde a implantação do passe livre na cidade. Vimos o comércio que era praticamente inexistente ser ampliado e fortalecido. Pudemos ver os prestadores de serviços, que eram nulos, começarem a existir, porque conseguiam fazer seus deslocamentos para prestar seus serviços. Vimos muitas empresas surgirem na cidade, de forma genuína, e também outras se transferindo para o Município.

Antes de adotar a modalidade de concessão, estimava-se que a frota sob administração da prefeitura era composta por 14 veículos, rodando no total 540 quilômetros lineares por dia, num valor aproximado de 120 mil reais por mês, sem contar os investimentos para a renovação constante dos ônibus. Por dia, em 2015 aproximadamente 10 mil pessoas usavam o transporte público no município. O contrato com a Eliz Line foi inicialmente estipulado em um ano e exigia o desembolso de 90 mil reais por mês, menos do que era gasto anteriormente, com a frota sob administração direta, oferecendo um serviço com maior qualidade, especialmente em relação à acessibilidade dos veículos. Com a concessão, o sistema de transporte público de Agudos, que contribuiu desde 2003 a melhorar aspectos sociais e económicos do município, entrava em uma nova fase, com pouco risco para a continuidade do passe livre, no curto prazo pelo menos.

Conclusão

Este capítulo tratou da desejabilidade, viabilidade e atingibilidade do sistema do transporte público gratuito. Essa avaliação em três dimensões foi enquadrada na teoria das «utopias reais», tal qual definida por Erik Olin Wright (2010). A desejabilidade foi vista por duas facetas. Por um lado, o passe livre está em princípio de acordo com princípios norteadores de uma agenda de empoderamento social, como democracia, igualdade, sustentabilidade e mobilidade. Por outro lado, esse modelo institucional para o transporte coletivo participa de um conjunto de políticas que precisa ser colocado em prática para limitar as consequências nefastas de sociedades dependentes do automóvel individual. A viabilidade foi tratada a partir de uma revisão de casos de cidades no mundo que adotaram, em variados momentos históricos, um sistema de transporte público gratuito. Foi enfatizado aquilo que facilitou e dificultou a realização e a continuidade da adoção da tarifa zero. Viu-se que há tipos de cidades mais propensos a adotar esse tipo de sistema. Por fim, fez-se um relato de dois casos, que atingiram no contexto brasileiro o modelo de passe livre, Tijucas do Sul e Agudos, respectivamente, no Paraná e São Paulo. São elementos comuns aos dois experimentos a transição de um modelo com tarifa a um livre sem grande custo político e econômico e a presença de uma liderança forte e convencida da viabilidade da tarifa zero.

A discussão séria sobre alternativas institucionais deve instigar a imaginação sociológica ou, na acepção adotada neste capítulo, contribuir para uma sociologia das possibilidades. Protagonista de uma das principais mobilizações da história brasileira, em 2013, o Movimento Passe Livre irrompeu às ruas contra o aumento das passagens de ônibus e, mais do que isso, levantou a bandeira de uma alternativa fundamental ao modo como organizamos nossas sociedades. Há um caráter utópico inegável no passe livre, a ideia de que, nas cidades, vamos priorizar a justiça econômica de um transporte acessível a todos — intensificada se a sustentação do sistema de transporte for com base em um imposto progressivo — e o equilíbrio ambiental, em detrimento de um modelo empresarial de gestão ou de cobrança direta na prestação desse serviço. Há um componente realista, na medida em que, na ponta do lápis, pode ser uma proposta não apenas desejável, mas até mais eficiente e racional de organizar o transporte urbano. Assim, é obtusa a visão daqueles que consideram que, de antemão, a tarifa zero é inviável; o campo de pesquisa sobre essa alternativa está em aberto.

Referências bibliográficas

Aas, Taavi (2013), «Free public transport in Tallinn — financial, environmental and social aspects», comunicação apresentada no *Union of the Baltic Cities Joint Seminar on Sustainable Transport Solutions*, Talin, Estónia. Consultado a 15.04.2016, em http://www.tallinn.ee/eng/tasutauhistransport/UBC-Joint-Seminar-on-Sustainable-Transport-solutions

Albert, Michael (2004), *Parecon: Life after Capitalism*. Nova Iorque: Verso.

Brie, Michael; Candeias, Mário (2012), *Just Mobility: Postfossil Conversion and Free Public Transport*. Berlim: Fundação Rosa Luxemburgo.

Canters, Raf (2014), «Hasselt cancels free public transport after 16 years (Belgium)», *Eltis*, de 1 de agosto. Consultado a 26.04.2016, em http://www.eltis.org/discover/news/hasselt-cancels-free-public-transport-after16-years-belgium0

Carvalho, Carlos Henrique Ribeiro; Gomide, Alexandre; Pereira, Rafael Henrique Moraes; Mation, Lucas Ferreira; Balbim, Renato; Lima Neto, Vicente Correia; Galindo, Ernesto Pereira; Guedes, Erivelton Pires (2013), *Tarifação e financiamento do transporte público urbano*. Brasília: IPEA.

Carvalho, Carlos Henrique Ribeiro; Pereira, Rafael Henrique Moraes (2011), *Efeitos da variação da tarifa e da renda da população sobre a demanda de transporte público coletivo urbano no Brasil*. Brasília: IPEA.

Carvalho, Carlos Henrique Ribeiro; Pereira Rafael Henrique Moraes (2012), *Gastos das famílias brasileiras com transporte urbano público e privado no Brasil: Uma análise da POF 2003 e 2009*, TD 1803. Brasília: IPEA.

Carvalho, Carlos Henrique Ribeiro; Vasconcellos, Eduardo de Alcântara; Galindo, Ernesto; Pereira, Rafael Henrique Moraes; Lima Neto, Vicente Correia (2010), «A mobilidade urbana no Brasil», *in* Maria da Piedade Morais e Marco Aurélio Costa (orgs.), *Infraestrutura social e urbana no Brasil: subsídios para uma agenda de pesquisa e formulação de políticas*. Brasília: IPEA, livro 6, v. 2.

Cats, Oded; Reimal, Triin; Susilo, Yusak (2014), «Public transport pricing policy: Empirical evidence from a fare-free scheme in Tallinn, Estonia», *Transportation Research Record*, 2415, 89–96. Doi: https://doi.org/10.3141/2415-10

Cats, Oded; Susilo, Yusak; Eliasson, Jonas (2012), *Impacts of Free PT, Tallinn — Evaluation Framework*. Disponível em http://www.tallinn.ee/eng/freepublictransport/g9616s62872

Chen, Cynthia; Varley, Don; Chen, Jason (2010), «What Affects Transit Ridership? A Dynamic Analysis involving Multiple Factors, Lags and Asymmetric Behaviour», *Urban Studies*, 48(19), 1893–1908. Doi: https://doi.org/10.1177/0042098010379280

Cresswell, Tim (2006), «The Right to Mobility: The Production of Mobility in the Courtroom», *Antipode*, 38(4), 736–754. Doi: https://doi.org/10.1111/j.1467-8330.2006.00474.x

Dias, João Luiz da Silva (1991), «Tarifa zero e eficiência no transporte coletivo urbano», *Revista dos Transportes Públicos*, 53, 71–94. Disponível em http://www.antp.org.br/biblioteca-vitrine/revista-dos-transportes-publicos.html

Diógenes, Juliana (2016), «Para ter passe livre,"é melhor eleger um mágico", diz Haddad», *O Estado de São Paulo*, de 21 de janeiro. Disponível em http://sao-paulo.estadao.com.br/noticias/geral,e-melhor-eleger-um-magico-diz-haddad-sobre-passe-livre,10000012988

Fearnley, Nils (2013), «Free Fares Policies: Impact on Public Transport Mode Share and Other Transport Policy Goals», *International Journal of Transportation*, 1(1), 75–90. Doi: https://doi.org/10.14257/ijt.2013.1.1.05

Galcy, Derek (2014), «License to Ride. Free Public Transportation for Residents of Tallinn», *Critical Planning*, 21, 19–33. Disponível em http://eprints.cdlib.org/uc/item/4p98p21x

Gomide, Alexandre de Ávila; Galindo, Ernesto Pereira (2013), *A mobilidade urbana: uma agenda inconclusa ou o retorno daquilo que não foi*. Brasília: IPEA.

Harvey, David (2012), *Rebel Cities*. Nova Iorque: Verso.

Hodge; David C.; Orrell III, James D.; Strauss, Tim R. (1994), *Fare-Free Policy Costs, Impacts on Transit Service, and Attainment of Transit System Goals*. Olympia, WA: Washington State Department of Transportation. Disponível em http://www.wsdot.wa.gov/Research/Reports/200/277.1.htm

Huré, Maxime (2012), «Gratuité des transports collectifs. De l'expérience sociale à l'alternative politique?», *Métropolitiques.eu*, de 16 de novembro. Consultado a 16.04.2016, em http://www.metropolitiques.eu/Gratuite-des-transports-collectifs.html

Kaufmann, Vincent (2008), *Les paradoxes de la mobilité, bouger, s'enraciner*. Lausana: Presses polytechniques et universitaires romandes.

Kowarick, Lúcio (1979), *A espoliação urbana*. Rio de Janeiro: Paz e Terra.

Kowarick, Lúcio; Singer, André (1993), «A experiência do Partido dos Trabalhadores na Prefeitura de São Paulo», *Novos Estudos*, 35, 195–216. Disponível em http://novosestudos.uol.com.br/produto/edicao-35/

Litman, Todd (2004), «Transit Price Elasticities and Cross-Elasticities», *Journal of Public Transportation*, 7(2), 37–58. Doi: https://doi.org/10.5038/2375-0901.7.2.3

Löwy, Michael (2009), «Ecossocialismo e planejamento democrático», *Crítica Marxista*, 28, 35–50. Disponível em http://www.ifch.unicamp.br/criticamarxista/arquivos_biblioteca/artigo164Artigo3.pdf

Pereira, Rafael Henrique Moraes; Carvalho, Carlos Henrique Ribeiro; Souza, Pedro Herculano Ferreira; Camarano, Ana Amélia (2014), «Envelhecimento populacional, gratuidades no transporte público e seus efeitos sobre as tarifas na Região Metropolitana de São Paulo», *Revista Brasileira de Estudo de Populações*, 32(1), 101–120. Doi: https://doi.org/10.1590/S0102-30982015000000006

Perone, Jennifer; Volinski, Joel (2003), *Fare, free, or something in between*. Tampa, FL: Center for Urban Transportation Research, University of South Florida. Disponível em http://www.nctr.usf.edu/pdf/473-132.pdf

Peschanski, João Alexandre (2013), «O transporte público gratuito, uma utopia real», *in* David Harvey, Ermínia Maricato, Mike Davis, Ruy Braga e Slavoj Žižek *et al.*, *Cidades Rebeldes*. São Paulo: Boitempo.

Peschanski, João Alexandre; Moraes, Renato (2013), «Os protestos de junho e a agenda propositiva: um argumento teórico», *Lutas Sociais*, 17(31), 111–124. Disponível em http://revistas.pucsp.br/index.php/ls/article/view/25728

Santos, Boaventura de Sousa (2005), *Democratizing Democracy: Beyond the Liberal Democratic Canon*. Nova Iorque: Verso.

Santos, Boaventura de Sousa (2006), *Another Production is Possible: Beyond the Capitalist Canon*. Nova Iorque: Verso.

Santos, Boaventura de Sousa (2008), «A filosofia à venda, a douta ignorância e a aposta de Pascal», *Revista Crítica de Ciências Sociais*, 80, 11–43. Doi: https://doi.org/10.4000/rccs.691

Singer, André (2013), «Brasil, junho de 2013: Classes e ideologias cruzadas», *Novos Estudos — CEBRAP*, 97, 27–40. Doi: https://doi.org/10.1590/S0101-33002013000300003

Storchmann, Karl (2003), «Externalities by Automobiles and Fare-Free Transit in Germany — A Paradigm Shift?», *Journal of Public Transportation*, 6(4), 89–105. Doi: https://doi.org/10.5038/2375-0901.6.4.5

Studenmund, AH; Connor, David (1982), «The free-fare transit experiments», *Transportation Research Part A*, 16(4), 261–269. Doi: https://doi.org/10.1016/0191-2607(82)90053-X

Urry, John (2007), *Mobilities*. Cambridge: Polity.

Vasconcellos, Eduardo de Alcântara (2000), *Transporte urbano nos países em desenvolvimento*. São Paulo: Annablume [3.ª ed.].

Vasconcellos, Eduardo de Alcântara (2005), «Transport metabolism, social diversity and equity: The case of São Paulo, Brazil», *Journal of Transport Geography*, 13(4), 329–339. Doi: https://doi.org/10.1016/j.jtrangeo.2004.10.007

Vasconcellos, Eduardo de Alcântara; Mendonça, Adolfo (2010), «Política Nacional de Transporte Público no Brasil: organização e implantação de corredores de ônibus», *Revista dos Transportes Públicos*, 33, 73–95. Disponível em http://files-server.antp.org.br/_5dotSystem/download/dcm Document/2013/01/10/FEAB2631-4FA4-4C02-BA3D-9D96919BB616.pdf

Volinski, Joel (2012), *TCRP Synthesis 101 — Implementation and Outcomes of Fare-Free Transit Systems*. Washington, DC: Transportation Research Board. Disponível em http://www.trb.org/Main/Blurbs/167498.aspx

Wright, Erik Olin (2003), «Preface: The Real Utopias Project», *in* Archon Fung e Erik Olin Wright (eds.), *Deepening Democracy : Institutional Innovations in Empowered Participatory Governance*. Nova Iorque: Verso.

Wright, Erik Olin (2010), *Envisioning real utopias*. Nova Iorque: Verso.

Wright, Erik Olin (2011), «Utopias Reais para uma sociologia global», *Diálogo Global*, 1(5), 3–4. Disponível em http://isa-global-dialogue.net/wp-content/uploads/2013/07/v1i5-portuguese.pdf

Wright, Erik Olin (2012), «Alternativas dentro e além do capitalismo: rumo a um socialismo social», *Teoria & Pesquisa*, 21(1), 1–15. Disponível em http://www.teoriaepesquisa.ufscar.br/index.php/tp/article/viewFile/278/202

Wright, Erik Olin (2013), «Transforming Capitalism through Real Utopias», *American Sociological Review*, 78(1), 1–25. Doi: https://doi.org/10.1177/0003122412468882

Capítulo 17

Outra democracia é possível. Aprendizagens para uma democracia radical no México a partir da experiência política de Cherán*

Orlando Aragón Andrade

1. A impostura política dos *zombies*

O nosso tempo está marcado por um grande paradoxo no domínio da política: a democracia liberal, que, em diversos países, faz a gestão dos interesses do mercado em nome dos interesses dos cidadãos, confronta-se com uma forte crise de legitimidade; apesar disso, os seus principais atores — partidos políticos e meios de comunicação hegemónicos — declaram ser ela a única forma possível de organização política para conseguir uma sociedade justa e igualitária (Žižek, 2002).

Na América Latina, a mais aguda crise da democracia e do sistema eleitoral é porventura a do México. Ao contrário de vários países da América do Sul que nas últimas décadas viveram sob regimes progressistas, o México tem vivido constantemente — pelo menos nas últimas três décadas — sob o controlo de governos neoliberais sem que a alternância partidária em 2002 tenha mudado este rumo.

* Tradução de Tiago Fonseca.

A derrota do Partido Revolucionário Institucional (PRI) nas eleições presidenciais de 2000, depois de quase 70 anos de governo ininterrupto, trouxe aos mexicanos a esperança de que finalmente se iniciaria uma nova etapa na vida política do país. A partir de então, entendeu-se a derrota do PRI como o ponto culminante na transição para a democracia e esta como a superação das práticas antidemocráticas e autoritárias que o PRI tinha implementado e mantido durante tantas décadas. Infelizmente, não passou muito tempo sem que esta expetativa fosse defraudada pelo próprio presidente da transição e pelo seu partido, a Ação Nacional (PAN). Logo na etapa seguinte de renovação presidencial, em 2006, em conluio com o PRI, fizeram todo o tipo de manobras, legais e ilegais, para evitar que o então candidato de esquerda ganhasse as eleições presidenciais (Meyer, 2013; Tuckman, 2013), desferindo, com isso, um duro golpe na credibilidade das jovens instituições eleitorais.

A falta de legitimidade democrática do novo presidente, juntamente com as crises económicas, levou a que o principal projeto do seu governo se centrasse no combate armado ao crime organizado (Tuckman, 2013), o que provocou um crescimento galopante da violência[1] e, paradoxalmente, que fossem postas a nu as ligações entre os grupos criminosos e membros destacados de governos e partidos políticos de todas as filiações, incluindo o partido político da presidência.[2]

Para tornar a situação ainda pior, o último processo de eleição presidencial (2012) ficou marcado pelas mesmas práticas antidemocráticas anteriores e pelo regresso, passados apenas doze anos, do PRI à presidência

---

[1] Passados apenas três anos e meio do início desse sexénio, os números de assassinatos em circunstâncias conotadas com o narcotráfico superavam, de acordo com a investigação de Marcela Turati (2011), o número de desaparecidos durante os anos da ditadura argentina, as vítimas da máfia italiana durante um século e as vítimas do terrorismo da ETA, em Espanha. A mesma autora revela que, dos 28 000 que foram assassinados até essa altura, 23% tinham entre 12 e 24 anos e 40% entre 25 e 35 anos (Turati, 2011). Numa estimativa mais recente, José Gil Olmos (2015) calcula que entre 2006 e 2014 terá havido 120 000 mortos e 50 000 desaparecidos na guerra contra o crime organizado.

[2] Segundo Luís Astorga (2015), o narcotráfico no México esteve ligado ao Estado desde a sua aparição no século XX. Esta relação, contudo, mudou também por causa da chamada transição para a democracia. Do mesmo modo que Salvador Maldonado (2012a), Astorga argumenta que, quando o PRI perdeu a presidência, o poder estatal de natureza autoritária, que constituía um travão perante os grupos do narcotráfico, ficou debilitado, e que, durante os primeiros anos da transição, os partidos políticos, em vez de se preocuparem em criar novas instituições de segurança adequadas a esta nova etapa, se concentraram quase exclusivamente nas disputas eleitorais.

do país (Meyer, 2013; Ackerman, 2015). Em vez de os partidos de esquerda terem dado uma resposta articulada, o que se passou foi a deriva cada vez mais acentuada, especialmente do Partido da Revolução Democrática (PRD), no sentido do dogma neoliberal e a adoção de uma atitude servil perante o governo.

Apesar deste resultado dececionante da transição democrática no México, que, no fim de contas, se ficou por uma raquítica alternância entre partidos políticos cada vez mais corruptos e indiferentes aos problemas dos cidadãos, o país experienciou a ação de uma série de movimentos sociais, que, cada um a seu modo, responderam aos desafios comuns impostos pela ordem neoliberal e pela transformação criminal do Estado. Através da sua luta, contribuíram com importantes inovações políticas para construir um país mais justo, igualitário, plural e democrático.

Entre estas experiências ocorridas nas últimas décadas podem contabilizar-se: a segurança comunitária organizada pela Polícia Comunitária de Guerrero (1995); o movimento indígeno-camponês de San Salvador Atenco, que conseguiu impedir a construção do novo aeroporto internacional nos seus baldios (2001–2002); as novas iniciativas lançadas pelo Exército Zapatista de Libertação Nacional (EZLN), como «la otra campaña» (2005–2006), as escolinhas (escolas zapatistas) (2013), entre outras; a luta e experiência política da Assembleia Popular de Povos de Oaxaca contra o caciquismo e o autoritarismo do PRI (2007); a mobilização dos pais e familiares das crianças falecidas no incêndio do infantário ABC contra a corrupção e impunidade da classe política (2009); o Movimento pela Paz com Justiça e Dignidade sob a égide do poeta Javier Sicilia (2011) contra a política de combate ao crime organizado e a violência por ela desencadeada; a luta do movimento pela segurança, justiça e reconstituição do território de San Francisco Cherán contra o crime organizado e as autoridades municipais corruptas; o movimento estudantil «Yo soy 132» (2012), que lutou por mais equidade e transparência dos meios de comunicação social e durante as campanhas eleitorais; a luta por direitos laborais básicos dos trabalhadores agrícolas explorados de San Quintín (2014); o movimento nacional e internacional de protesto pelo desaparecimento dos 43 estudantes de Ayotzinapa (2014), em que o crime organizado e o exército estiveram envolvidos; entre muitas outras.

Pode considerar-se, então, que a energia autenticamente democratizadora dos últimos anos no México não residiu principalmente na dimensão institucional, nos partidos políticos ou no restante sistema eleitoral. Pelo contrário, manifestou-se especialmente «a partir de baixo», em espaços fora das conjunturas eleitorais, dos partidos políticos e das demais instituições do sistema eleitoral. Por essa razão, para intelectuais como Gustavo Esteva, os partidos políticos são como *zombies*: são autênticos mortos-vivos da política pelos quais já não passam as energias progressistas e transformadoras da sociedade mexicana, mas o inverso, tornaram-se parte dos obstáculos que dificultam a transformação social.

Apesar do crescente inconformismo social, prevalece a ideia de que a democracia mexicana é má mas necessária. É má, entre outras coisas, porque é impossível ocultar o facto de que se encontra montada sobre uma burocracia faraónica, ineficaz e insensível às necessidades sociais do país; porque as campanhas eleitorais se transformaram num período de esbanjamento de dinheiros públicos[3] que beneficia principalmente os monopólios televisivos, os quais, além de encherem os seus cofres, trivializam a democracia num espetáculo de telenovela (Villafranco, 2007); porque se tornou evidente que as campanhas eleitorais se transformaram em verdadeiros períodos de lóbi nos quais os candidatos, na sua ânsia de vencer, são capazes de hipotecar o interesse público aos interesses privados no intuito de conseguir apoio financeiro;[4] porque a classe

[3] De acordo com um estudo realizado pela Fundação Internacional para Sistemas Eleitorais (IFES) e com o Programa das Nações Unidas para o Desenvolvimento (PNUD), entre todos os países analisados na América, Europa, África e Ásia, o México foi o país que ocupou o primeiro lugar quanto a dinheiro gasto nas eleições. Só foi superado pelos países que enfrentavam guerras ou condições graves de instabilidade política (IFES-UNDP, 2006). Em 2010, outra investigação revelou que o México continuava como o país que mais gastava em eleições na América Latina, muito acima de países com mais população, como o Brasil (Mena, 2010). Só o órgão eleitoral responsável pela organização a nível federal das campanhas eleitorais, antes conhecido por Instituto Federal Eleitoral (IFE), agora Instituto Nacional Eleitoral (INE), registou um aumento sustentado no seu orçamento, ao contrário de todas as agendas sociais do Estado mexicano que continuamente têm visto o seu orçamento ser reduzido. Segundo Luis Carlos Ugalde (2015), antigo conselheiro-presidente deste órgão eleitoral, o orçamento do IFE-INE, em 2003, foi de 8958 milhões de pesos (cerca de 425 milhões de euros), tendo subido para 10 265 milhões de pesos (485 milhões de euros) em 2009 e atingido 13 216 milhões de pesos (625 milhões de euros) em 2015.

[4] Ainda segundo Ugalde (2015), apesar do substancial financiamento público que os partidos políticos recebem, os dinheiros privados tornaram-se a principal fonte de financiamento das campanhas eleitorais. Nesse mesmo sentido, um recente estudo feito pela revista *Forbes México*, publicado a 8 de fevereiro de 2015, refere que, por cada dez pesos gastos em campanhas eleitorais, um peso provém do erário público e nove pesos, de origem desconhecida, são provenientes de privados.

governante arranjou maneira de manter a cidadania excluída dos assuntos de interesse público, com o pretexto da profissionalização da política; porque continua profundamente discriminadora da participação efetiva da mulher[5] e de uma verdadeira agenda feminista que discuta o lugar da mulher na política; porque, apesar dos discursos de pluralismo e do reconhecimento formal nas leis, é profundamente hostil às reivindicações de autonomia e exclui as formas de organização política dos povos e comunidades indígenas. No entanto, afirma-se necessária por ser o melhor sistema que existe, dado que, segundo os seus defensores, não há alternativas que permitam construir um sistema melhor. O seu ponto forte é, portanto, o seu aparente caráter de inevitabilidade perante a suposta ausência de alternativas políticas reais ou adequadas.

Um dos principais desafios que se colocam atualmente no México é combater este cinismo político disfarçado de realismo. Uma das melhores formas de o fazer é dar visibilidade às alternativas democráticas que a democracia hegemónica diz não existirem.

2. Para de chorar, Madalena!

Não existirão, de facto, alternativas ou experiências que nos apontem pistas ou nos permitam pensar em novas formas de democracia? A meu ver, a esta pergunta deve responder-se com um rotundo sim: sim, existem alternativas e experiências. Como se entende, então, a eficácia do dogma da ausência de alternativas? Parece-me que isso se explica pelo facto de as alternativas terem a sua origem em instâncias em que menos pensamos ou imaginamos, naqueles setores que, de acordo com uma *racionalidade indolente* (Santos, 2002) — que desperdiça a experiência política gerada fora dos paradigmas e dos atores dominantes —, não possuiriam os elementos, o conhecimento ou as aptidões para as construir.

[5] No México, nunca existiu uma presidente da república. Nos mais de 200 anos de existência do Estado mexicano, só seis mulheres alcançaram o governo de uma província e, nos últimos 32 anos, época de transição para a democracia, houve apenas 23 secretárias de Estado. Num estudo sobre a participação das mulheres na política apoiado pelo PNUD (2013), podem constatar-se alguns avanços, ainda que escassos, como o aumento da representação das mulheres no poder legislativo nas últimas legislaturas (de 28% para 37% no parlamento e de 17% para 32% no senado), que perdem importância perante o ínfimo impacto nas posições de maior poder, como a liderança da bancada de um partido político, que representa apenas 14,3% no parlamento e 0% no senado.

Num país com profundas raízes coloniais, como é o México, é praticamente inadmissível considerar que as alternativas políticas de que hoje necessitamos não tenham origem no Norte global (países desenvolvidos) ou nas elites políticas e intelectuais e que, pelo contrário, possam provir de setores subalternizados, tradicionalmente considerados como ignorantes, marginais e atrasados. Por mais grosseira que pareça, tal atitude é apoiada por uma tradição científica, de longa data e de diferentes quadrantes políticos, que sustenta que apenas aqueles que possuem determinados atributos (científicos, naturais, económicos, culturais, temporais, etc.) são capazes, primeiro, de tomar consciência da sua situação e, depois, de responder adequadamente a uma relação de dominação.[6] Daí que seja muito fácil chegar à conclusão, nos termos do célebre ensaio de Spivak (2011), de que os subalternos não podem falar e, mais do que isso, não podem ser sujeitos políticos com capacidade para propor alternativas.

Um exemplo que ilustra esta avaliação encontra-se no debate académico acerca da relação entre a democracia e o sistema eleitoral mexicano no que diz respeito aos «usos e costumes» das comunidades indígenas do México. Na década de 1990, tornou-se intenso o debate sobre a compatibilidade ou incompatibilidade dos «usos e costumes» com o processo de democratização que, nesses anos, entusiasmava muita gente.[7] As posições de uma primeira série de trabalhos oscilaram entre as daqueles que consideravam que os «usos e costumes», através do exercício da autonomia indígena, podiam contribuir para a democratização do México e as dos que os identificavam como perigosos para um país que procurava libertar-se dos atavismos autoritários do priismo (hegemonia do PRI).[8] O debate não teve em consideração se a democracia nascente no México poderia tirar benefícios de retomar algumas práticas dos «usos e costumes» das comunidades indígenas, em vez disso, centrou-se em determinar

[6] Boaventura de Sousa Santos (2009) e Jacques Rancière (2013) elaboraram duas críticas distintas a esta abordagem.

[7] Os principais movimentos que fomentaram este entusiasmo foram o movimento indígena continental do V centenário da «descoberta da América», em 1992, e o levantamento do EZLN, em 1994.

[8] Para Roger Bartra (2013), por exemplo, a exigência de autonomia era uma expressão de fundamentalismo e os «usos e costumes» perigosos para a democracia mexicana nascente, devido ao seu caráter principalmente autoritário e colonial, ao passo que, para Diaz-Polanco (1997), a autonomia e a aplicação dos «usos e costumes» nas comunidades indígenas seria uma das consequências naturais do processo democratizador.

se tais práticas eram ou não compatíveis com uma lógica política que, como já referi, se assumia de antemão como acabada e desejável.

Um segundo momento do debate pode situar-se no contexto da alternância partidária e do incumprimento governamental da exigência de autonomia formulada pelo EZLN. Ao contrário das discussões na década de 1990, estas investigações basearam a sua reflexão no sistema eleitoral híbrido que foi implantado em Oaxaca. Os dois trabalhos mais relevantes foram unânimes na ideia de que o reconhecimento dos «usos e costumes» no âmbito do sistema eleitoral tinha contribuído, de forma geral, para a continuidade do PRI no governo e para a sua relegitimação face à oposição (Anaya, 2006; Recondo, 2007).[9] Mais uma vez, e talvez com maior intensidade, a ênfase destes trabalhos foi questionar em que medida o reconhecimento dos «usos e costumes» em Oaxaca favorecia ou não o processo de democratização que igualmente se assumia como uma lógica acabada e desejável.

A perceção idealizada com que esta literatura assumiu a transição democrática, juntamente com o desdém arraigado relativamente às formas de organização política das comunidades indígenas, revela, a meu ver, a lógica abissal[10] que afeta as práticas políticas de grupos subalternos, como os indígenas. Sugiro, por esta razão, que talvez esteja a acontecer nas leituras académicas que se elaboraram a propósito dos «usos e costumes» o mesmo que se passou com Maria Madalena no famoso relato bíblico da ressurreição de Jesus Cristo. Neste episódio, Maria Madalena é surpreendida, na sua mágoa, por Jesus Cristo ressuscitado. A aparência com que Jesus se apresenta faz com que Maria Madalena seja simplesmente incapaz de o reconhecer.[11] Provavelmente é isto que

---

[9] David Recondo (2007) dá conta de que, em alguns casos, este reconhecimento também produziu efeitos inversos e suscitou dinâmicas que foram aproveitadas para disputar o poder por parte dos dissidentes e da oposição.

[10] Para Boaventura de Sousa Santos o «pensamento ocidental moderno é um pensamento abissal que consiste num sistema de distinções visíveis e invisíveis; as invisíveis constituem o fundamento das visíveis. As distinções invisíveis são estabelecidas através de linhas radicais que dividem a realidade social em dois universos, o universo "deste lado da linha" e o universo do "outro lado da linha". A divisão é de tal ordem que "o outro lado da linha" desaparece como realidade, converte-se em não-existente e, de facto, é produzido como não-existente. Não-existente significa não existir em nenhuma forma relevante ou compreensível de ser» (Santos, 2009: 160).

[11] A metáfora foi recolhida do artigo *Magdalena despierta*, de Ximena Peredo, publicado no diário *El Norte* em 10 de abril de 2015.

está a acontecer no campo político: que passem diante dos nossos olhos experiências políticas inovadoras e plenas de potencial transformador, que, pela cegueira provocada em nós pela colonialidade do saber, não vemos nem valorizamos adequadamente.

Para ver e valorizar tais experiências precisamos de um novo pensamento crítico que relegue para segundo plano a posição desconstrutivista e chame de novo para a frente o comprometimento com a transformação social; que, por isso, tome consciência deste processo de invisibilização e de subvalorização; que permita, por um lado, como propõe a sociologia das ausências, «mostrar que o que não existe é produzido activamente como não-existente, como alternativa não credível, como alternativa descartável, invisível para a realidade hegemónica do mundo» (Santos, 2006: 23); e, por outro, de acordo com o objetivo da sociologia das emergências, permita «substituir o vazio do futuro segundo o tempo linear, por um futuro de possibilidades futuras e concretas, simultaneamente utópicas e realistas, que se vai construindo no presente a partir de actividades de cuidado» (Santos 2009: 127).

Face ao panorama atual, torna-se evidente que é preciso mudar a perspetiva com que temos vindo a pensar a democracia e os «usos e costumes» das comunidades indígenas, uma vez que foram algumas delas, entre outros setores populares, que geraram alternativas políticas que lhes permitiram resistir com relativo êxito à trágica situação que o México enfrenta atualmente. Contudo, esta viragem não se pode conceber de forma geral e idealizada. Não se trata neste momento de postular que todas as práticas políticas das comunidades indígenas constituem alternativas desejáveis para a crise que o México enfrenta. Pelo contrário, é necessário partir da hipótese de que os «usos e costumes» são contingentes, ambíguos e heterogéneos.

Penso naqueles «usos e costumes» ou, de forma mais precisa, em determinadas práticas políticas que algumas comunidades indígenas mobilizam, revitalizam ou reinventam «a partir de baixo», na sua luta contra o Estado mexicano discriminador, etnocêntrico e criminoso. Tal como Raúl Zibechi (2006), considero que determinadas práticas postas em ação ou fruto de lutas das comunidades indígenas têm potencialidades para construir alternativas democráticas.[12] Neste sentido, considero que

[12] Há, no entanto, uma questão em que difiro de Zibechi (2006), é que não considero estas práticas necessariamente como poderes não estatais. Creio que muitas delas podem

têm potencial transformador os «usos e costumes» que não permanecem passivos, estáticos e alheados dos desafios que o país enfrenta, mas que se afirmam como emergentes, dialogantes e reativos perante os seus problemas particulares, embora também ligados a problemáticas comuns.

3. A comunidade indígena que espantou o medo[13]

Uma das experiências que melhor representa esta reinvenção progressista dos «usos e costumes» é o movimento, que durante quase cinco anos acompanhei,[14] da comunidade purépecha de San Francisco Cherán, na província de Michoacán.[15]

A comunidade de Cherán gerou uma das experiências políticas mais luminosas que se produziram nos últimos anos no México. Cherán encontrava-se envolvida em desafios transversais a diferentes regiões mestiças e indígenas do México, por exemplo: (I) a onda neoextrativista e de delapidação de recursos naturais impulsionada pelas políticas neoliberais; (II) a insegurança e a violência; (III) a transformação criminal do Estado mexicano, e (IV) a crise de legitimidade da democracia e do sistema eleitoral mexicano. Estes desafios gerais, no entanto, assumiram características particulares em Cherán, tais como: (I) o saque das suas florestas; (II) o aumento da violência e da insegurança; (III) a captura da

derivar de modelos estatais anteriores ao neoliberal, como, por exemplo, o colonial; apesar disso, reinventadas na luta e no contexto neoliberal, são capazes de possuir um extraordinário potencial transformador.

[13] O título desta secção inspirou-se na crónica de Thelma Gómez (2012), *El pueblo que espantó el miedo* (O povo que espantou o medo).

[14] Acompanhei a luta de San Francisco Cherán como académico solidário desde maio de 2011 e, desde o final de agosto do mesmo ano, como seu advogado nos processos legais de caráter constitucional que a comunidade tem empreendido. A defesa dos diferentes litígios de Cherán tem vindo a ser realizada em trabalho de cooperação no âmbito do Coletivo Emancipaciones (www.colectivoemancipaciones.org).

[15] Esta comunidade indígena situa-se no coração da região conhecida como planalto purépecha, na província de Michoacán. É uma das maiores comunidades desse povo indígena no que diz respeito à extensão territorial (20 826 hectares), característica que lhe permite, em conjunto com outros fatores políticos da sua história, ser ao mesmo tempo comunidade indígena e cabeça do município conhecido por Cherán. Segundo o censo de 2010, a sua população chega aos 18 141 habitantes, que se dividem principalmente entre as duas comunidades que compõem o município: San Francisco Cherán, com 14 245 habitantes, e Santa Cruz Tanaco, com 2947.

autoridade municipal por parte do crime organizado; e (IV) a crise de legitimidade política que o município enfrentou na última eleição para presidente.

O desmatamento ilegal das florestas tem sido, desde há muito tempo, um problema e um permanente foco de conflitos entre as comunidades da região onde se situa San Francisco Cherán. Mas o problema agudizou-se exponencialmente num curto espaço de tempo devido à intensificação e diversificação das atividades ilícitas de um agente relativamente novo na região: o crime organizado. No caso das florestas de Cherán, o desmatamento intensificou-se nos cinco anos anteriores ao início do movimento de 15 de abril de 2011.[16] Paralelamente, e como consequência direta da presença do crime organizado, a criminalidade e a insegurança da comunidade aumentaram dramaticamente. Da mesma forma que levavam as árvores em plena luz do dia, os membros do crime organizado recorriam à extorsão, às ameaças e aos sequestros, além de assassinarem cheranenses.

Como em outros municípios de Michoacán e do México, chegou-se a esta situação não só graças à cumplicidade das autoridades municipais, mas igualmente das autoridades provinciais, que tinham conhecimento dos atropelos que se cometiam em Cherán e também não atuavam oportunamente.[17] Foi segundo esta mesma lógica que procedeu a autoridade federal, à qual os cheranenses em diversas ocasiões solicitaram a presença do exército para proteger a comunidade e as suas florestas sem

---

[16] Durante muito tempo, os cheranenses dependeram significativamente do aproveitamento da floresta; por esse motivo, não é de estranhar que as alterações na exploração deste recurso coincidam com algumas das mobilizações mais importantes da comunidade, inclusive a de 2011 (Castile, 1974; Beals, 1992; Calderón, 2004; Velásquez, 2013).

[17] Embora o clima de delapidação, insegurança, violência e desagregação estatal não fosse um fenómeno isolado, Michoacán foi uma região particularmente afetada. Nos anos anteriores e posteriores a 2011, manifestou-se com especial clareza a transformação criminal do Estado mexicano (Gledhill, 2012; Maldonado, 2012b; Olmos, 2015). Abundam os exemplos que ilustram esta situação: o grupo operacional denominado «Operación Conjunta Michoacán» (2008) e as múltiplas detenções de presidentes de município de Michoacán (2009) por alegadas ligações ao crime organizado, a detenção, pelo mesmo motivo, do ex-secretário do governo e do filho do ex-governador de Michoacán (2014), a renúncia do ex-governador eleito por causa destes escândalos (2014), a imposição de um novo governador interino por ordem da presidência da república (2014–2015) e a criação arbitrária de uma Comissão de Segurança em Michoacán (2014–2015) que atuou sem quaisquer limitações e, muitas vezes, de forma criminosa contra os próprios naturais de Michoacán.

que as suas solicitações tenham sido atendidas. Para além de todos estes problemas, os cheranenses viram-se confrontados, ao mesmo tempo, com uma profunda crise eleitoral em 2007, aquando da última eleição para a presidência do município. A competição entre o PRI, o PRD e um candidato dissidente deste último partido foi tão renhida e encarniçada que deixou praticamente fraturado o município e a comunidade.

Neste contexto, a 15 de abril de 2011 — à hora da primeira missa — houve um confronto entre os cheranenses e os *talamontes* (madeireiros ilegais). Testemunhas presenciais relataram que foram as mulheres quem primeiro fez frente aos *talamontes* e que depois, perante a confrontação, se lhes juntaram os homens da comunidade. O saldo deste confronto foi de vários feridos com armas de fogo e de alguns *talamontes* detidos na comunidade. Terminado o confronto, a principal preocupação dos cheranenses foi a de que os *talamontes* regressassem com mais gente armada para resgatar os seus cúmplices ou vingar-se das pessoas que os haviam enfrentado. Decidiram, por isso, tomar algumas medidas imediatas, prevenindo um eventual ataque do crime organizado: medidas de caráter defensivo que consistiram na instalação de barricadas com guarnição dos próprios cheranenses em todas as entradas da comunidade, assim como o estabelecimento de *fogatas* (grandes fogueiras) nas esquinas de cada quarteirão do perímetro urbano de Cherán, alimentadas e vigiadas pelos seus moradores.

Estas ações foram acompanhadas de fortes protestos contra a já de si enfraquecida autoridade municipal, que se manteve completamente alheia a estes acontecimentos. De facto, a confrontação serviu para formar um novo consenso político na comunidade: a rejeição taxativa de todos os partidos políticos. Os cheranenses consideraram que todos os partidos políticos os tinham abandonado e traído de forma igual, uma vez que nessa altura os três níveis de governo (municipal, estadual e federal) eram ocupados pelos três principais partidos políticos (o PRI, o PRD e o PAN, respetivamente) e que, além disso, os tinham dividido durante vários anos, favorecendo a penetração do crime organizado na comunidade.

Perante o alheamento da autoridade municipal, emergiu um forte processo organizativo no interior da comunidade. As *fogatas* tornaram-se a base da reativação das assembleias de bairro e da assembleia geral como espaços de debate e de decisão política. A partir destas assembleias, foi nomeada uma primeira comissão composta por quatro cheranenses de cada um dos quatro bairros da comunidade, cuja função foi a de gerir a situação de emergência e de manter canais de comunicação com as autoridades governamentais para resolver o conflito. Esta comissão, conhecida como a Coordenação Geral, foi a que acabou por liderar todo o movimento social e o processo judicial, como uma espécie de governo popular que funcionou até ao momento do reconhecimento, eleição e instalação de um novo governo municipal regido pelos «usos e costumes», e que teve lugar a 5 de fevereiro de 2012.

Após a constituição da Coordenação Geral seguiu-se a formação de outras comissões que se encarregaram de dar resposta às necessidades da comunidade e ao vazio deixado pelo então governo municipal. Se bem que algumas das comissões tenham tido vida curta, tendo durado apenas o necessário para atender a uma necessidade concreta, em 2011, além da Coordenação Geral, chegaram a funcionar catorze comissões: de honra e justiça, das *fogatas*, de imprensa e propaganda, de alimentos, de finanças, de educação e cultura, florestal, da água, da limpeza, dos jovens, de agricultura e criação de gado, de comércio, da identidade, e de saúde. A composição destas comissões estava subordinada aos seguintes princípios básicos: representatividade equitativa dos quatro bairros, que os seus membros fossem eleitos nas assembleias e que o trabalho que viessem a realizar fosse honorífico ou em benefício da comunidade sem que recebessem qualquer remuneração económica em troca.

Quase em simultâneo com a constituição da Coordenação Geral, os cheranenses decidiram reativar a antiga ronda comunitária que até à década de 1940 estava encarregada da ordem na comunidade durante a noite (Beals, 1992). Esta ronda funcionou também com o trabalho de voluntários que se responsabilizaram por apoiar os esforços feitos nas barricadas e por tomar a seu cuidado alguns dos espaços mais importantes da comunidade.

Esta forma de governo foi o resultado das necessidades a que era necessário ir atendendo no dia a dia e de experiências de lutas passadas da própria comunidade.[18] Mesmo assim, demonstrou a sua eficácia ao

---

[18] Uma das mais importantes foi a experiência de governo popular que a comunidade organizou em 1988, integrada nos protestos a nível nacional contra o que, para muitos mexicanos, foi a fraude eleitoral do PRI nas eleições presidenciais do México (Pérez, 2009).

voltar a unir a comunidade num amplo consenso, recuperar a segurança, diminuir drasticamente o abate clandestino da sua floresta e conseguir que, mediante um processo judicial histórico, fosse reconhecido o seu direito de eleger as suas próprias autoridades e organizar a autoridade municipal fora do regime dos partidos políticos e de acordo com os seus «usos e costumes» (Aragón, 2013, 2015).

Foi assim que a comunidade de Cherán, nome que significa «lugar onde espantam», espantou o medo para voltar a fazer política. Vencer o medo, neste caso, não implicou apenas confrontar-se com o crime organizado e com a autoridade municipal, mas igualmente arriscar-se a desafiar o que lhes era dito: que não existia outra forma de governar-se senão com os procedimentos e os mecanismos da deficiente mas necessária democracia e do sistema eleitoral dominante no México. Contra toda a lógica da «racionalidade indolente» (Santos, 2002), esta comunidade purépecha foi capaz de fazer o que tinha sido decretado como impossível: governar-se por si mesma durante oito meses e meio, pôr em prática novas formas de participação política e democrática de alta intensidade alicerçadas na sua tradição cultural e, sobretudo, demonstrar que outra forma de democracia era possível.

No dia 5 de fevereiro de 2012, teve início uma nova etapa do processo com a instalação do Conselho Maior de Governo Comunal (CMGC) como autoridade, oficialmente reconhecida, do município e da comunidade de Cherán. Nessa data, este município purépecha fez novamente história ao ser o primeiro do Estado mexicano a ser oficialmente reconhecido com uma estrutura de governo e com formas de participação política diferentes das dos restantes municípios do México.

Embora a transição do governo popular para o governo por «usos e costumes» se inscrevesse na continuidade de uma mesma lógica de participação política, houve algumas mudanças. As mais significativas tiveram que ver com a nova estrutura do governo municipal de Cherán, presidido pelo CMGC e por seis conselhos operacionais: o dos bens comunais; o da administração local; o dos assuntos civis; o da honra e justiça; o dos programas sociais, económicos e culturais; e o conselho coordenador dos bairros. Segundo a mesma lógica, os cheranenses eleitos para exercerem estas responsabilidades e os membros da ronda comunitária, e ao contrário do período anterior, recebem uma pequena retribuição económica pelo seu trabalho. Uma última mudança foi a instauração, em 2015, com a renovação do CMGC, de dois novos conselhos operacionais: o dos jovens e o das mulheres.

Entre as continuidades de maior significado pode mencionar-se que, da mesma forma que no governo popular de 2011, a autoridade máxima da comunidade e do município são as assembleias, e o CMGC responde perante elas. Esta subordinação não é uma mera formalidade, uma vez que em Cherán existe a revogação de mandato que pode tornar-se efetiva para qualquer membro da estrutura de governo e em qualquer das assembleias que se realizam periodicamente. Da mesma forma, num e noutro dos mencionados períodos, as matérias que se consideram de maior relevância para a comunidade são apresentadas, discutidas e decididas nas assembleias; e são também estas mesmas assembleias que elegem os membros dos conselhos operacionais.

4. A democracia de Caliban

Cherán — uma comunidade indígena que, tal como o Caliban da peça *A Tempestade* de Shakespeare (2009), configura, para o já referido pensamento hegemónico, o nativo selvagem do qual nada de bom se pode esperar — teve a capacidade de reinventar as suas formas de participação política, apesar da situação complicada que vivia. Contudo, poder-se-ia objetar que, tratando-se de uma comunidade indígena, o contexto terá pouco que ver, culturalmente falando, com a realidade da democracia e com o sistema eleitoral mexicano. Por esse motivo, passo a especificar em que sentido e de que práticas políticas em concreto se poderão colher lições e aprendizagens para pensar uma nova democracia radical no México.

Terminei a primeira secção deste capítulo enunciando uma série de problemas da democracia e do sistema eleitoral mexicano no seu conjunto. Esses vícios podem agrupar-se em três formas de dominação mais significativas nas nossas sociedades, as quais obviamente exercem pressão sobre a democracia: o capitalismo, o patriarcado e o colonialismo (Santos, 2002). Defendo, então, que algumas das práticas implementadas na experiência política de Cherán se opõem, em diversas dimensões, a estas formas de poder que enfraquecem a democracia no México.

Se a democracia e o sistema eleitoral no México se converteram em burocracia faraónica e ineficiente; se as remunerações dos governantes são um insulto à pobreza do país; se as campanhas eleitorais são um espetáculo televisivo grotesco do qual os monopólios dos meios de comunicação se aproveitam para enriquecer com os recursos públicos, e se se transformaram em ocasião para os candidatos, ao procurarem apoio financeiro, assumirem compromissos que subordinam o interesse público aos interesses particulares, é porque a democracia mexicana está altamente mercantilizada.[19] Se a democracia mexicana exclui, de diferentes maneiras, a participação dos cidadãos em assuntos de interesse comum e privilegia a decisão antidemocrática e tecnocrata da classe política, é porque um dos discursos dominantes na democracia mexicana é o da profissionalização. Se a democracia e o sistema eleitoral continuam a excluir a participação efetiva das mulheres no âmbito institucional e a possibilidade de uma agenda feminista que questione de forma estrutural o papel da mulher na política, só pode ser por a democracia estar mergulhada na lógica patriarcal. Finalmente, se a democracia e o sistema eleitoral não levam a sério as formas de organização e de participação política das comunidades indígenas, é porque no seu âmago continua enraizado um caráter marcadamente colonial.

Enfrentando esta realidade, a experiência política de Cherán desencadeou práticas tendentes à desmercantilização, desprofissionalização, despatriarcalização e descolonização da democracia. Contra a mercantilização, os cheranenses eliminaram as campanhas e a propaganda eleitoral. De tal maneira que o mecanismo para a nomeação das suas autoridades municipais (ao tempo, o CMGC de 2012 e o de 2015) foi um processo deliberativo no âmbito das *fogatas* e que começou apenas algumas semanas antes das assembleias de nomeação, mas que exigiu o acompanhamento e o conhecimento permanente dos problemas da comunidade e das trajetórias de vida dos habitantes dos bairros de Cherán. As *fogatas* que consideravam ter algum cheranense digno de assumir um cargo propuseram-no na assembleia respetiva declarando as razões pelas quais consideravam ser essa pessoa digna de assumir tal responsabilidade. Após a nomeação, as pessoas indigitadas tomavam a palavra perante todos os vizinhos para comunicar se aceitavam a nomeação e

[19] Luís Carlos Ugalde (2015) demonstra que o preço da alternância partidária se traduziu, desde 1997, em notável incremento dos dinheiros públicos investidos no aparelho eleitoral. Pode afirmar-se, por isso, que, no México, a transição para a democracia nasceu mercantilizada.

fundamentavam com argumentos a sua convicção de que desempenhariam um bom papel ao serviço da comunidade na responsabilidade que iriam assumir. Nesse mesmo ato, os vizinhos do bairro decidiam quem, de entre os que haviam sido propostos pelas *fogatas*, ocuparia o cargo e manifestavam-lhe o seu apoio, não com a deposição de voto em urna, nem de forma secreta mas, sim, colocando-se publicamente em fila atrás dele ou dela.

Este processo de nomeação das autoridades municipais, para além de ser mais deliberativo, participativo, equitativo e constante do que o dos partidos políticos, está sob a alçada dos próprios cheranenses e conta unicamente com o acompanhamento da autoridade eleitoral.[20] E é também muito mais económico: calculou-se, por exemplo, que a nomeação do primeiro CMGC, o de 2012, teve um custo de apenas 43 mil pesos (cerca de 2000 euros). Este valor é ridículo se o comparamos com a verba que o instituto eleitoral gasta com uma comissão municipal para organizar uma eleição normal. Ao ter-se eliminado as campanhas e o proselitismo eleitoral não só se conseguiu uma grande poupança de dinheiros públicos como se acabou com o hábito nefasto de transformar as campanhas eleitorais numa guerra para conseguir dinheiro dos particulares.

Além disso, e apesar de, desde o início do governo por «usos e costumes», as autoridades municipais de Cherán receberem uma remuneração pelo seu trabalho, o seu montante é mínimo em comparação com os salários de qualquer outra autoridade municipal em Michoacán. Um membro do CMGC, o órgão representativo mais importante, ganha por mês oito mil pesos (cerca de 380 euros), ao passo que há vários presidentes de município em Michoacán que ganham mensalmente mais de cem mil pesos (cerca de 4750 euros); e, mesmo que da soma dos salários dos doze membros do CMGC possam resultar montantes semelhantes aos que aufere um presidente de município, há uma diferença enorme na forma de conceber a remuneração individual que se recebe pelo trabalho, ou seja, este deixa de ser entendido como um negócio e, em vez disso, passa a ser concebido como um serviço que deve ser prestado ao

---

20 Na realidade, este acompanhamento apenas se verifica na nomeação do CMGC e não nos restantes conselhos os quais são da responsabilidade exclusiva do conselho de bairros.

povo. Todos estes elementos dificultam, em boa medida, a corrupção no seio do governo municipal e tiram força à pretensão de que se pode fazer negócio ocupando um cargo de representação.

Perante a exclusão dos cidadãos da política e da democracia por parte de uma classe política supostamente profissional, a luta de Cherán colocou novamente o cidadão comum no centro da política e da democracia. O consenso à volta do não aos partidos políticos levou os cheranenses a politizar-se e a ocupar-se do futuro da sua comunidade. Por exemplo, um dos setores cujo trabalho foi vital para a comunidade durante o período de 2011 foi o dos jovens. Este segmento da população, tradicionalmente excluído da participação política em Cherán, encarregou-se da difusão e propaganda do movimento nas redes sociais. A difusão da luta de Cherán feita por estes jovens entre os 14 e os 18 anos nas redes sociais e na rádio comunitária que eles próprios fundaram (Radio Fogata), foi de primacial importância para que em Michoacán e no México, perante o bloqueio ou o silêncio dos meios de informação oficiais, se fosse conhecendo o que se passava em Cherán.

A composição do CMGC e dos restantes conselhos ilustra também esta prática. Nas assembleias de nomeação, as *fogatas* propuseram não só as pessoas com mais estudos mas também aquelas que por diversas razões, principalmente o seu comportamento e o seu trabalho em favor da comunidade, foram consideradas as mais aptas para assumir uma tão grande responsabilidade. Assim, os dois CMGC que na altura foram designados eram compostos por professores, camponeses, comerciantes, profissionais liberais, donas de casa e antigos militares. De facto, na designação de muitos deles foram destacadas qualidades como a de conhecer bem os morros e o território da comunidade, o trabalho feito em favor da comunidade em cargos anteriores, o seu comportamento exemplar na comunidade, etc.

Além da composição das autoridades municipais em Cherán, o mais relevante é que a autoridade máxima desde o princípio foram as assembleias. Nelas, todos os cheranenses, independentemente da sua preparação e condição social, participam nos assuntos políticos mais importantes da povoação, desde a designação até à destituição dos membros de um conselho; desde a criação da estrutura governativa até à sua modificação quando considerada necessária. Da mesma forma, o CMGC e os restantes conselhos operacionais são obrigados a prestar contas em assembleias periódicas nas quais qualquer cheranense pode intervir e votar em condições de igualdade.

Perante a exclusão das mulheres na democracia e a ausência de qualquer mudança significativa do seu papel na política institucional, Cherán avançou no reposicionamento da mulher dentro da política na comunidade. Paradoxalmente, uma comunidade indígena, parte integrante do setor mais acusado de limitar a participação política das mulheres, conseguiu progressos significativos neste domínio. Desde o eclodir do movimento, as mulheres desempenharam o papel de protagonistas, primeiro, porque foram elas que enfrentaram o crime organizado na manhã de 15 de abril de 2011; depois, porque foram sempre participando na composição das comissões; e, finalmente, porque a sua participação nos conselhos que atualmente integram a estrutura municipal de governo não parou de aumentar. Por exemplo, das 36 nomeações para todos os conselhos da estrutura de governo em 2012, 4 foram de mulheres, indigitadas em assembleias; na última nomeação, em 2015, de 48 cargos possíveis, 18 recaíram em mulheres.[21]

Estes progressos sustentados da participação das mulheres nos cargos de representação são o resultado de um movimento que tem origem nas assembleias. O facto de as mulheres terem sido as iniciadoras da luta em 2011 calou profundamente na memória da comunidade e deu azo a que elas participem cada vez mais nas *fogatas* e nas assembleias. É precisamente na participação ativa das mulheres nos espaços de decisão política de Cherán que confluem os elementos-chave centrais desta outra forma de fazer política e construir democracia: a que controla e vigia os seus representantes e tem o poder de os destituir; a que devolve aos cidadãos o protagonismo e a voz para decidir o futuro da sua povoação; a que, nos seus espaços centrais de debate e decisão política, conta com a participação das mulheres em condições de maior igualdade.

Perante a exclusão das exigências de autonomia e respeito pelas formas de organização política dos povos e comunidades indígenas, Cherán não apenas persistiu nas suas práticas, tal como a imensa maioria das

[21] Ao passo que, na história de Cherán, nunca houve uma presidente de município, desde 2011, as mulheres têm vindo a participar em diversas comissões do governo popular, incluindo a Coordenação Geral. Posteriormente, do primeiro CMGC (2011) fazia parte uma cheranense; no novo CMGC (2015) já se contam três mulheres entre os doze membros desta autoridade.

comunidades indígenas do país, como também as revitalizou face aos novos desafios e conseguiu demonstrar o seu potencial como alternativas viáveis. E, se isto não fosse suficiente, conseguiu ainda, através da utilização anti-hegemónica do direito, o reconhecimento estatal das suas formas de organização política para designar autoridades e para governar o município (Aragón, 2013, 2015). Este feito creditou-os com a transformação a partir da base do Estado mexicano ao tornar realidade o primeiro município, formalmente reconhecido, com uma estrutura de governo indígena. Embora esta transformação seja ainda limitada, não só conseguiram que, em diversos procedimentos, fossem reconhecidos como diferentes mas também que se modificasse o funcionamento de vários organismos governamentais para trabalhar com eles.

5. Podemos aprender com as experiências políticas dos indígenas?

Pensar, no contexto atual, a democracia mexicana e os «usos e costumes» em experiências políticas como as de Cherán implica superar o ainda persistente sistema de valores colonial, mas também as leituras que, embora valorizando-as, as confinam à sua singularidade indígena (Calveiro, 2014; Hincapié, 2015). O desafio é o de inspirar mudanças em contextos gerais, para além do âmbito de Cherán e das comunidades indígenas. Por outras palavras, trata-se de transpor a linha abissal que condena estas experiências políticas a ficar do lado da não existência, quer dizer, como irrelevantes ou ininteligíveis para a construção de uma nova democracia no México (Santos, 2009).[22]

É aqui, contudo, que o ceticismo se avoluma. É aqui que, novamente, o «pensamento abissal» ofusca, quase de igual forma, a visão tanto da direita como da esquerda. Argumenta-se que as práticas políticas de Cherán funcionam apenas em comunidades indígenas ou povoações pequenas, que só são possíveis graças à peculiar mundividência dos purépechas, etc. Há, contudo, outras experiências que demonstram o contrário.

[22] Noutro trabalho (Aragón, 2016), no qual concentro a minha análise numa perspetiva teórica, classifico as leituras que se têm feito da experiência política de Cherán em três grandes categorias: *new age*, essencialistas e faccionalistas. Apresento aí, pormenorizadamente, argumentos para justificar que estas abordagens, de diferentes tendências políticas, são insuficientes para a análise política que a crise democrática do México exige.

Por exemplo, em 2007, a Asamblea Popular de los Pueblos de Oaxaca (APPO) conseguiu instaurar durante cinco meses um sistema de governo indígena-popular na cidade de Oaxaca, que tem mais de 600 000 habitantes, na sua maioria mestiços (Esteva, 2008). Em Michoacán, o movimento das autodefesas — de que faziam parte sobretudo mestiços —, que chegou a controlar a segurança da maior parte dos municípios de Michoacán, seguiu o exemplo da experiência de segurança comunitária de Cherán.[23]

O que se descortina nestes casos são traduções interculturais, ou talvez seja mais correto dizer processos de inteligibilidade intercultural — levados a cabo por coletividades mestiças — de práticas indígenas para responder a problemas e desafios comuns em circunstâncias próprias. O produto deste processo, a «ecologia dos saberes», como a denomina Boaventura de Sousa Santos (2009), não só pode permitir construir alternativas políticas novas enquanto horizonte de possibilidades mas também tem, de facto, expressão nas práticas que as pessoas comuns constroem perante as necessidades e os problemas concretos, e geralmente urgentes, que têm de enfrentar.

Precisamente porque constituem a resposta a um contexto e a necessidades concretas, as aprendizagens e lições da experiência política de Cherán não podem pensar-se como transplantes mecânicos. É claro que as práticas políticas que desencadearam estão ligadas a uma matriz cultural. Parece-me, contudo, que isso não impede que determinadas práticas concretas se possam adaptar e hibridar, de acordo com o contexto, com outras práticas e conhecimentos progressistas para enfrentar desafios comuns suscitados pela atual ordem neoliberal. Neste sentido, não creio que seja necessário ter uma mundividência purépecha para exigir que os nossos governantes tenham remunerações mais baixas ou para exigir que a burocracia eleitoral e os partidos políticos operem com uma menor quantidade de dinheiro. Também não me parece impossível que seja possível ter, nos contextos urbanos, mecanismos de decisão relativamente a assuntos relevantes (orçamentos, obras, dívida, impostos, etc.)

[23] Ver, por exemplo, em Michoacán 3.0, «José Manuel Mireles manda mensaje a Cherán y a las comunidades indígenas de Michoacán». Página consultada a 31.01.2016, em <http://michoacantrespuntocero.com/jose-manuel-mireles-manda-mensaje-a-cheran-y-a-las-comunidades-indigenas-de-michoacan/>.

de que os governantes se têm apropriado. O mesmo se poderia dizer da revogação de mandatos e de tantas outras práticas políticas.

Neste capítulo, procurei defender a possibilidade real de construir no México algo que ainda parece uma utopia: uma sociedade verdadeiramente intercultural e igualitária. Intercultural, mas não no falso sentido em que está a ser posta em prática pelas políticas públicas ou como é exposta pelas ciências sociais, segundo as quais são as comunidades indígenas que têm de aprender com a sociedade mestiça ou ocidental, enquanto esta não tem nada que aprender com as primeiras. Igualitária, no sentido de que, assim como as soluções e as alternativas para os desafios comuns que o México enfrenta podem ser construídas por setores mestiços, urbanos e letrados, também podem ter a sua origem nos indígenas, nos camponeses e nos detentores de saberes não universitários.

Ter a disponibilidade para aprender com experiências políticas como as de Cherán é, além disso, dentro desta noite escura que se vive no nosso país, uma oportunidade para saldar a dívida antiga contraída com as comunidades e povos indígenas e, ao mesmo tempo, para construir, a partir desse ato de justiça epistemológica, mas também de igualdade radical, o novo futuro de que precisamos para os tempos atuais.

Referências bibliográficas

Ackerman, John (2015), *El mito de la transición democrática. Nuevas coordenadas para la transformación del régimen mexicano*. Cidade do México: Planeta.

Anaya, Alejandro (2006), *Autonomía indígena, gobernabilidad y legitimidad en México. La legalización de usos y costumbres electorales en Oaxaca*. Cidade do México: Universidad Iberoamericana/Plaza y Valdés.

Aragón Andrade, Orlando (2013), «El derecho en insurrección. El uso contra-hegemónico del derecho en el movimiento purépecha de Cherán», *Revista de Estudos & Pesquisas sobre as Américas*, 7(2), 37–69. Disponível em http://www.periodicos.unb.br/index.php/repam/article/view/10034

Aragón Andrade, Orlando (2015), «El derecho después de la insurrección. Cherán y el uso contra-hegemónico del derecho en la Suprema Corte de Justicia de México», *Sortuz: Oñati Journal of Emergent Socio-Legal Studies*, 7(2), 71–87. Disponível em http://opo.iisj.net/index.php/sortuz/article/view/702

Aragón Andrade, Orlando (2016), «¿Por qué pensar la experiencia política de Cherán desde las epistemologías del sur? Un alegato por la interculturalidad y la igualdad radical», *Nueva antropología*, 84, 143–161. Disponível em https://revistas-colaboracion.juridicas.unam.mx/index.php/nueva-antropologia/issue/view/1756

Astorga, Luis (2015), *«¿Qué querían que hiciera?» Inseguridad y delincuencia organizada en el gobierno de Felipe Calderón*. Cidade do México: Grijalbo.

Bartra, Roger (2013), *La sangre y la tinta. Ensayos sobre la condición postmexicana*. Cidade do México: De bolsillo.

Beals, Ralph Larson (1992), *Cherán: Un pueblo de la sierra*. Zamora, México: El Colegio de Michoacán.

Calderón Mólgora, Marco Antonio (2004), *Historia, procesos políticos y cardenismos*. Zamora, México: El Colegio de Michoacán.

Calveiro, Pilar (2014), «Repensar y ampliar la democracia. El caso del municipio autónomo de Cherán K'eri», *Argumentos*, 75, 193–214. Disponível em http://argumentos.xoc.uam.mx/ver_resumen.php?id_articulo=9985

Castile, George Pierre (1974), *Cherán: La adaptación de una comunidad tradicional*. Cidade do México: Instituto Nacional Indigenista.

Díaz Polanco, Héctor (1997), *La rebelión zapatista y la autonomía*. Cidade do México: Siglo XXI.

Esteva, Gustavo (2008), «Appología», *Bajo el volcán*, 7(12), 91–113. Disponível em http://www.redalyc.org/articulo.oa?id=28671206

Gledhill, John (2012), «Limites da autonomia e da autodefesa indígena. Experiências mexicanas», *Mana*, 18(3), 449–470. Doi: https://doi.org/10.1590/S0104-93132012000300002

Gómez Durán, Thelma (2012), «El pueblo que espantó al miedo», *in* Marcela Turati e Daniela Rea (orgs.), *Entre las cenizas. Historias de vida en tiempos de muerte*. Cidade do México: Periodista de a pie, 29–49.

Hincapié Jiménez, Sandra (2015), «Aciones coletivas de innovación democrática local en contextos de violencia», *Revista Mexicana de Sociología*, 77(1), 129–156. Disponível em http://www.revistas.unam.mx/index.php/rms/article/view/46620

IFES-UNDP — International Foundation for Election Systems; United Nations Development Programme (2006), *Getting to the core: A global survey on the cost of registration and elections*. Nova Iorque: Center for Transitional and Post-Conflict Governance (IFES) e United Nations Development Programme. Disponível em http://www.ifes.org/sites/default/files/corepublcolor_2.pdf

Maldonado Aranda, Salvador (2012a), «Transición política, seguridad y violencia en México: Radiografía de la lucha antidrogas en Michoacán», *in* Alejo Vargas Velásquez (coord.), *El prisma de las seguridades en América Latina. Escenarios regionales y locales*. Buenos Aires: CLACSO, 115–138. Disponível em http://bibliotecavirtual.clacso.org.ar/clacso/gt/20120412125115/prisma-5.pdf

Maldonado Aranda, Salvador (2012b), «Drogas, violencia y militarización en el México rural. El caso de Michoacán», *Revista Mexicana de Sociología*, 74(1), 5–39. Disponível em http://www.revistas.unam.mx/index.php/rms/article/view/29532

Mena Rodríguez, Marco (2010), *¿Cuestan demasiado las elecciones en México? El Instituto Federal Electoral en perspetiva*. Cidade do México: Centro de Investigación y Docencia Económicas.

Meyer, Lorenzo (2013), *Nuestra tragedia persistente. La democracia autoritaria en México*. Cidade do México: Debate.

Olmos, José Gil (2015), *Batallas de Michoacán. Autodefensas, el proyecto colombiano de Peña Nieto*. Cidade do México: Proceso.

Pérez Ramírez, Tatiana (2009), «Memoria histórica de la insurrección cívica purépecha en 1988», *Política y Cultura*, 31, 113–138. Disponível em http://www.redalyc.org/articulo.oa?id=26711982007

PNUD — Programa de las Naciones Unidas para el Desarrollo (2013), *Participación política de las mujeres en México. A 60 años del reconocimiento del derecho al voto femenino*. Cidade do México: Programa de las Naciones Unidas para el Desarrollo. Disponível em http://mexico.unwomen.org/es/digiteca/publicaciones/2013/11/participacion-politica-de-las-mujeres-en-mexico

Rancière, Jacques (2013), *El filósofo y sus pobres*. Buenos Aires: Universidad Nacional de General Sarmiento.

Recondo, David (2007), *La política del gatopardo. Multiculturalismo y democracia en Oaxaca*. Cidade do México: Centro de Investigaciones y Estudios Superiores en Antropología Social.

Santos, Boaventura de Sousa (2002), *Crítica da razão indolente. Contra o desperdício da experiência*. Porto: Afrontamento.

Santos, Boaventura de Sousa (2006), *Renovar la teoría crítica y reinventar la emancipación social*. Buenos Aires: Consejo Latinoamericano de Ciencias Sociales (CLACSO). Disponível em http://bibliotecavirtual.clacso.org.ar/ar/libros/edicion/santos/santos.html

Santos, Boaventura de Sousa (2009), *Una epistemología del Sur*. Cidade do México: Siglo XXI/Consejo Latinoamericano de Ciencias Sociales.

Shakespeare, William (2009), *Macbeth; El mercader de Venecia; Las alegres comadres de Windsor; Julio César; La tempestad*. Cidade do México: Porrúa.

Spivak, Gayatri Chakravorty (2011), *¿Puede hablar el subalterno?* Buenos Aires: El cuenco de Plata.

Tuckman, Jo (2013), *México, democracia interrumpida*. Cidade do México: Debate.

Turati, Marcela (2011), *Fuego cruzado. Las víctimas atrapadas en la guerra del narco*. Cidade do México: Grijalbo.

Ugalde, Luis Carlos (2015), «Democracia a precio alzado», *Nexos*, de 1 de agosto. Consultado a 16.01.2016, em http://www.nexos.com.mx/?p=25810

Velázquez Guerrero, Verónica (2013), *Reconstitución del territorio comunal. El movimiento étnico autonómico en San Francisco Cherán, Michoacán*. Tese de mestrado en Antropología Social, Centro de Investigaciones y Estudios Superiores en Antropología Social, México.

Villafranco Robles, Citlali (2007), *La presencia de los partidos políticos en televisión: Campañas mediáticas y votos en los procesos electorales en México (2000–2003)*. Tese de doutoramento em Ciências Sociais, com especialidade em Ciências Políticas, Facultad Latinoamericana de Ciencias Sociales, México. Cidade do México: Instituto Electoral del Distrito Federal. Disponível em http://portal.iedf.org.mx/biblioteca/tesis/Tesis2007.pdf

Zibechi, Raúl (2006), *Dispersar el poder. Los movimientos como poderes antiestalales*. Buenos Aires: Tinta Limón.

Žižek, Slavoj (2002) *¿Quién dijo totalitarismo? Cinco intervenciones sobre el (mal)uso de una noción*. València: Pretextos.

Capítulo 18

As novas candidaturas municipalistas de cidadãos em Espanha: rumo a um municipalismo do comum?*

Antoni Aguiló Bonet

> *Não devemos permitir que a liberdade humana seja enclausurada nos abismos da solidão privada, mas que floresça nas assembleias ruidosas, onde mulheres e homens se considerem diariamente cidadãos e descubram no discurso do outro o consolo de uma humanidade partilhada.*
>
> Benjamin Barber (1984: 311)

Introdução

Os processos de mercantilização, despossessão e privatização impostos pela racionalidade económica e política neoliberal no contexto da crise mundial do capitalismo que rebentou em 2008 provocaram o surgimento de manifestações coletivas de resistência que se inscrevem num novo ciclo de protestos e mobilizações[1] populares à escala global.

* Tradução de Carla Lopes.

[1] Sidney Tarrow (2004) identifica cinco elementos para explicar o conceito de ciclo de protesto: uma fase de intensificação da conflitualidade social, a sua extensão geográfica, o desencadeamento de ações de pressão mais ou menos espontâneas combinadas com

Em qualquer dos casos — da Tunísia aos Estados Unidos, da Turquia ao Brasil, passando pela Grécia, Portugal ou França, entre outras geografias —, a ação coletiva no espaço público intensificou-se, dando lugar a uma multiplicidade de formas de politização a partir de baixo, com referências de lutas partilhadas que se desenvolveram, sobretudo, a uma escala local e nacional, mas que estão ligadas internacionalmente através da Internet. É o que, de um modo englobante, Boaventura de Sousa Santos (2015) chama «revoltas de indignação».

Uma especificidade do caso espanhol é o deslocamento de uma parte significativa destas formas de politização para o campo eleitoral e institucional, onde o ciclo político que se iniciou com a emergência do 15M, em maio de 2011, permitiu a abertura de um espaço de manobra fora do bipartidismo tradicional do Partido Popular (PP) e do Partido Socialista Operário Espanhol (PSOE). Isto propiciou o surgimento de novos partidos políticos e plataformas eleitorais de âmbito estatal, como o Partido X, o Podemos ou o Unidos Podemos (a coligação entre o Podemos, a Esquerda Unida e outros partidos de esquerda), enquanto no âmbito local o ciclo de protesto se materializou na formação e institucionalização de candidaturas de cidadãos que nas eleições autárquicas de 24 de maio de 2015 obtiveram resultados notáveis nas cidades de tamanho médio e nas de maior população, como, entre outras localidades, Barcelona, Madrid, Málaga, Cádis, Saragoça, Santiago de Compostela e Corunha.

1. Rumo a um senso comum do comum

O comum aparece neste ciclo político como um princípio mobilizador das forças materiais e sociais que desafiam o neoliberalismo e apostam na construção de formas de racionalidade alternativas capazes de canalizar as múltiplas aspirações que essa «outra política» defendida implica. A partir desta perspetiva, Christian Laval e Pierre Dardot afirmam que o comum se tornou «no princípio político que define um novo regime das lutas à escala mundial» (2015: 59), um princípio em situação de

formas de participação organizada, o aparecimento de novas organizações, símbolos e quadros de interpretação do mundo e, por último, a ampliação do repertório de ação coletiva. Na minha perceção, parece razoável pensar que estamos perante um processo desta natureza.

marginalidade na cultura política ocidental, desde as lutas anarquistas, comunistas e socialistas ativas desde o final do século XIX.

Deste modo, o comum não se refere aqui de maneira genérica a um conjunto de bens objeto de proteção jurídica perante a lógica de acumulação e despossessão capitalista, embora os inclua. Seguindo Silvia Federici (2013), o comum é constituído como uma relação social com relevância política; como um espaço de construção de vínculos de reciprocidade a partir dos quais se implementam processos de contra-hegemonia perante a ordem social e política dominante; como uma entrega de sentidos alternativos às maneiras de estar no mundo e de aprender a desenvolver formas de vida baseadas no que Santos (2000) chama o «princípio da comunidade», que implica uma compreensão das relações sociais, permitindo transcender o interesse próprio egoísta da lógica capitalista e liberal em prol de interações fundadas em valores e práticas como a solidariedade, a reciprocidade, o apoio mútuo, a responsabilidade social, o respeito pela diversidade e a ação coletiva emancipadora. A partir desta perspetiva, conceber a comunidade como construção social implica recusar uma visão essencialista da mesma, de modo que seja remetida, como propõe Marina Garcés (2013), para a ideia de um «mundo comum» inscrito num campo de relações que insiste nos valores da interdependência, no nós, na coimplicação, no ser-com, na vulnerabilidade e na riqueza inacabada do mundo.

O paradigma do comum recusa a ideia de uma comunidade imunitária, uma *communitas* cuja essência é a *immunitas* (Esposito, 2003: 30).[2] Para Zygmunt Bauman, numa clara crítica às abordagens de Negri e Hardt, «uma multidão não constitui uma comunidade» (Bauman, 2006: 65). Juntamente com Manuel Castells (2012, 2013), Bauman (2006: 16) fala de *togetherness*, do estar juntos em convivência, de um espaço de intercâmbio relacional entre sujeitos plurais onde «as pessoas estão *com* outras, nem a favor nem contra, ou seja, em pura contiguidade humana» (Arendt, 2005: 209),[3] participando de forma comunicativa e discursiva

[2] O tema da *immunitas* como característica essencial da comunidade articulada em torno do próprio e do privativo perante o comum e partilhado pode encontrar-se também em Esposito (2009: 14 e ss.) e em Sloterdijk (2014).

[3] A comunidade política arendtiana não é um espaço que anula as diferenças por ser necessário reduzi-las à sua mínima expressão para poder participar numa relação de igualdade formal entre indivíduos. Afirmar que estamos juntos, «nem a favor nem contra»,

no mundo comum. O comum opõe-se ao senso comum imperante em torno das essências identitárias que negam o outro ou o invisibilizam, bloqueando as potencialidades para que os indivíduos, a coletividade, o definam e habitem, já sem falar de que o giram ou decidam.

Perante a conceção defensiva da cidadania e da democracia, o comum opõe uma conceção ofensiva, ativa e participativa de ambas. Em parte, e a partir daqui, Bauman entende a comunidade como «aquela emaranhada rede de interações humanas que davam sentido ao trabalho, transformando o mero *esforço* num trabalho dotado de sentido, *numa ação com um propósito*, aquela rede constituía a diferença» (2006: 37). Esta diferença implica uma ação política com um propósito, ou seja, um projeto, um movimento, e, além disso, esse movimento difere (no sentido de adiar, mas também de propor, de se diferenciar) da comunidade imunitária baseada no próprio, na propriedade, ou, por outras palavras, «a comunidade da mesmidade» (Bauman, 2006: 77). O paradigma do comum é, portanto, um «evento»,[4] ou seja, o sinal de um projeto. E é-o «cronotopicamente»:[5] é tempo-espaço histórico, dialógico, uma estrutura télica (Hogan, 1990: 48),[6] uma trama, uma «comunidade entretecida» (Bauman, 2006: 59).

Este princípio mobilizador do comum representa uma nova epistemologia da democracia, que questiona os lugares-comuns (*topoi koinoi*),[7]

---

não elimina a pluralidade nem nega o espírito de luta. Na comunidade de Arendt, as diferenças são reconhecidas. O agónico é conflituoso, mas não implica necessariamente violência. É justamente a quebra dessa «contiguidade humana» (*togetherness*), de estar juntos, que gera solidão e violência, no sentido de romper a intersubjetividade e a possibilidade de comunicação humana.

[4] Este evento é a existência partilhada, o contexto diferenciado e diferenciador. Ver Bakhtin (2011) e, especialmente para o assunto aqui tratado, Todorov (2010: 115-150).

[5] Bakhtin (1981) conceptualiza o cronótopo a partir do movimento que inter-relaciona temporalidades e espacialidades que respondem à complexidade do material, pulverizando a linearidade temporal e a bidimensionalidade espacial das categorias analíticas dominantes, que impossibilitam interpretar essa complexidade. Ao interligar tempos e espaços intrinsecamente complexos, condensa as dimensões tradicionalmente segregadas nos discursos estabelecidos para responder à complexidade dinâmica das práticas contra-hegemónicas.

[6] Para aprofundar a conceptualização desta estrutura télica (*telic emplotment*) como a trama constantemente urdida pelos movimentos sociais na construção de novos sensos comuns, que lhes dá textualidade, atualizando-os, ou seja, dando-lhes memória e transformando-os em projeto, em sentido e contexto, ver Sabariego (2007: 80).

[7] «Lugar-comum» (*tópos koinós*) é um conceito introduzido por Aristóteles (1999: 190) na *Retórica* (I, 1358a), com o qual se refere a premissas gerais amplamente difundidas

os contextos tradicionais que nas últimas décadas têm vindo a definir, ordenar e traduzir a complexidade do político instituinte nos âmbitos da política instituída: as temporalidades, as espacialidades, as metodologias, as sociabilidades e as subjetividades.

A grande aliada do capitalismo é a solidão física e comunicativa das pessoas. Neste sentido, o lema «Na solidão nos querem, em comum nos terão», popularizado pelo Patio Maravillas de Madrid nos seus comunicados e incorporado depois como verso central na letra da canção *Runrún*, interpretada por Nacho Vegas, invoca diretamente a tentativa constante de imposição da subjetividade neoliberal capitalista, que, como bem expressou Tzvetan Todorov (1995: 208), não se refere tanto à instauração de um sistema baseado no isolamento, mas, antes, ao empobrecimento da comunicação entre os seres humanos.

A comunicação é, pois, uma questão estratégica para esta epistemologia, não só etimologicamente.[8] A partir da ação comum, está a construir-se um novo espaço de inter-relação social que escapa aos limites jurídicos e políticos hegemónicos do público e do privado. Mas não se trata só de construir novas narrativas, novos léxicos ou, melhor dito, uma nova hipertextualidade contra-hegemónica. Esta prática «autocomunicativa», como a qualifica Castells (2012: 9), é, consequentemente, uma prática auto-organizativa que, ao ultrapassar os limites do público e do privado, põe em questão todo o sistema e a ordem política, social, jurídica, económica e cultural que os estabeleceu, definindo não só esse novo espaço mas também novos ritmos, novas temporalidades complexas, plurais, heterogéneas, ecléticas e horizontais, conformes às novas formas de produção.

Estas novas aprendizagens sociais de nós mesmos e, sobretudo, dos outros, com os outros, incidem de maneira direta numa conceção ativa,

---

sobre as quais se funda a argumentação. Como funcionam como verdades evidentes, como opiniões comuns (*doxai*) sobre as quais existe uma conformidade de fundo, os *topoi koinoi* permitem a produção ordinária de argumentos e o seu intercâmbio através do diálogo. Nesta tradição, a *doxa*, como opinião generalizada, argumenta a partir dos lugares-comuns que integram o senso comum dominante, mas não sobre eles, que não se põem em questão; antes, discute-se a partir destes como elementos que organizam o discurso sem que o discurso dominante os questione, pois são os lugares-comuns que dão legitimidade ao discurso hegemónico.

[8] *Communicatio* tem a sua origem no termo latino *communis*: comum, comunhão, o que revela a estreita relação existente entre comunicação e comunhão.

ofensiva, participativa, corresponsável da democracia e da cidadania. Constituem uma pedagogia do comum, que não é mais do que a geração de interpretações críticas, orientadas para transmutar o sistema dominante: desde os valores até à cultura, às relações de produção e autoprodução, dos bens aos afetos, às intersubjetividades e ao conjunto das relações sociais — um processo que acaba por questionar os próprios fundamentos nos quais se estabelece e define a comunidade, movido pela interação social interpretativa que, através da participação, modifica as biografias e as narrativas de quem participa, articulando lutas e reivindicações sociais que até então persistiam na «solidão».

Além da defesa do comum como algo que não é novo, teorizada sobretudo por Michael Hardt e Antoni Negri (2004, 2009) e, mais recentemente, por Laval e Dardot (2015), interessa aqui realçar que a novidade radica não só na articulação reticular e na metodologia horizontal que caracteriza esta prática mas também na diferença quanto à comunicação, ao uso inovador, expansivo, global e local dos meios, da tecnologia da informação e da comunicação na construção de novos sentidos e significados comuns.

Esta epistemologia do comum desafia os dogmas sociais, políticos e económicos sobre os quais está estabelecido o senso comum hegemónico para construir, nas palavras de Gramsci (1986: 249), um «bom senso» contra-hegemónico em torno das conceções dominantes acerca da democracia, da liberdade, da igualdade, da dignidade e dos direitos humanos enquanto fundamento de uma razão de Estado apropriada pela racionalidade neoliberal nas últimas três décadas. Portanto, vem repensar e reinterpretar as próprias conceções e noções históricas que lhe dão sustento, re-historicizando-as para tentar superar as perspetivas dogmáticas nas quais estão propagadas a dimensão material e patrimonial, ligadas aos bens comuns, à sua proteção e regulamentação.

A expressão reticular desta epistemologia transcende, segundo Bruno Latour (2007: 129), os parâmetros habituais nos quais se teoriza sobre o próprio conceito de rede, tanto no que se refere aos modos informais de associação e relação humana, analisados tradicionalmente pela sociologia das organizações, como às análises das redes tecnológicas que privilegiam as relações contemporâneas através das tecnologias da informação.

A rede não é a cartografia imóvel de um território social determinado. É uma «estrutura dissipativa» (Nicolis e Prigogine, 1997), um «rizoma»

(Deleuze e Guattari, 1972) em constante mutação, que perde e ganha elementos num *continuum*.

Essas redes conectam-se de várias maneiras através de intercâmbios constantes de informação. Esta ação comum — esta comunicação — é télica. Mais do que os atores, o que dá sentido à rede, a sua orientação constante, são as interações sociais nela existentes. A trama está orientada para a consecução de fins. Ao construir a trama, urdimos a história e tecemo-la com as texturas da experiência e da prática, criamos contextos, narrativas, temporalidades, reterritorializamos e desterritorializamos os lugares-comuns, geramos interdependências, reciprocidades. O que não nos deve fazer esquecer que também o intercâmbio, a rede, é um fim em si mesmo e do qual o conflito faz parte. Por isso, para a rede, o equilíbrio é a morte, a perda da sua capacidade de autotransformação, de transformação do real, da sua capacidade para mostrar o ausente, fazendo emergir o quanto foi negado e invisibilizado pelo senso comum dominante.

A rede — ou o rizoma — é um projeto não só para fazer emergir o ausente mas também para, a partir dessa emergência, abrir espaço a novos discursos, a novas inteligibilidades, a novos consensos e a novas interpretações do mundo, uma vez que «a constituição atual do comum não passa por nenhuma das figuras do comum que estão instaladas no nosso imaginário» (Pelbart, 2009: 12). Tudo isto no horizonte de uma «ecologia de saberes» feita de complementaridades e articulações, onde diferentes saberes se entrecruzam e constroem mutuamente (Santos, 2010: 29 e ss.), o que torna necessária a constante tradução de práticas a partir de um conjunto de epistemologias contextuais, contra-hegemónicas e de retaguarda, que Santos (2009) denomina epistemologias do Sul.

O ausente e emergente na rede possibilita a proposta de uma «sociologia das ausências» e uma «sociologia das emergências» — tal como as enunciou Santos (2005: 151–192) —, que, mediante um exercício de imaginação epistemológica e política, ampliam o presente — os saberes, as práticas e os agentes —; questionam as monoculturas socioculturais impostas no contexto da hegemonia da globalização neoliberal; resgatam experiências produzidas sistematicamente como invisíveis; e põem em causa os lugares-comuns, ou seja, os saberes estabelecidos que delimitam o que é possível e impossível e quem os estabeleceu historicamente.

2. Municipalismos do comum: trajetória e significado

Como qualquer processo de mobilização social, o aparecimento de candidaturas de cidadãos às autárquicas é o resultado de uma interseção de dinâmicas e acontecimentos precedentes que evoluem política e socialmente num dado momento. Assim, estas candidaturas são um expoente do desenvolvimento das redes que o ecossistema «quinzemaísta» conseguiu criar nos bairros desde 2011. Na verdade, evidenciam a hegemonia da vertente eleitoral/institucional do 15M (Aguiló, 2014), centrada na procura de novas formas de participação institucional baseadas em objetivos, projetos e ações políticas partilhadas que representam uma rutura — ou, pelo menos, uma certa rutura — com a cultura política da Transição quanto aos métodos, processos, discursos e, inclusive, quanto à imagem. Recordemos, neste sentido, como primeira tentativa, o fracassado projeto «Suma, la gente primero», iniciado em 2013 pela Esquerda Unida e por outras organizações, assim como o projeto «Alternativas desde Abajo», promovido no mesmo ano por organizações como a Esquerda Anticapitalista e movimentos sociais, que acabou por se diluir em iniciativas municipalistas como Municipalia[9] (rebatizada depois como Ganemos [Ganhemos]) e em novos partidos estatais como o Podemos.

Foi assim que surgiu a onda de iniciativas Ganemos nos bairros de muitas cidades, que impulsionou o novo ciclo municipalista.[10] Pablo Carmona, hoje conselheiro municipal do Ahora Madrid (Agora Madrid), afirmava o seguinte acerca do tema:

> Durante os últimos meses, têm vindo a cozinhar-se em lume brando os acordos, as primárias e os programas para construir candidaturas democráticas de cidadãos que — cidade a cidade, povoação a povoação — aprofundem novas fórmulas de organização e criação política, que respondam aos tecidos sociais e políticos concretos de cada localidade (Carmona, 2015).

Em 26 de maio de 2014, um dia depois das eleições europeias, a cooperativa editorial Traficantes de Sueños anunciava o seu curso *Asaltar los cielos* (*round 3*) para facilitar o objetivo estratégico de

[9] Ver Pérez Colina (2015) e também Marcellesi e Martínez (2014).

[10] Ver Calle (2014) e Zapata (2014).

> pensar e conceber uma aposta municipalista que aborde questões-chave sobre como construir uma verdadeira democracia. Afinar a pontaria e pôr à prova se o municipalismo pode ser uma boa alavanca de luta e um bom veículo de agregação política. (Traficantes de Sueños, 2014)

Nesse mesmo dia, a editora pôs em circulação o livro *La apuesta municipalista: la democracia empieza por lo cercano*, assinado pelo Observatório Metropolitano de Madrid, em cuja introdução se pode ler:

> As instituições próximas, as candidaturas diretamente formadas e controladas pelos cidadãos são, atualmente, alguns dos elementos que se reuniram sob o nome de «municipalismo». [...] Trata-se de projetos políticos de governo mas que renunciam ao «partido», à grande organização estruturada por uma determinada ideologia e submetida a uma disciplina piramidal. O seu propósito é mais imediato; consiste em tornar real aquela identidade entre governantes e governados que formava a definição original da democracia. (Observatório Metropolitano, 2014: 13)

Em 15 de junho de 2014, pouco depois da publicação de *La apuesta municipalista*, apareceu o manifesto fundacional da plataforma Guanyem Barcelona (Ganhemos Barcelona):

> Não queremos nem uma coligação, nem uma mera sopa de letras. Queremos fugir às velhas lógicas de partido e construir novos espaços que, respeitando a identidade de cada um, vão mais além da soma aritmética das partes que os integram. (Guanyem Barcelona, 2014)

Em 26 de junho, apresentava-se oficialmente o Guanyem Barcelona, projeto liderado por Ada Colau, então porta-voz da Plataforma de Afetados pelas Hipotecas (PAH) e atual presidente da câmara de Barcelona. O seu objetivo, além de contribuir para impulsionar a «revolução democrática» a partir de baixo (Colau, 2014), era ganhar a presidência de Barcelona graças à confluência de uma «maioria social que está farta da política atual, entregue aos poderosos, e que quer uma mudança».[11]

[11] Declarações recolhidas pelo *El Periódico*, de 27 de junho de 2014. Consultado a 12.11.2015, em <http://www.elperiodico.com/es/noticias/politica/colau-llama-los-hartos-politica-ganar-alcaldia-barcelona3334329>.

Alguns meses depois, em 4 de novembro, partindo dessa mesma lógica participativa, realizou-se a apresentação pública do Ganemos Madrid como «espaço onde participam cidadãs e cidadãos, pessoas de movimentos sociais, partidos e coletivos com o objetivo de ganhar a cidade de Madrid».[12] Deste modo, como assinala Olga Rodríguez, participante do Ganemos Madrid, a evolução bem-sucedida dos processos municipalistas dependia de encontrar «espaços onde caibam todos os que sofrem os cortes, para recuperar a democracia e valores tão simples como a solidariedade».[13]

No entanto, as tensões em torno dos diferentes processos de confluência não se fizeram esperar. Em muitos casos, os obstáculos surgiram da «velha política», que recorreu ao oportunismo para inscrever no registo do Ministério do Interior um partido com o nome Ganemos, o que impediu que iniciativas de cidadãos com esta marca eleitoral nas suas siglas se pudessem inscrever.[14] O Guanyem Barcelona passou a denominar-se Barcelona en Comú (Barcelona em Comum). O Ganemos Madrid passou a ser Ahora Madrid. Na Galiza, consolidavam-se as marés: Marea Atlántica, na Corunha, Compostela Aberta, em Santiago de Compostela, e Ferrol en Común, em Ferrol. O movimento municipalista preparava, assim, o caminho para as instituições através de candidaturas constituídas juridicamente em forma de coligações, partidos instrumentais ou agrupamentos de eleitores sob termos como «ganhar», «agora», «participa», «sim, é possível», «somos» ou «em comum».[15]

Agora vejamos, de todas estas candidaturas a partir de baixo, quais fariam parte do paradigma do comum enunciado sucintamente na epígrafe anterior? Ou melhor, que ações e reflexões deveriam basear a atividade destes municipalismos que apelam ao comum?

---

[12] Ver o *Manifiesto Ganemos Madrid*, de 1 de outubro de 2014. Consultado a 12.11.2015, em <http://ganemosmadrid.info/ganemos-madrid/>.

[13] Declarações recolhidas pelo *Diagonal*, de 4 de novembro de 2014. Consultado a 12.11.2015, em <http://www.diagonalperiodico.net/global/24576-ganemos-madrid-despega-oficialmente-con-la-peticion30000-firmas-ciudadanos.html>.

[14] Foi o caso de Julià de Fabián, conselheiro municipal do Ciudadanos en Blanco na câmara municipal barcelonesa de Santa Maria de Palautordera.

[15] Trinta e sete das candidaturas de cidadãos que concorreram às eleições autárquicas de 24 de maio sob o lema «em comum» foram reconhecidas como afins pelo Barcelona en Comú, às quais se permitiu usar a marca e o logótipo, assim como pedir assessoria na criação da candidatura. O diretório de candidaturas afins pode ser consultado em http://www.tercerainformacion.es/spip.php?article84306 [consultado a 15.11.2015].

Em 2010, ainda longe da convulsão eleitoral das eleições autárquicas de maio de 2015, José Iglesias (2010: 47 e ss.) descrevia o processo de transição municipalista entre os modelos que qualificava de municipalismo de mercado e de serviços públicos, rumo a um municipalismo comunalista, que subverteria as atuais relações de produção e consumo a partir da horizontalidade de uma gestão de assembleia e a participação direta a partir da distribuição do poder político.

Apesar da irrupção, pela via eleitoral, destas iniciativas municipais nas instituições, fator não decisivo na então proposta de Iglesias Fernández, e sendo ainda cedo para vislumbrar o alcance da sua aposta municipalista e antecipar o estado da arte nesta transição, para Iglesias parecem não ter muita relevância algumas questões hoje fundamentais para entender o conjunto de processos municipalistas que confluíram nas eleições de 24 de maio e que remetem diretamente para o paradigma do comum.

A primeira faz referência ao novo senso comum do comum, que desafia, conforme já foi dito, as temporalidades e linearidades que segregam passado, presente e futuro, adiando as soluções como se as gerações futuras estivessem segregadas de nós. Neste paradigma do comum, os municipalismos interpelam as instituições atuais, levando-as a superar essa segregação, a projetar-se holisticamente, repensando o direito, a justiça, o caráter e a própria entidade das instituições além das questões inerentes à produção, distribuição e gestão de bens, bem como a própria definição do *munus*[16] e a tensão a esta subjacente entre o dom e o dever perante a sua apropriação capitalista neoliberal, o que implica pôr em questão a distinção entre factos e valores, entre ter e ser, na qual o modelo económico se baseia.

Por outro lado, outra questão a ter presente, embora ligada à anterior, é a compreensão expressa nestes processos de que a reivindicação do comum não se pode centrar a longo prazo de modo que permita a extração e exploração capitalista a curto prazo. Devemos atualizar a inter-relação entre o curto, o médio e o longo prazo:

---

[16] O termo latino *munus*, etimologicamente presente em palavras como comum, comunidade, município ou remuneração, refere-se ao dom — a dádiva —, mas também ao dever intrinsecamente ligado a este, ou seja, à corresponsabilidade e à reciprocidade, tanto para o recetor como para o dador. O dom cria um vínculo social, a obrigação entre o recetor e o dador, o que realça o seu caráter agonístico. Ver Esposito (2003: 25-30) e também Laval e Dardot (2015: 28-32).

> Uma análise que se limita aos direitos está incontrolavelmente carregada de retórica burguesa: mantém uma visão individualista onde não pode existir nenhuma «pertença» sólida a uma geração [...], retira ênfase a deveres e obrigações que são cruciais para uma visão relacional da realidade, como a que é proporcionada pelos bens comuns. (Mattei, 2013: 16)

Os processos municipalistas do 24M mostram a necessidade perentória de resgatar o comum, tal como outros lugares-comuns promissores — sustentabilidade, decrescimento, ecologia, participação, democracia, cidadania, política e muitos mais — da apropriação do estabelecido institucionalmente, para o qual contribuiu, em grande medida, a academia e a ciência social, por exemplo, a teoria económica e jurídica dominante. Para isso, é preciso «uma revolução epistemológica do comum» (Mattei, 2013: 17) que escape à ditadura do número, situando o utilitarismo da análise custo-benefício noutra ordem, noutras escalas, promovendo novas aprendizagens sociais para a transformação nas quais a auto-organização e a resiliência são vetores estratégicos:

> A auto-organização (a capacidade dos elementos de um sistema se organizarem sem uma orientação formal hierárquica) e a aprendizagem social (a capacidade de disseminação e popularização de novos valores, ideias ou práticas, e de se tornarem dominantes na sociedade ou num subconjunto, como, por exemplo, uma organização ou comunidade local) podem ser encontradas em todas as formas de adaptação. [...] A aprendizagem social é igualmente importante para a adaptação transicional ou transformacional. Requer um elevado nível de confiança, uma vontade de assumir riscos para ampliar oportunidades de aprendizagem, a transparência requerida para testar e desafiar valores intrínsecos, o envolvimento ativo na sociedade civil e um elevado grau de participação dos cidadãos. As vantagens da aprendizagem social onde exista uma estreita interação entre atores sociais são claras, com a aprendizagem social e a auto-organização a reforçarem-se mutuamente, para que também seja provável que um sistema social com uma grande capacidade de aprendizagem social tenha uma margem considerável de auto-organização. (Pelling, 2011: 170)

O comum, como foi dito anteriormente, não é público nem privado. O que distingue estas candidaturas e as situa neste novo paradigma

— a sua verdadeira inovação política — é a possibilidade de abordar, a partir das instituições, o direito ao controlo da gestão dos recursos, ao controlo cidadão a partir de baixo; a possibilidade de um modelo de planificação urbana com uma forte inter-relação da autorregulação; a possibilidade de deliberação, de participação e de controlo comum, tomando a pluralidade, a heterogeneidade e as diferenças da sociedade como ponto de partida.

Mas a deliberação não pode ser apenas um procedimento racional, a institucionalização de uma esfera comunicativa formal somente possível erradicando as diferenças; pelo contrário, a deliberação tem de partir destas, do seu reconhecimento, dos elementos agonísticos que lhe dão pluralidade e heterogeneidade, textualidade e contextualidade complexa, riqueza e movimento (Honneth e Joas, 1991). O «estar juntos» é um processo de aprendizagem social horizontal, de coimplicação e corresponsabilidade a partir da alteridade. Portanto, também é uma questão substantiva, relacionada com novas formas de conceber o comum, a política e as instituições, partindo da radicalidade democrática deliberativa e participativa, questionando os princípios de igualdade e distribuição do poder político de forma horizontal e corresponsável, desde o material ao imaterial. As aprendizagens sociais subjacentes à transformação institucional mostram, neste paradigma, as capacidades destas propostas municipalistas para abordar de maneira crítica alternativas ao estabelecido, desafiando os limites impostos (Bateson, 1972: 60 e ss.), assim como a disposição para assumir riscos na passagem do reconhecimento dos limites à possibilidade de incidir na mudança nas instituições enquadra a adoção de outros valores, de outras práticas.

Na análise do municipalismo, José Iglesias e outros autores concebem-no como *praxis*, como processo que surge nos bairros, o contexto que habitamos, que construímos e sobre o qual temos possibilidade e capacidade de agir (Taifa, 2013: 94 e ss.). O capitalismo ficou fortalecido ao apropriar-se do vínculo social — do *munus* —, reescrevendo a relação entre dons, compromissos, contrapartidas e deveres comunitários — de forma imunitária — entre cidadãos, eliminando as reciprocidades e cumplicidades, a copresença, a corresponsabilidade e a coatividade, reinterpretadas numa forma utilitária e em função dos seus interesses para poder instaurar uma lógica predadora, de exploração dos seres humanos, dos seus vínculos e das suas relações, dos seus sonhos e da sua capacidade de desejar, assim como dos recursos e contextos dos quais fazemos parte. Uma lógica que instrumentaliza as próprias relações sociais, a subjetividade e a potência humana, que se diluem na produção orientada para o lucro, concentrado em cada vez menos mãos. Esta apropriação incluiu as instituições da vida democrática, da esfera pública e também aquilo que foi considerado o comum nas últimas décadas, tanto na sua adscrição patrimonial, como jurídica, filosófica e política (Laval e Dardot, 2015: 31–32).

O municipalismo como processo e a sociedade comunal como alternativa ao capitalismo surgem, portanto, nas palavras de Iglesias (2014a, 2014b), com a ideia de remunicipalizar os recursos comuns alienados da cidadania, tanto no que se refere ao seu uso e desfrute, como à sua produção, gestão e exploração numa lógica contra-hegemónica, que também inclui, a partir das coordenadas aqui propostas, a produção de um espaço municipal de experimentação política e social do qual emerge uma «racionalidade do comum» (Dardot e Laval, 2015: 262).

3. Municipalismos e práticas do comum: uma sociologia das emergências

O comum constitui uma racionalidade política contra-hegemónica que pode servir como princípio de referência para a reorganização da sociedade. Assim, «como princípio político, o comum impõe fazer da participação numa mesma atividade o fundamento da obrigação política e, portanto, da coatividade o fundamento da coobrigação» (Laval e Dardot, 2015: 661). A partir desta perspetiva, o comum remete para a obrigação e responsabilidade recíproca de agir de acordo com as regras que uma comunidade política estabeleceu; uma obrigação que não se baseia em nenhuma identidade ou pertença de grupo (étnico, nacional, etc.), nem na ficção jurídica de um «contrato social», mas, sim, na participação numa mesma atividade: «A obrigação política procede inteiramente da ação comum» (Laval e Dardot, 2015: 661). Em virtude disso, o comum aparece de imediato como uma tarefa eminentemente prática, como uma forma de agir — uma *praxis* — e não como uma forma de ser ou ter, como um «modo de fazer política» cuja lógica, holística e transversal, supera os lugares-comuns que até agora circunscrevem a atividade política institucional.

Há que questionar em que medida e dentro de que limites, no contexto da crise económica, política e institucional vigente desde 2008, os novos municipalismos cidadãos estão a contribuir para fundar, além do âmbito discursivo, uma prática instituinte do comum como princípio articulador e horizonte de sentido de uma nova política de emancipação democrática. Há que questionar igualmente as práticas e os discursos da anteriormente referida epistemologia do comum que desafiam a lógica capitalista de privatização e mercantilização. E há que questionar se essa prática promove a institucionalização do núcleo de «bom senso» amalgamado na mentalidade popular, que oferece a possibilidade de ler criticamente a realidade e «dá ao agir uma direção consciente» e transformadora (Gramsci, 1971: 12).

Mais do que dar respostas conclusivas a estas interrogações, o que aqui interessa é expor algumas reflexões — ainda provisórias — que podem ajudar a ter uma ideia mais clara sobre as contribuições dos atuais processos municipalistas para a construção — tensa, frágil e dinâmica — de uma política do comum. Assim, partindo da ótica da mencionada sociologia das emergências, mediante a qual se podem identificar «os sinais, as pistas, latências, possibilidades que existem no presente e que são sinais de futuro, que são possibilidades emergentes e que são "descredibilizadas" porque são embriões, porque são coisas não muito visíveis» (Santos, 2007: 37), destacam-se experiências a contracorrente que constituem este paradigma no qual se situam os municipalismos pela construção comum dessa outra política de abertura, experimental, reticular e em movimento, surgida nas ruas e praças. É importante realçar que o foco se centra em processos emergentes e em construção, em redes fluidas, híbridas e não isentas de contradições, que produzem, ensaiam e partilham uma maneira contínua de fazer a política que vai além dos tópicos dominantes da política hegemónica. Por isso, presta atenção ao potencial, ao inacabado, ao que através de um contínuo «experimentalismo democrático» (Unger, 1998), vinculado à crítica social, não se deixa apressar por rígidos esquematismos académicos. Não se pretende, portanto, considerar estes processos municipalistas como expressão de um cânone político alternativo, mas como uma ecologia de saberes e práticas em rede, com várias dimensões simultâneas cuja separação é puramente estratégica, pois todas as dinâmicas da rede — assinaladas de seguida — se invadem reciprocamente.

3.1. Metodologia

Uma das contribuições dos processos municipalistas que revelam outras formas de fazer política em comum encontra-se no contexto das dinâmicas metodológicas e organizativas. Sem pretender ocultar a sua estratégia eleitoralista — têm a intenção declarada de ganhar votos e eleições —, conseguiram ressignificar o senso comum político hegemónico, gerando uma «socioprática» (Villasante, 2006: 416) instituinte de processos que implicam «excessos criativos» ou «reversivos» (Villasante, 2014). Assim, não é estranho que haja quem fale de um «método Ganemos» como referência a um conjunto de técnicas, ferramentas e estilos de caráter inclusivo e participativo para garantir uma política municipal a partir de baixo (Galcerán, 2015). Mas, além das especificidades de cada caso, quais são os elementos comuns deste conjunto de práticas metodológicas?

Basicamente, trata-se da reconfiguração da política como um exercício de ação e inteligência coletiva (Lévy, 1997) a partir de uma lógica organizativa de novo tipo em relação às forças partidárias tradicionais. Esta lógica materializou-se, em boa medida, em processos de confluência participativa entre partidos-movimentos (Kitschelt, 2006: 278–290), agrupamentos de eleitores, partidos instrumentais, movimentos sociais e organizações da sociedade civil, para a constituição de candidaturas municipalistas cidadãs. Não se trata da formação de frentes populares para aglutinar as forças de esquerda nem de meras coligações ou máquinas de guerra eleitoral. Confluir, neste contexto, alude a algo mais complexo e inovador, a uma política pós-partidária — e pós-partidista — que permitiu a formação de «uma nova Frente em Rede de partidos, movimentos, coletivos e redes baseada no conjunto de métodos coletivos do ecossistema 15M» (Gutiérrez, 2014). Trata-se, sim, sem negar os conflitos e as tensões inerentes a qualquer relação social, da «articulação de processos de descontentamento» a partir da multiplicidade (Calle, 2015), da auto-organização de redes, coletivos e movimentos de cidadãos, o que possibilita funcionar a partir dos princípios dos sistemas emergentes de que fala Steven Johnson (2003). O Barcelona en Comú, por exemplo, configurou-se tanto como um espaço de contestação ao consenso bipartidário PP-PSOE, como um espaço de confluência no qual movimentos heterogéneos como a Plataforma de Afetados pelas Hipotecas (PAH), a

Marea Blanca (Maré Branca) e o Procés Constituent (Processo Constituinte) se interligam com militantes de partidos com âmbito territorial a nível do país, como o Podemos,[17] a Esquerda Unida ou o Equo, com militantes de partidos de âmbito catalão, como a Iniciativa per Catalunya, e com pessoas da sociedade civil não organizadas em partidos nem movimentos, mas que se mostram indignadas com a situação social e política.

Além da confluência reticular, há outras inovações metodológicas a mencionar: o recurso à democracia direta e participativa na eleição dos seus candidatos através de um sistema aberto de primárias de cidadãos para combater a política de amiguismos, compadrios e «cunhas»; a aposta em formas contra-hegemónicas de liderança (coletiva, colaborativa e facilitadora) que permitem «dispersar o poder» e encontrar o coprotagonismo perante os personalismos e as lideranças individuais (Zibechi, 2007); um programa participativo e aberto elaborado de forma coletiva, como no caso do Zaragoza en Común, que reuniu propostas de cidadãos através de plataformas digitais, fóruns setoriais, fóruns nos bairros e consultas com especialistas e movimentos sociais, para ouvir esse «nós» que normalmente é ignorado pela política tradicional,[18] o autofinanciamento, graças a campanhas de microcréditos ou empréstimos por parte de cidadãos, caminho até agora apenas explorado entre as formações políticas; o recurso a dispositivos tecnopolíticos para promover a participação, a comunicação interna horizontal e a ação coletiva mediante plataformas como a Reddit, Loomio e Titanpad e, provavelmente inspirando-se na rede social do 15M, a N-1 (Bennett e Segerberg, 2014); o uso, sobretudo durante a campanha eleitoral, de técnicas transmédia (Jenkins *et al.*, 2015) difundidas maciçamente através de redes sociais (Instagram, Facebook, Twitter, Tumblr, YouTube, WhatsApp, Telegram, entre outras), o que implicou a abertura de um campo de experimentação artística ao serviço do ativismo político, como no caso da campanha eleitoral de Manuela Carmena para presidente da Câmara Municipal de Madrid, na qual o Movimento de Libertação Gráfica de Madrid teve um protagonismo destacado, exibindo uma explosão de criatividade «artivista» que encheu as redes de ilustrações, desenhos, caricaturas e

[17] Ver Elorduy (2014).

[18] Como se pode ler na página cinco do Programa Eleitoral Colaborativo do Zaragoza en Común para as eleições autárquicas de 2015, disponível em <http://zaragozaencomun.com/es/programa/>.

inclusive canções, como se pode observar em *hashtags* como #madridconmanuela, #efectocarmena e #manuelamania.

3.2. Espaço-tempo

As duas dimensões alimentam-se de tal modo na rede que não se podem dissociar, e, já que falamos em epistemologia, ambas têm um caráter ontológico. Definitivamente, trata-se de desenvolver um novo quadro de relações entre movimentos sociais, instituições de representação, políticas de massas e cidadãos, numa rede de espaços-tempos complexos que não é pública nem privada (Harvey, 2007), como defendíamos, da qual o tempo da vida, aquele que procede da lentidão necessária da aprendizagem complexa, seria uma dimensão estratégica. Uma relação constitutiva do território, um espaço-tempo comum, perante a apropriação e totalização neoliberal, para constituir a diferença (Foucault e Deleuze, 1999).

No que diz respeito à irrupção deste espaço-tempo complexo na linearidade das instituições da democracia representativa municipal, presente nos ritmos e prazos das suas burocracias corporativas e no seu funcionamento administrativo, já se apresenta nestas candidaturas a cedência, entendida como reapropriação, recuperação e gestão de espaços para os cidadãos, a partir dessa conceção espácio-temporal complexa — processo avançado em Madrid (comissões de moradores das Assembleias Municipais de Distrito, «Esta es una plaza», Auditoria Cidadã à Dívida e «Entre Patios», a primeira cooperativa de direito de utilização), em Barcelona (Can Batlló, proposta de criação de um operador elétrico municipal), em Sevilha (Oficina Municipal da Habitação, criada pelo Participa Sevilha) e em Cádis (redução de dez milhões de euros na dívida municipal herdada, segundo dados da Tesouraria).

3.3. Subjetividades

Reapropriarmo-nos de uma subjetividade — submetida até agora — é uma condição necessária da nossa capacidade para produzir sentidos inteligíveis a partir das práticas, ou seja, para construir um «nós» coletivo capaz de transformar a política e a democracia em chaves emancipadoras. A este respeito, outra das contribuições destes municipalismos para uma política do comum radica em ter contribuído para o desenvolvimento de subjetividades políticas que destabilizam a lógica neoliberal da solidão atomizada que separa os indivíduos e os utiliza como recurso para os seus interesses, produzindo subjetividades «contabilísticas» treinadas para competir entre si (Laval e Dardot, 2013: 21). Assim, como expuseram Foucault (2001) e Simondon (1989), a subjetividade coletiva acaba submetida a um processo de subjetivação, de «normalização», que a individualiza. Perante ela, os processos municipalistas ajudaram a criar um tipo de subjetividade alternativa que, com Rosi Braidotti (2000), podemos qualificar de nómada, aberta, em movimento, longe de qualquer estaticidade e orientada para a «ação rebelde» (Santos, 2000), quando constitui uma forma de resistência que se desvia da suposta ordem natural dos acontecimentos que o hegemónico reproduz. Prova disso são as declarações de Ada Colau quando, pouco antes de ser eleita presidente da câmara de Barcelona, expôs numa entrevista a possibilidade de desobedecer a leis injustas.[19] Por outras palavras, consiste numa subjetividade baseada na produção coletiva de um senso comum do comum, que vai além dos bloqueios na subjetividade isolada e submissa, sobre o que é possível e o que não é, e combate a lógica da separação tecendo uma rede de vínculos onde o todo não é a mera soma de indivíduos ou grupos, mas, sim, o «autorretrato de uma coletividade» (Braidotti, 2000: 45).

3.4. Sociabilidades

As sociabilidades geradas pela epistemologia do comum desafiam a solidão que caracteriza a sociabilidade neoliberal, individualista, atomizada e dispersa, promovendo a criação de vínculos além da propriedade privada, do trabalho e do consumo e do uso utilitário para deles retirar valor. Estas candidaturas refletem novas articulações e vínculos sociais, presentes, por exemplo, nas suas propostas de uma organização diferente

[19] Ver *El País*, de 1 de junho de 2015. Consultado a 22.11.2015, em <http://ccaa.elpais.com/ccaa/2015/05/31/catalunya/1433095687_171375.html>.

da produção económica da cidade. Daí a importância do cooperativismo, da economia solidária, do comércio de proximidade, da crítica à lógica da apropriação por despossessão que o neoliberalismo implantou nas últimas décadas. Neste sentido, durante a campanha eleitoral de maio, Ada Colau, em sintonia com iniciativas económicas a partir de baixo, lançou a proposta de uma moeda social para Barcelona como mecanismo comunitário de intercâmbio e reciprocidade entre vizinhos. Por outro lado, no seu programa eleitoral Agora Madrid, apostou na criação de um banco de terras agroecológicas de titularidade pública e um banco de crédito municipal, embora a equipa de governo pareça ter renunciado a esta última medida. São indícios que permitem vislumbrar novas lutas e possibilidades, esperanças do que poderia ser um futuro em comum (Aguiló, 2015).

3.5. Traduções

A fragmentação de subjetividades, experiências, contextos, espaços e tempos submetidos pelo capitalismo neoliberal globalizado requer, como assinalou David Harvey (2007: 214–224), uma linguagem comum para a qual é condição necessária a tradução das práticas sociais que integram esta estrutura. Traduzir, neste contexto, significa apostar na criação, a partir da heterogeneidade e da complementaridade mútua, dessa inteligibilidade recíproca entre saberes e práticas de que fala Santos (2009). Nesta aposta, a tradução implica um conjunto de processos de produção de valor, em forma de imaginários, significados e hábitos, para se reapropriar e redefinir lugares-comuns como democracia, identidade ou direitos humanos como base da sua proposta de construção de alternativas.

A tradução é, portanto, um desafio para as candidaturas municipalistas a partir de baixo, no qual habita a sua sobrevivência num ciclo político curto, com a ingente dívida municipal e a falta de poder. Obter o poder para superar este desafio implica horizontalizar as hierarquias institucionais, abri-las, ir da «governação participativa como "gestão do conflito" à democracia a partir de baixo com a "organização do conflito"» (Forné Aguirre e Martínez Moreno, 2015). Como expressam Laia Forné Aguirre e Rubén Martínez Moreno, da Fundação dos Comuns:

«O nosso governo municipal [Barcelona en Comú] comportou-se como um laboratório de engenharia social que soube cooptar e institucionalizar a produção social; uma dinâmica de relação entre Administração Pública e movimentos, que hoje está mais próxima do que nunca de poder ser mudada» (Forné Aguirre e Martínez Moreno, 2015), implementando mecanismos que possibilitam a tradução das realizações cidadãs, dos vínculos sociais comuns e das lutas refletidas em direitos.

Inconclusão

Resumindo, estamos perante um cenário complexo de (des)continuidades, ruturas (de momento, mais simbólicas do que reais) e emergência de sinais embrionários que, apesar da breve experiência institucional destas candidaturas, vem acompanhado de efeitos sociais e democráticos que contribuem para desarticular os discursos e as práticas associadas à velha política dominante ao longo das últimas décadas.

No entanto, para revelar plenamente as potencialidades emancipadoras e transformadoras das lutas por uma nova política e uma nova institucionalidade do comum, é necessário evitar a assimilação dentro das instituições do regime político desgastado de 1978. Os quadros reguladores do capitalismo e da democracia liberal hegemónica são impotentes para essa missão, pelo que estas candidaturas municipalistas terão que tomar decisões audazes se quiserem fazer do comum o princípio político de produção e reprodução da vida.

Em maio de 2001, Naomi Klein publicou um artigo intitulado *Reclaiming the Commons* no qual, a partir da experiência do primeiro Fórum Social Mundial, realizado em Porto Alegre (Brasil) em janeiro do mesmo ano, dava conta da importância da inter-relação das lutas locais e globais em curso, do papel fundamental de uma rede de redes contra a privatização da vida em todas as suas escalas e dimensões no planeta. Tratava-se da emergência de um «cosmopolitismo subalterno» gerada pelo chamado movimento altermundialista (Santos, 2009: 179). O caráter heterogéneo e plural deste movimento de movimentos, enquanto intercâmbio de experiências e práticas sociais perante a univocidade do capitalismo neoliberal, implica o que Boaventura de Sousa Santos qualifica como uma epistemologia do Sul que, como vimos, é uma epistemologia do comum;

da radicalidade democrática para descolonizar, desmercantilizar e democratizar a complexidade da vida da reificação capitalista em todas as suas dimensões e sentidos; da «globalização da esperança» (Klein, 2001: 81) a partir de vínculos e relações sociais, de reciprocidades estruturadas de forma horizontal, corresponsável e cooperativa.

Esta articulação global a partir de baixo alcançou em maio de 2015 as instituições municipais em Espanha como um sinal evidente de que, como assinala Benjamin Barber (1984) na epígrafe deste capítulo, temos de redescobrir as múltiplas vozes que clamam pelo direito a deliberar, a decidir e a conduzir as suas próprias vidas — para escapar da condenação à solidão e ao silêncio de uma cidadania enclausurada nos artifícios capitalistas da vida privada —, que reivindicam a algaravia assembleísta e o poder popular para tecer uma trama na qual se conheçam, reconhecendo-se através dos outros, na sua condição comum.

Referências bibliográficas

Aguiló, Antoni (2014), «Radicalidad democrática y nuevos movimientos populares: las luchas por otras democracias», *Kult-ur*, 1(2), 65–86. Doi: https://doi.org/10.6035/Kult-ur.2014.1.2.3

Aguiló, Antoni (2015), «Colau, Carmena y las nuevas figuras de lo común», *eldiario.es*, de 7 de outubro. Consultado a 1.12.2015, em http://www.eldiario.es/contrapoder/colau_carmena_6_438916130.html

Arendt, Hannah (2005), *La condición humana*. Barcelona: Paidós.

Aristóteles (1999), *Retórica*. Madrid: Gredos.

Bakhtin, Mikhail (1981), *The dialogical imagination: Four essays*. Austin, TX: University of Texas Press.

Bakhtin, Mikhail (2011), *Las fronteras del discurso*. Buenos Aires: Las Cuarenta.

Barber, Benjamin R. (1984), *Strong democracy: Participatory politics for a new age*. Berkeley, CA: University of California Press.

Bateson, Gregory (1972), *Steps towards an ecology of mind: Collected essays in Anthropology, Psychiatry, Evolution, and Epistemology*. Nova Iorque: Ballentine.

Bauman, Zygmunt (2006), *Comunidad. En busca de seguridad en un mundo hostil*. Madrid: Siglo XXI.

Bennett, W. Lance; Segerberg, Alexandra (2014), «La comunicación en los movimientos. De los medios de comunicación de masas a las redes sociales», *Telos*, 98, 58–70. Consultado a 17.7.2015, em http://www.oei.es/es94.htm

Braidotti, Rosi (2000), *Sujetos nómades: corporarización y diferencia sexual en la teoría feminista contemporánea*. Buenos Aires: Paidós.

Calle, Ángel (2014), «Las urnas municipales y el nuevo ciclo político», *Público.es*, de 22 de julho. Consultado a 10.11.2015, em http://blogs.publico.es/dominiopublico/10611/las-urnas-municipales-y-el-nuevo-ciclo-politico/

Calle, Ángel (2015), «El gobierno de las muchas: sobre unidad, confluencia y multiplicidades», *Diagonal*, de 8 de julho. Consultado a 20.11.2015, em https://www.diagonalperiodico.net/la-plaza/27286-gobierno-muchas-sobre-unidad-confluencia-y-multiplicidades.html

Carmona, Pablo (2015), «Primeros retos del ciclo municipal», *Diagonal*, de 29 de maio. Consultado a 11.11.2015, em https://www.diagonalperiodico.net/panorama/26877-primeros-retos-del-ciclo-municipal.html

Castells, Manuel (2012), *Networks of outrage and hope. Social movements in the Internet age*. Cambridge: Polity.

Castells, Manuel (2013), *Communication power*. Oxford: Oxford University Press.

Colau, Ada (2014), «Concretar la revolución democrática», *Público.es*, de 5 de dezembro. Consultado a 12.11.2015, em http://blogs.publico.es/dominiopublico/11899/concretar-la-revolucion-democratica/

Dardot, Pierre; Laval, Christian (2015), «Propriedade, apropriação social e instituição do comum», *Tempo Social*, 27(1), 262–273. Doi: http://doi.org/10.1590/0103-207020150114

Deleuze, Gilles; Guattari, Félix (1972), *Capitalisme et schizophrénie, 1: l'Anti-Oedipe*. Paris: Minuit.

Elorduy, Pablo (2014), «Podemos y el horizonte municipal», *Diagonal*, de 26 de junho. Consultado a 21.11.2015, em https://www.diagonalperiodico.net/panorama/23252-podemos-y-horizonte-municipal.html

Esposito, Roberto (2003), *Communitas. Origen y destino de la comunidad*. Buenos Aires: Amorrortu.

Esposito, Roberto (2009), *Immunitas. Protección y negación de la vida*. Buenos Aires: Amorrortu.

Federici, Silvia (2013), *Revolución en punto cero. Trabajo doméstico, reproducción y luchas feministas*. Madrid: Traficantes de Sueños.

Forné Aguirre, Laia; Martínez Moreno, Rúben (2015), «El Ayuntamiento de Barcelona está diseñado para que nada cambie», *Diagonal*, de 21 de novembro. Consultado a 25.11.2015, em https://www.diagonalperiodico.net/la-plaza/28466-ayuntamiento-barcelona-esta-disenado-para-nada-cambie.html

Foucault, Michel (2001), *Defender la sociedad*. Cidade do México: FCE.

Foucault, Michel; Deleuze, Gilles (1999), *Theatrum philosophicum seguido de repetición y diferencia*. Barcelona: Anagrama.

Galcerán, Montserrat (2015), «El "método Ganemos" o aprendiendo a hacer política en común», *Diagonal*, de 14 de junho. Consultado a 20.11.2015, em https://www.diagonalperiodico.net/la-plaza/27036-metodo-ganemos-o-aprendiendo-hacer-politica-comun.html

Garcés, Marina (2013), *Un mundo común*. Barcelona: Bellaterra.

Gramsci, Antonio (1971), *El materialismo histórico y la filosofía de Benedetto Croce*. Buenos Aires: Nueva Visión.

Gramsci, Antonio (1986), *Cuadernos de la cárcel 4*. Cidade do México: Era.

Guanyem Barcelona (2014), «Ganemos Barcelona», de 15 de junho. Consultado a 12.11.2015, em https://guanyembarcelona.cat/es/firma

Gutiérrez, Bernardo (2014), «Ganemos, Guanyem: democracia en red, espacios en red», *Codigo-Abierto.cc*. Consultado a 20.11.2015, em http://codigo-abierto.cc/ganemos-guanyem-democracia-en-red-espacios-en-red2/

Hardt, Michael; Negri, Antoni (2004), *Multitud: guerra y democracia en la era del Imperio*. Barcelona: Debate.

Hardt, Michael; Negri, Antoni (2009), *Commonwealth*. Cambridge: Belknap--Harvard.

Harvey, David (2007), *Espacios del capital: hacia una geografía crítica*. Madrid: Akal.

Hogan, Patrick Colm (1990), *The politics of interpretation: Ideology, professionalism, and the study of literature*. Nova Iorque: Oxford University Press. Doi: https://doi.org/10.1093/acprof:oso/9780195062724.001.0001

Honneth, Axel; Joas, Hans (orgs.) (1991), *Communicative action. Essays on Jurgen Habermas's «The theory of communicative action»*. Cambrigde: MIT Press.

Iglesias Fernández, José (2010), *Sobre el decrecimiento y otras rendiciones. Interpretación crítica sobre el decrecimiento y el consumo responsable*. Málaga: Zambra.

Iglesias Fernández, José (2014a), «La sociedad comunal como una alternativa al capitalismo», *Kaos en la Red*, de 21 de setembro. Consultado a 16.11.2015, em http://2014.kaosenlared.net/secciones/96375-la-sociedad-comunal-como-una-alternativa-al-capitalismo

Iglesias Fernández, José (2014b), «El municipalismo como un proceso contra el capitalismo», *Kaos en la Red*, de 17 de julho. Consultado a 16.11.2015, em http://2014.kaosenlared.net/secciones/92261-el-municipalismo-como-un-proceso-contra-el-capitalismo

Jenkins, Henry *et al.* (2015), *Cultura transmedia: la creación de contenido y valor en una cultura en red*. Barcelona: Gedisa.

Johnson, Steven (2003), *Sistemas emergentes: o qué tienen en común hormigas, neuronas, ciudades y software*. Cidade do México: FCE.

Kitschelt, Herbert (2006), «Movement parties», *in* Richard S. Katz e William Crotty (orgs.), *Handbook of Party Politics*. Londres: Sage, 278–290. Doi: https://doi.org/10.4135/9781848608047.n24

Klein, Naomi (2001), «Reclaiming the commons», *New Left Review*, 9, 81–89.

Latour, Bruno (2007), *Reassembling the social: An introduction to ator-network-theory*. Oxford: Oxford University Press.

Laval, Christian; Dardot, Pierre (2013), *La nueva razón del mundo: ensayo sobre la sociedad neoliberal*. Barcelona: Gedisa.

Laval, Christian; Dardot, Pierre (2015), *Común: ensayo sobre la revolución en el siglo XXI*. Barcelona: Gedisa.

Lévy, Pierre (1997), *Collective intelligence: Mankind's emerging world in cyberspace*. Nova Iorque: Plenum Trade.

Marcellesi, Florent; Martínez, Rosa (2014), «Guanyem y municipalia: unidad y diversidad por una causa común», *Público.es*, de 7 de julho. Consultado a 10.11.2015, em http://blogs.publico.es/otrasmiradas/2395/guanyem-y-municipalia-unidad-y-diversidad-por-una-causa-comun

Mattei, Ugo (2013), «Future generations now! A commons-based analysis», *in* Saki Bailey, Gilda Farrell e Ugo Mattei (orgs.), *Protecting future generations through commons (Trends in Social Cohesion, no. 26)*. Estrasburgo: Council of Europe Publishing, 9–26.

Nicolis, Grégoire; Prigogine, Ilya (1997), *La estructura de lo complejo: el camino hacia una nueva comprensión de las ciencias*. Madrid: Alianza.

Observatorio Metropolitano (2014), *La apuesta municipalista: la democracia empieza por lo cercano*. Madrid: Traficantes de Sueños.

Pelbart, Peter Pál (2009), *Filosofía de la deserción. Nihilismo, locura y comunidad*. Buenos Aires: Tinta Limón.

Pelling, Mark (2011), *Adaptation to climate change: from resilience to transformation*. Londres: Routledge.

Pérez Colina, Marisa (2015), «¿Y ahora qué? De la presentación de Municipalia a la victoria de Ahora Madrid, en busca del movimiento municipalista», *Diagonal*, de 14 de outubro. Consultado a 10.11.2015, em https://www.diagonalperiodico.net/blogs/fundaciondeloscomunes/y-ahora-la-presentacion-municipalia-la-victoria-ahora-madrid-busca-del

Sabariego, Manuel Jesús (2007), *Los otros derechos humanos*. Sevilha: Atrapasueños.

Santos, Boaventura de Sousa (2000), *Crítica da razão indolente: Contra o desperdício da experiência*. Porto: Afrontamento.

Santos, Boaventura de Sousa (2005), *El milenio huérfano. Ensayos para una nueva cultura política*. Madrid: Trotta.

Santos, Boaventura de Sousa (2007), *Renovar a teoria crítica e reinventar a emancipação social*. São Paulo: Biotempo.

Santos, Boaventura de Sousa (2009), *Una epistemología del Sur: la reinvención del conocimiento y la emancipación social*. México: Siglo XXI/CLACSO.

Santos, Boaventura de Sousa (2010), *Descolonizar el saber, reinventar el poder*. Montevideo: Trilce.

Santos, Boaventura de Sousa (2015), *Revueltas de indignación y otras conversas*. La Paz: OXFAM; CIDES-UMSA; Ministerio de Autonomías.

Simondon, Gilbert (1989), *L'individuation psychique et collective*. Paris: Aubier.

Sloterdijk, Peter (2014), *Esferas I: burbujas. Microsferología*. Madrid: Siruela.

Taifa. Seminario de Economía Crítica (2013), *Informes de Economía Crítica, 9: Reflexionando sobre las alternativas*. Barcelona: Taifa.

Tarrow, Sidney (2004), El poder en movimiento: los movimientos sociales, la acción coletiva y la política. Madrid: Alianza.

Todorov, Tzvetan (1995), *La vida en común. Ensayo de antropología general*. Madrid: Taurus.

Todorov, Tzvetan (2010), *La experiencia totalitaria*. Barcelona: Galaxia Gutenberg.

Traficantes de sueños (2014), «Asaltar los cielos (round 3): La apuesta municipalista». Consultado a 11.11.2015, em http://www.traficantes.net/nociones-comunes/asaltar-los-cielos-round-3

Unger, Roberto Mangabeira (1998), *Democracy realized: The progressive alternative*. Londres: Verso.

Villasante, Tomás (2006), *Desbordes creativos: estilos y estrategias para la transformación social*. Madrid: Los Libros de la Catarata.

Villasante, Tomás (2014), *Redes de vida desbordantes. Fundamentos para el cambio desde la vida cotidiana*. Madrid: Los Libros de la Catarata.

Zapata, Guillermo (2014), «10 notas sobre nuevo municipalismo y una postdata», *eldiario.es*, de 15 de outubro. Consultado a 11.11.2015, em http://www.eldiario.es/interferencias/notas-nuevo-municipalismo-postdata_6_313978640.html

Zibechi, Raúl (2007), *Dispersar el poder*. Quito: Abya-Yala.

Capítulo 19

Movimentos-partido, populismo e democratização*

Cristiano Gianolla

Introdução

A crise política vivida pelos regimes democrático-liberais é uma questão em aberto para os intelectuais e políticos chamados a responder à falta de responsabilização da classe política, à busca pela participação política, às dúvidas crescentes sobre o papel dos partidos políticos e à apatia política que tudo isto gera entre os cidadãos (Mair, 2002; Santos e Avritzer, 2005). Respostas provisórias identificam novas formas de responsabilização no «público» (Manin, 2014), na «visão» de uma aceitação positiva da «democracia plebiscitária» (Green, 2010), e na reconceptualização da representação democrática *tout court* enquanto exercício deliberativo ou de «advocacia» (Urbinati, 2006a, 2006b). Estas abordagens subscrevem a ortodoxa falta de alternativas ao modelo representativo, revelando uma tendência para reforçar um tipo de regime elitista que leva a uma maior radicalização das crises políticas. O resultado é que as pessoas se sentem incapazes de influenciar o sistema democrático, vendo a sua participação como inútil e residual. Este é o cenário das crises: as pessoas não se envolvem na política eleitoral

* Tradução de Samuel Alexandre.

porque estão desiludidas com este modelo elitista de democracia e sentem-se esmagadas por detrás de uma linha abissal política (Santos, 2007a, 2007b) que separa governantes de governados, representantes de representados, e tomadores de decisões de cidadãos comuns. A resposta do sistema às reivindicações dos movimentos populares e democráticos é tradicionalmente vista como um fardo que pesa sob as condições de governabilidade, as quais exigem uma capacidade renovada de controlo social exercido pelas elites políticas (Crozier *et al.*, 1975). A linha abissal política é justificada com a estabilidade do governo, a sua necessidade reducionista de simplificar a diversidade social sob formas institucionais e a sua capacidade de tomar decisões eficientes e eficazes, tornando-as aceitáveis aos olhos da sociedade. Em sentido contrário, as pessoas lutam por políticas inclusivas por oposição às excludentes, exigindo a deslocação da linha abissal política no sentido de uma maior participação e descentralização.

Os movimentos-partido emergentes procuram deslocar a linha abissal política focando-se no envolvimento popular e ensaiando formas híbridas de participação para a desradicalização da representação. Uma análise superficial das suas ideias e propostas políticas, desqualificando-as como populistas, gera uma confusão discursiva em torno da alternativa emergente (resultando na defesa da visão elitista da representação), tanto mais sendo o populismo também um termo aplicado a fenómenos políticos muito diversificados.[1] Neste capítulo, procuro fazer uma análise comparativa da origem política, contexto, discurso participativo e

[1] Canovan (1981) propõe uma tipologia populista que engloba o «populismo agrário» (Rússia e EUA no final do século XIX e Europa de Leste após a 1.ª Guerra Mundial), subdividido em três subcategorias, e o «populismo político», subdividido em quatro subcategorias. As quatro subcategorias são a «ditadura populista» (por exemplo, o peronismo e o governo de Huey Long no Louisiana), a «democracia populista» (com foco na democracia participativa e direta, como na Suíça), o «populismo reacionário» (forças xenófobas e nacionalistas de direita) e o populismo «dos políticos» (usado para construir unidade eleitoral). Diferentes académicos pensam o populismo enquanto ideologia, estilo discursivo ou estratégia política (Gidron e Bonikowski, 2013). Entre os defensores do populismo enquanto ideologia, vejam-se Akkerman (2003), Mudde (2004), Abts e Rummens (2007) e Wyatt (2013). Moffitt (2014) propõe uma interpretação do populismo enquanto «estilo político» e categoria transversal a diferentes experiências sociais e políticas. Jansen define o populismo como «prática política», analisando-o segundo a perspetiva da sociologia política. Este autor vê a mobilização populista como uma «forma flexível de estimular o apoio político» que combina a mobilização popular com a retórica populista (Jansen, 2011: 77 ss.).

potencial de democratização dos movimentos-partido na Índia e em Itália, focando dois casos concretos (Santos, 2014: 181–186), o Aam Aadmi Party (AAP — Partido da Pessoa Comum) e o Movimento 5 Stelle (M5S — Movimento 5 Estrelas).[2] Na secção seguinte, efetua-se uma breve contextualização teórica segundo o ponto de vista das epistemologias do Sul (Santos, 2014), de modo a classificar a linha abissal política. Nas cinco secções posteriores, procede-se a uma análise comparativa entre o AAP e o M5S, enquanto na sétima secção se reflete sobre o desafio populista que enfrentam e o desafio que colocam ao populismo. A conclusão encerra a discussão sobre os efeitos dos movimentos-partido na linha abissal.

1. Da linha abissal política a uma democracia de maior intensidade

Uma análise adequada das raízes e consequências da crise política exige um espaço dedicado além das dimensões limitadas deste capítulo. Aqui, focar-me-ei no potencial democrático das «epistemologias do Sul», tal como desenvolvidas por Boaventura de Sousa Santos (veja-se, entre outras obras, Santos, 2014) para oferecer uma breve descrição de duas dicotomias que suportam a «linha abissal política»: Estado *versus* sociedade civil e representação *versus* participação. O meu ponto de partida para este breve exercício teórico será a noção de «linha abissal» que está subjacente à perspetiva epistemológica. Santos (2007a) desenvolve uma teoria para mostrar a colonialidade e a modernização ocidentais enquanto pensamento abissal baseado em «linhas abissais» metafóricas que separam o importante do não-importante, o visível do invisível, o existente do não-existente, e o universalmente válido do residual. As linhas abissais criam uma fratura radical entre os dois lados que separam: «a característica fundamental do pensamento abissal é a impossibilidade da copresença dos dois lados da linha» (Santos, 2007a: 45).

[2] Nestas páginas, focar-me-ei de um modo claro nos efeitos do AAP e do M5S na linha abissal política. A extensão deste texto não me permite efetuar uma análise crítica aprofundada dos dois movimentos-partido. Para uma análise mais detalhada do AAP e do M5S, veja-se a minha tese de doutoramento (Gianolla, no prelo). O trabalho de campo e a recolha de dados etnográficos tiveram lugar entre janeiro e abril de 2014, na Índia, e entre janeiro e julho de 2015, em Itália. A identidade dos ativistas e líderes do AAP, do M5S e de outros partidos políticos foi ocultada sob uma etiqueta e um número, por exemplo: Ativista 01, Líder 103, Deputado/a Municipal 01, etc.

Santos desenvolve a teoria das linhas abissais enquanto evolução histórica da modernidade colonial ocidental. Contudo, usando a teoria do fascismo social (ver abaixo), este autor estende a aplicação do conceito de linha abissal a vários Estados, incluindo os ocidentais, sublinhando, acima de tudo, que as linhas abissais são metafóricas e não geográficas. Proponho-me usar esta metáfora aplicando-a aos regimes democrático-liberais e definindo as «linhas abissais políticas» como as linhas que, na prática, dividem os interesses (ações e decisões) da elite (políticos, líderes de opinião e gestores neoliberais) dos do resto da sociedade, embora, em teoria, os primeiros devessem ser o reflexo dos últimos. «Deste lado da linha», as políticas variam entre «regulação e emancipação» do discurso político — uma discussão entre o governo e a oposição. «Do outro lado da linha», as políticas variam entre «apropriação e violência» — a cooptação por convite ou a assimilação de ideias políticas e a marginalização e negação de alternativas políticas. Os cidadãos e os seus movimentos e organizações de base ficam no outro lado da linha. As incursões para este lado da linha abissal política são raras e implicam uma aclimatização dentro do sistema político na medida em que se conformam com o mesmo. As deslocações da linha abissal operam-se por meio de revoluções ou reformas. No primeiro caso, são abruptas e desarmantes. No segundo caso, são progressivas e mediadas.

A realidade política complexa aqui sujeita a uma simples generalização teórica oferece um conjunto de provas credíveis que estão na origem das crises políticas. O fosso entre Estado e sociedade civil é especialmente característico da modernidade ocidental, na qual a esfera da política corresponde aos assuntos do Estado ou à esfera política pública, tal como foi desenvolvido por Habermas (1996). Santos e Avritzer criticam o reducionismo político, afirmando que

> a democracia liberal restringiu a democracia ao domínio político, concebido estritamente como o campo que diz respeito às áreas de intervenção do Estado. Isto tornou o processo democrático suscetível de constituir uma ilha de democracia num vasto oceano de despotismo social. (Santos e Avritzer, 2005: LXII)

Num sentido alargado, o quotidiano das pessoas é político. Santos discorre sobre seis estruturas sociais, cada uma delas caracterizada pela sua forma política adequada, racionalidade legal e epistemologia. A política estatal limita-se normalmente à estrutura social da cidadania. As outras cinco estruturas são a doméstica, a produção, o mercado, a comunidade e o espaço-mundo (Santos, 2002: 353–416, 2003: 297–374). O poder estatal e a política, o direito e a epistemologia (ciência moderna) fazem parte de uma constelação política na qual — embora apenas a estrutura da cidadania seja vista enquanto esfera formal da democracia — todas as seis estruturas sociais agem em conjunto para moldar a vida social, a política, o direito e a epistemologia. O liberalismo político concebe as instituições do Estado como uma organização formal limitada à vida pública no domínio da cidadania. Não procura nem consegue apreender a interação desta esfera principal da política com as outras cinco esferas, que são relegadas para a vida não-política privada ou pública. As pessoas que vivem sob regimes democrático-liberais, segundo o propalado pela modernidade ocidental, pertencem geralmente a uma família e a outras redes intrincadas de relações, envolvem-se em ambientes profissionais, participam na lógica do mercado, fazem parte de comunidades (étnicas, culturais, sociais, entre outras) e experimentam ainda relações internacionais cada vez mais globalizadas. Os teóricos liberais, ao mesmo tempo que escondem o impacto político destas estruturas sociais por detrás de um «véu de ignorância» (Rawls, 1999), possuem as suas políticas (ou formas de poder), direito e epistemologia «informais» ou «privados», interagem com a política estatal, o direito e a ciência e criam estruturas difusas nas quais a fronteira entre as políticas públicas e as relações privadas (ou o espaço da sociedade civil) é indefinida e indefinível.

Passando da análise política à análise social, uma democracia enfraquecida traz consigo o primado iliberal da (i)legalidade, ou o «fascismo social» (Santos, 1998: 23–30, 2002: 453–456, 2005: 22–28, veja-se, também, 2014: 49–51). O fascismo social é o domínio de um regime opressor e discriminatório em sociedades formalmente democrático-liberais. O direito existe, mas o poder do Estado para o aplicar de um modo equitativo é reduzido pela prevalência crescente de agentes privados e é politicamente circunscrito a zonas consideradas «civilizadas» e excluído de zonas do novo «estado de natureza». O fosso entre público e privado alimenta o fascismo social que tem lugar com a conivência do Estado, seja pelo seu envolvimento direto ou pelo acatamento passivo do abuso que se verifica nas estruturas sociais não-políticas «privadas» ou públicas. Santos define seis formas de fascismo social, esclarecendo que este não é um regime político, mas antes um regime «social e civilizacional» no qual o domínio dos regimes representativos liberais é um companheiro oportuno da perversão política neoliberal.[3]

A linha abissal política é mantida através de uma implementação rigorosa da representação que intensifica a sensação de impotência política para lá da escolha entre uma ou outra das formações políticas existentes durante as eleições. Panikkar identifica o problema da reversibilidade — a ausência de responsabilização aplicável às pessoas da elite — sublinhando que esta não é uma questão individual mas sistémica:

> Atualmente, a dificuldade está em tornar o processo reversível logo que se descobre que, de momento, o poder escapa à autoridade das pessoas por ser transmitido a um sistema tecnocrático que se libertou de qualquer tipo de dependência, quer em relação às massas, quer aos políticos. (Panikkar, 1995: 83)

Kothari defende que a política indiana «assenta na luta entre o processo democrático e os impulsos tecnocráticos da elite que milita contra esta aspiração popular» (2005: 16). Esclarece ainda que o interesse da elite e o paradigma de desenvolvimento são obstáculos à democratização, por oposição ao suposto atraso político causado pelas tradições indianas. Na realidade, estas são uma fonte de resiliência democrática contra a ruína autoritária. «Esta elite está mais empenhada em se equiparar às outras sociedades do que em trabalhar para oferecer condições humanas e equitativas à sua população» (Kothari, 2005: 16).

No domínio complexo e interestrutural da política, a linha abissal reduz o político ao institucional, silenciando ou cooptando vozes para além da representação intuitiva. Alguns exemplos dizem respeito à representação política de protestos contra grandes infraestruturas, como os movimentos No-TAV ou o No-Dal Molin, em Itália, ou o movimento

---

[3] Santos explica que, «como regime social, o fascismo social pode coexistir com a democracia política liberal. Em vez de sacrificar a democracia às exigências do capitalismo global, o fascismo social banaliza-a a tal ponto que deixa de ser necessário, ou mesmo conveniente, sacrificá-la para promover o capitalismo» (Santos, 2007a: 61). «Assim como o fascismo social coexiste com a democracia liberal, o estado de exceção coexiste com a normalidade constitucional, a sociedade civil coexiste com o estado de natureza, e o governo indireto coexiste com o primado do direito» (Santos, 2007a: 62).

Narmada Bachao Andolan contra as barragens no rio Narmada, na Índia.[4] Estas lutas não perturbam apenas o cidadão mas também o membro de família e a comunidade, tendo impacto no sustento e nas condições de trabalho dos implicados. A modernidade ocidental não admite uma responsabilidade política que inclua uma visão alargada da vida dos cidadãos representados. Do mesmo modo, um regime não consegue simplesmente decidir sobre tal complexidade por meio de um sistema puramente representativo centrado na estrutura social da cidadania. A participação a partir de baixo e a interação entre representantes e representados, a responsabilização e a transparência são condições *sine qua non* dos regimes políticos mais democráticos.

Os movimentos-partido emergentes como o AAP e o M5S são um espaço privilegiado para compreender os limites dos regimes democrático-liberais porque os expõem a críticas severas e oferecem espaço ao pensamento alternativo. São projetos políticos polémicos e embrionários que incluem forçosamente contradições, embora seja questionável saber se estas são em maior grau do que as verificadas em projetos políticos mais maduros. Focar-me-ei nas suas potencialidades ao mesmo tempo que as comparo de acordo com a seguinte metodologia: analiso estes projetos políticos com recurso a cinco categorias diferentes, expondo as diferenças correspondentes a cada categoria e extrapolando a resposta refletida para a crise política (sistematizada na conclusão). As cinco categorias são a origem, o contexto político, a participação, o fosso entre Estado e sociedade civil e o posicionamento ideológico.

---

[4] Outras formas de exclusão política abissal estão relacionadas com a restrição do direito dos cidadãos a uma sociedade de classes cada vez mais controlada e racionalizada, na qual o mercado invade os domínios privados da saúde, educação, segurança e acesso a bens e serviços de primeira necessidade — começando pela água e pela alimentação saudável, mas incluindo também o acesso à energia (gás, eletricidade e combustível) e Internet. Enquanto a agenda neoliberal reforça a predação feita pelo mercado a estes bens e serviços, eles continuam a ser fundamentais para a qualidade de vida e são cada vez mais importantes para interagir com o paradigma democrático. A lógica de mercado define as condições de trabalho, destrói a perspetiva de um futuro profissional reconhecido para os jovens, e deixa profissionais bem qualificados dependentes das incontroláveis dinâmicas do mercado. O Estado é uma entidade cada vez mais fraca quando comparada com os agentes internacionais e não-estatais. O seu papel é neutralizado e diminuído na substância: a nível político, continua a ser a autoridade fundamental de legitimação, mas as suas políticas não regulam as estruturas sociais «privadas». O Estado é incapaz de preservar a condição de humanidade e para o mercado a humanidade não é uma condição porque não é reconhecida como mais-valia. Nestas circunstâncias, as exclusões radicais são estruturais.

2. As origens: de movimentos a partidos

2.1. Aam Aadmi Party (AAP)

Fundado a 26 de novembro de 2012, o AAP tem as suas raízes no Território da Capital Nacional de Deli (doravante designado por «Deli» ou «Estado de Deli»), embora a sua presença seja cada vez mais forte noutros Estados indianos, sobretudo no Punjab. O seu principal dirigente, Arvind Kejriwal, escolheu o ativismo social como uma vocação para a vida, renunciando a empregos no setor público ou no privado (Bacani, 2007; Sachdeva, 2014: 25–28; Wyatt, 2015). Lutou ao nível das bases pela transparência governamental, contra a corrupção, pela participação popular e contra as políticas neoliberais. Assumiu um compromisso com a Mazdoor Kisan Shakti Sangathan (MKSS — Sindicato do Poder dos Trabalhadores e Camponeses) para conseguir a aprovação da Lei do Direito à Informação (RTI), aprendendo técnicas de auditorias públicas que importou para Deli (Baviskar, 2010). Em 2006, foi-lhe atribuído o prestigiado Prémio Ramon Magsaysay de Liderança Emergente. A sua reputação ficou definitivamente firmada a nível nacional com o papel de relevo que desempenhou, em 2011/2012, no movimento Índia Contra a Corrupção (IAC), liderado pelo ativista gandhiano Anna Hazare. Tal como outros ativistas sociais na Índia, Hazare segue uma politização não-institucional da sociedade civil e mantém uma distância formal em relação à política partidária. Kejriwal entrou em conflito com a visão de Hazare por defender uma mudança da política indiana através de uma intervenção no sistema, tendo sido bem recebido por muitos colegas do movimento IAC e por outras personalidades de renome que vieram a constituir o AAP. A onda de moralização levantada pelo movimento IAC criou o impulso certo para defender uma mudança política radical e o AAP propôs uma abordagem participativa evocando o conceito gandhiano de *swaraj* ou autogoverno, entendido como participação e devolução.[5]

[5] O livro *Swaraj*, de Kejriwal (2012), lembra a obra *Hind Swaraj*, de Gandhi (1938), embora este nunca seja explicitamente mencionado. A ideia política do AAP — baseada na devolução — é simplificada pelas aldeias-modelo de Ralegan Siddhi (dinamitada e revitalizada por Anna Hazare) e Hiware Bazar, estudadas e documentadas por Kejriwal em 2009 (Kabir, 2011; e entrevista do autor a Pawar, 2014).

Em 2013, o AAP surpreendeu muita gente na sua primeira eleição para a assembleia de Deli ao conquistar 28 de 70 lugares (correspondentes a uma percentagem de 29,5% dos votos) e formar um governo minoritário com apoio do Partido do Congresso.[6] Sofrendo a hostilidade de outros partidos, traduzida na recusa em discutir a *jan lokpal*, o projeto de lei anticorrupção, o governo de Kejriwal demitiu-se das suas funções ao fim de apenas 49 dias. Três meses depois, o AAP precipitou-se ao disputar 432 lugares entre 543 nas eleições nacionais, conseguindo somente 2,1% dos votos e elegendo apenas quatro representantes nacionais (Aashish, 2014). Alguns meses mais tarde, o movimento-partido voltou a surpreender a maioria ao conquistar 67 lugares entre 70 (correspondentes a uma percentagem de 54,3% dos votos) nas novas eleições para a assembleia de Deli em 2015.

2.2. Movimento 5 Stelle (M5S)

O M5S nasceu a partir da carreira do comediante Beppe Grillo (Greblo, 2011; Santoro, 2012, 2014; Scanzi, 2012; Caracci, 2013), apoiado por Gianroberto Casaleggio (1954-2016), perito em *marketing* e comunicação na Internet. A carreira de Grillo começou na década de 1970 e focava-se em questões sociais e políticas, como o ambiente, a liberdade de imprensa, a justiça social e, recentemente, a disseminação da Internet (Biorcio e Natale, 2013: 20–21; Caracci, 2013: 48–49; Mello, 2013: 181–182). A transição da carreira de Grillo para o M5S incluiu a criação do inovador e bem-sucedido blogue www.beppegrillo.it, em janeiro de 2005. Seis meses depois, Grillo e Casaleggio usaram a rede social meetup.com para facilitar a criação de grupos locais de seguidores do blogue de Grillo. Estes grupos espalharam-se por toda a Itália e, menos de três anos depois, Grillo convidou-os a disputar as eleições locais enquanto listas cívicas «certificadas», em conformidade com os temas e valores apresentados no seu blogue (Grillo, 2008). Grillo e Casaleggio organizaram importantes ações públicas de protesto à escala nacional, os

---

[6] Recusando-se a princípio a formar um governo de coligação (Ali, 2013a, 2013b), a liderança do AAP decidiu consultar o eleitorado (Ali, 2013c; Pandey, 2013a, 2013b, 2013c) e formou um governo com base nos 18 pontos do seu programa governamental e com o apoio do Partido do Congresso Nacional (PTI, 2013a).

então designados «V-Days» (dia do vai à merda ou *vaffanculo day*), que começaram em 2007 e 2008 e juntaram centenas de milhares de pessoas nas praças italianas (Mello, 2013: 187–188; Monina, 2013: 57–58). A 4 de outubro de 2009 — dia de São Francisco —, Grillo, Casaleggio e os seus seguidores fundaram o M5S em Milão. A escolha da data simboliza a pobreza do movimento-partido e o seu respeito pela natureza e pelo ambiente (Fo *et al.*, 2013: 136, 188).

Inicialmente, Grillo pretendia regenerar a esquerda italiana (Travaglio, 2012: IX e XIX-XX) mas os partidos e seus dirigentes não se mostraram recetivos às suas reivindicações, o que gerou desconfiança. Por esta razão, Grillo e o M5S não se mostram disponíveis para formar coligações com os partidos políticos tradicionais, procurando antes mudar o sistema partidário a partir de dentro. Os resultados eleitorais do M5S foram-se consolidando lentamente desde 2008 até à primeira proeza em 2012 (Colloca e Marangoni, 2013: 71–76; Vignati, 2013: 50–57), ao sucesso nacional em 2013 (quando o movimento-partido conquistou 25,5% dos votos a nível nacional) e à vitória nas eleições municipais de 2016 em Roma e Turim. Os representantes eleitos pelo M5S possuem geralmente pouca ou quase nenhuma experiência partidária e seguem uma redução austera das despesas políticas cortando os seus próprios salários e pensões. O M5S rejeita oficialmente as estruturas partidárias e possui um número mínimo de órgãos e de pessoal permanente. O mesmo movimento-partido promove um ativismo em rede para a implementação de uma democracia direta por meio de ferramentas *online* de deliberação e de tomada de decisões que alargam a participação dos cidadãos comuns.[7]

3. Respostas às crises políticas

O AAP nasceu na Índia durante a terceira fase do sistema partidário indiano pós-independência (deSouza, 2000), num tempo de crises do histórico Partido do Congresso Nacional, de Gandhi e Nehru (o principal

[7] Existe uma vasta literatura sobre o M5S, incluindo relatórios críticos. Veja-se, por exemplo, Greblo (2011), Dal Lago (2013), De Rosa (2013), Biorcio e Natale (2013), Bordignon e Ceccarini (2013, 2015), Mello (2013), Monina (2013), Biorcio (2015a).

partido da UPA — Aliança Progressista Unida) e depois de três décadas de políticas neoliberais. Para além da consolidação nacional do partido nacionalista e comunalista Bharatiya Janata Party (BJP), a UPA governou a Índia durante dois mandatos completos consecutivos (entre 2004 e 2014). A redução das suas políticas a favor das classes mais baixas da sociedade e a corrupção desenfreada geraram insatisfação com o poder político. A ativista social Aruna Roy explica este aspeto de um modo claro:

> Desde a independência, o Partido do Congresso sempre adotou uma retórica claramente a favor dos pobres. Uma das razões para o fracasso político da UPA II [2009–2014] foi o facto de não ter abordado as suas tradicionais áreas de preocupação de um modo adequado e competente. A diluição desse foco de preocupação e um grande nível de corrupção fizeram a UPA perder o apoio do seu tradicional grupo de eleitores. (Entrevista a Aruna Roy, 2014)

As campanhas do RTI e do IAC constituíram mobilizações nacionais das quais, desde 2013, o AAP se tornou o seu controverso e não consensual herdeiro. O AAP entrou na política sem abandonar a mobilização social: «o estilo do AAP hibridiza ou combina o protesto, a resolução de problemas locais e a democracia direta com a governação parlamentar» (Visvanathan, 2014).

A década de 1990 também foi de viragem em Itália. O cenário político italiano foi decisivamente reformulado por um conjunto de acontecimentos, como o auge da guerra entre o Estado italiano e a máfia, seguido da redefinição das relações entre ambos (Bolzoni, 2012) e as investigações judiciais conhecidas por «mãos limpas» (*mani pulite*), que descobriram um sistema de corrupção política que envolvia o sistema partidário (Pasquino, 1994; Morlino, 1996). Os partidos Lega Nord (Liga do Norte) e Forza Italia (Força Itália) são exemplos de novos partidos ou de partidos revigorados que surgiram depois da crise política. Este período foi caracterizado pela centralidade de Silvio Berlusconi, líder do partido Forza Italia, cujo destino pessoal e político entrou em declínio em 2011 com o agravar das crises económicas que culminaram na instituição do governo de tecnocratas liderado por Mario Monti. A emergência do M5S tinha sido ignorada pelo sistema partidário e o movimento-partido conseguiu ocupar um espaço político que ficou vago na sequência de novos escândalos em partidos com duas décadas de existência, como o Italia dei Valori (Itália dos Valores) e a Lega Nord, e também graças às fraquezas da esquerda parlamentar.

Tanto o AAP como o M5S reagiram a uma crise de credibilidade que afetou o sistema partidário tradicional e surgiram como resposta proveniente da sociedade civil: uma resposta moral vinda de baixo para cima e focada em dois líderes respeitados. Embora ambos os movimentos-partido tenham nascido a partir de iniciativas centralizadas, eles baseiam-se no envolvimento voluntário de cidadãos com uma esperança política renovada que coloca os movimentos-partido na linha da frente do sucesso eleitoral. A sua progressão temporal, até aos primeiros sucessos eleitorais significativos, é diferente — mede-se entre quatro a cinco anos para o M5S e um ano para o AAP — e ambos os movimentos-partido possuem implantações geográficas distintas: o AAP distribui-se por Deli e mais alguns Estados, e o M5S estende-se por toda a Itália. Contudo, a maior diferença entre os dois movimentos-partido está na sua relação com a política: ambos querem mudar o sistema, mas o AAP assume o simbolismo e a estrutura de um partido com o seu líder na vanguarda da política, ao passo que o M5S as rejeita em proveito do simbolismo e da organização informal de um movimento com o seu líder servindo como seu nobre garante.

4. Reestruturando a participação

A principal inovação trazida pelo discurso político do AAP foi o conceito de *swaraj*, um entendimento da democracia que ultrapassa os limites da representação ao delegar poderes nas unidades políticas locais (bairros e aldeias). O AAP contextualiza a proposta de Gandhi (1962) e procura conciliar o projeto de descentralização deste com a sociedade urbana contemporânea. A opção pelo foco em unidades urbanas remete para as raízes do AAP em Deli e leva em conta a complexidade da Índia rural, onde a inovação política exige mais tempo. A «Lei *swaraj* de Deli» era o instrumento legislativo que o AAP procurava introduzir em 2014, embora a queda do seu governo tenha interrompido este processo. Na entrevista ao Líder 103 (2014), sociólogo, estudioso gandhiano e líder nacional do AAP, ele explica que esta legislação vai além da ideia original do *panchayati raj* (introduzida com as emendas 73.ª e 74.ª à Constituição indiana em 1993).[8] Esta legislação introduz disposições no sentido de uma capacitação dos *mohalla sabha* (concelhos de bairros com cerca de três a quatro milhares de pessoas) baseada na igualdade de género, nas quotas para minorias, nas castas oprimidas e nos povos indígenas. Esta legislação antecipa a inovação democrática ao propor o direito de revogação e uma interação diferente entre representados e representantes. As competências dos *mohalla* abrangem as áreas da educação, saúde, segurança e segurança social (incluindo a assistência aos pobres, idosos, deficientes e outros grupos vulneráveis). Incluem ainda os poderes de inquirir, punir e recompensar os oficiais do governo e os órgãos municipais, gerir o orçamento e contratar trabalhadores, deliberar sobre o uso de terrenos e decidir sobre licenças de venda de álcool, entre outras competências. Segundo o discurso do AAP, a ideia de *swaraj* levará lentamente à igualdade social independente de religião, casta e género. No entanto, esta é uma questão controversa na Índia, onde a participação e a tradição se relacionam com a opressão e o feudalismo comunitário. A abordagem urbana do AAP é um teste ao compromisso com este legado e demonstrará se e de que modo as práticas emancipatórias e participativas podem subverter esta lógica.

O discurso participativo do M5S propõe mudar o cânone da democracia representativa para uma «democracia direta» através do uso das TIC (Tecnologias de Informação e Comunicação): «ao introduzir a democracia direta, dispensamos os partidos: numa base igualitária, o cidadão pode decidir sobre tudo, tanto a nível local como a nível nacional» (Casaleggio *apud* Fo *et al.*, 2013: 191). A existência do M5S é a concretização parcial deste paradigma, visto que os grupos locais surgiram espontaneamente com o uso de plataformas na Internet, tendo início no blogue de Grillo e no sítio meetup.com. As infraestruturas das TIC permitem aos membros do M5S implementar formas avançadas de democracia digital. Os grupos locais são normalmente livres de usar as plataformas que preferirem, incluindo *software* livre, como o Airesis e o Parelon, ou o LiquidFeedback, o preferido do Partido Pirata. Os grupos do M5S implementam o experimentalismo e aprofundam o conceito de

[8] O sistema *panchayati raj* proporciona descentralização ao nível constitucional, mas a sua implementação enfrenta um número de limitações (deSouza, 2003; Goel e Rajneesh, 2009; Mathur, 2013).

demodiversidade (Santos, 2006: 39), desenvolvendo formas variadas de organização democrática local. A nível nacional, a plataforma usada é o sistema operativo do M5S, chamado Rousseau, que está a ser desenvolvido na Casaleggio Associati (a sociedade privada controlada pelo cofundador do M5S e pelo seu filho Davide). Os críticos afirmam que a equação Internet, liberdade total e expansão da democracia é simplista, demagógica e manipulativa (Etling *et al.*, 2010; Morozov, 2011; Tibusi e Bilancetti *apud* Cucchi *et al.*, 2015). O M5S defende-se dizendo estar a promover uma revolução cultural que leva o seu tempo, mas que é um exemplo importante pela sua dimensão trans-escalar desde o nível municipal ao europeu, estando os outros partidos muito atrasados a esse respeito. Entre outras funções, o sistema operativo do M5S permite discutir e corrigir projetos de lei ao nível administrativo, escolher candidatos para as eleições e tomar decisões sobre posições políticas ou sobre a linha política a seguir. Estas funções desenvolvem a interação entre os membros do M5S e aumentam a sua participação na vida política. Para além de incipiente, hesitante e experimental, a democracia digital do M5S é também inovadora e alarga a participação. Em conjunto com a inovação trazida pela democracia digital, a descentralização local do M5S é um ponto-chave para compreender a sua forma e força política. Os ativistas estão envolvidos ao nível das bases, em lutas sociais e políticas, e não limitam o movimento-partido apenas ao nível virtual. O M5S é uma rede e não um fenómeno puramente virtual. Os representantes eleitos continuam a interagir com as bases trazendo as solicitações dos cidadãos para dentro das instituições.

O AAP e o M5S promovem o envolvimento dos movimentos locais, alargam a participação antes das eleições (ver abaixo) e mantêm os seus representantes eleitos envolvidos na redefinição da relação entre representantes e representados. O AAP está mais empenhado em tornar a participação legalmente viável, ao passo que o M5S procura implementar a participação através da Internet e incorporá-la em diferentes processos políticos.

5. A sociedade civil dentro das instituições do Estado

A um nível pré-eleitoral, o AAP estabelece uma ligação entre o Estado e a sociedade civil transformando a eleição numa experiência participativa através da seleção de candidatos e do diálogo com vista à redação de manifestos políticos. Kejriwal reafirma a intenção do AAP formar uma liderança nova e honesta ao garantir que o movimento-partido aceita «apenas boas pessoas, e só essas pessoas... Só escolhemos pessoas de outros partidos em circunstâncias excecionais. Normalmente não aceitamos pessoas de outros partidos» (entrevista a Kejriwal, 2014). O Líder 103 relembra a importância deste aspeto da seguinte forma:

> o AAP tem de ir além da criação de uma elite que se autoperpetua entre os setores mais desfavorecidos e carenciados para liderar uma emancipação e união em massa de todos os setores mais fracos. Estes, por sua vez, irão fortalecer a cidadania democrática e a coesão nacional. (Entrevista ao Líder 103, 2014)

Por esta razão, o AAP expôs em detalhe o processo de seleção de candidatos num dos seus primeiros documentos: o texto sobre a visão do movimento-partido (Aam Aadmi Party, 2012).[9] Rakesh Parikh, um dos líderes do movimento-partido no Estado do Rajastão, escreveu sobre esta preocupação logo após a derrota nas eleições nacionais de 2014:

> a missão mais importante para nós era escolher o melhor candidato possível entre as pessoas comuns que se candidataram pelo AAP. Além disso,

[9] Paradoxalmente, mesmo sendo uma inovação importante, este procedimento foi criticado por ter sido demasiado desenvolvido neste documento fundador (Shukla, 2013). Os processos de seleção dos candidatos do AAP procuravam encorajar a participação, a transparência, o envolvimento e a identificação com o círculo eleitoral (Tripathi, 2013; Roul, 2014; Lalchandani, 2015). Na fase inicial do processo de seleção de candidatos, antes da primeira vitória eleitoral em Deli, em 2013, Kejriwal tinha apontado forças, fraquezas e desafios colocados pelo processo de seleção. Por um lado, o processo permite filtrar candidatos com base na sua motivação (ou em outras características). Por outro lado, admite a possibilidade de despertar hostilidade dentro do movimento-partido por parte dos candidatos não selecionados e fornece instrumentos para a subversão vinda de dentro e de fora do movimento-partido (Hind e Kejriwal, 2013). Kejriwal defende que a capacidade de um candidato conquistar um lugar na eleição é uma componente importante a considerar no processo de seleção (Hind e Kejriwal, 2013) e o processo adotado nas eleições de Deli de 2015 confirma que a «capacidade de vencer» foi um dos mais importantes — se não o mais importante — critério para a constituição da lista de candidatos do movimento-partido. Um exemplo é o nome de Fateh Singh, candidato pelo AAP em Gokulpuri, antigo membro do partido BJP, membro da casta Dalit (intocáveis) e uma cara bem conhecida num dos três círculos eleitorais reservados que o partido perdeu em 2013 (Lalchandani, 2014).

> tivemos também de procurar pessoas dignas que podiam não se ter candidatado mas cuja participação no processo político seria benéfica. Sentia-se uma atmosfera de mudança na Nação e pareceu ser o momento apropriado para enviar boas pessoas para o Parlamento.[10]

O AAP juntou-se a simpatizantes e cidadãos comuns de Deli para escrever o seu manifesto político e adotou dois procedimentos diferentes. Em 2013, o AAP reuniu ideias separadamente nos distritos eleitorais do Estado de Deli (Aam Aadmi Party, 2013; Khandekar, 2013; PTI, 2013b). Em novembro de 2014, o AAP encetou o «Diálogo de Deli»: consultas temáticas sobre questões inicialmente ligadas a uma campanha porta-a-porta (iniciada em setembro de 2014) tendo em vista as eleições de Deli de fevereiro de 2015 (Aam Aadmi Party, 2015; TNN, 2015).[11]

O AAP conquistou o imaginário político simbólico com o modelo de uma elevada postura moral capaz de atrair os ativistas sociais indianos que dão ao movimento-partido uma face política inovadora. Kavita Srivastava, renomada ativista social, não aderiu ao AAP, embora reconheça que o movimento-partido conseguiu vencer uma batalha na frente do ativismo social: manifestando-se contra a elite política, o AAP conseguiu trazer a luta política para dentro do domínio eleitoral. Shrivastava defende que «o sucesso do AAP está em que fizeram algo que ninguém conseguia fazer, isto é, revolucionaram o mais corrupto e mais criminalizado de todos os sistemas: o sistema político eleitoral» (entrevista a Kavita Shrivastava, 2014). Os estudiosos gandhianos, como Partibha Jain, estão essencialmente de acordo com este ponto de vista e relacionam a emergência do AAP com a

> desmistificação da governação e a atribuição de um maior poder de decisão aos *aam aadmi*, isto é, aos cidadãos comuns, confiando no seu conhecimento. [...] Uma das importantes consequências da emergência do AAP foi a criação de um contramovimento dentro daquilo que era conhecido por sistema

[10] Página de Facebook de Rakesh Parikh de 17 de maio de 2014: <https://www.facebook.com/drrakeshparikh/posts/703605366365159>.

[11] Para dar continuidade ao Diálogo de Deli, o governo do AAP criou a «Comissão para o Diálogo de Deli» (página oficial <http://www.delhi.gov.in/wps/wcm/connect/DOIT_DDC/ddc/homenew>).

político estanque. Este contramovimento luta pela purificação, por um estilo de vida austero e pela simplicidade. (Entrevista a Partibha Jain, 2014)

Um dos objetivos políticos do M5S é o de trazer os cidadãos comuns para dentro das instituições, e os seus 163 deputados eleitos em 2013 são o maior grupo de caras novas que o parlamento italiano alguma vez viu (nenhum outro partido recebeu um apoio tão substancial na sua primeira eleição). Caras novas e com um registo criminal limpo representam uma inovação moral significativa para a política italiana. Quanto maior é a experiência eleitoral do M5S, mais estruturado e replicado se torna o seu processo de seleção de candidatos. A princípio, e de certo modo ainda hoje, o processo era completamente livre ao nível local e cada grupo podia definir o seu processo de seleção, sendo que a liderança nacional mantém poder de veto. Foi isto que aconteceu, por exemplo, em 2015 na cidade de Latina, mas não nos maiores centros urbanos como Roma, onde a seleção de candidatos é feita através do sistema operativo do M5S. Em caso de conflitos locais, o sistema de democracia digital do M5S funciona também como espaço de resolução de conflitos entre candidatos e grupos concorrentes.

O processo que levou o M5S a participar nas eleições regionais do Lácio em 2013 é um dos melhores exemplos de independência e participação. Durou cerca de três meses e «foi uma experiência extraordinária do ponto de vista da democracia direta e feita a partir de baixo» (entrevista ao Ativista 02, 2015). Existiram dois processos principais: um para a seleção de candidatos e outro para a redação do programa.[12] Na entrevista efetuada, a Deputada Regional 02 resume essa experiência ao afirmar que os processos foram inteiramente definidos por ativistas vindos de baixo para cima, com início no nível das províncias. Adotaram-se regras de seleção comuns (definidas em reuniões presenciais e sujeitas a votação *online*) para uma posterior implementação. A seleção de candidatos fez-se em duas etapas: a nível das províncias e, posteriormente, a nível regional através de uma triagem transparente de currículos e da avaliação do registo de ativismo dos candidatos. As províncias controlaram os candidatos umas das outras, em conformidade com as regras comuns de seleção e com as regras estabelecidas dentro do

[12] Sobre a redação conjunta do programa, veja-se também Gianolla (2014).

M5S, e que determinavam que o candidato devia ter um registo criminal limpo, não ser membro de um partido político à data da seleção e não ter desempenhado o cargo de deputado durante mais de um mandato. A redação conjunta do programa eleitoral surgiu como exercício híbrido baseado em reuniões presenciais e na interação virtual (feita através do *software* LiquidFeedback e do meetup.com) e envolveu centenas de pessoas distribuídas por discussões temáticas resumidas num texto sucinto.

> Foi uma tarefa difícil condensar todas as propostas num texto que não fosse apenas um programa de 100 páginas, mas um programa conciso e elegante, que referisse os pontos-chave e que continuasse a ser para nós um ponto de referência. (Entrevista à Deputada Regional 02, 2015)

Ambos os movimentos-partido implementam de forma consistente processos de participação para selecionar os seus candidatos e os seus programas eleitorais como forma de forjar a política por meio da sociedade civil, procurando levar cidadãos «comuns» e empenhados (com um registo criminal limpo) para dentro das instituições. O AAP estimula a sociedade civil e o envolvimento de ativistas conceituados, ao passo que o M5S escolhe candidatos diretamente a partir dos seus grupos de base, incluindo ativistas sociais reconhecidos pelo seu envolvimento noutros movimentos e também novos ativistas. Além disso, em comparação com a diretiva de estrutura partidária do AAP, existe um maior grau de liberdade dentro dos grupos do M5S no que respeita à definição dos seus processos de seleção. Os resultados são mistos. Por um lado, os representantes dos movimentos-partido substituem a elite política trazendo um novo entusiasmo e moralizando a elite política. Por outro lado, os representantes inexperientes são uma fraqueza formal que tanto o AAP como o M5S tiveram de enfrentar no princípio dos seus mandatos institucionais. Este aspeto também se reflete nas críticas de falta de visão política e ideológica (ver mais adiante) a que são sujeitos. Estas críticas perdem força com o tempo e com a acumulação de experiência política.

6. Ideologia e orientação política

A posição ideológica do AAP e do M5S é declaradamente neutral. Ambos afirmam não seguir nenhuma linha de orientação ideológica tradicional e defendem que a sua ideologia é a democracia participativa. Ambos os movimentos-partido foram criticados por esta posição polivalente. No entanto, esta estratégia política é característica dos movimentos-partido e merece ser analisada.

Outros partidos consideram uma fraqueza a falta de uma ideologia formal dentro do AAP. Uma representante do Partido do Congresso Nacional entrevistada em Jaipur defende que a falta de uma ideologia dentro do AAP significa que o movimento-partido tem solução para problemas simples, mas não consegue oferecer soluções duradouras para as questões indianas. Esta representante também defende que a mesma imprecisão ideológica se deve às visões políticas diferentes e contraditórias existentes dentro da diversidade de pessoas que aderiram ao movimento-partido. Por fim, afirma ainda que, ao não possuir uma estrutura ideológica, o AAP tem os seus dias contados (entrevista a CONrep 01, 2014). O Professor Bhowmik, de Mumbai, tem uma visão muito semelhante quando afirma que o AAP não possui uma identidade de classe (entrevista a Bhowmik, 2014).

Aruna Roy defende que a credibilidade de muitos líderes do movimento IAC proveio da sua participação prévia na campanha pelo RTI, embora o IAC tenha incorporado um arco-íris ideológico ainda mais abrangente e que incluía todos os grupos sociais na luta contra a corrupção. «A coligação do arco-íris não estava necessariamente de acordo nas questões económicas mais complexas ou em questões de igualdade, como o laicismo e a erradicação da pobreza» (entrevista a Aruna Roy, 2014). O AAP herdou esta imprecisão ideológica. Srivastava salienta que uma orientação ideológica é fundamental porque não é suficiente ter confiança em boas pessoas e na sua boa vontade (entrevista a Srivastava, 2014).

O discurso do AAP sobre ideologia tem dificuldade em admitir que a boa política apenas seja possível dentro da velha estrutura ideológica e tende a subverter esta lógica. Na entrevista, a Ativista 103 (2014) defende que «a corrupção [...], o *gram swaraj* e a descentralização do poder são a nossa agenda principal. Estamos a tentar mudar o sistema para fazermos isto». Na entrevista, o Líder 105 (2014) reafirma a centralidade da luta contra a corrupção ao dizer que «não há nada de errado com o capitalismo, mas o problema surge quando os capitalistas agem em conluio com a política porque começam a manipular as políticas para favorecer as suas ambições». O AAP alega que a distinção entre posições liberais e socialistas é obsoleta, defendendo que a intervenção do Estado deve proteger o empreendedorismo individual ao mesmo tempo que controla o conluio entre corrupção e capital. Na entrevista, o Líder 103 (2014) esclarece que a posição do AAP se centra no conceito de *swaraj*, uma ideologia desenvolvida no século XX e que está por detrás da centralidade do Estado (socialista) ou do capital (liberal):

> Capitalismo, socialismo... são rótulos úteis para compreender os modelos e sistemas económicos do século XX. Estamos contra quatro «cês», [...] corrupção nos altos cargos, capitalismo de camaradagem, centralização e comunalismo, e castismo. [...] A resposta é o *swaraj* e significa a democracia participativa a nível político, justiça económica para todos, dignidade e identidade sociais e ética pessoal. [...] Está muito claro aquilo que não somos. Não somos comunalistas, não somos capitalistas e não somos socialistas. Mas depois dizem-nos: «Vocês não têm uma ideologia.» Nós respondemos que o *swaraj* é uma ideologia. [...] No século XXI, os seres humanos estão a tentar reinventar a democracia para descentralizar o Estado e o capital e colocar o cidadão no centro. [...] No século XX, dentro do modelo soviético, o Estado assumiu uma posição central e o cidadão saiu do centro. No modelo democrático-liberal, o capital tomou a posição central e o cidadão passou para a periferia. Em ambos os casos, o partido tornou-se o rosto, o padrão e o guardião da sociedade. Temos de reinventar a relevância, a necessidade, o valor e as funções da cidadania. É isto que é a democracia participativa. (Entrevista ao Líder 103, 2014)

O M5S alega que o problema ideológico é uma falsa questão porque, dentro das instituições, partidos de todas as ideologias traem os princípios que defendem e acabam por cair em escândalos semelhantes ou por cometer traição democrático-ideológica. Assim, o M5S assume-se como pós-ideológico porque não pretende representar apenas os valores ou pessoas de esquerda ou direita mas de ambas as partes. O M5S representa «o povo», que é quem toma as decisões políticas através de uma abordagem participativa da forma alternativa de organização e comunicação criada pelo movimento-partido. Isto é conseguido sobretudo através de grupos locais e da interação feita por meio da democracia digital. O movimento-partido não procura misturar esquerda e direita tal como surgem na sociedade, antes tenta ultrapassar o falso fosso político que as separa dentro do quadro institucional. O M5S incorpora tanto a esquerda como a direita societais nas suas temáticas e nos seus eleitores (Bordignon e Ceccarini, 2012, 2013, 2015; Corbetta e Vignati, 2013; Tronconi, 2013; Colloca e Corbetta, 2014).[13] Não possui um princípio ideológico unificador tradicional (Colloca e Corbetta, 2014) e esta é uma das razões pelas quais funciona como laboratório político (Diamanti, 2014).[14]

Tal como acontece no AAP, o foco estratégico do M5S assenta também nas políticas e não na política. Esta é também a razão pela qual algumas políticas se focam na democratização da política (registo criminal limpo, equidade em vez de excesso nos salários e reembolsos dos representantes, limite de dois mandatos, etc.). A análise dos eleitorados do M5S mostra uma vasta gama e maior variedade de posições ideológicas em comparação com outros partidos políticos. De facto, os eleitores do M5S são incoerentes a nível ideológico (Colloca e Corbetta, 2014). Ao focar-se nas políticas, o M5S ultrapassa ou abarca o fosso do seu eleitorado em quase todas as temáticas, embora algumas questões controversas levantem grandes desafios à unidade. A linha política nacional assenta em duas etapas. Por um lado, a assembleia parlamentar decide questões pouco problemáticas, baseando as suas deliberações no programa do movimento-partido a nível nacional (Movimento 5 Stelle, 2009) e noutros documentos fundadores, como a Carta de Florença (Grillo e Casaleggio, 2009). Os assuntos delicados são debatidos a todos os níveis, incluindo grupos locais, plataformas *online* locais e nacionais,

[13] Os analistas demonstraram que a vaga inicial de ativistas e eleitores era constituída por simpatizantes da esquerda (Biorcio e Natale, 2013: 55–57; Pedrazzani e Pinto, 2013: 104–116). Contudo, com o passar do tempo, o M5S conseguiu conquistar o reconhecimento de pessoas que normalmente votavam em partidos com tradições liberais e nacionalistas. Deste modo, o M5S está a criar uma nova representatividade política situada além da esquerda e da direita (Biorcio e Natale, 2013: 65–66; Pedrazzani e Pinto, 2013: 118–121).

[14] Na entrevista efetuada, o Senador 04-ex (2015) defende que a falta de ideologia e de estrutura partidária cria um vácuo em termos de ideais políticos a alcançar e divide as opiniões pessoais de representantes e ativistas.

entre outros. Quando o grupo parlamentar não consegue tomar uma decisão política, os membros do M5S são convidados a expressar a sua opinião por meio do voto. Um exemplo deste facto foi a discussão sobre o casamento entre pessoas do mesmo sexo. Depois de meses de discussão interna, o M5S resolveu rapidamente o assunto com uma votação *online* sobre a seguinte pergunta: «Apoia a introdução no nosso sistema legal de uniões civis entre pessoas do mesmo sexo?», à qual 85,4% entre 25 258 eleitores responderam favoravelmente (Grillo, 2014). Um senador do M5S explica a filosofia por detrás desta abordagem:

> Esta é uma questão fundamental que também envolve... É uma questão de consciência para a qual não existe uma resposta certa ou errada, mas à qual cada um responde tendo em conta a sua cultura, experiências, desideratos e experiência de abertura em relação a outros países onde esta prática seja adotada. Logo, é importante que haja orientações, após as quais, como parte de uma delegação expressa em forma de voto sobre as questões mais importantes, seja mais fácil identificar — e é esse o nosso trabalho — as melhores formas de organização para fazer e concretizar o que, no fim de contas, é uma orientação expressa pelos cidadãos. (Entrevista ao Senador 01, 2015)

Para o AAP e o M5S, a ideologia é a política centrada nos cidadãos, com um Estado forte que intervém como mediador para moderar os excessos de poder e riqueza. Este tipo de ideologia é um trunfo político porque é diferente de todas as ideologias que surgiram no passado. Enquanto o socialismo e o liberalismo se focam num quadro teórico a partir do qual desenvolvem uma metodologia, os movimentos-partido defendem que a sua ideologia é um quadro metodológico a partir do qual se desenvolve um quadro teórico. Aceitam a falta de uma visão política defendendo que a mesma será construída coletivamente. Transpondo esta realidade para a filosofia de Gandhi, fins e meios devem ser igualmente válidos e valiosos, pelo que a verdade e a não-violência estão interligadas. Ao passo que as ideologias convencionais privilegiam a teoria e os fins, uma ideologia participativa privilegia a metodologia e os meios. De facto, o AAP e o M5S defendem uma nova cidadania baseada em deveres, e cujo principal dever é o da participação. A questão está em como garantir que a uma metodologia valiosa se seguem fins e objetivos políticos valiosos. A resposta está no facto de a participação ser um objetivo democrático evidente que, na prática e por oposição à teoria, oferecerá a solução para esta questão, vinda de baixo para cima. A prática baseia-se no pressuposto de que, com uma abordagem trans-escalar — do local ao global —, o compromisso pessoal e a responsabilidade (dever e participação) são garantias contra a alienação e a subversão dos fins políticos e uma forma de reconciliar interesses societais opostos no sentido de um diálogo político inovador.

Segundo esta ideologia metodológica, o AAP e o M5S criam uma variável política imprevista no mercado eleitoral. Ao passo que os partidos normalmente controlam o mercado através da orientação política, o AAP e o M5S reúnem simpatias de todos os quadrantes políticos. A prova deste facto está na vitória transversal do AAP em Deli, em 2015, e no semelhante apoio trans-ideológico reunido pelo M5S em diversas eleições, com início em 2012 e expresso de forma evidente em 2016 quando o movimento-partido perdeu apenas uma em 20 segundas voltas. Isto demonstra que sempre que há uma opção entre o M5S e um partido tradicional, seja ele de esquerda ou de direita, a maioria dos eleitores dos partidos excluídos na primeira votação apoiam o M5S.

7. O desafio populista e o desafio ao populismo

O AAP e o M5S são normalmente vistos como fenómenos populistas. Para compreender as implicações deste pressuposto, refletirei brevemente sobre o conceito e a teoria política implicadas pelo populismo. Mudde defende que vivemos num «*Zeitgeist* populista» porque o populismo faz parte da política das democracias ocidentais e é uma ideologia levemente centrada que pode combinar-se com outras ideologias de esquerda e de direita (Mudde, 2004).[15] Canovan defende que «o populismo é uma

[15] O populismo não é uma categoria política, mas identifica uma gama de conceitos e características que são geral e incoerentemente agrupadas em conjunto para descrever fenómenos distintos (Taggart, 2000; Gidron e Bonikowski, 2013). No século XIX, na Rússia e nos EUA, o populismo identificava-se com a luta pelos direitos e interesses dos camponeses e pela sua inclusão na área de representação política (Canovan, 1981; Collovald, 2004, 2005). Estava também relacionado com uma valorização das pessoas, sobretudo das mais vulneráveis. Mudde defende que o populismo contemporâneo (desde a década de 1980) se caracteriza fundamentalmente por partidos de direita que privilegiam uma liderança forte em detrimento da participação política. Contudo, não estabelece

sombra projetada pela própria democracia» (Canovan, 1999: 3), e Panizza alega que é o espelho da democracia, que pode degenerar e também revigorar as suas promessas (Panizza, 2005). Perante esta pluralidade de significados, por que deve a aceção negativa prevalecer para desclassificar os movimentos-partido emergentes?

A atual aceção negativa do populismo na Europa surgiu nas últimas quatro décadas e pressupõe demagogia (Taguieff, 1984; Collovald, 2004: 25, 79–90; Tarchi, 2015: 7–17). Esta aceção é adotada de cima para baixo pela elite política para desvalorizar a identidade política da luta levada a cabo pelas bases (Mendes, 2005). Na Índia, o termo não é menos controverso. É usado para referir a mobilização e políticas populares adotadas em benefício dos grupos sociais mais marginalizados, embora possa ser associado a regimes autoritários como o estado de exceção de Indira Gandhi (Wyatt, 2013; Subrahmaniam, 2014). Sharma identifica duas características principais do populismo: o desejo que os políticos têm de serem aceites pelo povo e a aceção negativa caracterizada por uma tendência para a simplificação, promessas irrealistas, abolição da mediação institucional e incontestabilidade do líder (entrevista a Sharma, 2014). Biorcio defende que a aceitação do populismo depende do significado atribuído ao conceito de «povo» (Biorcio, 2015b: 13) — na sua versão demagógica, o populismo pressupõe um povo ignorante, diminuído, desempregado, incapaz e, consequentemente, facilmente manipulável. Esta aceitação inclui a submissão do povo, a manipulação operada pelo líder e, potencialmente, a adoção de um regime autoritário (Urbinati, 1998; Akkerman, 2003; Abts e Rummens, 2007). Além disso, o povo é estigmatizado porque a sua própria ignorância permite a emergência e o sucesso dos partidos populistas (Collovald, 2005).

A realidade dos factos mostra um cenário diferente. Ao nível das bases, o povo é uma categoria subalterna para o poder político e a sua luta pela redistribuição do poder é dificultada. Assim, este apelo ao povo é uma reivindicação democrática da participação do *demos* (e não do *ethnos* — povo que exclui) na *demo*cracia.[16] Esta noção de populismo

uma distinção entre os diferentes partidos populistas, generalizando a aplicação da ideologia levemente centrada a todos os partidos que opõem as pessoas à elite (Mudde, 2004).

[16] Os assim designados partidos populistas de direita (por exemplo, a Frente Nacional em França, a Liga do Norte em Itália ou a Aurora Dourada na Grécia) apelam ao *ethnos*, sendo assim *etno*centristas ou racistas: são anti*demo*cráticos. O populismo demagógico

de baixo para cima é usada para tornar possível a luta política das populações locais (Mendes, 2004). De facto, «o populismo é a única forma legítima de política democrática» (Chatterjee, 2011: 15) para aquilo que Chatterjee vê como sendo as penúltimas classes sociais da sociedade indiana, as quais designa por «sociedade política». A ela pertencem, por exemplo, o vasto grupo de ocupantes ilegais urbanos e de trabalhadores informais na Índia, correspondentes aos imigrantes documentados e indocumentados no Ocidente (Chatterjee, 2004, 2011: 24). Chatterjee alega que estes grupos sociais criam associações informais para lutar pela defesa da sua moral em vez dos seus direitos legais ou políticos, negociando a sua dignidade ontológica e apoio eleitoral com as elites políticas. Ao negociar por meio da mobilização política e ao aliar-se a outros grupos políticos, a sociedade política exige uma exceção à regra e subverte a dinâmica populista demagógica. Chatterjee defende que o povo define as suas reivindicações e que os políticos as incorporam nas suas promessas políticas. O líder populista, o significante vazio (Laclau, 2005) e o uso de um discurso demagógico são criados de baixo para cima, a partir das necessidades morais básicas de subsistência.

> O uso instrumental do voto só é possível no campo da estratégia política. Este é o estado de coisas na política democrática tal como ela é praticada na Índia. Ela envolve o que parece ser um compromisso instável entre os valores normativos da modernidade e a asserção moral das reivindicações populares. (Chatterjee, 2004: 41)[17]

Por estes motivos, o lado demagógico do populismo assume uma feição perfeitamente moral e democrática, embora não liberal, visto que defende a reivindicação básica pela sobrevivência e sustento dos mais desfavorecidos, negligenciando os direitos de propriedade e os regulamentos de negócio inscritos na lei e na Constituição.

Há duas razões principais que desacreditam uma visão elitista do populismo (visto simplesmente como demagogia). Em primeiro lugar, o

---

é uma estratégia de comunicação política para alcançar um consenso. Contudo, não é participativo porque exclui grupos de pessoas da esfera política, tais como os imigrantes (incluindo as suas sucessivas gerações), os povos indígenas, e outros grupos sociais com base na sua cultura, religião, raça, estatuto económico, género e orientação sexual.

[17] Ver também Chatterjee (2013).

populismo é amplamente reconhecido como constituindo uma insurgência de baixo para cima dos cidadãos contra os seus representantes e um alerta para o mau funcionamento da democracia (Taggart, 2000: 109; Laclau, 2005: 139; Pasquino, 2005: 31). Em segundo lugar, o apelo ao povo não é uma prerrogativa dos partidos populistas, mas diz antes respeito a todas a famílias políticas (Mastropaolo, 2005: 59–60). Se virmos o «populismo dos políticos» (Canovan, 1981) como sinónimo da demagogia usada por um líder político para reunir consenso e apoio eleitoral, todos os políticos recorrem ao populismo até certo ponto (Taggart, 2000: 107). Mair defende que uma certa versão de populismo (como a adotada pelo Partido Trabalhista no Reino Unido) não é uma ameaça à democracia constitucional e «pode até servir os interesses dos líderes ao oferecer um meio de legitimar um governo dentro de um contexto de despolitização generalizada» (Mair, 2002: 90). Assim, embora o AAP e o M5S incorporem características populistas, é miopia política ignorar o seu discurso político, inovação e presença efetiva tendo apenas por base este rótulo tão vasto e abrangente.

Conclusão

Os movimentos-partido são respostas experimentais ao descontentamento dos cidadãos. Eles reformulam a relação entre as pessoas e a política envolvendo as pessoas na política e fazendo da elite política um retrato mais fiel da sociedade civil. O entusiasmo e o apoio que reúnem demonstram que «o distanciamento dos cidadãos apenas se aplica à política comum, quando nenhuma mudança parece disponível em face de uma situação socioeconómica injusta e intolerável» (Santos, 2015). Estes movimentos-partido questionam o fosso entre o Estado e a sociedade civil, reestruturam a interação entre representantes e representados, e adaptam os ideais de participação aos mecanismos e ritmos institucionais e às políticas pós-ideológicas defendidas pela sua vertente de movimentos. Com a sua inovação da política indiana e italiana, o AAP e o M5S deslocam ligeiramente a linha abissal política no sentido em que recriam a afeição política dos cidadãos, permitem-lhes escolher os seus candidatos (ou candidatarem-se eles próprios) e definir programas políticos, e abrem um espaço para a participação de baixo para cima.

Uma deslocação maior desta linha exige que os movimentos-partido demonstrem consistência, inclusividade e criatividade dentro do espaço de participação que criam. Fá-lo-ão se se conseguirem opor às verdadeiras causas do fascismo social, criando novas solidariedades, o que nega também a falta de democracia nas restantes cinco estruturas sociais. Consequentemente, os movimentos-partido abrem-se a um debate alargado sobre as seis epistemologias características das seis estruturas sociais. Eles abrem um espaço que pode ser definido como um diálogo «intracultural» entre o conhecimento da família, do local de trabalho, do mercado, da comunidade e do espaço-mundo e o conhecimento do Estado, de modo a produzir uma narrativa normativa demodiversificada (Santos, 2006: 40).

A comparação entre a Índia e a Itália é absolutamente fascinante. Por um lado, as suas diferenças culturais, económicas e sociais parecem não ter influência na estrutura principal da análise anterior, visto que tanto o AAP como o M5S lutam contra falhas políticas semelhantes e oferecem respostas comparáveis. Os factos mostram que ambos os movimentos-partido lutam pelo ideal de uma política honesta e transparente e propõem uma interação diferente entre as elites e a sociedade. Adotam uma abordagem participativa nos seus círculos eleitorais, onde os conflitos e as suas resoluções colocam sob tensão a ideia de horizontalidade e oferecem um desafio e uma oportunidade no que se refere à pós-ideologia metodológica adotada. Por outro lado, a diferentes conflitos sociopolíticos correspondem estratégias distintas. O M5S responde à transição sofrida pelo Estado de um país relativamente pequeno como a Itália, ao passo que o AAP enfrenta uma vastidão de território, línguas, culturas e diversidade religiosa na qual o envolvimento das bases normalmente compete, complementa e estimula o Estado numa variedade de formas. Isto explica as suas abordagens participativas relativamente diferentes e a razão pela qual o AAP optou pela estrutura e simbolismo de um partido, enquanto o M5S mantém uma dimensão de movimento não estruturado.

A pergunta mantém-se no que respeita ao efeito contrário da linha abissal política e da segregação filosófica da comunidade atomizada inscrita numa modernidade ocidental, a qual é um obstáculo à democratização das seis estruturas sociais. Os movimentos perdem força com a institucionalização (Alberoni, 2014) e os partidos tendem a criar regras oligárquicas (Michels, 1915). Esta é a força da linha política abissal: depois de sofrer uma ligeira mudança democrática, regressa à sua posição original e ultrapassa-a. A linha abissal política isola a sociedade pela criação de um novo mecanismo de controlo e punição — de modo a limitar e evitar tendências de insurgências democráticas semelhantes no futuro — e pela separação das seis estruturas sociais por meio de barreiras mais sólidas. A mesma linha abissal política também fortalece o fascismo social e aumenta o grau de descontentamento em muitos daqueles que se tinham comprometido com a alternativa que falhou. Por estes motivos, os movimentos-partido são chamados a responder a esta realidade com um sentido de responsabilidade epistemológica, traduzindo as diferentes experiências de vida tal como estabelecidas em todas as seis estruturas sociais. Isto significa que devem conservar as suas duas dimensões. A perda da segunda neutralizaria o potencial institucional da primeira e, sem a primeira, o potencial político da segunda dimensão para deslocar a linha abissal política é extremamente limitado e até perigoso.

Referências bibliográficas

Aam Aadmi Party (2012), «Our Dream, Political Revolution. AAP Vision Booklet». Consultado a 23.01.2016, em https://app.box.com/s/ls7ft1xi1h4316468wg2

Aam Aadmi Party (2013), «Aam Aadmi Party Releases its Constituency Manifestos». Consultado a 08.04.2015, em http://www.aamaadmiparty.org/news/aam-aadmi-party-releases-its-constituency-manifestos

Aam Aadmi Party (2015), «Delhi Dialogue». Consultado a 23.03.2015, em http://www.delhidialogue.in

Aashish, C. (2014), «The Aam Aadmi Party (AAP) Lok Sabha 2014 Performance», *Medium*. Consultado a 23.01.2016, em https://medium.com/@c_aashish/the-aam-aadmi-party-aap-lok-sabha2014-performance5f2e5f99d618

Abts, Koen; Rummens, Stefan (2007), «Populism versus Democracy», *Political Studies*, 55(2), 405–424. Doi: https://doi.org/10.1111/j.1467-9248.2007.00657.x

Akkerman, Tjitske (2003), «Populism and Democracy: Challenge or Pathology?» *Ata Politica*, 38(2), 147–159. Doi: https://doi.org/10.1057/palgrave.ap.5500021

Alberoni, Francesco (2014), *Movimento e istituzione: Come nascono i partiti, le sette, le chiese, le nazioni e le civiltà*. Veneza: Sonzogno.

Ali, Mohammad (2013a), «Aam Aadmi party gets ready for fresh elections», *The Hindu*, de 12 de dezembro. Consultado a 23.01.2016, em http://

www.thehindu.com/news/national/aam-aadmi-party-gets-ready-for-fresh-elections/article5448779.ece

Ali, Mohammad (2013b), «AAP rules out deal-making», *The Hindu*, de 14 de dezembro. Consultado a 21.01.2016, em http://www.thehindu.com/todays-paper/aap-rules-out-dealmaking/article5457780.ece

Ali, Mohammad (2013c), «AAP set to form government», *The Hindu*, de 23 de dezembro. Consultado a 23.01.2016, em http://www.thehindu.com/todays-paper/aap-set-to-form-government/article5491388.ece

Bacani, Cesar R. Jr. (2007), «Arvind Kejriwal Biography», Ramon Magsaysay Award Foundation — RMAF. Consultado a 23.01.2016, em http://www.rmaf.org.ph/newrmaf/main/awardees/awardee/biography/141

Baviskar, Amita (2010), «Winning the Right to Information in India: Is knowledge power?» *in* John Gaventa e Rosemary McGee (eds.), *Citizen Action and National Policy Reform: Making Change Happen*. Londres: Zed Books, 130–152.

Biorcio, Roberto (ed.) (2015a), *Gli attivisti del Movimento 5 Stelle. Dal web al territorio*. Milão: FrancoAngeli.

Biorcio, Roberto (2015b), *Il populismo nella politica italiana. Da Bossi a Berlusconi, da Grillo a Renzi*. Milão: Mimesis.

Biorcio, Roberto; Natale, Paolo (2013), *Politica a 5 stelle: Idee, storia e strategie del movimento di Grillo*. Milão: Feltrinelli.

Bolzoni, Attilio (2012), «Quando il Palazzo tremava per le bombe di Cosa Nostra», *La Repubblica*, de 22 de junho. Consultado a 23.01.2016, em http://www.repubblica.it/politica/2012/06/22/news/quando_il_palazzo_tremava_per_le_bombe_di_cosa_nostra-37702893

Bordignon, Fabio; Ceccarini, Luigi (2012), «5 Stelle, un autobus in MoVimento», *il Mulino*, 5/2012, 808–816. Doi: https://doi.org/10.1402/38039

Bordignon, Fabio; Ceccarini, Luigi (2013), «Five Stars and a Cricket. Beppe Grillo Shakes Italian Politics», *South European Society and Politics*, 18(4), 427–449. Doi: https://doi.org/10.1080/13608746.2013.775720

Bordignon, Fabio; Ceccarini, Luigi (2015), «The Five-Star Movement: A hybrid ator in the net of state institutions», *Journal of Modern Italian Studies*, 20(4), 454–473. Doi: https://doi.org/10.1080/1354571X.2015.1066112

Canovan, Margaret (1981), *Populism*. Nova Iorque: Harcourt Brace Jovanovich.

Canovan, Margaret (1999), «Trust the People! Populism and the Two Faces of Democracy», *Political Studies*, 47(1), 2–16. Doi: https://doi.org/10.1111/1467-9248.00184

Caracci, Roberto (2013), *Il ruggito del Grillo. Cronaca semiseria del comico tribuno*. Bérgamo: Moretti & Vitali.

Chatterjee, Partha (2004), *The politics of the governed: Reflections on popular politics in most of the world*. Nova Iorque: Columbia University Press.

Chatterjee, Partha (2011), *Lineages of political society: Studies in postcolonial democracy*. Nova Iorque: Columbia University Press.

Chatterjee, Partha (2013), «Três caminhos para a democracia radical», *Lua Nova: Revista de Cultura e Política*, 169–189. Doi: https://doi.org/10.1590/S0102-64452013000200007

Colloca, Pasquale; Corbetta, Piergiorgio (2014), «Gli elettori del Movimento 5 Stelle sono di destra o di sinistra?» *il Mulino*, 3/2014, 374–382. Doi: https://doi.org/10.1402/76965

Colloca, Pasquale; Marangoni, Francesco (2013), «Lo shock elettorale», *in* Piergiorgio Corbetta e Elisabetta Gualmini (eds.), *Il partito di Grillo*. Bolonha: Il Mulino, 65–88.

Collovald, Annie (2004), *Le «populisme du FN» : un dangereux contresens*. Broissieux: Editions du Croquant.

Collovald, Annie (2005), «Le populisme: De la valorisation à la stigmatisation du populaire», *Hermès*, 42, 154–160. Doi: https://doi.org/10.4267/2042/8998

Corbetta, Piergiorgio; Vignati, Rinaldo (2013), «Left or Right? The complex nature and uncertain future of the 5 Stars Movement», *Italian Politics & Society*, 72–73, 53–62.

Crozier, Michel J.; Huntington, Samuel P.; Watanuki, Joji (1975), *The crisis of democracy. Report on the governability of the Trilateral Commission*. Nova Iorque: New York University Press.

Cucchi, Nicola *et al.* (2015), «Creative Workshop I with PhD Candidates in Political Science at Sapienza University, title: M5S Democrazia e Autoritarismo», 10.07.2015, Roma.

Dal Lago, Alessandro (2013), *Clic. Grillo, Casaleggio e la demagogia elettronica*. Nápoles: Cronopio.

De Rosa, Rosanna (2013), «The Five Stars Movement in the Italian political scenario. A case for cybercratic centralism?» *JeDEM — eJournal of eDemocracy and Open Government*, 5(2), 128–140. Disponível em http://www.jedem.org/index.php/jedem/article/view/218

deSouza, Peter Ronald (2000), «Elections, Parties and Democracy in India», *in* Peter Ronald deSouza (ed.), *Contemporary India transitions*. Nova Deli: Sage Publications, 203–219.

deSouza, Peter Ronald (2003), «The struggle for local government: Indian democracy's new phase», *Publius: The Journal of Federalism*, 33(4), 99–118. Doi: https://doi.org/10.1093/oxfordjournals.pubjof.a005015

Diamanti, Ilvo (2014), «The 5 Star Movement: A political laboratory», *Contemporary Italian Politics*, 6(1), 4–15. Doi: https://doi.org/10.1080/23248823.2014.881016

Etling, Bruce; Faris, Robert M.; Palfrey, John Gorham (2010), «Political change in the digital age: The fragility and promise of online organizing», *SAIS Review*, 30(2), 37–49. Disponível em https://muse.jhu.edu/article/403437

Fo, Dario; Casaleggio, Gianroberto; Grillo, Beppe (2013), *Il Grillo canta sempre al tramonto. Dialogo sull'Italia e il Movimento 5 Stelle*. Milão: Chiarelettere.

Gandhi, Mohandas Karamchand (1938), *Hind Swaraj or Indian Home Rule*. Ahmadabad: Navajivan.

Gandhi, Mohandas Karamchand (1962), *Village Swaraj* (compilado por H. M. Vyas). Ahmadabad: Navajivan.

Gianolla, Cristiano (2014), «Political parties and participative approaches to democracy», *Perspetivas — Portuguese Journal of Political Science and International Relations*, 13, 7–29.

Gianolla, Cristiano (no prelo), *Gandhian democratisation. An account against political colonisation*. Tese de doutoramento, Universidade de Coimbra e Universidade Sapienza, Roma.

Gidron, Noam; Bonikowski, Bart (2013), «Varieties of populism: Literature review and research agenda», *Working Paper Series, Weatherhead Center for International Affairs, Harvard University*, 13(4), 1–38. Doi: https://doi.org/10.2139/ssrn.2459387

Goel, S. L.; Rajneesh, Shalini (2009), *Panchayati Raj in India: Theory & Practice*. Nova Deli: Deep & Deep Publications [2.ª ed.].

Greblo, Edoardo (2011), *La filosofia di Beppe Grillo: il Movimento 5 Stelle*. Milão: Mimesis.

Green, Jeffrey Edward (2010), *The eyes of the people: Democracy in an age of spectatorship*. Oxford: Oxford University Press.

Grillo, Beppe (2008), «Civic Lists: Starting Now», Blogue de Beppe Grillo. Consultado a 23.01.2016, em http://www.beppegrillo.it/en/2008/01/civic_lists_starting_now.html

Grillo, Beppe (2014), «RISULTATI — Consultazione Online su unioni civili e convivenze», Blogue de Beppe Grillo. Consultado a 16.03.2016, em http://www.beppegrillo.it/2014/10/consultazione_online_su_unioni_civili_e_convivenze.html

Grillo, Beppe; Casaleggio, Gianroberto (2009), «Carta Di Firenze», Blogue de Beppe Grillo. Consultado a 12.07.2016, em http://www.beppegrillo.it/listeciviche/documenti/carta_di_firenze.pdf

Habermas, Jürgen (1996), *Between facts and norms: Contributions to a discourse theory of law and democracy*. Cambridge, MA: MIT.

Hind, Jay; Kejriwal, Arvind (2013), «Aam Aadmi Party's Growing Popularity Is Making Other Parties Worried», *Aam Aadmi Party.org*. Disponível em http://taimlnadu.aamaadmiparty.org/arvinds-letter-to-volunteers

Jansen, Robert S. (2011), «Populist mobilization: A new theoretical approach to populism», *Sociological Theory*, 29(2), 75–96. Doi: https://doi.org/10.1111/j.1467-9558.2011.01388.x

Kabir (2011), «Swaraj in Hiware Bazar», *Hiware Bazar*. Consultado a 23.01.2016 em https://www.youtube.com/watch?v=1MIOyK1wzTg

Kejriwal, Arvind (2012), *Swaraj*. Nova Deli: HarperCollins.

Khandekar, Nivedita (2013), «AAP stays ahead, 70 local manifestos for Delhi polls in final stages», *Hindustan Times*, de 5 de novembro. Consultado a 8.4.2015, em http://www.hindustantimes.com/india/aap-stays-ahead70-local-manifestos-for-delhi-polls-in-final-stages/story-Y98LJQC3TD2O2WXLgzO4GL.html

Kothari, Rajni (2005), *Rethinking democracy*. Nova Deli: Orient Blackswan.

Laclau, Ernesto (2005), *On populist reason*. Londres: Verso.

Lalchandani, Neha (2014), «Key BJP Dalit face gets AAP ticket», *The Times of India*, de 25 de dezembro. Consultado a 9.5.2015, em http://timesofindia.indiatimes.com/city/delhi/Key-BJP-Dalit-face-gets-AAP-ticket/articleshow/45636124.cms

Lalchandani, Neha (2015), «Delhi elections 2015: Since winnability is key, AAP winks», *The Times of India*, de 23 de janeiro. Consultado a 8.4.2015, em http://timesofindia.indiatimes.com/elections/delhi-elections2015/top-stories/Delhi-elections2015-Since-winnability-is-key-AAP-winks/articleshow/45985229.cms

Mair, Peter (2002), «Populist democracy vs party democracy» *in* Yves Mény e Yves Surel (eds.*), Democracies and the populist challenge*. Nova Iorque: Palgrave Macmillan, 81–98. Doi: https://doi.org/10.1057/9781403920072_5

Manin, Bernard (2014), «La democrazia del pubblico è in pericolo?», *Comunicazione politica*, 3, 575–580.

Mastropaolo, Alfio (2005), *La mucca pazza della democrazia: nuove destre, populismo, antipolitica*. Turim: Bollati Boringhieri.

Mathur, Kuldeep (2013), *Panchayati Raj*. Nova Deli: Oxford University Press.

Mello, Federico (2013), *Il lato oscuro delle stelle. La dittatura digitale di Grillo e Casaleggio. Testimonianze, documenti e retroscena inediti*. Reggio Emilia: Imprimatur.

Mendes, José Manuel (2004), «*Media*, públicos e cidadania: Algumas notas breves», *Revista Crítica de Ciências Sociais*, 70, 147–158. Doi: https://doi.org/10.4000/rccs.1054

Mendes, José Manuel (2005), «"Só é vencido quem deixa de lutar": Protesto e Estado democrático em Portugal», *Revista Crítica de Ciências Sociais*, 72, 161–185. Doi: https://doi.org/10.4000/rccs.987

Michels, Robert (1915), *Political Parties: A Sociological Study of the Oligarchical Tendencies of Modern Democracy*. Nova Iorque: Heart's International Library.

Moffitt, Benjamin (2014), *Contemporary populism as a political style: Media, crisis & democracy*. Tese de doutoramento, Universidade de Sydney. Consultada a 17.01.2016, em http://hdl.handle.net/2123/10562

Monina, Michele (2013), *Il perché di una vittoria — Il movimento 5 stelle*. Roma: Moralia.

Morlino, Leonardo (1996), «Crisis of parties and change of party system in Italy», *Party Politics*, 2(1), 5–30. Doi: https://doi.org/10.1177/1354068896002001001

Morozov, Evgeny (2011), *The Net Delusion: The Dark Side of Internet Freedom*. Nova Iorque: PublicAffairs.

Movimento 5 Stelle (2009), «Programma. Stato e cittadini, energi, informazione, economia, trasporti, salute, istruzione», Blogue de Beppe Grillo. Consultado a 12.7.2016, em http://www.beppegrillo.it/iniziative/movimentocinquestelle/Programma-Movimento5-Stelle.pdf

Mudde, Cas (2004), «The populist zeitgeist», *Government and Opposition*, 39(4), 541–563. Doi: https://doi.org/10.1111/j.1477-7053.2004.00135.x

Pandey, Devesh K. (2013a), «AAP gets 4.2 lakh responses on govt. formation», *The Hindu*, de 19 de dezembro. Consultado a 23.01.2016, em http://www.thehindu.com/todays-paper/aap-gets42-lakh-responses-on-govt-formation/article5476390.ece

Pandey, Devesh K. (2013b), «Chorus for AAP forming govt gets louder», *The Hindu*, de 22 de dezembro. Consultado a 23.01.2016, em http://www.thehindu.com/news/cities/Delhi/chorus-for-aap-forming-govt-gets-louder/article5489037.ece

Pandey, Devesh K. (2013c), «Massive response to AAP referendum», *The Hindu*, 19 de dezembro. Consultado a 23.01.2016, em http://www.thehindu.com/news/cities/Delhi/massive-response-to-aap-referendum/article5475296.ece

Panikkar, Raimon (1995), *Il daimôn della politica: agonia e speranza*. Bolonha: EDB.

Panizza, Francisco (2005), «Introduction: Populism and the mirror of democracy», *in* Francisco Panizza (ed.), *Populism and the mirror of democracy*. Londres: Verso, 1–31.

Pasquino, Gianfranco (1994), «Italy: The twilight of the parties», *Journal of Democracy*, 5(1), 18–29. Doi: https://doi.org/10.1353/jod.1994.0016

Pasquino, Gianfranco (2005), «Populism and democracy», *The Johns Hopkins University — Special Lecture Series*, 3, 1–37. Disponível em http://www.jhubc.it/documents/gianfrancopasquino.pdf

Pedrazzani, Andrea; Pinto, Luca (2013), «Gli elettori del Movimento 5 Stelle», *in* Piergiorgio Corbetta e Elisabetta Gualmini (eds.), *Il partito di Grillo*. Bolonha: Il Mulino, 89–122.

PTI — Press Trust of India (2013a), «No coalition, understanding with Congress: AAP», *The Hindu*, de 25 de dezembro. Consultado a 23.01.2016, em http://www.thehindu.com/news/cities/Delhi/no-coalition-understanding-with-congress-aap/article5500723.ece

PTI — Press Trust of India (2013b), «Delhi: Aam Aadmi Party releases manifestos for 28 Assembly constituencies», NDTV. Consultado a 8.4.2015, em http://www.ndtv.com/delhi-news/delhi-aam-aadmi-party-releases-manifestos-for28-assembly-constituencies542626

Rawls, John (1999), *A Theory of Justice*. Cambridge, MA: Harvard University Press [edição revista].

Roul, Kamalakanta (2014), «Analysing anarchy: Aroma of AAP in Indian politics», *Mainstream Weekly*, de 30 de agosto. Consultado a 12.7.2016, em http://www.mainstreamweekly.net/article5152.html

Sachdeva, Amit (2014), *The rise of Arvind Kejriwal*. Gurgaon: Liveweek Business.

Santoro, Giuliano (2012), *Un Grillo qualunque: Il Movimento 5 Stelle e il populismo digitale nella crisi dei partiti italiani*. Roma: Lit Edizioni.

Santoro, Giuliano (2014), *Breaking Beppe: Dal grillo qualunque alla guerra civile simulata*. Roma: Lit Edizioni.

Santos, Boaventura de Sousa (1998), «Reinventar a democracia: Entre o pré-contratualismo e o pós-contratualismo», *Oficina do CES*, 107, 1–53. Consultado em http://www.ces.uc.pt/publicacoes/oficina/index.php?id=2742

Santos, Boaventura de Sousa (2002), *Toward a New Legal Common Sense: Law, Globalization, and Emancipation*. Londres: LexisNexis Butterworths Tolley [2.ª ed.].

Santos, Boaventura de Sousa (2003), *Crítica de la razón indolente: Contra el desperdicio de la experiencia. Para un nuevo sentido común: la ciencia, el derecho y la política en la tradicíon paradigmática*. Bilbau: Desclée de Brouwer.

Santos, Boaventura de Sousa (2005), *Reinventar la democracia: Reinventar el Estado*. Havana: Editorial José Martí.

Santos, Boaventura de Sousa (2006), *The rise of the global left. The World Social Forum and beyond*. Londres: Zed Books.

Santos, Boaventura de Sousa (2007a), «Beyond abyssal thinking: From global lines to ecologies of knowledges», *Review*, XXX, 1, 45–89. Disponível em http://www.boaventuradesousasantos.pt/media/pdfs/Beyond_Abyssal_Thinking_Review_2007.PDF

Santos, Boaventura de Sousa (2007b), «Para além do pensamento abissal: Das linhas globais a uma ecologia de saberes», *Revista Crítica de Ciências Sociais*, 78, 3–46. Doi: https://doi.org/10.4000/rccs.753

Santos, Boaventura de Sousa (2014), *Epistemologies of the South: Justice against epistemicide*. Boulder, CO: Paradigm.

Santos, Boaventura de Sousa (2015), «The Podemos wave», *openDemocracy*. Consultado a 17.03.2015, em https://www.opendemocracy.net/boaventura-de-sousa-santos/podemos-wave

Santos, Boaventura de Sousa; Avritzer, Leonardo (2005), «Introduction: Opening up the canon of democracy», *in* Boaventura de Sousa Santos (ed.), *Democratizing Democracy. Beyond the Liberal Democratic Canon*. Londres: Verso.

Scanzi, Andrea (2012), *Ve lo do io Beppe Grillo*. Milão: Mondadori.

Shukla, S. P. (2013), «Myopia, distortions and blind spots in the vision document of AAP», *Economic and Political Weekly*, 48(7), 16–18. Disponível em http://www.epw.in/journal/2013/07/commentary/myopia-distortions-and-blind-spots-vision-document-aap.html

Subrahmaniam, Vidya (2014), «A promise betrayed», *The Hindu*, de 26 de janeiro. Consultado a 23.01.2016, em http://www.thehindu.com/todays-paper/tp-features/tp-sundaymagazine/a-promise-betrayed/article5618590.ece

Taggart, Paul (2000), *Populism*. Buckingham: Open University Press.

Taguieff, Pierre-André (1984), «La rhétorique du national-populisme [Les règles élémentaires de la propagande xénophobe]», *Mots*, 9(1), 113–139. Doi: https://doi.org/10.3406/mots.1984.1167

Tarchi, Marco (2015), *Italia populista: dal qualunquismo a Beppe Grillo*. Bolonha: Il Mulino.

TNN (2015), «Delhi elections results 2015: Factors which led to an AAP wave in Delhi», *The Times of India*, de 10 de fevereiro. Consultado a 10.04.2015, em http://timesofindia.indiatimes.com/elections/delhi-elections2015/top-stories/Delhi-elections-results2015-Factors-which-led-to-an-AAP-wave-in-Delhi/articleshow/46182801.cms

Travaglio, Marco (2012), «Prefazione», *Ve lo do io Beppe Grillo*. Milão: Mondadori.

Tripathi, Purnima S. (2013), «AAP's participatory politics», *Frontline*, de 17 de maio. Consultado a 8.4.2015, em http://www.frontline.in/the-nation/aaps-participatory-politics/article4666509.ece

Tronconi, Filippo (2013), «Da dove arrivano i voti del Movimento 5 Stelle?» *il Mulino*, 2/2013, 356–363. Doi: https://doi.org/10.1402/73003

Urbinati, Nadia (1998), «Democracy and populism», *Constellations*, 5(1), 110–124. Doi: https://doi.org/10.1111/1467-8675.00080

Urbinati, Nadia (2006a), «Political representation as a democratic process», *Redescriptions: Yearbook of political thought and conceptual history*, 10, 18–40. Disponível em http://redescriptions.fi/media/uploads/yearbooks/2006/Urbinati_06.pdf

Urbinati, Nadia (2006b), *Representative democracy: Principles and genealogy*. Chicago: University of Chicago Press. Doi: https://doi.org/10.7208/chicago/9780226842806.001.0001

Vignati, Rinaldo (2013), «Beppe Grillo: dalla Tv ai palasport, dal blog al movimento», *in* Piergiorgio Corbetta e Elisabetta Gualmini (eds.), *Il partito di Grillo*. Bolonha: Il Mulino, 29–63.

Visvanathan, Shiv (2014), «AAP's battle hymns», *Deccan Chronicle*, de 23 de janeiro.

Wyatt, Andrew (2013), «Populism and politics in contemporary Tamil Nadu», *Contemporary South Asia*, 21(4), 365–381. Doi: https://doi.org/10.1080/09584935.2013.803036

Wyatt, Andrew (2015), «Arvind Kejriwal's leadership of the Aam Aadmi Party», *Contemporary South Asia*, 23(2), 167–180. Doi: https://doi.org/10.1080/09584935.2015.1025038

Entrevistas

Ativista 02 (2015), Homem, Entrevista pessoal conduzida pelo autor, 22.5.2015, Latina (IT).

Ativista 103 (2014), Mulher, Entrevista pessoal conduzida pelo autor, 26.2.2014, Nova Deli (IN).

Bhowmik, Sharit (2014), Entrevista pessoal conduzida pelo autor, 17.2.2014, Bombaim (IN).

CONrep 01 (2014), Mulher, Entrevista pessoal conduzida pelo autor, 6.2.2014, Jaipur (IN).

Deputada Regional 02 (2015), Entrevista pessoal conduzida pelo autor, 17.7.2017, via Skype (IT).

Jain, Partibha (2014), Entrevista pessoal conduzida pelo autor, 16.1.2014, Jaipur (IN).

Kejriwal, Arvind (2014), Entrevista pessoal conduzida pelo autor, 27.2.2014, Nova Deli (IN).

Líder 103 (2014), Homem, Entrevista pessoal conduzida pelo autor, 25.2.2014, Nova Deli (IN).

Líder 105 (2014), Homem, Entrevista pessoal conduzida pelo autor, 27.2.2014, Nova Deli (IN).

Pawar, Papat Rao (2014), Entrevista pessoal conduzida pelo autor, 12.2.2014, Hiware Bazar — Amadanagar (IN).

Roy, Aruna (2014), Entrevista pessoal conduzida pelo autor, 9.4.2014, Tilonia (IN).

Senador 01 (2015), Homem, Entrevista pessoal conduzida pelo autor, 25.6.2015, Roma (IT).

Senador 04-ex (2015), Homem, Entrevista pessoal conduzida pelo autor, 23.7.2015, Latina (IT).

Sharma, Suresh (2014), Entrevista pessoal conduzida pelo autor, 8.11.2014, Veneza (IT).

Srivastava, Kavita (2014), Entrevista pessoal conduzida pelo autor, 25.1.2014, Jaipur (IN).

Capítulo 20

Bolívia: a democracia intercultural como síntese das diferenças*

María Teresa Zegada C.

1. A democracia e os seus limites

A democracia liberal como «o fim da história» e como ideal de convivência política na América Latina mostrou as suas limitações. Tanto as de caráter estrutural, como a contradição entre o ideal igualitário na esfera da política e as grandes desigualdades no âmbito socioeconómico, como as políticas e ideológicas, a captura do poder por interesses particulares que distorcem os ideais do bem comum, a atuação arbitrária dos partidos na gestão pública, a falta de credibilidade nas regras do jogo e as suas dificuldades de aplicação ou o esvaziamento ideológico. Estes aspetos provocaram uma apatia e um distanciamento por parte dos cidadãos e a consequente perda de legitimidade do sistema político. Esta situação provocou, nas últimas duas décadas, uma mudança de rumo em alguns países latino-americanos mediante a emergência bem-sucedida de lideranças populares e governos progressistas como Chávez na Venezuela, Correa no Equador e Morales na Bolívia, representando uma «viragem à esquerda» com tendência para dar prioridade a uma maior

* Tradução de Carla Lopes.

participação social e à redistribuição de recursos por meio de políticas públicas de cortes sociais.

Além destes acontecimentos políticos cujo percurso ainda é incerto, a crise também provocou a rutura das estruturas do pensamento liberal moderno e um questionamento em relação às habituais interpretações da democracia, a partir da recuperação das vozes e dos conteúdos do local, do particular, de sociedades historicamente subalternizadas e silenciadas, que trazem elementos renovados às construções intelectuais clássicas, procurando, não a sua anulação, mas, sim, a sua articulação[1] ativa, sintetizada na ideia de «ecologia de saberes» (Santos, 2010a). Esta linha de pensamento é alimentada pelas noções de colonialismo interno e pelo horizonte de descolonização do poder (Quijano, 1999), que reuniu vários autores, como Pablo González Casanova, Aníbal Quijano e Edgardo Lander, entre muitos outros, que enfatizam a diferenciação tanto do liberalismo republicano como do socialismo científico, criando uma rutura com o pensamento moderno.

Um dos pilares deste pensamento é a recuperação da história das sociedades locais perante uma visão tradicional homogeneizante imposta pela modernidade e selada por uma utopia comum. No caso da Bolívia, como adverte René Zavaleta (2013), é preciso observar a diversidade como um fenómeno estrutural, pois implica não só a sobreposição de cosmovisões e formações socioculturais enraizadas em povos ancestrais mas também a presença de temporalidades e modos de produção diferentes que coexistem de maneira complexa e simultânea e que resistiram ao «mundo de vida» capitalista. Estas diversidades constituem fraturas históricas por resolver, que convivem no mesmo cenário epocal e que se revelam particularmente em momentos de crise, gerando condições de «intersubjetividade» que afetam ou questionam a ordem dominante. Nesse enquadramento, situa-se o debate nodal sobre as possibilidades e limites da democracia, orientando o olhar para as pulsões políticas da sociedade, para as suas formas de existência social e para a dinâmica do poder que habita nos seus «lares moleculares».

Na verdade, a institucionalização estatal tem sido permanentemente assediada pela sociedade: a ação coletiva, em alguns casos, conseguiu

[1] O conceito de articulação diferencia-se do de inclusão na medida em que implica uma relação horizontal em que cada parte participa com a sua existência plena num cenário de encontro ou estrutura de confluência.

ampliar com sucesso os limites da democracia; noutros, refugiou-se nas suas habituais formas de existência — comunitária, sindical de assembleia, popular urbana —, onde mora silenciosamente a noção de democracia intercultural, pois nelas habitam princípios filosóficos, cosmovisões e conteúdos que coexistiram e coexistem de forma paralela e, por vezes, invisível às práticas dominantes.

Daí que a democracia intercultural não seja um conceito vazio nem abstrato, muito menos uma meta a alcançar; «existe no presente», revela-se nos momentos em que a sociedade se consegue expressar na política e afetar o poder constituído; é uma forma de relacionamento entre diferentes modos de ser, produzir e organizar universos simbólicos e cosmovisões. Portanto, habita nos interstícios do poder gerados entre os sujeitos coletivos entre si e entre os sujeitos e as instituições estatais; trata-se de uma relação dinâmica que se foi recriando ao longo da história — produto das lutas pelo poder e impulsionada pelas diferenças económicas, sociológicas e culturais. Como qualquer relação de poder, é uma relação de dominação, mas não necessariamente estática nem definitiva, pois contém as suas próprias contradições e possibilidades de reversão e rearticulação.

Seguindo esta linha, a noção de democracia intercultural tem uma dupla implicação: em primeiro lugar, no «presente crítico»[2], ou seja, na interação entre sujeitos e realidades distintas que se reinventam permanentemente e se reposicionam no campo político, mediadas por relações de poder, permitindo igualmente a recriação dinâmica do conhecimento. Em segundo lugar, assenta na base de formatos institucionais[3] que provêm de acordos que regulam a ação política e que, ao mesmo tempo, podem ser modificados pela presença e pressão dos intervenientes.

A democracia intercultural também se expressa na convivência de sistemas organizativos diferentes na sociedade civil, como o sistema sindical, que, por vezes, se pode conjugar com os povos indígenas formando um sujeito mais potente, ou confrontar-se com eles quando expressam

---

[2] Antezana, na sua análise sobre as contribuições de Zavaleta, fala de «presente crítico» como resultado da acumulação histórica, um conceito muito próximo do «conhecimento horizontal» que é o autoconhecimento, diferente do denominado «conhecimento vertical» que provém dos saberes cultos (Antezana, 2009: 126–129).

[3] Aqui, entendemos por instituições não só as leis e os aparelhos políticos/burocráticos mas também os acordos estabelecidos entre sujeitos, as práticas sociais e políticas, os padrões de comportamento que se reproduzem num contexto social determinado.

projetos ou visões antagónicas, como aconteceu, por exemplo, em 2011 durante o conflito do Território Indígena Parque Nacional Isiboro Sécure (TIPNIS) entre camponeses e indígenas deste território protegido. De facto, a democracia intercultural não significa um encontro entre iguais, mas, antes, um fruto do acordo entre núcleos diferentes de poder temporariamente articulados ou confrontados por determinados objetos de disputa. Os resultados desta interação no campo político geram novos acordos, sempre provisórios, que podem ser ou não institucionalizados.

Neste campo de reflexão, a singularidade da história recente da democracia boliviana oferece uma série de elementos para pensar a riqueza e projeção deste conceito, intensamente vivido no presente crítico da sociedade e dos seus intervenientes, insinuado na Constituição Política do Estado (CPE) e timidamente estabelecido nas leis secundárias.

2. «As sociedades na sua história»[4]: Bases para uma democracia alternativa

2.1. A ação coletiva dos movimentos sociais

O processo de acumulação política dos sujeitos coletivos constitui a base da democracia, entendida, em geral, como uma forma de relacionamento entre o Estado e a sociedade civil. Esta definição transcende a habitual associação da democracia à institucionalização formal e à consequente medição da sua qualidade de acordo com o funcionamento eficiente ou não das suas instituições. A noção ampliada de democracia abarca não só o Estado e as suas instituições (regras, procedimentos, entidades) mas também a sociedade civil, as suas organizações, ações estratégicas e as formas de gestão das suas necessidades e conflitos.

Nesse sentido, a memória histórica da democracia boliviana tem estado fortemente impregnada de irrupções da sociedade civil no campo político, através da resistência e da rebelião camponesa e indígena, dos intensos repertórios de mobilização do movimento operário — em particular, mineiro —, dos bloqueios e mobilizações populares urbanos que

[4] Esta noção foi utilizada por Zavaleta (1987) para se referir às histórias particulares e locais, às relações de poder que se tecem na intersubjetividade dos povos.

confrontaram a ordem estabelecida, e das marchas indígenas que arrancaram exigências ao Estado.

A severa crise política desencadeada a partir de 2000 revelou as tensões sociais com o modelo económico e político, mas também revelou velhas fraturas históricas não resolvidas e, em muitos casos, invisibilizadas pela narrativa da ordem dominante; mostrou a persistência de padrões coloniais de dominação e exclusão e, ao mesmo tempo, a luta inquebrável da sociedade organizada por instalar no cenário público formas distintas de exercício e gestão da política, destruindo os limites rígidos da democracia eleitoral. No início do século, a ação coletiva dos movimentos sociais conseguiu reverter a ordem dominante — através de um ciclo de protestos que só terminou com a destituição do presidente em exercício, Gonzalo Sánchez de Lozada — e assentar as bases de uma nova configuração estatal e política.

A proposta mais importante de «refundação» do Estado, que depois se refletiu parcialmente no novo texto constitucional, foi precisamente uma iniciativa de movimentos sociais indígenas, camponeses e populares, que conseguiram uma aliança estratégica no denominado Pacto de Unidade para incidir efetivamente no debate da Assembleia Constituinte (2006–2007); por outras palavras, os movimentos sociais passaram da histórica resistência e rebelião à capacidade propositiva e de articulação estratégica, já que

> quanto mais extensa e ampla for a afluência dos mais diversos sujeitos no momento de crise, maior tende a ser a nacionalização ou generalização dos factos que se vierem a produzir. Isto depende da capacidade de mobilização dos sujeitos que participam e da existência ou não de um projeto que articule ou rearticule a sociedade. (Tapia, 2002: 269)

2.2. Formas de exercício político comunitário

Além do mencionado protagonismo histórico dos movimentos sociais, a construção democrática é enriquecida por uma diversidade de formas de gestão política que antecedem a dominação colonial e que traçaram os seus próprios caminhos em interação com outras estruturas políticas. Refiro-me às cosmovisões, organização, normas e procedimentos, assim como aos modos particulares de resolução de conflitos que operam nas comunidades indígenas, reinventando os seus sentidos numa relação dinâmica com o contexto, pois, apesar de mais de 500 anos de história de dominação colonial, continuam vigentes nos imaginários coletivos e conseguiram uma recuperação notória na última década, ainda mais desde a aprovação da nova Constituição em 2009.

Estes formatos foram recolhidos pela nova Constituição sob a noção de «democracia comunitária», na realidade, trata-se de «democracias comunitárias» — no plural —, devido aos seus diversos formatos, matrizes e intensidades. Não obstante as suas diferenças, partilham uma série de características comuns que as distinguem da lógica dominante do poder. O exercício político comunitário conta com um sistema coletivo de tomada de decisões e administração do poder, denominado Conselho ou Assembleia, que constitui a máxima instância de deliberação, consenso e decisão, pois reúne a voz da comunidade. O acesso ao poder ocorre em algumas comunidades mediante a rotação de cargos com base territorial e é determinado por uma trajetória obrigatória até serem proclamados como autoridades. Este percurso pessoal na região andina denomina-se *thaki* ou caminho. Outros fatores que diferenciam concetualmente a democracia comunitária da democracia ocidental são a obrigatoriedade no cumprimento de funções, a conceção da autoridade como serviço e não como privilégio, as relações de reciprocidade e, se for o caso, a persistência de sistemas de trabalho de ajuda mútua ou *ayni*. Outro fator comum é a presença de mecanismos de prestação de contas e controlo social comunitário em congruência com a noção de que o poder reside na comunidade e não nas autoridades (Ticona *et al.*, 1995; Colque e Camerón, 2010). Estas formas de exercício político de raiz comunitária, no caso das comunidades andinas, foram definidas por Silvia Rivera (1984) como a «democracia de *ayllu*», uma expressão orgânica dos interesses da comunidade refletida nas suas autoridades originárias.

No caso dos povos indígenas das planícies, percebem-se tendências de interação política muito parecidas. Por exemplo, o tipo de organização social, que à primeira vista parece hierárquico, é baseado numa autoridade hereditária, em alguns casos eleita, submetida a um controlo rigoroso de todos os membros da comunidade. Esta autoridade é respeitada e exige capacidades pessoais como saber unir opiniões e conseguir, numa assembleia comunitária, «nivelar a palavra», ou seja, chegar a bom porto

(Riester, 1976). Estes povos também acumularam uma grande experiência de luta contra a dominação por parte dos brancos, ou *karaiyana*, perante os quais construíram mitos libertadores como o movimento da «procura da Loma Santa».[5] Outro exemplo é o do território Guarani na Capitania Kaaguasu ou Monte Alto,[6] que recupera elementos ancestrais e os conjuga com a estrutura sindical. Nesta comunidade, o tempo de permanência do *Mburicha*, ou máxima autoridade, é indefinido, pelo que os herdeiros têm de esperar muitos anos para aceder ao cargo. Hoje, a esta prática juntam-se outros critérios, como a formação escolar. Porém, na sua relação precoce com os sindicatos, foi-se perdendo a procura de consensos e optou-se pelo voto como uma forma mais expedita de decidir.

De modo complementar ao exercício político do poder, exercem-se formas[7] alternativas de resolução de conflitos, provenientes das matrizes ancestrais que posteriormente se combinaram com formas externas à comunidade. A ausência virtual do Estado na totalidade do território boliviano e um quadro normativo limitado fizeram com que os membros da comunidade tenham prescindido do Estado e administrem de forma autónoma os seus conflitos e as suas necessidades. Um estudo sobre os modos originários de resolução de conflitos confirma a seguinte equação: quanto maior for a presença estatal, menor será a relevância das autoridades originárias; e, inversamente, quando existe menor peso do Estado, as autoridades originárias adquirem maior relevância (Laruta, 2010: 187).

As autoridades originárias costumam interceder na resolução de conflitos entre membros da comunidade mediante a aplicação de rituais ancestrais, respeitando os costumes em conexão com entidades sobrenaturais

---

[5] Este movimento tem como centro o povo mojeño. Nele também participam os iuarakaré, movima, trintario e outros que consideram que podem encontrar o paraíso terreno longe dos brancos (*karaiyana*), onde reina o bem-estar económico e o bem-estar espiritual. Constitui uma resposta à evangelização e usurpação histórica dos seus territórios (Riester, 1976).

[6] Constituído por cerca de 4000 pessoas agrupadas em 745 famílias. Em 1987, formaram a Assembleia do Povo Guarani (APG) como máxima representação de comunidades e capitanias.

[7] O conceito de formas interculturais de resolução de conflitos foi estabelecido por Avruch e Black (Nicolás *et al.*, 2007). A palavra «modos» implica criatividade, provém de «dar-se modos de» quando é necessário resolver uma situação de maneira subjetiva, improvisada, casual; é fruto da sedimentação histórica, não da recuperação de formas puras pré-coloniais.

(Fernández, 2007: 44), e também através da prática do *acullico* da folha de coca, cujo uso social leva ao diálogo, à partilha do problema e à solução, a despender tempo para ouvir e decidir. Por vezes, também participam autoridades judiciais do sistema jurídico nacional, ou autoridades espirituais (*amautas* ou anciãos conselheiros), assim como organizações não-governamentais que gozam de certo prestígio (Laruta, 2010: 165). As sanções costumam ser de caráter comunitário, como trabalhos forçados, o «chicote» ou a dor física, entre outras.

Estas práticas de resolução são interessantes para pensar a interculturalidade, por exemplo, o conceito de comunicação intercultural ou *Aruskipasipxañani*, que significa o diálogo entre mundos paralelos: os humanos, a natureza, o cosmos, a terra. Nestes rituais, está sempre presente o *yatiri*, ou sábio conselheiro, e o *amauta* ou os *pasarus*, ou ex-autoridades, por meio do *acullico* da folha de coca. A lógica passa por procurar a «metade» como solução, ou seja, nem para um nem para o outro, mas antes o meio justo (Fernández, 2007: 64–66). Estas experiências demonstram que a iniciativa social e política goza de total vigência nas comunidades, não de maneira pura, mas, antes, em interação com «o outro», com uma riqueza ainda por explorar, e dá conta da existência não explícita de uma democracia intercultural.

De qualquer maneira, o percurso político dos povos indígenas não pode ser lido abstraindo a sua relação com «o outro» ou «os outros». Por um lado, as entidades do Estado (multinível) e, por outro, as organizações sociais e políticas, como os sindicatos camponeses, partidos, grémios, associações; além do contacto factual com as cidades fruto da migração.

Nesta interação entre mundos diferentes, no contexto político eleitoral, as tentativas de incursão dos povos indígenas por meio dos seus próprios partidos foram um fracasso. Desde o final da década de 1970, competem em eleições nacionais, mas obtêm uma votação muito baixa.[8]

[8] Refiro-me aos movimentos *kataristas* e indianistas nas suas diversas vertentes. Durante a década de 1990, uma destas frações *kataristas* (o MRTK-L) aliou-se ao MNR — partido neoliberal que ganhou as eleições de 1993 — e, pela primeira vez na história, um representante de uma organização indígena acedeu à vice-presidência da República. Falamos de Víctor Hugo Cárdenas, dirigente do MRTK-L que promoveu várias reformas normativas a favor dos indígenas, mas cujo alcance, dado o enquadramento neoliberal e multiculturalista, foi muito limitado.

Durante a década de 1990, acederam a importantes espaços de representação local, mas através dos partidos políticos hegemónicos do sistema. Quando concorreram com as suas próprias organizações, apenas conseguiram 4,8% dos representantes (Arnold e Villarroel, 2004: 65). Esta situação de predomínio dos partidos maioritários não variou substancialmente nem com a aprovação da Ley de Agrupaciones Ciudadanas y Pueblos Indígenas (EPB, 2004a), que quebra precisamente o monopólio da representação, visto que nas eleições locais do mesmo ano os partidos obtiveram 77% dos votos, enquanto as organizações de povos indígenas só 7,7% (Arnold e Villarroel, 2004).

Este experimentalismo eleitoral mostra as dificuldades de desenvolvimento político do movimento indígena num cenário com regras de jogo pré-constituídas e alheias à sua acumulação histórica, e deixa entrever a discordância entre a lógica representativa (uma pessoa = um voto) e as formas comunitárias de decisão coletiva e por consenso. Assim se explica a dissociação da resposta dos membros da comunidade no contexto comunitário e eleitoral.

2.3. A democracia no âmbito sindical e social

Ao contrário das formas organizativas comunitárias, o sindicato camponês surgiu com uma estrutura semelhante à do sindicato operário. A máxima autoridade é o Congresso Nacional, que aglutina representantes de diferentes instâncias ou todos os membros da organização. Outros órgãos fundamentais são a Reunião Ampliada Nacional e o Comité Executivo Nacional, com as respetivas secretarias e comissões eleitas em Congresso Nacional. No caso da Confederação Sindical Única de Trabalhadores Camponeses da Bolívia (CSUTCB), a sua estrutura é territorial e agrupa de forma descentralizada federações departamentais, regionais, centrais sindicais, subcentrais e sindicatos agrários, assim como outros sindicatos afins. O Estatuto Orgânico de 2010, sob o princípio do «Viver bem», estabelece que um dos objetivos da CSUTCB é «contribuir para o estabelecimento e a sustentabilidade de uma democracia direta, participativa de consenso e verdadeira, pluralista e libertadora dentro do enquadramento da livre determinação» (CSUTCB, 2010: Art.º 11, n.º 2). Também existe uma disposição transitória que aborda as interligações entre o sindical e o comunitário e a sua relação com a esfera de poder, estabelecendo a forma de acesso a cargos públicos de acordo com os usos e costumes (CSUTCB, 2010: Art.º 81). A participação política fica restringida ao instrumento político atualmente oficial: «A sua capacidade orgânica e de representação das comunidades indígenas originárias camponesas habilitam-no para o exercício político através do Instrumento Político pela Soberania dos Povos (IPSP), do qual é fundador e construtor» (CSUTCB, 2010: Art.º 7, n.º 3), limitando a liberdade política dos seus membros para outras opções.

No contexto urbano, também houve experiências destacadas de auto-organização social, como, por exemplo, a emergência da Coordenadora da Água e da Vida enquanto sujeito de resistência urbana ao exigir a expulsão de uma empresa transnacional da administração do serviço público da água em Cochabamba, que marcou um ponto de inflexão no ciclo de acumulação histórica do início do século.

3. Reformas normativas e ampliação da democracia

3.1. Democracia direta e participativa

A aplicação de formas de democracia direta é recente na Bolívia. A reforma constitucional de 2004 inclui o Referendo, a Assembleia Constituinte e a Iniciativa Legislativa Cidadã (EPB, 2004b: Art.º 4). A primeira experiência de referendo com esta norma ocorreu em julho de 2004, quando os movimentos sociais impuseram ao governo de Mesa a consulta sobre o destino do gás. Outra forma de democracia direta incluída recentemente na Constituição de 2009 é a revogação de mandato, porém, esta foi aplicada pela primeira vez em agosto de 2008, apoiada pela noção de «referendo» que estava estabelecida no Art.º 4 da Constituição vigente na altura.[9] Mediante este mecanismo democrático, pretendia-se resolver as contradições políticas. Por seu lado, a Iniciativa Legislativa Cidadã ainda não foi aplicada no país.

---

[9] Esta decisão de ampliar a ideia de «referendo» para um «referendo revogatório» foi impugnada pela sua suposta ilegalidade e inconstitucionalidade por representantes da oposição aquando da sua vigência, mas a impugnação foi rejeitada pelo Tribunal Constitucional.

Em contrapartida, a democracia participativa tem os seus antecedentes na Lei de Participação Popular (EPB, 1994). Este instrumento normativo reordenou o mapa municipal e outorgou recursos e personalidade jurídica a mais de 300 entidades autónomas municipais, a maioria situada em áreas rurais do país. Esta lei estabelecia a participação da sociedade na gestão e fiscalização mediante entidades de planificação e controlo social. Para isso, criou as Organizações Territoriais de Base e os Comités de Vigilância formados por organizações de moradores.

Apesar de a sua aplicação ter sido muito complexa e os seus resultados questionados, facilitou a presença de organizações sociais e povos indígenas em cenários de decisão através de duas vias: a eleitoral e a organizativa. A primeira possibilitou que quase 70% dos cargos fossem ocupados por indígenas: de um total de 1634 presidentes de câmara e vereadores eleitos em 1995, 26,8% não era de origem indígena, 11% respondia à categoria de etnicidade «oculta» (indígena sem se identificar como tal), 19,1% de etnicidade «discursiva» (dizem ser indígenas mas não falam um idioma equivalente, nem são originários de um povo indígena) e 45% era de etnicidade chamada alta e média (Albó e Quispe, 2005). O problema era que a sua participação era mediada por partidos políticos hegemónicos e, portanto, a gestão estava limitada pelos acordos interpartidários. A segunda via foi a de participação na gestão. Nesse campo, houve mais conflitos devido ao facto de a participação estar limitada a alinhamentos prévios estabelecidos pelas autoridades e pelo poder. No caso da fiscalização, por exemplo, os Comités de Vigilância dependiam do financiamento municipal e, por isso, apresentavam níveis de conivência e clientelismo que limitavam as suas funções. Também se observou a «oligarquização» das administrações de moradores que controlavam o poder, sem dar lugar à renovação e circulação das elites.

Atualmente, existem dois artigos da Constituição que estabelecem a Participação dos Cidadãos e o Controlo Social que ainda não foram plenamente aplicados. O artigo 241 realça que «o povo soberano, por meio da sociedade civil organizada, participará na conceção das políticas públicas. A sociedade civil organizada exercerá o controlo social da gestão pública em todos os níveis do Estado» (EPB, 2009: Art.º 241, n.ºs I e II). Embora a partir destas disposições se tenha aprovado uma lei especial de Participação e Controlo Social — muito polémica, por sinal —, ainda não há experiências efetivas da sua aplicação.

A outra figura constitucional é a Assembleia ou Conselho, que ainda não tem leis ou regulamentos para aplicar, embora, como referi, estas figuras já existam, de facto, em contextos sociais indígenas, camponeses, operários e populares.

Por último, um mecanismo também constitucionalizado é a Consulta Prévia aos povos indígenas, embora ainda não exista uma lei que o enquadre e tenha sido aplicado apenas pontualmente mediante Decretos Supremos.[10] Em todo o caso, ratificamos que o avanço na aplicação destas formas de democracia agora constitucionalizadas depende, em grande medida, da orientação e vontade política dos atores.

Nesse sentido, o ponto de rutura mais forte foi, sem dúvida, a mobilização indígena de 2011 contra a intenção do governo de abrir uma estrada a atravessar o coração da área protegida do TIPNIS, cujo desfecho foi infeliz, pois o governo travou a marcha com a repressão cruel dos seus protagonistas. Contudo, a marcha voltou a formar-se, conseguiu chegar à sede de governo e foi recebida apoteoticamente pela população das cidades. Além dos resultados — que, na realidade, não existiram —, este episódio marcou um ponto de inflexão na relação do governo com as organizações indígenas, o que produziu a rutura do antigo Pacto de Unidade e a subsequente divisão nas organizações indígenas. A isso soma-se a mudança do discurso governamental em relação aos primeiros anos de governo, assumindo outros contornos que relativizam a identidade indigenista do Movimento para o Socialismo.

3.2. A autonomia indígena como laboratório para a autodeterminação

Um dos dispositivos mais relevantes para o exercício intercultural da democracia é a autonomia indígena. A Constituição estabelece que

---

[10] Em abril de 2015, o governo de Morales, perante a pressão de gerar recursos energéticos para o desenvolvimento económico nacional, lançou um Decreto Supremo que modificava o Regulamento de Consulta e Participação para Atividades Hidrocarboníferas de 2007, outorgava competências ao Ministério de Hidrocarbonetos e Energia para avançar no processo de consulta aos povos indígenas originários camponeses, e estabelecia prazos perentórios e uma metodologia sem ter em conta a Constituição que dispõe que a consulta «livre, prévia e informada [...] nas nações e nos povos indígenas originários camponeses [...] ocorrerá respeitando as suas normas e os seus procedimentos próprios» (EPB, 2009: Art.º 352).

«A autonomia indígena originária camponesa consiste no autogoverno como exercício da livre determinação das nações e dos povos indígenas originários camponeses, cuja população partilha território, cultura, história, línguas e organização ou instituições jurídicas, políticas, sociais e económicas próprias» (EPB, 2009: Art.º 289). E continua: «A formação da autonomia indígena originária camponesa baseia-se nos territórios ancestrais, atualmente habitados por esses povos e essas nações, e na vontade da sua população, expressa em consulta, de acordo com a Constituição e a lei» (EPB, 2009: Art.º 290 I). Por fim, destaca que «As entidades territoriais autónomas não estarão subordinadas entre elas e terão igual alcance constitucional» (EPB, 2009: Art.º 276).

A base da conceptualização de «autonomia indígena» foi uma contribuição do povo indígena Guarani, que a define como:

> A condição e o princípio de liberdade do nosso povo que impregna o ser individual e social como categoria fundamental de antidomínio e autodeterminação, baseado em princípios fundamentais e geradores que são os motores da unidade e articulação social e económica para o interior do nosso povo e com o conjunto da sociedade. Enquadrado na busca incessante da construção de uma sociedade perfeita (terra sem mal) ou da vida plena (*Teko kavi*), sob formas próprias de representação, administração e propriedade do nosso território extenso (APG, 2006: 9).

Em algumas leis secundárias, regulamenta-se a autonomia indígena. Na Lei de Regime Eleitoral, estabelece-se a possibilidade de um município, território ou região com população maioritariamente indígena poder optar, através de um mecanismo de iniciativa legislativa cidadã ou referendo, por adquirir Autonomia Indígena Originária Camponesa (EPB, 2010a: Art.º 24). Algo mais complexo acontece com a Lei-Quadro de Autonomias e Descentralização «Andrés Ibáñez», que estabelece a possibilidade de as nações e os povos indígenas originários camponeses, cumprindo-se os requisitos e procedimentos estabelecidos na Constituição e na lei, poderem aceder à autonomia indígena originária camponesa; porém, estas intenções são travadas noutros artigos da mesma lei, mediante uma série de outros requisitos. Por exemplo, no caso dos Territórios Indígenas Originários Camponeses, a lei exige «viabilidade governativa» acreditada, uma estrutura organizacional, um Plano Territorial de desenvolvimento integral que inclua uma estratégia institucional e financeira (Art.º 57) e uma base populacional mínima (EPB, 2010b: Art.º 58 I).[11] Tudo isto trouxe grandes dificuldades para os povos indígenas que quiseram aceder à autonomia. Por exemplo, o povo Araona não cumpria esse requisito populacional e tentou juntar-se a outro grupo indígena; os povos indígenas Tsimán e Esse Ejja enfrentavam conflitos no seu meio territorial, pois nele conviviam com intervenientes muito diferentes, como proprietários de gado, concessionários florestais ou assentamentos de migrantes. Outro aspeto que complica a situação são as disposições sobre a atribuição ou transferência de competências, que «deverá estar acompanhada da definição da fonte dos recursos económicos e financeiros necessários para o seu exercício» (EPB, 2009: Art.º 305).

Por outro lado, o procedimento para decidir a autonomia indígena também é complicado, visto ser necessária a disponibilidade de 10% de assinaturas de apoio à iniciativa; a adoção de 50% + 1 de aprovação nas urnas; um projeto de estatuto aprovado por 2/3 dos votantes; passar por uma revisão do Tribunal Constitucional; uma consulta que implique 50% + 1 de aprovação nas urnas; e, por último, a eleição de autoridades segundo o estatuto.

Por isso, o problema principal reside atualmente no dano causado pela aplicação da Constituição, pois, como se pode ver, as leis secundárias atenuam o horizonte traçado na Constituição e, nesse sentido, verifica-se um processo — como diria Santos — de «desconstitucionalização».

Por estas e outras dificuldades, os avanços na autonomia indígena foram muito mais simbólicos. Em 2 de agosto de 2009, declarou-se o «dia das autonomias indígenas» e em dezembro do mesmo ano, convocou-se um referendo pelas autonomias indígenas em 12 municípios — foram aprovadas em 11,[12] mas ainda não foram plenamente aplicadas. A forma e o conteúdo dos estatutos de autonomia indígenas que estão em elaboração revelam as dificuldades para compatibilizar diferentes «mundos de vida».

---

[11] Superior a dez mil habitantes no caso dos povos indígenas originários camponeses de terras altas (excecionalmente, reduzir-se-á a quatro mil) e no caso de povos minoritários, igual ou superior a mil habitantes.

[12] Os municípios que aprovaram a sua conversão para Autonomia Indígena em 6 de dezembro de 2009 são: Jesús de Machaca e Charazani, de La Paz; San Pedro de Totora, Chipaya, Pampa Aullagas e Salinas de Garci Mendoza, de Oruro; Mojocoya, Tarabuco e Huacaya, de Chuquisaca; Chayanta, de Potosí e Charagua, de Santa Cruz. De entre eles, só um tem hoje um estatuto aprovado no referendo de 2015.

De uma breve revisão do conteúdo dos estatutos indígenas difundidos publicamente, podem inferir-se duas tendências discursivas entre as quais oscilam os documentos elaborados: num extremo, os baseados em princípios, formas de organização, exercício político e funcionamento que provêm de práticas ancestrais de comunidades indígenas e originárias e, no outro, os que reproduzem a estrutura e os enunciados de instituições municipais ordinárias ou com forte influência sindical. No primeiro caso, encontram-se os Estatutos da Nação Uru Chipaya e o Estatuto de Jesús de Machaca, que conservam os seus princípios, valores e instituições originários, a partir dos quais se relacionam com os dispositivos constitucionais e as leis. No outro polo, agrupam-se os estatutos «indígenas» — ênfase nas aspas — que refletem lógicas de funcionamento sindical, ou respondem a códigos republicanos e liberais, sendo uma reprodução dos estatutos departamentais ou cartas magnas municipais, a partir dos quais se inclui o comunitário através de alguns princípios e valores, símbolos, história, línguas ou práticas que são marginais em relação ao núcleo central da estrutura normativa, como o Estatuto de Mojocoya ou o Estatuto de Raqaypampa, este último com um forte cariz sindical.

Os estatutos revelam a complexidade do problema, já que neles se combinam, justapõem ou coabitam de maneira muito complexa cosmovisões diferentes. Por isso, podem ser percebidos, em princípio, como um exercício de interculturalidade, porém, faz falta definir com clareza as visões dominantes. Este não é um dado menor, pois espera-se que as autonomias indígenas constituam o espaço de preservação do comunitário para evitar a histórica dependência normativa de códigos alheios. O percurso dos estatutos indígenas marcará, indubitavelmente, um antes e um depois na construção institucional da democracia intercultural na Bolívia.

Fica definitivamente claro, pelo menos por agora, que o cenário dominante da democracia liberal representativa não é o mais propício para a participação das organizações e dos povos indígenas, por isso, as atenções viram-se para as autonomias indígenas. Neste ponto, junto-me a Exeni que, num estudo detalhado sobre o avanço das autonomias indígenas, se questiona se realmente se está a avançar ou não para a construção de «outra institucionalidade» que garanta a durabilidade das transformações estatais (Exeni, 2015: 147).

4. As dimensões da democracia intercultural

Depois de estabelecidas as bases da interculturalidade, abordo a noção de democracia intercultural em três dimensões: a intersubjetividade sociológica ou as «sociedades na sua história», a dimensão enunciativa/teórica que surge desde «o ou os outros», e a dimensão normativa/institucional.

Vamos por partes. A primeira dimensão habita os espaços de **intersubjetividade sociológica e política** e implica a recuperação e implementação de uma construção histórica paralela ou diferente da narrativa oficial; este outro lado da história é usualmente ocultado e marginal em relação ao cenário de decisões, mas não inexistente, ocorre nas comunidades indígenas — mediante formatos políticos que transcendem o tempo e marcam ritmos, conceções e saberes alternativos —, assim como nas práticas políticas de deliberação e tomada de decisões de organizações da sociedade civil.

A ação estratégica da sociedade na história republicana foi intermitente, mas intensa — em determinados momentos, centrou-se na defesa das comunidades indígenas; noutros, na reivindicação socialista através de uma poderosa vanguarda mineira/proletária com tendências nacionalistas; mais tarde, na luta contra as ditaduras e em defesa da democracia representativa; e, depois, na recusa das medidas da ordem económica neoliberal. Os conteúdos destas lutas têm uma correlação conjuntural com os sujeitos protagonistas: em alguns casos, operários; noutros, camponeses ou indígenas; noutros ainda, populares urbanos — todos eles fazem parte da mesma marca que é a sociedade civil emancipada, que atua no campo político, confrontando a ordem estatal e forçando novos acordos com o modelo dominante.

Na sua reflexão sobre formações aparentes em Marx, Zavaleta (1987) distingue duas dimensões: o modelo da regularidade e as «sociedades na sua história». A primeira refere-se aos aspetos associados à base económica dominante — concretamente o capitalismo — e a segunda, que é a que nos interessa particularmente, refere-se à diversidade de histórias particulares e locais, e aos sujeitos que formam estas forças sociais, culturais e produtivas. Nela, cria-se o conceito de «intersubjetividade», entendida por Zavaleta (1987) como uma articulação social, esboçada nessa altura pelo autor em volta do movimento operário e da sua irradiação, mas que facilmente se pode extrapolar para outros setores sociais e culturais com capacidade de poder.

Em segundo lugar, este processo histórico foi acompanhado pelo surgimento de **formas de enunciação e construções teóricas alternativas** que são a base para a formulação da democracia intercultural assente num pensamento crítico da realidade. Zavaleta (1987) inverte a análise habitual das relações de dominação, posicionando-a no lugar dos dominados e a partir daí efetua uma leitura da autodeterminação de sociedades subalternizadas que se constroem politicamente. Todavia, esta inversão na fundamentação não é suficiente; é preciso uma nova epistemologia do saber que formule uma visão do mundo a partir de realidades identitárias locais concretas, com o seu próprio decurso histórico, e que implique um processo de desconstrução, que é o que apresenta a «epistemologia do Sul» a que se refere Boaventura de Sousa Santos. Na realidade, não se trata de negar e enfrentar outras epistemologias, como a moderna ocidental ou do Norte, mas, sim, de integrar, articular e complementar saberes que são ressignificados permanentemente pela realidade — essa é a base da proposta da «ecologia dos saberes», o lugar de enunciação onde o conhecimento se transforma em emancipação (Santos, 2010a).

Nesta linha, e em relação direta com a democracia, o autor propõe o conceito de «demodiversidade» para abarcar estes processos distintos e mudar o eixo de enunciação. A partir desta perspetiva, como conclui no seu texto sobre a refundação do Estado, democratizar significa desconstruir, «des-pensar a naturalização da democracia liberal representativa e legitimar outras formas de deliberação democrática (demodiversidade)» (Santos, 2010b: 149). Assim, a ideia ampliada de democracia surge enquanto discurso a partir de baixo, dos subordinados, do local, como uma forma de reivindicar a sua presença numa história de exploração económica, despojo de terras, dependências, racismo, invisibilidade e, no melhor dos cenários, negociação subordinada e dependente — esta realidade deu lugar ao debate sobre a noção de «democracia intercultural» durante o processo constituinte boliviano.

A terceira dimensão da democracia intercultural é o seu formato **normativo e institucional** conforme ao horizonte da plurinacionalidade e da autonomia. A nova Constituição é um produto da marca das organizações sociais agrupadas no Pacto de Unidade, que não só exigiu a realização da Assembleia como também formulou uma proposta para incluir no conteúdo do novo texto. Por isso, não se pode desligar a democracia intercultural da sua natureza política, pois é fruto de um acordo entre movimentos sociais e indígenas e o Estado.

Neste enquadramento, é possível pensar na democracia como um conceito vazio, suscetível de ser ocupado por princípios hegemónicos em disputa. O seu conteúdo e as suas formas de funcionamento dependem, portanto, da correlação de forças e dos acordos de poder que definem provisoriamente o que entra e não entra nos procedimentos, o que é visível e invisível à realidade jurídica, e como se forma o poder político; daí que Santos declare: «A democracia é uma coisa muito simples: é todo o processo de transformação de relações de poder em relações de autoridade partilhada» (Santos, 2003: 127).

5. Da diversidade à diferença: questionando a democracia a partir da interculturalidade

A interculturalidade surgiu nas ciências sociais como um conceito para discutir a conceção monolingue e vertical da educação na América Latina e serviu de base para a abordagem da educação intercultural bilingue. De um modo geral, refere-se a formas de relação entre culturas, mas, devido à sua ambiguidade e amplitude, o conceito foi reformulado mediante a noção de «interculturalidade crítica», que introduz as relações de poder, ou seja, a interculturalidade como produto de um campo de forças. A interculturalidade crítica sustenta-se em processos de descolonização e dessubalternização «destinados a fortalecer o próprio como resposta e estratégia perante a violência simbólica e estrutural, a ampliar o espaço de luta e de relação com os restantes setores em condições de simetria e a impulsionar mudanças estruturais e sistémicas» (Walsh, 2002: 124), daí o caráter contestatário e emancipador que assume a democracia intercultural.

Por outro lado, é fundamental a distinção que Homi Bhabha estabelece entre diferença e diversidade.

> Para Bhabha (1998: 14), a «diversidade» cultural é um objeto epistemológico [...]; também é o reconhecimento de conteúdos e de costumes culturais já dados. Em contrapartida, a «diferença» é o processo de enunciação da cultura

> como «portadora de conhecimento, possuidora de autoridade, adequada para a construção de sistemas de identificação cultural». A diversidade reconhece simplesmente uma gama de formas distintas de comportamento, costumes, atitudes e valores, sem pôr em causa a sua administração por parte dos grupos hegemónicos, enquanto a diferença sugere uma relação em que os diferentes grupos subordinados insistem no valor positivo da sua cultura, das suas histórias e das suas experiências específicas. (Walsh, 2009: 202)

Trata-se, então, de criar «inteligibilidade recíproca» entre culturas diferentes (Santos, 2010b: 44). A tradução intercultural, que é um dos pilares da epistemologia do Sul, consiste em captar os momentos do processo de desconstrução/reconstrução que transcende a relação entre culturas para o plano dos movimentos coletivos. É nesse contexto que se situa a noção de interculturalidade, o que lhe confere uma qualidade diferente da relação entre diferentes. A interculturalidade não existe sem o outro, dá conta de saberes, práticas e experiências.

Nos factos, as diversas culturas ou os tempos históricos estabelecem uma relação assimétrica de poder. A interculturalidade parte dessas relações para estender as suas potencialidades sobre um horizonte de equivalências, de diálogo de saberes, de aprendizagens partilhadas — que são, ao mesmo tempo, fruto de uma acumulação histórica —, numa relação intersubjetiva emancipadora em que nenhum absorve o outro. Por outras palavras, a interculturalidade trata da recuperação de conhecimentos e práticas (saberes) dos grupos sociais historicamente excluídos, que foram objeto de dominação colonial, e, a partir daí, de se relacionar com o outro, a partir da desvantagem, da assimetria, da «diferença epistemológica»,[13] e não só a partir do reconhecimento da diversidade.

A noção de democracia intercultural não está escrita na Constituição, mas é sugerida num conjunto de artigos, em especial quando estabelece a plurinacionalidade e a pluralidade, a equivalência e igual hierarquia nas dimensões económicas, judiciais, autónomas e políticas, substituindo as formas prévias de relação assimétrica ou o reconhecimento de apenas uma parte da história. A democracia intercultural expressa a articulação

[13] Boaventura de Sousa Santos, consultado a 12.4.2015, em <http://movimientolaredsd.ning.com/profiles/blogs/2358986:BlogPost:403>.

das três formas de democracia presentes na Constituição: democracia representativa, direta e participativa e comunitária.

O conceito de «democracia intercultural», como tal, aparece formulado na Lei de Regime Eleitoral quando reconhece as três formas de democracia mencionadas (EPB, 2010a: Art.^{os} 1, 7, 8, 9 e 10), sustentadas na existência de nações e povos indígenas originários camponeses, comunidades interculturais e afro-bolivianas, que formam o Estado Plurinacional da Bolívia. Ao reconhecê-las, assume as diferentes formas de deliberação democrática, tomada de decisões, critérios para a seleção de autoridades e reconhecimento de direitos individuais e coletivos.

A novidade do caso boliviano reside na inclusão de formas distintas de exercício da democracia e na apresentação de um novo acordo baseado na articulação dinâmica das três formas de democracia reconhecidas na Constituição, deslocando a exclusividade do formato liberal representativo (Zegada e Komadina, 2014).

As respostas habituais à presença de formas diferentes de exercício político foram a negação, a destruição, a imposição, a dependência e, no melhor dos casos, o reconhecimento, a tolerância ou a negociação, mas nenhuma delas avançou na resolução do problema. Por outro lado, as transformações que ocorreram na última década na Bolívia constituem uma resposta inovadora a estas tensões históricas, dando lugar à possibilidade de transformar a qualidade das relações em democracia, ou seja, outorgar-lhe um sentido intercultural, um novo acordo político que não seja apenas o guardião desta riqueza plural, mas que também se possa projetar para contextos mais amplos.

Poucos autores bolivianos tentaram definir a democracia intercultural. Em todo o caso, reconhecem a diversidade de formas de deliberação democrática e a necessidade de criar pontes ou laços entre estas formas de exercício político e as instituições estatais modernas: «uma ponte de abertura do institucional à condição não registável e contingente do social e do político: a multiplicidade e heterogeneidade da sociedade» (García, 2013: 10). No entanto, percebe-se um ponto de rutura entre quem subestima a democracia intercultural (DI) e a define como uma mera abstração e quem aposta numa nova relação política para a construção de uma perspetiva partilhada: «A DI é um horizonte normativo, uma procura árdua de edificação partilhada num cenário de plurinacionalidade. A DI é um rumo, uma (re)significação, um exercício de complementaridade entre diferentes formas de democracia» (Exeni, 2013: 140).

A democracia intercultural, no quadro de acumulação histórica e relações de poder, constitui uma poderosa mensagem política assente num acordo constitucional que outorga um novo conteúdo à democracia, mas requer o compromisso dos intervenientes para a sua realização.

A pergunta é: como transcender as fronteiras locais que definiram a sua existência e serviram como resistência à penetração externa, e como é possível transcender para o campo de disputa e ressignificação do poder? A democracia intercultural não remete para uma justaposição de formas políticas sem elementos de nexo ou ligação; tão-pouco significa processos de hibridação como uma combinação em que as diferenças se dissolvem; nem pretende resolver as contradições consubstanciais das relações sociais e políticas; mas procura constituir-se num condensador, numa síntese das diferenças que coabitam sem perder as próprias identidades, numa relação dialogal horizontal. Daí que o cimento da interculturalidade seja a complementaridade: «por complementaridade deve entender-se a ideia de uma atração ou repulsa mútua subjacente à coerência unitária e que se fundamenta na noção de equivalências emparelhadas» (Platt, 1988: 408). A interculturalidade como complementaridade significa uma montagem complexa e organizada que transforma a totalidade e constrói uma possibilidade diferente sem que cada parte renuncie à sua identidade e sem que as contradições e diferenças se dissolvam. Implica um acordo fundamental para uma construção partilhada da política.

6. Uma agenda imediata para a democracia intercultural

Os desafios a curto e médio prazo são de cariz institucional e político, com a finalidade de consolidar as lutas sociais das últimas duas décadas: uma «reinstitucionalização» efetiva. Em todo o caso, não se trata de uma acumulação quantitativa de ganhos (mais lugares, mais participação, mais direitos) no interior do velho esquema de poder, mas, sim, de mudar a qualidade das relações.

A nova Constituição traçou um horizonte de possibilidades muito importante para a democracia intercultural, que permite avançar com uma certa margem de manobra na consolidação de novas estruturas institucionais e, sobretudo, estabelecer relações baseadas num princípio diferente: substituir a ideia de inclusão pela participação em igualdade de condições. Em relação à democracia, há que consolidar e fortalecer três âmbitos estabelecidos no novo contexto constitucional:

- As «autonomias indígenas» como o formato mais eficaz para recuperar os modos comunitários de exercício político e estabelecer um diálogo horizontal com os outros formatos de democracia. Para isso, será necessário modificar a Lei-Quadro de Autonomias e Descentralização «Andrés Ibáñez» e a Lei de Regime Eleitoral com o objetivo de flexibilizar as condições de acesso ao estatuto de autonomia indígena e não intervir nas relações internas das comunidades.
- Retomar a Lei de Organizações Políticas, transcendendo os formatos partidários de representação que estão atualmente em crise, e propiciar a participação política de organizações sociais e povos indígenas através de formas renovadas de organização e ação política.
- Aplicar «mecanismos de intercâmbio institucional», como a Lei-Quadro de Consulta Prévia, respeitando as normas e os procedimentos dos povos indígenas e a legislação internacional; visibilizar e fortalecer as formas de resolução de controvérsias, prestação de contas e controlo social a nível local.

Conforme se argumentou ao longo deste capítulo, a democracia intercultural não é uma instituição estabelecida, um discurso ou um horizonte a alcançar, mas, sim, uma maneira particular de relação que se estabelece entre sujeitos, instituições e o Estado, recuperando experiências e capacidades políticas transformadoras e posicionando-as nesse interstício quase invisível da política.

Referências bibliográficas

Albó, Xavier; Quispe, Víctor (2005), *Quiénes son indígenas en los gobiernos municipales*. La Paz: CIPCA/Plural.

Antezana, Luis H. (2009), «Dos conceptos en la obra de René Zavaleta: Formación abigarrada y democracia como autodeterminación», *in* León Olivé *et al.*, *Pluralismo epistemológico*. La Paz: Clacso/Muela del Diablo, 117–142. Disponível em http://bibliotecavirtual.clacso.org.ar/ar/libros/coedicion/olive

APG — Asamblea del Pueblo Guaraní (2006), *Ore ñemongeta: Propuesta hacia la Asamblea Constituyente*. Camiri: APG. Disponível em http://saludpublica.bvsp.org.bo/textocompleto/bvsp/boxp68/asamblea-constituyente-guaranis.pdf

Arnold, Denise; Villarroel, Víctor (2004), *Pueblos indígenas y originarios en Bolivia. Hacia su soberanía y legitimidad electoral*. La Paz: Corte Nacional Electoral.

Colque, Gonzalo; Cameron, John (2010), «El difícil matrimonio entre la democracia liberal e indígena en Jesús de Machaca», *in* Juan Pablo Chumacero Ruiz (org.), *Informe 2009: Reconfigurando territorios. Reforma agraria, control territorial y gobiernos indígenas en Bolivia*. La Paz: Fundación Tierra, 173–208. Disponível em http://www.ftierra.org/index.php/publicacion/libro/4-informe2009-reconfigurando-territorios-reforma-agraria-control-territorial-y-gobiernos-indigenas-en-bolivia

CSUTCB — Confederación Sindical Única de Trabajadores Campesinos de Bolivia (2010), *Estatuto Orgánico*, aprovado pelo Congresso Orgânico, Santa Cruz, 29 e 30 de julho. Consultado a 16.6.2015, em http://comisionorganica-csutcb.blogspot.com/2012/09/estatuto-organico-de-la-csutcb-aprovado.html

EPB — Estado Plurinacional de Bolivia (1994), «Ley nº 1551, Ley de la participación popular», *Gaceta Oficial de Bolivia*, 1828, de 20 de abril. Disponível em http://www.gacetaoficialdebolivia.gob.bo/index.php/edicions/ver/1828

EPB (2004a), «Ley nº 2771, Ley de agrupaciones ciudadanas y pueblos indígenas», *Gaceta Oficial de Bolivia*, 2627, de 7 de julho. Disponível em http://www.gacetaoficialdebolivia.gob.bo/index.php/edicions/ver/2627

EPB (2004b), «Ley nº 2631», *Gaceta Oficial de Bolivia*, 2571, de 20 de fevereiro. Disponível em http://www.gacetaoficialdebolivia.gob.bo/index.php/edicions/ver/2571

EPB (2009), «Constitución Política del Estado», *Gaceta Oficial de Bolivia*, de 7 de fevereiro. Disponível em http://www.gacetaoficialdebolivia.gob.bo/index.php/normas/lista/9

EPB (2010a), «Ley Nº 026, Ley del Régimen Electoral», *Gaceta Oficial del Estado Plurinacional de Bolivia*, 147NEC, de 30 de junho. Disponível em http://www.gacetaoficialdebolivia.gob.bo/index.php/edicions/view/147NEC

EPB (2010b), «Ley Nº 031, Ley Marco de Autonomías y Descentralización "Andrés Ibañez"», *Gaceta Oficial del Estado Plurinacional de Bolivia*, 154NEC, de 19 de julho. Disponível em http://www.gacetaoficialdebolivia.gob.bo/index.php/edicions/view/154NEC

Exeni, José Luis (2013) «Democracia intercultural, ese horizonte», *Andamios*, 7 e 8. La Paz: PNUD.

Exeni, José Luis (2015), «Bolivia: Las autonomías indígenas frente al Estado Plurinacional», *in* Grupo Permanente de Trabajo sobre Alternativas al Desarrollo (org.), *¿Cómo transformar? Instituciones y cambio social en América Latina y Europa*. Quito: Fundación Rosa Luxemburg/Abya-Yala, 147–190. Disponível em http://rosaluxspba.org/es/como-transformar-instituciones-y-cambio-social-en-america-latina-y-europa

Fernández, Marcelo (2007), «Modos originarios de resolución de conflictos en torno al tema tierra en la zona andina», *in* Vincent Nicolás, Marcelo Fernández e Elba Flores (orgs.), *Modos originarios de resolución de conflictos en pueblos indígenas de Bolivia*. La Paz: PIEB/UNIR, 25–99. Disponível em http://unirbolivia.org/nuevo/producto/libro-morc-tierras-altas

García, Fernando (2013), «Democracia intercultural: Detratores y acólitos», *Nueva Crónica y Buen Gobierno*, 122. La Paz: Prisma/Plural.

Laruta, Carlos Hugo (2010), «Modos originarios de resolución de conflictos. Región Altiplano. Comunidades aymaras de Hilata y Coniri en el Municipio de Viacha, Departamento de La Paz», *in* Nelson Antequera e Carlos Hugo Laruta, *Modos originarios de resolución de conflictos en pueblos indígenas de Bolivia en los Valles y el Altiplano*. La Paz: UNIR, 123–208. Disponível em http://unirbolivia.org/nuevo/producto/modos-originarios-de-resolucion-de-conflictos-en-pueblos-indigenas-de-bolivia-ii

Nicolás, Vincent; Fernández, Marcelo; Flores, Elba (2007), *Modos originarios de resolución de conflictos en pueblos indígenas de Bolivia*. La Paz: PIEB/UNIR. Disponível em http://unirbolivia.org/nuevo/producto/libro-morc-tierras-altas

Platt, Tristan (1988), «El pensamiento político aymara», *in* Xavier Albó (comp.), *Raíces de América: El mundo aymara*. Madrid: Alianza Editorial, 365–450.

Quijano, Aníbal (1999), «Colonialidad del poder, cultura y conocimiento en América Latina», *in* Santiago Castro-Gómez, Oscar Guardiola-Rivera e Carmen Millán de Benavides (orgs.), *Pensar (en) los intersticios. Teoría y práctica de la crítica Poscolonial*. Bogotá: Millán de Benavides, 99–109.

Riester, Jürgen (1976), *En busca de la Loma Santa*. La Paz: Los amigos del libro.

Rivera, Silvia (1984), *Oprimidos pero no vencidos. Luchas del campesinado aymara y qhechwa 1900–1980*. La Paz: HISBOL/CSUTCB.

Santos, Boaventura de Sousa (2003), «Globalización y democracia». Comunicação apresentada no Fórum Social Mundial Temático, São Paulo. Disponível em http://www.eumed.net/libros-gratis/2007a/234/27.htm#1

Santos, Boaventura de Sousa (2010a), *Para descolonizar el occidente. Más allá del pensamiento abismal*. Buenos Aires: CLACSO/Prometeo. Disponível em http://bibliotecavirtual.clacso.org.ar/ar/libros/coedicion/perspetivas/boaventura.pdf

Santos, Boaventura de Sousa (2010b), *Refundación del Estado en América Latina. Perspetivas desde una epistemología del Sur*. La Paz: CESU/PLURAL.

Tapia, Luis (2002), *La velocidad del pluralismo, ensayo sobre tiempo y democracia*. La Paz: La Comuna.

Ticona, Esteban; Rojas, Gonzalo; Albó, Xavier (1995), *Votos y Wiphalas: Campesinos y pueblos originarios en democracia*. La Paz: CIPCA-MILENIO.

Walsh, Catherine (2002), «(De)Construir la interculturalidad. Consideraciones críticas desde la política, la colonialidad y los movimientos indígenas y negros en el Ecuador», *in* Norma Fuller (org.), *Interculturalidad y política: Desafíos y posibilidades*. Lima: Rede para o Desenvolvimento das Ciências Sociais no Peru, 115–142. Disponível em http://www.flacsoandes.org/interculturalidad/wp-content/uploads/2012/01/DeConstruir_la_Intercultu ralidad.2002.pdf

Walsh, Catherine (2009), *Interculturalidad, Estado, sociedad. Luchas (de)coloniales de nuestra época*. Quito: Universidad Andina Simón Bolívar/Abya-Yala. Disponível em http://www.flacsoandes.edu.ec/interculturalidad/wp-content/uploads/2012/01/Interculturalidad-estado-y-sociedad.pdf

Zavaleta, René (1987), «Las masas en noviembre», *in* René Zavaleta (org.), *Bolivia, Hoy*. México: Siglo XXI.

Zavaleta, René (2013), *Obra completa. Tomo II Ensayos 1975–1984*. La Paz: Plural.

Zegada, María Teresa; Komadina, Jorge (2014), *Espejo de la sociedad. Poder y representación política en Bolivia*. La Paz: CERES-Plural.

Capítulo 21

A longa caminhada das autonomias indígenas na Bolívia: demodiversidade plurinacional em exercício*

José Luis Exeni Rodríguez

Introdução à demodiversidade

Depois de uma prolongada e intensa travessia, em cujo centro esteve a Assembleia Constituinte (2006–2007), a Bolívia aprovou em referendo nacional uma nova Constituição Política do Estado (EPB, 2009), há mais de oito anos, no âmbito do chamado constitucionalismo transformador.[1] Desse modo, deu-se início a um ciclo de alterações substantivas de entre as quais surgiu nada menos do que o desafio de construir um novo modelo de Estado: não segundo a marca profunda do Estado-nação e das suas monoculturas,[2] mas com essência plurinacional; não assente no tradicional centralismo, mas com autonomias (no plural). Assim, o

---

* Tradução de Carla Lopes.

[1] O constitucionalismo transformador dá conta de um novo tipo de constitucionalismo protagonizado por atores subalternos que, por meio do «uso contra-hegemónico de instrumentos hegemónicos», procuram «expandir o campo do político além do horizonte liberal» (Santos, 2010a: 76–87). Ver as reflexões de Santos (2008a, 2010a, 2010b). Para o caso equatoriano, ver Ávila (2011).

[2] Ver a reflexão de García Linera (2015) acerca do desencontro entre um Estado monocultural e mononacional que não contém uma sociedade multinacional e multicivilizatória.

que se iniciou como demanda na simbólica «Caminhada pelo território e pela dignidade» — protagonizada no ano 1990 pelos povos indígenas das planícies — hoje é um mandato constitucional que procura enfrentar tensões por resolver com uma longa história.[3]

No âmbito desse complexo e ao mesmo tempo contraditório processo de refundação estatal, uma das inovações fundamentais é a adoção oficial de três formas de democracia enquanto essência do «sistema de governo». Não é um dado menor. Tiveram de passar 184 anos de vida republicana para superar a associação automática, «natural» e indiscutível do regime político e da forma de governo apenas à democracia representativa, isto é, ao voto individual. Recentemente, no século XXI, pela mão do primeiro presidente indígena num país de população maioritariamente indígena, conseguiu conquistar-se o reconhecimento constitucional do princípio da «demodiversidade», com inclusão, pela primeira vez, da democracia comunitária.

Demodiversidade? Que significa? A multicitada definição inaugural corresponde à de Santos e Avritzer: «por demodiversidade entendemos a coexistência pacífica ou conflituosa de diferentes modelos e práticas democráticas» (2002: 71). Esta (re)afirmação das democracias no plural é importante porque implica assumir que não há um «modelo único e universal» de democracia a que se chegue ou com o qual se deva parecer (leia-se elitista-liberal-representativa), mas, sim, diferentes conceções, instituições, práticas e saberes democráticos em permanente interação e disputa. Todavia, como sustenta Santos (2008b), o duplo desafio em torno da demodiversidade consiste em, por um lado, defendê-la e valorizá-la perante o cânone hegemónico; e, por outro, incluí-la nos debates sobre a radicalização da democracia. «E radicalizar a democracia significa, antes de mais nada, intensificar a sua tensão com o capitalismo» (Santos, 2014: 261). A palavra demodiversidade, está provado desde as lutas pela emancipação, é uma palavra distintiva.[4]

---

[3] É interessante relativamente ao Relatório Nacional de Desenvolvimento Humano, «O estado do Estado na Bolívia», que analisa a tensão étnico-cultural e regional-autonómica no que denomina «Estado com lacunas» (PNUD, 2007).

[4] Vejamos o importante exercício ampliatório da definição de Antoni Aguiló (2013), para quem as lutas pela demodiversidade, presentes e futuras, se articulam sobre cinco eixos: a definição e o significado da democracia, a incorporação de novos sujeitos políticos, outros espaços de construção democrática, outras práticas democráticas e de participação popular, e formas de sociabilidade alternativas.

Mas a demodiversidade expressa, ao mesmo tempo, ausências e emergências.[5] Ausências porque revela/denuncia — como não existentes — a produção de diferentes formas de democracia que o cânone hegemónico liberal-representativo ignora, desqualifica, torna invisíveis, descarta. E emergências porque revela/antecipa — como capacidade, como possibilidade concreta — a presença de diferentes formas de democracia latentes em expetativas, alternativas, esperanças. O cenário de disputa, como consequência, é muito claro: se assumirmos que a democracia representativa/política «não é falsa (mas, sim) pouca, insuficiente» (Santos, 2014: 282), o desafio consiste em ampliá-la e articulá-la com outras democracias (disponíveis, possíveis) e diferentes campos de democratização. E não é uma questão de acrescentar novos, ou velhos, adjetivos, a saber: democracia direta, democracia popular, democracia radical, democracia de alta intensidade, democracia paritária, democracia revolucionária, democracia comunitária... A demodiversidade, desde a sua aposta em soluções «experimentais e provisórias», adquire vitalidade e compromisso enquanto for capaz de impulsionar, em diferentes campos, processos de democratização que transformem «relações de poder desigual em relações de autoridade partilhada» (Santos, 2014: 273). Resumindo-a em quatro «palavras audazes»: desmercantilizar, democratizar, descolonizar e despatriarcalizar.[6]

De seguida, ocupar-me-ei dessa demodiversidade em exercício, em diálogo com o processo de autonomia indígena na Bolívia.

1. Três democracias, três

Colocados os andaimes contextuais e analíticos da demodiversidade/divisa, como se expressa esta no processo (pós-)constituinte boliviano?

[5] Fazemos referência aqui à sociologia das ausências e à sociologia das emergências apresentadas por Santos (2009) no âmbito das epistemologias do Sul.

[6] Desmercantilizar significa des-pensar, enquanto questionamento radical, a naturalização do capitalismo; democratizar significa des-pensar a naturalização da democracia liberal-representativa; descolonizar significa des-pensar a naturalização do racismo; e despatriarcalizar significa des-pensar a naturalização do machismo e da desigualdade de género. As expressões correspondem a Santos (2014), que, em diferentes partes da sua obra, propõe e fundamenta estas lutas.

Com o inédito reconhecimento, como já foi dito, de três formas de democracia (Artigo 11.° da Constituição Política):

- Democracia direta e participativa: por meio do referendo, da iniciativa legislativa cidadã, da revogatória de mandato, da assembleia, do conselho e da consulta prévia.
- Democracia representativa: por meio da eleição de autoridades e representantes através de sufrágio universal, individual e mediado por organizações políticas.
- Democracia comunitária: por meio da eleição, designação ou nomeação de autoridades e representantes segundo normas e procedimentos próprios das nações e dos povos indígenas originários camponeses.[7]

Em princípio, estamos perante o reconhecimento da demodiversidade como coexistência que, sobre as bases do sufrágio universal e da representação política, adota a articulação com a deliberação pública e a participação cidadã e, enquanto salto qualitativo, projeta o vínculo com a democracia comunitária e o autogoverno indígena. Este reconhecimento foi assumido a partir de diferentes leituras: «um modelo democrático de enraizamento plural e de horizonte radical e intercultural» (García Yapur, 2012: 92); um conjunto de relações assíncronas entre as três formas de democracia e um processo que as irá ampliando e disseminando (Mayorga, 2014); ou, nas palavras de Santos, «uma das fórmulas constitucionais sobre democracia mais avançadas do mundo» (2010a: 110). Claro que uma coisa é a fórmula constitucional e outra, por vezes muito distante/distinta, é o seu exercício. Entre o ideal e a sua realização, costuma haver dificuldades, desvios, retrocessos...

Esse horizonte demodiverso, no âmbito da plurinacionalidade do Estado, foi definido, na legislação posterior, como «democracia intercultural», entendida como a complementaridade (não só coexistência) e o exercício (não só reconhecimento), com igual hierarquia, das três

[7] Esta definição constitucional da democracia comunitária é restritiva sempre que se limita à eleição de autoridades e representantes, ignorando mecanismos fundamentais como as assembleias e os conselhos (que estão incluídos na democracia direta e participativa), assim como os princípios de livre determinação e autogoverno. Ver a crítica de Vargas Delgado (2014).

formas de democracia[8] (Exeni, 2010; Mayorga, 2011; Zegada *et al.*, 2011). Agora vejamos, que significa acrescentar o adjetivo «intercultural» à democracia, assumida como democracias (no plural)? Implica assumir uma diferenciação e projetar uma procura. A diferenciação é que a interculturalidade das democracias em exercício, por um lado, interpela o caráter tradicionalmente monocultural da democracia liberal-representativa e, por outro, distancia-se do olhar multicultural limitado unicamente ao reconhecimento (ou «tolerância») da diferença. A procura supõe aprender e apreender a necessidade de construir um «núcleo comum», uma cultura partilhada que não nega, mas, antes, pressupõe, a diversidade cultural e a necessária tradução intercultural. É um enorme desafio para a demodiversidade, em cujo núcleo habita um forte e decisivo «imperativo intercultural»: «temos o direito a ser iguais quando a diferença nos inferioriza; temos o direito a ser diferentes quando a igualdade nos descaracteriza» (Santos, 2014: 306).

A democracia intercultural expressa, pois, um complexo tecido de democracias num horizonte de complementaridade, seja em igualdade, seja a partir da diferença.

2. Autonomias indígenas: a longa caminhada

Diz-se, com razão, que o artigo 2.º da Constituição Política boliviana é «o mais radical» (Tapia, 2011), o que marca a essência do plurinacional no novo modelo de Estado. Que estabelece este artigo? Garante a livre determinação das nações e povos indígenas originários camponeses[9] sobre a base do reconhecimento da sua existência pré-colonial e o seu autogoverno segundo normas, instituições, saberes, autoridades e procedimentos próprios. Garante também a consolidação dos seus territórios. A realização destes direitos e princípios, negados durante séculos

[8] Mayorga define a democracia intercultural como «um dispositivo jurídico e ideológico que pretende estabelecer, organizar e legitimar as características formais da democracia boliviana pós-constituinte» (Mayorga, 2014: 99).

[9] A denominação «indígena originária camponesa» como categoria composta é resultado de uma espécie de transação na Assembleia Constituinte com o propósito de incluir, em igual hierarquia e enquanto sinal de unidade histórica, os povos indígenas de planícies, as nações e os povos originários de terras altas e as comunidades camponesas.

pela Colónia e pela República, expressa-se nas Autonomias Indígenas Originárias Camponesas (AIOC), que fazem parte da nova organização territorial do Estado juntamente com as autonomias departamentais, regionais e municipais (numa complexa estrutura de heterogeneidade institucional).

O mais relevante no caso das AIOC, ao contrário dos outros níveis de autonomia do Estado, é que não implica apenas a redistribuição de poder, decisões, qualidade normativa e recursos no âmbito local-comunitário mas também algo mais substantivo: o exercício dos direitos de livre determinação e autogoverno no quadro do Estado Plurinacional em construção. Assim, as autonomias indígenas, situadas territorialmente — sem negar a forte presença/protagonismo, no espaço urbano, do indígena não comunitário —, constituem a essência da plurinacionalidade do Estado e, nessa condição, apresentam importantes inovações locais quanto ao «sistema de governo» com base no exercício diverso da democracia comunitária. As autonomias indígenas permitem reposicionar também na agenda pública algumas questões substantivas — ainda pendentes — hoje relegadas, como a interculturalidade, o plurinacional, o pluralismo jurídico, a descolonização, os direitos da Natureza, o bom viver.

2.1. O processo estatuinte

Nesse contexto, situa-se o chamado «processo estatuinte», essa prolongada caminhada das nações e dos povos indígenas originários camponeses na Bolívia para alcançar a sua qualidade de autogoverno.[10] Esta caminhada, na história longa, dá conta da exigência/luta pela autodeterminação, marcada primeiro pelo colonialismo e, na República, pelo colonialismo interno. Enquanto na história curta,[11] supõe vários marcos:

[10] O presente texto é resultado de uma vasta investigação e de um acompanhamento do processo estatuinte indígena na Bolívia (Exeni, 2015). O trabalho, que incluiu três estudos de caso, realizou-se no âmbito do Projeto ALICE: «Espelhos estranhos, lições inesperadas», e onde se assumiu o desafio metodológico, a partir das epistemologias do Sul, de «estudar com» (os sujeitos, os seus saberes, as suas práticas), não «estudar o/a» (um objeto), nem «sobre» (um fenómeno).

[11] Os seus principais antecedentes em democracia são a Lei de Participação Popular (1994), que abriu o caminho do poder local para as organizações e os povos indígenas; e a

reconhecimento constitucional, referendo aprobatório para a conversão de municípios em autonomias indígenas, formação de órgãos deliberativos para a elaboração dos seus estatutos de autonomia, controlo de constitucionalidade, posterior referendo aprobatório desses estatutos e constituição do autogoverno indígena segundo normas, sistemas, autoridades, instituições, saberes e procedimentos próprios.

Para o objetivo deste capítulo, torna-se evidente que, pela sua natureza, esse processo estatuinte implica um forte impulso, a partir das comunidades e dos povos, ao processo de constitucionalismo transformador na Bolívia. Boa notícia, sem dúvida, num complicado e, por vezes, contraditório cenário de refundação do Estado, com alguns sinais de inquietante/prematura desconstitucionalização[12] (Santos, 2010a; Exeni, 2014; Prada, 2015). Nesse contexto, assumo o desafio da «demodiversidade plurinacional» em exercício,[13] entendida aqui como a complementaridade, resistida mas persistente, com igual intensidade, da representação política, da participação cidadã, da deliberação pública e diferentes expressões da democracia comunitária — em especial, o autogoverno indígena —, num horizonte de interculturalidade.

A demodiversidade plurinacional no âmbito do processo estatuinte das autonomias indígenas na Bolívia tem que ver, na essência, com o modo como as nações e os povos concebem os seus sistemas de autogoverno no enquadramento do exercício da democracia comunitária, incluindo a administração da justiça segundo sistemas, saberes e autoridades próprias. Em que situação está este processo? Até ao presente (agosto de 2016), dos onze casos de municípios que optaram pela sua conversão em autonomias indígenas, só um, o guarani Charagua Iyambae

Assembleia Constituinte (2006–2007), em cuja orientação e rumo foi decisiva a presença das organizações indígenas, originárias, camponesas e interculturais que formaram o chamado «Pacto de Unidade».

[12] Desconstitucionaliza-se pelo que se faz contra a Constituição Política, como a Lei da Delimitação Jurisdicional, que nega, na essência, o pluralismo jurídico; e pelo que não se faz, como a ainda pendente Lei de Consulta Prévia, que limita o exercício de um direito constitucional. Outra leitura importante apresenta a necessidade de assumir um horizonte de «construção minimalista do Estado Plurinacional» (Mayorga, 2014).

[13] A ideia de plurinacionalidade tem que ver com o reconhecimento de que uma nação cívica, a boliviana, pode coexistir no mesmo Estado, sem desagregação, com várias nações culturais. Assim, quebra-se a equivalência de uma nação para um Estado e avança-se para uma compreensão mais ampla e complexa tanto da (pluri)nação como do Estado. Sobre isto, ver Santos (2010a) e Schavelzon (2012, 2015).

(EPB, 2014a), conseguiu aprovar o seu estatuto de autonomia em referendo. Os outros têm diferentes níveis de avanço e, em alguns casos, por divergências internas, desistiram da tentativa ou suspenderam-na indeterminadamente (Plata, 2009).[14] Trata-se, então, de uma prolongada-difícil transição para deixarem de ser governos municipais do Estado-nação centralista e exercerem o autogoverno indígena no Estado Plurinacional com autonomias.

Perante o estado das coisas nesta longa caminhada, é necessário referir algumas preocupações em relação aos direitos constitucionais à livre determinação e ao autogoverno: Não são já as nações e os povos indígenas, dada a sua existência pré-colonial, autónomos — sem estatutos escritos, sem autorização — há séculos? Porquê tantas barreiras, tantos formalismos, para o seu reconhecimento estatal? Quão complexa/complicada deveria ser, «no âmbito da unidade do Estado», a livre determinação? Que está afinal em causa num horizonte de emancipação, com a democratização plurinacional a partir das comunidades, a partir de baixo? De qualquer forma, além dos princípios constitucionais e do novo modelo estatal em construção, do simbólico e das suas inclusões, só poderemos falar de Estado Plurinacional na Bolívia, em rigor, quando forem plenamente constituídos — parafraseando Guevara — dois, três, muitos autogovernos indígenas. A garantia de direitos não radica unicamente no reconhecimento, mas, sim, no seu pleno exercício.

2.2. Estatutos, essas «mini-Constituições»

Embora a Constituição Política seja assumida como a norma fundamental que rege todo o território do Estado Plurinacional, os estatutos

[14] Foi muito inesperada a vitória maioritária do Não no referendo de setembro de 2015 sobre o estatuto originário aimará de Totora Marka (EPB, 2014b), que esteve na vanguarda do processo em todas as suas etapas. Outros dois casos emblemáticos não conseguiram aprovar os seus estatutos de autonomia no órgão deliberativo: Jesús de Machaca, a «*marka* rebelde»; e Charazani, berço da nação *kallawaya*. Três estatutos que já têm declaração de constitucionalidade — Mojocoya (EPB, 2014c), Uru Chipaya (EPB, 2014d) e Huacaya (EPB, 2014e) — podem ir a referendo aprobatório no dia 20 de novembro (2016). E o estatuto de autonomia do território indígena originário camponês quéchua de Raqaypampa (EPB, 2016) avança para a sua segura aprovação e entrada em vigor.

das autonomias indígenas reafirmam-se como a norma institucional básica que rege a entidade territorial autónoma. Assim, dada a sua natureza e o seu alcance, estes estatutos podem definir-se como «mini-Constituições», pois estabelecem os princípios e as normas que, além da Constituição e do chamado bloco de constitucionalidade, organizam o autogoverno indígena. É precisamente nestes estatutos de autonomia que se plasma, a partir dos saberes e práticas ancestrais, a demodiversidade plurinacional em exercício, centrada na democracia comunitária.

Que contêm os estatutos das AIOC? A Ley Marco de Autonomías (EPB, 2010a), além de estabelecer requisitos (como o «certificado de ancestralidade» e a «viabilidade governativa») e traçar a rota procedimental, definiu conteúdos mínimos e potestativos dos estatutos de autonomia na Bolívia, que, em muitos casos, condicionaram e enquadraram a sua elaboração. Que pode ser dito, de maneira sintética, acerca da estrutura e do conteúdo dos estatutos indígenas? Com o propósito de uma análise mais específica, identifico quatro grandes eixos temáticos:

a) Bases fundamentais: estabelecem a natureza e o alcance da AIOC, assentes na existência e identidade pré-colonial da nação ou do povo indígena. São também incluídos princípios e valores próprios, assim como direitos e deveres. É a dimensão espiritual da autonomia indígena.

b) Sistema de governo: define a organização territorial e a estrutura de autogoverno, considerando os seus órgãos executivo e legislativo/deliberativo, assim como a sua máxima instância de tomada de decisões — a assembleia (com diferentes expressões). Assinala ainda a forma de eleição das suas autoridades e dos seus representantes, segundo normas e procedimentos próprios; e os mecanismos de participação e controlo social. Na estrutura de governo, inclui-se a jurisdição indígena. É a dimensão política da AIOC.

c) Produção e desenvolvimento: contempla o «modelo» económico produtivo da AIOC, cujo horizonte declarado é o «viver bem» (com diferentes denominações), assente, em especial, na economia comunitária e com mais ou menos reconhecimento explícito dos direitos da Natureza e do direito à consulta prévia. Em geral, enfatiza-se uma orientação desenvolvimentista a partir da comunidade. É a dimensão económica da autonomia.

d) Componente humana e social: estabelece aspetos específicos do chamado «desenvolvimento humano», como a organização da vida social e a gestão da educação e da saúde, assim como outras questões relacionadas com a cultura, o transporte, a comunicação. É a dimensão social da AIOC.

Além destes quatro corpos, os diferentes estatutos de autonomia indígenas costumam adotar, na parte inicial, um preâmbulo declarativo que descreve as bases históricas e ancestrais da sua autonomia; e, no final, algumas previsões para a reforma do estatuto e dos procedimentos da transição para o autogoverno indígena. Alguns estatutos, como os de Totora Marka (EPB, 2014b) e Uru Chipaya (EPB, 2014d), introduzem um glossário de termos que constitui em si mesmo uma celebração não só da diversidade linguística e das diferentes cosmovisões mas também de uma verdadeira «ecologia de saberes» (Santos, 2009).

2.3. «Teste» de constitucionalidade, essa jurisprudência

Um dos requisitos fundamentais dos estatutos AIOC, como condição de validade material, é a sua Declaração de constitucionalidade por parte do Tribunal Constitucional Plurinacional. Este passo é fundamental porque, além de ser um requisito, se tornou numa componente essencial do processo ao criar jurisprudência constitucional. Assim o demonstram as sucessivas declarações emitidas até ao presente, que estabelecem um marco e uma marca profunda no conjunto do processo, em três temas fundamentais.

O primeiro é a noção de Estado composto. O caráter unitário, plurinacional e com autonomias estabelecido no Artigo 1.º da Constituição para o novo modelo de Estado não significa que este seja uniforme, num extremo, nem federal, no outro. Trata-se, sim, de um «Estado composto». Esta ideia implica a conciliação de princípios: o de unidade com o de diversidade (cultural), por um lado; e o de unidade (único e indivisível, mas não uniforme) com o de pluralismo (institucional), por outro. A noção de Estado composto presume um modelo complexo de organização territorial, com diferentes níveis de autonomias assimétricas. Assume ainda a convergência de duas (cosmo)visões reconhecidas em termos de complementaridade: a ocidental (republicana), assente nos seus três poderes clássicos — e outrora assumida como o cânone hegemónico —; e a comunitária (pré-colonial), sustentada na autodeterminação das nações e dos povos indígenas e alentada pelo caráter contra-hegemónico que parte da sua essência emancipatória.

O segundo tema é a conceção da autonomia como exercício de (re)distribuição do poder, tanto funcional como territorial. Tal implica o reconhecimento de diferentes/múltiplos centros. Especificamente, esta visão tem que ver com o reconhecimento constitucional e normativo de três qualidades: a eleição direta de autoridades e representantes, a administração de recursos económicos e o exercício de um conjunto de faculdades próprias da autonomia (executiva, legislativa, regulamentar e de fiscalização). A isto soma-se, nas autonomias indígenas, a democracia comunitária e a administração da justiça de acordo com sistemas jurídicos e autoridades próprios.

E o terceiro é o caráter emancipatório das AIOC: estabelece-se como jurisprudência constitucional o reconhecimento de que as autonomias indígenas têm um caráter emancipatório enquanto exercício do direito ao autogoverno e à livre determinação. Ou seja, o que está em causa não é só um assunto administrativo ou de mudança de gestão pública (de governo municipal para autogoverno indígena) mas também a essência de uma transformação estrutural do Estado e das democracias.

3. Construir o autogoverno

Depois de situado o longo/difícil percurso do autogoverno indígena na Bolívia, e depois de expor a qualidade do processo estatuinte, os seus estatutos de autonomia — essas mini-Constituições — e a marca em matéria de jurisprudência constitucional, abordarei de seguida algumas latências da demodiversidade plurinacional emergentes das autonomias indígenas. A análise concentra-se na conceção e no exercício de diferentes expressões da democracia comunitária.

Conforme afirmei, a disputa pela construção democrática na Bolívia, no âmbito de um (ainda inexistente) Estado Plurinacional com autonomias, vai mais além do mero reconhecimento, no plano de coexistência, de três formas de democracia. O desafio maior radica no exercício complementar, em igual hierarquia, dessas democracias diversas. E assim está proposto, desde há sete anos, como horizonte normativo, embora a sua adoção pelos atores relevantes e a sua realização sejam, ainda, uma boa ideia (Exeni, 2013; Vargas Rivas, 2013).[15]

Nesse cenário, a descoberta central em termos do sistema de governo é que as autonomias indígenas significam um forte impulso pós-constituinte, desde o local-comunitário à realização estatal e social da demodiversidade. Isto é assim porque implica assumir o pleno desdobramento da democracia comunitária. Mas, em especial, devido ao facto de os estatutos de autonomia indígenas reafirmarem os direitos à livre determinação e ao autogoverno; isto é, vão mais além dos princípios de representação política, participação cidadã, deliberação pública e controlo social.

Na essência, a democracia comunitária representa-se/apresenta-se nos estatutos indígenas como o exercício ancestral de uma diversidade de normas, saberes, autoridades, práticas e procedimentos próprios, o que mostra a sua vitalidade e força (pelo menos no âmbito local-comunitário). Isto é relevante na disputa/horizonte da democracia intercultural sempre que — como até agora — a democracia comunitária parecer relegada ao mero reconhecimento no âmbito local, enquanto permanecer subordinada à democracia realmente existente à escala nacional, que é a liberal-representativa (Zegada *et al.*, 2011). Há aqui, certamente, um problema de escala que, «no caso das formas ancestrais das comunidades indígenas, é o resultado de uma derrota histórica» (Santos, 2014: 270).[16] Isto apresenta a questão fundamental da «gestão das escalas», que implica uma decisão política com o propósito de situar o exercício tanto da democracia participativa como, em especial, da democracia comunitária, a nível nacional (Santos, 2010b). Ou, nas palavras de García Linera, «consolidar o reconhecimento à escala superior [o Estado boliviano] das comunidades culturais e regiões linguísticas indígenas» (2015: 331).

---

[15] A noção de democracia intercultural não existe, como tal, no texto constitucional. Foi abordada mais tarde na Ley del Régimen Electoral (EPB, 2010b).

[16] Para Boaventura de Sousa Santos, «o problema de escala não é um problema de causa, mas, sim, um problema de consequências [...]. Os poderes coloniais destruíram todas as formas políticas e de gestão indígenas, exceto as de caráter local, seja porque não as conseguiram destruir, seja porque pensaram que se poderiam apropriar delas e pô-las ao serviço do poder colonial» (Santos, 2014: 270).

O outro tema central apresentado pelo processo estatuinte indígena é o autogoverno. E, como já mencionado, as AIOC não significam apenas a possibilidade de eleger autoridades e representantes em exercício da democracia comunitária mas também algo mais substantivo: o direito das nações e dos povos indígenas ao seu governo próprio, incluindo, em alguns casos, a reconstituição territorial. Pelo menos, está assim reconhecido, de maneira inequívoca, em quatro artigos da Constituição Política e desenvolve-se/consolida-se como importante fundamento nos estatutos de autonomia indígenas quando estabelecem o seu «sistema de governo».

Contudo, apesar do reconhecimento constitucional explícito do autogoverno (como direito, princípio, condição e mandato), destaca-se o desdém, quando não a franca resistência, salvo exceções, por parte dos órgãos do poder público do Estado «Plurinacional» (aqui as aspas são propositadas), que, de diferentes modos e em diferentes etapas, pareceram empenhados em colocar obstáculos à futura formação de autogovernos indígenas. Esta distância e incompreensão são evidentes também nas organizações políticas (começando pelo MAS, no poder), nas organizações matrizes e nos movimentos sociais (como a Confederação Sindical Única dos Trabalhadores Camponeses da Bolívia e as Bartolinas). Claro que os entraves ao processo explicam-se também pela tensão entre as autonomias indígenas e a base (neo)extrativista do Estado... Plurinacional (Cameron, 2012).

Em todo o caso, talvez o fundamental do processo estatuinte para a demodiversidade plurinacional em exercício seja o facto de os diferentes sistemas de governo apresentados nos estatutos quebrarem a lógica liberal-republicana do regime político e da forma de governo. Pelo menos assim comprovam os estudos de caso em que, partindo de diferentes tradições e cosmovisões, se abordam importantes plataformas — existentes antigamente — acerca da estrutura de governo, de organização e de autoridade. Isto é evidente tanto na democracia do *ayllu* (Rivera, 2010; Guarachi, 2015),[17] como na democracia do «sindicato

[17] No seu estatuto, Totora Marka (EPB, 2014b) identifica-se como uma democracia «comunitária originária dupla, direta, participativa, *muyu* (rotação de cargos) e *sarathaqi* (percorrer o caminho, passar cargos)». A sua máxima instância de deliberação, participação, fiscalização e decisão é o *Jach'a Mara Tantachawi* (assembleia).

camponês»[18] (Iriarte, 1980), e, claro, na democracia das «capitanias zonais guaranis»[19] (Combés, 2005; Albó, 2012; Morell i Torra, 2013).

Assim, além de expressar uma importante diversidade nas formas de governo e nas estruturas territoriais e de autoridade, os estatutos AIOC têm uma implicação fundamental, talvez a mais substantiva e profunda neste campo: interpelam a lógica ocidental de «divisão de poderes», que é deslocada pela centralidade da assembleia como máxima, e última, instância. Questionam também o sentido da representação política e do princípio da maioria, assim como a centralidade, e presença, dos partidos, como veremos mais adiante.

4. A democracia comunitária e os seus limites

Além da fundamental «ampliação do cânone democrático» (Santos e Avritzer, 2002) resultante da articulação entre democracia representativa e democracia participativa, uma das inovações fundamentais da demodiversidade plurinacional na Bolívia tem que ver com o desafio de complementaridade com a democracia comunitária. Isto implica assumir: a) que a democracia entendida como o conjunto de regras e procedimentos de autorização mediante o voto individual, segundo o princípio de representação política, não é suficiente; e b) que a democracia ampliada ao conjunto de instituições e mecanismos de deliberação pública e decisão direta, segundo o princípio de participação cidadã, também não basta.[20] Este desafio tem que ver com apropriar-se também — como emergência, como aprendizagem — da democracia do «mandar obedecendo» em comunidade, segundo os princípios de livre determinação e autogoverno.

Agora vejamos, quais são as características essenciais da democracia comunitária, que garantem o seu exercício, em relação às outras formas

[18] O governo na autonomia quéchua de Mojocoya forma-se com base na estrutura orgânica da subcentral sindical camponesa, que congrega o conjunto de sindicatos agrários das comunidades, e faz parte, de maneira orgânica, da central provincial.

[19] No Estatuto da Autonomia Guarani Charagua Iyambae (EPB, 2014a), a estrutura e organização do governo baseiam-se nas capitanias e assembleias zonais. A sua formação responde a três níveis de assembleias: comunal de todos, zonal de representantes e autónoma de delegados. Estas assembleias formam o órgão máximo de decisão coletiva.

[20] Para um panorama da democracia direta e participativa na América Latina, ver Lissidini *et al.* (2014) e Cameron *et al.* (2012).

de democracia? Por outras palavras: O que é constitutivo na democracia comunitária como base da demodiversidade plurinacional? Mais ainda: Como pode a democracia comunitária contribuir, a partir das epistemologias do Sul, para a disputa pela questão democrática num horizonte de emancipação?

Com o propósito do debate — que deixo aqui apresentado — sobre se existe uma democracia comunitária com diferentes formas de autoridade e expressões organizativas; ou se é possível falar antes de democracias comunitárias (no plural); ou, inclusive, se se pode matizar fazendo referência às «democracias do comunitário», identificarei de seguida seis «características constitutivas» da democracia comunitária, situadas a partir da experiência do processo de autonomias indígenas na Bolívia. Fá-lo-ei em diálogo crítico com alguns limites do seu exercício.

4.1. Assembleia, máxima instância

A primeira característica, essencial, da democracia comunitária é a centralidade da «assembleia», em diferentes níveis, como máxima instância organizativa, deliberativa e de decisão coletiva. Na democracia comunitária, seja nas terras altas, nos vales, ou nas planícies, «a assembleia manda». As suas determinações, portanto, são «acordos que obrigam»; isto é, de cumprimento obrigatório para a comunidade e todas as instâncias do autogoverno. Esta qualidade é evidente, sem exceção, nos estatutos indígenas. A assembleia, que se pode realizar ordinariamente uma a três vezes por ano, «é o centro do poder da comunidade» (Ticona *et al.*, 1995: 86).

Além da supremacia da assembleia como espaço privilegiado para a participação e a tomada de decisões coletivas na democracia comunitária, o facto de essas decisões serem vinculativas para o órgão executivo e o legislativo e de inclusive constituírem a última instância na administração de justiça indígena — para lá da sua faculdade de revogação de mandato — põe em causa, como já se expôs, o princípio republicano de divisão e separação de poderes.

Agora, declarada a centralidade da assembleia, em diferentes níveis, assinalemos alguns limites. Um tem que ver com quem (não) participa. Sem prejuízo para o seu alcance (assembleia de todos, de delegados ou de representantes), o trabalho de campo mostra que a participação pode ser restringida, em especial para mulheres, jovens e residentes. Isto expressa-se também, enquanto limite, na forma como se deliberam os temas, quem conduz a assembleia, como se toma a palavra, quem fixa os posicionamentos e as orientações do debate. Em geral, o predomínio é de autoridades e dirigentes do sexo masculino.

4.2. Autoridade como serviço

Outra característica fundamental da democracia comunitária refere-se ao sistema de autoridade. Ao contrário da democracia liberal-representativa, centrada nos partidos e na concorrência eleitoral pelos postos de governo e de representação, na democracia comunitária, o cargo é concebido não como uma conquista ou um privilégio (que se procura), mas como um serviço à comunidade, de caráter obrigatório (que é atribuído). Assim, na comunidade, «passa-se cargo», cumpre-se uma responsabilidade. O cargo implica gastos, de tempo e recursos, assumidos por quem assume o serviço, e implica sacrifício (é revelador o facto de se festejar quando se deixa o cargo, e não quando se assume). Claro que o cargo tem também outras conotações fundamentais, como o seu vínculo ao acesso e à propriedade da terra. E é igualmente uma reafirmação de pertença à comunidade, fonte de prestígio, símbolo de reciprocidade. Assim se explicam as sanções comunais para quem não cumpre as obrigações correspondentes quando é a sua vez.

Qual é o procedimento de atribuição de cargos de autoridade? Na democracia comunitária, em especial a do *ayllu* andino, operam dois mecanismos inter-relacionados. O primeiro é o *muyu* (turno), segundo o qual cada unidade territorial ou familiar acede a postos de autoridade ou de representação através da rotatividade. O segundo mecanismo é o *sara-thaki* (caminho), que implica o requisito da trajetória por diferentes níveis (comunidade, *ayllu*, *marka*), seguindo um percurso de cargos menores para aceder a outros de maior responsabilidade.

Quanto aos seus limites, uma reflexão tem que ver com os requisitos para ser autoridade, em especial, o vínculo com a terra. Segundo o critério de Tapia (*apud* Zegada *et al.*, 2011: 182-183), «a propriedade coletiva da terra é a base material do governo comunitário», portanto, uma das suas condições de exercício e de reprodução. Mas há diferenças. Como expõe Patzi, «a hierarquia de cargos do inferior à autoridade máxima é exercida em função da posse da terra» (2009: 177). Assim, a posição de autoridade será diferente consoante se trate dos originários, dos agregados ou dos pequenos ocupantes. Por isso, embora o mecanismo de rotatividade possibilite que «todos» acedam a certos cargos na comunidade, algumas famílias são mais «merecedoras» do que outras. Os expropriados não podem ser autoridades, tal como não o poderão ser os residentes que não cumpram com as obrigações comunais.

Outra questão relevante refere-se à temporalidade do *muyu*, que foi evidenciada como limite de acesso a postos de autoridade e de representação. Em alguns casos, até ser a vez de uma comunidade de um *ayllu* exercer a autoridade, pode passar mais de meio século. A isto acrescenta-se o *sara-thaki*, que constitui um limite em especial para os jovens, que se sentem relegados do acesso a cargos públicos, uma vez que devem primeiro exercer cargos comunais.

4.3. Representação como mandato

Uma terceira qualidade inerente à democracia comunitária no processo de autonomias indígenas na Bolívia refere-se ao caráter da representação. E, ao assumir a representação da comunidade como um dever, o representante é obrigado a expressar a decisão coletiva adotada na assembleia como máxima/última instância. Trata-se da representação como mandato vinculativo, uma vez que «a soberania social não se delega, mas, antes, exerce-se diretamente» (Patzi, 2009: 176).

Assim, ao contrário da democracia representativa que privilegia a representação na sua dimensão de autorização, na democracia comunitária, o representante não está autorizado a tomar decisões individuais por sua conta. O seu mandato consiste em expressar a decisão adotada pela coletividade. Nas palavras de Gutiérrez: «a função de representação limita-se a procurar os modos de dar curso à vontade comum» (*apud* Patzi, 2009: 176). Como consequência, o representante não manda. Ou melhor: «manda obedecendo». O representante obedece e canaliza a decisão comum. Aí radica o seu serviço obrigatório, o seu cargo, o seu mandato imperativo, que é revogado pela comunidade reunida em assembleia caso o representante não se sujeite ao deliberado e decidido coletivamente. Mas, sem dúvida, o mais importante destes procedimentos de participação e decisão é que «impedem a instauração permanente de um grupo dirigente sem controlo da comunidade» (Villoro, 2006: 10).

O principal limite a esta representação como mandato é a rigidez da decisão: o representante carece de uma margem razoável de autonomia para deliberar num espaço de representação e adotar decisões de acordo com essa dinâmica, que vai além da comunidade. Também está em causa o alcance da soberania comunal exercida diretamente na assembleia, onde a decisão coletiva tende a uniformizar as posições e limita o direito à dissidência.

4.4. Decisão (coletiva) por consenso

Um dos pressupostos principais da democracia comunitária é que as decisões coletivas, seja em assembleia de todos, seja nas diferentes reuniões de autoridades ou delegados, são tomadas por consenso. O princípio é que os assuntos comuns, postos à consideração pela autoridade, são amplamente debatidos até se chegar a um caminho de decisão partilhado por todos. A expressão desse acordo pode adotar diferentes formas: levantar a mão, dizer «aprovado», aplaudir, ratificar com um *jallalla*.[21] Claro que nem sempre se chega a um consenso e, nesse caso, recorre-se à decisão maioritária, em especial quando há duas ou mais posições contrárias. Na verdade, o consenso não equivale a concordância plena. Também costuma acontecer que a ausência de acordo leve ao adiamento do assunto, assumindo que «nenhuma decisão é tomada sem um acordo coletivo» (Villoro, 2006: 9).

Claro que a deliberação após o consenso não é uma qualidade peculiar da democracia comunitária nas nações e nos povos indígenas da Bolívia e da região. Como expõe Wiredu (2000), a partir da sua experiência no Gana, a regra de decisão por consenso regeu como princípio a vida tradicional africana. No caso dos *ashantis*, por exemplo, a procura

[21] *Jallalla* é uma palavra em língua aimará utilizada na área andina da Bolívia. Tem diferentes usos e significados, mas, no seu sentido geral, expressa aprovação: «sim, está bem, estamos de acordo». É uma aceitação coletiva que supõe adesão e compromisso de quem participa no ato ou na decisão.

de consenso implica um prolongado processo de discussões e consultas. Assim, é simbólico que nunca ocorra uma votação formal para decidir ou eleger.[22] O fundamental é assumir o consenso como objetivo, embora nem sempre possa ser obtido. A premissa é que haja vontade de diálogo para «produzir compromissos que sejam aceitáveis por todos ou, pelo menos, não desagradáveis para alguns» e, se for o caso, conseguir uma «suspensão voluntária do desacordo» (Wiredu, 2000: 2).

Quanto aos seus limites, embora o consenso negue a regra da maioria, que costuma privar as minorias do direito a estarem representadas nas decisões, também é evidente que não equivale a unanimidade. Assim, por vezes, a decisão expressa a posição «predominante» (que não é o mesmo que «maioritária»). O caráter imperativo do consenso também pode impedir posições dissidentes ou convertê-las em silêncios. E ainda existe a temporalidade da decisão, que é lenta — ou diferida — quando o consenso não é fácil e as minorias exercem veto. A construção de acordos, pela via da persuasão, pode ir contra a eficácia da decisão. Sem contar que na assembleia participam e decidem os que lá podem chegar pela convocatória, principalmente homens.

4.5. Democracia sem partidos

Outra qualidade central da democracia comunitária é a prescindência dos partidos políticos. Em rigor, mais do que suprimir a mediação partidária, a democracia comunitária omite-a, porque não é necessária. Como vimos, tanto a tomada de decisões coletivas como a seleção ou designação de autoridades e representantes respondem a normas e procedimentos próprios. Por isso, as organizações políticas não têm lugar na democracia comunitária, onde não existe postulação de candidaturas partidárias, nem se compete em eleições para aceder a cargos.

Torna-se demonstrativo dessa democracia sem partidos o facto de nenhum dos estatutos de autonomia indígenas reconhecer os partidos políticos como atores.[23] A centralidade nas comunidades é assumida pelas

[22] «Entre os Ashantis, não há uma palavra antiga para "votar"», defende Wiredu (2000: 3).

[23] Há duas variações interessantes. O estatuto de autonomia de Mojocoya (EPB, 2014c), de povoação quéchua e tradição de sindicalismo camponês, não reconhece a presença de partidos políticos, mas adota o voto individual e secreto para a eleição

organizações matrizes, as autoridades originárias e os dirigentes orgânicos, que assumem o papel de mediação, de autoridade como serviço e de representação por mandato. Mais ainda, os partidos são considerados atores que dividem e provocam querelas na comunidade, pelo que não são bem-vistos.

Além do processo de autonomia, a designação direta de deputados indígenas nas Assembleias Departamentais, que já conta com duas experiências nas eleições subnacionais de 2010 e 2015, demonstra amplamente que as nações e os povos indígenas não requerem mediações partidárias para eleger os seus representantes (Fernández, 2011; Diez Astete; 2012; Vargas Delgado, 2014). Em geral, fazem-no segundo normas e procedimentos próprios, quase sempre em assembleia, e com processos de seleção prévia nas comunidades. Assim, a eleição é direta: seja por aclamação, quando há consenso; seja por decisão maioritária aberta e pública, quando há opções em disputa; ou mediante algum procedimento tradicional que expresse adesão e preferências, como pôr-se na fila atrás dos candidatos. Nestes casos, sobretudo na zona andina, operam os mecanismos de rotatividade e trajetória acima descritos. E para se ser autoridade ou representante, deve cumprir-se com alguns requisitos específicos da democracia comunitária, como ter «passado cargo», falar o idioma originário, não ter contas pendentes com a comunidade, ter sido eleito pela sua organização, estar envolvido nas lutas indígenas...

4.6. O *chacha-warmi*

Por último, uma qualidade relevante, pelo menos como princípio, na democracia comunitária do *ayllu* é o *chacha-warmi* (complementaridade e equilíbrio homem-mulher). Em geral, todos os *mallkus* do sexo masculino se consagram como autoridades e exercem o cargo de maneira conjunta com as suas esposas (*mama t'allas* ou *mallku taykas*). E «caminham juntos» (Arteaga, 2014).[24] O pressuposto é que o homem

---

das suas autoridades. E o projeto de estatuto aimará de Jesús de Machaca, assente na democracia do *ayllu*, abre a opção de reconhecer a presença de organizações políticas, mas só se forem aprovadas previamente pelo conselho e se se sujeitarem às normas e aos procedimentos próprios.

[24] No seu importante estudo sobre o *chacha-warmi* na autonomia indígena de Totora Marka, na Bolívia, Arteaga (2014) demonstra que há espaços de cumprimento e outros de incumprimento da complementaridade entre homens e mulheres.

(casado) não pode ser autoridade separado da mulher. São uma unidade, integram-se.

Claro que, em algumas ocasiões, a mulher cumpre uma função subordinada, de caráter simbólico e na qualidade de «acompanhante». E o *chacha-warmi* pode encobrir situações de discriminação. Também é evidente que nas assembleias, nos conselhos e nas reuniões, quem mais fala, participa e decide são os homens. As mulheres estão presentes, mas geralmente estão em silêncio. Sobre isto, Silvia Rivera diz o seguinte: «na prática quotidiana de assembleias de sindicatos e de comunidade, em assembleias mistas, as mulheres estão sempre caladas, não falam muito. O problema é esse» (*apud* Santos, 2015). Além disso, há discriminação em relação ao homem solteiro e ainda mais à mulher solteira: não podem ser autoridades porque estão «incompletos».[25]

Até aqui, mostraram-se as qualidades inerentes à democracia comunitária nas suas diferentes expressões no âmbito das autonomias indígenas na Bolívia. Como se pode ver, estas qualidades apresentam importantes interpelações e emergências perante o cânone hegemónico da democracia liberal-representativa. Propõem também aprendizagens e desafios de complementaridade. Mas, sem dúvida, o mais relevante é o facto de assegurarem saberes e práticas fundamentais no declarado horizonte/expetativa de uma demodiversidade plurinacional em exercício.

Conclusões com agenda

Neste capítulo, argumentei a favor da demodiversidade plurinacional como um exercício, com tensões e resistências, para radicalizar as democracias. Trata-se de uma aposta, inscrita nas epistemologias do Sul, não só para ampliar o cânone democrático mas também para o interpelar, detonar, transformar. Com esse propósito, partindo das lutas pela emancipação, são fundamentais não só os impulsos de democratização gerados pelas experiências de democracia direta e participativa mas também as emergências de diferentes expressões da democracia comunitária e

[25] Como analisam Albó e Mamani (*apud* Choque, 2009), «só são *jaqipersona-chacha-warmi*, quando já tiverem casado e tiverem o seu próprio terreno. Antes disso, têm voz, não voto, na comunidade».

o autogoverno indígena. A demodiversidade plurinacional em exercício acredita, pois, que a esperança existe e, mais importante do que isso, que há alternativas.

No entanto, num tempo presente repleto de tentações/tendências de contração da democracia, cada vez mais impotente perante o capitalismo, qual é a agenda da demodiversidade? Para começar, é imprescindível não estagnarmos — como imposição, como fatalidade — numa democracia (de baixa intensidade) entendida como o único conjunto de regras e procedimentos de autorização,[26] isto é, votar e eleger com base no princípio de representação política. É igualmente categórico reforçar a essencial, mas insuficiente, ampliação do cânone democrático por obra da «articulação densa» com a democracia participativa, de acordo com diversos mecanismos, gramáticas e âmbitos de decisão e deliberação coletiva. E também há que visibilizar e apoiar a complementaridade intercultural com saberes, instituições e práticas democráticas das nações e dos povos indígenas, ou seja, o princípio do «mandar obedecendo» em comunidade. Que grande desafio.

Neste percurso em torno da demodiversidade plurinacional na longa caminhada das autonomias indígenas na Bolívia, defendi que a democracia comunitária e o autogoverno indígena, enquanto emergências do Sul global, podem ser essenciais para «des-pensar a naturalização da democracia liberal-representativa». Sem negar os seus limites, em especial o problema de escala, nem algumas potenciais distorções, como a tensão com direitos individuais, as democracias do comunitário mostram que: a) as decisões sobre assuntos comuns, longe de elites e burocracias, são deliberadas e adotadas em assembleias e conselhos; b) o exercício de autoridade, mais do que uma conquista, é uma responsabilidade-serviço; c) a representação, em vez de se esgotar na dimensão de autorização, expressa-se num mandato com identidade coletiva e controlo social; d) as determinações, ultrapassando o princípio da maioria, podem ser tomadas por consenso; e) a agregação de interesses na comunidade não requer profissionais da política nem mediações partidárias; f) o percurso

[26] Santos (2014) associa a democracia liberal-representativa a uma democracia de baixa intensidade e identifica duas patologias: da representação, com representados que não se identificam com os seus representantes; e da participação, com cidadãos cada vez menos interessados nas questões políticas, que optam por se abster.

conjunto de homem e mulher é muito mais do que a igualdade ou paridade de género; g) não é possível a democracia, nem o (auto)governo, sem equilíbrio com a Natureza. Para subverter o cânone democrático.

Reafirmar as democracias no plural não é tarefa fácil. Ainda menos num campo político dominante que, descartando/desqualificando a demodiversidade, nos «ensina» todos os dias que a democracia-monocultural-do-sufrágio-individual é una, universal, inquestionável e única. O desafio é maior quando à almejada demodiversidade se acrescenta uma qualidade — plurinacional — e uma substância — intercultural. São tempos interessantes. Há experimentalismo e disputa para muito tempo.

Referências bibliográficas

Aguiló, Antoni (2013), «Demodiversidad: las luchas por otras democracias», *Diario de Mallorca*, de 17 de julho. Disponível em http://www.diariodemallorca.es/opinion/2013/07/17/demodiversidad-luchas-democracias/860840.html

Albó, Xavier (2012), El chaco guaraní camino a la autonomía originaria. La Paz: CIPCA

Arteaga, Ana Cecilia (2014), «"Caminemos juntos". Complementariedad chacha-warmi (hombre-mujer) y autonomías indígenas en Bolivia: Elaboración del estatuto autonómico de Totora Marka» (mimeo).

Ávila, Ramiro (2011), *El neoconstitucionalismo transformador. El Estado y el derecho en la Constitución de 2008*. Quito: Abya-Yala e UASB.

Cameron, John D. (2012), «Identidades conflictuadas: conflictos internos en las autonomías indígena originaria campesinas en Bolivia». Ensaio apresentado no *Seminario Interdisciplinario en Clase y Etnicidad en los Andes*, Instituto para o Estudo das Américas, Londres, 27 de fevereiro.

Cameron, Maxwell; Hershberg, Eric; Sharpe, Kenneth (orgs.) (2012), *Nuevas instituciones de democracia participativa en América Latina: la voz y sus consecuencias*. Cidade do México: CLACSO.

Choque, María Eugenia (2009), *Chacha-warmi. Imaginarios y vivencias en El Alto*. La Paz: Centro de Promoción de la Mujer Gregoria Apaza.

Combés, Isabelle (2005), «¿Con o sin dueños? Participación política y "democracia indígena" en el Chaco boliviano», *in* Jorge León Trujillo (org.), *Participación política, democracia y movimientos indígenas en Los Andes*. La Paz: IDEA e Fundação PIEB, 135–146.

Diez Astete, Álvaro (2012), *Estudio sobre democracia comunitaria y elección por usos y costumbres en las tierras bajas de Bolivia*. La Paz: OEP e IDEA Internacional.

EPB — Estado Plurinacional de Bolivia (2009), «Constitución Política del Estado», *Gaceta Oficial de Bolivia*, de 7 de fevereiro. Disponível em http://www.gacetaoficialdebolivia.gob.bo/index.php/normas/lista/9

EPB (2010a), «Ley Nº 031, Ley Marco de Autonomías y Descentralización "Andrés Ibañez"», *Gaceta Oficial del Estado Plurinacional de Bolivia*, 154NEC, de 19 de julho. Disponível em http://www.gacetaoficialdebolivia.gob.bo/index.php/edicions/view/154NEC

EPB (2010b), «Ley Nº 026, Ley del Régimen Electoral», *Gaceta Oficial del Estado Plurinacional de Bolivia*, 147NEC, de 30 de junho. Disponível em http://www.gacetaoficialdebolivia.gob.bo/index.php/edicions/view/147NEC

EPB (2014a), *Estatuto de la Autonomía Guaraní Charagua Iyambae*. La Paz: Ministerio de Autonomías, CES-Projeto ALICE e Fundación Rosa Luxemburg.

EPB (2014b), *Estatuto Autonómico Originario de Totora Marka*. La Paz: Ministerio de Autonomías, CES-Projeto ALICE e Fundación Rosa Luxemburg.

EPB (2014c), *Estatuto de la Autonomía Indígena Originaria Campesina de Mojocoya*. La Paz: Ministerio de Autonomías, CES-Projeto ALICE e Fundación Rosa Luxemburg.

EPB (2014d), *Estatuto de la Autonomía Originaria de la Nación Uru Chipaya*. La Paz: Ministerio de Autonomías, CES-Projeto ALICE e Fundación Rosa Luxemburg. Disponível em http://chipaya.org/wp-content/uploads/2016/07/chipaya-p792.pdf

EPB (2014e), *Declaración Constitucional sobre el Estatuto de Huacaya*. Sucre: Tribunal Constitucional Plurinacional.

EPB (2016), *Estatuto de la Autonomía Indígena Originario Campesina de Raqaypampa*. La Paz: Tribunal Supremo Electoral de Bolivia. Disponível em https://yoparticipo.oep.org.bo/files/procesos-electorales/referendo-autonomico2016/estatutos/raqaypampa.pdf

Exeni Rodríguez, José Luis (2010), «Bolivia: hacia una democracia intercultural con igualdad», *Cuarto Intermedio*, 95, 6–19.

Exeni Rodríguez, José Luis (2013), «Democracia intercultural, ese horizonte», *Andamios,* 7 e 8, 139–146.

Exeni Rodríguez, José Luis (2014), «Bolivia (pos)constituyente: De traducciones y ausencias», Centro de Estudos Sociais da Universidade de Coimbra (mimeo).

Exeni Rodríguez, José Luis (org.) (2015), *La larga marcha. El proceso de las autonomías indígenas en Bolivia*. La Paz: Fundação Rosa Luxemburg e CES — Projeto ALICE.

Fernández Osco, Marcelo (2011), *Pluriversidad. Colonialidad de los usos y costumbres*. La Paz: OEP e IDEA Internacional.

García Linera, Álvaro (2015), *La potencia plebeya. Acción coletiva e identidades indígenas, obreras y populares en Bolivia*. Cidade do México: CLACSO e Siglo XXI.

García Yapur, Fernando (2012), «Democracia plural. Sistema de gobierno del Estado Plurinacional de Bolivia», *in* Fernando Mayorga (org.), *Estado, ampliación de la democracia y disputa política*. Cochabamba: CESU-UMSS, 83–112.

Guarachi, Paulino (2015), «Autogobierno de Totora Marka», *in* José Luis Exeni (org.), *La larga marcha. El proceso de las autonomías indígenas en Bolivia*. La Paz: Fundação Rosa Luxemburg e CES — Projeto ALICE.

Iriarte, Gregorio (1980), *Sindicalismo campesino: ayer, hoy y mañana*. La Paz: CIPCA.

Lissidini, Alicia; Welp, Yanina; Zovatto, Daniel (orgs.) (2014), *Democracias en movimiento*. Cidade do México: UNAM e IDEA Internacional.

Mayorga, Fernando (2011), *Dilemas. Ensayos sobre democracia intercultural y Estado Plurinacional*. La Paz: Plural e CESU-UMSS.

Mayorga, Fernando (2014), *Incertidumbres táticas. Ensayos sobre democracia, populismo y ciudadanía*. La Paz: Plural, Ciudadanía e PIEB.

Morell i Torra, Pepe (2013), «Etnografía de una autonomía indígena en construcción», Universitat de Barcelona (mimeo).

Patzi Paco, Félix (2009), *Sistema comunal. Una propuesta alternativa al sistema liberal*. La Paz: Vicuña.

Plata, Wilfredo (2009), «De municipio de Autonomía indígena», *in* Fundación Tierra (org.), *Reconfigurando territorios. Reforma agraria, control territorial y gobiernos indígenas en Bolivia*. La Paz: Fundação Tierra. Disponível em http://www.ftierra.org/index.php/publicacion/libro/4-informe2009-reconfigurando-territorios-reforma-agraria-control-territorial-y-gobiernos-indigenas-en-bolivia

PNUD Bolivia (2007), *El estado del Estado en Bolivia. Informe nacional sobre desarrollo humano 2007*. La Paz: PNUD.

Prada, Raúl (2015), «Desconstitución de la Constitución», *Oikologías*, de 4 de fevereiro. Disponível em https://pradaraul.wordpress.com/2015/02/04/desconstitucion-de-la-constitucion/

Rivera, Silvia (2010), *Violencias (re)encubiertas en Bolivia*. La Paz: La mirada salvaje.

Santos, Boaventura de Sousa (2008a), *Pensar el Estado y la sociedad: desafíos actuales*. La Paz: CLACSO, Cides-UMSA, Muela del Diablo e Comuna. Disponível em http://biblioteca.clacso.edu.ar/clacso/coediciones/20100610101405/boaventPE.pdf

Santos, Boaventura de Sousa (2008b), «Quinze teses para aprofundar a democracia», Centro de Estudos Sociais da Universidade de Coimbra (mimeo). Disponível em http://docslide.net/documents/quince-tesis-boaventura.html

Santos, Boaventura de Sousa (2009), *Una epistemología del Sur. La reinvención del conocimiento y la emancipación social*. Buenos Aires: CLACSO e Siglo XXI.

Santos, Boaventura de Sousa (2010a), *Refundación del Estado en América Latina. Perspetivas desde una epistemología del Sur*. La Paz: Plural e CESU-UMSS.

Santos, Boaventura de Sousa (2010b), «Enriquecer la democracia construyendo la plurinacionalidad», *in* Miriam Lang e Alejandra Santillana (orgs.), *Democracia, participación y socialismo.* Quito: Fundação Rosa Luxemburgo, 23–32.

Santos, Boaventura de Sousa (2014), *Democracia al borde del caos. Ensayo contra la autoflagelación.* Bogotá: Siglo del Hombre e Siglo XXI.

Santos, Boaventura de Sousa (2015), *Revueltas de indignación y otras conversas.* La Paz: OXFAM, CIDES-UMSA, Ministerio de Autonomías.

Santos, Boaventura de Sousa; Avritzer, Leonardo (2002), «Para ampliar o cânone democrático», *in* Boaventura de Sousa Santos (org.), *Democratizar a democracia: Os caminhos da democracia participativa.* Rio de Janeiro: Civilização Brasileira, 39–82.

Schavelzon, Salvador (2012), *El nacimiento del Estado Plurinacional de Bolivia.* La Paz: Plural, CLACSO, CEJIS e IWGIA.

Schavelzon, Salvador (2015), *Plurinacionalidad y Vivir Bien/Buen Vivir. Dos conceptos leídos desde Bolivia y Ecuador post-constituyentes.* Quito: Abya Yala e CLACSO.

Tapia, Luis (2011), *Consideraciones sobre el Estado Plurinacional.* La Paz: Vicepresidencia del Estado Plurinacional e FBDM.

Ticona, Esteban; Rojas, Gonzalo; Albó, Xavier (1995), *Votos y wiphalas. Campesinos y pueblos originarios en democracia.* La Paz: Fundação Milenio e CIPCA.

Vargas Delgado, Miguel (org.) (2014), *La democracia comunitaria: entre el deseo y la realidad.* Santa Cruz: PIEB.

Vargas Rivas, Gonzalo (2013), *El desarrollo de la democracia intercultural en el Estado Plurinacional boliviano.* La Paz: OEP.

Villoro, Luis (2006), «Democracia comunitaria», conferência apresentada no ITAM, 21 de novembro (mimeo).

Wiredu, Kwasi (2000), «Democracia y consenso en la política tradicional africana», *Polylog. Forum for Intercultural Philosophy*, 2. Disponível em http://them.polylog.org/2/fwk-es.htm

Zegada, María Teresa; Arce, Claudia; Canedo, Gabriela; Quispe, Alber (2011), *La democracia desde los márgenes: transformaciones en el campo político boliviano.* La Paz: CLACSO e Muela del Diablo.

Capítulo 22

Democracia aimará andina: *taypi* e diversidade deliberativa para uma democracia intercultural

Mara Bicas

Introdução

A filosofia da modernidade ocidental manifesta-se através da ciência, do político e do direito (Santos, 2003a, 2003b, 2006a, 2009). Neste capítulo, irei ocupar-me apenas do âmbito político. O meu ponto de partida é que o liberalismo político está imerso nessa filosofia do Norte global que tem uma conceção ontológica, epistemológica e ética própria. Ou seja, tem uma conceção própria da convivência (formas de sociabilidade e de subjetividade) entre seres humanos e destes com a natureza que vai pautar as normas pelas quais ocorrem as relações sociais no âmbito do político. Constata-se que essa filosofia, por maior variação interna que tenha, determina sempre os limites da convivência à unidade de medida do ser humano. Concebe-o separado da natureza e no centro do universo. Na mesma linha, a teoria política liberal, através da democracia liberal-representativa, reduz-nos à unidade de medida do cidadão como indivíduo, que delibera pelo voto individual e secreto, naturalizando a universalização dessa forma de deliberação democrática como única.

Esta leitura monocultural metonímica dá origem a uma ausência massiva, uma não-existência (Santos, 2003c: 744), da diversidade das formas de deliberação democráticas, cujas consequências mais graves hoje em dia são uma crise das formas de fazer política e a sensação de bloqueio, de esgotamento teórico e analítico não apenas da democracia moderna em si mesma mas também das formas deliberativas democráticas alternativas já muito trabalhadas no âmbito da pluralidade interna da teoria política, nomeadamente as propostas das democracias participativas (Santos, 2003d). Portanto, trata-se de um «pensamento abissal» (Santos, 2007a) que atua dividindo o político em duas partes: a política moderna ocidental (o liberalismo político) de um lado, e os espaços despóticos, iliberais e incivilizados do outro lado. Em última instância, o outro lado da não-liberdade, da não-igualdade e da insolidariedade. Os princípios e normas do liberalismo político são de tal forma criados e reproduzidos como universais nas sociedades metropolitanas, e por extensão nas sociedades coloniais, que qualquer proposta de uma política deliberativa democrática que vá além do indivíduo (cidadão), do voto individual e do partido político é irrelevante e não pode contradizer esses princípios e normas. Dito de outro modo, por mais alternativas que existam elas não servem porque há uma forma de conhecer e de interagir, há um contexto cognitivo e epistemológico totalitário que trespassa para as formas de fazer política (Santos, 2016), condicionando o modo como se dão as relações sociais.

Contrastando com esta monocultura do modo de ser e de estar no político, o Sul global oferece uma diversidade epistemológica e de práticas sociais que superam a visão reduzida da política no Norte global. Com base na proposta das «epistemologias do Sul» (Santos, 1995: 506–518; 2002: 340–352), procuro validar e amplificar a epistemologia aimará andina que se reflete na conceção do político e na sua democracia aimará (*thakhi* político). Uma epistemologia e uma prática que resistiram à colonização e ao «colonialismo interno» (Rivera, 2010a) de um modo eurocêntrico de fazer política. As suas conceções/saberes e práticas deliberativas democráticas representam um pensamento político pós-abissal (pós-liberal).

Recorrendo ao conceito de «sociologia das emergências» (Santos, 2003c: 751) analiso neste capítulo os sistemas de governo dos *ayllus*[1] de

---

[1] *Ayllu* é a forma de organização social do território andino pré-colonial e pré-incaica. Baseia-se em relações étnicas e de parentesco social, e é a estrutura organizativa

Jesús de Machaqa, na região do altiplano andino boliviano, onde realizei trabalho empírico privilegiando a metodologia da observação sistemática e entrevistas não estruturadas.[2] Essas formas de deliberação democrática espelham outras relações entre seres humanos e entre seres humanos e não-humanos que permitem a desfamiliarização das relações subjacentes à democracia moderna ocidental, trazendo para o interior da minha análise outras racionalidades de relações democráticas alternativas que potenciam um diálogo intercultural e novas aprendizagens. Assim, serão essas outras racionalidades de relações subjacentes à democracia aimará que me permitirão questionar mais diretamente as dicotomias hegemónicas da modernidade ocidental: a relação indivíduo-comunidade, e a relação sociedade-natureza (Santos, 1990).

Portanto, estando a democracia aimará imersa na filosofia andina de ser e de estar no mundo, esta irá determinar a forma como se dão as relações entre seres humanos e destes com a natureza, ou seja, como se dão as relações entre indivíduo e comunidade, e entre sociedade e natureza. Em suma, as conceções e práticas deliberativas democráticas da democracia no *ayllu* revelam outro tipo de relacionamento entre culturas democráticas que tem sido ofuscado pelas relações hierárquicas de dominação entre os polos indivíduo-comunidade e sociedade-natureza.

Diante do totalitarismo epistemológico da modernidade ocidental e do bloqueio às alternativas geradas pelo mesmo, Boaventura de Sousa Santos propõe a necessidade da emergência de um «pensamento alternativo de alternativas» (2006a; 2007a: 20), um pensamento articulador das alternativas. É com base nessa proposta que parto da hipótese que a democracia aimará traz pistas, luzes de um novo tipo de relacionamento entre saberes deliberativos democráticos (representativos, participativos, diretos, comunitários) e, de forma mais ampla, traz pistas para o desafio da articulação da diversidade deliberativa que temos em mãos hoje em dia, rejeitando a hierarquia de umas em detrimento das outras.

---

territorial segmentária mais pequena que esteve na base das sociedades e Estados federativos andinos. Devido à conquista espanhola, a partir do século XIX, os *ayllus* passaram a ser também chamados de comunidades.

[2] Omitiu-se a identidade e os locais de habitação dos/das entrevistados/as.

1. Teoria política abissal na Bolívia

De acordo com Dussel (1993), na obra *1492 — O encobrimento do outro*, a modernidade constitui-se com base na justificação da violentação do «outro», do diferente, e a isso chama o «mito da modernidade». É um mito que naturaliza a existência de dominadores e dominados, uma estratégia que nos familiariza com a utilidade da nossa superioridade perante a inferioridade do «outro». Este pensamento — onde o eu só existe se negar o outro, introduzido na prática com o ato da colonização e teorizado mais tarde por autores como Descartes (1994 [1637]), Kant (2013 [1781]) e Hegel (1992 [1807]: 126–134) — é o traço comum a todas as hierarquias subjacentes às dicotomias: espírito-matéria; civilizado-selvagem; desenvolvido-subdesenvolvido; e no âmbito político: social-político; nacional-local; público-privado; Estado-sociedade civil. Portanto, neste contexto, a forma de conhecer e de interagir acontece numa matriz que opera pela disjunção, pela mútua oposição que se tornou universal. Quais as causas? O meu argumento é que o modelo das relações (relacional) da filosofia moderna ocidental, por maior variação interna que tenha, determina sempre os limites da convivência entre seres humanos e destes com a natureza à unidade de medida do ser humano, concebendo-o separado da natureza e no centro do universo. Em outras palavras, é um modelo de relações que parte do pressuposto que é mais civilizado que outros e, consequentemente, da necessidade da sua globalidade.

Neste sentido, os paradigmas de relações alternativos à filosofia da modernidade ocidental são encarados como formas de relações pouco democráticas, tribais, baseadas em mitos e no mágico, e por isso entregues à incerteza e ao caos. Segundo esta visão, os paradigmas indígenas de relações que concebem o ser humano como parte da natureza e entendem que as relações não são apenas entre seres humanos, mas entre humanos e não-humanos são obstáculos ao desenvolvimento de sociedades modernas, e qualquer proposta que vá além da racionalidade do ser humano no centro do universo e do seu domínio é irrelevante. Concebe-nos separados da natureza, e remete-nos a pensarmo-nos como exteriores a ela e, portanto, seus descobridores e dominadores. A representação que fazem do mundo é assim reduzida a apenas um dos seus elementos constitutivos — o homem, e à imposição violenta da sua individualidade. Portanto, este modelo relacional eurocêntrico que se expande pelo colonialismo, capitalismo e patriarcado tem introduzido na Bolívia uma arrogância e um racismo que incapacitam o Norte e o Sul imperiais de aprender com um tipo de relações com a *pachamama* (mãe-terra) comum às culturas mais antigas do mundo.

Na Bolívia contemporânea, o «mito da modernidade» continua a moldar os modos de convivência e a estrutura política boliviana através da coexistência de «três ciclos ou horizontes históricos»:[3] colonial, liberal e populista, que se têm pautado por relações de violência (agressor-agredido; violador-violado), dominação (dominador-dominado) e paternalismo (tutor-tutelado), respetivamente (Rivera, 1993: 33–35). Estas relações são as que justificam a ideia da inferiorização do descoberto e são o fio condutor que alimenta o processo da sua própria autonegação. Esses três ciclos foram responsáveis pela existência de um «colonialismo interno» que, na perspetiva da referida autora, «é uma espécie de ativo que se incrusta na subjetividade, o colonialismo interno é internalizado em cada subjetividade [...] e isso afeta todas as classes e os setores étnicos na Bolívia. Todos somos colonizados» (Rivera e Santos, 2015: 83). Um colonialismo que foi mantido pelas retóricas da igualdade e da incorporação das massas na esfera política através do voto universal, do sindicalismo, e da escolarização/castelhanização maciça, desqualificando todos os saberes deliberativos constituídos fora do cânone da racionalidade democrática moderna. Este processo de tutela e aprendizagem dos indígenas da lógica dominante implicou a usurpação de direitos à autodeterminação e autogoverno gerando uma fragmentação da sociedade andina. Uma crise organizativa, ideológica e de identidade originada pelo modelo político liberal que absorveu e empurrou toda a complexidade política e os seus saberes democráticos para a categoria de saberes locais. O objetivo era garantir a homogeneização das nações pré-estatais.

Ao serviço da economia capitalista e das exigências do mercado, o modelo exógeno do liberalismo político, através da noção liberal de cidadania, teve um profundo impacto sobre as formas de participação coletivas e diretas das sociedades indígenas,[4] na medida em que assentou

---

[3] Tradução livre da autora, assim como nas restantes citações traduzidas do espanhol, do aimará e do inglês.

[4] Note-se que, de acordo com o Censo de 2001, 62% da população da Bolívia autoidentificava-se e autodefinia-se como indígena (Albó, 2008: 19–23). No Censo de 2012,

em instituições burocrático-administrativas do Estado e do partido político, ambos de base representativa, e na participação eleitoral individualizada, aniquilando toda a trama em que se produz o autogoverno dos *ayllus*. Uma trama constituída em torno da noção de propriedade comunal da terra, do controlo coletivo do território e dos recursos, da deliberação coletiva e direta, dos ciclos rituais e simbólicos enquanto sistemas unificadores e renovadores dos vínculos dos *ayllus* com a natureza que nada têm que ver com uma deliberação abstrata e individual sorvida de qualquer vínculo comunal e energia coletiva comunitária. Ou seja, um pensamento do político como trama e não unicamente no seu formato individual.

Contudo, este contexto do colonialismo não se pode perceber sem a resistência indígena, desde a oposição aos colonizadores nas rebeliões anticoloniais indígenas do século XVIII[5] até à atual oposição aos setores mestiços-crioulos na luta por uma Constituição política de Estado Plurinacional. Nas últimas décadas, a luta pela descolonização do sistema político da Bolívia tem sido levada a cabo por movimentos anticoloniais e étnicos que fazem propostas radicais de reformas normativas e políticas. A centralidade da política eurocêntrica e da democracia representativa liberal foi problematizada como apoiante dos velhos modos de dominação e inferiorização coloniais, e os projetos políticos neoliberais foram denunciados, questionados e expulsos[6] pela forte mobilização e ação coletiva dos movimentos sociais e indígenas entre os anos de 2000 e 2005 por aquilo que ficou conhecido como a guerra da água (2000), guerra do gás (2003) e dos hidrocarbonetos. Outro importante momento

essa percentagem diminuiu para 41%, um resultado que questiona a ideia de Estado Plurinacional e envolveu polémica em torno da modificação da pergunta, em 2012, sobre a pertença étnica. Para saber mais, consultar Albó (2012a, 2013).

[5] O século XVIII foi palco de um poderoso movimento anticolonial pan-andino, no qual se destacam os nomes dos líderes indígenas Tupac Amaru (Cuzco/Peru) e Tomás Katari (Chayanta/Bolívia). Na região de La Paz, Julián Apaza adota o nome de Tupaj Katari e protagoniza, juntamente com a sua esposa, Bartolina Sisa, e os/as *comunarios/as* aimarás, a rebelião indígena contra os abusos coloniais que culmina no Cerco a La Paz em março de 1781, deixando a cidade cercada por vários dias, incomunicável, sem entrada de alimentos, nem saída dos habitantes. Esta foi uma luta que na sua base teve as lutas locais pelo autogoverno e pela sua dinâmica democratizadora (Thomson, 2006).

[6] O presidente Gonzalo Sánchez de Lozada, conhecido por Goni, depois de semanas de protesto dos movimentos sociais e indígenas exigindo a sua renúncia e do seu governo neoliberal, teve que ser evacuado da Bolívia. Atualmente encontra-se asilado nos Estados Unidos da América.

histórico da resistência indígena pela descolonização do sistema político teve lugar de janeiro de 2006 a fevereiro de 2009. Os movimentos indígenas concertados no Pacto Unidad Indígena, Originário y Campesino[7] conduziram o processo pré-constituinte, redigindo a proposta de Assembleia Constituinte, e acompanharam os vários encontros territoriais que se constituíram em espaços de debate onde diversas cosmovisões, instituições e práticas sociais das sociedades nativas dialogaram por uma refundação do político, do direito e da ciência, pilares do Estado de origem colonial.[8] Nascia assim o horizonte de um Estado Plurinacional com a promulgação da nova Constituição Política do Estado, a 7 de fevereiro de 2009, e de uma democracia intercultural.

Portanto, estas mobilizações deixam antever estratégias políticas herdadas de uma «identidade étnica» que remete para o que Silvia Rivera apelidou de «memória longa», isto é, das lutas anticoloniais indígenas e da necessidade do étnico voltar a ser o motor de resistência e avanço (Rivera, 2003: 179). O desafio é agora o de construir um Estado Plurinacional através de um novo desenho legislativo e de um novo aparato institucional descolonizador.

No âmbito da democracia, os avanços mais importantes são essencialmente: o reconhecimento das formas de deliberação democrática das sociedades indígenas, a chamada «democracia comunitária»;[9] a proposta de constituição de «autonomias indígenas originário campesinas» (AIOC); e a proposta de uma «democracia intercultural» através da coexistência entre três formas de democracia: representativa, participativa e direta, e comunitária. No período pós-constituinte, das três formas de democracia, aquela que continua a gerar mais incógnitas é a democracia comunitária porque, se, por um lado, as diversas práticas deliberativas

[7] Composto pelas seguintes organizações: Confederación Sindical Única de Trabajadores Campesinos de Bolivia (CSUTCB); Confederación Sindical de Colonizadores de Bolivia (CSCB); Federación Nacional de Mujeres Campesinas Indígenas Originarias de Bolivia «Bartolina Sisa» (FNMCIOB — «BS»); Confederación de Pueblos Indígenas de Bolivia (CIDOB); Consejo de Ayllus y Markas del Qullasuyu (CONAMAQ); Coordinadora de Pueblos Étnicos de Santa Cruz (CPESC); Asociación Nacional de Regantes y Sistemas Comunitarios de Agua Potable (ANARESCAPYS); Movimiento Sin Tierra (MST); Confederación de Pueblos Étnicos Moxeños del Beni (CPEMB); Asamblea del Pueblo Guaraní (APG); Movimiento Cultural Afrodescendiente (Santos, 2007b: 5).

[8] Para saber mais sobre o processo da Assembleia Constituinte que originou a atual Constituição Política do Estado, consultar Schavelzon (2012).

[9] Artigo 11 da Constituição política do Estado.

indígenas são reconhecidas na lei e isso significa um avanço nas possibilidades futuras da sua ampliação hegemónica no interior da estrutura do Estado, por outro, há ainda grandes incertezas acerca da convivialidade e complementaridade da democracia comunitária com as outras formas de democracia representativa e participativa mais centradas no quadro de um modelo ocidental de democracia. Desde 2009, essa possível complementaridade tem sido dificultada por uma leitura da democracia comunitária feita pelos olhos do Norte. Uma leitura em que, à semelhança das democracias representativa, participativa e direta, a inovação é agora uma democracia comunitária. Esta visão enclausura-a no conceito do comunitário e do local-rural.[10] Ou seja, ela só funciona porque acontece ao nível micro, e porque tem um reduzido número de habitantes que lhe permite funcionar enquanto comunidade.[11] Segundo esta leitura, a democracia comunitária recuperaria assim a tradição comunitária socialista (da comuna) (García Linera, 2015). Isto não é mais do que desmantelar toda a força descolonizadora presente nas democracias indígenas, é desconhecer que estas estruturas e práticas sociopolíticas estavam enquadradas em sistemas mais amplos de governo, os *Señoríos Aymaras.*[12] É desconhecer todo o contexto ontológico, cognitivo, epistemológico, ético e político que as sustenta, fazendo perdurar a injustiça cognitiva (Santos, 2007a: 11).

Relativamente à sua aplicação no âmbito das instituições do Estado, a eleição de sete deputados para a Assembleia Legislativa Plurinacional em circunscrições especiais indígena originário camponesas (IOC),[13] a eleição direta de vinte e três deputados IOC para a formação dos governos departamentais,[14] o referendo em onze municípios para se

[10] Por exemplo, na cidade de El Alto, uma cidade formada da migração das áreas rurais aimarás e quéchuas e com uma população de 848 452 habitantes (INE, 2014), entre os extensos setores comerciantes aimarás, associações de regantes, etc. existem redes de reciprocidade que refletem uma profunda energia comunitária e de decisões coletivas por consenso.

[11] Note-se que, de acordo com o Censo Nacional boliviano de 2012, o município de Jesús de Machaqa tem uma população de 15 039 habitantes (INE, 2014).

[12] Autonomias regionais pré-incaicas de organização segmentária formadas por confederações de grandes grupos étnicos que não estavam centralizadas num Estado. Para aprofundar o tema, consultar Platt (1988: 371–383) e Platt *et al.* (2006).

[13] Eleições nacionais, dezembro de 2009.

[14] Eleições departamentais e municipais, abril de 2010.

constituírem em autonomias IOC,[15] a presença de um membro indígena no Tribunal Supremo Eleitoral ou ainda a fixação da existência de um total de trinta e seis nacionalidades indígenas na Bolívia são, até ao momento, formas de afirmação positiva necessárias, mas apenas isso. Estas medidas ficaram muito aquém das propostas iniciais dos movimentos indígenas na Assembleia Constituinte e reforçam um caráter minoritário da população indígena da Bolívia. Na Assembleia Legislativa Plurinacional, as decisões continuam a ter de ser tomadas de forma representativa e a vigorar a figura dos partidos.[16]

Portanto, cedo surgiram sinais de um hiato entre o texto constitucional e a prática quotidiana, que Boaventura de Sousa Santos chamou de «desconstitucionalização» da Constituição (2012: 27). Não há dúvida de que estas são brechas no modelo hegemónico de democracia, mas a refundação da democracia é ainda um amontoado derivativo de exercícios deliberativos que não entende verdadeiramente as raízes e as dinâmicas internas das democracias indígenas, sendo ainda muito visíveis traços de cooptação e neutralização do seu potencial descolonizador.

2. Teoria política pós-abissal em Jesús de Machaqa

Para falar de democracia aimará é necessário compreender a filosofia ou cosmovisão andina em que está ancorada. Na filosofia andina (aimará e quéchua), a sintaxe do seu modo de ser (a sua *Qamaña*) tem na base princípios e normas que advêm de uma interação de milénios com a natureza. Por um lado, o princípio da paridade (*yanantin*), em que o mundo se organiza de forma dual/segmentária, cujos pares se relacionam entre si como opostos-complementares (*urin-aran*/dia/nascente-noite/poente; *chacha-warmi*/homem-mulher; *kupi-ch'iqa*/direita-esquerda) (Platt, 2009: 245). A lógica binária advém do pressuposto de que na natureza tudo é par. Por outro lado, relacionado com o anterior, o princípio da circularidade, em que o mundo se organiza de acordo com os ciclos da vida, com início-meio-fim. A paridade é representada pela estrutura UTA (*urin-taypi-aran*), em que as metades se articulam através

[15] Referendo de 2009.

[16] Sobre a presença de deputados indígenas no órgão legislativo plurinacional, consultar o estudo de Chávez (2012).

do *taypi* (centro/meio) (Yampara *et al.*, 2007: 29–30, 2010: 38). O *taypi* é a representação da complementaridade e da gestão das contradições. Em outras palavras, a sua função é articular e manter o equilíbrio dinâmico entre as partes. Trata-se de um «terceiro elemento» (Yampara, 2010: 38) que gere os opostos com o intuito de superar a hegemonia de um deles sobre o todo, considerando a sua interdependência vital. Em última instância, é uma forma de entender e lidar com a diversidade. Um dos entrevistados refere que, «na vida, tudo tem um *taypi*, em tudo há um *taypi*: na música, na água, nas pessoas, nos animais, etc.»[17] Esta lógica triádica advém do pressuposto de que na natureza tudo tem um ciclo. As lógicas binária e triádica são assim princípios norteadores das relações de convivência e materializam-se nos *ayllus* através das estruturas sociopolítica e espácio-territorial. Em qualquer uma destas estruturas estão representados os princípios da paridade e da circularidade que, no quotidiano, fazem a restauração do vínculo com a natureza. Por exemplo, há cerimónias no calendário agrícola que revelam a permanente renovação do vínculo, o diálogo entre a comunidade e a *pachamama*. Vários testemunhos exemplificam esse diálogo:

> Se vamos fazer uma *chacra* [horta, plantação], temos que obter permissão, dando uma *q'uwanchada*[18] para semear, fazendo uma *waxt'a*[19] para escolher as sementes para *ch'uñu*.[20] Por exemplo, um lagarto fala quando já tem as suas crias, então, se as suas crias não têm cauda, significa que vai

---

[17] Entrevista pessoal a CH, *Yatiri* (sábio aimará), em 21 de fevereiro de 2014.

[18] *Q'uwanchada* ou *q'uwacha* é um ritual simples no qual se queima um pequeno arbusto muito comum no altiplano, a *q'uwa*, como forma de pedir permissão à *pachamama*, por exemplo, antes de fazer uma *chacra*.

[19] *Waxt'a*, também chamada mesa, significa dar o que se tem. É um ritual de gratidão, mas também retribuição a vários seres tutelares andinos: *achachilas* (espíritos protetores das montanhas da Cordilheira Real e colinas ao nível local), *pachamama* pelas colheitas e outros favores concedidos, *kuntur mamani* (espírito protetor da casa). Agosto é o chamado mês da *pachamama*, é o mês em que a terra tem fome, por isso se realizam as *waxt'as* para lhe dar algo, pois em dado momento também receberam recursos (alimento, água, ar) que possibilitam a vida. A sua preparação é feita por um *yatiri* (sábio aimará) e assemelha-se à confeção de uma refeição, de um prato a ser servido aos seres tutelares não-humanos, composto por ervas, doces, gordura de Lama (camelídeo), folha de coca, vinho, álcool, etc. Como o *yatiri* CH refere, «não fazemos esta *waxt'a* para adorar a Deus, mas para resgatar a nossa boa relação, resgatar a nossa convivência. O homem tem o seu diálogo, a sua boa relação com a natureza e esta com o homem também».

[20] Batata que resulta do processo de congelamento, sendo em seguida pisada com os pés para a desidratar, novamente congelada e finalmente seca ao Sol, convertendo-se em

haver muita granizada; se as suas caudas são bem pontiagudas, significa que não vai haver granizo. O lírio, se floresce bem, significa que no próximo ano vai ser boa a colheita, ou o ninho de pássaro, se tem muita palha, significa que vai haver colheita, se for pequeno, significa pouca colheita.[21]

Sempre que há uma sementeira ou a colheita, eles [*comunarios*][22] fazem uma *q'uwanchada*, uma *ch'alla*[23] como forma de agradecimento à *pachamama*; quando é uma oferenda, é uma *wilancha*.[24] A natureza é um ser vivente, por isso comunicamos com ela.[25]

Tal como refere Paula Meneses a propósito das comunidades da floresta do Licuáti, «a natureza é um conceito palpável, e reflectido no modo em como as pessoas experimentam, vivem e pensam o local a que pertencem» (2003: 455). Em outras palavras, nos *ayllus* andinos há um absoluto respeito das regras inerentes à natureza e do equilíbrio que a mesma faz da diversidade. É uma religação com a terra que desafia diretamente a dicotomia da modernidade ocidental entre sociedade-natureza, na medida em que através do *taypi* fazem a articulação entre ser humano e a natureza. Neste sentido, uma das lições para um «pensamento alternativo de alternativas» da filosofia andina é a capacidade de nos pensarmos como parte da natureza.

2.1. *Thakhi* e Democracia do *Taypi*

Situada na parte central de La Paz, a Marka de Ayllus y Comunidades Originarias de Jesús de Machaqa — MACOJMA (Município de Jesús

Ch'uñu. Este processo de liofilização permite a sua conservação durante longos períodos de tempo, às vezes anos.

[21] Entrevista pessoal a HL, ex-*jach'a mallku tayka*, em 26 de fevereiro e 22 de junho de 2014.

[22] *Comunario/a* é a designação local atribuída aos habitantes dos *ayllus*.

[23] Cerimónia que consiste em derramar álcool sobre o solo em honra da *pachamama*, sobre as *chacras* aquando da sementeira ou sobre as ferramentas de trabalho quando se ergue uma nova casa, etc.

[24] É um ritual com sangue de animais. Trata-se do sacrifício de um animal cujo sangue é espargido como forma de abnegação e oferta à *pachamama*, aos *achachilas* para lhes agradecer pelos bens recebidos, para ter a sua proteção e alcançarem os seus desejos de chuva, produtividade e boa colheita, etc.

[25] Entrevista pessoal a DC, ex-*mallku* originário, em 21 de junho de 2014.

de Machaqa) do *Suyu* Ingavi (Província Ingavi) é constituída por vários *ayllus*. Todo o território obedece ao critério segmentário, organizando-se internamente em duas metades opostas e complementares — *urinsaya* e *aransaya*[26] — que são transversais a todos os níveis de segmentação: comunidade, *ayllu*, *marka*[27] e *suyu*.[28] A unidade mais pequena é a *uta* (casa), que é a *jatha* (semente) de toda a estrutura de pensamento e organização andina.[29] As várias *utas* constituem, segundo a denominação local, uma comunidade originária, que tem como autoridades o *mallku* e a *mallku tayka* originários. Por sua vez, as comunidades originárias agrupam-se num *ayllu* cuja autoridade é o *jiliri mallku* e a *jiliri mallku tayka*. Por seu lado, os vários *ayllus* da *marka urinsaya* (MACOJMA) e da *marka aransaya* (MACOAS)[30] estão agrupados no *cabildo* (conselho de autoridades originárias) cuja autoridade máxima é o *Jach'a mallku* e a *Jach'a mallku tayka*. Finalmente, ambas as autoridades dos *ayllus* e *markas* se reúnem no *Tantachawi* (assembleia, reunião) ou magno *cabildo*.[31]

Relativamente à estrutura sociopolítica, os *ayllus* encontraram formas de manter a sua racionalidade democrática e organização segmentária para além de séculos de *ninguneo*[32] cometidos por governos coloniais, liberais e neoliberais. O *thakhi*, que em língua aimará significa «caminho», é uma prática sociopolítica entendida como o «caminho» de ir assumindo crescentes funções e responsabilidades sociais no exercício do autogoverno dos *ayllus* de Jesús de Machaqa. Na literatura, o *thakhi* tem sido usado como sinónimo de «democracia comunal» (Ticona *et al.*, 1995), de «democracia étnica» (Rojas, 1994) e «democracia

[26] São as duas parcialidades territoriais que significam «os de cima» (*aransaya*) e «os de baixo» (*urinsaya*).

[27] A *marka* é uma federação de *ayllus* divididos entre *urinsaya* e *anansaya*. A invasão espanhola fragmentou este sistema originário de divisão territorial em províncias, cantões e municípios, que passaram a ser chamados de propriedades nacionais. Atualmente apenas algumas *markas* são percetíveis, tais como: Santiago de Wat'a, Carabuco, Achacachi, Ambaná e Axawiri (Mamani, 2004: 16-17).

[28] Os *suyus* agrupam diversas *markas* formando o *Qollasuyu* (atualmente com o nome de Bolívia).

[29] Para saber mais sobre o *ayllu* e a organização andina, consultar Mamani (2004).

[30] Marka de Ayllus y Comunidades Originarias de Arax Suxta (MACOAS).

[31] Estas são denominações usadas localmente, nomeadamente na *marka* MACOJMA.

[32] O poeta Octavio Paz (1993) teorizou o conceito de *ninguneo* para se referir ao menosprezo e à desconsideração da identidade mexicana.

do *ayllu*» (Rivera, 2010a), em que — apesar da enorme diversidade das formas organizativas políticas consoante a região seja aimará ou quéchua — é possível identificar, sem quaisquer pretensões homogeneizadoras, elementos comuns: critério de rotação dos cargos, voto coletivo aberto e transparente, formando-se fila atrás do candidato, decisões por consenso, desempenho das autoridades e revogação dos cargos fortemente controlados pela coletividade, e sistemas transparentes de prestação de contas.

O *thakhi* é levado a cabo pelas autoridades dos *ayllus* cuja nomeação e cargos obedecem a um sistema rotativo (*muyu*). A dualidade andina supera um pensamento limitado ao individual, sendo a base de todo o sistema rotativo andino, cujo objetivo é travar a hegemonia de uma parte sobre o todo. A rotação representa o princípio da circularidade e acontece ao nível das comunidades, *ayllus* e *marka*s, desafiando a figura dos partidos políticos. O cargo de autoridade é uma obrigação de reciprocidade para com o *ayllu* que lhe permitiu o acesso à terra em troca de futuros serviços públicos. Neste sentido, é encarado como um serviço prestado à comunidade, não um privilégio, na medida em que exige dispêndio de tempo e dinheiro. Às autoridades competem funções sociais como: gestão dos trabalhos comunitários e regulação do ciclo de rotação das *aynuqas* (terras de cultivo do *ayllu*); celebração de cerimónias e festas; administração da justiça entre *comunarios* e entre *ayllus*; redistribuição dos recursos produtivos entre as famílias; renovação dos vínculos dos *ayllus* com a natureza de acordo com o calendário agrícola; restaurar laços de coesão inter*ayllus*; tomar posição pelos *ayllus* perante acontecimentos e debates de nível regional e nacional.

No *thakhi*, a máxima instância é a assembleia comunal,[33] onde se debatem temas quotidianos referentes à administração do *ayllu* e onde são eleitas as novas autoridades. As assembleias são o centro do poder dos *ayllus*, tendo uma ampla participação de todas e todos os habitantes. As assembleias têm a particularidade de serem extensas no tempo (podem durar várias horas ou dias),[34] havendo um processo coletivo de decisões,

---

[33] Em Jesús de Machaqa tem o nome de *Cabildo* (*Kawiltu*).

[34] Por vezes duram o dia inteiro e ainda parte da noite. A ideia é que todos os seus membros estejam de acordo em relação àquilo que foi discutido. O intuito não é alcançar a harmonia, mas antes atuar segundo uma ação conjunta, em bloco (Ticona, 2011: 38; Zegada, 2011: 166).

uma vez que o objetivo é alcançar o consenso em vez da imposição da decisão da maioria sobre a minoria. Também aqui a assembleia funciona como *taypi*. A assembleia do *ayllu* é o *taypi* entre as comunidades; a assembleia do *cabildo* é o *taypi* entre *ayllus*; e a assembleia do magno *cabildo* é o *taypi* entre as duas *markas*. Neste sentido, as autoridades são porta-vozes das decisões adotadas pelo coletivo, não existindo a figura de representante, dado que a decisão não está centrada no indivíduo ou no grupo de indivíduos. As autoridades são eleitas para expressar a deliberação e decisão da coletividade.

Portanto, o *taypi* enquanto axioma da complementaridade reflete-se nas deliberações dos *ayllus*. Percorrer o *thakhi*, equivalente ao ciclo da vida, consiste na trajetória desde o *jisk'a thakhi* (caminho pequeno), passando pelo *taypi thakhi* (caminho intermédio) até ao *jach'a thakhi* (caminho grande) onde cada família vai adquirindo experiência até alcançar a plena maturidade e respeito no interior do *ayllu*.

Os processos de deliberação norteados pela assembleia, consenso, voto coletivo e rotação representam a racionalidade e organização segmentária e, nesse sentido, são meios para canalizar a dicotomia entre indivíduo e comunidade e colocar em prática essa complementaridade. É a materialização concreta de como fazem a restauração quotidiana do vínculo do indivíduo com a comunidade. Esse vínculo, esse *taypi* é feito através do *jaqi*.[35] Ou seja, o *thakhi* inicia-se a partir da união de um casal (*chacha-warmi*) que ao formar um todo torna-se *jaqi* (pessoa-social), não indivíduo, ficando ambos habilitados para assumir em conjunto responsabilidades e sucessivos cargos de autoridade no *ayllu*. A família, ao contrário do indivíduo isolado, é sinónimo de experiência na administração familiar prévia à administração da comunidade. A equação *chacha-jaqi-warmi* remete para a lógica par e circular, ou seja, remete para o coletivo na paridade, a necessidade de se complementar com o seu oposto. Ao contrário, o cidadão remete para o indivíduo isolado, ímpar (*ch'ulla*). Sendo a unidade de medida o *jaqi*, isso potencia uma deliberação concreta, decidem a riqueza concreta (Tzul Tzul e Santos, 2015) e, dessa forma, a política faz parte da vida em comum, não está separada do quotidiano, havendo uma total consonância entre meios

---

[35] *Jaqi*: significa pessoa-social (não-indivíduo) associada à ideia de casal decorrente do ritual de *jaqicha* (matrimónio no *ayllu*).

e fins. O político produz-se enquanto trama levando a outra leitura, a uma noção mais ampla do político, tal como é referida por Raimon Panikkar, «a política, em sua própria essência, não é a arte ou a ciência de governar bem uma determinada *polis*, mas sim a arte e a ciência que (re)integra o homem na harmonia *ativa* do universo» (2005: 79). O *thakhi* e o *muyu* dominam a política do *ayllu*, garantindo um permanente equilíbrio dinâmico entre coletividade e individualidade.

Tal como mencionado anteriormente, é longa a história de resistência explícita frente ao Estado. No entanto, há uma resistência invisível, subterrânea nos *ayllus* que molda os modos de convivência. Ou seja, o *thakhi* em articulação com a lógica do governo municipal garante que esteja sempre presente um pensamento de articulação, uma subjetividade que contraria, que desfaz o pensamento cartesiano das sempre renovadas imposições do Estado, através do governo municipal. Há um desmontar constante das disjunções, pois essas são alheias à sua forma de ser e de estar. Contudo, na inevitabilidade do *thakhi* se confrontar com as lógicas representativa e participativa liberais, num contexto de relações de poder desiguais, considero o *taypi* um elemento potenciador para influir no processo de descolonização do colonialismo interno imposto pela democracia liberal-representativa e participativa liberal. Esta complementaridade com o significado de resistência política assemelha-se à «resistência quotidiana» descrita por James Scott (1985: 248) acerca da resistência entre os camponeses da Malásia. Contudo, não se trata de uma resistência passiva, mas antes uma resistência dinâmica com o objetivo de autorregulação. Significa ter mediação no processo, feita pelas autoridades, cujo propósito é garantir a unidade e coesão social dos *ayllus* para que possam manter o seu equilíbrio, mesmo que participar dessas complementaridades seja um risco de introduzir contradições e fragmentações. Neste sentido, a democracia aimará através do princípio do *taypi*, essa «zona de contacto» (Santos, 2007c, 2013), permite-lhes um dinamismo no mundo contemporâneo onde vão construindo complementaridades e adaptações consoante as suas necessidades, procurando não perder um equilíbrio daquilo que são as suas normas e procedimentos próprios. A isto tenho vindo a chamar democracia do *taypi*,[36] que busca a construção de espaços de diálogo inovadores entre

[36] Bicas (2014).

as diferentes culturas democráticas. Estão em copresença uma «ecologia de saberes»,[37] uma convivialidade entre momentos representativos, participativos, diretos e comunitários, todos considerados incompletos, daí a necessidade de se complementarem (Santos, 2003c: 747–750, 2006a: 127–153). Esta democracia do *taypi* cria um terceiro espaço indeterminado (Rivera, 2010b: 69–70) e, por isso, dinâmico, um espaço desconhecido que supera a ideia de estados puros na medida em que se vão incorporando novas formas deliberativas que se adaptam às necessidades sociopolíticas dos *ayllus*. Este espaço indeterminado relaciona-se com o que Silvia Rivera apelida de epistemologia *ch'ixi*, em que se dá uma «coexistência em paralelo de múltiplas diferenças culturais, que não se fundem, mas que se antagonizam ou se complementam» (2010b: 70), ou seja, «conjuga opostos sem subsumir um no outro» (2010b: 7). De seguida, mostro como essa «ecologia de saberes» deliberativos nos *ayllus* de Jesús de Machaqa enceta reais potencialidades de um diálogo criativo, e quais as condições para uma «tradução intercultural» (Santos, 2006b: 131–146, 2007d: 31, 2010: 45).

3. Ecologia de saberes deliberativos democráticos

Na década de 1980, um importante trabalho sobre história oral andina, recorrendo à memória histórica coletiva, estudou as rebeliões pan-andinas contra as reformas liberais do Estado, contribuindo para uma nova historiografia acerca das várias formas de resistência e ação coletiva das sociedades nativas (Rivera, 1999). Sobre Jesús de Machaqa, com o nome de *Jesús de Machaqa: La marka rebelde*,[38] foi editada uma coleção de quatro volumes que dá conta das várias formas de resistência política, cultural e económica. A sublevação de 1921 (Choque e Ticona, 1996), enquadrada numa luta mais ampla dos chamados caciques

[37] Boaventura de Sousa Santos, com a ideia de ecologia, refere-se à pluralidade de conhecimentos heterogéneos e ao seu interconhecimento, identificando cinco ecologias: ecologia dos saberes, ecologia das temporalidades, ecologia dos reconhecimentos, ecologia das trans-escalas e ecologia das produtividades.

[38] Volume 1: *Cinco Siglos de Historia* (Choque, 2003); Volume 2: *Sublevación y Masacre de 1921* (Choque e Ticona, 1996); Volume 3: *La lucha por el poder comunal* (Ticona e Albó, 1997); Volume 4: *Las Voces de los Wak'a* (Astvaldsson, 1997).

apoderados,[39] revela décadas de luta legal pela recuperação dos títulos coletivos dos seus territórios, pois a lei desconsiderava os *ayllus* devido à sua visão de uso e propriedade comunal da terra. Os caciques procuravam dessa forma reconstituir as formas originárias de organização sociopolítica e territorial. Estas formas de resistência persistem incrustadas, sendo possível encontrar várias formas codificadas de resistência no âmbito democrático. Como já foi mencionado, não se trata de uma resistência passiva que procura preservar o tradicional, o ancestral, é, pelo contrário, a potencialidade da complementaridade entre as modernidades ocidental e indígena que faz com que seja uma resistência. Recuperando a ideia da socióloga de ascendência aimará Silvia Rivera acerca da noção *ch'ixi* em relação à ideia de hibridez (2010b), na minha perspetiva, aqui não se trata de híbridos políticos — pois o híbrido está associado ao estéril, à ausência de descendência —, nem tão-pouco de uma síntese entre culturas democráticas distintas, pelo contrário, trata-se de uma outra visão sobre a diversidade. Assim, tomando por base o *thakhi* político dos *ayllus* de Jesús de Machaqa, identifico exemplos da complementaridade do diverso, ou seja, entre democracia no *ayllu* e o *corpus* democrático nacional:

1. O Oral e a Escrita. Em Jesús de Machaqa, 95% dos habitantes fala aimará (Albó, 2012b: 31) e a cultura oral é dominante. A cultura oral articula-se com o uso da escrita e da língua colonial, no entanto todas as assembleias se realizam na língua aimará. A palavra separa o elo da comunicação entre humanos e não-humanos. A palavra escrita remete para a autoria de alguém em particular, guarda a ideia de quem escreveu pela primeira vez. Pelo contrário, no oral não há autores ou autoria, todos são autores coletivos. Este sentido é resistido pelo facto de todas as assembleias do *thakhi* serem debatidas numa língua não colonial e serem reflexo de decisões coletivas, das comunidades originárias e dos *ayllus*, transmitidas por uma rede de porta-vozes — as

[39] Foi uma ampla rede de representantes das comunidades e *ayllus*, autorizados pelas mesmas, para gerir junto das instâncias de poder do Estado as demandas relativas à luta legal pela defesa dos títulos dos seus territórios de origem. Em Jesús de Machaqa, os caciques apoderados foram Faustino e Marcelino Llanqui, responsáveis pela sublevação de 12 de março de 1921. Para aprofundar o tema, consultar THOA (1988), Choque e Quisbert (2010).

autoridades. Neste sentido, a palavra escrita nos chamados «livros de atas» não corta o elo do diálogo inerente ao consenso da assembleia.

2. Consenso e Voto. Sendo uma cultura democrática que delibera em assembleia por consenso, esse tipo de deliberação é complementado com o recurso ao voto, que se aplica essencialmente em duas situações: (i) nas assembleias, quando se trata de assuntos que exigem decisão rápida e que não afetam as decisões de fundo das comunidades e *ayllus*, (ii) nos cargos a *jiliri mallku/Jiliri mallku tayka* e *jach'a mallku/Jach'a mallku tayka*, apesar de todos os cargos serem rotativos, apresentam-se três pares candidatos que são selecionados por voto, contudo, trata-se de um voto coletivo que tem a particularidade de ser direto e transparente, formando-se fila atrás do par candidato a autoridade. Ou seja, este tipo de voto desafia o voto individual e secreto, pois não se trata de hegemonizar um indivíduo ou grupo de indivíduos em relação a outro ou de garantir lealdades partidárias, não há um «programa eleitoral», há antes necessidades concretas dos *ayllus*.
3. *Muyu* e Partido Político. Como descrito anteriormente, o sistema rotativo *(muyu)*, cíclico, é uma das principais características das sociedades andinas. Contudo, a entrada do governo municipal em 2005 introduziu em Jesús de Machaqa a figura do partido político de base representativa. Confrontados com a força avassaladora da lógica partidária, os *ayllus* das *markas* MACOJMA e MACOAS apresentaram junto da Corte Nacional Electoral, com base na Lei n.º 2771, de 7 de julho de 2004, de Agrupaciones Ciudadanas y Pueblos Indigenas (República de Bolivia, 2004), a «sigla» MACOJMA não como partido, mas como povo indígena, passando a gozar da possibilidade de manterem as suas normas e procedimentos eletivos próprios. Por exemplo, nas eleições municipais de 2015, os candidatos a presidente municipal em *chacha-warmi* foram eleitos primeiramente no seu *ayllu*, depois no Distrito onde o seu *ayllu* está incluído e, finalmente, no *cabildo* MACOJMA. O atual presidente do governo municipal, Fidel Ramirez refere que:

> tive que aceitar a eleição do meu Ayllu Hucuri Milluni Ancohaqui, posteriormente fui eleito no Distrito 1 e, finalmente, o Cabildo dos 5

Distritos de Jesús de Machaca elegeu-me a 6 de dezembro de 2014 como candidato a alcaide pelo Povo Indígena MACOJMA. (Ramirez, 2015)

4. Distritos territoriais e Circunscrições eleitorais. Relacionado com o anterior, aquando da entrada do governo municipal, a lógica administrativa de divisão dos recursos consoante o número de habitantes introduzia o risco de fragmentações. Como forma de garantir a complementaridade e comunicação entre a estrutura organizativa dos *ayllus* e a estrutura organizativa do governo municipal, os *ayllus* de ambas as *markas* criaram uma estrutura gerida pelas suas autoridades — os distritos territoriais[40] —, que funcionam enquanto *taypi*, garantindo que os *ayllus* tenham «representação» equitativa no interior do governo municipal. Ou seja, como forma de criar uma correspondência com o modelo representativo e com as autoridades municipais, subdividiram

---

[40] Jesús de Machaqa (JM) pertencia ao município rural-urbano de Viacha, altamente dependente dos partidos políticos e com vários casos de corrupção. Não existindo qualquer controlo dos recursos, havia uma total desarticulação com as necessidades de JM, gerando um défice de credibilidade e legitimidade dos cidadãos *machaqueños*. Em 1995, as autoridades originárias e o *Cabildo* de JM iniciaram um processo para se constituírem em município autónomo, independente de Viacha, que culminou em maio de 2002 com a Lei n.º 2351, que decretou JM como Município, tendo sido as primeiras eleições municipais agendadas para dezembro de 2004. Nesse intervalo de tempo (de 2002 a 2004), os *mallkus/mallku taykas* e o magno *Cabildo*, conscientes das anteriores perversões da lógica partidária vividas em Viacha, iniciaram um processo de encontros e debates acerca da forma como iriam ser eleitos o/a presidente municipal e os/as deputados/as municipais. Duas decisões importantes foram tomadas pelo magno *Cabildo*: (1) com base na Lei n.º 2771 de Agrupaciones Ciudadanas y Pueblos Indígenas (República de Bolivia, 2004), que reconhece que além dos partidos políticos a representação popular poderá ser igualmente exercida por agrupamentos de cidadãos e povos indígenas, foi tomada a decisão de se inscrever na Corte Nacional Eleitoral na categoria de «povo indígena», com a sigla MACOJMA, e não como partido político; (2) a outra decisão notável foi a de o/a presidente municipal e os/as deputados/as municipais «candidatos/as» às eleições municipais serem previamente nomeados/as por procedimentos próprios dos *ayllus*. Para isso, dividiram o território «municipal» em cinco áreas geográficas eleitorais com um número semelhante de *ayllus* e eleitores que chamaram «distritos eleitorais territoriais». Em cada uma das cinco áreas foi nomeado um/a representante por comunidade, esses representantes elegeram um/a titular e suplente por *ayllu*, e esses titulares e suplentes saídos dos *ayllus* elegeram um/a deputado/a titular e suplente em cada um dos cinco distritos. Finalmente, os/as dez deputados/as pré-nomeados expuseram os seus planos de trabalho no magno *Cabildo*, e os/as *mallkus/mallku taykas* procederam à eleição formando uma fila atrás do seu candidato/a favorito/a. Desta forma, foram selecionados os membros para a primeira gestão municipal de 2005-2009 (Albó, 2012b: 43-44).

os vinte e seis *ayllus* em cinco distritos, garantindo dessa forma que haja um deputado municipal por distrito, e que cada distrito tenha representação dentro do município. A eleição das autoridades dos distritos é feita segundo os procedimentos dos *ayllus*, obedecendo igualmente ao critério da rotatividade. Desta forma, garante-se que todo o território das duas *markas* esteja «representado» assegurando-se que eles continuem a ver o cargo como serviço à comunidade, impedindo candidaturas dispersas pelo território que possam começar a fragmentar a noção do todo e, simultaneamente, que deem asas a candidaturas individualizadas geridas por apetites pessoais. Trata-se de uma inovação institucional. A cabeceira dos distritos é composta pelos *jiliri mallku/jiliri mallku tayka* dos *ayllus* que integram cada distrito, e cada distrito tem afetas comissões de saúde, educação, produção, justiça, obras públicas e infraestrutura, entre outras compostas por essas mesmas autoridades. Estas comissões fazem o seguimento da gestão e administração realizada pelas várias instâncias estatais presentes no território das duas *markas*. Por exemplo, acompanham, sugerem e colaboram com a entidade distrital e municipal de educação, o Hospital de Qurpa de Machaqa e centros de saúde dos *ayllus*, o posto policial municipal, a Defensoría de la Niñez y Adolescencia, solicitando reuniões periódicas para acompanhamento do trabalho e encaminhamento dos recursos existentes, ajustamento das prioridades de acordo com as necessidades dos *ayllus*, colaboração com as atividades organizadas por essas instâncias, acompanhamento de obras realizadas nos *ayllus* através do Programa Operativo Anual (POA),[41] contributo dos/das *comunarios/as* com mão de obra, solicitando a presença dos representantes dessas instâncias para prestação de informações orais e/ou escritas junto da assembleia do *cabildo*. Um exemplo

[41] O POA está integrado no Plano de Desenvolvimento Municipal elaborado para cada gestão de cinco anos. A elaboração do POA consiste na planificação dos projetos, e seu financiamento, a executar nos *ayllus* de Jesús de Machaqa em cada ano. Realiza-se durante o mês de agosto, num amplo *Cabildo*, entre o governo municipal e as autoridades originárias, havendo posteriormente um lapso de tempo para que possam chegar a consenso acerca das prioridades, necessidades e os projetos a realizar nas comunidades dos *ayllus*. Entrevista pessoal a RA, membro da Oficina de Programas e Projetos no governo municipal autónomo de Jesus de Machaqa, em 11 de junho de 2014.

disso aparece numa das reuniões do distrito que descrevo em seguida: foi solicitada a presença do médico do centro de saúde do *ayllu* Sulcatiti Lahuancollo porque havia queixas dos/das *comunarios/as*, transmitidas ao *Jiliri* pelos *mallkus* originários, que o médico não atendia de maneira eficiente pelas seguintes razões: não falava aimará, apenas quéchua, não atendia com paciência e não cumpria cabalmente com os dias em que devia comparecer. O médico apresentou razões para o sucedido, que foram contrapostas pelo *Jiliri*, que referiu que as suas atitudes já se vinham a repetir desde há algum tempo, reiterou a necessidade de o médico aprender aimará, dado já estar há algum tempo no *ayllu*, e foi informado do plano de no ano seguinte solicitarem um médico que falasse aimará (*Cabildo* do Distrito 3).[42]

5. Comité de Controlo Social e Prestação de Contas. A luta fiscal é uma luta que vem já desde o século XVIII, com a rebelião de Tupaj Katari contra o sistema de tributos à coroa espanhola. Em Jesús de Machaqa, o controlo social vai sendo feito pelas comissões dos distritos, mas para além dessas existe, no interior do governo municipal, uma comissão de controlo social permanente, com um gabinete próprio, encarregada de gerir a fiscalização e a prestação de contas do governo municipal. Os cinco membros do comité pertencem aos cinco distritos e são também eleitos de forma rotativa: no *cabildo*, são eleitos pelos distritos, no distrito, são eleitos pelos *ayllus*, no *ayllu*, são eleitos pelas comunidades originárias e cada comunidade tem um/a representante. A presidente da comissão referiu que: «O comité está lá através das suas comunidades, *ayllus* e distritos, por isso informam nos distritos».[43] A esta comissão compete conhecer a legislação existente, informar sobre o processo de fiscalização nas assembleias do distrito e do *cabildo* e solicitar a presença das autoridades municipais nas mesmas para prestar esclarecimentos, organizar sessões e cursos de informação junto do *cabildo* e das autoridades originárias dos

[42] Participação pessoal no *Cabildo* do Distrito 3, *ayllu* Sullcatiti Titiri, em 12 de abril de 2014.

[43] Entrevista pessoal, em 18 de junho de 2014, a JQ, ex-*mallku tayka* originária, presidente do Comité de Participação e Controlo Social no governo municipal autónomo de Jesus de Machaqa.

ayllus sobre o processo de prestação de contas (documentos que devem ser solicitados, como interpretá-los, etc.).
Nos momentos de celebração, é também possível observar o papel da complementaridade entre as autoridades originárias e as autoridades municipais, educativas, de saúde e mesmo de instituições não-governamentais.

6. Convivência e interação social. *Apthapi*[44] na cultura aimará é um momento de partilha, através da comida, e acontece frequentemente entre as autoridades dos *ayllus* e as autoridades municipais. Durante o ano, em ocasiões como a *Uywara*,[45] nas assembleias dos *ayllus*, distritos ou *cabildo*, em celebrações importantes dos *ayllus* ou da *marka*, na participação em eventos regionais ou nacionais, tem sempre lugar o *apthapi*. São tendidos vários *awayus*[46] no chão, em fila, onde são colocados os alimentos que cada um leva: vários tipos de batata, *ch'uñu*, *choclo* (milho), *oca* (tubérculo andino), peixe, charque, queijo, banana cozida, etc., e em volta desta fileira as pessoas vão comendo e interagindo. Um *jiliri mallku* dando exemplo de uma *uywara* aquando da tomada de posse de um recém-eleito *Jach'a mallku*, fez a seguinte observação:

> Na *uywara* costuma ser *apthapi*, mas este ano a *uywara* do *Jach'a Mallku* foi um fricassé servido em pratos e cada um estava sentado de costas para os outros e isso anula o costume de partilhar e oferecer

---

[44] *Apthapi* é a partilha dos alimentos das colheitas das famílias com a comunidade. Normalmente está relacionado com a ideia de partilhar, mas também de unir e/ou resolver conflitos entre comunidades.

[45] *Uywara* é convite de toda a comunidade para comer, é um ato de reforçar o afeto e afinidade. A *uywara* das novas autoridades originárias é um dos primeiros atos ao assumir a nova gestão. No caso dos novos *jach'a mallkus* de ambas as parcialidades (*urinsaya* e *aransaya*), anuncia o primeiro dia do ano em que recebe todos os novos *mallkus* simbolizando as unidades do *ayllus* e/ou comunidades.

[46] *Awayu* é um tecido multicolorido retangular usado pelas mulheres do altiplano andino, no qual os vários desenhos tecidos representam a sua cultura e comunidade específica. Carregado no dorso e ombros tem diversas funções: transportar produtos e mercadorias, os filhos, para se sentarem ou para se protegerem do frio. As *mallku taykas* na sua indumentária de autoridade carregam sempre no seu *awayu* uma amostra dos produtos alimentares da sua região: quinoa (*chenopodium quinoa*), *cañahua* (*chenopodium pallidicaule*), cevada, trigo, folhas de coca, etc., significando a responsabilidade de carregar toda a sua comunidade e abundância; o mesmo acontece no *awayu* carregado pelo *mallku*. Também no *awayu* é possível observar uma lógica tridimensional e a representação do *taypi*. Consultar Arnold e Espejo (2013), Arnold, Yapita e Espejo (2007).

> aos *hermanos*. [...] era cadeira, cadeira, cadeira e não havia com quem comentar, com quem partilhar. Essa forma de organização não permite que as pessoas falem, partilhem e estejam em interação, essa forma isola as pessoas. Já não há aquela convivência social e coletiva. Era mais citadino, era como se estivessem num restaurante/café. No *apthapi*, a comida sobra sempre e as pessoas aproximam-se e oferecem e convidam o outro a comer e ali não era assim, era um prato de comida por pessoa.[47]

Essa disposição facilita o diálogo entre as pessoas, contrariando uma lógica mais individualizada. Para além do caráter de reciprocidade do *apthapi* é também símbolo de um momento de reconciliação, de restauração do vínculo entre comunidades e/ou *ayllus* e as autoridades municipais diante de eventuais divergências. Ou seja, é um momento de renovação dos laços eventualmente distanciados. Neste sentido, e no momento da partilha com as outras autoridades não-originárias, o objetivo é reforçar laços, sanar divergências entre lógicas, é a convivência em *ayni* (ajuda-mútua), é fortalecer uma vivência coletiva.

Nestes exemplos, nas deliberações convivem momentos representativos através do voto; momentos participativos através da rotação e da contribuição de todos; momentos diretos como a eleição e o controlo diretos e momentos comunitários de encontro e reconciliação.

Conclusão

De acordo com o desafio do «pensamento alternativo de alternativas», algumas considerações podem ser trazidas para o diálogo com a Europa. Na atual tarefa de construção de um Estado Plurinacional, uma das considerações é que os povos aimarás e quéchuas, através da filosofia que lhes é inerente, trazem elementos para esse diálogo na medida em que refletem um modelo de convivência e de cooperação para articular as diferenças, o que nos mostra racionalidades de relações democráticas que afirmam que democracia é equilíbrio de diversidades deliberativas. Neste sentido, abrem um caminho para efetivas aprendizagens recíprocas entre as diferentes formas de exercer democracia, não comprometendo

[47] Entrevista pessoal a DA, *Jiliri mallku*, em 21 de março de 2014.

a autonomia de nenhuma. Oferecem pistas, deixam antever utopias reais para repensar o cânone democrático ocidental através de possibilidades outras de conceber a democracia.

De um ponto de vista das epistemologias do Sul, o *thakhi* é o referente na resistência e luta pela descolonização do modelo democrático eurocêntrico, sendo a sua ação de complementaridade (*taypi*) e articulação pontos de partida para ampliar a demodiversidade. Outra consideração é que, no âmbito da construção intercultural democrática na Bolívia, as comunidades e *ayllus* aimarás contemporâneos, através dos seus sistemas de governo, estão a fomentar um pluralismo político plurinacional que permite que exista sempre em tensão a possibilidade de no futuro se ir aprofundando a construção da democracia intercultural. Será a intensa afirmação desse pluralismo que permitirá uma sociabilidade com relações de autoridade partilhada pós-liberal.

Referências bibliográficas

Albó, Xavier (2008), *Movimientos y poder indígena en Bolivia, Ecuador y Perú*. La Paz: CIPCA.

Albó, Xavier (2012a), «Censo 2012 en Bolivia: posibilidades y limitaciones con respecto a los pueblos indígenas», *Tinkazos*, 15(32), 33–45. Consultado a 23.02.2016, em http://www.redalyc.org/pdf/4261/426141575002.pdf

Albó, Xavier (2012b), *Tres Municipios Andinos camino a la autonomía Indígena: Jesús de Machaca, Chayanta, Tarabuco*. La Paz: CIPCA.

Albó, Xavier (2013), «¿Cuántos indígenas hay en el país?», *La Razón*, de 13 de outubro. Consultado a 23.02.2016, em http://www.la-razon.com/opinion/columnistas/indigenas-pais_0_1923407759.html

Arnold, Denise; Espejo, Elvira (2013), *El textil tridimensional: La naturaleza del tejido como objeto y como sujeto*. La Paz: ILCA.

Arnold, Denise; Yapita, Juan de Dios; Espejo, Elvira (2007), *Hilos Sueltos: Los Andes desde el textil*. La Paz: Plural Editores, ILCA.

Astvaldsson, Astvaldur (1997), *Jesús de Machaqa: La Marka Rebelde. Las Voces de los Wak'a. Fuentes principales del poder político Aymara*. Vol. 4. La Paz: CIPCA.

Bicas, Mara (2014), «A Democracia do *Taypi*: Procedências das democracias indígenas bolivianas», comunicação apresentada no *Colóquio Internacional Epistemologias do Sul: Aprendizagens globais Sul-Sul, Sul-Norte e Norte-Sul*, Faculdade de Economia da Universidade de Coimbra, 10 a 12 de julho.

Chávez, Patricia (2012), *¿De la colorida minoría a una mayoría gris? Presencia indígena en el legislativo*. Bolivia: Fundación Friederich Ebert, Editorial Gente Común. Disponível em http://library.fes.de/pdf-files/bueros/bolivien/10010.pdf

Choque, Roberto (2003), *Jesús de Machaqa: La Marka Rebelde. Cinco Siglos de Historia*. Vol. 1. La Paz: Plural Editores, CIPCA.

Choque, Roberto; Quisbert, Cristina (2010), *Líderes Indígenas Aymaras. Lucha por la defensa de tierras comunitarias de origen*. La Paz: UNIH-PAKAXA.

Choque, Roberto; Ticona, Esteban (1996), *Jesús de Machaqa: La Marka Rebelde. Sublevación y Masacre de 1921*. Vol. 2. La Paz: Centro de Investigación y Promoción del Campesinado (CIPCA), Centro de Documentación e Información (CEDOIN) [2.ª ed.].

Descartes, René (1994), *Discurso do método*. Porto: Porto Editora [2.ª ed., 8.ª tirag.; orig. 1637]. Tradução de Tavares Guimarães.

Dussel, Enrique (1993), «1492: O encobrimento do Outro. A origem do "mito da Modernidade"» — Conferências de Frankfurt. Petrópolis: Vozes. Tradução de Jaime A. Clasen.

García Linera, Álvaro (2015), *Socialismo Comunitario. Un horizonte de época*. La Paz: Vicepresidencia del Estado [2.ª ed.].

Hegel, Georg Friedrich (1992), *Fenomenologia do Espírito*. Petrópolis: Vozes [2.ª ed.; orig. 1807]. Tradução de Paulo Meneses.

INE — Instituto Nacional de Estatística (2014), «Censo Nacional de Población y Vivienda 2012». Página consultada a 23.02.2016, em http://censosbolivia.ine.gob.bo

Kant, Immanuel (2013), *Crítica da Razão Pura*. Lisboa: Fundação Calouste Gulbenkian. Tradução de Manuela Pinto dos Santos e Alexandre Fradique Morujão [8.ª ed.; orig. 1781].

Mamani, Carlos (2004), *Takhi Qallta Ayllu*. Chuquiago: Editorial Amuyañataki.

Meneses, Maria Paula (2003), «Os "outros" e "nós": A questão do acesso, uso e gestão dos recursos naturais em Licuáti», *in* Boaventura de Sousa Santos e João Carlos Trindade (orgs.), *Conflito e transformação social: Uma paisagem das justiças em Moçambique*. Porto: Afrontamento, 451–478.

Panikkar, Raimon (2005), *O Espírito da política. Homo Politicus*. São Paulo: TRIOM. Tradução de Mercês Rocha [orig. 1918].

Paz, Octavio (1993), *El laberinto de la soledad*. Madrid: Cátedra.

Platt, Tristan (1988), «Pensamiento político Aymara», *in* Xavier Albó (org.), *Raíces de América: El mundo Aymara*. Madrid: Alianza Editorial, UNESCO, 365–450.

Platt, Tristan (2009), «Mirrors and maize: the concept of yanantin among the Macha of Bolivia», *in* John V. Murra, Nathan Wachtel e Jacques Revel (orgs.), *Anthropological History of Andean Polities*. Cambridge: Cambridge University Press, Editions de la Maison des Sciences de l'Homme, 228–259 [orig. 1986].

Platt, Tristan; Bouysse-Cassagne, Thérèse; Harris, Olivia (2006), *Qaraqara--Charka. Mallku, Inka y Rey en la provincia de Charcas (siglos XV–XVII). Historia antropológica de una confederación aymara*. La Paz: Plural, IFEA, University of St. Andrews, University of London. Doi: https://doi.org/10.4000/books.ifea.7889

Ramirez, Fidel (2015), «Jesus de Machaca Macojma». Página consultada a 21.02.2015, em https://www.facebook.com/MACOJMA

República de Bolivia (2004), "Ley N.º 2771, Ley de Agrupaciones Ciudadanas y Pueblos Indígenas", *Gaceta Oficial*, N.º 2627, de 7 de julho. Bolívia: Ministerio de la Presidencia. Página consultada a 23.02.2016, em http://www.gacetaoficialdebolivia. gob.bo/app/webroot/index.php/edicions/ver/2627

Rivera, Silvia (1993), «La Raiz: Colonizadores y colonizados», *in* Xavier Albó, Raul Barrios (orgs.), *Violencias Encubiertas en Bolivia*. La Paz: CIPCA, Aruwiyiri, 25–139.

Rivera, Silvia (1999), «Sendas y Senderos de la Ciencia Social Andina», *Dispositio*, 24(51), 149–169. URL estável: http://www.jstor.org/stable/41491588

Rivera, Silvia (2003), *«Oprimidos pero no Vencidos»: Luchas del campesinado aymara y qhechwa 1900–1980*. La Paz: Aruwiyiri [3.ª ed.].

Rivera, Silvia (2010a), *Violencias (re)encubiertas en Bolivia*. La Paz: Editorial Piedra Rota.

Rivera, Silvia (2010b), *Ch'ixinakax utxiwa: Una reflexión sobre prácticas y discursos descolonizadores*. Buenos Aires: Tinta Limón Ediciones, Editorial Retazos.

Rivera, Silvia; Santos, Boaventura de Sousa (2015), «Conversa del Mundo», *in* Boaventura de Sousa Santos, *Revueltas de indignación y otras conversas*. La Paz: OXFAM, CIDES-UMSA, Ministerio de Autonomías, 80–123. Disponível em http://www.boaventuradesousasantos.pt/media/BSS_Revueltas.pdf

Rojas, Gonzalo (1994), *Democracia en Bolivia hoy y mañana. Enraizando la democracia con las experiencias de los pueblos indígenas*. La Paz: CIPCA.

Santos, Boaventura de Sousa (1990), «O Estado e o direito na transição pós--moderna: Para um novo senso comum sobre o poder e o direito», *Revista Crítica de Ciências Sociais*, 30, 13–43. Disponível em http://www.ces.uc.pt/rccs/index.php?id=381

Santos, Boaventura de Sousa (1995), *Toward a New Common Sense. Law, Science and Politics in the Paradigmatic Transition*. Nova Iorque: Routledge.

Santos, Boaventura de Sousa (2002), *Crítica da Razão Indolente: Contra o Desperdício da Experiência*. Porto: Afrontamento [2.ª ed.].

Santos, Boaventura de Sousa (2003a), *Um Discurso Sobre as Ciências*. Porto: Afrontamento [14.ª ed.].

Santos, Boaventura de Sousa (org.) (2003b), *Conhecimento prudente para uma vida decente: «Um discurso sobre as Ciências» revisitado*. Porto: Afrontamento.

Santos, Boaventura de Sousa (2003c), «Para uma Sociologia das Ausências e uma Sociologia das Emergências», *in* Boaventura de Sousa Santos (org.),

Conhecimento prudente para uma vida decente: «Um discurso sobre as Ciências» revisitado. Porto: Afrontamento, 735–775.

Santos, Boaventura de Sousa (org.) (2003d), *Democratizar a Democracia: Os caminhos da democracia participativa*. Porto: Afrontamento.

Santos, Boaventura de Sousa (2006a), *A gramática do tempo: Para uma nova cultura política*. Porto: Afrontamento.

Santos, Boaventura de Sousa (2006b), *The rise of the global left. The World Social Forum and beyond*. Londres: Zed Books.

Santos, Boaventura de Sousa (2007a), «Para além do pensamento abissal: Das linhas globais a uma ecologia de saberes», *Revista Crítica de Ciências Sociais*, 78, 3–46. Doi: https://doi.org/10.4000/rccs.753

Santos, Boaventura de Sousa (2007b), *La reinvención del Estado y el Estado Plurinacional*. Cochabamba: CENDA, CEJIS, CEDIB.

Santos, Boaventura de Sousa (2007c), «Os direitos humanos na zona de contacto entre globalizações rivais», *Cronos*, 8(1), 23–40.

Santos, Boaventura de Sousa (2007d), «The World Social Forum and the global left», *Oficina do CES*, 286, 1–35. Disponível em http://www.ces.uc.pt/publicacoes/oficina/index.php?id=2566

Santos, Boaventura de Sousa (2009), *Sociología jurídica crítica. Para un nuevo sentido común en el derecho*. Madrid: Trotta.

Santos, Boaventura de Sousa (2010), *Refundación del Estado en América Latina. Perspectivas desde una epistemología del Sur*. Lima: IIDS, Programa Democracia y Transformación Global. Disponível em http://www.boaventuradesousasantos.pt/media/Refundacion%20del%20Estado_Lima2010.pdf

Santos, Boaventura de Sousa (2012), «Cuando los excluidos tienen Derecho: Justicia indígena, plurinacionalidad e interculturalidad», *in* Boaventura de Sousa Santos e José Luis Exeni Rodríguez (orgs.), *Justicia indígena, plurinacionalidad e interculturalidad en Bolivia*. La Paz: Fundación Rosa Luxemburg, Abya-Yala, 11–48. Disponível em http://www.rosalux.org.ec/es/democracia-e-interculturalidad-menu/505-justicia-indígena,-plurinacionalidad-e-interculturalidad-en bolivia.html.

Santos, Boaventura de Sousa (2013), *Se Deus fosse um ativista dos direitos humanos*. Coimbra: Almedina.

Santos, Boaventura de Sousa (2016), «*Master Class* — Epistemologias do Sul: Desafios teóricos e metodológicos», palestra no âmbito do projeto ALICE. Página consultada a 20.02.2016, em https://www.youtube.com/embed/q75xWUBI8aY

Schavelzon, Salvador (2012), El nacimiento del Estado Plurinacional de Bolivia. Etnografía de una Asamblea Constituyente. La Paz: Plural, CEJIS, IWGIA, CLACSO.

Scott, James (1985), *Weapons of the weak: Everyday forms of peasant resistance*. New Haven, CT: Yale University Press.

THOA — Taller de Historia Oral Andina (1988), *El indio Santos Marka T'ula, cacique principal de los ayllus de Qallapa y apoderado general de las comunidades originarias de la República*. La Paz: Ediciones del THOA [3.ª ed.].

Thomson, Sinclair (2006), *Cuando sólo reinasen los indios. La política aymara en la era de la insurgencia*. La Paz: Muela del Diablo Editores, Ariwiyiri. Tradução de Silvia Rivera.

Ticona, Esteban (2011), «El thakhi entre los aimaras y los quechua o la democracia en los gobiernos comunales», *in* Esteban Ticona (org.), *Bolivia en el inicio del Pachakuti. La larga lucha anticolonial de los pueblos aimara y quechua*. Madrid: Akal, 37–60.

Ticona, Esteban; Albó, Xavier (1997), *Jesús de Machaqa: La Marka Rebelde. La lucha por el poder comunal*. Vol. 3. La Paz: CIPCA, CEDOIN.

Ticona, Esteban; Rojas, Gonzalo; Albó, Xavier (1995), *Votos y Wiphalas. Campesinos y Pueblos Originarios en Democracia*. La Paz: Fundación Milenio, CIPCA.

Tzul Tzul, Gladys; Santos, Boaventura de Sousa (2015), «Conversa do Mundo VII — Gladys Tzul Tzul e Boaventura de Sousa Santos» [Vídeo no âmbito do projeto ALICE]. Página consultada a 25.02.2016, em http://alice.ces.uc.pt/en/index.php/homepage-videos/video-conversations-of-the-world-vii-gladys-tzul-tzul-and-boaventura-de-sousa-santos/?lang=pt

Yampara, Simón (2010), *Movimiento Katarista de Katari (MK): Re-Constitución política desde la civilización de Tiwanaku*. La Paz: Garza Azul Impresores & Editores.

Yampara, Simón; Mamani, Saúl; Calancha, Norah (2007), *La cosmovisión y lógica en la dinámica socioeconómica del qhathu/feria 16 de julio*. La Paz: Fundación PIEB, UPEA, CEBIAE, CPMGA, Red Habitat, Wayna Tambo, CISTEM.

Zegada, María Teresa (2011), *La democracia desde los márgenes: Transformaciones en el campo político boliviano*. La Paz: Muela del Diablo Editores, Consejo Latinoamericano de Ciencias Sociales (CLACSO).

Conclusão

Boaventura de Sousa Santos
José Manuel Mendes

O percurso encetado nesta obra permite avaliar o contributo das Epistemologias do Sul para a renovação das teorias e das práticas democráticas, explicitando as aprendizagens globais que conduzem à consecução de uma democracia pós-abissal. Esta democracia pós-abissal contribui para a reivindicação e a construção da utopia de uma humanidade pós-abissal, desprovida das invisíveis zonas de sub-humanidade e de desumanidade. Contribui, também, para a luta e a resistência contra todas as formas de fascismo social, elucidando as dinâmicas que subjazem às democracias de baixa intensidade e estabelecendo as bases que permitem imaginar novas possibilidades e alternativas democráticas.

A aplicação sistemática de uma sociologia das emergências tornou explícito que a conceção eurocêntrica de democracia, apesar de ser dominante, não é a única vigente no mundo. Ao lado dela, em conflito ou em articulação com ela, existem outras conceções e outras práticas de democracia que são instituidoras de dignidade e de igualdade. Estas conceções e práticas democráticas alternativas constituem-se como ferramentas para descolonizar, desmercantilizar e despatriarcalizar as relações sociais, transformando a sociedade em lugares de democratização que percorrem todos os espaços estruturais das sociedades contemporâneas.

O conceito de linha abissal é o fio de Ariadne, o ponto de entrada para questionar o universalismo da teoria democrática ocidental, para o provincializar, e para veicular as aprendizagens democráticas, através da tradução intercultural, que permite a renovação e o aprofundamento da democracia.

Contudo, também se constatou que o capitalismo pode conviver com todo o tipo de sistemas políticos, sendo que a demodiversidade também pode ser orgânica ao capitalismo. Isto é, quando a democracia se torna um obstáculo à acumulação primitiva, o capitalismo tenta esvaziar as dinâmicas e as práticas democráticas, conduzindo ao fascismo social. A produção de teorias e práticas democráticas contra-hegemónicas só é possível com a aplicação à democracia moderna de uma cartografia abissal que contrarie a monocultura associada ao capitalismo, ao colonialismo e ao patriarcado. Como sugere Antoni Aguiló (Capítulo 9), é através de uma ecologia das práticas democráticas, assente nas experiências concretas dos oprimidos do Sul global, na copresença e na demodiversidade, que se pode criar e pensar alternativas. Daí a importância da tradução intercultural para as aprendizagens positivas e negativas sobre as experiências democráticas em curso, para a produção e a validação de conhecimentos ancorados nas experiências de resistência de todos os grupos sociais que sofreram sistematicamente a injustiça, a opressão e a destruição causadas pelo capitalismo, pelo colonialismo e pelo patriarcado.

A provincialização do conceito de democracia do Norte global só é possível a partir dos suis epistemológicos, dos conhecimentos nascidos de lutas contra o capitalismo, o colonialismo e o patriarcado. Estes conhecimentos são produzidos onde quer que ocorram estas lutas, tanto no Norte como no Sul geográficos. Daí a importância das Epistemologias do Sul para permitir aos grupos sociais oprimidos uma representação do mundo como seu e nos seus próprios termos, de forma a mudá-lo de acordo com as suas próprias aspirações, longe de qualquer heteronormatividade.

Dos textos apresentados neste livro, podemos distinguir duas lógicas de abordagem complementares: uma que acentua e releva as experiências locais, as lutas e insurgências quotidianas de pequena escala, solidificadas em rede (etnicidade tática abordada por Silvia Rivera no capítulo 6; o princípio do comum numa conceção ativa e participativa, discutido por Antoni Aguiló no capítulo 18; o poder democrático e radical apresentado por Orlando Aragón no capítulo 17; a epistemologia aimará que se projeta na democracia aimará e na conceção do político, discutida por Mara Bicas no capítulo 22); e, uma segunda abordagem, que discute criticamente os limites, as oportunidades e os desafios das lógicas associadas à institucionalização dos movimentos sociais (os movimentos-partido, na Índia e em Itália estudados por Cristiano Gianolla, no capítulo 19; e em Espanha por Juan Carlos Monedero, no capítulo 8). Os movimentos-partido são resultado de uma aprendizagem a partir do Sul que permitiu canalizar criativamente a indignação dos cidadãos, sendo importante atender à capacidade propositiva dos movimentos sociais e às inovações sociais nas instituições de que são portadores (como o demonstra João Alexandre Peschanski no capítulo 16).

Aliás, como salienta Leonardo Avritzer (capítulo 13), a partir da inovadora e longa experiência de democracia participativa no Brasil, a consolidação dos processos de democratização depende sempre da solidez institucional e da integração das políticas nas diferentes escalas e espaços estruturais das sociedades.

Da tensão criativa entre experiências locais e a institucionalização dos movimentos sociais resultam teorias e práticas democráticas que assumem um potencial de constituírem um reportório de aprendizagens globais. Estas aprendizagens globais oscilam no dilema entre raízes e opções, entre memória e futuro (não há futuro na luta sem memórias incrustadas nos muros, nos corpos, nos lugares). As aprendizagens globais podem também derivar de apropriações contra-hegemónicas (do conceito de micropolítica, como em Silvia Rivera no capítulo 6; da ideia de democracia pensada como nova democracia em Issa Shivji, no capítulo 4; do Estado experimental e profundamente democrático, discutido por Juan Carlos Monedero no capítulo 8; da proposição de um secularismo alternativo avançado por Rajeev Bhargava no capítulo 2); ou, da força e riqueza epistemológicas de conceitos alternativos como *shura* (consulta) no pensamento islâmico (como sugere Larbi Sadiki no capítulo 11), ou *Sumaj Kawsay*, *Vivir Bien/Buen Vivir* e *Pachamama* nos povos indígenas da Bolívia ou do Equador (analisados por Vivian Urquidi, no capítulo 7, e por José Luís Exeni, no capítulo 21).

A reter como inovadores e interpeladores são os conceitos de democracia plurinacional e intercultural que servem de esteio a um pluralismo político plurinacional (como proposto por Mara Bicas no capítulo 22), e o de nova democracia proposto por Issa Shivji (capítulo 4), na sua fundamentada reflexão sobre os processos de democratização em África. A democracia comunitária e a nova democracia assentam numa radicalização da democracia, salientando a própria importância e peso do Estado, mas, sobretudo, a força do conceito de popular (modos de vida populares, participação popular e poder popular, segundo Shivji).

A força do popular evidencia a importância de reconhecer e ativar os conceitos de democracia, emancipação, liberdade e igualdade, não como significantes vazios, mas como veiculadores de práticas emancipatórias e de democracia real. Isto é, e como vincado na Introdução ao presente livro, é imperativo recusar e lutar contra os populismos que, no nosso entender, são sempre de direita e só disfarçadamente de esquerda, analisando-os a partir de uma perspetiva não populista, ou seja, apelando a uma democracia participativa e aprendendo com as novas formas de ação política organizada e proposta pelas classes e pelos grupos subalternos.

Os contributos recolhidos neste livro demonstram também como a democracia tem uma dinâmica própria, autónoma da modernidade, que induz efeitos inesperados. Tomando como princípio as Epistemologias do Sul e a lógica da igualdade radical de todas as formas de saber e de ser, só a constituição de comunidades hermenêuticas que resultem das lutas e das resistências permitirá maior inclusão e pertenças dignas, numa justiça cognitiva global que deriva de uma democracia cognitiva. A questão fundamental é como se criam e mantêm lugares de democratização através da *praxis*.

Os vários capítulos deste livro mostram também como a democracia deixou de ser algo pensado exclusivamente pelas e para as elites. A popularização da democracia, em consequência das lutas realizadas, entrou no imaginário popular. O sucesso da luta contra o esvaziamento dos conceitos de democracia, emancipação, liberdade e igualdade depende da capacidade das pessoas e dos coletivos afirmarem a utopia de uma democracia pós-abissal que continue a alimentar a imaginação e a prática do inconformismo, consolidada em práticas de democracia real, em redes sociais consistentes e solidárias e em instituições igualitárias.

Notas biográficas dos autores

Antoni Aguiló é licenciado em Filosofia e doutorado em Humanidades e Ciências Sociais (especialidade em filosofia política). É professor no Centro de Estudos Sociais da Universidade de Coimbra, onde também é investigador do Núcleo de Estudos sobre Democracia, Cidadania e Direito (DECIDe). As suas principais áreas de investigação incluem as epistemologias do Sul, a história das ideias políticas e as teorias e movimentos sociais por uma democracia contra-hegemónica (em especial o 15M, em Espanha). Foi cocoordenador da área temática «democratizar a democracia» do projeto ALICE.

Boaventura de Sousa Santos é doutorado em Sociologia do Direito pela Universidade de Yale (1973), é Professor Catedrático Jubilado da Faculdade de Economia da Universidade de Coimbra e Distinguished Legal Scholar da Universidade de Wisconsin-Madison. Foi também Global Legal Scholar da Universidade de Warwick e Professor Convidado do Birkbeck College da Universidade de Londres.

É Diretor do Centro de Estudos Sociais da Universidade de Coimbra e Coordenador Científico do Observatório Permanente da Justiça Portuguesa. Foi também coordenador do projeto de investigação ALICE, um projeto financiado pelo Conselho Europeu de Investigação (ERC).

Tem trabalhos publicados sobre globalização, sociologia do direito, epistemologia, democracia e direitos humanos. Ganhou vários prémios, entre eles o Premio México Ciencia y Tecnologia 2010, e o Kalven Jr. Prize of the Law and Society Association, 2011.

Os seus livros mais recentes são: *La difícil democracia. Una mirada desde la periferia europea* (Akal, 2016); *Épistémologies du Sud. Mouvements citoyens et polémique sur la science* (Desclée de Brouwer, 2016); *If God Were a Human Rights Activist* (Stanford University Press, 2015); *Revueltas de Indignación y Otras Conversas* (La Paz, 2015); *Epistemologies of the South. Justice against Epistemicide* (Paradigm Publishers, 2014).

Cristiano Gianolla estudou ciência da computação, filosofia política (licenciatura e mestrado), direitos humanos e democratização (mestrado), Sociologia e ciência política (doutoramento) em Itália, Alemanha e Portugal. Acumulou experiência de trabalho internacional no setor das TIC, em ONG humanitárias e organizações intergovernamentais antes de se envolver na investigação académica no Centro de Estudos Sociais da Universidade de Coimbra (projeto ALICE). A sua tese de doutoramento em coorientação (Coimbra e Roma) centra-se na democratização gandhiana, através das epistemologias do Sul, comparando a Índia e a Itália.

Houria Bouteldja nasceu numa família argelina que se instalou em França na década de 1970. É cofundadora do Partido dos Indígenas da República (PIR), uma organização descolonial cujo projeto consiste em organizar as populações oriundas da história colonial e do tráfico transatlântico em França e propor uma alternativa política e revolucionária numa Europa atraída pelo nacionalismo e pelo racismo. É também coautora, com Sadri Khiari, de uma obra coletiva intitulada *Nous sommes les indigènes de la république* (Éditions Amsterdam, 2012) e de *Les Blancs, les Juifs et Nous, vers une politique de l'amour révolutionnaire* (Éditions La Fabrique, 2016).

Issa Shivji é um dos mais importantes especialistas africanos nas áreas do direito e do desenvolvimento. Tem exercido funções no Tribunal da Relação e no Supremo Tribunal da Tanzânia desde 1977 e no Supremo Tribunal de Zanzibar desde 1989. Tem lecionado e trabalhado em universidades de todo o mundo, incluindo a Universidade do Zimbabwe, a Universidade de Warwick, a Universidade de Hong Kong e o Colegio de México.

Jesús Sabariego é historiador e doutorado em Direitos Humanos. É professor de História Política e Social Contemporânea, Políticas e Sociologia. Coordenador do Programa de Doutoramento em Direitos

Humanos e Desenvolvimento, e diretor da Aula de Direitos Humanos da Universidade Pablo de Olavide, em Sevilha. Está a realizar investigação de pós-doutoramento no Centro de Estudos Sociais, com financiamento da Fundação para a Ciência e a Tecnologia. Publicou, entre outros: *Los otros derechos humanos. Cultura, política y movimientos sociales en el Foro Social Mundial* e, recentemente, *Podemos y los Recientes Movimientos Sociales Globales.*

João Alexandre Peschanski é sociólogo e jornalista. Professor no Departamento de Jornalismo da Faculdade Cásper Líbero, em São Paulo, é doutorando em Sociologia pela Universidade de Wisconsin-Madison e mestre em Ciência Política pela Universidade de São Paulo. Tem trabalhos publicados em sociologia política, análise de classe e teoria social. Integra o comitê de redação da revista *Margem Esquerda: Ensaios Marxistas* e é um dos editores e autores de *Cidades Rebeldes* (Boitempo), sobre os protestos no Brasil, em 2013.

José Luis Exeni Rodríguez é um comunicador e politólogo boliviano. Investigador de pós-doutoramento do projeto ALICE e do Núcleo de Estudos sobre Democracia, Cidadania e Direito (DECIDe) do Centro de Estudos Sociais da Universidade de Coimbra. É doutorado em Investigação em Ciência Política pela Faculdade Latino-americana de Ciências Sociais (FLACSO-México). Autor de várias publicações sobre comunicação política e democracia, atualmente é magistrado do Órgão Eleitoral Plurinacional da Bolívia. Principal linha de investigação: constitucionalismo plurinacional, autogoverno indígena e democracia.

José Manuel Mendes é doutorado em Sociologia pela Faculdade de Economia da Universidade de Coimbra, onde exerce as funções de Professor Auxiliar com Agregação. Investigador do Centro de Estudos Sociais, tem trabalhado nas áreas das desigualdades, mobilidade social, movimentos sociais e ação coletiva e, mais recentemente, nas questões relacionadas com o risco e a vulnerabilidade social. É coordenador do Observatório do Risco — OSIRIS, sediado no Centro de Estudos Sociais, e Diretor da *Revista Crítica de Ciências Sociais*. Entre os seus livros mais recentes, conta-se (com Pedro Araújo) *Sofrer e morrer onde se está: O Estado posto à prova e as provas do Estado* (Almedina e CES, 2016);

Sociologia do risco: Uma breve introdução e algumas lições (Imprensa da Universidade de Coimbra, 2015).

Juan Carlos Monedero é professor titular de Ciência Política na Universidade Complutense de Madrid. Depois de ter estudado economia, política e sociologia em Madrid, fez os seus estudos de pós-graduação na Universidade de Heidelberg. Foi relator nas Nações Unidas e professor convidado em universidades europeias e latino-americanas. Entre os seus últimos trabalhos, destaca-se *La Transición contada a nuestros padres* (Catarata, 2013), *El gobierno de las palabras* (FCE, 2011) e *Curso urgente de política para gente decente* (Seix Barral, 2014). Em 2014, fundou o partido político Podemos com outros professores da Universidade Complutense de Madrid.

Larbi Sadiki é doutorado pela Universidade Nacional da Austrália (ANU). Especializou-se na democratização árabe, tendo publicado extensamente sobre este tópico, incluindo *The search for Arab democracy: Discourses and counter-discourses* (Columbia University Press, 2004); *Rethinking Arab Democratization: Elections without Democracy* (Oxford University Press, 2009, 2011). Foi o organizador de vários livros, incluindo o *Routledge Handbook of the Arab Spring* (Routledge, 2015). Publicou em diversas revistas, entre outras, *Democratization*; *Political Studies*; *Third World Quarterly*; *Journal of North African Studies, IJMES*. É organizador da série *Routledge Studies in Middle Eastern Democratization and Government*. É professor titular da Universidade do Qatar. Antes disso, ocupou cargos académicos na ANU e na Universidade de Exeter.

Leonardo Avritzer é professor titular do departamento de ciência política da Universidade Federal de Minas Gerais. É autor de diversos livros, entre os quais *Democracy and the public space in Latin America*. Participou do projeto «A reinvenção da Emancipação Social» e, no âmbito do projeto, foi coautor do artigo «Para ampliar o Cânone Democrático». Foi presidente da Associação Brasileira de Ciência Política (2012–2016).

Kamal Mitra Chenoy é Professor no Centre for Comparative Politics and Political Theory na School of International Studies da Universidade

Jawaharlal Nehru, em Nova Deli. É ativista nas áreas da paz e de direitos. Além de vários artigos publicados é também comentador político. Os seus livros mais recentes são: *The rise of Indian big business in India* (Aakar, 2015) e *Maoists and other armed conflicts in India* (Penguin, 2010).

Mara Bicas é doutoranda em Democracia no Século XXI no Centro de Estudos Sociais da Universidade de Coimbra e membro da equipa de investigação do projeto ALICE. Concluiu mestrado em Psicologia Comunitária sobre a atuação sociopolítica e comunitária para a democratização da democracia no Movimento dos Trabalhadores Rurais Sem Terra, no Brasil. Licenciou-se em Serviço Social e coordena e colabora em vários projetos de intervenção social e comunitária em Portugal. Interessa-se pelas epistemologias do Sul, democracias indígenas, pluralismo político plurinacional e democracia intercultural no contexto boliviano.

Maria Teresa Zegada Claure é Socióloga, com mestrado em Ciência Política, e doutoranda em Processos Sociais e Políticos na América Latina (PROSPAL) na Universidade ARCIS, no Chile. Professora e investigadora na Universidade Mayor de San Simón (UMSS) e noutras universidades. Publicou artigos e livros sobre temas sociológicos e políticos. Livros recentes: *Acción coletiva en democracia: Mutaciones en la conflictividad en Bolivia 1982–2014*; *Espejo de la sociedad: Poder y representación en Bolivia* (coautoria); *La democracia desde los márgenes: transformaciones en el campo político boliviano* (dir.).

Orlando Aragón Andrade é advogado e antropólogo ativista que acompanha e aconselha a nível legal diversos movimentos sociais no México, principalmente indígenas, através do Coletivo Emancipaciones (www.colectivoemancipaciones.org). Além disso, é professor e investigador da Escola Nacional de Estudos Superiores (sede Morelia) da Universidade Nacional Autónoma do México, e investigador do projeto ALICE no Centro de Estudos Sociais da Universidade de Coimbra e é coordenador da secção do México da Rede Latino-Americana de Antropologia Jurídica.

Rajeev Bhargava é Professor e antigo diretor do CSDS, em Deli (2007–2014). Também já foi Professor na Universidade Jawaharlal

Nehru e na Universidade de Deli. É Honorary Fellow do Balliol College de Oxford e Professorial Fellow da Universidade Nacional da Austrália (ANU), em Sydney. Os seus livros incluem *Individualism in Social Science* (1992), *What is Political Theory and Why Do We Need It?* (2010) e *The Promise of India's Secular Democracy* (2010). Dos livros de que foi organizador, fazem parte *Secularism and Its Critics* (1998) e *Politics and Ethics of the Indian Constitution* (2008).

Rebeca Jasso-Aguilar tem mestrado em Estudos de Segunda Língua e mestrado e doutoramento em Sociologia, com vinculação à Universidade do Novo México como professora convidada. Tem publicações na área da análise das necessidades linguísticas, neoliberalismo e cuidados de saúde, e governos progressistas na América Latina enquanto casos de revolução antipassiva. Está envolvida na investigação em curso das lutas contra o neoliberalismo na América Latina e é uma participante ativa no Movimento de Regeneração Nacional (MORENA), no México.

Richard Pithouse é Professor associado na Universidade de Rhodes, em Grahamstown, na África do Sul. É investigador sénior na Unit for the Humanities. Tem trabalhado com organizações de base e nas suas lutas desde há mais de vinte anos.

Silvia Rivera Cusicanqui é uma socióloga feminista Aimará da Bolívia, historiadora e teórica da subalternidade. Tem por base a teoria anarquista, assim como as cosmologias Quéchua e Aimará. Foi diretora e membro de longa data do Taller de Historia Oral Andina. Também é uma ativista que trabalha diretamente com os movimentos indígenas na Bolívia, como o movimento Katarista e o movimento dos cultivadores de coca.

Vivian Urquidi é doutorada em Sociologia pela Universidade de São Paulo. Realizou uma pesquisa de Pós-Doutorado no Centro de Estudos Sociais da Universidade de Coimbra, sob a supervisão do Prof. Dr. Boaventura de Sousa Santos. Atualmente é pesquisadora e professora adjunta da Universidade de São Paulo no curso de Gestão de Políticas Públicas, e participa dos Programas de Pós-graduação em Estudos Culturais e em Integração da América Latina da mesma universidade. Trabalha nas áreas de Estudos Pós-Coloniais e da Teoria Crítica sobre a América Latina.

Índice

Índice de Figuras, Gráficos e Tabelas

Figuras

Gráficos

Tabelas